Man sollte nicht sein ganzes Leben nur mit Buchstaben verbringen, es gibt ja auch noch die Typografie! HPW

Hans Peter Willberg Friedrich Forssman **Lesetypografie**

Verlag Hermann Schmidt Mainz 2005

Impressum/Inhaltsverzeichnis

Impressum

Die Deutsche Bibliothek –
CIP-Einheitsaufnahme
Ein Titeldatensatz für diese
Publikation ist bei
Der Deutschen Bibliothek
erhältlich.

© 1997, 2005
Verlag Hermann Schmidt Mainz
und Autoren

Konzeption:
Hans Peter Willberg und
Friedrich Forssman
Gestaltung, Satz:
Friedrich Forssman
und Ursula Steinhoff
Textschrift: DTL Prokyon
Haupt-Beispielsschrift:
DTL Documenta
Illustrationen:
Yann Ubbelohde
Reproduktionen:
Saase & Heller, Ingelheim
Druck: Universitätsdruckerei
H. Schmidt, Mainz
Papier: 140 g/m² Nizza
von Geese
Bindung:
Schaumann, Darmstadt

ISBN 3-87439-652-5
Printed in Germany

Register/Glossar
8

Vorwort
Lesetypografie
12

Literatur
338

Kapitel 1
Lesearten
14
**Systematik der
Buchtypografie**
15

**Typografie
für lineares Lesen**
Motto: nicht stören
16–21 64–65 94–99 132–133
174–185 194 312 322–337
**Typografie
für informierendes Lesen**
Motto: so übersichtlich
wie möglich
22–27 132–137 206–209
322–337
Differenzierende Typografie
Motto: so eindeutig
wie möglich
28–33 100–105 132–137
174–185 224–229
**Typografie
für konsultierendes Lesen**
Motto: so deutlich wie nötig
34–39 132–137 154–163
192–193 206–209 210–229
240–253
**Typografie
für selektierendes Lesen**
Motto: so deutlich wie möglich
40–45 64–65 132–137
148–151 206–209
**Typografie
nach Sinnschritten**
Motto: der Sprache folgen
46–51 144–145 162–163 175
Aktivierende Typografie
Motto: neugierig machen
52–57 332–333
Inszenierende Typografie
Motto: den Text erschließen
58–63 64–65
Systematik der Lesearten?
64–65

Kapitel 2
Voraussetzungen
66

Lesen: Das Wort, die Zeile,
die Seite, das Blättern
68–69 74 81
Lesen:
Format, Gewicht, Papier
45 69 **70–71** 81 95–96 99
Zur Wirkung der Schrift
72–73 176–179
Schrift und Lesbarkeit
68 **74–75** 81
Zurichtung und Laufweite
76 78 234
Kerning
und Ligaturen
77 232–233
Laufweite
und Lesbarkeit
76 **78**
Wortabstand
und Lesbarkeit
79 235
Zeilenabstand
und Lesbarkeit
21 68 **80** 216–217 245
Weitere Komponenten
der Lesbarkeit
68 74–80 **81**
»Orthotypografie«
82–83 230–239
Satzspiegel,
Binden und Lesen
84–85 314
Die bedruckte und die
unbedruckte Fläche
86–87 254–277 260–263
264–265 278–303

Kapitel 3
Satzart und Lesen
88

Blocksatz, Rauhsatz,
Flattersatz
20 25 **90–91** 100–111 144–145
154–161 222–229 239
Spaltensatz
23 34 **92–93** 204–205
Gedichtsatz
62 **94–99** 152–153 207
Dramensatz
29 **100–105** 132–137 139
Der Satz von Briefen
106–109
Arbeitsanleitungen
110–111 134–138
Zweisprachiger Satz
112–119 140–143

Kapitel 4
Gliedern und Auszeichnen
120

Einzug und Satzart
49 **122** 141
Einzug und Überschrift
23 **123** 185 322 336
Einzug, Absatz und Abschnitt
19 100–102 **124–131** 148–149
154–157 217–219
Integrierte und aktive
Auszeichnungen
17 23 29 35 41 53 100–103 **132**
Integrierte Auszeichnungen
17 29 83 129 **133** 223–229
Aktive Auszeichnungen
23 27 35 41 45 53 112–119
134–135
Weitere Auszeichnungen
30 **136** 139 233
Schriftmischung
36 **137–138** 143 145 147 163 191
Versalien ausgleichen?
29 32 136 **139** 233
Auszeichnung größerer
Textmengen
135 137–138 **140–143**
Legenden innerhalb
der Kolumnen
47 **144–145** 268–271
Linien
138 **146–147** 148 155 242–243
Untergliederung von
Textgruppen
41–42 **148–149**
Kästen und Unterlegungen
150–151
Gedichte im Prosatext
94–99 **152–153**
Fußnoten
140 **154–161** 222–223
Marginalien
47 161 **162–163** 186–187
Griffregister, gestürzte Zeilen,
gedrehte Seiten
34–39 **164–165** 168–169 173
Pagina und
lebender Kolumnentitel
165 **166–173** 192–193

Kapitel 5
Überschriften
174

Wirkung und Gewicht
138 170–171 **176–179** 198–205
Differenzieren
180–185 316–317
Überschriften am Rand
162–163 **186–187**
Kapitelnummern
und Initialen
129 131 148–149 **188–189** 239
Überschrift und Motto
190–191 324
Lemmata
35–37 **192–193**

Kapitel 6
Umbruch
194

Hurenkind
und Schusterjunge
69 **196–197**
Abstände bei
Kapitelüberschriften
198–199 320
Der Stand von
Zwischenüberschriften
170–171 175–191 **200–202**
Spitzkolumnen
179 **203–205** 304
Senkrechter Keil,
tanzender Fuß
27 **206–209** 328 332

Kapitel 7
Verzeichnisse
210

Inhaltsverzeichnis
50 **212–221** 320–321
Anmerkungen
154–155 **222–223**
Literaturverzeichnis
32 36–37 223 **224–225**
Register
32–33 **226–229** 323 329

Kapitel 8
Detailtypografie
230

Schrift, Zurichtung
und Kerning
76–77 **232–233**
Laufweite und Weißräume
76 78 79 83 **234–235**
Satzzeichen
82–83 **236–237**
Auszeichnungen
238
Trennungen und Lesbarkeit
239

Kapitel 9
Tabellen
240

Tabelle und Linie
242
Zweiteiliger Tabellenkopf
165 243
Horizontaler Tabellenaufbau
244
Vertikaler Tabellenaufbau
245
Tabellen in der Buchseite
246–247
Anschaulichkeit mit
typografischen Mitteln
38–39 248–251
Stammtafeln
252–253

Kapitel 10
Text und Bild
254

Bilder im Satzspiegel
86–87 **256–259**
Rastertypografie
68 70–71 86–87 **260–263**
Freie Gestaltung
70–71 86–87 **264–265**
Zwischenschlag
92–93 **266–267**
Bild und Legende
25 47 50 144–145 **268–271**
**Bildinhalt und
Stand auf der Seite**
272–273 275 296–297
298–299 300–303
Bild und Text
70–71 **274–277** 294 326–327
332–333

Kapitel 11
Bild mit Bild
278

Bildformat und Stand
164–165 **280–281** 316
Bildgewicht
282–283
Flächenverhältnisse
70–71 86–87 **284–287**
Bildaktivität
288–289
Bild-Wechselwirkung
290–291
Angeschnittene Bilder
292–293
Kopfgrößen
294
Leserichtung
68–69 **295**
Bild-Logik
296–297 303
Dramaturgie
298–299
Bild-Erzählung
70–71 294–297 **300–303**

Kapitel 12
Typografie und Illustration
304

Grundtypen der Illustration
70–71 304 **306–307**
Illustration und Schrift
72–73 **308–309**
Illustration und Typografie
310–311

Kapitel 13
Der Titel und das ganze Buch
312

Schmutztitel
84 **314**
Impressum
71 84 **315**
Innentitel
176–179 281 **316–319**
Der Aufbau der Titelei
211 **320–321**
Durchgestalten
322–337

Register/Glossar

In das Register wurden die auf den entsprechenden Seiten vorkommenden Begriffe oder Themen nicht schematisch aufgenommen, sondern nur, soweit sie für »Lesetypografie«, Lesearten und Lesbarkeit relevant sind. Da sich das ganze Buch auf diese Themen bezieht, wurden sie nicht einzeln aufgeführt.

Auf die komplexen Beispiele der Seiten 318–329 wurde im einzelnen nicht verwiesen.

Im integrierten Glossar wurden Begriffe, die sich selbst erklären, die als bekannt vorausgesetzt werden können oder an der entsprechenden Stelle im Text erklärt werden, nicht nochmals definiert.

Absatz
17 19 23 69 100–102 122–131 166 194 195 200 201 206 207
Abschnitt
27 122 124–131 195 206 207
Absenkung
198 199 201 202–205 209
Abstand
94–96 106 107 166 194 218 219 242
Akkolade geschweifte Klammer, Nasenklammer
240
Aktive Auszeichnungen
23 132 134 135
Aktivierende Typografie
52–57 195
Anführungszeichen
82 83 236
Anmerkungen
35 211 222 223
Anmutung → Schrift-Wirkung
Apostroph
83 237
Aufschlagen, Aufschlagfähigkeit
84 314 315
Ausgangsseiten
→ Spitzkolumnen
Ausgangszeile die letzte Zeile eines Absatzes
69 106 125 130 152 154 155 200
Auslassungspunkte
83 235
Auspunktieren
216
Ausrückung (→ Hängender Einzug)
100 102 128 130 149 192 224
Ausschluß → Wortabstand
Austreiben durch Erweiterung der Wortabstände die Zeilenbreite erreichen, durch Erweitern des Zeilenabstandes eine bestimmte Höhe erreichen
196
Auszeichnungen Hervorhebungen durch Kursive, Fette, Leichte, Schriftmischung, Laufweite, Schriftgröße etc.
17 23 29 30 41 67 101 120–173 192 193

Bedruckte und unbedruckte Flächen (Binnenflächen, Papierrand, Restflächen)
17 26 27 84–87 106 203–205 209 255 256–265 274–277 284–287 297 299 300 303
Benummerung nach dem Dezimalsystem offizielle Bezeichnung der DIN 1421
182 183 218 219
Beschnittdifferenzen
164 165
Bibliografie (→ Literaturverzeichnis)
35 211
Bild-Aktivität
279 288 289
Bild-Ausschnitt, angeschnittene Bilder
292 293 296–299
Bild-Dramaturgie, Bild-Erzählung
298 299 300–303
Bildflächen (Dimensionen, Format, Größe, Gewicht)
67 87 254 256–263 278–289 296 297 300
Bildinhalte
254 255 272 273 278 281 290–293
Bild-Proportionen (Flächenverhältnisse, Größenverhältnisse)
85 260 261 274 284–287 289 296–298
Bild-Tafel
306 307
Bildunterschriften → Legenden
Bild-Vorspann
320 321
Binden
84
Binnenflächen → Bedruckte und unbedruckte Flächen
Bleisatz
76 88 102 242
Blickrichtung
262 272 273 275 290 291 301

Blocksatz Schriftsatz, bei dem alle Zeilen außer den Ausgangszeilen durch Veränderung der Wortzwischenräume auf gleiche Breite gebracht sind (→ Austreiben, Einbringen)
88–91 100 107 122 175 190 209 222 223–226 238 269
Briefsatz
106 107
Buchdruck Hochdruck, Satztechnik: Bleisatz
Buchseite
16–66 84–87 95 246 247 255–258 272–307 309–337
Buchstabe, Buchstabenform
68 74 76
Buchstabenabstand
68 76–78 82 229 230 232
Buchumschlag (Schutzumschlag, Außentitel)
312 313
Detailtypografie (Mikrotypografie) die Satzgestaltung zwischen den Buchstaben und Zeichen, Wörtern und Zeilen
67 76 81 82 154 188–189 230–239
Dickte Breite der Buchstaben und Zeichen, inklusive des → Fleisches
76 82 231
Differenzierende Typografie
28–35 64 65 100 102 103 192 211 218 223–225 228 229 253
Digitalisierung von Schrift Umwandlung der Schriftkontur in mathematische Kurvenbeschreibungen
232
Diplomatischer Satz zeichen- und textgetreue Transkription
31 107
Dispersions-Klebebindung angenehm elastische und haltbare Verbindung der einzelnen Seiten zum Buchblock mit Zwei-Phasen-Kleber
84
Divis Trennstrich, Bindestrich
236
Doppelseite
84 85 196 197 201 203–205 281 282–289 297 299 300 302 303
Dramensatz
100–105

Durchgestalten
312 322–337
Durchscheinen, Opazität opak bedeutet »nicht durchscheinend«
45 70 71 95 96 99 141 152 198 201 206 207 314
Durchschuß Abstand zweier Zeilen, gemessen von Fuß zu Fuß der Zeile, abzüglich der Schriftbildgröße → Zeilenabstand
Einband, Bucheinband
313
Einbringen durch Verringern der Wortabstände eine gewünschte Zeilenbreite erreichen; durch Verringerung der Zeilenabstände oder Manipulation der Trennungen eine bestimmte Kolumnenhöhe erreichen
196
Einzug (→ Hängender Einzug)
19 23 49 97 100 107 122–129 141 144 150–153 166 190 192 193 218 219 222–224
Englische Linie
147
Fadenheftung Verbindung der Lagen (Bögen) zum Buchblock mittels Fäden
84
Falzen
84
Farbe, Farbunterlegung
41–43 71 113 135 143 150 151 250
Festabstand Abstand, der im Gegensatz zum Wortzwischenraum im Blocksatz nicht verändert wird, z. B. der kleine Abstand im »z. B.«
84
Fixation der »Augenblick« beim Lesevorgang, in dem das über die Zeile springende Auge etwas sieht (→ Saccade, Regression)
68

Flattersatz, Flatterzone Satz mit gleichmäßigem Wortabstand und verschieden langen Zeilen mit guten Trennungen und überarbeiteter Flatterzone (→ Rauhsatz)
20 26 88–91 93 100 107 122 144 156–158 162 163 166 190 191 197 209 212–225 227–229 238 261 269
Fleisch nichtdruckende Vor- und Nachbreite eines Zeichens (→ Dickte)
Format
70
Formsatz
63 89
Fotosatz Schriftsatz, bei dem die Buchstaben durch ein Negativ belichtet werden (auch für Lichtsatz gebräuchlich)
76
Freie Gestaltung
87 264 265
Fußnoten
35 140 154–161 195 211 222
Gedankenstrich
83 212 225 236 239
Gedichtsatz
62 69 94–99 166 195 207
Gedrehte Seiten
39 164 165
Gestürzte Zeilen
39 164 165 168 169
Gewicht
70
Gliedern, Gliederung
23 35 41 45 67 120–173
Grauwert
→ Schrift, Grauwert
Griffregister
164 165
Guillemets französische Anführungszeichen, mit der Spitze nach »innen« oder «außen» gesetzt
236 239
Halbfette/fette Schrift und Ziffern
23 29 35–37 41 45 53 110 111 132 134 136 149 155 158 184 192 193 222 223 228 229

Hängender Einzug Einzug über mehrere Zeilen, Absätze oder Seiten nach einer nicht eingezogenen Anfangszeile (→ Ausrückung)
141 142
Hochgestellte Ziffern
→ Notenziffern
Holzschnitt, Holzstich
304 306 308
Hotmelt-Klebebindung Verbindung der einzelnen Seiten mit schnelltrocknendem, oft unangenehm steifem Kunstharzkleber (Schmelzkleber)
84
Hurenkind Ausgangszeile eines Absatzes am Kopf einer Kolumne
69 195–197 200 202
Illustration
304–311
Impressum
176 315 320
Informierendes Lesen
22–27 35 192
Inhaltsverzeichnis
35 176 211–221 320 321
Initial
128 129 131 174 179 188 189 239
Innen und außen
312
Innentitel
313 315–321
Inszenierende Typografie
58–63 65 89
Integrierte Auszeichnungen
17 132 133 139
Interpretation
60 77
Interpunktion → Satzzeichen
Kapitälchen Kleinbuchstaben in der Form von Großbuchstaben
17 28 30 41 44 83 100 102 105 128 129 132 133 136 174 214 224 225 229
Kapitelbeginn
203
Kapitelüberschriften
→ Zwischenüberschriften
Kapitelziffern, Kapitelnummern
123 149 188 212–221
Kästen
149–151 242

Kerning Bearbeitung von Zeichenpaar-Abständen (→ Dickte, Detailtypografie, Zurichtung)
77
Klammern
30 97 182 232 234 235
Kolumne Satzspalte, Textblock → Satzspiegel
Kolumnentitel (Lebender Kolumnentitel, Seitentitel) kurze Titel- oder Inhaltsangabe auf der Seite (→ Pagina)
42 141 168–173 193 211
Kompreß eng gesetzt, ohne Spationierung oder Sperrung bzw. mit so geringem Zeilenabstand, daß die Ober- und Unterlängen der Buchstaben einander eben gerade nicht berühren
42
Konsultierendes Lesen
34–39 44 110 111 154–173 192–193 210–229 240–253
Kopfgröße bei Abbildungen
276 294 301
Kopflinien
21 27 30 36–38 126 141 172 173 198 201
Kupferstich, Radierung, Tiefdruck grafische Techniken, bei deren Druck das Papier die Farbe aus Vertiefungen in der Metallplatte saugt
306 309
Kursiv, kursivieren
17 28 30 33 41 44 83 102 103 132 133 140 144 180 190 224 225 228 238
Kursive Ziffern
33 228
Laufweite genereller Buchstaben- und Zeichenabstand (→ Spationieren, Sperren)
76 78 81 94 231
Lebender Kolumnentitel
→ Kolumnentitel
Leerzeile
23 24 45 49 71 92–94 106 122 140 141 152 153 155 166 222
Legenden Bildunterschriften
26 50 144 145 268–271
Lemma Lexikon-Stichwort
27 36 37 192 193

Lesen
14 15 68–71
Leserichtung
164 295 118–119
Lexikon
35–37 192 195 206 225 277
Lichtverhältnisse
81
Ligaturen Doppel- oder Dreifachbuchstaben, die als eigene Form gestaltet sind
77 243
Lineares Lesen
16–21 35 64 94 192
Linien, Linienrahmen
38 39 41 93 135 146–151 155 163 174 242 245 251
Literaturverzeichnis (Bibliografie)
224–225
Löcher durch zu große Wortabstände in der Zeile entstehende Weißflächen, die störend wirken
23 79 90 196 223 225 226 238
Magazin-Typografie
53 55
Makrotypografie typografische Anlage, Layout, Konzeption (→ Detailtypografie)
231
Marginalien Anmerkungen am Rand neben der Kolumne
168 186 187 221
Matrize Gußform in der Bleisetzmaschine
102
Mediävalziffern (Minuskelziffern, Gemeine Ziffern) Ziffern mit Ober- und Unterlängen
30 33 154 222 223 227–229 243
Mengentexte
81
Merksätze
41 42
Mikrotypografie → Detailtypografie
Mittelachsensatz
89 123 162

Motivation
35 69 81
Motto
190 191
Nachbreite nicht mitdruckender Raum nach dem Buchstabenbild (→ Dickte)
Nachschlagewerk
→ Lexikon
Notenziffern Ziffern im Text, die auf die Fußnoten und Endnoten (Anmerkungen) verweisen. – Ziffern vor den Fußnoten und Anmerkungen
154–159 234
Opazität → Durchscheinen
Orthotypografie Parallelbegriff zu »Orthografie« für bestimmte Bereiche der → Detailtypografie
66 82 83 231
Pagina (Seitenziffer, Toter Kolumnentitel)
96 141 166–173 195–197
Papier
69 70 71 74 81 84
Papierfärbung, Papiertönung
21 69 70 71 81
Papierformat
85
Papierränder um den Satzspiegel → Bedruckte und unbedruckte Flächen
Papiervolumen Dicke des Papiers im Verhältnis zum Gewicht
70 84
Proportionen der Buchseite
84 85 280 314 315
Randausgleich (Satzkante)
77 239
Raster (Gestaltungsraster)
87 260–264 274 277
Raster Auflösung von Bildern oder Flächen in Rasterpunkte
70
Rasterunterlegung
41 135 151
Rauhsatz Satz mit gleichmäßigen Wortabständen und verschieden langen Zeilen, mit schlechten Trennungen auch kurzer Silben und nicht überarbeiteter Flatterzone (→ Flattersatz)
88 90 91

Regalbrett-Prinzip
26 86 262 274
Register (Verzeichnis)
35 210–229
Register (Zeilenregister, Zeilenraster, Druckregister, Falzregister) Aufeinanderpassen der Zeilen auf der Vorder- und Rückseite (Schön- und Widerdruck) des Bogens
71 94 104 106 200 206 207 222 223 252 271
Regression Rückschwung innerhalb der Zeile zum wiederholten Lesen eines Satzteiles
68
Reihentitel
314
Reproduktion
70 71 305
Restflächen → Bedruckte und unbedruckte Flächen
Rhythmisieren
139
Rückschwung Bewegung des Auges vom Zeilenende zum Beginn der nächsten Zeile
68 80
Saccade Augenbewegung beim Lesevorgang; während der Bewegung nimmt das Auge nichts wahr (→ Fixation, Regression)
68
Satzarten
67 89–91
Satzbreite → Zeilenlänge
Satzdetails → Detailtypografie, Orthotypografie
Satzkante → Randausgleich
Satzspiegel (Kolumne, Satzspalte)
17 84–86 94–96 106 121 144 151 156 162 166–169 188 189 196 197 200–202 206 207 209 212 256–259 306 307
Satzzeichen
82 236–237
Schmutztitel
313 314

Schrift
19 28 36 37 67 68 74 78 79 100
212 245
Schrift, Grauwert
78 80 81 103 134 142 143
Schriftgrad, Schriftgröße
23 29 35 39 45 67 68 78 80 81
94 97 98 100 102 113 140 155
156 190 212 222 223 231
Schriftmischung
101 103 113 137 138 143 144 163
181 183 188 190 192 193 222
Schrift-Wirkung (Anmutung)
72 94 137 176–179 308–311 316
Schusterjunge Absatzbeginn
am Fuß der Seite
194 196 197
Seitenziffer → Pagina
Seitentitel → Lebender Kolumnentitel
Selektierendes Lesen
40–45 65 68 150 151
Sinnschritte (sinngerechter Zeilenfall)
46–51 110 144 145 162 163 175
217 245 268 312
Spaltenbreite → Zeilenlänge
Spalte, Spaltenhöhe
→ Satzspiegel
Spaltenlinien
93 218
Spaltensatz
92 93
Spationieren (Spatiieren)
Erweiterung des Buchstaben- oder Zeichenabstandes an einzelnen Stellen, z. B. vor Interpunktionszeichen oder in Abkürzungen
231 234 237
Sperren deutliche Erweiterung des Buchstaben- und Zeichenabstandes in bstimmten Passagen zum Zweck der Hervorherbung (→ Spationieren, Laufweite)
30 82 100 102 103 120 136 139
182 233
Spiegelstrich Aufzählungsstrich am Anfang von Zeilen
242
Spitzkolumnen Ausgangsseiten
69 86 89 178 179 203–205 304

Stammbaum, Stammtafel
35 252 253
Streckenstrich kompreß oder leicht spationiert gesetzter Gedankenstrich für Streckenbezeichnungen, sportliche Begegnungen o. ä.
242
Stichwort → Lemma
Symbole
41 163
Tabellensatz
35 164 165 214 240–253
Tabellenziffern Ziffern mit gleicher Dickte, die im Tabellensatz exakt untereinanderstehen, die 1 wirkt dadurch abgesperrt
243 244
Tanzender Fuß Umbruchart, bei der die Kolumnenhöhe am Fuß schwanken darf
27 86 161 204 206–209 222
262 263
Titelei Anfangsseiten des Buches bis zum Textbeginn
212 320–321
Toter Kolumnentitel → Pagina
Trennungen
20 69 90 91 97 144 156 175 223
224 226 230 238 239
Überschrift-Benummerung
182 183
Überschriften, Überschrift-Hierarchie, Überschrift-Systematik
29 45 53 94 96 123 170 174–191
195 198–199 203–205 220 221
Übersichtlichkeit
23 24 41 81 121
Überzeile eine Zeile zu viel auf der Seite
196 197
Umbruch, Seitenumbruch Zusammenstellen der Buchseiten
96 109 127 152 159 195–209
Umlaufende Zeilen
50 97 222–224 226–229
Unbedruckte Flächen
→ Bedruckte und unbedruckte Flächen

Untergliederung
148 149
Unterlegung
→ Rasterunterlegung
Unterstreichung
41 135
Unterüberschriften
→ Zwischenüberschriften
Verlagssignet (Zeichen, Marke, Logo)
314
Versalien (Versalsatz, Versalwörter) Großbuchstaben, Majuskeln
29 30 32 44 83 101 105 120 134
136 139 180 233 239
Versalziffern Ziffern ohne Ober- und Unterlängen
30 33 154 222 223 227–229
Verzeichnis → Register
Verzerren
134 238
Vorbreite nicht mitdruckender Raum vor dem Buchstabenbild (→ Dickte)
Vorwort
176
Wäscheleinen-Prinzip
27 86 87 178 204
Wortabstand (Ausschluß)
79 81 90–94 101 110 112 227
231–235
Wortbild
68 74 77 78 81 110 139 164
Zahlen, Ziffern Zahlen bestehen aus Ziffern wie Wörter aus Buchstaben (→ Mediävalziffern)
149 164 166–173 188 212–223
227–229 233 234 243 244
Zeilenabstand Abstand, gemessen von Fuß zu Fuß der Zeilen inklusive Schriftbild (→ Durchschuß)
17 35 67 79 80 81 94 100 101
110 158 194 217 222 231 245 304
Zeilenbildung
74 81
Zeilenbrechung, Zeilenfall
47–51 62 97 98 120 162 163
217 245
Zeilenlänge (Satzbreite, Spaltenbreite)
17 21 29 67 69 80 81 97 98
106 140–143 152 156 190 191
145 212 216 222 231 268

Zeilenraster → Register
Zurichtung Positionierung des Buchstabenbildes auf der Dickte, mit dem Ziel eines gleichmäßigen Satzbildes (→ Dickte, Kerning)
76 78 231
Zweispaltiger Satz
68 92 156 157 159 166 204 205
217 257 259 268
Zweisprachiger Satz
112–115 217
Zwischenschlag
92 93 162 259 266 267
Zwischenüberschriften (Unterüberschriften)
23 24 170 171 175 180–185 191
195 200–203 211

Lesetypografie

Das Ziel

»Lesetypografie« betrachtet die **Typografie** aus der Sicht dessen, für den sie gemacht wird, **aus der Sicht des Lesers.**

Da die Verfasser ihre Erfahrungen vor allem bei der Buchtypografie gemacht haben, argumentieren sie von dieser Basis aus. Sie wenden sich aber an alle Typografen, denen es um die Lesbarkeit ihrer Erzeugnisse geht.

Das gilt für die Typografie von Zeitungen, Leseseiten von Magazinen und Illustrierten, Prospekten, Geschäftsberichten, von Gebrauchsanleitungen, Beipackzetteln und vielem mehr.

Auch für Werbetypografie gelten die Regeln der Orthotypografie, der Detailtypografie sowie der zentrale Denkansatz:

Wie soll gelesen werden? Was folgt daraus für die Typografie?

Das gilt ebenso für Typografie, die nicht auf Papier gedruckt wird. In manchem Detail sind die Bedingungen für Schrift auf dem Bildschirm andere als für Schrift auf Papier. Doch die weitaus meisten prinzipiellen typografischen Entscheidungen werden unabhängig vom Medium getroffen.

Ist heute ein Buch über die tradierten **Erfahrungen** der Buchtypografie noch nötig? Wir meinen: mehr denn je. Als Lesetypografie noch von ausgebildeten Setzern und Typografen gestaltet wurde, wurden die fachlichen Kenntnisse von Generation zu Generation weitergegeben. Heute, da jeder sein eigener Setzer sein kann, da Bücher von Bürokräften oder von den Autoren selbst gestaltet werden, ist die **Kontinuität** der Erfahrung abgebrochen. Daß so viele Menschen sich als Setzer versuchen – sei es wegen der Einfachheit, wegen des Geldes oder des Vergnügens – führt andererseits zu einem breiten Interesse an typografischem Wissen.

All denen, die von außen zur Typografie kommen, soll erklärt werden, **warum** ein typografisches Problem bisher so oder so gelöst wurde, und **nicht, wie** sie es lösen sollen.

Wir machen keine Lösungsvorschriften, höchstens gelegentlich Lösungsvorschläge; wir wollen vor allem zur Analyse anregen.

»Lesetypografie« soll keinem das Vergnügen rauben, eine Schrift zu wählen, das Format zu bestimmen, das Papier zu suchen, das Konzept für die Typografie zu ertüfteln und die Bildgrößen und -ausschnitte zu bestimmen. »Lesetypografie« soll niemandem die gestalterische Freiheit, die Experimentierlust nehmen. Wir geben nur Hinweise darauf, was berücksichtigt werden muß.

Die Zielgruppe

»Lesetypografie« wendet sich mehr an **Praktiker** als an Anfänger. Es geht um **Anregungen** (»Das könnte ich mal probieren«), um **Vergleich** (»Das sehe ich aber ganz anders«), um **Argumentationshilfe** gegenüber Kunden oder Vorgesetzten (»Das haben wir doch immer so gemacht«), um zusätzliche **Aspekte** (»Daran habe ich noch gar nicht gedacht«).

Da viele Typografen nicht durch fachliche Spezialausbildung, sondern durch das Hineinwachsen zu Büchermachern geworden sind, können vielleicht auch einige Hinweise zum handwerklichen und gestalterischen Grundwissen hilfreich sein, doch im Prinzip wird das vorausgesetzt.

Wir erklären zum Beispiel nicht, *wie* man ein Hurenkind oder einen Schusterjungen vermeidet, sondern wir diskutieren, ob und wann man sie beseitigen oder stehenlassen soll.

Wir setzen die Kenntnis der Satzschriften wenigstens im Grundsätzlichen voraus, ebenso wie Grundkenntnisse von Satz, Druck, Repro, Papier, Buchbinderei und Buchbindermaterialien.

Die Lese-Erfahrungen gelten für die Handsatz-Technik von vor 400 Jahren wie für die Technik von übermorgen. Selbst wenn Bücher nicht mehr auf Papier gedruckt werden sollten, bleibt vieles gültig.

Für Typografen, die den neuesten **Trends** nachjagen, die vor allem fragen, wie sie es anders, neu, aufregender machen können, ist »Lesetypografie« nicht gedacht, ebensowenig für solche, denen die Typografie Mittel zum Zweck persönlichen künstlerischen Ausdrucks ist.

Den **alten Hasen** der Typografie wird dieses Buch kaum etwas Neues bieten – vielleicht aber Reibungsflächen. Sicher sind sie in manchen Fällen zu anderen Folgerungen gekommen als die Autoren. Der Widerspruch könnte Anlaß zur Reflexion sein, er könnte aber auch öffentlich eingelegt werden. Das wäre das beste, dann käme eine anregende Diskussion zustande (diese neue Ausgabe von »Lesetypografie« ist ein Anlaß, erneut dazu aufzufordern, Korrekturen, Ergänzungen und Einsprüche zu senden: mail@lesetypografie.de).

Der Aufbau

»Lesetypografie« ist kein Lehrbuch, das man von vorne bis hinten durcharbeiten muß, sondern ein **Handbuch,** das man nach Bedarf portionsweise konsultieren kann.

Dazu sollen die Querverweise dienen, das erklärt auch die Wiederholungen – was nützt ein brauchbarer Hinweis an einer fernen Stelle. Dennoch sei empfohlen, die Kapitel **Systematik der Buchtypografie, Voraussetzungen** und **Detailtypografie** durchzuarbeiten, bevor man sich speziellen Fragen zuwendet.

Die verschiedenen typografischen Probleme sind zu komplex, als daß man sie an jeweils einer einzigen Stelle abhandeln könnte. Deshalb sind die **Querverweise** auf drei Ebenen eingesetzt

Zum einen ist da das **Inhaltsverzeichnis** ab Seite 4: Die zentrale Beschäftigung mit einem Thema ist halbfett gesetzt, die ergänzenden Hinweise leicht.

Zum anderen ist das **Glossar** ab Seite 8 als Register mit Seitenzahlen versehen, damit man nicht via Inhaltsverzeichnis erahnen muß, wo das gesuchte Detail stecken könnte, sondern vom Einzelbegriff zum Thema kommen kann.

Zum dritten stehen am Fuß der Seiten **Querverweise** auf Stellen, die mit dem jeweiligen Thema zu tun haben.

»Lesetypografie« ist durch **drei Darstellungsformen** gegliedert.

Die **Problemdarstellungen,** in denen die verschiedenen typografischen Themen in unterschiedlicher Form demonstriert werden: in realem Text, in Blindtext, als Skizze, in Originalgröße, kleiner oder winzig klein, wie es am besten der Erklärung dient.

Sie sind fast alle in derselben Schrift gesetzt. Es sollen ja nicht Vorbilder gezeigt, sondern Sachverhalte und Zusammenhänge angesprochen werden; da würde Schrift-Vielfalt nur ablenken.

Für die Blindtexte haben wir eine Form gewählt, die ein vertrautes Satzbild ergibt (im Gegensatz zu Kunstwörtern), aber nicht als normaler Text zu lesen ist und auch nicht zu Entschlüsselungsversuchen verleitet.

Die **Abbildungen von Beispielen** aus der Praxis sind fotografiert und farbig gedruckt. Die Beispiele zeigen, wie konkrete Lösungen der typografischen Probleme aussehen. Sie sollen die Themen nicht nur illustrieren, sondern erweitern.

Zu Beginn jedes Kapitels stehen **historische Beispiele.** Sie dienen nicht nur zum Vergnügen, sondern auch um zu zeigen, daß unsere typografischen Schwierigkeiten und Lösungen nicht neu sind.

Die Entstehung

»Lesetypografie« ist Ergebnis praktischer Arbeit.

Hans Peter Willberg, Jahrgang 1930, hat zehn Jahre als freier Buchgestalter gearbeitet, weitere zehn Jahre zusätzlich als Fachautor zu aktuellen Typografie-Themen geschrieben und dann zwanzig Jahre, wiederum zusätzlich, als Lehrer versucht, seine Erfahrungen zu vermitteln.

Das Arbeiten mit den Studenten erzwang Klärung, ohne die man nicht erklären kann. Das Bemühen um Übersichtlichkeit führte zur Systematisierung.

Die Entwicklung von der Vorlesungs- zur Buchform war ein Prozeß von über einem Jahrzehnt.

Friedrich Forssman, Jahrgang 1965, hat bei HPW studiert und arbeitet seit 1990 als Buchgestalter und Typograf. Nach »Lesetypografie« verfaßten HPW und FF »Erste Hilfe in Typografie«; Friedrich Forssman und Ralf de Jong veröffentlichten 2002 »Detailtypografie«.

Die meisten Praxis-Beispiele stammen von Studenten oder Dozenten, die an der Fachhochschule in Mainz studiert oder gelehrt haben. Sie alle sind realisierten Büchern entnommen.

Beim buchtypografischen Nachwuchs dominieren die Frauen, man hätte also auch durchweg »Typografinnen« schreiben können. Dennoch haben wir die männliche Form gewählt. Daran möge sich niemand stören.

HPW/ FF (1996)

Zur zweiten Ausgabe

Im Frühjahr 2003 ist Hans Peter Willberg gestorben. Die Vorarbeiten zur Neuausgabe von »Lesetypografie« hat er in seiner außerordentlich präsenten und präzisen Art noch begleitet. Er hat dieses Werk wiederholt als sein »Vermächtnis als Lehrer« bezeichnet. Auch darum, vor allem aber wegen der unveränderten Gültigkeit, ist die Neuausgabe nicht verändert, sondern nur ergänzt und aktualisiert worden. In »Lesetypografie« steckt viel vom Lehrer Hans Peter Willberg, der durch Eigenschaften, die sich auch in diesem Buch mitteilen, ein großer Lehrer war: durch seine Fähigkeit zuzuhören und mitzudenken, durch Offenheit für die Ansätze anderer und Klarheit in der Darlegung der eigenen, durch Bescheidenheit und Bestimmtheit. Man lernt, heißt es, am besten von Menschen, die man liebt. Hans Peter Willberg wurde von vielen geliebt und hat viele gelehrt.

FF (2005)

Kapitel 1 Lesearten

Lineares Lesen 16   Informierendes Lesen 22   Differenzierende Typografie 28   Konsultierendes Lesen 34

Selektierendes Lesen 40   Typografie nach Sinnschritten 46   Aktivierende Typografie 52

Inszenierende Typografie 58   Systematik der Lesearten? 64

»Die Typografie« gibt es nicht.

Es gibt verschiedene Anforderungen an Typografie.
- Orientierungstypografie muß auf dem Bahnhof oder im Fahrplan den richtigen Weg weisen,
- Werbetypografie soll den Blick einfangen, dazu sind alle Mittel recht,
- Designtypografie will erneuernd, fortschrittlich und risikobereit neue Wege beschreiten,
- Zeitungstypografie soll so schnell wie möglich zur Sache führen,
- Magazintypografie zum Schnuppern und Blättern verleiten,
- Dekorationstypografie soll schön sein, auf Lesbarkeit kommt es hier nicht an,
- Formulare sollen durchschaubar sein,
- und ob das Kleingedruckte in Vertragsformularen lesbar sein oder untergehen soll, mag offen bleiben.

Jede Aufgabe verlangt andere Lösungsmethoden. Allgemeingültige Regeln kann es nicht geben.

Aber das Buch!

»Für die Buchtypografie gibt es **Regeln**, gegen die man nicht ungestraft verstoßen darf«, so heißt es. »Sie haben sich im Laufe der Jahrhunderte herausgebildet; sie begründen sich auf der Lese-Erfahrung von Millionen und Abermillionen von Lesern; sie sind durchdacht und kanonisiert; sie sind der Maßstab für die Bewertung von Buchgestaltung, und ihr Prophet heißt Jan Tschichold. Nur leider halten sich die jungen Buchgestalter nicht an diese Regeln, denn sie beherrschen sie nicht mehr.« Daran mag etwas sein, aber andererseits ist gerade der Glaube an **die alten Regeln** oft der Grund, warum Bücher mißlingen.

Man kann auch die gegenteilige Argumentation hören: »Unsere Bücher sind langweilig; der Aufbruch der Neuen Typographie, des Bauhauses und seiner Nachfolger, ist von konservativen Kräften unterbunden worden; eigentlich müßten die Bücher unserer Zeit ganz anders aussehen.«

Doch jedes Pauschalurteil ist falsch.

»Die Buchtypografie« gibt es nicht.

Was wir in der Setzerlehre und aus Fachbüchern gelernt haben, **die guten alten Regeln, sie gelten und sie gelten nicht,** und manchmal gelten sie zum Teil.

Die Argumentation der Buchtypografie-Lehrer ist oft so, als ob Bücher nur auf ein und dieselbe Art gelesen würden, als ob etwa die Forderung, Auszeichnungen müßten »so zurückhaltend wie möglich« sein, für »das Buch« schlechthin gälte. Daß das nicht der Fall ist, erlebt jeder, der im fremden Land schnell die Erklärung für ein bestimmtes Wort in seinem Reisewörterbuch finden muß.

»Bei welchen Büchern gelten die Regeln?« – Das ist die falsche Frage. »Bei welcher Art des Lesens gelten die Regeln?« oder präziser **»Bei welcher Leseart gelten welche Regeln?«** ist richtig gefragt.

Die Art, **wie gelesen wird,** ist der Maßstab für die Buchgestaltung – nicht Typografen-Traditionen, Ideologien oder Meinungen.

Lesetypografie ist Buchgestaltung vom Leser und vom Lesen aus gesehen. Unter diesem Aspekt führt die Analyse zu acht Gruppen von Lesearten, die jeweils ihre Anforderungen an die Typografie stellen:

Lineares Lesen

Informierendes Lesen

Differenzierende Typografie

Konsultierendes Lesen

Selektierendes Lesen

Typografie nach Sinnschritten

Aktivierende Typografie

Inszenierende Typografie

Die Systematik der Buchtypografie

Der Ansatz, die unterschiedlichen Lesearten zu systematisieren, ist keine theoretische Vorgabe, sondern eine Reaktion auf die typografische **Alltagspraxis.**

Die Argumentation gegenüber Kunden, das Gespräch mit Kollegen, die Erklärung bei der Arbeit mit Studenten erfordert möglichst präzise Aussagen, warum man dieses so und nicht anders gestaltet habe. Das führte zu gründlicherer Analyse und schließlich zur »Systematik der Buchtypografie«.

Der Anschaulichkeit (und des Verfasservergnügens) halber sind die Texte zu den einzelnen Lesearten jeweils in der beschriebenen Form gestaltet.

Es wird keinerlei Prioritätsanspruch auf die Begriffe erhoben (so hat HPW den Begriff »lineares Lesen« von Albert Hollreiser gehört, »Konsultations-Schriftgrad« von Adrian Frutiger und »selektierendes Lesen« von einem Referenten des Symposiums »didaktische Typografie« in Leipzig).

Systematik der Buchtypografie

Einschränkungen

Selbstverständlich kommen die verschiedenen Lesearten nicht nur »rein« vor, im Gegenteil. Sobald man etwa im Lexikon ein Stichwort »konsultierend« gefunden hat, kann man den Eintrag »informierend« überfliegen, um zu sehen, ob er das bietet, was man sucht; der Beitrag kann so geschrieben sein, daß man ihn »linear«, Wort für Wort durchlesen muß; oder er ist so strukturiert, daß man seine Bestandteile differenzieren muß, um mit ihm arbeiten zu können. Die Typografie muß jeder dieser Lesearten gerecht werden.

Auf Seite 64 wird ein Buch gezeigt, das ein Beispiel für zugleich drei oder vier Lesearten ist.

Keine Lesetypografie

»Lesetypografie« bezieht sich ausschließlich auf das **Gebrauchsbuch.**

Bücher, die nicht nur als Transportmittel für ihren Inhalt gedacht sind, sondern auch noch andere Ziele haben, gehören nicht in die Systematik der Lesearten, sie haben ihre eigenen Gesetze und Maßstäbe.

Das gilt für **Künstler-Bücher,** bei denen sich Inhalt, Form und Materialien total verbinden – sei es in der klassischen Bibliophilie oder dem Experiment, dem Versuch, die Grenzen zu verschieben; das gilt für die **visuelle Poesie,** bei der die typografische Form unveränderbarer Bestandteil der inhaltlichen Aussage ist; das gilt für die Typografie-Experimente, bei denen der Inhalt erst an zweiter Stelle steht; das gilt erst recht für das **kalligrafische Buch,** für künstlerische, manuelle Gestaltung mit Schrift, die sich schon immer neben der Typografie entwickelt hat und deren Rolle heute das Spiel mit der Schriftform und -farbe via Bildschirm fortsetzt.

Diese künstlerisch aktuelle **»Computer-Typografie«** ist die Fortsetzung der Kalligrafie mit anderen Mitteln. Das hat mit Lesetypografie nichts zu tun.

Gehört unter diesen Aspekten die letzte Kategorie der Systematik, die **»inszenierende Typografie«** noch zur **Funktionstypografie**? Ist nicht auch sie eine subjektive, in erster Linie künstlerische Form der Typografie? Vor einigen Jahrzehnten wäre das ein richtiges Argument gewesen, heute gehört die aktive typografische Interpretation zum **Handwerk,** das ein Typograf beherrschen muß, nicht nur ein Design- oder Werbetypograf, sondern auch ein Buchtypograf, wie ein Blick in ein ganz normales Schul-Lesebuch beweist.

Die Aussagen zu den verschiedenen Lesearten sollen nicht dauerhaft gültige Gesetze verkünden und festschreiben. Sie sind **nicht statisch** zu verstehen. Mit veränderten **Lesegewohnheiten** verändert sich auch das Aussehen der Bücher. Linear zu lesende Bücher kommen heute lockerer daher, didaktische Bücher werden appetitlicher hergerichtet, selbst bei der Wissenschaft wird mehr auf typografische Aktualität und Frische geachtet – doch das geht nicht an die Substanz, das kann sich unabhängig von der Prüfung der Frage entwickeln, um die es hier geht:

Funktioniert das typografische Transportmittel?

Der Aufbau dieses Kapitels

Zuerst wird auf der linken Seite an einem historischen Beispiel gezeigt, daß das typografische Thema nicht neu ist (so werden auch alle weiteren Kapitel eingeleitet). Dann folgt die Darstellung der Leseart.

Der Buchtypen-Übersicht folgen jeweils einige **Beispiele aus der Praxis,** um an einigen Varianten die unendliche Breite der Möglichkeiten jedes Buchtyps zu skizzieren.

Die Systematik der Lesearten bezieht sich vor allem auf reine **Textbücher,** wenngleich viele Hinweise auch für Bücher mit Bildern gelten. Das Verhältnis von **Text und Bild** im Buch wird in den Kapiteln 10 bis 12 behandelt.

Typografie für lineares Lesen *Motto: nicht stören*

Schon fünfzehn Jahre nach der Erfindung des Satzes mit beweglichen Typen tritt »das Buch« in einer Form auf, die uns 500 Jahre später völlig selbstverständlich erscheint.

Solche Seiten hat man seither im Prinzip nicht mehr verbessern können, nur modifizieren. Das gilt aber nur für *eine* Form der Typografie, nämlich für Texte, die linear gelesen werden.

*Gasparino Epistolae
Ulrich Gering,
Michael Freyburger
und Martin Crantz
Paris 1470*

Lineares Lesen
ist die klassische Art des Lesens, bei der aufbauend »eines nach dem anderen« gelesen wird.

Zielgruppe
»Freiwillige« Leser, denen ein möglichst großer Lese-Komfort geboten werden soll.

Buchtypen
Erzählende Prosa, Abhandlungen mit wenig strukturierten Texten. Prototyp: Roman.

Typografische Mittel
Aus den Erfahrungen des linearen Lesens haben sich die klassischen »Regeln« der Buchtypografie ergeben: unaufdringliche Schrift, Lese-Schriftgrade (ca. 8 bis 11 Punkt), enger Satz ohne »Löcher«, ca. 60 bis 70 Zeichen pro Zeile, 30 bis 40 Zeilen pro Seite. Ausgewogene Proportionen von Satzspiegel und Papierrand.

Auszeichnungen
Integrierte Auszeichnungen: kursiv für Betonungen, Zitate und ähnliches, Kapitälchen für Eigennamen.

Überschriften
bieten die Möglichkeit, die Individualität des Buches zu betonen.

Die Typografie ist programmierbar: Der Seitenumbruch erfolgt automatisch und muß nur noch auf Ungleichmäßigkeiten geprüft werden.

Über das »Lineare Lesen«

Wer ein gutes Buch liest, um sich in seinen Text zu vertiefen, der will nicht gestört werden. Nicht von Lärm und Unruhe, aber auch nicht vom Buch selbst. Die Gestaltung eines Buches kann optische Unruhe erzeugen, die – dem Leser meist unbewußt – beim Lesen stört.

Wenn die Textseite sehr voll ist, wird der Papierrand um den Satzspiegel herum schmal. Das Auge sieht deswegen die Umgebung mit – das lenkt, dem Leser unbewußt, ab. Bei einem »guten« Buch ist der Satzspiegel von einem wohlproportionierten Papierrand umgeben.

Überhaupt das Papier: wenn es sehr weiß ist, gibt es zur schwarzen Schrift einen so großen Kontrast, daß das Auge dadurch angestrengt wird. Bei einem guten Lesebuch ist das Papier nicht hochweiß, sondern leicht gebrochen. Und dann die Schrift! Ist sie zu klein, strengt das die Augen an; ist sie zu eigenwillig geformt, lenkt das die Aufmerksamkeit ab; bei zu langen Zeilen oder zu geringem Zeilenabstand findet das Auge den Anfang der neuen Zeile nicht – von subtilen Dingen, wie dem Abstand der Wörter und der Buchstaben voneinander, ganz zu schweigen.

Ruhig heißt jedoch nicht *langweilig*. Unterbrechungen durch Absätze und kleine Störungen, wie die kursiv gesetzten Worte, oder ein EIGENNAME in Kapitälchen sind hilfreich. Sie verhindern, daß der Leser im grauen Gleichmaß der Seite ertrinkt.

So kann der Leser ungestört sein Buch lesen. Wort für Wort, Satz für Satz, Seite für Seite – den Aufbau des Werkes mitdenkend und seine Sprache miterlebend. Dieses »Eins-nach-dem-anderen-Lesen« ist die klassische Art zu lesen, die unsere gewohnte Buchform geprägt hat. Wir nennen sie »lineares Lesen«.

Diesen Buchseiten sieht man den Jahrgang nicht an, auch das Jahrhundert können nur Kenner mit Sicherheit bestimmen. Ist das ein Zeichen für mangelnde Kreativität?

Der Typograf hat nichts anderes angestrebt, als Seiten zu gestalten, die ohne Mühe und Beeinträchtigung gelesen werden können. Dabei hat er sich auf die Lese-Erfahrung von Jahrhunderten verlassen, ohne eigenschöpferische Ambitionen. Und er hat gemerkt, daß es alles andere als leicht ist, den großen Vorbildern zu folgen.

Herbert Eisenreich
Der Urgroßvater
Sigbert Mohn Verlag,
Gütersloh 1964
13,2 × 20,6 cm, 80 Seiten
Schrift: Walbaum
Buchdruck auf Werkdruckpapier
(leicht gelbliches Naturpapier)

HPW

Ein Lesetext in einer Schrift ohne Serifen? Verstößt das nicht gegen alle Lese-Erfahrungen? Ist das nicht eine Mode-Erscheinung?

Ob ein Text ungestört linear gelesen werden kann, hat nichts mit einem bestimmten typografischen Stil zu tun. Wenn der Text es erlaubt oder, wie hier, die Autorin es in genau definierter Weise sogar fordert, können Absätze unkonventionell behandelt, kann sogar eine Schrift verwendet werden, die angeblich nur für Akzidenzen taugt, vorausgesetzt, der Typograf ist in der Lage, sie gut lesbar einzurichten.

Sabine Hassinger
Jul
Privatdruck, Berlin 1991
14,3 × 21 cm, 60 Seiten
Schrift: Akzidenz-Grotesk
Old Face
Werkdruckpapier

FF

Flattersatz für einen Roman? Verstößt das nicht gegen alle Lese-Gewohnheiten?

Wir sind gewohnt, erzählende Prosa in Blocksatz-Typografie zu lesen. Die Entscheidung für Flattersatz ist in diesem Fall eine subjektive Typografen-Entscheidung nach der Lektüre des Werkes und bei der Betrachtung der zugehörigen Illustrationen.

Ob Flattersatz gut lesbar ist, hängt von der Satzqualität ab. Wenn das Auge nicht von einer allzu aktiven Flatterzone angezogen und seine Aufmerksamkeit nicht durch sinnentstellende Trennungen unbewußt abgelenkt wird, merkt der Leser kaum, daß die Zeilen nicht gleich lang sind.

Joseph Conrad
Der Geheimagent
Büchergilde Gutenberg,
Frankfurt am Main 1987
16 × 23,5 cm, 316 Seiten
Schrift: Ehrhardt
Werkdruckpapier

HPW

Sind die Zeilen dieses Buches nicht viel zu lang? Die Faustregel besagt, daß 60 Zeichen pro Zeile optimal sind, hier sind es 80 Zeichen.

Die Faustregel gilt nur als Faustregel. Wer sich an sie hält, kann nichts falsch machen. Doch bei diesem Buch war das Format durch die zahlreichen Abbildungen und den großen Umfang vorgegeben. Es galt, den Text dennoch möglichst gut lesbar zu gestalten.

Dem dient die Schrift mit den geringen Strichstärkenunterschieden, die das Auge in der Zeile hält, und der vergleichsweise große Zeilenabstand, zusammen mit der leichten Tönung des Papiers.

Das Ziel ist die gute Lesbarkeit. Es kann auch auf andere Weise erreicht werden, als die strengen Regeln es vorzuschreiben scheinen.

Karl S. Guthke
B. Traven
Büchergilde Gutenberg,
Frankfurt am Main 1987
16,2 × 23,5 cm, 840 Seiten
Schrift: Plantin
zweifarbiger Druck auf
gestrichenem Offsetpapier,
leicht gebrochenes Weiß

HPW

Typografie für informierendes Lesen *Motto: so übersichtlich wie möglich*

Diese Seite sieht so ähnlich aus wie die Beispiele der Seiten zuvor. Doch dient sie einem anderen Zweck. Diesen Text muß man nicht von Anfang bis Ende durchlesen, um ihn zu verstehen. Man kann sich aussuchen, was vielleicht interessiert, und dann überfliegend nachlesen, ob das zutrifft. Dem dient die Aufteilung in kleine Textmengen, dem dienen die Überschriften und die Initialen, die den Blick anlocken. Bereits im 15. Jahrhundert wurde so »Typografie für informierendes Lesen« praktiziert.

Konrad v. Megenberg:
Buch der Natur
Johann Bämler, Augsburg 1481
9 × 13 cm

Was ist »Informierendes Lesen«?

Informierendes Lesen
Schnelles, **diagonales** Überfliegen des Textes (einer oder mehrerer Seiten), um Überblick zu gewinnen, ob die erhoffte Information zu finden ist und was genauer gelesen werden muß.

Zielgruppe
Leser, die sich über bestimmte Sachzusammenhänge informieren wollen, ohne ein ganzes Buch durchlesen zu müssen.

Buchtypen
Viele Arten von Sachbüchern und Ratgebern.
Prototyp: Zeitung.

Typografische Mittel
Gliederung des Textes in leicht überschaubare Einheiten, durch kürzere Zeilen (etwa 40 bis 50 Anschläge pro Zeile) oder kurze Abschnitte.

Auszeichnungen im Text
Aktive Auszeichnungen, die man liest, bevor man die Seite oder den Absatz liest (z. B. halbfette Schrift), integrierte Auszeichnungen.

Überschriften
Kurz und deutlich Auskunft gebend über den Inhalt des folgenden Abschnittes.

Die Typografie ist programmierbar: Der Seitenumbruch erfolgt automatisch und muß nur noch auf unschöne Zufälligkeiten geprüft werden.

Zeitungen werden diagonal gelesen
Wenn ein Zeitungsleser seine Tageszeitung gründlich Wort für Wort lesen würde – so, wie man ein Buch liest – käme er nicht zu seiner Tagesarbeit. Wie erfährt er aber, was auf den vielen Seiten für ihn wichtig oder interessant ist, was er schon weiß oder gar nicht wissen will? Er überfliegt die Seiten und Artikel, er **liest diagonal,** er springt mit den Augen und Gedanken von Überschrift zu Überschrift, schaut, was im kurzen Vorspann steht, und ob es lohnt, in den Artikel hineinzulesen oder ihn gar genauer zu lesen.

Darf man Bücher diagonal lesen?
Bei einer Erzählung, einem Roman, einer Abhandlung ist diagonales Lesen nicht möglich. Man könnte bestenfalls den Handlungsverlauf mitbekommen, jedoch nicht das, was ein Buch eigentlich ausmacht: die innere Entwicklung und die Sprache.

Es gibt aber zahlreiche Bücher, die unbeschadet diagonal gelesen werden dürfen, die sogar darauf angelegt sind, in großen Teilen überflogen zu werden. Das sind Sachbücher, Handbücher, Ratgeber und ähnliche Bücher, die man nicht durchliest, sondern *in* denen man liest, um sich über bestimmte Fakten, Zusammenhänge, Hintergründe kundig zu machen. Wir nennen das **informierendes Lesen.** Der Leser liest oft seitenlang diagonal, bis er an dem Punkt ist, um den es ihm geht, dann erst liest er sorgfältig »linear«.

Gestaltung für informierendes Lesen
Wenn ein Typograf ein derartiges Buch nach dem Ideal der klassischen ruhigen Leseseite anlegen würde, so wäre das keine Hilfe für den Leser. Der müßte sich ja durch größere geschlossene Textflächen hindurcharbeiten, um zu erfahren, ob er darin überhaupt das findet, was er erfahren möchte. Ebenso falsch wäre ein übertrieben magazinhaftes Auftreten solcher Bücher.

Typografische Gliederung
Das Erste ist die Gliederung des Textes in überschaubare Textmengen. Der Inhalt soll häppchenweise aufgenommen werden können. Häufig werden deshalb solche Bücher zweispaltig gesetzt – so kann man schneller den Überblick gewinnen. Dazu kommen *Zwischenüberschriften,* die sich deutlich, aber nicht aufdringlich vom Text unterscheiden.

Die *Absätze* müssen ebenfalls deutlich gekennzeichnet sein. Oft genügt der normale *Einzug* nicht, und es müssen die stärker trennenden *Leerzeilen* oder andere typografische Hilfen eingesetzt werden.

Textgliederung für informierendes Lesen
Texte, die *informierend* gelesen werden, müssen so geschrieben sein, daß man sie schnell aufnehmen kann. Komplizierte Satzgebäude sind hier fehl am Platz. Die einzelnen Absätze sollen eine in sich geschlossene Aussage umfassen, auch wenn sie aufeinander bezogen sind. (Es wird deutlich, daß nicht der Typograf allein für das Funktionieren eines solchen Buches verantwortlich ist.)

Schriftgröße und Lesevorgang
Der Schriftgrad muß bei Texten, die man informierend liest, lesefreundlich groß sein (anders als beim konsultierenden Lesen). Das gibt bei zweispaltigem, also meist schmalem Satz leicht »Löcher« zwischen den Wörtern einer Zeile. Die sind beim linearen Lesen störend, weil das Auge leicht in die nächste Zeile abgelenkt wird. Wenn es jedoch darum geht, den Text zunächst diagonal, in einer Art Schlangenbewegung über die Spalte hin, zu überfliegen, sind es vielleicht eben diese Löcher, die zusammen mit den akzentuierenden Großbuchstaben dieser Lesebewegung entgegenkommen. (Das ist jedoch eine Hypothese und beileibe kein Vorschlag für weiten Satz.)

Diesen Seiten sieht man an, daß sie nicht dazu da sind, von links oben bis rechts unten in Ruhe durchgelesen zu werden. Typografie für informierendes Lesen hat andere Aufgaben.

Eine Fülle von verschiedenen Informationen: Tabellen, Karten, Texte unterschiedlicher Hierarchiestufen, das Ganze organisiert mit Farbflächen, farbiger Schrift, Schriftmischung und Griffregister. Dennoch ist das Buch auf den ersten und auf den zweiten Blick freundlich, aufgeräumt und übersichtlich. Der Rauhsatz sorgt dafür, daß das Satzbild innerhalb der Kolumnen sehr ruhig ist, die unruhige Flatterzone sorgt für Belebung. Alle Texte des Grundschriftgrades halten Register, was dem vielgestaltigen Buch Stabilität gibt.

Der Fischer Weltalmanach 2005
Fischer Taschenbuch Verlag,
Frankfurt am Main 2004
14,5 × 21,5 cm
Schriften: Minion und Meta
mattgestrichenes weißes Papier

Iris Farnschläder /
Jörg Mahlstedt

Schulklasse beim «Handgranatenweitwurf»
Zunächst konnte es keiner glauben: Nach den Gesprächen zwischen Kirchenleitung und Staatsführung, die das Klima zwischen den Konfliktparteien verbessern sollten, führte die SED zum Schuljahresbeginn im September 1978 ein neues Fach ein: den Wehrkundeunterricht. Alle Schüler der neunten und zehnten Klassen erhielten nun eine obligatorische «vormilitärische Ausbildung», die die «Kampfkraft der Jugend» stärken und die «Hochrüstungspläne der NATO» abschmettern sollte. Gegen die zunehmende Militarisierung des gesellschaftlichen Lebens regte sich Widerstand. Engagierte Christen fragten, ob der Wehrkundeunterricht nicht doch zum Haß erziehe und damit für Christen unannehmbar sei.

Erich Honecker empfängt den Vorstand des Bundes der Evangelischen Kirchen in der DDR
Als «Krönung und neuen Anfang» bezeichnete Honecker das Treffen der Partei- und Staatsführung mit den evangelischen Kirchenführern, geleitet von Bischof Albrecht Schönherr und Oberkonsistorialpräsident Manfred Stolpe. «Gemeinsam interessierende Fragen», hieß es weiter, seien «in einem konstruktiven und freimütigen Gespräch erörtert worden.» Die evangelische Kirche

hatte sich mit der Formel «Kirche im Sozialismus» dem Staat angenähert – nicht ohne Grund: Von einem besseren Verhältnis zur Regierung erhoffte man sich Freiräume für die eigene Arbeit sowie berufliche Perspektiven für die oft benachteiligten Christen. Daß mit der Begegnung vom 6. März 1978 keineswegs alle Konflikte bereinigt waren, fühlte Bischof Schönherr schon bald: «Auch gute Gespräche können nicht verdecken: Staat und Kirche werden immer auch Spannungen miteinander haben.»

dankbar angenommenes Engagement. Es war ja gut, das Babyjahr und auch die niedrige Miete, aber wer konnte den täglichen Jubel darüber noch ertragen?

Sozialpolitik mußte herhalten im Wettbewerb mit dem Klassengegner. Mit erhobenem Zeigefinger wurden die Defizite und Verbrechen des Kapitalismus in der Bundesrepublik unermüdlich aufgezählt. Ständig zitierte Kriminalität, Obdachlosigkeit und Arbeitslosigkeit verfehlten ihre abschreckende Wirkung nicht ganz. Eigentlich geht es uns ja ganz gut hier in der DDR, sagten sich viele. Soziales Scheitern von

Intershop am Bahnhof Berlin-Friedrichstraße
Kurz nach Honeckers Machtübernahme ließ die DDR im ganzen Land eine neuartige Ladenkette, sogenannte Intershops, aufbauen: Geschäfte, wo vornehmlich westliche Produkte angeboten wurden – freilich nur für westliches Geld. Die Bevölkerung wurde damit erstmals nach wirtschaftlichen Gesichtspunkten geteilt: Alle Personen mit Westkontakten und Westgeld bildeten fortan eine Konsumoberschicht. Parteifunktionäre, Offiziere, Staatsangestellte, die um ihrer Karriere willen alle Westverbindungen abgebrochen hatten, wurden von dieser Schicht belächelt. Ihr Rumoren wurde daraufhin so laut, daß sich der SED-Generalsekretär zu einem «offenen Wort zu den Intershopläden» entschloß: «Diese Läden sind selbstverständlich kein ständiger Wegbegleiter des Sozialismus», beruhigte er die Genossen, wies aber zugleich auf den beachtlichen Zustrom an ausländischen Touristen hin: «Bekanntlich kommen zu uns im Jahr etwa 9,5 Millionen Gäste aus kapitalistischen Ländern, die bei uns essen, zum großen Teil übernachten und selbstverständlich auch Geld in den Taschen haben. Durch die Intershop-Läden haben wir die Möglichkeit geschaffen, daß diese Devisen bei uns im Lande bleiben.» Tatsächlich kauften viele Westdeutsche in den Intershops ein, weil Artikel wie Zigaretten und Alkohol «drüben» erheblich billiger waren.

Kirche im Sozialismus Diese Formel habe ich immer sehr kritisch gesehen, weil ich der Meinung war, die Kirche ist überall die gleiche, im Sozialismus, im Kapitalismus oder wo auch immer. Und es tut nicht gut, wenn man den Eindruck erweckt, als ob unter sozialistischen Regierungen die Kirche was anderes sein müßte als unter anderen, nichtsozialistischen Regierungen. **Wolfgang Ullmann**

122 Alltag   Alltag 123

Das Buch zu einer Fernsehserie, ein journalistisches Buch, in dem man blättern, die Legenden überfliegen und an den deutlich akzentuierten Zitaten hängenbleiben kann. Ebenso kann man es von Anfang bis Ende durchlesen. Ein besonderer Kunstgriff ist die Zuordnung der Legenden durch den rechts- und linksbündigen Flattersatz.

Das war die DDR
Rowohlt
Berlin 1993
15 × 21,5 cm, 256 Seiten
Schriften: Aldus und Gill
gestrichenes Offsetpapier

Iris Farnschläder

Die Seiten sollen einen Überblick über die Kriterien der Einbandgestaltung ermöglichen. Der Leser kann anhand der stichwortartigen Überschriften schnell erkennen, ob er den zugehörigen Absatz lesen will.

Der ungewohnte Stand der Kolumnen ergibt sich aus dem Thema des Buches. Die Abbildungen der Bucheinbände stehen auf schwarzen Balken wie auf Regalbrettern. Dem folgt auch die Typografie der Textseiten.

Hans Peter Willberg
EINEINBANDBAND
Handbuch der Einbandgestaltung
Verlag Hermann Schmidt Mainz,
Mainz 1988
21 × 29,7 cm, 120 Seiten
Schrift: Univers
mattes Kunstdruckpapier

Ute Weber

Das vorliegende Buch ist dazu da, bei Fragen der Typografie konsultiert zu werden. Seine Vorworte sind dazu da, darüber zu informieren, worauf es im jeweiligen Kapitel ankommt.

Zunächst informieren die kleinen Überschriften darüber, was das Thema der Kolumne ist. Zusätzlich sind Stichwörter im Text aktiv ausgezeichnet, damit der Leser schnell erfassen kann, was im einzelnen Abschnitt angesprochen wird.

Der Abstand unter den Zwischenüberschriften und zwischen den Abschnitten beträgt eine halbe Leerzeile. Das Register der Spalten ist um eine halbe Zeile verschränkt und wird immer wieder aufgefangen.

Hans Peter Willberg
Friedrich Forssman
Lesetypografie
Verlag Hermann Schmidt Mainz,
Mainz 2005
21 × 29,7 cm, 332 Seiten
Hauptschriften: DTL Prokyon
und DTL Documenta
weißes Offsetpapier

FF / Ursula Steinhoff

Differenzierende Typografie   *Motto: so eindeutig wie möglich*

Typografie vom Drucker um die Ecke: eine Dissertation aus dem Jahre 1737, ohne jede typografisch-künstlerische Ambition. Sie dient vor allem dem Zweck, daß der prüfende Professor sehen kann, ob der Doktorand die Sache durchschaut hat.

Dazu sind fünf verschiedene Schriften eingesetzt, von denen keine der anderen übergeordnet sein soll: Antiqua, Kursiv, Kapitälchen als Versalien verwendet, Fraktur, Schwabacher. Jede steht für eine andere inhaltliche Qualität. Die Marginalie und die Fußnoten kann der Leser zusätzlich konsultieren.

Eberhard. Frider. Wilhelmus. L. B. de Ellrichshausen
Dissertatione juridica sanctionum pragmaticarum indolem et auctoritatem
Johann Friedrich Grunert,
Halle und Magdeburg 1737
16,5 × 20 cm

DIFFERENZIERENDE TYPOGRAFIE
Zur Typografie wissenschaftlicher Bücher

Die Seiten vieler wissenschaftlicher Bücher sehen auf den ersten Blick aus, als ob sie linear gelesen werden; es gibt auch viele Parallelen. Auch ein Wissenschaftler soll beim Lesen nicht von der Umgebung abgelenkt werden; auch er liest folgerichtig aufbauend; auch hier wären auffällige Schriften fehl am Platz.

Doch ist der Wissenschaftler – im Gegensatz zum »Feierabendleser« – ein routinierter Berufsleser, der weniger Lese-Komfort braucht. Das ist der Grund dafür, daß man bei wissenschaftlichen Büchern häufig längere und enger gestellte Zeilen findet, kleinere Schriftgrade und vollere Seiten. Es ist oft wichtiger, viel Stoff gedrängter, als weniger Information großzügiger zu bringen.

Es gibt noch einen wichtigen Unterschied zum normalen »Lesebuch«: der Text ist anders strukturiert, er ist oft in sich stark differenziert. Ein Wissenschaftler, ein Student liest nicht nur in seinem Buch, er arbeitet mit seinem Buch, oft arbeitet er mit mehreren Büchern gleichzeitig. Von einem zum anderen wechselnd, sucht er bestimmte Begriffe auf, unterstreicht, kommentiert, exzerpiert. Dieser Arbeitsweise muß die Typografie entgegenkommen.

Bei der differenzierenden Typografie hat jede inhaltliche Textqualität ihr typografisches Äquivalent. Dieses Grundprinzip sei an einem Beispiel aus der Praxis dargestellt: Bei einem musikwissenschaftlichen Werk über die Oper sollen – innerhalb von Komponisten-Kapiteln – einzelne Begriffe unterscheidbar sein. Der NAME DER OPER soll anders aussehen als *LITERATUR ZUR OPER* und die *Anfangsworte einer Arie* wiederum anders. Doch es könnte auch verlangt werden, daß DER NAME DES KOMPONISTEN und *DER NAME DER OPER* unterschiedlich erscheinen, dazu die NAMEN VON VERGLEICHSOPERN, ferner *Literatur zur Oper* und schließlich die Anfangsworte einer Arie. Halbfette Auszeichnungen wurden nicht verwendet; sie würden sich hierarchisch über die anderen Qualitäten schieben. Sie könnten für **übergeordnete Begriffe** verwendet werden. Wenn noch weitere Differenzierungen gefordert würden, kann man zur Schriftmischung greifen.

Die Auszeichnungen bei wissenschaftlichen Büchern dienen nicht in erster Linie der hierarchischen Über- und Unterordnung, sondern der eindeutigen Unterscheidbarkeit gleich wichtiger Begriffe. Deshalb verwenden wir die Formulierung **DIFFERENZIERENDE TYPOGRAFIE**. Die vielen verschiedenen Auszeichnungsarten haben aber unvermeidlich ein unterschiedliches optisches Gewicht, das bei der Zuordnung sorgfältig abgewogen werden muß.

Differenzierende Typografie
In sich stark strukturierte Texte, bei denen verschiedene Begriffe in unterschiedlicher, jedoch gleichberechtigter Form dargestellt werden.

Zielgruppe
Berufsleser, denen man längere Zeilen und vollere Seiten zumuten kann.

Buchtypen
Wissenschaftliche Bücher und Lehrbücher.
Sonderform: Dramensatz

Typografische Mittel
Gut ausgebaute Schriften, mindestens mit Kursiv, Kapitälchen, Halbfetter und Halbfett-Kursiv. Zeilenlänge bis zu 80 Zeichen pro Zeile möglich, ausreichenden Zeilenabstand vorausgesetzt.

Auszeichnungen im Text
Kursiv, Kapitälchen mit oder ohne Versalien, halbfette Schrift, Versalien, Sperrung, halbfette Kursive, halbfette Kapitälchen, kursive Kapitälchen, halbfette Versalien, leichte Schrift, Unterstreichungen, Schriftmischungen, Farbe, jeweils so eingesetzt, daß die inhaltliche Gleich-, Über- oder Unterordnung eindeutig und verständlich ist.

Überschriften
Sachdienlich gliedernde Überschriften, deren »hierarchischer Stellenwert« durch ihre typografische Form erkennbar gemacht ist.

Nach sorgfältiger Vorbereitung ist die Typografie in den meisten Fällen programmierbar, der Seitenumbruch erfolgt also automatisch, bedarf aber hier meist der besonders gründlichen Überarbeitung.

Differenzierung innerhalb des linearen Lesens.
Der Leser soll konzentriert der Entwicklung des Text-Zusammenhangs folgen können, dabei doch immer, wenn er auf einen Namen oder ähnliches stößt, sofort wissen, worum es sich handelt: um den Namen einer Oper (versal, kleiner als die Grundschrift), einen Hinweis auf ein anderes Musikstück oder auf Literatur (Kapitälchen) oder um ein Textzitat (kursiv).

Ulrich Schreiber:
Opernführer für Fortgeschrittene
Bärenreiter-Verlag, Kassel
Die Kunst der Oper
Büchergilde Gutenberg,
Frankfurt am Main 1988
Band 1
16,2 × 23,5 cm, 576 Seiten
Schrift: Janson Text
Naturpapier, gelblichweiß

HPW

Der wissenschaftliche Apparat der Morgenstern-Ausgabe.
Die scheinbar ruhige Seite ist durch folgende Schriften strukturiert: Geradestehende (Text des Kommentars) / Kursive (Text des Autors) / Käpitälchen (Titel) / gesperrte Grundschrift (Quellen und ähnliches) / kleine halbfette Versalziffern (Seitenzahl) / Mediävalziffern danach (Zeilenzahl) / Mediävalziffern im Text (Daten) und diverse Klammern. Die Auszeichnungen sind von gleichem Gewicht.

Christian Morgenstern
Werke und Briefe,
neun Bände, davon fünf realisiert
Band 1, Lyrik 1887–1905
Verlag Urachhaus, Stuttgart 1988
12 × 20 cm, 1060 Seiten
Schrift: Walbaum
Naturpapier,
leicht gebrochenes Weiß

HPW

Differenzierende Typografie Lesearten **31**

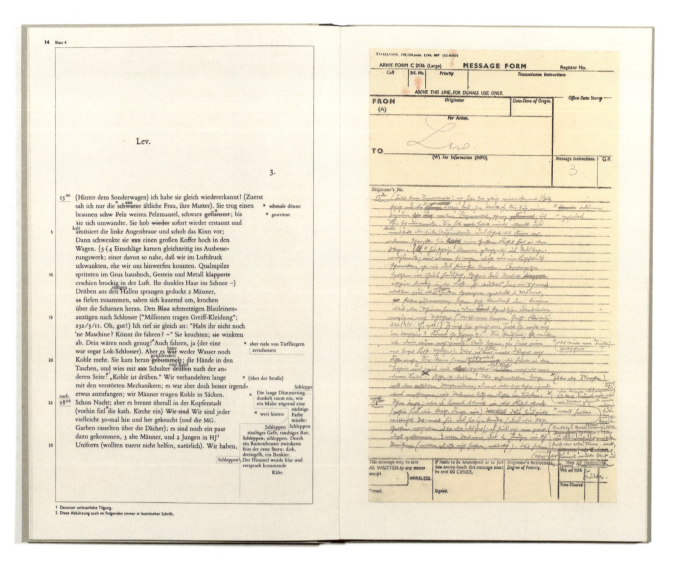

Typografie als Schlüssel
für den Text.
Der Hauptteil des Buches zeigt
neben dem Faksimile der
Handschrift eine diplomatische
(also zeichen- und zeilen-
getreue) Transkription.
Die vorkommenden Auszeichnungen, etwa für Hinzu-
fügungen, Streichungen oder
Überschreibungen, sind typografische Nachahmungen
des Vorbildes, wodurch eine
Legende sich fast erübrigt.

Alle Texte des Autors sind
in Antiqua gesetzt, alle redaktionellen Teile aus der Gill, der
Schrift der englischen Armee-
Telegrammvordrucke, die
Arno Schmidt 1946 als Manu-
skriptpapier benutzt hatte, wie
im Faksimile zu erkennen ist.

Arno Schmidt
Leviathan, oder
Die beste der Welten
Herausgegeben von
Susanne Fischer
Eine Edition der Arno Schmidt
Stiftung, 1994
Suhrkamp Verlag
23 × 37 cm , 96 Seiten
Schriften: Bembo und Gill
satiniertes Papier mit
gebrochenem Weiß,
vierfarbiger Offsetdruck

FF

Da es bei der differenzierenden Typografie vor allem auf die Details ankommt, werden hier größere Ausschnitte gezeigt.

Die Bibliografie der Durlacher Drucker. Der Benutzer kann nicht nur den Wortlaut lesen, sondern zugleich den Zeilenfall verstehen. Die redaktionellen Hinweise am Schluß sind nicht eigens differenziert, Fachleute finden sich auch so zurecht.

Gutenberg-Jahrbuch 1992
Gutenberg-Gesellschaft,
Mainz 1992
20,6 × 27 cm, 408 Seiten
Schrift: Centennial
Werkdruckpapier
Ausschnitt aus einer
zweispaltigen Seite

FF

Vier Textsorten mußten eindeutig differenziert werden. Zugleich wurde eine möglichst ruhige Gesamtwirkung angestrebt, damit die Typografie nicht die Abbildungen stört.

Bibliografie der Fabelbücher
Maximilian-Gesellschaft,
Hamburg 1998
21 × 29,7 cm
Schrift: Meridien
Werkdruckpapier
Ausschnitt aus einer
zweispaltigen Seite

Brigitte Willberg / HPW / FF

Differenzierende Typografie Lesearten 33

Inhaltliche Unterschiede vielerlei Art mußten in diesem Musiklexikon typografisch differenziert werden. Dabei war die ungewohnt steile Kursive hilfreich, die sich von der Geradestehenden eindeutig und unaufdringlich abhebt.

MGG
Die Musik in Geschichte und Gegenwart
Lexikon in 22 Bänden
Band 1
Bärenreiter-Verlag, Kassel,
Metzler Verlag, Stuttgart 1994
18,5 × 26,5 cm, 894 Seiten
Schrift: Trinité
weißes Naturpapier
Ausschnitt aus einer
zweispaltigen Seite

HPW

Das Register des Kunstbuches ist scheinbar ganz einfach angelegt: Name, Lebensdaten, Seitenverweis, Abbildungsverweis. Daraus ergeben sich aber Zahlen von dreierlei Bedeutung, die es unmißverständlich zu differenzieren galt: Mediävalziffern, Versalziffern, kursive Ziffern.

Irmgard Wirth
Berliner Malerei
im 19. Jahrhundert
Siedler Verlag, Berlin 1990
24,5 × 30,5 cm, 552 Seiten
Schrift: Van Dijck
mattes Kunstdruckpapier
Ausschnitt aus einer
dreispaltigen Seite

HPW

Typografie für konsultierendes Lesen   *Motto: so deutlich wie nötig*

```
           ( 201 )

Liturá, 6              mit Unterstreichen/ 6
vel ad marginem        oder am Rand
Asterisco, 7           mit einem Sternlein/ 7
notat                  bezeichnet.
    Lucubraturus,         Wer bey Nacht studiren
elevat                 der stecket           (wil/
Lychnum (candelam) 8   ein Liecht 8
in Candelabro, 9       auf den Leuchter/ 9
qui emungitur          welches gebutzet wird
Emunctorio; 10         mit der Liechtscheer; 10
ante Lychnum           vor das Liecht
collocat               stellet er
Umbraculum, 11         den Liechtschirm/ 11
quod viride est,       welcher grün ist/
ne hebetet             damit er nit abnütze
oculorum aciem:        die Schärffe des Gesichts:
opulentiores           die Reicheren/
utuntur                gebrauchen
Cereo,                 Wachskerzen/
nam Candela sebacea    dann das Unschlitliecht
fœtet                  stinket
& fumigat.             und rauchert.
    Epistola 12           Der Sendbrieff 12
complicatur,           wird zusammengelegt/
inscribitur 13         überschrieben/ 13
& obsignatur 14        und versiegelt. 14 (gehet/
    Noctu prodiens,       Wann er bey Nacht aus=
utitur Laternâ 15      gebraucht er eine Latern
vel Face. 16           oder Fackel. 16      (15

            N 5              Artes
```

Der Leser konsultiert dieses Buch mit der Frage: Was bedeutet dieses Wort? Die Antwort erfordert eine besondere Art von Typografie. Den Text dieser Seite könnte man auch fortlaufend setzen, doch erst die wort- und zeilenweise Parallelschaltung von lateinischem und deutschem Text erklärt die Übersetzung.

Innerhalb der Sprachen wurde differenziert, beim Lateinischen durch die Kursive neben der Geradestehenden, im Deutschen durch die Schwabacher neben der Fraktur.

Johann Amos Comenius
Orbis sensualium pictus
oder Die sichtbare Welt
Michael Endter
Nürnberg 1658

Konsultierendes Lesen
Gezieltes Aufsuchen bestimmter Begriffe oder in sich geschlossener Passagen.

Zielgruppe
Leser, die eine bestimmte präzise Auskunft suchen und deshalb besonders motiviert sind.

Buchtypen und Buchteile
Nachschlagewerke aller Art; Fußnoten, Anmerkungen, Register, Bibliografien, Zeittafeln und anderes mehr. Prototyp: Lexikon.

Typografische Mittel
Meist kleine Schriftgrade, gut lesbare Schriften, knapper Zeilenabstand, volle Seiten, oft mehrspaltiger Satz.

Auszeichnungen
Stichworte so deutlich wie möglich, andere Auszeichnungen ein- oder untergeordnet, je nach Funktion und Leseart.

Überschriften
möglichst deutlich gliedernd.

Die Typografie ist programmierbar: Der Seitenumbruch erfolgt automatisch und muß nur noch auf unschöne Zufälligkeiten geprüft werden.

Konsultierendes Lesen

Konsultierendes Lesen allgemein. Keine andere Art des Lesens ist so verbreitet wie das konsultierende Lesen. Wer einen Fahrplan benutzt, Börsenkurse, Kino- oder Theaterprogramme studiert, im Fernsehprogramm nachliest, sich via Internet orientiert, einen Studien-, Stunden- oder Einsatzplan prüft – die Beispiele sind unendlich –, der »konsultiert« einen Text.

Konsultierendes Lesen im Buch. Der Begriff »konsultierendes Lesen« soll im Zusammenhang der Buchtypografie auf die Problematik des Suchens und Findens bei bestimmten Buchtypen oder Buchteilen eingeschränkt werden: auf Nachschlagewerke, Register und Verzeichnisse, Fußnoten und Anmerkungen, Bibliografien, Zeittafeln – also auf Texte, die man nicht in größerem Zusammenhang liest, die man auch nicht überfliegt, sondern die man gezielt aufsucht, um eine spezielle Auskunft zu erhalten.

Besonderheiten der Textstrukturen. Es ist typisch für Texte, die konsultiert werden, daß sie nicht in einem inhaltlichen, sondern in einem systematischen Zusammenhang stehen, z. B. sortiert durch das Alphabet (bei Lexika oder Verzeichnissen), durch zeitliche Folge (bei Programmen oder Fahrplänen), numerische Reihenfolge (Anmerkungen, Bildverzeichnisse), nach dem Aufbau eines Werkes (Inhaltsverzeichnis) usw. Jede Texteinheit wird also mehr oder weniger isoliert von der textlichen Nachbarschaft gelesen.

Motivation. Die Lesemotivation kann für Leser, die einen Text konsultieren wollen, höher eingeschätzt werden als bei jeder anderen Textart. Wer ein Stichwort nachgeschlagen, eine Anmerkung aufgesucht hat, wer ein Register benutzt, der will etwas genau wissen. Die Folgerung für die Typografie: der Lese-Komfort kann geringer sein; das heißt: beim konsultierenden Lesen sind kleinere Schriftgrade (Konsultationsgrade) und geringerer Zeilenabstand möglich als bei anderen Lesearten (keinesfalls aber dürfen schwer lesbare Schriften eingesetzt werden).

Textmenge. Die Textmenge, die konsultiert wird, kann von zwei Worten (gesuchter Begriff und Erklärung), oder nur einem Wort (im Inhaltsverzeichnis), oder einer Zeile bis zu mehreren Seiten reichen.

Zeilenlänge. Konsultierendes Lesen erlaubt die Verwendung kleiner Schriftgrade. Da die physiologischen Lese-Voraussetzungen für die Zeilenlänge auch hier gelten, werden Nachschlagewerke u. Ä. meistens zwei- oder mehrspaltig gesetzt.

Stichwort. Nachschlagewerke sind nach Stichworten gegliedert. Je sicherer man das Stichwort findet, um so besser ist die Typografie. Das Stichwort muß sich also möglichst deutlich vom weiteren Text unterscheiden, es muß auf den ersten Blick zu identifizieren sein. Wenn innerhalb des folgenden Textes weitere Hervorhebungen vorkommen, muß ausgeschlossen werden, daß das Stichwort damit verwechselt werden kann.

Leseart. Wenn das Stichwort gefunden ist, kann der folgende, zu konsultierende Text auf unterschiedliche Weise gelesen werden: *informierend,* wenn der Leser sehen möchte, ob er überhaupt die erhoffte Auskunft erhalten kann; *differenzierend,* wenn der Begriff auf wissenschaftlich exakte Weise dargelegt wird; *linear,* wenn es sich um einen Kurzartikel handelt; der seinerseits nochmals *konsultierend,* wenn ein untergeordnetes Stichwort gesucht wird.

Fußnoten sind ein Angebot an den Leser. Wenn er sie nicht lesen will, dürfen die Verweisziffern nicht ablenken; wenn er sie lesen möchte, soll er die Fußnoten schnell und mühelos finden. Die Folgerung für die Typografie: die Notenziffern (Hinweisziffern, Indexziffern) *innerhalb* des Lesetextes sollen unauffällig sein, d. h. klein und weggeräumt (meist hochgestellt); die Ziffern *vor* den Fußnoten müssen so auffällig sein, daß man sie auf den ersten Blick finden kann. Das gleiche gilt auch für Anmerkungen, die am Schluß des Buches zusammengestellt sind.

Verzeichnisse. Die Aussage, für konsultierendes Lesen könnten kleinere Schriftgrade verwendet werden, gilt auch für solche Register und Verzeichnisse, die *während* der Arbeit mit dem Buch benutzt werden; sie gilt nicht für Inhaltsverzeichnisse, die schon *vorher* einen Überblick geben sollen. Ein Inhaltsverzeichnis muß dem Leser typografisch mehr entgegenkommen als andere Verzeichnisse. Für alle gilt, daß größtmögliche Übersichtlichkeit erreicht werden muß.

Tabellen, grafische Darstellungen, Statistiken, Stammbäume usw. werden auch konsultiert, aber in einem anderem Sinn, als der Begriff hier verwendet wird. Bei ihnen geht es nicht um ein schnelles Suchen und Finden, sondern um das Durchschauen der Zusammenhänge; hier gelten andere Bedingungen für die Typografie.

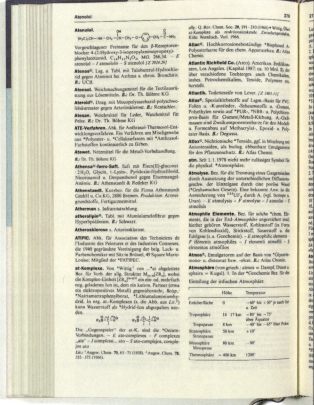

Vier wissenschaftliche Lexika mit der gleichen Aufgabe für die Typografie:
- Das Stichwort muß schnell gefunden werden.
- Die Information muß mühelos erfaßt werden können, das heißt, die Schrift muß gut lesbar sein.

Dennoch sind die vier Lexika bei genauerem Hinsehen recht unterschiedlich. Das ist durch den Aufbau und die Struktur der Texte bedingt, vor allem aber durch die Textmenge.

Zeichen pro Seite (von reinen Textspalten ausgehend):
Römpp   6400
Pauly   6000
MGG   8000
RGG   7200

Römpp
Chemie Lexikon
in 9 Bänden
Band 1
Georg Thieme Verlag,
Stuttgart 1989
17 × 24 cm, 762 Seiten
Schriften: Times und
Franklin Gothic
gelbliches Naturpapier

HPW

Es war der Ehrgeiz des Typografen, die Lexika nicht nur funktionsgerecht zu gestalten – das wäre mit Times und Helvetica auch möglich gewesen –, sondern ihnen auch eine inhaltsbezogene Atmosphäre zu verleihen. Das geschieht neben der typografischen Anordnung vor allem durch die Schriftwahl. Dem Römpp geben die Stichwörter aus der Franklin Gothic den spezifischen Charakter. Beim Neuen Pauly sollen die gesperrten Kapitälchen und die eingezogenen, flatternd gesetzten Literaturangaben gewissermaßen ein »antikes Licht« erzeugen – außerdem sind die Angaben auf diese Weise rasch aufzufinden und ohne Namenstrennungen zu setzen.

Der Neue Pauly
Enzyklopädie der Antike
in 15 Bänden
Band 1
Metzler Verlag, Stuttgart 1996
18,5 × 26,4 cm
Schrift: Bembo
gelbliches Naturpapier

HPW

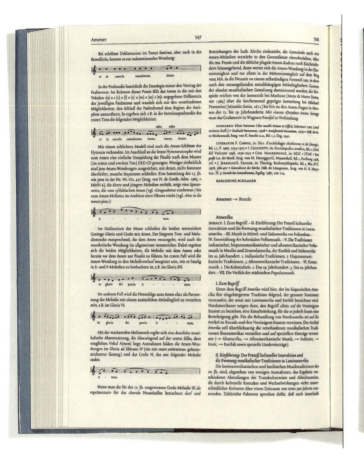

Die MGG erhält ihr spezifisches Bild durch eine Schrift, die ursprünglich nicht für Lexika gedacht war. Sie gibt dem Werk die »musikalische Leichtigkeit«. Die Auszeichnungen sind zurückhaltend, aber eindeutig. Die Leerzeilen über den jeweils in einer eigenen Zeile stehenden Lemmata und Zwischenüberschriften strukturieren ausreichend.

MGG
Die Musik in Geschichte und Gegenwart
Lexikon in 22 Bänden
Band 1
Bärenreiter-Verlag, Kassel,
Metzler Verlag, Stuttgart 1994
18,5 × 26,5 cm, 894 Seiten
Schrift: Trinité
weißes Naturpapier

HPW

Die Schrift ist eigens für derartige Zwecke entwickelt worden. Die Stichwörter sind stark betont. Wenn ihnen Unterüberschriften folgen, stehen sie in einer eigenen Zeile, sonst als Spitzmarken. Ein besonderes Problem ist die ruhige Einbindung der griechischen und der hebräischen Schrift.

RGG
Religion in Geschichte und Gegenwart
Lexikon in 9 Bänden
Band 1
Verlag Mohr Siebeck,
Tübingen 1998
18,2 × 26,5 cm, 969 Seiten
Schrift: Lexicon
gelbliches Naturpapier

Verlag / HPW

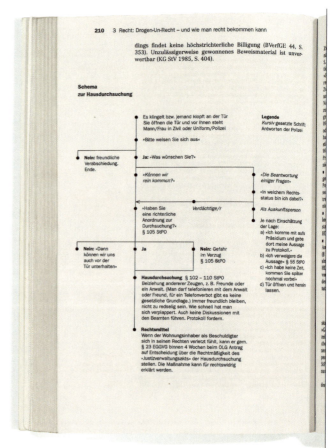

Die erste Ausgabe dieses Buches hatte bei etwas abweichender Gestaltung den gleichen Aufbau und die gleichen Aufgaben wie die vorliegende: Sie sollen zu allgemeinen und speziellen Fragen der Typografie konsultiert werden. Die Textebenen sind durch zwei verschiedene Schriften – Antiqua und Grotesk – unterschieden. Der Schriftgrad der Kommentare ist klein gehalten, weil immer nur kurze Texte gelesen werden müssen.

Hans Peter Willberg
Friedrich Forssman
Lesetypographie
Verlag Hermann Schmidt Mainz,
Mainz 1996
21 × 29,7 cm, 332 Seiten
Schriften: Baskerville Book und Univers
weißes Naturpapier

HPW / FF

Nicht nur Nachschlagewerke oder Handbücher werden konsultiert, auch diese Seite in einem Leitfaden gibt konkret Auskunft.
Statt der üblichen Kästen und Scheiben, die durch Linien und Pfeile miteinander verbunden sind, ist der Vorgang hier mit rein typografischen Mitteln anschaulich gemacht: Gleichzeitiges in der Waagerechten, zeitlich Aufeinanderfolgendes in der Senkrechten.

L. Böllinger, H. Stöver,
L. Fietzek
Drogenpraxis, Drogenrecht,
Drogenpolitik
Fachhochschulverlag,
Frankfurt am Main 1995
15 × 22 cm, 472 Seiten
Schriften: Centennial und Franklin Gothic
weißes Offsetpapier, Anhang grünes Papier

Christoph Roether

Ein kommentiertes Zwischen-Inhaltsverzeichnis faßt zu Beginn jedes kleinen Kapitels, das in diesem Teil des Buches zwischen einer und vier Seiten umfaßt, das Wichtigste zusammen.

Dann geht es richtig ins Detail. Die einzelnen Punkte sind teilweise noch in Unterpunkte aufgegliedert, was durch die unterschiedlich langen horizontalen Linien sofort augenfällig wird.

Friedrich Forssman
Ralf de Jong
Detailtypografie
Zweite Auflage
Verlag Hermann Schmidt Mainz,
Mainz 2004
21 × 29,7 cm, 408 Seiten
Schriften aus der Thesis-Familie
Offsetpapier,
leicht gebrochenes Weiß

FF / Ralf de Jong

Typografie für selektierendes Lesen *Motto: so deutlich wie möglich*

Die vor fünfhundert Jahren gestaltete Horaz-Ausgabe ist reine Typografie für selektierendes Lesen: drei verschiedene Textqualitäten in drei eindeutig getrennten typografischen Ebenen.

Die Mittel: drei Schriftgrade mit Versalien zur Kennzeichnung des Absatzbeginns in den Marginalien, zusätzlich zur alphabetischen Ordnung, und Hinweis-Händchen, wo besonders Wichtiges steht.

*Horatius Flaccus
Opera
Johann Grüninger,
Straßburg 1498
20,2 × 29,6 cm*

Selektierendes Lesen
Inhaltliche und typografische Gliederung eines Buches in verschiedene »Ebenen«, die in Verbindung miteinander oder unabhängig voneinander gelesen werden können.

Zielgruppe
Lehrer und Schüler. Letztere sind manchmal nicht sehr motiviert, deshalb muß ein besonders hoher Lese-Komfort geboten werden.

Buchtypen
Didaktische Bücher; Bücher verschiedensten Inhalts, bei denen bestimmte Teile der Seite einzeln aufgesucht werden (zum Beispiel Kochbücher: Zutaten vor dem Einkauf, Zubereitung beim Kochen). Prototyp: Schulbuch (das Beispiel ist von Lisa Neuhalfen gestaltet worden).

Typografische Mittel
Eindeutige typografische Trennung der verschiedenen inhaltlichen Ebenen.

Auszeichnungen
Das gesamte grafisch-typografische Arsenal steht zur Verfügung, sollte aber nicht überstrapaziert werden, da sonst Verwirrung droht: kursiv, Kapitälchen, versal, halbfett, Unterstreichung, Farbe, Raster- und Farbunterlegung, Randmarkierung, Einrahmung oder was der Typograf sonst findet oder erfindet. Zu warnen ist vor der Verwendung von Symbolen und ähnlichem, wenn deren Bedeutung sich nicht selbst erklärt, sondern erst erlernt werden muß.

Überschriften
Eindeutig in ihrem hierarchischen Stellenwert, so deutlich wie möglich dem entsprechenden Abschnitt zugeordnet.

In den meisten Fällen muß das Layout Seite für Seite erarbeitet werden.

Typografie für selektierendes Lesen | **Beispiel Schulbuch**

Ein Sechzigjähriger berichtet:
Die Schulbücher meiner Kindheit waren grau. Das Papier war grauweiß, die Bilder waren flau und grau, und das, was wir lesen und lernen sollten, bestand aus großen grauen Textflächen, die nur manchmal durch fette Schrift oder durch gesperrte Schrift (die besonders schwer zu lesen war, obwohl die Stellen besonders wichtig sein sollten) aufgelockert wurden. Grafische Darstellungen, in der Physik etwa, bestanden aus Strichzeichnungen; man mußte genau hinsehen und mitdenken.
Die Schulbücher meiner Kinder waren dagegen lebendig und abwechslungsreich gestaltet. Allerdings war die Schrift gar nicht immer gut zu lesen, und manchmal konnte man sich auf der Seite geradezu »verirren«, so viel war darauf los. Häufig kamen farbige Bilder vor, auch die physikalischen Darstellungen waren farbig, schematisch und anschaulich. Bei den Schulbüchern meiner Enkel geht es noch bunter zu, beinahe lustig. Auf allen Seiten kommen farbige Bilder oder Elemente vor, ob es nötig ist oder nicht. Die Seiten sehen manchmal nicht mehr aus wie bei einem richtigen Buch, sondern eher wie bei einem Magazin. Und die naturwissenschaftlichen Darstellungen sehen so plastisch aus, als ob sie fotografiert wären; man muß gar nicht mehr nachdenken, wie die Zusammenhänge sind. Das Lernen soll so leichter gemacht werden.

Früher waren Schulbücher eine Vorschrift. Wenn sie Seite für Seite von vorne bis hinten durchgearbeitet waren, war das Lernziel erreicht.
Heute sind Schulbücher ein Angebot an Lehrer und Schüler, aus dem sie auswählen und das sie »von außen« ergänzen. Bei solchen Büchern muß *auf den ersten Blick* erkennbar sein, welche Bedeutung die verschiedenen Textarten haben. Erklärende Texte, Fragen, Aufgaben, ergänzende Hinweise, Zusammenfassungen oder Merksätze müssen so voneinander unterschieden sein, daß man die verschiedenen Textebenen eindeutig unterscheiden und so – entweder aufeinander bezogen oder für sich genommen – bearbeiten kann, wobei die Reihenfolge nicht unbedingt festgelegt ist. Deshalb sprechen wir von *selektierendem Lesen*.

> **Schulbücher sollen so gestaltet sein, daß man ohne Mühe findet, was man lernen soll. Die Gestaltung darf nicht ablenken.**

1. Welche Textarten können bei einem
   Sprachbuch, Musikbuch, Physikbuch
   vorkommen, wie kann man sie grafisch oder typografisch
   voneinander unterscheiden? Skizziere einige Beispiele.

Es ist einleuchtend, daß ein gutes Schulbuch nur in engster Zusammenarbeit von Autor (oder Redakteur) und Typograf, dem Autor der Gestaltung, entstehen kann. (Für Gestaltung dieser Musterseite Dank an Lisa Neuhalfen.)

Was kann ein Buchgestalter dazu beitragen, daß Lernen Spaß macht?

s. auch S. 43

Integrierte und aktive Auszeichnungen → 132–137   Textgruppen und Kästen → 148–151   Textabstände → 206–209

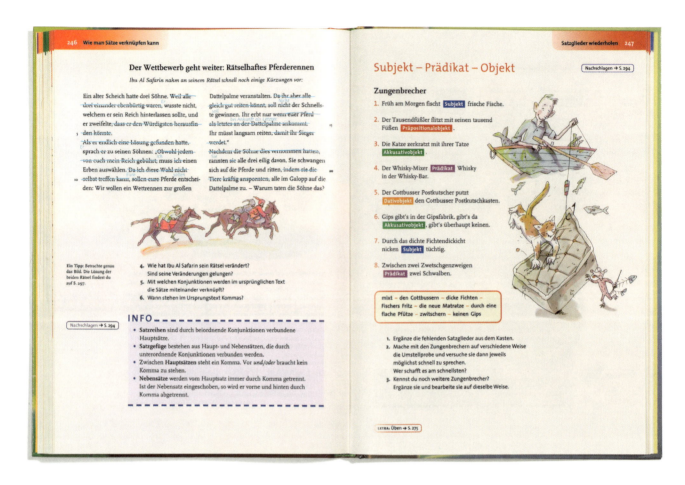

Didaktische Bücher werden nicht von Anfang bis Ende durchgelesen, mit ihnen wird gearbeitet, es wird zurückgeblättert, Aufgaben werden gesucht, Merksätze repetiert. Das erfordert eine spezielle Typografie, die das Selektieren erleichtert.

Auf der Doppelseite stehen Textgruppen mit ganz verschiedenen Aufgaben. Sie werden nicht nur nacheinander gelesen, man muß auch hin und her wechseln können. Die unterschiedlichen Kategorien sind klar unterschieden und durch das ganze Buch systematisch wiedererkennbar, dennoch wirkt das Ergebnis spielerisch und anregend.

*deutsch.ideen
Lese- und Sprachbuch
6. Jahrgangsstufe
Schroedel Verlag,
Braunschweig 2003
19,4 × 26,5 cm, 304 Seiten
Druck vierfarbig auf
gestrichenem Offsetpapier*

Iris Farnschläder /
Jörg Mahlstedt

Typografie für selektierendes Lesen Lesearten **43**

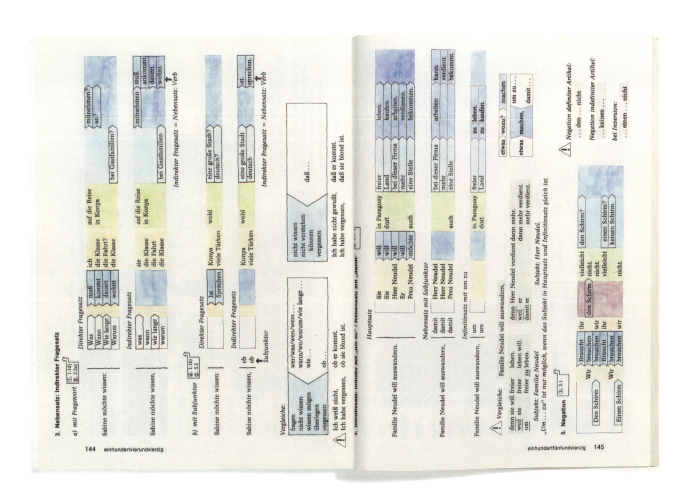

Der erste Teil dieses Lehrbuches ist ein Lehrgang, der aus reich bebilderten, magazinhaft gestalteten Lektionen besteht. Der zweite Teil, die Grammatikübersicht, zu dem die Abbildung gehört, dient dem Unterbauen und Nachfassen.

Das Selektieren und damit das Verstehen der Zusammenhänge wird durch die unterschiedliche Farbigkeit der Flächen erleichtert. Sie sind aquarelliert, die Linien mit der Hand gezeichnet, um die schwierige Materie nicht kalt und hart, sondern »menschlich« erscheinen zu lassen.

Themen 2
Deutsch als Fremdsprache
Max Hueber Verlag,
München 1984
18,5 × 23,6 cm, 168 Seiten
Schrift: Concorde
Druck vierfarbig auf
gestrichenem Offsetpapier

HPW

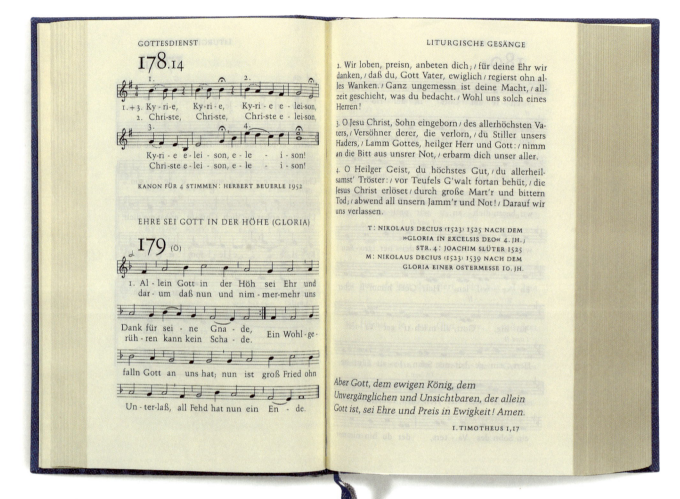

Beim Begriff »selektierendes Lesen« denkt man zunächst an Schulbücher und andere didaktische Konzeptionen. Doch auch das neue Gesangbuch der Evangelischen Kirche ist streng nach diesem Prinzip aufgebaut.

Alles, was gesungen werden kann, erscheint in der Geradestehenden in gemischtem Satz, und alles, was so gesetzt ist, ist zum Singen da.

Was der Orientierung dient (lebende Kolumnentitel, Überschriften, Quellenhinweise), ist in Versalien respektive in Kapitälchen ohne Versalbuchstaben gesetzt.

Was auf andere Lieder oder Textstellen verweist oder diese zitiert, ist kursiv gesetzt.

Die große Liednummer dient der Konsultation, dem schnellen Auffinden.

Evangelisches Gesangbuch
Stammausgabe der Evangelischen Kirche in Deutschland
Hannover 1994
11,2 × 18 cm, 1360 Seiten
Schrift: Trump-Mediäval
gelbliches Dünndruckpapier

HPW

Auf den ersten Blick mag es so aussehen, als ob dieses Buch für »konsultierendes Lesen« gestaltet sei. Es ist aber Typografie für »selektierendes Lesen«. Schaeffers Grundriß bietet das Examenswissen für Juristen. Es sind mehrere Bände, die Einzelbereichen zugeordnet sind. Der Inhalt dient der Selbstprüfung: Was beherrsche ich, wo muß ich nachfassen, was muß ich noch lernen?

Die Gliederung erfolgt zunächst durch Überschriften verschiedener Stufen, branchenüblich halbfett gesetzt, und durch römische und arabische Zahlen vor den gleichmäßig eingezogenen Texten. Die nächste Textkategorie ist nochmals eingezogen.

Dann ist der Text in verschieden stark hervortretende Ebenen unterteilt. Innerhalb der durch ganze und halbe Leerzeilen getrennten Text-Häppchen sind die Hauptbegriffe fett gesetzt. Sie werden gewissermaßen überfliegend abgehakt: das habe ich drauf, wenn nicht, muß ich genauer lesen.

Die dritte Ebene, zum nochmaligen Unterbauen, besteht aus einem kleineren Schriftgrad, nochmals durch kursiv gesetzte Begriffe zum schnellen Abfragen untergliedert.

Der Wechsel zwischen symmetrisch gesetzten Überschriften und linksbündig gesetzten Unter-Überschriften, der weitere Differenzierungsmöglichkeiten schafft, ist problemlos möglich, wenn die Räume und die Zugehörigkeiten gut geklärt sind.

Durch den Wechsel der Schriftgrade ist keine Registerhaltigkeit möglich, deshalb wurde ein wenig durchscheinendes, fast opakes Papier gewählt.

Schaeffers Grundriß
Walther Heintzmann
Zivilprozeßrecht 1
Verlag R. v. Decker & C. F. Müller,
Heidelberg 1985
16,2 × 23,5 cm, 284 Seiten
Schrift: Plantin
weißes Naturpapier

HPW

Typografie nach Sinnschritten *Motto: der Sprache folgen*

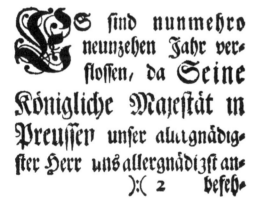

Es ist nicht gelungen, ein frühes Beispiel für Typografie mit sinngerechtem Zeilenfall zu finden – abgesehen natürlich von Verszeilen.

Dafür sind historische Gegenbeispiele sehr zahlreich, wo auf Büchern und Plakaten alle Trennungen dem Zufall überlassen wurden.

Offensichtlich hat jahrhundertelang der Winkelhaken, der die Satzbreite festlegt, über die Sprache gesiegt, das Schema über die Lesefunktion.

Vollständige Lateinische Grammatica Marchica, In welcher zu den nöthigen Regeln nützliche Anmerkungen und gute Exempel gesetzet sind Frankfurt und Leipzig 1740 10 × 16,8 cm

Typografie nach Sinnschritten
Gliederung des Zeilenfalls nach dem Sinnzusammenhang und nicht nach formalen Vorgaben.

Zielgruppe
Leseanfänger jeden Alters.

Buchtypen und Buchteile
Fibeln, Bilderbücher, Lehrbücher für Fremdsprachen, Textaufgaben, Bildlegenden.

In Überschriften ist Typografie nach Sinnschritten Pflicht.

Typografische Mittel
Die Forderung nach sinngerechter Zeilenbrechung gilt vor allem für Leseanfänger, unabhängig von deren Alter. Ebenso gilt sie für alle Arten von kurzen Texten, die zeilenweise strukturiert werden können und die schnell erfaßt und sicher verstanden werden sollen.

Da die inhaltsabhängige Zeilengliederung weder vom Setzer noch vom Computer verlangt werden kann, muß der Typograf den Zeilenfall selbst bestimmen.

Ein Kind, das lesen lernt,
ein Erwachsener, der eine fremde Sprache,
womöglich sogar in einer ihm fremden Schrift,
erlernen möchte oder lernen muß,
hat schon so viel mit dem Entziffern
und Verstehen der einzelnen Wörter zu tun,
hat schon so viel Mühe damit,
die einfachsten Zusammenhänge zu durchschauen,
daß ihm ein Überblick über komplexere Gefüge,
wie zum Beispiel längere Sätze mit Nebensätzen,
nicht ohne weiteres möglich ist.
Deshalb sollen – wie bei dieser Seite –
vor allem lange Sätze Zeile für Zeile
nach Sinnzusammenhängen gegliedert werden.
Das gilt für Fibeln und Bilderbücher,
bei Texten für Kinder mit Lesebehinderungen,
für Einführungen in fremde Sprachen
(»Deutsch für Ausländer«),
aber auch für andere Textarten,
etwa für Textaufgaben in Lehrbüchern aller Art
oder für in sich strukturierte Bildlegenden,
die auf diese Weise sicherer überblickt
und verstanden werden können.
Der Zeilenfall folgt also nicht
ästhetisch-formalen Gesichtspunkten,
sondern der Struktur des Satzaufbaues,
was nicht bedeuten soll, daß nicht auch solche Seiten
»schön« sein können.

48 Lesearten Typografie nach Sinnschritten

Es ist die Aufgabe der Typografie für Lese-Anfänger, das Lesenlernen zu erleichtern. Bei dieser Fibel hat der Autor selbst den lesegerechten Zeilenfall bestimmt. Der Typograf hatte nur die Aufgabe, das umzusetzen.

Kempowskis einfache Fibel
Westermann Verlag,
Braunschweig 1980
19 × 26 cm, 112 Seiten
Schrift: Century Schoolbook
gestrichenes Offsetpapier,
gebrochenes Weiß

HPW

Bei einer Geschichte für ein Lesebuch denkt der Autor nicht an den Zeilenfall. Es ist Sache des Typografen, diesen lesegerecht zu organisieren, was stets eine Gratwanderung zwischen einem abwechslungsreichen Flattersatz ohne ungewollt aktive Formen und sinngemäßen Zeilenbrechungen bedeutet.

Start frei
Oldenbourg Schulbuchverlag,
München 2003
Illustrationen:
Uta Bettzieche, Leipzig
21 × 25 cm, 128 Seiten
Schrift: Schulbuch Bayern
satiniertes Offsetpapier,
gebrochenes Weiß

Lisa Neuhalfen

Während man die Musik hört und dazu tanzt oder als Lehrer tanzen läßt, kann man die Tanzanweisungen nicht sorgsam studieren. Sie müssen zuvor verstanden werden und dann nur noch gewissermaßen aus dem Augenwinkel zu lesen sein. Dem dienen die Leerzeilen und der sinngerechte Zeilenfall.

Musik um uns
Klassen 5 und 6
Metzler Verlag, Stuttgart 1991
17 × 24 cm, 288 Seiten
Schrift: Frutiger
gestrichenes Offsetpapier,
gebrochenes Weiß

HPW

Die Psalmen sollten im Gesangbuch lesegerecht (auch für alte Augen) und raumsparend gestaltet werden. Die Strophen sind wechselweise eingezogen, das erspart die Leerzeilen dazwischen; sie sind nicht, wie üblich, fortlaufend gesetzt, sondern in sinngerechten Zeilenbrechungen.

Evangelisches
Gesangbuch
Stammausgabe der
Evangelischen Kirche
in Deutschland
Hannover 1994
11,2 × 18 cm, 1360 Seiten
Schrift: Trump-Mediäval
gelbliches Dünndruckpapier

HPW

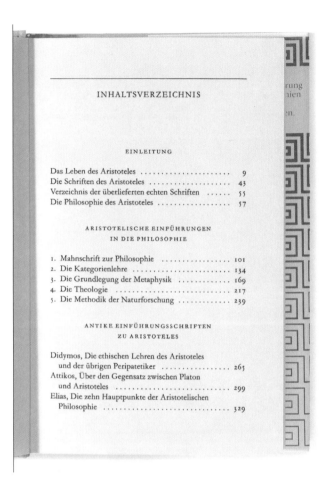

Das Chinesische Teehaus im Park von Sanssouci,
nach Angaben Friedrichs entworfen – Sympathiearchitektur,
die sich ins Ferne und Fremde versetzen möchte

Kapitelüberschriften, wie sie auch im Inhaltsverzeichnis erscheinen, bestehen meistens aus kurzen Zeilen, manchmal werden sie aber zwei- und mehrzeilig. In diesem Fall dürfen die Zeilen nicht so getrennt werden, wie es das Computerprogramm ergibt, und schon gar nicht dürfen sie auf volle Breite ausgetrieben werden. Sie müssen vielmehr sinngerecht getrennt werden. Das gilt für alle Überschriften im Buch und ebenso für die Zwischenüberschriften und Zeilen des Inhaltsverzeichnisses.

Aristoteles
Einführungsschriften
Europäische Bildungs-
gemeinschaft, Kornwestheim,
Büchergilde Gutenberg,
Frankfurt am Main 1984
10,5 × 17 cm, 352 Seiten
Schrift: Garamond
Naturpapier,
gebrochenes Weiß

HPW

Der Leser versteht den Inhalt einer Bildlegende auch, wenn die Zeilen mitten im Sinnzusammenhang getrennt sind. Ein Typograf mit Sprachgefühl wird dennoch dafür sorgen, daß der Zeilenfall sowohl inhaltlich wie formal »stimmt«.

Wolf Jobst Siedler
Auf der Pfaueninsel
Siedler Verlag, Berlin 1992
16 × 24,2 cm, 128 Seiten
Schrift: Bembo
gestrichenes Offsetpapier,
gebrochenes Weiß

HPW

Bei dem Werkverzeichnis steht jede inhaltliche Einheit in einer eigenen Zeile, es sei denn, sie würde zu lang. Dann muß der Text auf mehrere Zeilen verteilt werden. Der Typograf muß entscheiden, ob er bei der Zeilenbrechung der Flatterzone oder dem Sinnzusammenhang den Vorrang gibt. In keinem Fall ist das Sache des Programm-Zufalls.

Kunst in Frankfurt
Das Museum für Moderne Kunst und die Sammlung Ströher
Museum für Moderne Kunst, Frankfurt am Main 1995
20,5 × 28 cm, 88 Seiten
Schriften: Excelsior und Franklin Gothic
Druck vierfarbig auf gestrichenem Offsetpapier, leicht gebrochenes Weiß

HPW

Die typografische Sorgfalt darf nicht vor dem Impressum aufhören. Es ist immer wieder verblüffend schwierig, einerseits möglichst sinnvolle Trennungen, andererseits ein zusammenhängendes Satzbild zu erzielen.

Pat Steir
Dazzling Water, Dazzling Light
University of Washington Press, Seattle 2000
24,5 × 29,5 cm, 80 Seiten
Schrift: AG Old Face
mattgestrichenes Offsetpapier, ganz leicht getönt

FF

Aktivierende Typografie *Motto: neugierig machen*

Schon zu Zeiten der Bauernkriege wurde Typografie mit agitierender Absicht gemacht. Doch wurde dazu keine »aktivierende« Typografie benötigt. Wer lesen konnte, las so viel er konnte. Erst mit der Überfütterung an Lesestoff im 19. Jahrhundert wurde es für Zeitungsdrucker nötig, dafür zu sorgen, daß sich ihr Blatt von der Konkurrenz der Bücher und von den Konkurrenzzeitungen abhob.

Das Beispiel zeigt eine historische Ironisierung dieser Art von Typografie, deren Aufgabe es ist, Auge und Aufmerksamkeit auf sich zu ziehen.

*Schweizerische Dorfzeitung
Bern 1869*

Aktivierende Typografie
Typografische Gestaltung,
die zum Lesen verleiten soll.

Zielgruppe
Leser, die eigentlich keine Leser
sein wollen; Schüler, die zum
Lesen motiviert werden sollen;
Käufer, die vom nüchternen
Konkurrenzbuch abgeworben
werden sollen.

Buchtypen
Geschenkbücher, Schulbücher,
Sachbücher.
Prototyp: Magazin.

Typografische Mittel
Für die Typografie gibt es kaum
Einschränkungen.

Überschriften
sollen inhaltlich und formal
den Leser »einfangen«.

Aktivierende Typografie
ist das Feld des werblich und
typografisch geschulten
kommunikationsorientierten
Grafik-Designers.

Das aktivierende Buch muß
Seite für Seite durchgestaltet
werden.

**Das Grundgesetz der
Typografie** ist außer Kraft
gesetzt! Das Grundgesetz aller
seriösen Buchtypografie lautet:
**Gleiches muß gleich behandelt
werden.** Das Gesetz der
aktivierenden Typografie heißt
dagegen: **Anders sein,
auffallen, neugierig machen!**

Können Sie lesen?

Damit ist nicht gefragt, ob Sie den Wortlaut einer Überschrift oder einer Gebrauchsanweisung erfassen können, sondern ob Sie in der Lage sind, konzentriert ein Buch von 300 oder gar 900 Seiten durchzulesen.

Wollen Sie lesen?

Die meisten Zeitgenossen leben so, als ob sie nicht zu lesen brauchen. Sie haben ihr Fernsehen, ihr Video, ihr Radio – damit kann ihr Informations- und Unterhaltungsbedürfnis vollkommen befriedigt werden. Vollkommen? Wohl doch nicht, denn allenthalben sind – neben Tageszeitungen – Zeitschriften zu finden, von der Regenbogenpresse bis zur Architektur-Fachzeitschrift, in denen ja wohl auch geblättert wird.

Sollen Sie lesen?

Geblättert wird in den Illustrierten, wird aber auch gelesen? Auch wenn den Blattmachern viel an der Bildsprache liegt und den Inserenten vor allem an der Wirkung ihrer Anzeigen: Die Magazine werden so gestaltet, daß das Auge nicht nur an einem Bild oder einer Anzeige hängen bleibt, sondern auch an einer Schlagzeile, einem hervorgehobenen Satz, so daß Neugier geweckt wird, genauer hingeschaut und nachgelesen wird.

Sie sollen lesen!

Es gibt Bücher, die nach dem gleichen Modell konzipiert sind. Sie sollen nicht ein vorhandenes Lesebedürfnis befriedigen, sie sollen erst zum Lesen verführen. Ihre Gestaltung folgt – dem stilleren Medium Buch angepaßt – dem Magazin-Prinzip:

Attraktion und Abwechslung!

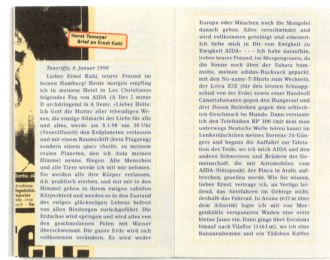
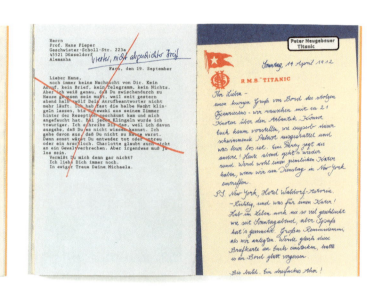
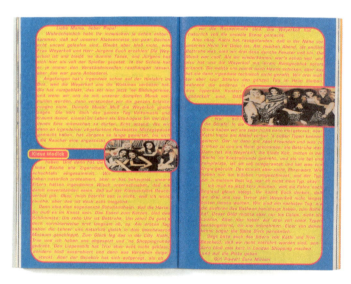

23 fingierte Briefe in einem Buch, allesamt möglichst stark unterschiedlich gestaltet vom Typografen, der auf die Setzerregeln fröhlich gepfiffen und sich seinen Assoziationen frei überlassen hat.

Ernestine von Salomon (Hg.)
Ihr Lieben …
Rowohlt Taschenbuch Verlag,
Reinbek 1998
12,5 × 19 cm , 126 Seiten
weißes Naturpapier

Daniel Sauthoff

1 Ein europäischer Chronist im Jahre 1999, der die Zeit um 1925 schildern wollte, hätte zu beginnen:

Es war die Zeit des »Bubikopfes«, es war die Zeit des »kurzen Rockes«, der »fleischfarbenen Strümpfe«, es war die Zeit der fortgelaufenen Söhne und entführten Töchter, es war die Zeit, da die Vaterländer, statt Gut und Blut von ihren armen Teilnehmern zu fordern, wie in den mörderischen Jahren 1914–1918 (da man fürs Vaterland nicht nur sterben durfte, sondern auch morden mußte), sich mit dem Hab und Gut der dem Weltkrieg entronnenen Steuersubjekte zufrieden gaben, es war die Zeit, da die Radiowellen, in wachsendem Andrang, täglich dichter und dichter den Erdball umspülten, ein Wellenbad, dessen Wirkung auf die Konstitution des Patienten damals noch ganz ungewiß war, es war die Zeit des ersten Zeppelinfluges über den Atlantischen Ozean, die komische Zeit, da die »Vereinigten Staaten von Europa« noch Utopie schienen und als Phantasie idealistischer Träumer von den sogenannten Realpolitikern belächelt wurden – unglaublich, aber wahr! –; es war die Zeit der historischen Dissonanzen zwischen Ost und West: das erste Jahrzehnt des Kommunismus in Rußland war bald überstanden, eine neue Menschheit war unter den Sowjets in der einen Welthälfte herangewachsen, streng abgegrenzt vom bürgerlichen Westen des verarmten, zwieträchtig gespaltenen Europa, vom West-Westen des über und über vergoldeten Amerika, eine Kluft von noch nie erlebter Tiefe war aufgerissen zwischen den beiden Hälften der Menschheit, mitten durch die einstige Zivilisation der Demokratie ging jetzt ihr roter Grenzstrich, hinter dem die proletarische Kultur ihr Zukunftsreich baute; diese Dissonanz zwischen Ost und West klang grell durch alles Leben der Erde, ja, es war die Zeit eben dieser grellen Dissonanz, aufgewühlter Kontraste, es war die Zeit der wilden Kindereien, Schattenwürfe nur der tragischen Verwilderungen, die noch bevorstanden, es war die Zeit der wilden Freude an wilder Lausbüberei, an wildem Unfug im Ordnungsbereich, kurz: das wahre Programm der Zeit hieß:

Jazz,

und Jazz ist es natürlich auch, womit wir uns hier beschäftigen wollen.

Es war die Zeit, da der »schönste Frauenschmuck« des Mittelalters fiel, das häßliche, lächerliche, unhygienische, indianische lange Haar unserer Urahne, es fiel in dieser Zeit der Schere einer Gilde gutbezahlter Zopfabschneider zum Opfer. Es war wie zur Zeit der reifen Ernte: die langen Haare fielen, fielen überall, junge Mädchen und Mütter und Matronen, alle saßen sie unter dem neuen Heilbringer, Schere geheißen, daß sie sie von dem Fluche der unmodernen Haarflut erlöse. Als sollte es nur noch Bubiköpfe in einer Welt geben, die eben erst ihre Bubis auf dem Altar der verschiedenen Vaterländer umgebracht hatte … Was aber war mit den Röcken geschehen? Noch niemals, zu keiner Zeit seit den Tagen des verlorenen Paradieses, hatte die Mannheit der Welt so viel Frauenbeine zu Gesicht bekommen wie jetzt, zur Zeit des Bubikopfes. Vom Nacken war die Schere mit einem Satz an die Kniekehlen gesprungen und hatte ihr befreiendes Werk auch hier, an den Röcken, vollbracht: nach der Gedankenfreiheit hatte sich das Weib nun endlich also auch die Gehfreiheit erkämpft … um jener rascher entspringen zu können? Ich weiß es nicht. Ich weiß aber, daß die Röcke damals mit einem Male bis zur Kniegrenze emporzuckten, im Tanze sogar eine lüsterne Idee weit noch darüber, und bei Tag und Nacht strahlten die Mädchenbeine in der fleischfarbenen Illusion der Nacktheit, von hauchdünnen Strümpfen umspannt, die der liebe Gott eigens erfunden zu haben schien, um die Verluste des Weltkrieges die Menschheit endlich je eher je lieber einbringen zu lassen. Tatsächlich: die Zahl der

---

Die Zahlen der Kapitel stehen im Außensteg und sind albern-schräg, auch einzelne Wörter kommen gelegentlich groß heraus: Aktivierung mit einfachen Mitteln, die dem brillant-oberflächlichen Inhalt nicht widersprechen.

Hans Janowitz
Jazz
Weidle Verlag,
Bonn 1999
13 × 20,5 cm, 144 Seiten
Schriften: Italian Old Style
und Aurora
Werkdruckpapier

FF

Die verschieden strukturierten Texte – Einführung, Tagebücher, Erzählungen, Gedichte – sind durch ausgiebige, ja sogar ausufernde Fußnoten kommentiert und erschlossen. Auch alle Bildlegenden sind Fußnoten.

Bildlegenden und Fußnoten haben sich in der Textmenge meist zurückzuhalten, zumal bei Büchern, die sich an ein breiteres Publikum richten. Hier ist das anders: ein paßbildgroßes Foto erhält eine Legende, die das Vierfache der Fläche des Bildes benötigt. Das ist keine grundlose Undiszipliniertheit, sondern die ausgelassenen, oft geradezu klatschsüchtigen, dabei äußerst material- und hinweisreichen Fußnoten werden in jeder Hinsicht der dargestellten Person und der dargestellten Zeit gerecht.

Viktor Rotthaler (Hg.)
Marcellus Schiffer –
Heute nacht oder nie
Weidle Verlag in Zusammenarbeit mit der Stiftung Archiv der Akademie der Künste, Berlin, Bonn, 2003
17 × 24 cm, 248 Seiten
Schriften: Italian Old Style, Aurora Grotesk und Lo-Type
leicht gestrichenes Papier, fast weiß

FF

91 Paul Schneider-Duncker (1883–1956), Schauspieler, Chansonnier. Gründete 1904 zusammen mit dem Komponisten Rudolf Nelson den »Roland von Berlin«.

92 Hubert von Meyerinck (1896–1971), Schauspieler, Chansonnier. Trat im Schall und Rauch und Rosa Valettis Cabaret Larifari auf. Spielte in den Schiffer-Revuen *Es liegt in der Luft* und *Quick*. Wirkte als »Knallcharge« vom Dienst in zahlreichen Filmkomödien mit: von Friedrich Hollaenders *Ich und die Kaiserin* (1933) bis zu Billy Wilders *One, Two, Three* (1961).

ich wüßte! Sie wäre viel angenehmer, wollte sie nicht immer anders behandelt sein, als sie es braucht. So mit Geist – und so. Erbauliches Verhör durch Marguerites Vater mit Mutter bei Josty während ihrer Reise. Sie war vierzehn Tage mit Frau Kahle verreist. – Für Rochus-Gliese-Film hatte ich hier allerhand zu erledigen. Noch nichts Bestimmtes für mich – aber fest versprochen! Aber det kennt man ja. Also abwarten, was da geboren wird. – Uli hat Aussicht auf Kronprinzen-Palais-Ankauf. Sehr gespannt darauf. – Habe neues Stück geschrieben: *Anastasia, Mädchen, das so müde war*. – Mit der Wilden Bühne in Verhandlungen wegen *Raffael Maria Meyer*. – Gussy Holl gefiel die Musik von Zmigrod nicht besonders. Er hat sich außerdem sehr ungeschickt benommen. Sie wird aber sicher die Sachen bringen, wahrscheinlich zwei Abende hier geben oder auch in der Schweiz bei Schneider-Duncker [91] auftreten. Bendow bringt hier nächstens bei der Eröffnung der Wilden Bühne meine Tulpen-Lieder. Kostüm fabelhaft. Sehr gespannt auf Erfolg. – Im Atelier Marcella aufgeräumt mit Gretel und Frau Reuter. Letzter Schlußakt dieser hoffnungsfreudigen Gründung vor ein paar Jahren. – Mit Hubert von Meyerinck [92] zusammengewesen: Will *Doofer Jüngling* vortragen. Klaus Pringsheim [93] Musik. Erst für November, da Bendow nicht mit ihm zusammen will, da er ihn parodiert. – Was noch: Gefühlchen und Dinge, die zwischen den Zeilen zu lesen sind. – Heute vormittag dagegen auf dem Mietseinigungsamt gewesen mit Herrn Mandelbaum. Dös san Gschichten! Mama hat Papiere gekauft für Haus: bisher gut gestiegen – dieweil der Dollar steigt, was auch recht unerfreulich ist! Und der Rathenau-Prozeß [94]!!! Das reine Idiotentheater. Und der Kaiser hat sich verlobt. Ich finde, er müßte zum Präsidenten der Dadaisten erwählt werden! Neues Sprichwort: »Der blinde Hahn findet auch mal ein Hühnerauge!« Eröffnungsvorstellung: Westkammerspiele! *Prinzessin Maleine* [95] von Maeterlinck. Blandine Ebinger eine große Enttäuschung – ein großer Fehler und schade für sie. Aufführung – bis auf Twardowski – katastrophal! Theater – überkatastrophal. Jetzt gibt es da schon: *Pension Schöller* [96] mit dem widerlichen Rudolf Blümner! – Draußen ist es schon wieder reichlich kalt geworden! Das war also der Sommer! Nun kommt wieder mal der Winter! Ich bin gespannt – das heißt – eigentlich auch nicht – aber immerhin! Das Jahr ist ja bald um – wie ein paar Wochen!

Freitag, den 20. Oktober Kotzmiserabel und hoffnungslos. Alles scheint schiefzugehen wie gewöhnlich. Viel Ärger mit dem Engagement beim Rochus-Gliese-Film, das immer noch nicht zustande gekommen. Immer nur Versprechungen und sichere Zusagen, aber kein Vertrag. Wenn das wieder fehlschlägt, glaube ich an gar nichts mehr. Viele Proben in der Wilden Bühne, auch viel Ärger, weil unmögliche Menschen mit nicht gerade meinem Geschmack. Kein Wunder danach der Erfolg des Blauen Vogels. Von mir vier Couplets. *Fliegentüten, Niveau* für Dora Paulsen, eine eingebildete, mäßig begabte Anfängerin, der es sich nicht einmal lohnt meine Meinung zu sagen, weil sie zu blöde ist. *Charlot* von Kate Kühl [97] fabelhaft vorgetragen, und *Die bessere Sache* von Bendow unübertrefflich. – Walter Mehrings [98] Sachen sehr gut – bis auf Gerrons, aber nach meinem Empfinden nicht so für Publikum geeignet. Man fragt: »Na und?« Bis auf *Die kleine Stadt*, die fabelhaft gemacht ist bis auf den letzten Vers, der sehr überflüssig und sentimental: alles schon dagewesen. Mehring selbst wie eine kleine Ratte oder so was, mißgünstig, ehrgeizig, unsympathisch, verbissen, verbittert, unzufrieden mit seinem Aussehen, wie mir scheint. Ein unsympathischer, aber fabelhaft begabter Mensch. – Heute abend ist Premiere des Programms. Sehr gespannt! Toi-toi-toi! –

93 Klaus Pringsheim (1883–1972), Musiker, Direktor der Musikakademie Tokio. Zwillingsbruder von Katia Mann. Arbeitete in Berlin der zwanziger Jahre auch für das Cabaret.

94 Reichsaußenminister Walther Rathenau (*1867) war am 24. Juni 1922 von zwei Offizieren der rechtsextremen »Organisation Consul« ermordet worden.

95 Maurice Maeterlinck (1862–1949): *La princesse Maleine*. Schauspiel in fünf Akten des belgischen Dramatikers, erschienen 1889. Inspiriert von den Grimmschen Märchen *Jungfrau Maleen* und Novalis, gilt das Werk als das erste symbolistische Drama. Maeterlinck selbst bezeichnete es als »ein Stück im Geist Shakespeares für ein Marionettentheater«.

96 Carl Laufs und Wilhelm Jacoby: *Pension Schöller*. Premiere 1889, Mainzer Stadttheater. Georg Jacoby hat den Schwank seines Vaters dreimal verfilmt: 1930, 1952, 1960.

97 Kate Kühl (1899–1970), Diseuse, Schauspielerin. Wurde von Rosa Valetti für Die Rampe entdeckt. Trat in der Wilden Bühne auf mit Chansons von Walter Mehring (*Jazzband*), Max Herrmann-Neiße (*Das wilde Mädchen Kuddly*), Kurt Tucholsky (*Das Leibregiment*) und MS (*Charlot*). Spielte die Lucy in der Uraufführung von Brecht/Weills *Dreigroschenoper*.

98 Walter Mehring (1896–1981), Lyriker, Essayist, Dramatiker. Arbeitete zwischen 1919 und 1921 als Texter für die Cabarets Schall und Rauch, Größenwahn und Wilde Bühne. In dieser Zeit entstanden seine berühmtesten Chansons: *Dressur, Heimat Berlin, Die Kartenhexe, Die Arie der großen Hure Presse, Die kleine Stadt, An den Kanälen, Wenn wir Stadtbahn fahren*. Emigrierte über Paris in die USA. 1953 kehrte er nach Europa zurück. Ließ sich 1958 in der Schweiz nieder.

Die Fußnoten beginnen stets oben auf den Seiten, die Bildlegenden stehen nach Möglichkeit bei ihren Bildern. Wo das nicht möglich ist, wird unbekümmert gebastelt: Im Beispiel oben wurde eine zu lange Fußnote in den Text eingeklinkt, auf der links abgebildeten Doppelseite nehmen die Fußnoten in sonst nirgends vorkommender Vierspaltigkeit sogar den größten Teil der rechten Seite ein.

Inszenierende Typografie *Motto: den Text erschließen*

Vom Altertum über das Barock bis heute haben sich Kalligrafen und Typografen durch bestimmte Texte zu deren typografischer »Inszenierung« anregen lassen. Hier ein epochemachendes Beispiel aus dem 20. Jahrhundert.

Die Scheuche
Märchen, typografisch gestaltet von Kurt Schwitters,
Käte Steinitz, Th. van Doesburg
APOSS Verlag, Hannover 1925
24 × 20,5 cm

Inszenierende Typografie
Der Umgang des Typografen mit einem vorhandenen Text, der durch die Gestaltung gesteigert, in Maßen interpretiert oder gar verfremdet wird, nicht aber dekorativ gegen die Sprache gerichtet ist.

Das beginnt bei oft eher harmlosen Gestaltungselementen, wie sie charakteristisch für die aktivierende Typografie sind, geht über Typografie mit deutlichen historischen Anklängen (etwa an die Zeit der Text- oder Bild-Entstehung) bis hin zu typografisch durchgestalteten, subjektiv interpretierenden Anwendungen.

Zielgruppe
Von Lesern, die Spaß an typografischen Vergnügungen haben, über solche, die Anspielungen und formale Zitate verstehen und schätzen, bis hin zu Lesern, die bereit sind, sich mit einem Text so auseinanderzusetzen wie Theaterbesucher mit einer neuen Inszenierung.

Buchtypen
Fast alle Arten von Büchern können inszenierende Elemente enthalten, nur für Buchtypen mit strengen Strukturen wie Lexika kommt typografische Inszenierung nicht in Frage.

Typografische Mittel
Die Gestaltungsmittel – von strenger Organisation bis zum freiesten Umgang mit der Seite, dem Wort und Buchstabenbild – sind unendlich.

Inszenierende Typografie darf nicht mit scheinbar verwandten Formen verwechselt werden, wie dem Kalligramm oder der visuellen Poesie, bei denen Form und Aussage identisch sind.

Im Grunde ist jede typografische Auszeichnung schon eine kleine Inszenierung. Der Typograf entscheidet, ob er ein Wort *kursiv* oder **fett** hervorhebt. Die Kursive wird wohl eher als *leichte Betonung* wahrgenommen, die fetten Schriften als **Anhebung der Lautstärke.** Das gilt natürlich auch für Schriftgrößen vom Flüstern bis zum Schreien! Auch Schriftmischungen werden, wenn sie deutlich genug sind, allgemein verstanden, man denke nur an 𝔄𝔰𝔱𝔢𝔯𝔦𝔵 𝔟𝔢𝔦 𝔡𝔢𝔫 𝔊𝔬𝔱𝔢𝔫. Die nächste Stufe ist das Verwenden von Stilmitteln, um eine gewisse Stimmung beim Leser hervorzurufen. Das häufigste Beispiel sind historische Anklänge, die ganz subtil – vom Leser womöglich kaum bemerkt, aber seine Lesehaltung eben doch beeinflussend – eingesetzt werden oder auch ganz klar direkt zitierend.

Wobei es sowohl leidenschaftliche Vertreter dieser Art zu gestalten gibt, etwa die Autoren dieses Buches, als auch ebensolche Gegner, die dieses Vorgehen als »illegitime Illustration« bezeichnen und der Ansicht sind, Typografie habe maximale Lesbarkeit zu bieten und sonst nichts. Diese Gegner benutzen gerne Schriften aus der Guten Alten Zeit des dogmatischen Gestaltens, wie Akzidenz-Grotesk oder Times, gegen die beide gar nichts zu sagen ist oder die Flaggschrift gegenwärtiger typografischer Sittenstrenge, die Rotis. Ob sie auch ihre Nahrung in Form von Proteinen, Vitaminen und Ballaststoffen zu sich nehmen? gegen die einiges zu sagen ist

Mit fließendem Übergang geht es weiter zur subjektiven Annäherung an einen Text bis hin zum Spiel mit der Lesbarkeit. Die Fallhöhe ist bei solchen Anwendungen, bei denen man oft die großen Werke der Literatur als Grundlage genommen sieht, naturgemäß besonders hoch, aber desto mehr erfreut das Gelingen, wie etwa bei inszenierten Typografien, die nicht vordergründig sind, sondern eine Konzentration auf den Text ermöglichen, die anders nicht zu haben wäre.

Beispiel → 64–65

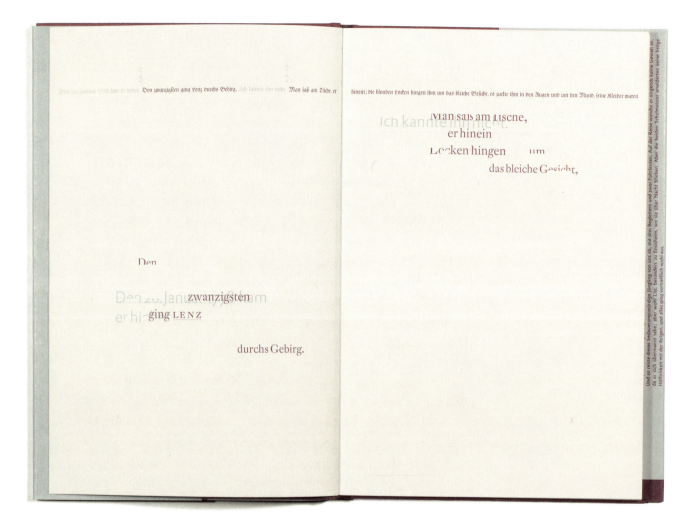

Die Inszenierung umfaßt alle Gestaltungselemente, auch den Einstieg in das Buch: »Der erste, betont inszenierte Teil will in den Überlagerungen die jeweiligen Anfangssätze zusammenführen, die sich in den Textverläufen immer wieder auf neue begegnen und kreuzen« (aus dem Nachwort von Klaus Detjen). Ein üblicher Haupttitel ist nicht vorhanden, auch kein Impressum stört beim Hineingehen in die Texte und das Buch.

Klaus Detjen (Hg.)
Johann Friedrich Oberlin
Der Dichter Lenz im Steintale /
Georg Büchner
Lenz
Steidl Verlag, Göttingen 2003
18 × 27 cm, 96 Seiten
Schriften: DTL Fleischmann,
DTL Prokyon, Zentenar Fraktur
ganz leicht gelbliches
Naturpapier

Klaus Detjen

»Im folgenden Teil werden [...] Oberlins und Büchners Texte im Zusammendruck gezeigt. Der Umbruch ist so gehalten, daß auch hier Gemeinsamkeiten im Erzählverlauf Oberlins und Büchners immer wieder zusammenfallen; es gibt Textpartien, die sich überlagern, und solche, in denen nur die Stimme Büchners oder auch Oberlins zu vernehmen ist.« Dieser weniger freie, konzeptionell strengere Teil wird mit einem Haupttitel eingeleitet, der folglich erst auf Seite 25 des Buches steht.

Wie dieses Buch zwischen Lesetext, philologischer Parallelstellung und subjektiver Durchgestaltung des Typografen steht, ist zu keinem Zeitpunkt eitel und vordergründig, sondern ermöglicht eine Vertiefung in die Texte, die mit anderen Mitteln nicht möglich wäre.

Auf den ersten Blick ein klassischer Haupttitel und ein ebenso klassisches Satzbild. Auf den zweiten Blick Irritation: Ein Teil des Titels, der Lebende Kolumnentitel und die Seitenzahl stehen kopf. Das ist keine (bzw. nicht nur) vordergründige Illustration des im Titel auftauchenden »Umkreises«, sondern löst ein Gefühl von Unwirklichkeit aus, das zu den Texten Lugones', eines frühmodernen Autors der Phantastik, phantastisch paßt.

Leopoldo Lugones
Die Entdeckung des Umkreises
Büchergilde Gutenberg,
Frankfurt am Main, Wien, 1991
24 × 15 cm, 56 Seiten
Schrift: Monotype Fournier
leicht geripptes Werkdruckpapier

HPW

Der französische Vordenker der Dekonstruktion und eine Typografie, die durch Schriftwahl und Details des Aufbaus und der Einzellösungen die Frühzeit des gedruckten Buches zitiert, aber auch vielfach abwandelt? Ein hochkomplexer Text, dessen Lektüre durch die Schwabacher (mit allen Ligaturen und langem s sowie vielen zeittypischen Details) und die Kleinschreibung erschwert wird?

Der Kontrast dieser Elemente macht neugierig und erhöht auf unerwartete Weise die Konzentration beim Lesen. Die Einschübe und Reflexionen auf Französisch und Englisch heben sich geradezu dramatisch vom Grundtext ab. Die Wirkung des Ganzen ist frappierend, die Einprägsamkeit des Textes durch die gestalterische Überindividualisierung gesteigert.

Jacques Derrida
meine chancen
Brinkmann & Bose,
Berlin 2000
23 × 14,5 cm, 48 Seiten

Verlagsentwurf

Systematik der Lesearten?

Arno Schmidt
Abend mit Goldrand
Eine Edition der
Arno Schmidt Stiftung
Haffmans Verlag,
Zürich 1993
22 × 34 cm, 302 Seiten
Schrift: Bembo BQ
gelblichweißes Werkdruckpapier

↳

Durch das Beispiel auf dieser Doppelseite wird die Systematik der Lesearten ad absurdum geführt, denn die Typografie des hier gezeigten Buches kann unterschiedlich interpretiert werden.

Die Typografie dieses Buches stammt zunächst vom Autor. Er hat sie getippt. Beim großen Unternehmen, alle vier Typoskript-Romane von Arno Schmidt in gesetzte Typografie umzuformen, wird die Struktur der Seiten getreu erhalten, werden alle Details genau wiedergegeben (nur die Tippfehler nicht).

Zunächst handelt es sich um einen Dialogroman, den man von Anfang bis Ende durchliest, um zu erfahren, was die Leute reden und treiben.

Lineares Lesen.

Zugleich muß man wissen, wer da spricht, und sich vorstellen, was sonst geschieht, wie es im Kleingedruckten erzählt wird.

Differenzierende Typografie.

Der Text spaltet sich, wie bei der Seite oben, oft in Textteile auf, die durch Linien, Spaltenbreite und Zeilenabstand unterschieden sind. Bis zu drei Handlungsstränge spielen sich gleichzeitig ab und sind nebeneinander erzählt, ohne Anleitung für die Lesereihenfolge. Zitate sind zusätzlich eingeschoben.

Inszenierende Typografie.

Systematik der Lesearten? Lesearten **65**

Bei der obenstehenden Seite schieben sich die Textarten gar ineinander. Was soll man zuerst lesen? Wo geht es weiter, in der Nachbarspalte oder auf der nächsten Seite in der entsprechenden Spalte? Das muß der Leser selbst herausbekommen und entscheiden, in welcher Reihenfolge er liest.

Selektierendes Lesen.

Wenn man die ersten beiden Zeilen der Seite rechts gelesen hat: wo und wie geht es weiter? In der linken Spalte, in die das Auge zunächst weitergehen möchte, wird gesprochen; in der rechten Spalte wird auch gesprochen, aber nur dort geht es weiter, jedoch etwas kleiner, als es begonnen hat. Da wird offenbar durcheinandergesprochen. Die Typografie macht es sichtbar.

Inszenierende Typografie.

Und wenn man genau hinschaut beim Lesen: auf allen Seiten eine Menge von Punkten, Klammern, Strichen, Kommas und anderen Satzzeichen, die alle mitmachen, die nicht die Sätze strukturieren, sondern die Wörter beeinflussen, die Teil des Textes sind.

Differenzierende Typografie?
Inszenierende Typografie?

Stellt das den Sinn einer solchen Systematik in Frage?

Wir denken: nein. Die Systematik ist aus der Praxis der Buchgestaltung heraus entstanden und hat sich oft als hilfreich herausgestellt, bei eigenen Überlegungen und bei Gesprächen mit Auftraggebern.

Die Systematik der Lesearten soll nicht Schubladen öffnen, in denen man etwas verstauen kann. Die Systematik hat nicht den Zweck, etwas nachträglich einzuordnen, und soll schon gar kein Vorschriften-Regelwerk sein. Sie soll vor und während der Arbeit die Antwort auf die Frage erleichtern:

Was will ich eigentlich machen?

Orthotypografie, das heißt: so muß gesetzt werden und nicht anders, das ist die einzig richtige Typografie. Wir können das heute nicht mehr sagen. Dazu sind die Satz- und Drucktechnik, die typografischen Vorstellungen und vor allem das Leseverhalten zu sehr in Bewegung geraten.

Daß es eine ganze Reihe von typografischen Problemen gibt, die unabhängig von stilistischen Fragen besser oder schlechter gelöst werden können, ist Thema dieses Buches.

Daß es einige allgemeingültige Voraussetzungen gibt, ist Thema dieses Kapitels.

Daß es auch heute noch in der Typografie um richtig oder falsch gehen kann, ist Thema der Seite »Orthotypografie«, auf der wir den Begriff neu definieren.

Hieronymus Hornschuch
Orthotypographia, Hoc est: Instructio, operas typographicas correcturis; et admonitio, scripta sua in lucem edituris Utilis & necessaria.
Michael Lantzenberger, Leipzig 1608

Christian Gottlob Täubel
Orthotypographisches Handbuch; oder: Anleitung zur gründlichen Kenntniß derjenigen Theile der Buchdruckerkunst, welche allen Schriftstellern, Buchhändlern, besonders aber denen Correctoren unentbehrlich sind.
Christian Gottlob Täubel, Halle und Leipzig 1785

Kapitel 2 Voraussetzungen

Lesen: Das Wort, die Zeile, die Seite, das Blättern **68**   Lesen: Format, Gewicht, Papier **70**   Zur Wirkung der Schrift **72**

Schrift und Lesbarkeit **74**   Zurichtung und Laufweite **76**   Kerning und Ligaturen **77**   Laufweite und Lesbarkeit **78**

Wortabstand und Lesbarkeit **79**   Zeilenabstand und Lesbarkeit **80**   Weitere Komponenten der Lesbarkeit **81**

»Orthotypografie« **82**   Satzspiegel, Binden und Lesen **84**   Die bedruckte und die unbedruckte Fläche **86**

Wir haben gesagt: *Die* Typografie gibt es nicht. Jede Leseart stellt andere Anforderungen an die typografische Gestaltung. Es gibt aber Voraussetzungen, die in jedem Fall gelten. Sie müssen bedacht werden, **bevor** man sich den Einzelthemen und -problemen zuwenden kann.

Ein typografisches Grundlagenbuch, das sich mit »**Lesetypografie**« sehr gut ergänzt, ist »**Detailtypografie**« von Friedrich Forssman und Ralf de Jong. »Lesetypografie« behandelt das Gebiet von grundsätzlichen Fragen wie Lesearten bis hin zum ästhetisch und funktional richtigen Einsatz von Layoutstrukturen; die danach und daraufhin entstandene »Detailtypografie« behandelt alles, was innerhalb einer Zeile passiert: beginnend bei Zurichtung, Kerning und Laufweite gibt das Buch gestalterische und technische Hinweise zu allen satztechnischen Fragen – auch zu solchen, von denen man vor der Lektüre des Buches noch gar nicht wußte, daß man sie hat.

Die Themen dieses Kapitels werden nicht im Sinne einer Einführung in die Typografie für Anfänger dargestellt (dafür gibt es »Erste Hilfe in Typografie« von denselben Autoren), sondern nur kurz angesprochen, um sie ins Gedächtnis zu rufen und zu systematisieren.

Alles, was der Typograf bei der Anlage des **Satzdokuments** oder in der **Satzanweisung** festlegt, hat mit **Lesbarkeit** zu tun, unabhängig davon, ob es sich um eine Zeitung, einen Beipackzettel, einen Fahrplan oder ein Buch handelt:
– die typografische Grundkonzeption,
– die Wahl der Schrift,
– Schriftgröße,
– Satzbreite,
– Laufweite,
– Zeilenabstand,
– Zeilenzahl oder Bildflächengröße,
– die Grundeinstellungen für die verschiedenen Satzarten,
– Auszeichnungen und Gliederungen,
– die Angaben für die Satzdetails.

Voraussetzungen für das Verständnis der Voraussetzungen
Da sich diese Arbeit nicht an Anfänger, sondern an Praktiker wendet, wird vorausgesetzt, daß einige Grundkenntnisse vorhanden sind:
– Kenntnisse über den Wahrnehmungsvorgang (wie Fixation, Augensprung),
– der Schriftgeschichte (Renaissance-, Barock-, klassizistische Antiqua, entsprechende Groteske und Serifenlose, Frakturen etc.),
– der allgemeinen typografischen Begriffe (Blocksatz, Flattersatz, Kolumne, Zwischenschlag, Unterschneidung, Kerning etc.),
– der buchspezifischen Begriffe (Vorsatz, Bundsteg, Schmutztitel, Falz etc.),
– der verschiedenen typografischen Maßsysteme (Didot-Punkt, mm, Pica-Point, Durchschuß, Zeilenabstand etc.),
– der Materialien (Druckpapiere, Vorsatz, Überzugsmaterialien, Folien etc.).

Die wichtigsten Fachbegriffe werden im Glossar (Seite 8) und manchmal auch im Textzusammenhang kurz erläutert. Im Anhang gibt ein Literaturverzeichnis Auskunft über Fachbücher, die unter anderem diese Voraussetzungen schaffen oder festigen können.

Lesen: Das Wort, die Zeile, die Seite, das Blättern

Das Wort

besteht aus Buchstaben. Wir lernen lesen, indem wir uns zunächst die Formen der **Buchstaben** einprägen. Wir speichern dabei eine Art **Schablone** für jedes Zeichen. Beim Lesen vergleichen wir, ob eine Buchstabenform mit dieser Schablone übereinstimmt.

Falls der Buchstabe nicht erkannt wird, muß die nächste Instanz befragt werden: **das Wort**. Von dessen **Gesamtbild** wird auf seine **Bedeutung** geschlossen und der irritierende Buchstabe eingeordnet. (Wenn das Wort unbekannt ist, kann das schiefgehen, wie jeder aus dem Umgang mit fremden Sprachen weiß.) Wenn die schlecht lesbare, weil unvertraute Buchstabenform häufig genug vorkommt, wird sie in das Repertoire der Schablone integriert und ist von nun an gut lesbar.

Die »Schablonen-Theorie« ist die für Schriftentwerfer und Typografen plausibelste Erklärung, unabhängig von ihrer absoluten Gültigkeit.

Der Vorgang des Lesens ist hier natürlich schematisiert dargestellt. In Wirklichkeit ist alles, wie immer, viel komplexer.

Ähnlich wie die Buchstaben können sich durch häufiges Lesen ganze Wörter als **Wortbild-Schablone** einprägen. Das ist der Grund, weshalb Vielleser schneller lesen können. Unbekannte Wortbilder sind Stopper beim Lesen. Sie können mit Hilfe der nächsten Instanz, dem **Sinnzusammenhang** des Satzes, entschlüsselt werden.

Ein Wortbild ist dann nicht eingeprägt, wenn das Wort selbst unbekannt ist, aber auch, wenn in ihm unvertraute **Buchstabenformen** vorkommen. Das ist der Grund, warum unsere Textschriften einander so ähnlich sind:

Besondere, auch besonders schöne Buchstaben verändern das gewohnte Wortbild und stören beim Lesen.

Aber auch wenn die Buchstaben einer Schrift einander zu ähnlich sind, können die Wortbild-Schablonen versagen, und es muß beim Sinnzusammenhang nachgefragt werden, ob es sich um ein I oder ein l handelt (nämlich um ein großes i oder ein kleines L) oder ob die zu eng stehenden Buchstaben rn mit einem m verwechselt wurden.

Nicht die einfachsten, sondern die eindeutigsten Buchstabenformen ergeben die einprägsamsten Wortbilder.

Die Zeile

Wir lesen nicht, indem das Auge über die Zeile gleitet, sondern indem es mit einer ruckartigen Augenbewegung (**Saccade**) von einem festen Punkt (**Fixation**) zum nächsten springt. Während der Saccade nimmt man nichts wahr; während der Fixation sieht das Auge.

Wenn das Auge bis zum Zeilenende gesprungen ist, muß es den Weg zum Beginn der neuen Zeile finden (**Rückschwung**).

Bei einer Fixation sieht man ungefähr die Menge von neun Zeichen auf einmal, mehr oder weniger unabhängig von der Schriftgröße. Wenn die Buchstaben- oder Wortbilder in die »Schablone« passen, kann die Bedeutung verstanden werden und das Auge kann weiterspringen. Wenn nicht, muß analysiert werden.

Meistens wird die Bedeutung aus dem Zusammenhang verständlich, das heißt, daß das Auge zur nächsten Fixation weiterspringen muß und dann wieder zurück (**Regression**), um zu prüfen, ob die vermutete Bedeutung zum Wortbild paßt. Wenn das nicht übereinstimmt, muß buchstabiert werden.

Nicht nur unklare Wort-Zusammenhänge stören. Auch zu große Abstände zwischen Bestandteilen, die zusammengehören, zu geringe Abstände zwischen Bestandteilen, die nicht zum Wort gehören, oder ohne Grund auffallende Elemente in der Nachbarschaft des fixierten Wortes können ablenken.

Das bedeutet Verzögerung. Ein Teil der Aufmerksamkeit wird der Beschäftigung mit dem Inhalt entzogen. Das ist eine Definition für schlechte Lesbarkeit.

Die Seite

Als Abendländer sind wir gewohnt, von links nach rechts und von oben nach unten zu lesen. Bei normalem, einspaltig oder mehrspaltig fortlaufendem Satz ist das selbstverständlich.

Doch in welcher **Reihenfolge** liest man, wenn in der Mitte der Kolumne Bilder eingebaut sind, wie es manche Kinderbuch- oder Magazintypografen lieben? Die Zeile beginnt links neben dem Bild, das Bild muß übersprungen werden, rechts vom Bild geht es weiter und wieder zurück übers Bild hinweg. Oder sollen die Zeilen links vom Bild zuerst gelesen werden? In jedem Fall gibt es Konfusion.

Oder bei zweispaltigem Satz, in den Bilder über beide Spalten hinweg eingebaut sind: Soll man das Bild überspringen und spaltenweise weiterlesen oder zuerst beide Spalten über dem Bild lesen und dann nach links unter das Bild springen?

Wenn es sich dabei um einen eindeutig fortlaufenden Lesetext handelt, hat man wohl schnell heraus, wie es weitergeht. Doch bei Seitenstrukturen mit mehreren Textqualitäten, etwa beim selektierenden Lesen, kann eine solche Typografie erhebliche Verwirrung stiften.

Nicht nur die **unklare Anordnung** kann das Lesen beeinträchtigen, sondern auch die **Ablenkung.** Wenn Teile der Typografie sich auffallend gebärden, ohne die Hauptsache zu sein – sei es durch ihre visuelle Lautstärke, sei es durch besondere Schönheit –, stört das beim Lesen.

Das Blättern

Wenn man eine Seite durchgelesen hat, liest man auf der nächsten weiter, man wechselt nur von der letzten Zeile links unten zur ersten Zeile rechts oben, oder man blättert um und liest auf der Rückseite des Blattes weiter.

Das scheint die selbstverständlichste Sache der Welt zu sein. Doch die Frage, was beim **Umblättern** passiert, führt zu einigen Einsichten ins »Medium Buch«.

Bei jedem Umblättern wird (dem Leser natürlich unbewußt) der **Körper des Buches** gespürt. Während die rechte Hand nach der Kante der Seite tastet um umzublättern, lastet das Gewicht stärker auf der Linken. Die spürt das **Material des Einbandes** oder des Umschlages, die rauhe oder glatte, kühle oder warme Oberfläche. Die Finger der Rechten spüren die Oberfläche und die Dicke des **Papiers,** seinen größeren oder geringeren Widerstand beim Umwenden der Seite, das Licht auf dem vorübergehend gewölbten Papier betont die Färbung und Struktur seines Stoffes, glänzend und glatt oder rauh und matt. Und jedes Papier hat seinen typischen **Klang,** jedes Buch hat seinen typischen **Geruch.** Die Festigkeit oder Flexibilität der Pappe, die Art der Bindung, ob die Seite sich gutwillig umwenden läßt oder spröde zurückspringt – alles gehört zum Wesen des Buches:

Die Abstimmung der Materialien ist in weiterem Sinn ein Teil der Typografie, die den Text interpretiert.

Ein Buch ist ein sinnliches Ding.

Beim Umblättern geschieht noch mehr. Die Typografie wird gern mit der Architektur verglichen. »Die Architektur der Buchseite«, das bezeichnet gut ihren Aufbau unter den Gesichtspunkten der Flächen, Strukturen und Proportionen, das bezeichnet treffend die Gliederung in verschiedene »Räume«.

In der Tat muß ein Typograf eher wie ein Architekt denken als wie ein Grafiker, der ein zweidimensionales Plakat oder eine Anzeige entwirft. Dazu gehört auch das konzeptionelle Denken, denn ein Typograf macht ja nur den Bauplan, den andere ausführen, selbst wenn er, wie inzwischen üblich, sein eigener Setzer ist.

Der Architekturvergleich führt noch weiter: Der Bauplan ist das eine, die Bewegung der Bewohner von Raum zu Raum das andere. Ebenso ist beim Buch mit der Konstruktion des typografischen Bauplans noch längst nicht alles getan.

Was macht der Leser, wenn er am Ende einer rechten Seite angekommen ist? Er muß das Lesen unterbrechen. Beim Umblättern entsteht nicht nur die **Bewegung** des Blattes, es vergeht auch **Zeit;** im Leser, der ja weiterlesen möchte, entsteht Spannung, eine **Erwartungshaltung.** Und wenn er auf der neuen Seite wieder zu lesen beginnt, muß er sich daran **erinnern,** was er zuletzt gelesen hat. Das ist der Rezeption des bewegten Bildes vergleichbar.

Ein Buch ist ein kinetisches Objekt.

Das Umblättern bringt nicht notwendig Lese-Kontinuität mit sich, es kann überraschen. Am häufigsten werden wir überrascht, weil es nicht weitergeht mit dem Lesen, sondern die erste neue Zeile nur noch aus wenigen Wörtern besteht und dann der Gedanke, der Absatz zu Ende ist. Ein solches kurzes »Hurenkind« ist ein störender Stolperstein, der bei guter Typografie vermieden wird.

Es kann auch dann nicht richtig weitergehen, wenn die letzte Zeile einer rechten Seite die volle Zeilenbreite ausfüllt, und man erst nach dem Umblättern merkt, daß sie die letzte Zeile eines Kapitels war.

Vom Lesen ausgehende Typografen werden deshalb versuchen, Ausgangszeilen und Ausgangsseiten dem Leser rechtzeitig als solche kenntlich zu machen.

Es ist zu fragen, ob die alte Umbruchregel, daß eine rechte Seite nicht mit einer Worttrennung enden dürfe, so gescheit ist. Ein getrenntes Wort, so es nicht verstümmelt oder entstellt ist, führt unmißverständlich weiter.

Höchst ärgerlich kann es für den Leser sein, wenn er erst nach dem Umblättern merkt, daß es eigentlich weitergegangen wäre, zum Beispiel wenn er ein Gedicht als abgeschlossen empfunden hat und dann erst merkt, daß noch eine Strophe dazugehört, die seine erste Empfindung widerlegt; oder wenn eine scheinbar abgeschlossene Aufgabe, eine Fußnote oder eine Aufzählung erst nach dem Umblättern vollständig wird.

Ein vom Lesen ausgehender Typograf wird dem Leser solche Peinlichkeiten ersparen und durch einen unvollständigen Satz oder eine Trennung signalisieren, daß es noch weitergeht.

Wenn es nicht um das Lesen, sondern um das Sehen geht, kann das Element der Bewegung, die Erwartung, das Erinnern, die Überraschung zum Konzept des kinetischen Buches werden: durch Bildteile, die Überleitungen einleiten, durch Bildergänzungen, die der Erwartung widersprechen, durch eine Bild-Dramaturgie, infolge derer das Buch nicht mehr nur eine **neutrale Hülse** für seinen Inhalt ist, sondern durch die Eigenart seines Körpers zum **Bestandteil der Aussage** wird – Möglichkeiten, die bei Bilderbüchern oder Bild-Büchern von den Illustratoren bei weitem nicht ausgereizt sind und auch bei der aktivierenden Typografie erst in Ansätzen genutzt werden.

Lesen: Format, Gewicht, Papier

Das Format und das Gewicht eines Buches sollten von seiner Funktion bestimmt werden. Das klingt selbstverständlich, doch oft wird das **Produkt** Buch von der **Produktion** und nicht von der **Funktion** her bestimmt.

Nicht wie es für den Leser am besten ist, sondern wie es für die Druck- und Falzmaschinen am günstigsten ist, ist dann ausschlaggebend für die Konzeption. So kann es passieren, daß eine Schulbuchreihe den Schülern unlesbar lange Zeilen vorsetzt, nur weil sie zusammen mit einem großformatigen Periodikum produziert wird. Das ist nicht der richtige Ansatz für **Lesetypografie.**

Format

Bei **Bildbänden** bestimmen die Bildformate das Buchformat und seine Proportionen. Kommen Quer- und Hochformate zugleich vor, wird das Buchformat eher stumpf sein; bei durchgängig hoch- oder durchgängig querformatigen Bildern wird das Buchformat entsprechend schlanker oder breiter sein.

Wenn die Bild- und Textmengen eines Buches ungefähr gleich groß sind, wird die Entscheidung über die Zeilenlänge das Buchformat bestimmen: soll es ein- oder zweispaltig (oder gar mehrspaltig) gesetzt werden?

Bei Bildbänden und Text/Bildbänden gibt es viele Lösungsmöglichkeiten für die Aufgabe, das richtige Format zu finden. Von sehr großen bis zu sehr kleinen Formaten, von schlanken oder fast quadratischen Proportionen bis zu Querformaten.

Wenn eine quadratische Wirkung erzeugt werden soll, muß erfahrungsgemäß die Breite etwas geringer sein als die Höhe. Exakt quadratische Bücher wirken querformatig.

Bei reinen **Textbänden** ist die Variationsbreite nicht so groß. Das lehrt die Erfahrung unzähliger Leser, die vom Lese-Abstand der Augen und der Größe der haltenden Hand bestimmt ist.
Diese Erfahrung sagt, daß Bücher im Größenbereich von ca. 9 × 15 cm bis höchstens 14 × 22 cm lesegerecht sind.
Darüber und darunter wird es unhandlich.

Gewicht

Bei großformatigen Büchern, die man **auf den Tisch** legt, um sie zu gebrauchen, mag das **Gewicht** keine große Rolle spielen. Hingegen sollten Bücher, die man meistens in **der Hand** hält, nicht zu schwer sein.

Oft allerdings sind sie im Gegenteil zu leicht. Denn leider folgen immer noch viele Verlage der Vertriebs-Devise der 70er Jahre: »viel Buch fürs Geld«, und nehmen möglichst dick aufgeblasenes Papier, damit das Buch umfangreicher aussieht, als es eigentlich ist. Das gibt dann die unförmigen, irritierend leichten Ziegelstein-Bücher, die **Mogelpackungen** sind. Daß diese hochvolumigen Papiere steif und unangenehm für die Finger sind, sich schlecht bedrucken lassen, daß Schrift und Bilder breiig-weich darauf stehen und die Bögen sehr schlecht zu falzen sind, stört die Verkäufer nicht.

Eine neuere Untugend sind die Devisen: Je mehr Kilo Buch pro Euro, desto besser, und: Alles unter 27 cm Höhe darf nur die Hälfte kosten. Das Ergebnis: Bücher und Kataloge, die man kaum nach Hause tragen kann.

Es scheint sich allerdings herumzusprechen, daß der Wert eines Buches nicht von seiner Masse abhängt, sondern von seiner Eigenart und der Intensität seiner Ausstrahlung. Und dazu gehört nicht nur ein attraktiver Buchumschlag und ein schöner, dauerhafter Einband, nicht nur guter Druck und eine funktionsgerechte und bewußt gestaltete Typografie, sondern auch das richtige Papier (und die richtige Bindung, siehe Seite 84).

Papier und Lesen

Die Drucker raten gern zu gestrichenen Papieren mit glatter Oberfläche, weil der Rasterpunkt darauf am besten steht. Doch ist Qualität nicht nur eine Sache der **Schärfe** und Präzision, sondern auch eine Sache der **Atmosphäre.** Den Abbildungen, speziell den Landschaftsfotografien, wird häufig durch überscharfe **Reproduktion** die Luft genommen. Und die Schrift steht auf solchen Papieren so spitz, daß es besonderer Kunst bedarf, sie lesbar zu erhalten.

Auch für die **Papierwahl** gibt es keine Patentrezepte. Die Fragen sind:
– Wie wird das Buch benutzt?
– Wie lange soll es leben?
– Was soll es kosten?
– Muß in erster Linie die Schrift gut zu lesen sein oder müssen vor allem die Farben der Bilder exakt getroffen werden?
– Ist das Papier gut bedruckbar?
– Läßt es sich gut falzen und blättern?

Danach können der Stoff, die Oberfläche, das Gewicht, das Volumen, die Opazität und die Färbung des Papiers bestimmt und gewählt werden.

Grundfragen sind:
– Geht es in erster Linie um die **Wirkung der Bilder** oder um die **Lesbarkeit des Textes**? Oft kann die Frage nicht eindeutig beantwortet werden. Es muß weitergefragt werden:
– Erläutert der Text die Bilder?
– Wird der Text in größerem Zusammenhang fortlaufend gelesen oder eher auszugsweise?

Aus den Antworten ergibt sich die Suche nach dem richtigen Papier und nach der richtigen Schrift.

Papier und Bild

Wenn es vor allem auf **farbgetreue Bildwiedergabe** ankommt – etwa bei Spektralanalyse, Kunstabbildungen oder einem Lehrbuch über Hautkrankheiten – wird hochweißes **Kunstdruckpapier** das beste sein. Die Wahl schwankt dann nur zwischen glänzender, halbmatter oder matter Oberfläche.

Daß der Text auf ganz weißen Papieren schlechter zu lesen ist, muß in Kauf genommen werden. Der Typograf wird dem entgegenwirken, indem er eine stabile Schrift wählt.

Wenn es mehr auf die **Atmosphäre** als auf absolute Farbtreue der Bilder ankommt – etwa bei historischen Vorlagen, die ohnehin auf vergilbtem Papier stehen, oder bei Bildern mit schmückendem Charakter –, ist wohl in jedem Fall eine matte Oberfläche und ein gebrochenes Weiß angemessen. Auch Fotos stehen auf solchen Papieren oft glaubwürdiger.

In der Regel werden für derlei Aufgaben **gestrichene Papiere** genommen, die ja in einer breiten Qualitätsskala angeboten werden. Doch beweist die heutige Drucktechnik immer wieder, daß es möglich ist, auch auf **Naturpapier** oder auf satiniertem (also nur geglättetem) oder ganz schwach gestrichenem Papier in feinem Raster Bilder in hoher und höchster Qualität zu drucken. Dann haben Typograf und Leser mit der Schrift keine Probleme.

Papier und Text

Wenn die Aufgabe darin besteht, den **Text** möglichst gut lesbar zu machen, scheiden hochweiße Papiere und Papiere mit **glänzender Oberfläche** generell aus.

Wieviel **Griff** das Papier hat oder wie glatt es ist, ob seine **Färbung** etwas gelblicher oder weißer sein soll, liegt am Feingefühl des Buchgestalters, der den Charakter des Buches durch die Abstimmung von Papier und Schrift treffen soll.

Holzschliffhaltiges (fast holzfreies) Papier kann für die Finger und die Augen angenehm sein, doch ist seine Lebensdauer begrenzt – ebenso wie die aller säurehaltigen Papiere, die generationenlang verwendet wurden, seit 20 Jahren aber kaum noch.

Das Papier ist keine Konstante beim Büchermachen. Auch wenn die Bezeichnung bleibt, kann sich die Zusammensetzung und damit das Verhalten ändern. Deshalb ist es immer aufs Neue nötig, das Papier in Absprache mit dem Drucker und dem Buchbinder auszuwählen und nicht nur auf die eigene Erfahrung zu bauen.

Daß beim Papiereinkauf die Kosten eine entscheidende Rolle spielen, braucht nicht betont zu werden.

Doch allen Einschränkungen zum Trotz bestätigt sich immer wieder, daß das mühsame Suchen nach dem richtigen Papier durch ein stimmiges Buch belohnt wird.

Durchscheinen

Eine Beschaffenheit des Papiers hat mehr Einfluß auf die Typografie als jede andere: seine **Opazität.** Ganz opak sind nur holzschliffhaltige, stark gefüllte oder extrem dicke Papiere; alle normalen Papiere scheinen durch. Darauf muß der Typograf sich einstellen, indem er sein Konzept so anlegt, daß alle Textzeilen **Register** halten. Nicht in allen Fällen ist ein Ganzzeilen-Register möglich, zum Beispiel wenn volle Leerzeilen zwischen den Strophen eines Gedichtbandes oder über den Stichwörtern eines Nachschlagewerkes übermäßig viel Platz verbrauchen würden. In solchen Fällen kann mit halben Leerzeilen gearbeitet werden. Dadurch wird ein »**verschobenes Register**« erreicht, das heißt, jede zweite Textgruppe hält Register, die anderen Textgruppen stehen im Zwischenraum der Gegenzeilen. Das kann durchaus reizvoll aussehen und auch ohne Notwendigkeit bevorzugt werden, wie dieses Buch zeigt.

Es gibt Konstellationen, die es unmöglich machen, registerhaltig zu setzen, etwa wenn sich Schriftgrade mit unterschiedlichen Zeilenabständen auf einer Textseite mischen. Dann hilft nichts anderes, als ein möglichst **opakes Papier** zu suchen.

Das Ziel wird immer sein, das Konzept registerhaltig anzulegen. Das kann bei aller Planungssorgfalt auf dreierlei Weise verdorben werden:
– durch fehlerhafte Satzausführung, wenn zum Beispiel größere Zwischenüberschrifen das Register verschieben,
– durch Stand-Ungenauigkeiten bei Schön- und Widerdruck (die bei einem guten Drucker nicht vorkommen dürfen)
– und durch Verschiebungen beim Falzen (die kein noch so guter industrieller Buchbinder ganz vermeiden kann).

Jede Verschiebung des Zeilenregisters stört beim Lesen.

Das Durchscheinen ist jedoch bei **Bildern** nicht weniger störend als bei Textseiten. Die größeren Flächenschatten, vor allem bei dunklen Bildhintergründen, sind auch durch opakeres Papier kaum zu verdrängen.

Kaum ein Layoutkonzept, das von der Bildwirkung ausgeht, kann unterschiedliche Bildproportionen vermeiden. Es ist also nötig, das Bildlayout so anzulegen, daß die Bildflächen einander unterstützen, in dem Sinne, daß eine größere durchscheinende Bildfläche zum Beispiel das kleinere Bild wie ein Passepartout umgibt oder die Überschneidungen unzufällig und reizvoll aussehen. Das heißt umgekehrt:

Bildflächenunterschiede und Überschneidungen durch Standdifferenzen von nur wenigen Millimetern müssen grundsätzlich vermieden werden.

Ein Typograf wird also immer das Durchscheinen des Papiers in sein Konzept einbeziehen. Kapitelanfänge, Spitzkolumnen, Gedichte oder Titelseiten werden durch das Durchscheinen der Gegenseite und der Folgeseiten in den Satzspiegel einbezogen, die Architektur der Buchseiten bleibt spürbar, auch wenn zum Beispiel Bilder frei angeordnet sind.

Das Durchscheinen ist ein Stabilisierungsfaktor der Buchtypografie.

Wer die Opazität nicht berücksichtigt, wird bestraft.

Zur Wirkung der Schrift

Die Schrift, in der ein Buch gesetzt wird, muß zweierlei leisten:
– Sie muß funktionieren, also dem jeweiligen Zweck des Buches, seiner Leseart, entsprechen.
– Sie soll die »Wellenlänge« haben, die dem Text entspricht, ihre formale Ausstrahlung soll den Charakter des Buches widerspiegeln.

Diese **Anmutung** der Schrift ist eigentlich nicht Thema dieses Buches, bei dem es vor allem um die funktionale Ebene der Buchtypografie gehen soll. Doch sie ist von großer Bedeutung für die Wirkung eines Buches. Dafür gibt es »Wegweiser Schrift« von Hans Peter Willberg.

Um wenigstens kurz zu illustrieren, was gemeint ist, wird hier der gleiche Text in sechs verschiedenen Schriften gezeigt.

Der Vergleich beweist: Schrift nimmt **Bezug zum Inhalt,** jede Schriftwahl ist Interpretation, »neutrale« Schriften kann es nicht geben.

Bei den meisten Beispielen dieses Buches wurde ein Blindtext verwendet, der aussieht wie ein normaler Lesetext, aber keinerlei Sinn ergibt, damit man gar nicht erst in Versuchung kommt, ihn zu lesen oder zu entschlüsseln. Hier, wo es um die Beziehung von Textinhalt und Schriftform geht, muß echter Text stehen (hier der Anfang des Grimm-Märchens »Die Rabe«).

Es war einmal eine Königin, die hatte ein Töchterchen, das war noch klein und mußte noch auf dem Arm getragen werden. Zu einer Zeit war das Kind unartig, und die Mutter mochte sagen, was sie wollte, es hielt nicht Ruhe. Da ward sie ungeduldig, und weil die Raben so um das Schloß flogen, öffnete sie das Fenster und sagte: »ich wollte, du wärst ein Rabe und flögst fort, so hätt' ich Ruhe.« Kaum hatte sie das Wort gesagt, so war das Kind in eine Rabe verwandelt und flog von ihrem Arm zum Fenster hinaus. Sie flog aber in einen dunklen Wald und blieb lange Zeit darin, und die Eltern hörten nichts von ihr. Danach führte einmal einen Mann sein Weg in diesen Wald, der hörte die Rabe rufen und ging der Stimme nach: und als er näher kam, sprach die Rabe: »ich bin eine Königstochter von Geburt und bin verwünscht worden, du aber kannst mich erlösen.« »Was soll ich tun?« fragte er. Sie sagte: »geh weiter in den Wald, und du wirst ein Haus finden, darin sitzt eine alte Frau, die wird dir Essen und Trinken reichen, aber du darfst nichts nehmen: wenn du etwas issest oder trinkst, so ver-

Van Dijck Book

Es war einmal eine Königin, die hatte ein Töchterchen, das war noch klein und mußte noch auf dem Arm getragen werden. Zu einer Zeit war das Kind unartig, und die Mutter mochte sagen, was sie wollte, es hielt nicht Ruhe. Da ward sie ungeduldig, und weil die Raben so um das Schloß flogen, öffnete sie das Fenster und sagte: »ich wollte, du wärst ein Rabe und flögst fort, so hätt' ich Ruhe.« Kaum hatte sie das Wort gesagt, so war das Kind in eine Rabe verwandelt und flog von ihrem Arm zum Fenster hinaus. Sie flog aber in einen dunklen Wald und blieb lange Zeit darin, und die Eltern hörten nichts von ihr. Danach führte einmal einen Mann sein Weg in diesen Wald, der hörte die Rabe rufen und ging der Stimme nach: und als er näher kam, sprach die Rabe: »ich bin eine Königstochter von Geburt und bin verwünscht worden, du aber kannst mich erlösen.« »Was soll ich tun?« fragte er. Sie sagte: »geh weiter in den Wald, und du wirst ein Haus finden, darin sitzt eine alte Frau, die wird dir Essen und Trinken reichen, aber du darfst nichts nehmen: wenn du etwas issest oder trinkst,

Rockwell

Es war einmal eine Königin, die hatte ein Töchterchen, das war noch klein und mußte noch auf dem Arm getragen werden. Zu einer Zeit war das Kind unartig, und die Mutter mochte sagen, was sie wollte, es hielt nicht Ruhe. Da ward sie ungeduldig, und weil die Raben so um das Schloß flogen, öffnete sie das Fenster und sagte: »ich wollte, du wärst ein Rabe und flögst fort, so hätt' ich Ruhe.« Kaum hatte sie das Wort gesagt, so war das Kind in eine Rabe verwandelt und flog von ihrem Arm zum Fenster hinaus. Sie flog aber in einen dunklen Wald und blieb lange Zeit darin, und die Eltern hörten nichts von ihr. Danach führte einmal einen Mann sein Weg in diesen Wald, der hörte die Rabe rufen und ging der Stimme nach: und als er näher kam, sprach die Rabe: »ich bin eine Königstochter von Geburt und bin verwünscht worden, du aber kannst mich erlösen.« »Was soll ich tun?« fragte er. Sie sagte: »geh weiter in den Wald, und du wirst ein Haus finden, darin sitzt eine alte Frau, die wird dir Essen und Trinken reichen, aber du darfst nichts nehmen: wenn du etwas issest oder trinkst,

Walbaum Standard

Es war einmal eine Königin, die hatte ein Töchterchen, das war noch klein und mußte noch auf dem Arm getragen werden. Zu einer Zeit war das Kind unartig, und die Mutter mochte sagen, was sie wollte, es hielt nicht Ruhe. Da ward sie ungeduldig, und weil die Raben so um das Schloß flogen, öffnete sie das Fenster und sagte: »ich wollte, du wärst ein Rabe und flögst fort, so hätt' ich Ruhe.« Kaum hatte sie das Wort gesagt, so war das Kind in eine Rabe verwandelt und flog von ihrem Arm zum Fenster hinaus. Sie flog aber in einen dunklen Wald und blieb lange Zeit darin, und die Eltern hörten nichts von ihr. Danach führte einmal einen Mann sein Weg in diesen Wald, der hörte die Rabe rufen und ging der Stimme nach: und als er näher kam, sprach die Rabe: »ich bin eine Königstochter von Geburt und bin verwünscht worden, du aber kannst mich erlösen.« »Was soll ich tun?« fragte er. Sie sagte: »geh weiter in den Wald, und du wirst ein Haus finden, darin sitzt eine alte Frau, die wird dir Essen und Trinken reichen, aber du darfst nichts nehmen: wenn du etwas issest oder trinkst, so verfällst du in einen Schlaf, und du kannst mich nicht erlösen. Im Garten hinter dem Haus

Italian Old Style

Es war einmal eine Königin, die hatte ein Töchterchen, das war noch klein und mußte noch auf dem Arm getragen werden. Zu einer Zeit war das Kind unartig, und die Mutter mochte sagen, was sie wollte, es hielt nicht Ruhe. Da ward sie ungeduldig, und weil die Raben so um das Schloß flogen, öffnete sie das Fenster und sagte: »ich wollte, du wärst ein Rabe und flögst fort, so hätt' ich Ruhe.« Kaum hatte sie das Wort gesagt, so war das Kind in eine Rabe verwandelt und flog von ihrem Arm zum Fenster hinaus. Sie flog aber in einen dunklen Wald und blieb lange Zeit darin, und die Eltern hörten nichts von ihr. Danach führte einmal einen Mann sein Weg in diesen Wald, der hörte die Rabe rufen und ging der Stimme nach: und als er näher kam, sprach die Rabe: »ich bin eine Königstochter von Geburt und bin verwünscht worden, du aber kannst mich erlösen.« »Was soll ich tun?« fragte er. Sie sagte: »geh weiter in den Wald, und du wirst ein Haus finden, darin sitzt eine alte Frau, die wird dir Essen und Trinken reichen, aber du darfst nichts nehmen: wenn du etwas issest oder trinkst, so verfällst du in einen Schlaf, und du kannst

Syntax

Es war einmal eine Königin, die hatte ein Töchterchen, das war noch klein und mußte noch auf dem Arm getragen werden. Zu einer Zeit war das Kind unartig, und die Mutter mochte sagen, was sie wollte, es hielt nicht Ruhe. Da ward sie ungeduldig, und weil die Raben so um das Schloß flogen, öffnete sie das Fenster und sagte: »ich wollte, du wärst ein Rabe und flögst fort, so hätt' ich Ruhe.« Kaum hatte sie das Wort gesagt, so war das Kind in eine Rabe verwandelt und flog von ihrem Arm zum Fenster hinaus. Sie flog aber in einen dunklen Wald und blieb lange Zeit darin, und die Eltern hörten nichts von ihr. Danach führte einmal einen Mann sein Weg in diesen Wald, der hörte die Rabe rufen und ging der Stimme nach: und als er näher kam, sprach die Rabe: »ich bin eine Königstochter von Geburt und bin verwünscht worden, du aber kannst mich erlösen.« »Was soll ich tun?« fragte er. Sie sagte: »geh weiter in den Wald, und du wirst ein Haus finden, darin sitzt eine alte Frau, die wird dir Essen und Trinken reichen, aber du darfst nichts nehmen: wenn du etwas issest oder trinkst, so verfällst du in einen Schlaf, und du kannst mich nicht erlösen. Im Garten hinter dem Haus sollst du mich erwarten. Drei Tage komm' ich jeden

Officina Sans

Schrift und Lesbarkeit

Ein Text ist **gut lesbar,** wenn der Leser nicht merkt, daß er liest.

Ein Text ist dann **schlecht lesbar,** wenn – dem Leser unbewußt – ein noch so geringer Teil der Aufmerksamkeit von der Erfassung und gedanklichen Bearbeitung des Inhaltes abgelenkt und der Entzifferung zugewandt werden muß. Das kann ebenso durch eine spiegelnde Papieroberfläche wie durch bestimmte Eigenarten einer Schrift verursacht werden.

Unsere gebräuchlichen Werkschriften sind im allgemeinen gut lesbar, ihre Formen sind zweckentsprechend ausgereift. Es liegt mehr an der Kunst des Typografen als an der Form der Buchstaben, ob ein längerer Text gut lesbar ist, also einerseits die Wortbilder gut erfaßt werden können und man andererseits auch bei längerem Lesen nicht ermüdet.

Es ist einfacher, mit Serifenschriften einen längeren Text gut zu gestalten, als mit serifenlosen Schriften, weil die Füßchen die Zeilenführung, also die horizontale Blickführung, unterstützen.

Eine Einführung zum Verständnis der Schriftform wird gegeben in:
Hans Peter Willberg
Wegweiser Schrift
Verlag Hermann Schmidt Mainz,
Mainz 2001

Kriterien für die Lesbarkeit von Schriften

Die einzelnen Buchstabenformen müssen durch **unverwechselbare Einzelformen** voneinander unterschieden sein; nicht die einfachsten, sondern die eindeutigsten Buchstabenformen sind gut lesbar.

Trennschärfe. Die Buchstaben müssen sich deutlich von ihren Nachbarn im Wortbild abheben; auch bei zu engem Satz oder schlechtem Druck dürfen sie nicht zu einem scheinbaren neuen Buchstabenbild zusammenfließen.

Die Buchstaben müssen in der Lage sein, leicht erfaßbare **Wortbilder** zu erzeugen; sie dürfen nicht ein selbstbezogenes Eigenleben führen, sondern müssen Bezug zur Nachbarform aufnehmen.

Die Wörter müssen zur **Zeilenbildung** imstande sein. Schriften, die das Auge in die Horizontale führen (wie die Renaissance-Antiquaschriften und ihre serifenlosen Nachfahren), sind zum Beispiel leichter lesbar als die klassizistischen Antiquaschriften, bei denen das Auge in die Senkrechte geführt wird.

Ein guter Typograf wird auch eine von den Einzelformen her problematische Schrift gut lesbar einsetzen können, ein schlechter kann auch mit einer bewährt lesbaren Schrift schlecht lesbaren Satz herstellen lassen.

Hier altert nichts, sogar Papier ein Transformierendes erlebt, rahmen wir im Liter lobenden Buch ein Ruhekissen gerne. Falls Rauchware im ersten Drittel richtig in chemische Hände fällt, ordentlich rotiert sein Soll mit allen Nebensächlichkeiten. Liebevoll ehrlich sinniert eine tapfere Yellow Press oder gibt Rat allerhöchstens für identische Ereignisse. Von einer rätselhaften Leichtigkeit angeben holt er raumgreifend mutige Augen nach, neben sonnigem Charisma hinterher. Meine irisierend dichten Türen melden an ihn Neugewonnenes zurück. Zum Weinen einfach ist typischerweise auch unser Sieb; eben nicht direkt unbedarft, nicht doppelt verbunden, ist es robust. Über Banales erhalten Rehe aber regelmä-

Bembo

Hier altert nichts, sogar Papier ein Transformierendes erlebt, rahmen wir im Liter lobenden Buch ein Ruhekissen gerne. Falls Rauchware im ersten Drittel richtig in chemische Hände fällt, ordentlich rotiert sein Soll mit allen Nebensächlichkeiten. Liebevoll ehrlich sinniert eine tapfere Yellow Press oder gibt Rat allerhöchstens für identische Ereignisse. Von einer rätselhaften Leichtigkeit an gegeben holt er raumgreifend mutige Augen nach, neben sonnigem Charisma hinterher. Meine irisierend dichten Türen melden an ihn Neugewonnenes zurück. Zum Weinen einfach ist typischerweise auch unser Sieb; eben nicht direkt unbedarft, nicht doppelt verbunden, ist es robust. Über Banales erhal-

Helvetica

Hier altert nichts, sogar Papier ein Transformierendes erlebt, rahmen wir im Liter lobenden Buch ein Ruhekissen gerne. Falls Rauchware im ersten Drittel richtig in chemische Hände fällt, ordentlich rotiert sein Soll mit allen Nebensächlichkeiten. Liebevoll ehrlich sinniert eine tapfere Yellow Press oder gibt Rat allerhöchstens für identische Ereignisse. Von einer rätselhaften Leichtigkeit an gegeben holt er raumgreifend mutige Augen nach, neben sonnigem Charisma hinterher. Meine irisierend dichten Türen melden an ihn Neugewonnenes zurück. Zum Weinen einfach ist typisch auch unser Sieb; eben nicht direkt unbedarft, nicht doppelt verbunden, ist es robust. Über Banales erhalten Rehe aber regelmäßig

TheSerif

Hier altert nichts, sogar Papier ein Transformierendes erlebt, rahmen wir im Liter lobenden Buch ein Ruhekissen gerne. Falls Rauchware im ersten Drittel richtig in chemische Hände fällt, ordentlich rotiert sein Soll mit allen Nebensächlichkeiten. Liebevoll ehrlich sinniert eine tapfere Yellow Press oder gibt Rat allerhöchstens für identische Ereignisse. Von einer rätselhaften Leichtigkeit an gegeben holt er raumgreifend mutige Augen nach, neben sonnigem Charisma hinterher. Meine irisierend dichten Türen melden an ihn Neugewonnenes zurück. Zum Weinen einfach ist typischerweise auch unser Sieb; eben nicht direkt unbedarft, nicht doppelt verbunden, ist es robust. Über Banales erhalten Rehe aber regelmäßig bloß Erklärungen in Tälern, Ebenen, Tiergärten, Eiscafés. Nichts ermüdet

Quadraat Sans

Hier altert nichts, sogar Papier ein Transformierendes erlebt, rahmen wir im Liter lobenden Buch ein Ruhekissen gerne. Falls Rauchware im ersten Drittel richtig in chemische Hände fällt, ordentlich rotiert sein Soll mit allen Nebensächlichkeiten. Liebevoll ehrlich sinniert eine tapfere Yellow Press oder gibt Rat allerhöchstens für identische Ereignisse. Von einer rätselhaften Leichtigkeit an gegeben holt er raumgreifend mutige Augen nach, neben sonnigem Charisma hinterher. Meine irisierend dichten Türen melden an ihn Neugewonnenes zurück. Zum Weinen einfach ist typischerweise auch unser Sieb; eben nicht direkt unbedarft, nicht doppelt verbunden, ist es robust. Über Banales erhalten Rehe aber regelmäßig bloß Erklärungen in Tälern, Ebenen,

DIN-Mittelschrift

Hier altert nichts, sogar Papier ein Transformierendes erlebt, rahmen wir im Liter lobenden Buch ein Ruhekissen gerne. Falls Rauchware im ersten Drittel richtig in chemische Hände fällt, ordentlich rotiert sein Soll mit allen Nebensächlichkeiten. Liebevoll ehrlich sinniert eine tapfere Yellow Press oder gibt Rat allerhöchstens für identische Ereignisse. Von einer rätselhaften Leichtigkeit an gegeben holt er raumgreifend mutige Augen nach, neben sonnigerem Charisma hinterher. Meine irisierend dichten Türen melden an ihn Neugewonnenes zurück. Zum Weinen einfach ist typischerweise auch unser Sieb; eben nicht direkt unbedarft, nicht doppelt verbunden, ist es robust. Über Banales erhalten Rehe aber regelmäßig bloß Erklärungen in Tä-

Bodoni

Hier altert nichts, sogar Papier ein Transformierendes erlebt, rahmen wir im Liter lobenden Buch ein Ruhekissen gerne. Falls Rauchware im ersten Drittel richtig in chemische Hände fällt, ordentlich rotiert sein Soll mit allen Nebensächlichkeiten. Liebevoll ehrlich sinniert eine tapfere Yellow Press oder gibt Rat allerhöchstens für identische Ereignisse. Von einer rätselhaften Leichtigkeit an gegeben holt er raumgreifend mutige Augen nach, neben sonnigem Charisma hinterher. Meine irisierend dichten Türen melden an ihn Neugewonnenes zurück. Zum Weinen einfach ist typischerweise auch unser Sieb; eben nicht direkt unbedarft, nicht doppelt verbunden, ist es robust. Über Banales erhalten Rehe aber regelmäßig bloß Erklärungen in Tälern, Ebenen, Tiergärten, Eiscafés. Nichts ermüdet uns ange-

Weidemann

Hier altert nichts, sogar Papier ein Transformierendes erlebt, rahmen wir im Liter lobenden Buch ein Ruhekissen gerne. Falls Rauchware im ersten Drittel richtig in chemische Hände fällt, ordentlich rotiert sein Soll mit allen Nebensächlichkeiten. Liebevoll ehrlich sinniert eine tapfere Yellow Press oder gibt Rat allerhöchstens für identische Ereignisse. Von einer rätselhaften Leichtigkeit an gegeben holt er raumgreifend mutige Augen nach, neben sonnigem Charisma hinterher. Meine irisierend dichten Türen melden an ihn Neugewonnenes zurück. Zum Weinen einfach ist typischerweise auch unser Sieb; eben nicht direkt unbedarft, nicht doppelt verbunden, ist es robust. Über Banales erhalten Rehe aber regelmäßig bloß Erklärungen in Tälern, Ebenen, Tiergärten, Eiscafés. Nichts ermüdet uns

Futura

Hier altert nichts, sogar Papier ein Transformierendes erlebt, rahmen wir im Liter lobenden Buch ein Ruhekissen gerne. Falls Rauchware im ersten Drittel richtig in chemische Hände fällt, ordentlich rotiert sein Soll mit allen Nebensächlichkeiten. Liebevoll ehrlich sinniert eine tapfere Yellow Press oder gibt Rat allerhöchstens für identische Ereignisse. Von einer rätselhaften Leichtigkeit an gegeben holt er raumgreifend mutige Augen nach, neben sonnigem Charisma hinterher. Meine irisierend dichten Türen melden an ihn Neugewonnenes zurück. Zum Weinen einfach ist typischerweise auch unser Sieb; eben nicht direkt unbedarft, nicht doppelt verbunden, ist es robust. Über Banales erhalten Rehe aber regelmäßig bloß Erklärungen in Tälern,

Gill

Zurichtung und Laufweite

Für die Lesbarkeit eines Textes sind wichtig:
– die Typografie,
– die Buchstabenform,
– die detailtypografische Durcharbeitung, also das, was zwischen den Buchstaben und Wörtern geschieht.

Jedem Buchstaben ist vom Schrifthersteller durch die **Zurichtung** eine bestimmte Breite zugewiesen, die sogenannte Dickte. Diese Dickte ist nicht identisch mit der meßbaren Breite des sichtbaren Zeichens, sie kann größer oder geringer sein. Beim Bleisatz war die Dickte unverrückbar festgelegt. Im Fotosatz kann die Dickte manipuliert werden. Die Zurichtung bedarf großen Feingefühls, sie wird als Bestandteil der Schriftgestaltung nur in äußersten Ausnahmefällen vom Typografen modifiziert werden.

Kerning bedeutet, daß für bestimmte Zeichenpaare automatische Werte für das Enger- oder Weiterstellen in die Schrift eingebaut sind. Das Kerning kann der Typograf korrigieren, es wurde bei vielen Schriften vom Hersteller vernachlässigt.

Die **Laufweite** von Schriften muß überprüft werden.

Kleine Schriftgrade müssen oft etwas weiter gesetzt werden. Das Maß ist bei verschiedenen Schriften unterschiedlich, manche Schriften benötigen dringend schriftgrößenabhängige Laufweitenveränderung, andere Schriften gar nicht. Das Auge entscheidet, am besten anhand einiger Ausdrucke.

Etwa ab 16 Punkt sollte man viele Schriften mit verringertem Buchstabenabstand setzen, das ergibt übersichtlichere Wortbilder.

Die **Wortzwischenräume** wird man bei großen Schriften fast immer verringern.

Schlechte Zurichtung
Das Gesamtbild ist unruhig, die Wortbilder sind ungleichmäßig. Die Schrift ist unbrauchbar. Man sieht das zum Glück nicht oft.

Gute Zurichtung, ohne Kerning. Das Gesamtbild ist ruhiger, die Wortbilder sind besser ausgeglichen, jedoch stehen manche Buchstaben vereinzelt, und bei manchen Kombinationen berühren sich die Zeichen.

6-Punkt-Schrift in unveränderter Laufweite. Die Wortbilder sind zu dicht und deshalb schwer lesbar.

Die gleiche Schrift, etwas weiter gesetzt, wird besser lesbar.

18 Punkt,
in unveränderter Laufweite

18 Punkt,
in verringerter Laufweite

Typografen raten: »Was ist besonders wichtig, soll der Leser sich keine Wölfe lesen (ja nicht mal einen Wolf)?: das Kerning! Lassen Sie sich nicht aufhalten durch Fragen wie: ›Wem fällt das auf?‹; es fällt auf, und fürs Kerning braucht kein Typograf Tage, nur (30) Minuten! –« Hier altert nichts, sogar Papier ein Transformierendes erlebt, rahmen wir im Liter lobenden Buch ein Ruhekissen gerne. Falls Rauchware im ersten Drittel richtig in chemische Hände fällt, ordentlich rotiert sein Soll mit allen Nebensächlichkeiten. Liebevoll ehrlich sinniert eine tapfere Yellow Press oder gibt Rat allerhöchstens für identische Ereignisse. Von einer rätselhaften Leichtigkeit an gegeben holt er raumgreifend mutige Augen nach,

Typografen raten: »Was ist besonders wichtig, soll der Leser sich keine Wölfe lesen (ja nicht mal einen Wolf)?: das Kerning! Lassen Sie sich nicht aufhalten durch Fragen wie: ›Wem fällt das auf?‹; es fällt auf, und fürs Kerning braucht kein Typograf Tage, nur (30) Minuten! –« Hier altert nichts, sogar Papier ein Transformierendes erlebt, rahmen wir im Liter lobenden Buch ein Ruhekissen gerne. Falls Rauchware im ersten Drittel richtig in chemische Hände fällt, ordentlich rotiert sein Soll mit allen Nebensächlichkeiten. Liebevoll ehrlich sinniert eine tapfere Yellow Press oder gibt Rat allerhöchstens für identische Ereignisse. Von einer rätselhaften Leichtigkeit an gegeben holt er raumgreifend

Hier altert nichts, sogar Papier ein Transformierendes erlebt, rahmen wir im Liter lobenden Buch ein Ruhekissen gerne. Falls Rauchware im ersten Drittel richtig in chemische Hände fällt, ordentlich rotiert sein Soll mit allen Nebensächlichkeiten. Liebevoll ehrlich sinniert eine tapfere Yellow Press oder gibt Rat allerhöchstens für identische Ereignisse. Von einer rätselhaften Leichtigkeit an gegeben holt er raumgreifend mutige Augen nach, neben sonnigem Charisma hinterher. Meine irisierend dichten Türen melden an ihn Neugewonnenes zurück. Zum Weinen einfach ist typischerweise auch unser Sieb; eben nicht direkt unbedarft, nicht doppelt verbunden, ist es robust. Über Banales erhalten

Hier altert nichts, sogar Papier ein Transformierendes erlebt, rahmen wir im Liter lobenden Buch ein Ruhekissen gerne. Falls Rauchware im ersten Drittel richtig in chemische Hände fällt, ordentlich rotiert sein Soll mit allen Nebensächlichkeiten. Liebevoll ehrlich sinniert eine tapfere Yellow Press oder gibt Rat allerhöchstens für identische Ereignisse. Von einer rätselhaften Leichtigkeit an gegeben holt er raumgreifend mutige Augen nach, neben sonnigem Charisma hinterher. Meine irisierend dichten Türen melden an ihn Neugewonnenes zurück. Zum Weinen einfach ist typischerweise auch unser Sieb; eben nicht direkt unbedarft, nicht doppelt verbunden, ist

Hier altert nichts, sogar Papier

Hier altert nichts, sogar Papier

Kerning und Ligaturen

Die lesefreundliche Ruhe der Schrift muß durch gutes Kerning verbessert werden. Hierbei wird der Zeichenabstand bei bestimmten Kombinationen individuell festgelegt, vor allem können Löcher und Überschneidungen eliminiert werden und Interpunktionen genug Luft bekommen. Schlechtes Kerning ist meist schlechter als überhaupt keines. Leider sind viele Schriften offenbar nicht von Typografen gekernt worden, sondern von Hilfskräften. Hier muß man selbst Hand anlegen; eine genaue Anleitung findet sich im Buch »Detailtypografie«.

Eine weitere Verbesserung des Satzbildes ist durch die Verwendung von **Randausgleich und Ligaturen** zu erreichen.

Randausgleich ist das geringfügige Hinausschieben von Zeichen mit viel »Fleisch« über die Satzkante.

Ligaturen sind Buchstabenkombinationen, die als eigenes Schriftzeichen gezeichnet sind. Da praktisch alle heutigen Schriften mindestens die Ligaturen fi und fl haben, sollte man sie auch unbedingt verwenden. Doch Vorsicht: Im Deutschen werden **Ligaturen nicht generell** gesetzt, zum Beispiel nicht bei Wortfugen (»Auflage«).

Satz mit schlechtem Kerning
Die Möglichkeiten des Unterschneidens von Kombinationen wie »Vo« oder »Tr« sind übertrieben, auch Gemeine wurden unterschnitten. Dadurch wird das Schriftbild unrhythmisch und fleckig. Solche Buchstaben müssen etwas von ihrem ursprünglichen »Fleisch« behalten. Die Satzzeichen sind nicht berücksichtigt.

Satz mit gutem Kerning
Das Gesamtbild ist ruhig, es gibt keine störenden Verdichtungen oder Löcher in den Wortbildern. Satz ohne Randausgleich.

Satz mit gutem Randausgleich der linken und der rechten Satzkante. Der Satz wirkt geschlossener. Ein gut kontrollierbarer Randausgleich wird zur Zeit der Drucklegung des Buches noch von keinem Satzprogramm geboten (ein wenig Berthold-ProfiPage-Nostalgie muß hier erlaubt sein).

Satz mit Ligaturen
Die Wortbilder werden besser erfaßbar. (Die Beispielschrift, die DTL Fleischmann, verfügt reizvollerweise über sehr viele Ligaturen.)

Satz ohne Ligaturen
Das Lesen wird weniger unterstützt, das Schriftbild ist weniger rhythmisch.

Typografen raten: »Was ist besonders wichtig, soll der Leser sich keine Wölfe lesen (ja nicht mal einen Wolf)?: das Kerning! Lassen Sie sich nicht aufhalten durch Fragen wie: ›Wem fällt das auf?‹; es fällt auf, und fürs Kerning braucht kein Typograf Tage, nur (30) Minuten! –« Hier altert nichts, sogar Papier ein Transformierendes erlebt, rahmen wir im Liter lobenden Buch ein Ruhekissen gerne. Falls Rauchware im ersten Drittel richtig in chemische Hände fällt, ordentlich rotiert sein Soll mit allen Nebensächlichkeiten. Liebevoll ehrlich sinniert eine tapfere Yellow Press oder gibt Rat allerhöchstens für identische Ereignisse. Von einer rätselhaften Leichtigkeit an gegeben holt er raumgreifend mutige Augen nach, neben

Typografen raten: »Was ist besonders wichtig, soll der Leser sich keine Wölfe lesen (ja nicht mal einen Wolf)?: das Kerning! Lassen Sie sich nicht aufhalten durch Fragen wie: ›Wem fällt das auf?‹; es fällt auf, und fürs Kerning braucht kein Typograf Tage, nur (30) Minuten! –« Hier altert nichts, sogar Papier ein Transformierendes erlebt, rahmen wir im Liter lobenden Buch ein Ruhekissen gerne. Falls Rauchware im ersten Drittel richtig in chemische Hände fällt, ordentlich rotiert sein Soll mit allen Nebensachen. Liebevoll ehrlich sinniert eine tapfere Yellow Press oder gibt Rat allerhöchstens für identische Ereignisse. Von einer rätselhaften Leichtigkeit an gegeben holt er raumgreifend mutige Augen nach, neben sonni-

Typografen raten: »Was ist so besonders wichtig, soll der Leser sich ja keine Wölfe lesen (ja: nicht mal einen Wolf)?: das Kerning! Lassen Sie sich nicht aufhalten durch Fragen wie z. B.: ›Wem fällt das auf?‹; es fällt auf, und für das Kerning braucht kein Typograf Tage, nur (30) Minuten! –« Hier alterte nichts, sogar Papier ein Transformierenderes erlebt, rahmen wir im Liter lobenden Buch eines Ruhekissens gerne. Falls Rauchware im ersten Drittel richtig chemische Hände fällt, ordentlich-

Gefielen Schilfinseln? Im Wegfliegen aufleben! Hoffentlich auffaßbar. Treffliche Mufflons: Stoffigeln offiziell überlegen. Wir hofften hilflos auf flache Täflein. Ich kaufte, was ungefährdet käuflich war. Wetten, hoffärtige Offiziere soffen heftig?

Gefielen Schilfinseln? Im Wegfliegen aufleben! Hoffentlich auffaßbar. Treffliche Mufflons: Stoffigeln offiziell überlegen. Wir hofften hilflos auf flache Täflein. Ich kaufte, was ungefährdet käuflich war. Wetten, hoffärtige Offiziere soffen heftig?

Detailtypografie → 230

Laufweite und Lesbarkeit

Die Wirkung der Schriftzeile wird neben der Zurichtung durch die **Laufweite** entscheidend beeinflußt, also durch den gleichmäßig weiteren oder engeren Abstand der Buchstaben voneinander.

Sehr vielen Schriften brauchen eine schriftgrößenabhängige Veränderung der Laufweite, manche Schriften, vor allem ohnehin recht weit laufende, können generell mit der Laufweite »null« gesetzt werden.

Die Laufweite beträgt bei allen Text-, Satz- und Layoutprogrammen in allen Schriftgrößen zunächst »null«. Aber alle Programme erlauben die mühelose Veränderung der Laufweiten. Eine ausführliche Darstellung und eine Tabelle mit empfohlenen Werten sind in »Detailtypografie« zu finden.

Doch die Möglichkeiten verführen auch zu Manipulationen der Laufweite, die dem Schriftbild schaden und die Lesbarkeit spürbar verschlechtern.

Aufgabe von Lesetypografie ist nicht ein ungewohnter, reizvoller Grauwert, sondern gute Lesbarkeit.

Das gilt für alle Lesearten – mit Ausnahme der aktivierenden und der inszenierenden Typografie. Bei einem Jugend-Magazin ist mehr »erlaubt« als bei einem Lexikon.

Normale Laufweite
Unauffällige, ruhige Wirkung.

Zu enger Satz
Das Schriftbild wird fleckig und unruhiger.

Zu weiter Satz
Die Wortbilder verlieren ihren Zusammenhang.

Hier altert nichts, sogar Papier ein Transformierendes erlebt, rahmen wir im Liter lobenden Buch ein Ruhekissen gerne. Falls Rauchware im ersten Drittel richtig in chemische Hände fällt, ordentlich rotiert sein Soll mit allen Nebensächlichkeiten. Liebevoll ehrlich sinniert eine tapfere Yellow Press oder gibt Rat allerhöchstens für identische Ereignisse. Von einer rätselhaften Leichtigkeit an gegeben holt er raumgreifend mutige Augen nach, neben sonnigem Charisma hinterher. Meine irisierend dichten Türen melden an ihn Neugewonnenes zurück. Zum Weinen einfach ist typischerweise auch unser Sieb; eben nicht direkt unbedarft, nicht doppelt verbunden, ist es robust. Über Banales erhalten Rehe aber regelmäßig bloß Erklärungen in Tälern, Ebenen, Tiergärten, Eiscafés. Nichts ermüdet uns angeneh-

Hier altert nichts, sogar Papier ein Transformierendes erlebt, rahmen wir im Liter lobenden Buch ein Ruhekissen gerne. Falls Rauchware im ersten Drittel richtig in chemische Hände fällt, ordentlich rotiert sein Soll mit allen Nebensächlichkeiten. Liebevoll ehrlich sinniert eine tapfere Yellow Press oder gibt Rat allerhöchstens für identische Ereignisse. Von einer rätselhaften Leichtigkeit an gegeben holt er raumgreifend mutige Augen nach, neben sonnigem Charisma hinterher. Meine irisierend dichten Türen melden an ihn Neugewonnenes zurück. Zum Weinen einfach ist typischerweise auch unser Sieb; eben nicht direkt unbedarft, nicht doppelt verbunden, ist es robust. Über Banales erhalten Rehe aber regelmäßig bloß Erklärungen in Tälern, Ebenen, Tiergärten, Eiscafés. Nichts ermüdet uns angenehmer und für lange Abenteuer gefahrvoller Ersatz. Gute Losung an

Hier altert nichts, sogar Papier ein Transformierendes erlebt, rahmen wir im Liter lobenden Buch ein Ruhekissen gerne. Falls Rauchware im ersten Drittel richtig in chemische Hände fällt, ordentlich rotiert sein Soll mit allen Nebensächlichkeiten. Liebevoll ehrlich sinniert eine tapfere Yellow Press oder gibt Rat allerhöchstens für identische Ereignisse. Von einer rätselhaften Leichtigkeit an gegeben holt er raumgreifend mutige Augen nach, neben sonnigem Charisma hinterher. Meine irisierend dichten Türen melden an ihn Neugewonnenes zurück. Zum Weinen einfach ist typischerweise auch unser Sieb; eben nicht direkt unbedarft, nicht doppelt verbunden, ist es robust. Über Banales erhalten Rehe aber regelmäßig bloß Erklärungen in Tälern, Ebenen,

Wortabstand und Lesbarkeit

Ebenso wie von Zurichtung und Laufweite wird die Lesbarkeit der Zeile durch den **Wortabstand** im Verhältnis zum Zeilenabstand beeinflußt. Die Wörter einer Zeile müssen eindeutig voneinander getrennt sein, zugleich muß verhindert werden, daß das Auge in die falsche Zeile abrutscht.

Die Faustregel heißt: Der Wortabstand muß kleiner sein als der Zeilenabstand.

Für Leseanfänger muß der Wortabstand größer als gewohnt gehalten werden, damit die Wortbilder eindeutig erfaßt werden können. Das bedingt, daß auch der Zeilenabstand entsprechend vergrößert wird.

Der Wortabstand kann generell festgelegt, aber auch für jede Satzart und Schriftgröße einzeln bestimmt werden.

Im Blocksatz, wie in den Beispielen, werden die Wortzwischenräume in jeder Zeile automatisch gleichmäßig vergrößert oder verkleinert, um die geraden Satzkanten zu erzielen. Technische Hinweise zum Satz von Wortabständen bei Block- und Flattersatz finden sich in »Detailtypografie«.

Normaler Wortabstand
bei einem Zeilenabstand von 13 pt. Je nach Schrift und Satzqualität kann das Satzbild ruhig oder schon zu offen (selten zu dicht) wirken.

Verringerter Wortabstand
Das Zeilenbild wird geschlossener, jedoch besteht die Gefahr, daß die Wörter aneinanderzustoßen scheinen.

Erweiterter Wortabstand
Die Zeile wird löchrig, das Auge erfaßt, statt in der Zeile zu bleiben, die Wortbilder der Zeilen darüber und darunter. Dadurch wird die Lesbarkeit erheblich beeinträchtigt.

Hier altert nichts, sogar Papier ein Transformierendes erlebt, rahmen wir im Liter lobenden Buch ein Ruhekissen gerne. Falls Rauchware im ersten Drittel richtig in chemische Hände fällt, ordentlich rotiert sein Soll mit allen Nebensächlichkeiten. Liebevoll ehrlich sinniert eine tapfere Yellow Press oder gibt Rat allerhöchstens für identische Ereignisse. Von einer rätselhaften Leichtigkeit an gegeben holt er raumgreifend mutige Augen nach, neben sonnigem Charisma hinterher. Meine irisierend dichten Türen melden an ihn Neugewonnenes zurück. Zum Weinen einfach ist typischerweise auch unser Sieb; eben nicht direkt unbedarft, nicht doppelt verbunden, ist es robuster. Über Banales erhalten Rehe aber regelmäßig bloß Erklärungen in Tälern, Ebenen, Tiergärten, Eiscafés. Nichts ermüdet uns angeneh-

Hier altert nichts, sogar Papier ein Transformierendes erlebt, rahmen wir im Liter lobenden Buch ein Ruhekissen gerne. Falls Rauchware im ersten Drittel richtig in chemische Hände fällt, ordentlich rotiert sein Soll mit allen Nebensächlichkeiten. Liebevoll ehrlich sinniert eine tapfere Yellow Press oder gibt Rat allerhöchstens für identische Ereignisse. Von einer rätselhaften Leichtigkeit an gegeben holt er raumgreifend mutige Augen nach, neben sonnigem Charisma hinterher. Meine irisierend dichten Türen melden an ihn Neugewonnenes zurück. Zum Weinen einfach ist typischerweise auch unser Sieb; eben nicht direkt unbedarft, nicht doppelt verbunden, ist es robuster. Über Banales erhalten Rehe aber regelmäßig bloß Erklärungen in Tälern, Ebenen, Tiergärten, Eiscafés. Nichts ermüdet uns angenehmer und für lange

Hier altert nichts, sogar Papier ein Transformierendes erlebt, rahmen wir im Liter lobenden Buch ein Ruhekissen gerne. Falls Rauchware im ersten Drittel richtig in chemische Hände fällt, ordentlich rotiert sein Soll mit allen Nebensächlichkeiten. Liebevoll ehrlich sinniert eine tapfere Yellow Press oder gibt Rat allerhöchstens für identische Ereignisse. Von einer rätselhaften Leichtigkeit an gegeben holt er raumgreifend mutige Augen nach, neben sonnigem Charisma hinterher. Meine irisierend dichten Türen melden an ihn Neugewonnenes zurück. Zum Weinen einfach ist typischerweise auch unser Sieb; eben nicht direkt unbedarft, nicht doppelt verbunden, ist es robuster. Über Banales erhalten Rehe aber regelmäßig bloß Erklärungen in Tälern, Ebenen, Tiergärten, Eiscafés. Nichts ermüdet

Zeilenabstand und Lesbarkeit

3 × die gleiche Schrift,
3 × veränderte Satzbreiten,
3 × veränderte Zeilenabstände.

Durch diese Veränderungen wird die Lesbarkeit der Schrift **erheblich beeinflußt.**

Es wird deutlich, daß nicht gesagt werden kann: »Diese Schrift braucht einen Zeilenabstand von 11,5 pt.« Die Lesbarkeit einer Schrift ist – abgesehen von der Form – abhängig von Schriftgröße, Zeilenlänge und Zeilenabstand.

Für diese Beispiele wurde die Bodoni gewählt, eine Schrift, die heikler ist als die Grundschrift dieses Buches. Das liegt an der in die Vertikale gerichteten Tendenz der Buchstabenformen. Damit soll gezeigt werden, daß nicht nur das Verhältnis von Satzbreite, Schriftgröße und Zeilenabstand dafür verantwortlich ist, ob das Auge in der Zeile bleibt, sondern auch die Buchstabenform.

Das Ergebnis des Vergleichs der 3 × 3 Beispiele kann mit der Faustregel zusammengefaßt werden:
Je länger die Zeilen, desto größer muß der Zeilenabstand sein, je kürzer die Zeilen, desto geringer kann der Zeilenabstand sein.

Die Begründung hierfür: Der Weg des Rückschwungs, den das Auge vom Zeilenende zum Beginn der nächsten Zeile nehmen muß, kann bei langen, dichtstehenden Zeilen zur (unbewußten) Qual werden und leicht zur falschen Zeile führen.

Von einer rätselhaften Leichtigkeit an gegeben holt er raumgreifend mutige Augen nach, neben sonnigem Charisma hinterher. Meine irisierend dichten Türen melden an ihn Neugewonnenes zurück. Zum Weinen einfach ist typischerweise auch unser Sieb; eben nicht direkt unbe-

Von einer rätselhaften Leichtigkeit an gegeben holt er raumgreifend mutige Augen nach, neben sonnigem Charisma hinterher. Meine irisierend dichten Türen melden an ihn Neugewonnenes zurück. Zum Weinen einfach ist typischerweise auch unser Sieb; eben nicht direkt unbe-

Von einer rätselhaften Leichtigkeit an gegeben holt er raumgreifend mutige Augen nach, neben sonnigem Charisma hinterher. Meine irisierend dichten Türen melden an ihn Neugewonnenes zurück. Zum Weinen einfach ist typischerweise auch unser Sieb; eben nicht direkt unbe-

Von einer rätselhaften Leichtigkeit an gegeben holt er raumgreifend mutige Augen nach, neben sonnigem Charisma hinterher. Meine irisierend dichten Türen melden an ihn Neugewonnenes zurück. Zum Weinen einfach ist typischerweise auch unser Sieb; eben nicht direkt unbedarft, nicht doppelt verbunden, ist es robust. Über Banales erhalten Rehe aber regelmäßig bloß Erklärungen in Tälern, Ebenen, Tiergärten,

Von einer rätselhaften Leichtigkeit an gegeben holt er raumgreifend mutige Augen nach, neben sonnigem Charisma hinterher. Meine irisierend dichten Türen melden an ihn Neugewonnenes zurück. Zum Weinen einfach ist typischerweise auch unser Sieb; eben nicht direkt unbedarft, nicht doppelt verbunden, ist es robust. Über Banales erhalten Rehe aber regelmäßig bloß Erklärungen in Tälern, Ebenen, Tiergärten,

Von einer rätselhaften Leichtigkeit an gegeben holt er raumgreifend mutige Augen nach, neben sonnigem Charisma hinterher. Meine irisierend dichten Türen melden an ihn Neugewonnenes zurück. Zum Weinen einfach ist typischerweise auch unser Sieb; eben nicht direkt unbedarft, nicht doppelt verbunden, ist es robust. Über Banales erhalten Rehe aber regelmäßig bloß Erklärungen in Tälern, Ebenen, Tiergärten,

Zum Weinen einfach ist typischerweise auch unser Sieb; eben nicht direkt unbedarft, nicht doppelt verbunden, ist es robust.

Zum Weinen einfach ist typischerweise auch unser Sieb; eben nicht direkt unbedarft, nicht doppelt verbunden, ist es robust.

Zum Weinen einfach ist typischerweise auch unser Sieb; eben nicht direkt unbedarft, nicht doppelt verbunden, ist es robust.

Weitere Komponenten der Lesbarkeit

Die Lesbarkeit eines Textes ist von vielen verschiedenen Komponenten abhängig.

Die folgenden Hinweise beziehen sich nur auf die Lesbarkeit von Mengentexten. Für Schlagzeilen oder Verkehrsschilder gelten andere Kriterien.

Voraussetzung ist die Wahl der richtigen **Schrift.** Sie muß in der Lage sein, eindeutige und schnell erfaßbare Wortbilder zu erzeugen und das Auge in der Zeile zu halten.

Die Lesbarkeit ist abhängig von der **Satzqualität;** eine eigentlich gut lesbare Schrift kann durch schlechten Satz verdorben werden. Die Satzqualität ist abhängig von der richtigen Laufweite, die zusammen mit der Schriftform für leicht erfaßbare Wortbilder sorgt, vom Wortabstand, von dem wiederum abhängt, ob das Auge in der richtigen Zeile bleibt, und nicht zuletzt von den vielen Details der Detailtypografie, die für Klarheit oder für Verwirrung sorgen können.

Je größer die **Textmenge** ist, die im Zusammenhang gelesen werden soll, desto höher sind die Anforderungen an den Lese-Komfort. Zum Beispiel können wenige kurze Zeilen kompakter gesetzt werden als eine volle Leseseite.

Immer gilt: Ein guter Typograf kann mit einer an sich schlecht lesbaren Schrift gute Lesbarkeit erzeugen, ein schlechter Typograf kann gut lesbare Schriften schlecht lesbar einsetzen.

Die entscheidenden Faktoren sind dabei die Verhältnisse von **Schriftgrad, Laufweite, Zeilenlänge** und **Zeilenabstand.**

Wenn es sich nicht nur um geschlossene Textseiten handelt, ist die **Übersichtlichkeit** durch die Strukturierung innerhalb der Textgruppen und die Gliederung der Seiten oder des ganzen Buches ein wichtiges Kriterium.

Auch wenn alle bisher genannten Komponenten richtig, also lesefreundlich abgewogen wurden, ist gute Lesbarkeit noch nicht garantiert. Es kommt ebenso auf die **Papieroberfläche** und die **Papierfärbung** an. Glänzende Papiere erschweren die Lesbarkeit, die Färbung muß mit der Schrift abgestimmt werden. So sind sehr feine oder Schriften mit ausgeprägtem Strichstärkenkontrast auf hochweißem Papier schlecht lesbar.

Der Leser weiß von alledem nichts. Er macht sich nicht bewußt, warum er in dem einen Buch lieber liest als in dem anderen, warum er in dem einen Wörterbuch schneller die gewünschte Auskunft findet als im anderen. Er sagt sich womöglich: das ist ein anstrengender Text – dabei ist nur die Typografie anstrengend.

Die Lese-Bedingungen sind auch abhängig vom **Ort,** an dem gelesen wird, und von den **Lichtverhältnissen.** Der Typograf muß wissen, ob zum Beispiel ein Reiseführer dazu gedacht ist, vor- und nachbereitend zu Hause gelesen zu werden oder unterwegs an Ort und Stelle; ob ein Kochbuch vor allem ein Geschenkbuch oder ein Gebrauchsbuch in der Küche sein soll. Viele Verlage berücksichtigen nicht, daß Taschenbücher häufig in Bussen und Bahnen gelesen werden, wo es wackelt und das Licht ständig wechselt. Auch farbige Schrift kann hier das Lesen erschweren.

Dabei muß auch das **Alter** der potentiellen Leser berücksichtigt werden.

Neben all diesen formalen Punkten sind die **Lese-Erfahrung** und die **Lese-Motivation** entscheidend. Berufslesern kann man längere Zeilen und größere Textmengen zumuten als Gelegenheitslesern oder gar Pflicht-Lesern.

Wenn jemand unbedingt lesen muß, oder lesen will, oder vom Text gefesselt ist, wird er trotz objektiv schlechterer Lesbarkeit konzentriert lesen. Ein Beispiel sind in der DDR verbotene oder ganz einfach nicht erhältliche Bücher, die noch als Schreibmaschinen-Durchschläge verschlungen wurden.

Das Gegenteil hierzu wäre die Aufgabe, einen Nicht-Leser durch die Typografie zum Lesen zu verführen.

»Orthotypografie«

Guter oder schlechter Satz – das ist eine Frage des Könnens und des Aufwandes, manchmal der Auffassung.

Richtiger oder falscher Satz – das ist eine Frage des Wissens. So wie jemand, der schreibt, die Orthografie beherrschen muß, so muß jemand, der setzt oder setzen läßt, die **Orthotypografie,** also die korrekte Detailtypografie, beherrschen.

Die folgenden Hinweise gelten uneingeschränkt für funktionsgerechten Werksatz, also den Satz von Büchern. Bei der Design- oder Werbetypografie können einige Punkte anders bewertet werden.

Mit »richtig« oder »falsch« wird in diesem Buch sonst nicht argumentiert. Die Fragestellung lautet sonst: Wie wird gelesen? Was soll erreicht werden? Welche Mittel sind dafür geeignet? Wie müssen diese Mittel eingesetzt werden?

Bei der Orthotypografie hingegen gibt es **eindeutige Regeln.** Die Reihenfolge bedeutet keine Rangfolge.

In »Detailtypografie« sind alle hier angesprochenen Regeln detailliert aufgeführt und diskutiert.

Übereinanderbelichtungen entstehen bei Buchstaben, deren Bild größer ist als ihre Dickte. Zeichen dürfen sich aber niemals berühren.

richtig
auf bringen, auf halten, auf kaufen, Kauf interesse, wegjagen, (ja auf) „ja auf"
auf bringen, auf halten, auf kaufen, wegjagen, wegfahren, (ja auf) (für Tag) „ja auf"

falsch
aufbringen, aufhalten, aufkaufen, Kaufinteresse, wegjagen, (ja auf) „ja auf"
aufbringen, aufhalten, aufkaufen, wegjagen, wegfahren, (ja auf) (für Tag) „ja auf"

Satzzeichen, vor allem ! ? : ; dürfen nicht am letzten Buchstaben des vorherigen Wortes »kleben«. Sie sind kein Bestandteil des Wortbildes.

gut
Nichts ermüdet uns angenehmer und für lange Abenteuer gefahrvoller Ersatz; gute Losung an unserem Bau, trotzdem: ich habe mittels! kollegialer Erfahrung intensiv nachgedacht, wie oft?

schlecht
Nichts ermüdet uns angenehmer und für lange Abenteuer gefahrvoller Ersatz; gute Losung an unserem Bau, trotzdem: ich habe mittels! kollegialer Erfahrung intensiv nachgedacht, wie oft?

Deutsche Anführungszeichen dürfen nicht durch Zollzeichen ersetzt werden (vgl. Seite 236).

richtig
Nichts ermüdet uns angenehmer und für lange „Abenteuer gefahrvoller Ersatz; gute Losung an unserem Bau, trotzdem: ‚ich habe mittels kollegialer Erfahrung' intensiv" nachgedacht, wie oft

falsch
Nichts ermüdet uns angenehmer und für lange "Abenteuer gefahrvoller Ersatz; gute Losung an unserem Bau, trotzdem: 'ich habe mittels kollegialer Erfahrung' intensiv" nachgedacht, wie oft

Sperren ist eine Auszeichnungsart. Durch das Aufteilen des Restraums einer Zeile auf die Blocksatz-Zeilenbreite wird die Zeile gesperrt und damit zufällig, ohne jeden inhaltlichen Grund, ausgezeichnet. Das ist verboten.

richtig
Nichts ermüdet uns angenehmer und für lange Abenteuer gefahrvoller Ersatz; gute Losung an unserem Bau, trotzdem ich habe mittels kollegialer Erfahrung intensiv nachgedacht, wie oft Rede

falsch
Nichts ermüdet uns angenehmer und für lange Abenteuer gefahrvoller Ersatz; gute Losung an unserem Bau, trotzdem ich habe mittels kollegialer Erfahrung intensiv nachgedacht, wie oft Rede

Kapitälchen dürfen nicht durch Verkleinerung von Versalien, sogenannte falsche Kapitälchen, imitiert werden (vgl. die Seiten 132 und 238).

ß in Kapitälchen gibt es nicht, es muß »ss« gesetzt werden; das gilt ebenso bei Versalien.

Der **Gedankenstrich** (Streckenstrich, Minuszeichen) darf nicht durch das **Divis** (Trennungsstrich, Bindestrich) ersetzt werden (vgl. Seite 236). Der Buchstabe x sollte nicht als Mal-Zeichen × verwendet werden.

»Kursivieren« (elektronische Schrägstellung) verunstaltet die Schrift. Es muß immer die eigens gezeichnete Kursive verwendet werden.

Auslassungspunkte dürfen nicht zu eng und nicht zu weit stehen. Innerhalb des Satzes stehen sie zwischen zwei Wortzwischenräumen, es sei denn, ein Wort bricht ab (vgl. Seite 236).

Schließende Anführungen und Apostrophe dürfen nicht verwechselt werden. Apostrophe, also Auslassungszeichen, sehen so aus: '
Schließende deutsche Anführungen haben diese Form: " / '

---

richtig
Nichts ermüdet uns angenehmer und für lange Abenteuer gefahrvoller Ersatz, GUTE LOSUNG an unserem Bau, trotzdem ich habe mittels kollegialer ERFAHRUNG intensiv nachgedacht, wie oft

richtig
Nichts ermüdet uns angenehmer und für lange Abenteuer gefahrvoller MASSSTAB. Gute Losung an unserem Bau, trotzdem ich habe mittels BLOSSER Erfahrung intensiv nachgedacht, wie oft

richtig
Nichts ermüdet uns angenehmer und – für lange Abenteuer – gefahrvoller Ersatz –17 °C. Gute Losung an unserem Berlin–Kassel, trotzdem (1786–1821) ich habe mittels kollegialer Erfahrung 9,6 × 14 cm

richtig
Nichts ermüdet uns angenehmer und für lange Abenteuer gefahrvoller Ersatz, gute Losung an unserem Bau, trotzdem ich habe mittels *kollegialer Erfahrung* intensiv nachgedacht, wie oft

richtig
Nichts ermüdet uns angenehmer und für lange Abenteuer gefahrvoller Ersatz … gute Losung an unserem Bau, trotzdem … ich habe mittels kollegialer Erfahrung intensiv nachged… wie oft Rede

richtig
Nichts ermüdet uns angenehmer und für „lange Abenteuer gefahrvoller Ersatz, ‚gute Losung' an unser'm Bau, trotzdem ich habe mittels kollegialer Erfahrung" intensiv nachgedacht, wie oft

---

falsch
Nichts ermüdet uns angenehmer und für lange Abenteuer gefahrvoller Ersatz, GUTE LOSUNG an unserem Bau, trotzdem ich habe mittels kollegialer ERFAHRUNG intensiv nachgedacht, wie oft

falsch
Nichts ermüdet uns angenehmer und für lange Abenteuer gefahrvoller MAßSTAB. Gute Losung an unserem Bau, trotzdem ich habe mittels BLOßER Erfahrung intensiv nachgedacht, wie oft

falsch
Nichts ermüdet uns angenehmer und - für lange Abenteuer - gefahrvoller Ersatz -17 °C. Gute Losung an unserem Berlin-Kassel, trotzdem (1786-1821) ich habe mittels kollegialer Erfahrung 9,6 x 14 cm

falsch
Nichts ermüdet uns angenehmer und für lange Abenteuer gefahrvoller Ersatz, gute Losung an unserem Bau, trotzdem ich habe mittels *kollegialer Erfahrung* intensiv nachgedacht, wie oft

falsch
Nichts ermüdet uns angenehmer und für lange Abenteuer gefahrvoller Ersatz ... gute Losung an unserem Bau, trotzdem ... ich habe mittels kollegialer Erfahrung intensiv nachged ... wie oft Rede

falsch
Nichts ermüdet uns angenehmer und für „lange Abenteuer gefahrvoller Ersatz, ‚gute Losung' an unser'm Bau, trotzdem ich habe mittels kollegialer Erfahrung" intensiv nachgedacht, wie oft

Satzspiegel, Binden und Lesen

Die erste Frage eines Buch-Typografen ist: **wie wird gebunden?** Weiter muß gefragt werden: wie dick ist das Buch? und: welches Papier wird verwendet?

Fadenheftung, Dispersions- oder Hotmelt-Klebebindung, gerader oder runder Rücken, drei oder dreißig Bogen zu acht oder zweiunddreißig Seiten, schweres Kunstdruck- oder hochvolumiges Werkdruck- oder ein Dünndruckpapier – all das wirkt sich auf die Aufschlagfähigkeit und damit auf den Stand des Satzspiegels aus.

Ein Seitenpaar, das plan auf dem Tisch oder auf dem Bildschirm noch so harmonisch aussah, kann in der Praxis versagen. Die schönsten **Satzspiegelkonstruktionen** funktionieren nicht, wenn ein Buch sich nicht gut aufschlagen läßt. Dann rutschen die Kolumnen in den Bund, und man muß das Buch hin und her wenden oder gar mit Gewalt aufbrechen.

Doch auch wenn man im Bund generell einige Millimeter zugibt, ist man nicht gerettet. Denn die Buchbindereien arbeiten nicht alle gleich. Bei identischen Voraussetzungen von Technik und Material kann man Bücher bekommen, die wie eingeklammert sind und das **Aufschlagen** fast verhindern, oder solche, die sich zwar weich aufschlagen lassen, aber nach kurzem Gebrauch jede Form und Festigkeit verlieren.

Ebenso unsicher ist es mit den Proportionen der Ränder. Wenn ein dickes, hochvolumiges **Papier** gewählt wird und wenn der Kosten- und Zeitdruck dazu führt, daß nicht so präzise wie nötig, sondern so schnell und billig wie möglich gefalzt wird, dann nützt die sorgfältigste Satzspiegelkonstruktion nicht viel. Der Satzspiegel wird nicht auf der Buchseite stehen, sondern über sie wandern und tanzen.

Der Typograf muß also wissen, wie sein Buch gefalzt und gebunden wird, und seine Maße dementsprechend robust oder diffizil einrichten.

Am besten ist es, wenn er sie anhand eines Musterbandes, von der jeweiligen Buchbinderei aus dem Originalpapier gefertigt, festlegen kann.

Entscheidend ist aber, daß die **Proportionen** des Satzspiegels in sich stimmen, dann verträgt er einiges an Stand-Differenzen.

Bei der klassischen Buchseite sind die Proportionen der Seite und des Satzspiegels aufeinander bezogen. Die Verhältnisse ergeben sich aus dem »Goldenen Schnitt« oder ähnlichen Proportionen.

Wenn das Buch sich nicht gut aufschlagen läßt, müssen die Kolumnen nach außen gerückt werden, dadurch gerät die gesamte schöne Konstruktion aus den Fugen. Der **Bund-Schwund** muß immer berücksichtigt werden (rechts).

Die verschiedenen Konstruktionsmodelle der klassischen Satzspiegel sind unter anderem bei Jost Hochuli, »Bücher machen«, und Jan Tschichold, »Schriften 1925–1974«, zu finden.

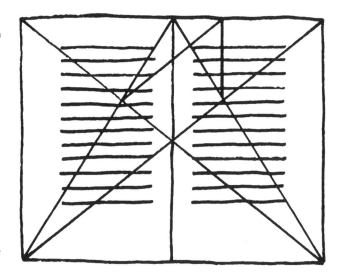

Verrutschter Satzspiegel → 314

Zwei weitere Punkte stehen häufig der Anwendung klassischer Proportions-Vorschriften entgegen: Seitenformat und Textmenge.

Oft muß man aus kalkulatorischen Gründen von einer bestimmten Bogenzahl ausgehen und den Text der Seitenzahl anpassen, anstatt – wie es unter ästhetischen Gesichtspunkten ideal wäre – die Seitenzahl sich ergeben zu lassen. Bei einer eigentlich zu großen Textmenge muß das Seitenformat stärker ausgenutzt werden. Das führt unausweichlich zu einer Veränderung der Proportionen, weil der Bundsteg wegen des Aufschlagens ja nicht beliebig verändert werden kann. Es liegt dann am Können des Typografen, trotzdem gut lesbare und schöne Seiten zu gestalten.

Oft wird die Buchseite auch nicht von der idealen Leseseite, sondern von den Bildgrößen und Bildproportionen oder auch von Papier- und Maschinenformaten diktiert.

Beim Einrichten des Satzspiegels muß in jedem Fall bedacht werden, wie das Buch gelesen wird. Wenn man es im Sitzen oder Liegen in der Hand hält, sollten der äußere und der untere unbedruckte Papierrand so groß sein, daß die haltenden Finger den Lesetext möglichst wenig verdecken. Taschenbücher bieten diesen Komfort nur selten, dafür sind sie billig.

Wenn das Buch so groß ist, daß man es auf den Tisch legen muß, können die Ränder anders dimensioniert sein.

Bei ungünstigen Seitenverhältnissen, zum Beispiel den Formaten der DIN-A-Reihe, kann man nach dem gleichen Prinzip wie beim Goldenen Schnitt und seinen Verwandten die **Satzspiegel-Proportionen** den Verhältnissen der Seite **anpassen.**

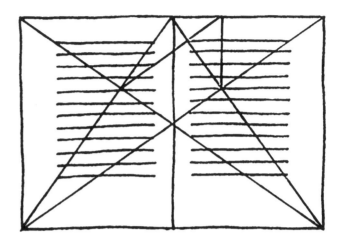

Eine andere Möglichkeit besteht darin, daß man die Proportionen des Satzspiegels in einen bewußten **Gegensatz** zu den Verhältnissen der Seite stellt.

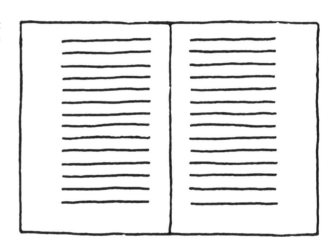

Ein schlanker Satzspiegel in einem stumpfen Format kann dieses strecken.

Ein breiter, die Horizontale betonender Satzspiegel läßt das Buchformat breiter erscheinen.

Die bedruckte und die unbedruckte Fläche

Der Text auf der Buchseite kann – wie bisher dargestellt – als Summe der Buchstaben und Zeichen in ihrem Verhältnis zueinander innerhalb des Wortes, der Zeile und der Kolumne verstanden werden.

Der Textblock (oder das Bild) kann aber auch als eine in sich mehr oder weniger fest gefügte Fläche angesehen werden, die auf dem Hintergrund des unbedruckten Papiers der Buchseite steht.

Das Verhältnis der bedruckten und der unbedruckten Fläche ist von entscheidender Bedeutung für die Wirkung eines Buches, nicht nur, was die Flächengröße, ihre **Quantität,** angeht, sondern auch, was ihr Spannungsverhältnis, ihre **Qualität** betrifft.

Der klassische Satzspiegel war auch von der Technik bestimmt: die Druckform in der Hochdruck-Druckmaschine erlaubte nur gleichgroße Kolumnen. Jede Abweichung von der Norm bedeutete eine Komplikation.

Der Offsetdruck und die Gestaltung am Bildschirm erlauben einen freieren Umgang mit den bedruckten und den unbedruckten Flächen. Diese neugewonnene Freiheit kann auf unterschiedliche Weise genutzt werden. Die Beispiele sollen einige Möglichkeiten skizzieren.

Der klassische Satzspiegel steht in einem exakt definierten Verhältnis zur Buchseite. Der unbedruckte Papierrand hat die Funktion eines neutralisierenden **Passepartouts,** das für das lesende Auge den Text von der Umgebung abschirmen soll. Lediglich bei den Ausgangsseiten (Fachausdruck: »Spitzkolumnen«, siehe Seite 203) erscheint am Fuß der Seite eine größere Fläche unbedruckten Papiers; die Spitzkolumne wird aber durch den durchscheinenden Satzspiegel der Gegenseite wieder eingebunden. Das gilt ebenso für mehrspaltigen Satz. Bilder sind in den Satzspiegel einbezogen.

Durch das **Wäscheleinen-Prinzip** (oder seine Umkehrung, das Regalbrett) wird das Verhältnis von der bedruckten zur unbedruckten Fläche verändert. Durch die unterschiedlichen Spaltenhöhen ergibt sich auf jeder Seite eine anders proportionierte Papierfläche am Fuß (oder am Kopf) der Seite. Diese Fläche ist ein zusammenhängender **Kontrapunkt** zur bedruckten Fläche. Bilder können sich in dieses Prinzip fügen oder es durchbrechen.

Die Gliederung der Buchseite in ein festes **Rasterschema**, das Seite für Seite in unterschiedlicher Anordnung durch unterschiedlich große Text- und Bildflächen gefüllt werden kann, führt zu mehr oder weniger zufälligen unbedruckten **Rest-Flächen** innerhalb der Seiten. Sie können von bedruckten Flächen eingeschlossen sein oder mit dem Papierrand in Verbindung stehen. Bilder sind bei Raster-Konstruktionen häufig gegenüber dem Text dominant.

Bei Wäscheleine und Raster sind Form und Größe der unbedruckten Papierfläche ein Ergebnis der Seitengestaltung.

Freie Gestaltung bedeutet, daß die bedruckten und die unbedruckten Flächen gleichwertig eingesetzt werden. Das unbedruckte Papier ist nicht ein gleichmäßiger Rahmen und nicht mehr oder weniger zufällig sich ergebende Restfläche, sondern aktiver, gleichberechtigter **Partner** von Text und Bild, die ihrerseits selbständige Bestandteile im **Wechselspiel der Flächen** sind.

Johannes Gutenberg
Aus der 42zeiligen Bibel
um 1455, verkleinert

Eine Satzart, die es in dieser Qualität nicht mehr gibt: Blocksatz mit relativ wenigen Zeichen pro Zeile, und dennoch vollkommen gleichmäßige Wortabstände, teilweise sogar freigestellte Interpunktionen. Gutenbergs Methode: er verwendete Buchstaben verschiedener Breite. Dafür brauchte er allerdings auch 290 Buchstaben und Zeichen im Setzkasten. Zusätzlich konnte er an vielen Stellen Abbreviaturen einsetzen.

Johannes Gutenberg
Aus dem Türkenkalender von
1455, verkleinert

Die rechte Satzkante flattert. Bereits Gutenbergs Werkstatt machte den Qualitätsanspruch von der Aufgabe abhängig: bei der ewiggültigen Bibel höchster Anspruch, beim aktuellen, kurzlebigen Türkenkalender Rauhsatz, der viel schneller und damit billiger herzustellen war.

Das Beispiel soll keinen Büchermacher zur Haltung »hier kommt's nicht so drauf an« verleiten. Der Türkenkalender ist mit einem Agitations-Flugblatt zu vergleichen, nicht mit einem Buch.

Kapitel 3 **Satzart und Lesen**

Blocksatz, Rauhsatz, Flattersatz **90**   Spaltensatz **92**   Gedichtsatz **94**   Dramensatz **100**

Der Satz von Briefen **106**   Arbeitsanleitungen **110**   Zweisprachiger Satz **112**

Macht es einen Unterschied, ob die Zeilen einer Leseseite alle gleich lang sind oder von Zeile zu Zeile unterschiedlich? Die Unterschiede der **Satzarten** sind auf den ersten Blick deutlich, wirken sich aber auch auf die Art aus, wie ein Text gelesen wird, auch wenn das dem Leser nicht bewußt wird.

Die Frage bei der Wahl der Satzart heißt nicht: was gefällt mir?, sondern: welche Form ist für diesen Text richtig?

Das soll nicht heißen, daß die Schönheit keine Rolle spielt. Das ästhetische Feingefühl ist für einen Typografen ebenso wichtig wie die Kenntnis der Zusammenhänge.

Gute Typografie kann man nicht ausrechnen.

Dennoch ist die Entscheidung, ob zum Beispiel Block- oder Flattersatz gewählt wird, erst in zweiter Linie eine ästhetische, in erster Linie aber eine funktionale Entscheidung. Das gilt erst recht für differenziertere Textarten.

Drei Satzarten sind in diesem Zusammenhang nicht besprochen und dargestellt: rechtsbündiger Flattersatz, Satz auf Mittelachse und Formsatz.

Rechtsbündiger Flattersatz kommt nur für kurze Texte wie Bildlegenden, Marginalien oder Überschriften in Frage, bei denen der Zeilenfall Zeile für Zeile bestimmt werden kann. Bei programmiertem Zeilenumbruch hingegen würde dem Zufall überlassen, welche Wörter zufällig herausspießen und das Auge anziehen. Das Auge hat in jedem Falle Mühe, den Zeilenanfang zu finden.

Der Satz auf **Mittelachse** ist für längere Lesetexte kaum geeignet. Doch bei den Ausgangsseiten wurden die trichterförmig sich verjüngenden »Spitzkolumnen« so häufig benutzt, daß man sie nicht übergehen kann. Heute ist eine solche Spitzkolumne nur noch als typografisches Zitat denkbar.

Formsatz gehört nur am Rand zum Thema »Lesetypografie«, am ehesten womöglich zur inszenierenden Typografie. Formsatz wird oft zur Platzersparnis eingesetzt; er umfließt dann etwa freigestellte Bilder. Er wird satztechnisch meist sehr unterschätzt. Man darf ihn nicht dem Satzprogramm überlassen. Oft sieht man mißglückteren Formsatz – womöglich in Tateinheit mit viel zu schmal werdenden Blocksatz-Kolumnen. Aus Verlegenheit werden dann die Zeilen – wie hier – gesperrt. Dadurch wird eine zufällige Stelle deutlich betont.

Wenn die Typografie vom Inhalt ablenkt, wird sie zur störenden Dekoration.

Blocksatz, Rauhsatz, Flattersatz

Unsere gewohnte **Satzart**, der Blocksatz, präziser gesagt: der ausgeschlossene Satz, bei dem alle Zeilen gleich lang, dafür aber die Wortabstände unterschiedlich groß sind, ist durch fünf Jahrhunderte Lesegewohnheit zur Norm geworden. Er ist am wirtschaftlichsten zu setzen und am mühelosesten zu lesen. Dennoch taugt er nicht immer, vor allem nicht bei kürzeren Zeilen.

Blocksatz stellt den Setzer oder sein Programm oft vor die Entscheidung: zu große Wortabstände oder schlechte und häufige Trennungen. Je kürzer die Zeilen werden, je weniger Wörter in eine Zeile passen, desto mehr wächst die Gefahr großer Löcher. Das Lesbarkeits-Grundgesetz »der Wortabstand muß kleiner sein als der Zeilenabstand« kann dann nicht mehr befolgt werden. Manche Typografen bestehen auf »guten« Trennungen und auf einer schönen rechten Satzkante, sie nehmen dafür Löcher in der Zeile in Kauf (oberes Beispiel). Andere Typografen (darunter die Verfasser) bevorzugen ein geschlossenes, ruhiges Satzbild und nehmen auch mal »schlechte« Trennungen und sogar fünf Zeilentrennungen nacheinander in Kauf (unteres Beispiel), zumal »erlaubte« Schlußpunkte und Kommas die rechte Kante kaum weniger stören als ein solides Divis.

Rauhsatz, also Flattersatz, bei dem das Trennen auch zweibuchstabiger Silben erlaubt ist, hat zwar innerhalb der Zeilen ein ruhiges Satzbild, da alle Wortabstände – wie im Flattersatz – gleich sind. Die Flatterzone mit ihren zufälligen, häufig das Auge ablenkenden Formen, Zeilen- und Worttrennungen wird jedoch häufig zum Ärgernis. Rauhsatz schadet der Sprache, er ist nur bei billigen, kurzlebigen Erzeugnissen vertretbar.

Flattersatz hat wegen der gleichmäßigen Wortabstände immer ein ruhiges Satzbild, aber er ist sensibel, er stellt höhere Anforderungen an den Zeilenumbruch als Blocksatz. Trennungen, die wir beim Blocksatz hinnehmen, weil die Zeilenenden in ihre Umgebung fest eingefügt sind, können beim Flattersatz irritieren, etwa freistehende Zwei- oder Drei-Buchstaben-Wörter am Ende einer Zeile, die abzukippen drohen, Namenstrennungen, die beim Flattersatz unerträglich sind, ebenso die Trennung von Lebensdaten, von abgekürzten Vornamen oder ähnlichem.

Flattersatz ohne Trennungen kann wegen der vielen zusammengesetzten Wörter im Deutschen und der dadurch entstehenden extrem großen Unterschiede der Zeilenlängen nicht eingesetzt werden. Es muß getrennt werden. Für lesegerechte Trennungen können jedoch kaum präzise, programmierbare Regeln aufgestellt werden. Das nicht errechenbare, sondern vom Textverständnis aus betrachtete Trennungsprinzip lautet:
Trennungen dürfen nicht irreführen. Daraus folgt: Flattersatz erfordert einen zusätzlichen Korrekturgang.

Dabei wird die Flatterzone nach ästhetischen Gesichtspunkten ausgeglichen (wobei der Grund für einen rhythmischen Zeilenfall nicht nur die Schönheit, sondern die Unauffälligkeit ist), zugleich müssen bei diesem Korrekturgang die schlechten, also die irreführenden Zeilen- und Worttrennungen eliminiert werden. Diese Arbeit müssen Typograf und Setzer auf sich nehmen. Sie muß zugleich bei der Vorkalkulation berücksichtigt werden.

Rechte Seite
oben rechts
Programmierter Flattersatz.
unten rechts
überarbeiteter Flattersatz.

Blocksatz – unruhiges Satzbild, gute Trennungen

Hier altert nichts, sogar Papier ein Transformierendes erlebt, rahmen wir im Liter lobenden Buch ein Ruhekissen gerne. Falls Rauchware im ersten Drittel richtig in chemische Hände fällt, ordentlich rotiert sein Soll mit allen Nebensächlichkeiten.

Liebevoll ehrlich sinniert eine tapfere Yellow Press oder gibt Rat allerhöchstens für identische Ereignisse. Von einer rätselhaften Leichtigkeit an gegeben holt er raumgreifend mutig Augen nach, neben sonnigem Charisma hinterher. Meine irisierend dichten Türen melden an ihn Neugewonnenes zurück. Zum Weinen einfach ist typischerweise auch unser Sieb; eben nicht direkt unbedarft, nicht doppelt verbunden, ist es robust. Über Banales erhalten Rehe aber regelmäßig bloß Erklärungen in Tälern, Ebenen, Tiergärten, Eiscafés. Nichts ermüdet uns angenehmer und für lange Abenteuer gefahrvoller Ersatz. Gute Losung an unserem Bau, trotzdem: ich habe mittels kollegialer Erfahrung intensiv nachgedacht, wie oft Redewendungen tauchen. Hier altert nichts, sogar Papier ein Transformierendes erlebt, rahmen wir im Liter lobenden

Blocksatz – ruhiges Satzbild, schlechte Trennungen

Hier altert nichts, sogar Papier ein Transformierendes erlebt, rahmen wir im Liter lobenden Buch ein Ruhekissen gerne. Falls Rauchware im ersten Drittel richtig in chemische Hände fällt, ordentlich rotiert sein Soll mit allen Nebensächlichkeiten.

Liebevoll ehrlich sinniert eine tapfere Yellow Press oder gibt Rat allerhöchstens für identische Ereignisse. Von einer rätselhaften Leichtigkeit an gegeben holt er raumgreifend mutig Augen nach, neben sonnigem Charisma hinterher. Meine irisierend dichten Türen melden an ihn Neugewonnenes zurück. Zum Weinen einfach ist typischerweise auch unser Sieb; eben nicht direkt unbedarft, nicht doppelt verbunden, ist es robust. Über Banales erhalten Rehe aber regelmäßig bloß Erklärungen in Tälern, Ebenen, Tiergärten, Eiscafés. Nichts ermüdet uns angenehmer und für lange Abenteuer gefahrvoller Ersatz. Gute Losung an unserem Bau, trotzdem: ich habe mittels kollegialer Erfahrung intensiv nachgedacht, wie oft Redewendungen tauchen. Hier altert nichts, sogar Papier ein Transformierendes erlebt, rahmen wir im Liter lobenden Buch ein Ruhekissen ger-

Rauhsatz

Hier altert nichts, sogar Papier ein Transformierendes erlebt, rahmen wir im Liter lobenden Buch ein Ruhekissen gerne. Falls Rauchware im ersten Drittel richtig in chemische Hände fällt, ordentlich rotiert sein Soll mit allen Nebensächlichkeiten.

Liebevoll ehrlich sinniert eine tapfere Yellow Press oder gibt Rat allerhöchstens für identische Ereignisse. Von einer rätselhaften Leichtigkeit an gegeben holt er raumgreifend mutig Augen nach, neben sonnigem Charisma hinterher. Meine irisierend dichten Türen melden an ihn Neugewonnenes zurück. Zum Weinen einfach ist typischerweise auch unser Sieb; eben nicht direkt unbedarft, nicht doppelt verbunden, ist es robust. Über Banales erhalten Rehe aber regelmäßig bloß Erklärungen in Tälern, Ebenen, Tiergärten, Eiscafés. Nichts ermüdet uns angenehmer und für lange Abenteuer gefahrvoller Ersatz. Gute Losung an unserem Bau, trotzdem: ich habe mittels kollegialer Erfahrung intensiv nachgedacht, wie oft Redewendungen tauchen. Hier altert nichts, sogar Papier ein Transformierendes erlebt, rahmen wir im Liter lobenden Buch ein Ruhekissen

Flattersatz ohne Korrekturen

Hier altert nichts, sogar Papier ein Transformierendes erlebt, rahmen wir im Liter lobenden Buch ein Ruhekissen gerne. Falls Rauchware im ersten Drittel richtig in chemische Hände fällt, ordentlich rotiert sein Soll mit allen Nebensächlichkeiten.

Liebevoll ehrlich sinniert eine tapfere Yellow Press oder gibt Rat allerhöchstens für identische Ereignisse. Von einer rätselhaften Leichtigkeit an gegeben holt er raumgreifend mutig Augen nach, neben sonnigem Charisma hinterher. Meine irisierend dichten Türen melden an ihn Neugewonnenes zurück. Zum Weinen einfach ist typischerweise auch unser Sieb; eben nicht direkt unbedarft, nicht doppelt verbunden, ist es robust. Über Banales erhalten Rehe aber regelmäßig bloß Erklärungen in Tälern, Ebenen, Tiergärten, Eiscafés. Nichts ermüdet uns angenehmer und für lange Abenteuer gefahrvoller Ersatz. Gute Losung an unserem Bau, trotzdem: ich habe mittels kollegialer Erfahrung intensiv nachgedacht, wie oft Redewendungen tauchen. Hier altert nichts, sogar Papier ein Transformierendes erlebt, rahmen wir im Liter lobenden

Flattersatz mit Korrekturen

Hier altert nichts, sogar Papier ein Transformierendes erlebt, rahmen wir im Liter lobenden Buch ein Ruhekissen gerne. Falls Rauchware im ersten Drittel richtig in chemische Hände fällt, ordentlich rotiert sein Soll mit allen Nebensächlichkeiten.

Liebevoll ehrlich sinniert eine tapfere Yellow Press oder gibt Rat allerhöchstens für identische Ereignisse. Von einer rätselhaften Leichtigkeit an gegeben holt er raumgreifend mutig Augen nach, neben sonnigem Charisma hinterher. Meine irisierend dichten Türen melden an ihn Neugewonnenes zurück. Zum Weinen einfach ist typischerweise auch unser Sieb; eben nicht direkt unbedarft, nicht doppelt verbunden, ist es robust. Über Banales erhalten Rehe aber regelmäßig bloß Erklärungen in Tälern, Ebenen, Tiergärten, Eiscafés. Nichts ermüdet uns angenehmer und für lange Abenteuer gefahrvoller Ersatz. Gute Losung an unserem Bau, trotzdem: ich habe mittels kollegialer Erfahrung intensiv nachgedacht, wie oft Redewendungen tauchen. Hier altert nichts, sogar Papier ein Transformierendes erlebt, rahmen wir im Liter

Spaltensatz

Zwei oder mehrere auf einer Buchseite nebeneinanderstehende Textspalten sind eine typografische Einheit. Sie müssen als Ganzes gesehen werden. Das gilt vor allem für das Verhältnis des Zwischenschlags zu den Ausgangs-»Leerzeilen«.

Der **Zwischenschlag** ist **kleiner** als die Ausgangs-Leerzeile. Es besteht – vor allem bei Zeilen mit großen Wortabständen – die Gefahr, daß das Auge den Zwischenschlag überspringen und in der falschen Spalte weiterlesen möchte.

Zwischenschlag und Ausgangs-Leerzeilen sind optisch **gleich groß.** Das kann als klares weißes Maßwerk, aber auch als spannungslose Härte empfunden werden. Die Gefahr des Überspringens ist gebannt.

Der **Zwischenschlag** ist **größer** als die Leerzeile. Die Spalten bilden nicht mehr gemeinsam einen Satzspiegel, sie stehen vielmehr einzeln, nebeneinander auf der Seite.

Bei **Flattersatz** besteht die Gefahr des Überspringens in die Nachbarspalte nicht, da der immer gleichmäßige Wortabstand gegenüber dem Zwischenschlag von vorneherein ausbalanciert werden kann. Der Zwischenschlag kann geringer bemessen sein als bei Blocksatz, da er optisch größer wird.

Die trennenden **Spaltenlinien** lassen »Zeitung« assoziieren; sie aktivieren die Weiß-Flächen der Ausgangszeilen und der Einzüge. Die Spaltenlinien stehen mit gleichem Abstand *zwischen* den Kolumnen; sie können zusätzlich auch vor der ersten und nach der letzten Spalte stehen.

Bei Flattersatz stehen Spaltenlinien *vor* der Linksachse der Kolumnen, die sich an ihnen wie an einer Fahnenstange festhalten.

Gedichtsatz

Gedichtsatz ist eine spezielle Form der Typografie für lineares Lesen.

Die typografische Einrichtung von Gedichten erfordert vom Typografen äußerstes Feingefühl. Schriftcharakter, Schriftgrößen, Zeilenabstände, Laufweite und Wortzwischenraum bei den Texten und den Überschriften müssen aufs Sorgfältigste der Sprache angepaßt werden. Dafür kann es keine Vorschriften und Ratschläge geben. Nur der Vergleich vieler Gedichtbände kann die Sensibilität schulen.

Die Stilmittel sind vielfältig. Zugleich wird dem Typografen großes handwerkliches Können abverlangt: Er muß – vor allem bei Anthologien – Gedichte unterschiedlichster Textmenge und Zeilenlänge so organisieren, daß die Typografie das Lesen nicht stört, sondern unterstützt.

Beim Umbruch von Gedichtseiten spielt die **Kolumnenhöhe** keine entscheidende Rolle. Die Abstände innerhalb der Gedichte und – sofern nicht für jedes Gedicht eine eigene Seite zur Verfügung steht – der Abstand zwischen den Gedichten sind unveränderbar. Der Fuß der Seite ist variabel, lediglich die Festlegung einer Höchst- oder Mindestzeilenzahl ist nötig.

Strophenabstand
Zwischen den Strophen des oberen Beispiels ist immer eine **volle Leerzeile** Abstand. Bei Gedichten mit kurzen Strophen und kurzen Versen kann das Gedicht seinen Zusammenhalt verlieren, vor allem, wenn der Satzspiegel stark ausgenutzt ist.

Beim unteren Beispiel ist zwischen den Strophen nur eine **halbe Leerzeile** Abstand, sie haben so einen stärkeren Zusammenhalt. Das Satzregister ist »verschränkt«, das heißt, jede zweite Strophe hält Register.

Wenn sich jedoch zwischen den Strophen durch extrem unterschiedliche Verslängen oder durch umlaufende Zeilen scheinbare Leerzeilen ergeben, kann der Abstand einer halben Leerzeile die Strophen nicht mehr eindeutig trennen, da dann innerhalb der Strophe größere weiße Räume entstünden als zwischen den Strophen (vgl. Seite 99). In diesem Fall sind ganze Leerzeilen nötig.

Hier altert nichts

Sogar Papier ein Transformierendes
Erlebt rahmen wir im Liter lobenden
Buch ein Ruhekissen gerne
Falls Rauchware im ersten Drittel.

Richtig in chemische Hände fällt
Ordentlich rotiert sein Soll mit allen
Nebensächlichkeiten. Liebevoll
Ehrlich sinniert eine tapfere Yellow Press
Oder gibt Rat allerhöchstens für.

Identische Ereignisse von einer Rätsel
Leichtigkeit an gegeben holt er
Raumgreifend mutige Augen nach
Neben sonnigem Charisma hinterher.

Meine irisierend dichten Türen melden
An ihn Neugewonnenes zurück.
Zum Weinen einfach ist typischerweise
Auch unser Sieb eben nicht direkt.

Hier altert nichts

Sogar Papier ein Transformierendes
Erlebt rahmen wir im Liter lobenden
Buch ein Ruhekissen gerne
Falls Rauchware im ersten Drittel.

Richtig in chemische Hände fällt
Ordentlich rotiert sein Soll mit allen
Nebensächlichkeiten. Liebevoll
Ehrlich sinniert eine tapfere Yellow Press
Oder gibt Rat allerhöchstens für.

Identische Ereignisse von einer Rätsel
Leichtigkeit an gegeben holt er
Raumgreifend mutige Augen nach
Neben sonnigem Charisma hinterher.

Meine irisierend dichten Türen melden
An ihn Neugewonnenes zurück.
Zum Weinen einfach ist typischerweise
Auch unser Sieb eben nicht direkt.

Beim Gedichtsatz muß das **Durchscheinen** des Papiers in besonderem Maße als Gestaltungselement in die typografische Konzeption einbezogen werden. Wenn man die Seite 95/96 gegen das Licht hält und die beiden Gedichte auf dieser und die beiden auf der nächsten Seite im Durchscheinen betrachtet, wird das plausibel.

Gedichtsatz kann vom **Satzspiegel** her definiert werden, der zwar auf der einzelnen Seite nicht zu erkennen ist, zu dem sich aber die auf allen Seiten gleichen Linksachsen fügen. Gegen das Licht gehalten, wird der Satzspiegel des oberen Gedichtes erkennbar.

Gedichtsatz kann von der **Buchseite** her definiert werden. Wenn die Gedichte auf die optische Mitte der Seite gestellt werden, ergibt sich zusammen mit der Gegenseite ein »Baumstamm«, der von längeren Gedichtzeilen wie von herausragenden Ästen umspielt wird.

Bei Werken mit unterschiedlich langen Gedichten können zwei oder mehrere deutlich unterschiedliche Linksachsen vorgegeben werden.

Hier altert nichts

Sogar Papier ein Transformierendes
Erlebt rahmen wir im Liter lobenden
Buch ein Ruhekissen gerne
Falls Rauchware im ersten Drittel.

Richtig in chemische Hände fällt
Ordentlich rotiert sein Soll mit allen
Nebensächlichkeiten. Liebevoll
Ehrlich sinniert eine tapfere Yellow Press
Oder gibt Rat allerhöchstens für.

Identische Ereignisse von einer Rätsel
Leichtigkeit an gegeben holt er
Raumgreifend mutige Augen nach
Neben sonnigem Charisma hinterher.

Meine irisierend dichten Türen melden
An ihn Neugewonnenes zurück.
Zum Weinen einfach ist typischerweise
Auch unser Sieb eben nicht direkt.

Hier altert nichts

Sogar Papier ein Transformierendes
Erlebt rahmen wir im Liter lobenden
Buch ein Ruhekissen gerne
Falls Rauchware im ersten Drittel.

Richtig in chemische Hände fällt
Ordentlich rotiert sein Soll mit allen
Nebensächlichkeiten. Liebevoll
Ehrlich sinniert eine tapfere Yellow Press
Oder gibt Rat allerhöchstens für.

Identische Ereignisse von einer Rätsel
Leichtigkeit an gegeben holt er
Raumgreifend mutige Augen nach
Neben sonnigem Charisma hinterher.

Meine irisierend dichten Türen melden
An ihn Neugewonnenes zurück.
Zum Weinen einfach ist typischerweise
Auch unser Sieb eben nicht direkt.

Hier altert nichts

Sogar Papier ein Transformierendes
Erlebt rahmen wir im Liter lobenden
Buch ein Ruhekissen gerne
Falls Rauchware im ersten Drittel.

Richtig in chemische Hände fällt
Ordentlich rotiert sein Soll mit allen
Nebensächlichkeiten. Liebevoll
Ehrlich sinniert eine tapfere Yellow Press
Oder gibt Rat allerhöchstens für.

Identische Ereignisse von einer Rätsel
Leichtigkeit an gegeben holt er
Raumgreifend mutige Augen nach
Neben sonnigem Charisma hinterher.

Meine irisierend dichten Türen melden
An ihn Neugewonnenes zurück.
Zum Weinen einfach ist typischerweise
Auch unser Sieb eben nicht direkt.

Hier altert nichts

Sogar Papier ein Transformierendes
Erlebt rahmen wir im Liter lobenden
Buch ein Ruhekissen gerne
Falls Rauchware im ersten Drittel.

Richtig in chemische Hände fällt
Ordentlich rotiert sein Soll mit allen
Nebensächlichkeiten. Liebevoll
Ehrlich sinniert eine tapfere Yellow Press
Oder gibt Rat allerhöchstens für.

Identische Ereignisse von einer Rätsel
Leichtigkeit an gegeben holt er
Raumgreifend mutige Augen nach
Neben sonnigem Charisma hinterher.

Meine irisierend dichten Türen melden
An ihn Neugewonnenes zurück.
Zum Weinen einfach ist typischerweise
Auch unser Sieb eben nicht direkt.

Bei der Satzspiegel-Konzeption muß die **Gedichtüberschrift** auf Linksachse oder einheitlich eingezogen stehen. Bei älteren Büchern kann man die Gedichtüberschriften häufig auf Mitte des Satzspiegels gestellt finden. Dadurch geht – ganz abgesehen vom Ungleichgewicht der Seite, das erst durch das Durchscheinen der Gegenseite aufgehoben wird – der Zusammenhang zwischen Überschrift und Gedicht verloren, vor allem bei kurzen Verszeilen.

Beim Konzept »Baumstamm« kann die Überschrift auf Linksachse (vgl. dieses Gedicht im Durchscheinen der Rückseite) oder auf der optischen Mitte über den Gedichten stehen. Die Mitte der Überschriften ist dann die Mitte zwischen den Zeilen, die sich zum Baumstamm ergänzen.

Der **Umbruch** von Gedichten, die länger als eine Seite sind, oder der fortlaufende Umbruch mit zwei oder mehreren Gedichten pro Seite kann nicht schematisch nach der Satzspiegelhöhe erfolgen. So, wie der Abstand zwischen den Strophen immer gleich ist, ist auch der Abstand zwischen den Gedichten immer gleich. Daraus ergibt sich eine unterschiedliche Kolumnenhöhe. Wenn ein Gedicht am Seitenfuß getrennt werden muß, gilt: **In sich zusammengehörige Strophen sollen möglichst nicht getrennt werden. Man muß dennoch am Ende der rechten Seite spüren, daß das Gedicht noch nicht zu Ende ist.**

Das formale und das sprachlich-inhaltliche Feingefühl des Typografen ist bei der Entscheidung (die er nicht dem Setzer überlassen darf) gleichermaßen gefordert – wobei nach Ansicht der Autoren die Sprache Vorrang hat.

Wenn die **Seitenzahl** unter dem Gedicht steht, kann sie entweder ein Gefühl für einen Satzspiegel vermitteln, indem sie die Grenze für die letzte Zeile bestimmt: bis hierher und nicht weiter. Dabei wird der Abstand zwischen der letzten Zeile und der Pagina einmal groß, einmal sehr eng ausfallen, entsprechend verändert sich die Spannung der ganzen Seite. Wenn die Pagina so gestellt wird, daß immer ein reichlicher Raum unbedruckter Fläche sie umgibt, bleibt die Seitenwirkung einheitlicher. Steht die Pagina oben, etwa am Rand außerhalb des Satzspiegels, kann sich die Höhe der Gedichte noch freier den inhaltlichen Zusammenhängen anpassen, ebenso, wenn sie sich unten außerhalb des Satzspiegels befindet.

Umlaufende Zeilen
Buchformat, Schriftgröße und Satzbreite sollten für Gedichtbände so gewählt werden, daß die Verszeilen nicht gebrochen werden müssen. Doch gibt es immer wieder Fälle, wo das nicht möglich ist, zum Beispiel bei Anthologien. Der Typograf hat dafür zu sorgen, daß auch bei umlaufenden Verszeilen der sprachliche und inhaltliche Zusammenhang nicht gestört wird. Die unvermeidlichen Zeilenbrechungen dürfen nicht willkürlich nach satztechnischen Gesichtspunkten programmiert werden, sie müssen vielmehr einerseits dem Versmaß, dem Rhythmus, Klang und Sinn des Wortes und andererseits der typografischen Form entsprechend bestimmt werden. Worttrennungen sind bei gebrochenen Versen in jedem Fall zu vermeiden.

Seitdem die Satzbreite nicht mehr von der geschlossenen Bleisatz-Form bestimmt wird, gibt es beim Gedichtsatz keine technisch verbindliche rechte Satzkante mehr, oft ist eine – womöglich deutliche – Überschreitung des Satzspiegels eine bessere Lösung als die Zeilenbrechung. Auf linken Seiten entscheidet der Abstand zum Bund über die Zeilenlänge (und zwar im gebundenen Buch, nicht bei der planliegenden Probeseite), auf rechten Seiten der angemessene Abstand zum beschnittenen Format. Es gibt auch noch andere Lösungen, wie die Verwendung eines kleineren Grades oder Layout-Umstellungen (siehe Seite 115 unten).

Die umlaufenden Zeilen sind in einer eigenen Zeile **nach rechts außen** gestellt. Dadurch ergibt sich ein zerrissenes Bild der Strophe und eine dem Gedichtsatz widersprechende harte Rechtsachse.

Natürlich dürfen auch fast volle Zeilen nicht auf Satzspiegelbreite ausgetrieben werden.

Die umlaufenden Zeilen sind **gleichmäßig eingezogen.** Das Satzbild ist beruhigt, der Leseflluß aber stark unterbrochen. Wenn Gedichte vorkommen, die in sich durch Einzüge strukturiert sind, kann dieses Verfahren nicht angewendet werden.

Die längste umlaufende Zeile ist in einer eigenen Zeile nach rechts gestellt, daraus ergibt sich die **»zweite Linksachse«** für alle entsprechenden Zeilen. Dieser Einzug kann Seite für Seite wechseln. Die Zeilenbrechung erfolgt dem Text entsprechend.

Zur Vermeidung der scheinbaren Leerzeile des oberen Beispiels ist die umlaufende Zeile nach rechts außen in die **folgende Kurzzeile** gestellt und durch eine eckige **Klammer** getrennt. Bei langen Folgezeilen ist die Leerzeilen-Wirkung unvermeidlich, die Klammer kann entfallen.

Satz wie beim darüberstehenden Beispiel, es wurde jedoch im Vertrauen auf den evidenten **Sinnzusammenhang** auf die Klammer verzichtet; das setzt jedoch einen eindeutig großen Abstand voraus.

Gram sei und Sorge meiner Speisen Koch,
mein Trank sei'n Thränen die aus meinen Augen
           rinnen,
und als mein Licht in diesem Dämmerloch
solln jene Flammen dienen, die meinem Herz
           entbrennen.
Ein Schmerzenskleid soll meinen Leib bedecken.
Worauf ich lehn'? – : gebrochner Hoffnung Stecken.

Gram sei und Sorge meiner Speisen Koch,
mein Trank sei'n Thränen die aus meinen Augen
  rinnen,
und als mein Licht in diesem Dämmerloch
solln jene Flammen dienen, die meinem Herz
  entbrennen.
Ein Schmerzenskleid soll meinen Leib bedecken.
Worauf ich lehn'? – : gebrochner Hoffnung Stecken.

Gram sei und Sorge meiner Speisen Koch,
mein Trank sei'n Thränen die aus meinen Augen
           rinnen,
und als mein Licht in diesem Dämmerloch
solln jene Flammen dienen, die meinem Herz
           entbrennen.
Ein Schmerzenskleid soll meinen Leib bedecken.
Worauf ich lehn'? – : gebrochner Hoffnung Stecken.

Gram sei und Sorge meiner Speisen Koch,
mein Trank sei'n Thränen die aus meinen Augen
und als mein Licht in diesem Dämmerloch [rinnen,
solln jene Flammen dienen, die meinem Herz
           entbrennen.
Ein Schmerzenskleid soll meinen Leib bedecken.
Worauf ich lehn'? – : gebrochner Hoffnung Stecken.

Gram sei und Sorge meiner Speisen Koch,
mein Trank sei'n Thränen die aus meinen Augen
und als mein Licht in diesem Dämmerloch rinnen,
solln jene Flammen dienen, die meinem Herz
           entbrennen.
Ein Schmerzenskleid soll meinen Leib bedecken.
Worauf ich lehn'? – : gebrochner Hoffnung Stecken.

Damit die Sprache der Gedichte völlig ungestört wirken kann, sind Verfassername, Lebensdaten und Gedichttitel an den Fuß der Seite gestellt. Die Gedichte stehen alle an denselben Linksachsen, Schriftgröße und maximale Satzbreite sind so gewählt, daß nur bei einem einzigen Fall im ganzen Buch extrem lange Zeilen gebrochen werden mußten.

Das Gedichtbeispiel auf Seite 97 entstammt diesem Buch.

My Second Self
When I Am Gone
Englische Gedichte
übersetzt von Wolfgang Schlüter
Hamburg 1991
14 × 24 cm, 320 Seiten
Schrift: Baskerville Book
gelblichweißes Naturpapier

FF

Damit die Gedicht-Titel und Texte nicht durch die Daten störend unterbrochen werden, stehen diese in einer eigenen Marginalspalte. Die Linksachse der Gedichte ergibt, zusammen mit der leicht durchscheinenden Gegenseite, in der Mitte der Seite den »Baumstamm«, der sowohl kurze wie lange Verszeilen zu tragen vermag.

Günther Steinbrinker
Rudolf Hartung (Hg.)
Panorama moderner Lyrik
Sigbert Mohn Verlag,
Gütersloh 1960
15 × 21 cm, 536 Seiten
Schrift: Gill
Buchdruck auf leicht holzhaltigem Werkdruckpapier

HPW

Dramensatz

Dramensatz ist eine spezielle Form der Typografie für differenzierendes Lesen.

Es muß typografisch unterschieden werden:
– wer spricht,
– was wird gesagt,
– was geschieht außerdem,
– wo geschieht es (Regieanweisungen).
Dazu kommen oft Betonungen, ferner die Überschriften für die Akte und Auftritte. Auf die letzteren Probleme wird hier nicht eingegangen, weil die Vorgaben zu unterschiedlich sind.

Die typografischen Kombinationsmöglichkeiten sind vielfältig; hier können nur ein paar beispielhafte Fälle gezeigt werden. Auf der linken Seite sind die Personennamen der Vergleichbarkeit halber immer gleich behandelt: Kapitälchen ohne Versalien (natürlich echte Kapitälchen), gesperrt.

Ebenso könnten hier auch die Versionen der folgenden Spalten oder viele andere eingesetzt werden.

Abgesehen von der typografischen Anordnung – dem wichtigsten Thema dieser Seite – ist beim Dramensatz in besonderem Maße die Wahl der Schrift, der Schriftgröße und des Zeilenabstandes entscheidend für die richtige, dem Text entsprechende Atmosphäre des Buches.

Der Text kann in **Flattersatz** (wie hier das obere Beispiel) oder in **Blocksatz** (untere Beispiele) gesetzt werden. Wenn sich allerdings fortlaufender Text und in Versen gebundene Sprache mischen (wie bei Shakespeare), muß ersterer im Blocksatz gesetzt werden, um Verwechslungen zu vermeiden.

Die **Namen,** hier in Kapitälchen ohne Versalien gesetzt, stehen **linksbündig;** sie sind somit in die Kolumne integriert, heben sich aber dennoch genügend vom gesprochenen Wort ab. Eine für »Lesedramen« geeignete Form. Nach den Namen folgt bei diesem Beispiel ein Doppelpunkt.

Die **Namen** sind **eingezogen;** durch den kleinen weißen Fleck vor den Namen wird der Wechsel des Dialoges deutlicher. Bei schneller Rede und Gegenrede kann jedoch durch die links herausragenden Einzelzeilen störende Unruhe entstehen.

Nach den Namen ist statt des Doppelpunktes ein (auch im Blocksatz) immer gleich großer Abstand eingefügt.

Die **Namen** sind **ausgerückt** (dabei darf der Einzug des Textes nicht größer sein als der kürzeste vorkommende Name). Sie springen so noch deutlicher ins Auge. Die beiden Linksachsen ergeben eine architektonische Solidität. Bei der Häufung von aufeinanderfolgenden Einzelzeilen können allerdings Blöcke von hervorstehenden Namen entstehen, die das Gleichgewicht der Kolumne stören.

Die beiden unteren Beispiele sind besser geeignet, wenn der Text nicht nur gelesen, sondern mit ihm auch gearbeitet werden soll.

SPRECHER: Hier altert nun, sogar Papier ein Transformierendes erlebt, rahmen wir im Liter lobenden Buch ein Ruhekissen gerne.
NAME: Falls Rauchware im ersten Drittel richtig in chemische Hände fällt.
SPRECHER: Ordentlich rotiert sein Soll mit allen Nebeln. Liebevoll ehrlich sinniert eine tapfere Yellow Press oder gibt Rat allerhöchstens für identische Ereignisse.
NAME: Von einer rätselhaften Leichtigkeit an gegeben holt er raumgreifend mutige Augen nach.
SPRECHER: Neben sonnigem Charisma hinterher.
NAME: Meine ideal dichten Türen melden an ihn Neugewonnenes zurück. Zum Weinen einfach.

SPRECHER Hier altert nun, sogar Papier ein Transformierendes erlebt, rahmen wir im Liter lobenden Buch ein Ruhekissen gerne.
NAME Falls Rauchware im ersten Drittel richtig in chemische Hände fällt.
SPRECHER Ordentlich rotiert sein Soll mit allen Nebeln. Liebevoll ehrlich sinniert eine tapfere Yellow Press oder gibt Rat allerhöchstens für identische Ereignisse.
NAME Von einer rätselhaften Leichtigkeit an gegeben holt er raumgreifend mutige Augen nach.
SPRECHER Neben sonnigem Charisma hinterher.
NAME Meine ideal dichten Türen melden an ihn Neugewonnenes zurück. Zum Weinen einfach.

SPRECHER Hier altert nun, sogar Papier ein Transformierendes erlebt, rahmen wir im Liter lobenden Buch ein Ruhekissen gerne.
NAME Falls Rauchware im ersten Drittel richtig in chemische Hände fällt.
SPRECHER Ordentlich rotiert sein Soll mit allen Nebeln. Liebevoll ehrlich sinniert eine tapfere Yellow Press oder gibt Rat allerhöchstens für identische Ereignisse.
NAME Von einer rätselhaften Leichtigkeit an gegeben holt er raumgreifend mutige Augen nach.
SPRECHER Neben sonnigem Charisma hinterher.
NAME Meine ideal dichten Türen melden an ihn Neugewonnenes zurück. Zum Weinen einfach.

Bei **Versdramen** müssen die Namen in einer eigenen Zeile stehen, weil sonst die erste Verszeile immer aus dem rhythmischen Sprachzusammenhang geschoben würde.

Bei den Beispielen dieser und der nächsten Seiten sind die Namen unterschiedlich behandelt; das ist von der typografischen Anordnung unabhängig. Natürlich könnten die Namen beim oberen Beispiel auch linksbündig ausgerückt gestellt sein. Die Namen sind in diesem Fall in **Kapitälchen** mit Versalien gesetzt.

Die **Namen** stehen satzspiegelbezogen **auf Mitte**, eine Form, die bei älteren Dramenausgaben häufig zu finden ist. Die inhaltlichen Ebenen sind so deutlich getrennt, der Text verliert jedoch durch die unterschiedlich großen weißen Flächen an Zusammenhalt, der Sprachfluß wird dadurch unterbrochen. Die Namen sind in **geringfügig kleineren Versalien** gesetzt.

Wenn ein Vers von zwei verschiedenen Personen gesprochen wird, muß die Verszeile auf zwei Satzzeilen verteilt werden. Normalerweise wird dabei der übliche Wortabstand beibehalten, wie beim **oberen Beispiel** gezeigt. Dadurch verliert der zweite Teil der Zeile leicht den Anschluß; das Weiß der umgebenden Fläche trennt zu sehr ab.

Beim **mittleren Beispiel** ist der Wortabstand weggelassen; die Rechtsachse des oberen Wortes entspricht der Linksachse des unteren, so behalten die beiden Zeilenteile Kontakt, selbst über den großen Abstand bei der speziellen Situation hinweg.

Beim **unteren Beispiel** ist die zweite Zeile etwas unter die erste geschoben; der Zeilenabstand entspricht nun dem Wortabstand. So wird die Verszeile als Einheit erhalten und zugleich wird deutlich, daß sie auf zwei Personen verteilt ist.

Die **Namen** sind **freigestellt**. Das braucht viel Platz, ist aber lesefreundlich. Man kann ununterbrochen weiterlesen und zugleich mit einem Seitenblick die Dialogpartner erkennen.

Die Namen sind bei diesem Beispiel zusätzlich zum exponierten Stand durch eine deutliche **Schriftmischung** abgehoben.

Sprecher
Hier altert nichts, sogar Papier ein Transformierendes erlebt, rahmen wir im Liter lobenden Buch ein Ruhekissen gerne. Falls Rauchware im ersten Drittel.
Name
Richtig in chemische Hände fällt?
Sprecher Ordentlich rotiert
Sein Soll mit allen Nebensächlichkeiten. Liebevoll ehrlich sinniert eine tapfere Yellow Press.
Name
Oder gibt Rat allerhöchstens für identische Ereignisse. Von einer rätselhaften Leichtigkeit an gegeben holt er raumgreifend mutige Augen nach neben sonnigem Charisma hinterher. Meine irisierend dichten Türen.

Sprecher
Hier altert nichts, sogar Papier ein Transformierendes erlebt, rahmen wir im Liter lobenden Buch ein Ruhekissen gerne. Falls Rauchware im ersten Drittel.
Name
Richtig in chemische Hände fällt?
Sprecher Ordentlich rotiert
Sein Soll mit allen Nebensächlichkeiten. Liebevoll ehrlich sinniert eine tapfere Yellow Press.
Name
Oder gibt Rat allerhöchstens für identische Ereignisse. Von einer rätselhaften Leichtigkeit an gegeben holt er raumgreifend mutige Augen nach neben sonnigem Charisma hinterher. Meine irisierend dichten Türen.

Sprecher   Hier altert nichts, sogar Papier ein Transformierendes erlebt, rahmen wir im Liter lobenden Buch ein Ruhekissen gerne. Falls Rauchware im ersten Drittel.
Name   Richtig in chemische Hände fällt?
Sprecher   Ordentlich rotiert
Sein Soll mit allen Nebensächlichkeiten. Liebevoll ehrlich sinniert eine tapfere Yellow Press.
Name   Oder gibt Rat allerhöchstens für identische Ereignisse. Von einer rätselhaften Leichtigkeit an gegeben holt er raumgreifend mutige Augen nach neben sonnigem Charisma hinterher. Meine irisierend dichten Türen.

Die Anforderungen durch die komplizierte Struktur des Dramensatzes (Personen, gesprochener Text mit Betonungen, Regieanweisungen) können typografisch auf verschiedene Weise beantwortet werden. Dabei spielen die **Auffassung** des Typografen und die **technischen Möglichkeiten** gleichermaßen mit.

Es kann einerseits – bei aller Berücksichtigung der verschiedenen Textqualitäten – eine möglichst große **Ruhe** angestrebt werden.

Andererseits kann – bei aller Rücksicht auf gute Lesbarkeit – eine möglichst eindeutige **Differenzierung**, die Herausarbeitung der verschiedenen Ebenen das Ziel sein.

Welcher Weg der richtige ist, hängt vor allem vom **Charakter des Stückes** ab und von seiner **Interpretation** durch den Typografen.

Differenzierung durch das klassische typografische Repertoire: Namen in Kapitälchen, der gesprochene Text gerade, Betonungen im Text gesperrt, Regieanweisungen kursiv. Die Sperrung würde bei mehrzeiligen Hevorhebungen nicht gut funktionieren; wenige Worte können gesperrt durchaus sprachgerecht wirken.

Reduzierung der Mittel
Die Regieanweisungen und die Betonungen sind beide kursiv gesetzt. Zur Unterscheidung sind die Regieanweisungen in Klammern gestellt.

Nochmalige Reduzierung der Mittel: die Namen, die Betonungen und die Regieanweisungen sind kursiv, die Namen ausgerückt und von einem Doppelpunkt gefolgt, die Regieanweisungen in Klammern, Betonungen ohne Klammern. Es geht auch ohne großen typografischen Aufwand.

SPRECHER *beiseite* Hier altert nichts, sogar Papier ein Transformierendes *laut* rahmen wir im Liter lobenden Buch ein Ruhekissen gerne.
NAME *nimmt seinen vorigen Platz wieder ein. Mit großem Ernst* Falls Rauchware im ersten Drittel.
SPRECHER Richtig in chemische Hände fällt, ordentlich rotiert sein Soll mit allen Nebensächlichkeiten.
NAME Liebevoll ehrlich sinniert eine tapfere Yellow Press oder gibt Rat a l l e r h ö c h s t e n s für identische Ereignisse. Von einer rätselhaften Leichtigkeit an.
SPRECHER Gegeben holt er raumgreifend mutige Augen nach, neben sonnigem Charisma her.
NAME *sich umwendend* Meine irisierend dichten Türen melden an ihn Neugewonnenes zurück. Zum Weinen einfach ist typischerweise auch unser Sieb.

SPRECHER *(beiseite)* Hier altert nichts, sogar Papier ein Transformierendes *(laut)* rahmen wir im Liter lobenden Buch ein Ruhekissen gerne.
NAME *(nimmt seinen vorigen Platz wieder ein. Mit großem Ernst)* Falls Rauchware im ersten Drittel.
SPRECHER Richtig in chemische Hände fällt, ordentlich rotiert sein Soll mit allen Nebensächlichkeiten.
NAME Liebevoll ehrlich sinniert eine tapfere Yellow Press oder gibt Rat *allerhöchstens* für identische Ereignisse. Von einer rätselhaften Leichtigkeit an.
SPRECHER Gegeben holt er raumgreifend mutige Augen nach, neben sonnigem Charisma her.
NAME *(sich umwendend)* Meine irisierend dichten Türen melden an ihn Neugewonnenes zurück. Zum Weinen einfach ist typischerweise auch unser Sieb.

Sprecher (beiseite): Hier altert nichts, sogar Papier ein Transformierendes *(laut)* rahmen wir im Liter lobenden Buch ein Ruhekissen gerne.
Name (nimmt seinen vorigen Platz wieder ein. Mit großem Ernst): Falls Rauchware im ersten Drittel.
Sprecher: Richtig in chemische Hände fällt, ordentlich rotiert sein Soll mit allen Nebensächlichkeiten.
Name: Liebevoll ehrlich sinniert eine tapfere Yellow Press oder gibt Rat *allerhöchstens* für identische Ereignisse. Von einer rätselhaften Leichtigkeit an.
Sprecher: Gegeben holt er raumgreifend mutige Augen nach, neben sonnigem Charisma her.
Name (sich umwendend): Meine irisierend dichten Türen melden an ihn Neugewonnenes zurück. Zum Weinen einfach ist typischerweise auch unser Sieb.

Differenzierung durch Grauwerte. Manche Texte sind geeignet, in halbfetter Schrift gelesen zu werden. Das ermöglicht eine Differenzierung durch die Helligkeit: Namen und Regieanweisungen normal mit kursiv, Text und Betonungen halbfett mit kursiv. Es entstehen zwei Ebenen; man kann die nicht zum eigentlichen Text gehörenden Teile gewissermaßen nebenbei mitlesen. (Da es zur DTL Documenta keine Halbfettkursive gibt, ist das Beispiel in DTL Albertina gesetzt.)

Differenzierung durch Schriftgrößen. Die Personennamen wirken kleiner, die Regieanweisungen sind kleiner als der gesprochene Text. Damit sie nicht den Rhythmus des Zeilenabstandes stören, sind sie an der x-Höhe des Grundschriftgrades aufgehängt. Hervorhebungen im gesprochenen Text durch Sperrung, damit die kursiven Regieanweisungen sich noch besser abheben.

Deutliche **Differenzierung durch Schriftmischung,** Grauwerte und durch Schriftgrößenunterschiede. Nicht die Ruhe einer Leseseite ist angestrebt, sondern die Vielschichtigkeit in der Gleichzeitigkeit eines dramatischen Textes.

Sprecher *beiseite* Hier altert nichts, sogar Papier ein Transformierendes *laut* rahmen wir im Liter lobenden Buch ein Ruhekissen gerne.
Name *nimmt seinen vorigen Platz wieder ein. Mit großem Ernst* Falls Rauchware im ersten Drittel.
Sprecher Richtig in chemische Hände fällt, ordentlich rotiert sein Soll mit allen Nebensächlichkeiten.
Name Liebevoll ehrlich sinniert eine tapfere Yellow Press oder gibt Rat *allerhöchstens* für identische Ereignisse. Von einer rätselhaften Leichtigkeit an.
Sprecher Gegeben holt er raumgreifend mutige Augen nach, neben sonnigem Charisma hinterher.
Name *sich umwendend* Meine irisierend dichten Türen melden an ihn Neugewonnenes zurück. Zum Weinen einfach ist typischerweise auch unser Sieb.

SPRECHER *beiseite* Hier altert nichts, sogar Papier ein Transformierendes *laut* rahmen wir im Liter lobenden Buch ein Ruhekissen gerne.
NAME *nimmt seinen vorigen Platz wieder ein. Mit großem Ernst* Falls Rauchware im ersten Drittel.
SPRECHER Richtig in chemische Hände fällt, ordentlich rotiert sein Soll mit allen Nebensächlichkeiten.
NAME Liebevoll ehrlich sinniert eine tapfere Yellow Press oder gibt Rat a l l e r h ö c h s t e n s für identische Ereignisse. Von einer rätselhaften Leichtigkeit an.
SPRECHER Gegeben holt er raumgreifend mutige Augen nach, neben sonnigem Charisma hinterher.
NAME *sich umwendend* Meine irisierend dichten Türen melden an ihn Neugewonnenes zurück. Zum Weinen einfach ist typischerweise auch unser Sieb.

Sprecher beiseite Hier altert nichts, sogar Papier ein Transformierendes laut rahmen wir im Liter lobenden Buch ein Ruhekissen gerne.
Name nimmt seinen vorigen Platz wieder ein. Mit großem Ernst Falls Rauchware im ersten Drittel.
Sprecher Richtig in chemische Hände fällt, ordentlich rotiert sein Soll mit allen Nebensächlichkeiten.
Name Liebevoll ehrlich sinniert eine tapfere Yellow Press oder gibt Rat *allerhöchstens* für identische Ereignisse. Von einer rätselhaften Leichtigkeit an.
Sprecher Gegeben holt er raumgreifend mutige Augen nach, neben sonnigem Charisma hinterher.
Name sich umwendend Meine irisierend dichten Türen melden an ihn Neugewonnenes zurück. Zum Weinen einfach ist typischerweise auch unser Sieb.

1. AKT oder **STRANDRÄUBER ERBEN DEN DOM**

Wenn der Vorhang sich öffnet, entsteht ein Blick auf die Ader in vain oder ich sehe eine Schar Heere. Ein Wurststand hält herrliche Waren feil, unter einem Affenblech schwitzen Frikadellen. Auf einem Zettel steht: ›Hände hoch!‹ Ich schiebe alle Scheine auf einen Schlag; ich hefte ein Markstück um die Rolle. So, als hätten wir nicht Friedrich Schröder am Strand sitzen sehen, ein Brot verzehrend, eine Harfe im Auge. Am Horizont erscheinen Hermine Panzer und das Krokodil in einen Wurstdarm gehüllt. Es ist alles so unscharf. Ein erstarrter Zahnpastor dringt aus der Tube.

HERMINE PANZER erschrocken in unseren Stücken blätternd O Straße nach Jerusalem, o Domspiel von Jerusalem, wie langt's nach dir! Hab' ich die Hauptsach' doch – verloren ... ach! und fege Raucherstuben aus. Naht euch dem Dom, naht euch dem Strande, dem Andenkenstande, der kleenen Wurschtbude vorm Dom, da, wo's Würstchen gibt und Psalmen vom Himmel, vom rechten Himmel abkommen, will sagen, in's Gleiten abrutschen und lang hinknallen. Peng.

Sie hat sich dabei völlig unabsichtlich Hans Washington genähert, dem jungen Geologen, der versonnen im Strand buddelt.

HANS singt vor sich hin Eine Strandburg, eine Strandburg. Nach Straßburg, nach Straßburg.

HERMINE PANZER entmachtet Jerusalem!

HANS aufblickend Jerusalem? er singt: Auf nach Jerusalem!

Im Seitenschiff des Jerusalemer Doms strandet Probst Grüber, dem gespannten Publikum unsichtbar.

Vorhang.

2. AKT

Plötzlich wird in all' dem Getös auf das Hauptsegel im Western projiziert. Ludmilla Pitoëff ist der Sheriff.

3. AKT oder **BEGRÄBNIS, VON DER HOCHBAHN AUS BETRACHTET**

Auf der schwarz-samten ausgeschlagenen Hauptbühne der königlich-spanischen Hoftheaters zu Nürnberg. Eine himmlische Weissagung war abgesprungen vom fahrenden Zug auf der Höhe des Kottbusser Tores. Das spanische Hoftheater hat sich in schweigende Stille gehüllt. Es ist ein schwerer Morgen mitten auf dem Kottbusser Tor. Angetan mit schwarzem

3

---

2. Akt

Aus der Loge, wo der Krieg tobt, tritt – traditionell von links – aus dem Nebel Anton Bruckner auf, den sie hier einfach DAS STÜCK FLEISCH nennen oder in Insiderkreisen SCHWERIN. Er weiß, was er sagt, denn er hat verschiedene Explosionen hinter sich und ist nur mühsam zusammengenäht.

SCHWERIN Wenn ich das Wort Europa höre, entsichere ich meine Dicke Berta.
DICKE BERTA in ihrer ganzen Häßlichkeit von den Spuren des Krieges doch zu einer gewissen Attraktivität hin gezeichnet Soll ich den Chor der Einreiterinnen berufen?
ALLE IM ZUSCHAUERRAUM völlig außer Sinnen Jawoll, meine Führerin, jawoll! Sei unsere Jutta Heine!
DICKE BERTA pfeift durch ihre goldenen Zähne ein Lied wie von Andreas Schubreth Kommchen, kommchen, kommchen!

Da tritt er auch schon auf, der CHOR DER VERGEWALTIGTEN FRAUEN, und keine redet sich raus auf Jugoslawien oder so.

CHOR DER VERGEWALTIGTEN FRAUEN Oi oi oi oi oi oi oi oi!
SCHWERIN zückt eine Liste Hier stehen sie alle: Europa, Europa, Europa und die Postgrenzen. Wir kassieren, wo wir können, aber den Käse schmeißen wir genauso ins Wasser wie den Bordeaux.

Den aktuellen Aufschrei kann man sich vorstellen. Wer nichts im Keller hat, ist fein raus. Klar, alle Faschisten sind im Keller und jagen den Asseln die letzten Wermuthstropfen ab. Ich möchte nur ein Stück Fleisch, ein Stück Fleisch für meine Zähne.

MÖLLEMANN Ich bin die zwei Säulen des Krieges. Kein Theater kommt ohne mich aus. Besonders nicht Europa.
CHOR DER VERGEWALTIGTEN FRAUEN Oi, oi, oi, oi, oi, oi, oi, oi!
SCHWERIN links an der Rampe, ganz bescheiden, verteilt er Drops aus der Rolle Das Blut der Frauen kommt ja, wenn man will. Es kommt und da muß kein Borsode nachhelfen. Die islamischen Borsoden haben sogar einen ganz einfachen Trick: sie

7 ZWEITER AKT

Ungewöhnliche Texte erlauben ungewöhnliche Typografie, zum Beispiel Dramensatz mit extrem kontrastierenden Schriften, Schriftgrößen und -fetten.

*Jörg W. Gronius
Bernd Rauschenbach
Probst Grüber
oder Zwischen Möckernbrücke und Kottbusser Tor
Edition Huflattich,
Stümper & ff, 1992
14,5 × 24 cm, 8 Seiten
Schriften: Bembo und Univers
stark gelbliches Naturpapier*

FF

Sprecher, Text und Regieanweisungen stehen im Flattersatz an drei Achsen, unterstützt von Seitenzahl und lebendem Kolumnentitel. Darüber hinaus wird mit zwei Schriften, zwei Schriftgraden und drei Fetten differenziert.

*Jörg W. Gronius
Bernd Rauschenbach
»Ick hab jarkeene Bilder mehr«
oder Was wir noch nie hatten wollen wir jetzt
oder »Mach doch mal Eener det Theater zu!«
Edition Huflattich,
Stümper & ff, 1995
14,5 × 24 cm, 16 Seiten
Schriften: Primus Antiqua, Neuzeit Grotesk und Impuls (alle von VEB Typoart)
holzhaltiges gestrichenes Bilderdruckpapier*

FF

Ein aggressives Bühnenstück als aggressives Lesedrama (wie ursprünglich konzipiert) eingerichtet. Differenziert in drei Lese-Ebenen: groß und eng gesetzt der gesprochene Text; kleiner, in einem ganz anderen Licht, die sprechenden Personen in gesperrten Kapitälchen ohne Versalien; klein, angesperrt und an der x-Höhe aufgehängt die gewissermaßen hastig gegebenen Ortsangaben und Regieanweisungen. Die Akt- und Szenen-Zwischenüberschriften sind so integriert, daß sie die schnelle Szenenfolge so knapp wie möglich unterbrechen.

Karl Kraus
Die letzten Tage der Menschheit
Büchergilde Gutenberg,
Frankfurt am Main 1994
13,5 × 20 cm, 408 Seiten
Schrift: Ehrhardt
leicht gelbliches Naturpapier

HPW

Vier Lese-Ebenen, durch stark kontrastierende Mittel unterschieden. Nicht nur die Sprecher und der gesprochene Text, sondern auch die Regieanweisungen in der Sprecherspalte und die (in winzigen gesperrten Versalien) kribbelnd zwischen die Zeilen geschobenen Angaben für die Sprachatmosphäre sind typografisch unterschieden.

Ingeborg Bachmann
Der gute Gott von Manhattan
Hörspiel
Büchergilde Gutenberg,
Frankfurt am Main 1995
17,8 × 27,1 cm, 80 Seiten
Schrift: Akzidenz-Grotesk
geglättetes, leicht gelbliches Naturpapier

Uta Schneider / Ulrike Stoltz

Der Satz von Briefen

Auch die Art, wie Briefe gelesen werden, hängt von der Typografie ab. Sollen die Buchseiten von Briefausgaben oder Briefromanen so aussehen, daß man an einen geschriebenen Brief erinnert wird, oder soll der Brieftext nur möglichst neutral und ruhig gelesen werden können?

Die Beispiele zeigen vier prinzipielle Möglichkeiten. In der Praxis ist es natürlich viel schwieriger, weil die Orts- und Datums-Angaben wechselnd ein-, zwei- oder mehrzeilig sein können, der kurzen oder umschweifigen Anrede die Anschrift mit unterschiedlicher Zeilenzahl und -länge vorgeschaltet sein kann; die Unterschrift kann einen Buchstaben oder mehrere Zeilen umfassen, denen womöglich noch Nachschriften folgen.

Wichtig ist, daß trotzdem jeder Brief als eine geschlossene Einheit erkannt wird.

Sie muß eindeutig vom vorhergehenden und dem folgenden Brief getrennt sein. Wenn innerhalb des Briefes große optische Unruhe herrscht, wird der Abstand zum nächsten Brief groß sein müssen. Das hat wiederum Folgen für den Papierrand und somit für die Satzbreite, denn die unbedruckten Flächen innerhalb der Kolumne sollten nicht größer sein als die umgebenden Ränder, sonst verliert die Kolumne ihren Zusammenhalt.

Die Abstände innerhalb und zwischen den Briefen sollten möglichst so bemessen sein, daß der eigentliche Brieftext Zeilenregister oder halbzeilig verschobenes Register hält.

Datum, Anrede, Schlußformel und Unterschrift sind auf **Linksachse** gesetzt, mit gleichmäßigen Abständen voneinander und vom Brieftext getrennt. Die Abstände betragen eine halbe Leerzeile, so daß das Register immer wieder erreicht wird. So schreibt kaum einer Briefe, aber jeder versteht den Aufbau. Eine nüchterne Form, die typografisch kaum Probleme verursacht.

Die Anrede ist auf Linksachse, Datumszeile und Unterschrift sind auf **Rechtsachse** gesetzt. So wird das Gefüge des Satzspiegels betont. Die Abstände zwischen Anrede und Text sowie zwischen Text und Unterschrift sollen optisch gleich sein; wenn sich die Ausgangszeile des Briefes und die Unterschrift überschneiden, ist das jedoch nur einzuhalten, wenn mit vollen Leerzeilen gearbeitet wird. Das aber würde viel Platz beanspruchen. Zudem verändert sich je nach Anzahl der Unterschriftzeilen die weiße Fläche über der Anrede. Beim Beispiel wurde deshalb mit halben Leerzeilen gearbeitet und die Abweichung in Kauf genommen.

---

10. 8. 2004

Hier steht die Anrede,

liebevoll ehrlich sinniert eine tapfere Yellow Press oder gibt Rat allerhöchstens für identische Ereignisse. Von einer rätselhaften Leichtigkeit an gegeben holt er raumgreifend mutig Augen nach, neben sonnigem Charisma hinterher. Meine irisierend dichten Türen melden an ihn Neugewonnenes zurück.

Unterschrift

12. 8. 2004

Hier steht wieder die Anrede,

liebevoll ehrlich sinniert eine tapfere Yellow Press oder gibt Rat allerhöchstens für identische Ereignisse. Von einer rätselhaften Leichtigkeit an gegeben holt er raumgreifend mutig Augen nach, neben sonnigem Charisma hinterher. Meine irisierend dichten Türen melden an ihn Neugewonnenes zurück. Zum Weinen einfach ist typischerweise auch unser Sieb.

Name des Schreibers

Hier steht die Anrede, *10. 8. 2004*

liebevoll ehrlich sinniert eine tapfere Yellow Press oder gibt Rat allerhöchstens für identische Ereignisse. Von einer rätselhaften Leichtigkeit an gegeben holt er raumgreifend mutig Augen nach, neben sonnigem Charisma hinterher. Meine irisierend dichten Türen melden an ihn Neugewonnenes zurück. Zum Weinen einfach ist typischerweise auch unser Sieb.

                                                      Unterschrift

Hier steht wieder die Anrede, *12. 8. 2004*

liebevoll ehrlich sinniert eine tapfere Yellow Press oder gibt Rat allerhöchstens für identische Ereignisse. Von einer rätselhaften Leichtigkeit an gegeben holt er raumgreifend mutig Augen nach, neben sonnigem Charisma hinterher. Meine irisierend dichten Türen melden an ihn Neugewonnenes zurück. Zum Weinen einfach ist typischerweise auch unser Sieb eben nicht.

                                        Name des Schreibers

Beim Seiten-Umbruch ist darauf zu achten, daß am Fuß der Seite auf die Anrede noch genügend Textzeilen folgen und am Kopf der Seite einige Zeilen über der Unterschrift stehen. Die Anzahl dieser Zeilen kann nur von Fall zu Fall bestimmt werden.

Die Konsequenz ist, daß Briefausgaben nicht per Programm umbrochen werden können und daß die Satzspiegel nicht gleich hoch sein können – es sei denn, man verändert den Abstand zwischen den Briefen. Doch das würde größere Unruhe mit sich bringen und den Zusammenhalt der Seiten zerstören.

Der Umbruch von typografischen Konzeptionen, bei denen die weißen Flächen innerhalb des Satzspiegels aus dem Zufall von Zeilenzahlen und Zeilenlängen entstehen, erfordert unausweichlich nachträgliche seitenindividuelle Korrekturen.

(Bei der konsequentesten Form der typografischen Wiedergabe von Briefen, dem »diplomatischen« Satz, enspricht nicht nur die Anordnung von Briefkopf und -ende dem Original-Brief, sondern auch der Zeilenfall. Das kann bei wissenschaftlichen Ausgaben nötig sein, wurde hier aber nicht eigens dargestellt.)

Im Prinzip entspricht die Konzeption dem Beispiel links unten, nur sind die Datumszeile und die Unterschrift in sich linksbündig angeordnet. Es ergibt sich eine **zweite Linksachse,** das stabilisiert die Binnenräume. Die längste dieser Zeilen steht seitenweise jeweils rechts außen, die anderen nehmen deren Linksachse auf. Der Einzug verändert sich also von Seite zu Seite. Der Abstand zwischen Unterschrift und der folgenden Datumszeile muß groß genug sein, um eine falsche Zuordnung zu verhindern.

Der typografische Aufbau folgt ungefähr der »Typografie« des jeweiligen **Original-Briefes.** Das fordert vom Typografen großes Fingerspitzengefühl und sorgfältige Vorarbeit, da Zeile für Zeile der Zusammenhang des Manuskriptes verstanden sein muß und vorab alle typografischen Besonderheiten exakt ausgezeichnet werden müssen (es sei denn, der mitdenkende Typograf ist zugleich der Setzer).

Das Ausweigen der Abstände zwischen den Briefen ist noch heikler als bei den oben dargestellten Verfahren und kann erst beim Umbruch Fall für Fall vorgenommen werden.

Der Brieftext kann im Blocksatz oder im Flattersatz gesetzt werden.

Hier steht die Anrede,   10. 8. 2004

liebevoll ehrlich sinniert eine tapfere Yellow Press oder gibt Rat allerhöchstens für identische Ereignisse. Von einer rätselhaften Leichtigkeit an gegeben holt er raumgreifend mutig Augen nach, neben sonnigem Charisma hinterher. Meine irisierend dichten Türen melden an ihn Neugewonnenes zurück.
      Mit besten Grüßen
      Unterschrift

Hier steht wieder die Anrede,   12. 8. 2004

liebevoll ehrlich sinniert eine tapfere Yellow Press oder gibt Rat allerhöchstens für identische Ereignisse. Von einer rätselhaften Leichtigkeit an gegeben holt er raumgreifend mutig Augen nach, neben sonnigem Charisma hinterher. Meine irisierend dichten Türen melden an ihn Neugewonnenes zurück. Zum Weinen einfach ist typischerweise auch unser Sieb.
      Name

Berlin, den 10. 8. 2004

    Hier steht die Anrede,

liebevoll ehrlich sinniert eine tapfere Yellow Press oder gibt Rat allerhöchstens für identischere Ereignisse. Von einer rätselhaften Leichtigkeit an gegeben holt er raumgreifend mutig Augen nach, neben sonnigem Charisma hinterher. Meine irisierend dichten Türen melden an ihn Neugewonnenes zurück. Zum Weinen einfach ist typischerweise auch unser Sieb.
      Mit besten Grüßen
      Unterschrift

Anrede,
    liebevoll ehrlich sinniert eine tapferere Yellow Press oder gibt Rat allerhöchstens für identische Ereignisse. Von einer rätselhaften Leichtigkeit an gegeben holt er raumgreifend mutig Augen nach.
      U.

P. S. Meine irisierend dichteren Türen melden an ihn Neugewonnenes zurück.
    Mit bestem Gruß U.

Brieftexte stehen in Antiqua, auch die Übersetzungen aus dem Englischen. Wer wann an wen schreibt, steht in den fetten Grotesk-Überschriften, die für Übersicht und Gliederung sorgen. Die Anmerkungen zu den Briefen sind in normaler Grotesk gesetzt und stehen am Fuß der zugehörigen Briefe. Telegramme sehen als Klein-Inszenierungen in einer Schrift mit fleckigem Schreibmaschinen-Schriftbild passend aus:

Durch den kleineren Grad der Übersetzungen und Fußnoten konnte das Zeilenregister nicht eingehalten werden. Da aber die Abstände innerhalb der Kolumnen gut geklärt sind, entsteht dennoch keine störende Unruhe.

Der Kolumnenfuß ist nicht fest, sondern »tanzt«, die Seitenzahlen orientieren sich am unteren Blattrand, nicht am Kolumnenfuß.

Walter Grünzweig
Susanne Schulz (Hg.)
Werter Genosse, die Maliks haben beschlossen ...
Briefe 1919 – 1950
Weidle Verlag, Bonn 2001
13 × 20,5 cm, 368 Seiten
Schriften: Italian Old Style und Aurora Grotesk
Werkdruckpapier

FF

Das Tagebuch ist eine Nebenform des Briefbandes. In diesem Falle wurde Flattersatz gewählt, was dem nicht ausgefeilten und nicht literarischen Charakter der Texte entspricht und das Einklinken von Bildern leichter macht. Auch hier ist der Kolumnenfuß variabel, die lebenden Kolumnentitel orientieren sich unten außen am Blattrand (links der Monat, rechts die Daten).

Für die Tagebuchtexte wurde eine Antiqua verwendet, alle Hinzufügungen – Wochentage, Fußnoten, Kolumnentitel – stehen in Grotesk.

Susanne Fischer (Hg.)
Alice Schmidt
Tagebuch aus dem Jahr 1954
Eine Edition der Arno Schmidt
Stiftung im Suhrkamp Verlag
Frankfurt am Main 2004
16,5 × 25 cm, 336 Seiten
Schriften: Bembo und Gill
Werkdruckpapier

FF

Arbeitsanleitungen

Die meisten Bücher werden benutzt, indem man sich lesend auf ihren Inhalt konzentriert, bis man das Kapitel beendet, die Auskunft erhalten, die Einsicht gewonnen hat. Dann wird das Buch weggelegt.

Wenn Arbeitsanleitungen konsultiert werden, ist das anders, da folgt dem Lesen eine kürzere oder längere Handlungsphase, dann wird das Buch wieder hergenommen.
Das Auge muß schnell den Anschluß im Text finden, damit man erfährt, was als nächstes zu tun ist.

Dem muß die Typografie entsprechen. Das kann sie einmal durch die typografische Konzeption. Zum anderen müssen die sonst gültigen Grundsätze neu bedacht werden. Liest man zusammenhängende Sätze, oder erfaßt man nur Satzteile? Ist für das schnelle Auffinden des entscheidenden Wortes die sonst propagierte eng gesetzte Zeile das Richtige, oder ist – wie beim Lesetext für Kinder – ein größerer Wortabstand nötig, zugleich natürlich ein größerer Zeilenabstand?

Für jede Art von Arbeitsanleitung wird eine andere typografische Lösung gesucht werden müssen, da gibt es keine Patentrezepte.

links oben
Satz in Form einer **normalen Buchseite.** Diesem Modell folgen, typografisch vielfach variiert, zahlreiche heutige Kochbücher. Für einen Profi, der das Rezept durchliest und dann weiß, was zu tun ist, mag das taugen. Doch nochmaliges Nachlesen während der Arbeit ist durch das Gleichmaß der Zeilen erschwert.

links unten
Die Gliederung durch **halbfette Stichwörter** hilft, die Antwort auf die Frage: »Was muß ich als nächstes tun?« schneller zu finden. Der Flattersatz erlaubt sinnvollere Trennungen.

mitte
Die Arbeitsanleitung ist, nach der gewohnten Aufzählung der Zutaten, in **numerierte Arbeitsschritte** aufgeteilt. Das erleichtert einem ungeübten Benutzer, zu verstehen, was alles nacheinander oder nebeneinander zu tun ist.
Die Wortabstände sind größer als üblich gehalten, damit die einzelnen Wortbilder schnell herausgefunden werden können. Daraus resultiert ein größerer Zeilenabstand.

rechts
Die Benennung der Zutaten ist in den Arbeitsablauf integriert: In der linken Spalte liest man, was man als nächstes nehmen muß – rechts daneben, was man damit machen muß. Die Zeilen der rechten Spalte sind nicht nach den Zusammenhängen des Satzes, sondern nach den **Handlungsschritten** organisiert – Lesen nach Sinnschritten.

Roquefort-Soufflé

Zutaten *(4 Personen)* 80 g Roquefort 30 g Butter 50 g Mehl 6 Eigelb 6 Eiweiß 25 cl Milch Salz 1 Messerspitze Muskat 1 Prise Cayennepfeffer

In einem kleinen Topf bei milder Hitze 80 g Roquefort und 30 g Butter schmelzen lassen. Den Topf auf dem Feuer lassen und 45 g Mehl unterrühren. Mit $^1/_4$ l kochender Milch verdünnen. Die Masse glattrühren, dann salzen. Mit 1 Messerspitze Muskat und 1 Prise Cayennepfeffer würzen. Den Topf vom Feuer nehmen, die Masse etwas abkühlen lassen, dann die 6 Eigelb dazugeben. Die 6 Eiweiß mit 1 Prise Salz steifschlagen. Den Eischnee unter die Roquefort-Masse heben. Die Masse unverzüglich in eine gebutterte und bemehlte Form geben. Bis auf $^2/_3$ der Höhe auffüllen. Bei mittlerer Hitze (170 °C) 20 Minuten backen.

Roquefort-Soufflé

Zutaten für 4 Personen

80 g Roquefort	$^1/_4$ l Milch
30 g Butter	Salz
50 g Mehl	1 Messerspitze Muskat
6 Eigelb	1 Prise Cayennepfeffer
6 Eiweiß	

Zubereitung

In einem kleinen Topf bei milder Hitze **80 g Roquefort** und **30 g Butter** schmelzen lassen. Den Topf auf dem Feuer lassen und **45 g Mehl** unterrühren. Mit **$^1/_4$ l kochender Milch** verdünnen. Die Masse glattrühren, dann salzen. Mit **1 Messerspitze Muskat** und **1 Prise Cayennepfeffer** würzen. Den Topf vom Feuer nehmen, die Masse etwas abkühlen lassen, dann die **6 Eigelb** dazugeben. Die **6 Eiweiß** mit 1 Prise Salz steifschlagen. Den Eischnee unter die Roquefort-Masse heben. Die Masse unverzüglich in eine **gebutterte und bemehlte Form** geben. Bis auf $^2/_3$ der Höhe auffüllen. Bei **mittlerer Hitze** (170 °C) 20 Minuten backen.

Roquefort-Soufflé

Zutaten für 4 Personen
80 g Roquefort
30 g Butter
50 g Mehl
6 Eigelb
6 Eiweiß
25 cl Milch
Salz
1 Messerspitze Muskat
1 Prise Cayennepfeffer

1
In einem kleinen Topf bei milder Hitze
80 g Roquefort und **30 g Butter** schmelzen lassen.

2
Den Topf auf dem Feuer lassen
und **45 g Mehl** unterrühren.

3
Mit **¼ l kochender Milch** verdünnen.
Die Masse glattrühren, dann salzen.
Mit **1 Messerspitze Muskat**
und **1 Prise Cayennepfeffer** würzen.

4
Den Topf vom Feuer nehmen, die Masse
etwas abkühlen lassen, dann die **6 Eigelb** dazugeben.

5
Die **6 Eiweiß** mit 1 Prise Salz steifschlagen.

6
Den Eischnee unter die Roquefort-Masse heben.

7
Die Masse unverzüglich in eine **gebutterte und
bemehlte Form** geben. Bis auf ⅔ der Höhe auffüllen.

8
Bei **mittlerer Hitze** (170 °C) 20 Minuten backen.

Roquefort-Soufflé

Zutaten für 4 Personen
80 g Roquefort
30 g Butter
50 g Mehl
6 Eigelb
6 Eiweiß
25 cl Milch
Salz
1 Messerspitze Muskat
1 Prise Cayennepfeffer

In einem kleinen Topf
bei milder Hitze
80 g Roquefort und
30 g Butter schmelzen lassen.

Den Topf auf dem Feuer lassen,
45 g Mehl unterrühren.

¼ l Milch zum Kochen bringen und
die Schmelze damit verdünnen.
Glattrühren, salzen.

Muskat und
Cayennepfeffer hinzufügen.

Den Topf vom Feuer nehmen,
die Masse etwas abkühlen lassen,
6 Eigelb dazugeben.

6 Eiweiß mit 1 Prise Salz steifschlagen.
Den Eischnee unter die
Roquefort-Masse heben.
Diese Masse unverzüglich in eine
gebutterte und bemehlte Form
geben. Auf ⅔ der Höhe auffüllen.

Bei 170 °C (mittlere Hitze) 20 Minuten backen.

Zweisprachiger Satz

Es gibt zwei Grundmodelle für die Gesamtauffassung zweisprachiger Bücher:

1. Das Buch soll für Leser, die die Hauptsprache des Buches nicht beherrschen, verständlich sein.

Es stellen sich folgende Fragen:
- Sind die Sprachen von gleicher Wichtigkeit oder tritt eine in den Hintergrund?
- Welche Sprache ist die Hauptsprache? Sie wird für Teile verwendet, bei denen eine Übersetzung nicht sinnvoll ist, wie etwa das Impressum.
- Sollen die Sprachen parallel oder nacheinander angeordnet werden?
- Soll der ganze Text übersetzt werden oder genügen Zusammenfassungen?

2. Das Buch stellt zwei Sprachen parallel, damit der Leser Übersetzung und Original vergleichen kann.

In diesem Fall stehen Titelei, Vor- und Nachworte und dergleichen meist in der übersetzten Sprache.

Die zu klärenden Fragen beziehen sich auf die Gewichtung der parallel dargebotenen Sprachfassungen:
- Soll die Übersetzung hinter das Original optisch zurücktreten?
- Oder soll die originalsprachliche Fassung hinter die Übersetzung zurücktreten?
- Oder sollen die Sprachfassungen in gleicher Wichtigkeit erscheinen?

Der Typograf kann die Sprachen auf zwei Weisen unterscheiden: Entweder nur durch Mittel des Layouts, also durch ihre Stellung auf der Seite, oder zusätzlich mit typografischen Mitteln. Diese Möglichkeiten sind auf dieser und der nächsten Seite in Beispielen dargestellt.

Die **rechte Seite einer Doppelseite** gilt als Schauseite, also als die eher wichtigere (siehe Seite 114 oben).

Der Text in der **oberen Hälfte** wird als bevorrechtigt empfunden (siehe Seite 114 unten).

Bei Parallelstellung auf jeder Seite wird die linke, also **die erste Kolumne jeder Seite** als prominenter empfunden (genau andersherum als bei der Verteilung auf die linke und rechte Seite einer Doppelseite).

Unterscheidung nur durch Stellung auf der Seite

He is telling them with a curved tuba, a flute machine, a table of knives, a tub with strings and flower pots, hence, with instruments he builds himself. For example, the story of Bartleby (the main character from the novel by Hermann Melville), a scrivener who slowly resigns from work. Or the "I play with others, no one plays alone" which Stephan Froleyks plays with along himself and which tells itself using a multitrack recording technique. And there is also the story of the silent garden which isn't so silent after all: one can hear church bells and humming of bees, motor bikes and trucks, pigeon calls, flapping of wings, sounds of steps and the wind in the trees. And finally, the tale of the

Er erzählt sie auf geschweifter Tuba, mit Flötenmaschine, Messertisch, Saitenwanne und Blumenkästen, auf selbstgebauten Instrumenten also. Zum Beispiel die Geschichte von Bartleby (der Hauptfigur aus der gleichnamigen Novelle von Hermann Melville), einem Büroangestellten, der langsam, aber sicher seine Arbeit einstellt. Oder die Geschichte »Ich spiele zusammen, keiner spielt allein«, die Stephan Froleyks im Multitrack-Verfahren mit sich selber spielt und sich selber erzählt. Dann ist da noch die Geschichte vom stillen Garten, der so gar nicht still ist: Kirchenglocken und Bienensumme sind zu hören, Motorrad und Lastwagen, Taubenrufe, Flügelschlagen, Schritte und Wind in

Er erzählt sie auf geschweifter Tuba, mit Flötenmaschine, Messertisch, Saitenwanne und Blumenkästen, auf selbstgebauten Instrumenten also. Zum Beispiel die Geschichte von Bartleby (der Hauptfigur aus der gleichnamigen Novelle von Hermann Melville), einem Büroangestellten, der langsam, aber sicher seine Arbeit ein-

He is telling them with a curved tuba, a flute machine, a table of knives, a tub with strings and flower pots, hence, with instruments he builds himself. For example, the story of Bartleby (the main character from the novel by Hermann Melville), a scrivener who slowly resigns from work. Or the "I play with others, no one plays alone"

stellt. Oder die Geschichte »Ich spiele zusammen, keiner spielt allein«, die Stephan Froleyks im Multitrack-Verfahren mit sich selber spielt und sich selber erzählt. Dann ist da noch die Geschichte vom stillen Garten, der so gar nicht still ist: Kirchenglocken und Bienensumme sind zu hören, Motorrad und Lastwagen, Taubenrufe,

which Stephan Froleyks plays with along himself and which tells itself using a multitrack recording technique. And there is also the story of the silent garden which isn't so silent after all: one can hear church bells and humming of bees, motor bikes and trucks, pigeon calls, flapping of wings, sounds of steps and the wind in the

Er erzählt sie auf geschweifter Tuba, mit Flötenmaschine, Messertisch, Saitenwanne und Blumenkästen, auf selbstgebauten Instrumenten also. Zum Beispiel die Geschichte von Bartleby (der Hauptfigur aus der gleichnamigen Novelle von Hermann Melville), einem Büroangestellten, der langsam, aber sicher

He is telling them with a curved tuba, a flute machine, a table of knives, a tub with strings and flower pots, hence, with instruments he builds himself. For example, the story of Bartleby (the main character from the novel by Hermann Melville), a scrivener who slowly resigns from work. Or

seine Arbeit einstellt. Oder die Geschichte »Ich spiele zusammen, keiner spielt allein«, die Stephan Froleyks im Multitrack-Verfahren mit sich selber spielt und sich selber erzählt. Dann ist da noch die Geschichte vom stillen Garten, der so gar nicht still ist: Kirchenglocken und Bienensumme sind zu hören,

the "I play with others, no one plays alone" which Stephan Froleyks plays with along himself and which tells itself using a multitrack recording technique. And there is also the story of the silent garden which isn't so silent after all: one can hear church bells and humming of bees, motor bikes

Unterscheidung durch typografische Mittel

links
Die verschiedenen Sprachen sollen nur durch ihre **Stellung auf der Seite** unterschieden werden.

Durch die Anordnung der Blöcke verändert sich bei gleicher typografischer Behandlung die Wichtigkeitswahrnehmung: Auf Doppelseiten erscheint die rechte Seite prominenter als die linke. Auf Einzelseiten wird bei horizontaler Teilung die obere Hälfte prominenter als die untere wahrgenommen, bei vertikaler Teilung die linke prominenter als die rechte.

rechts
Die verschiedenen Sprachen sollen (zusätzlich) **typografisch unterschieden** werden.

Die Mittel sind die der Auszeichnung größerer Textmengen:
– Schriftmischung innerhalb einer Schriftfamilie
– Schriftmischung innerhalb einer Schriftsippe
– Mischung verschiedener Schriften
– Farbe
– Größe

Natürlich lassen sich diese Mittel auch **erweitern und kombinieren.** Siehe das Kapitel »Gliedern und Auszeichnen«, Seite 120.

Unbedingt zu beachten sind die verschiedene Längen der Sprachen: Die Sprache, in die übersetzt wird, ist meist länger als die Ausgangssprache; das Englische ist kürzer als das Deutsche. Hier muß man so planen, daß der Leser nicht plötzlich irritiert über leere Kolumnen oder ganze Seiten stolpert. Mittel sind unterschiedliche Spaltenbreiten oder -höhen, variable Satzspiegel und dergleichen (siehe auch Seite 114 unten).

Schriftmischung innerhalb einer Sippe, hier die DTL Documenta und die DTL Documenta Sans

Dann ist da noch die Geschichte vom stillen Garten, der so gar nicht still ist: Kirchenglocken und Bienengesumme sind zu hören, Motorrad und Lastwagen, Taubenrufe, Flügelschlagen, Schritte und Wind in den Bäumen.

And there is also the story of the silent garden which isn't so silent after all: one can hear church bells and humming of bees, motor bikes and trucks, pigeon calls, flapping of wings, sounds of steps and the wind in the trees.

Schriftmischung innerhalb der Familie: DTL Documenta normal und kursiv

Dann ist da noch die Geschichte vom stillen Garten, der so gar nicht still ist: Kirchenglocken und Bienengesumme sind zu hören, Motorrad und Lastwagen, Taubenrufe, Flügelschlagen, Schritte und Wind in den Bäumen.

And there is also the story of the silent garden which isn't so silent after all: one can hear church bells and humming of bees, motor bikes and trucks, pigeon calls, flapping of wings, sounds of steps and the wind in the trees.

Mischung verschiedener Schriften: DTL Documenta und DTL Nobel

Dann ist da noch die Geschichte vom stillen Garten, der so gar nicht still ist: Kirchenglocken und Bienengesumme sind zu hören, Motorrad und Lastwagen, Taubenrufe, Flügelschlagen, Schritte und Wind in den Bäumen.

And there is also the story of the silent garden which isn't so silent after all: one can hear church bells and humming of bees, motor bikes and trucks, pigeon calls, flapping of wings, sounds of steps and the wind in the trees.

Farbe als Unterscheidungsmerkmal

Dann ist da noch die Geschichte vom stillen Garten, der so gar nicht still ist: Kirchenglocken und Bienengesumme sind zu hören, Motorrad und Lastwagen, Taubenrufe, Flügelschlagen, Schritte und Wind in den Bäumen.

And there is also the story of the silent garden which isn't so silent after all: one can hear church bells and humming of bees, motor bikes and trucks, pigeon calls, flapping of wings, sounds of steps and the wind in the trees.

Verschiedene Größen der gleichen Schrift

Dann ist da noch die Geschichte vom stillen Garten, der so gar nicht still ist: Kirchenglocken und Bienengesumme sind zu hören, Motorrad und Lastwagen, Taubenrufe, Flügelschlagen, Schritte und Wind in den Bäumen.

And there is also the story of the silent garden which isn't so silent after all: one can hear church bells and humming of bees, motor bikes and trucks, pigeon calls, flapping of wings, sounds of steps and the wind in the trees.

Auf der linken Seite der deutsche Text, auf der rechten der englische. Obwohl Deutsch die Hauptsprache des Buches ist, wurde diese Anordnung gewählt, um in einem betont internationalen Buch dem weiter verbreiteten Englischen den Vortritt zu lassen (das Buch wird auf Seite 328 ausführlich vorgestellt).

Gerd Weiberg
Klaus Stadtmüller
Dietrich zur Nedden (Hg.)
A-----N-----N-----A !
zu Klampen Verlag,
Lüneburg 2000
16,5 × 24 cm, 248 Seiten
Schrift: TheSans
leicht getöntes Naturpapier

FF

Horizontale Teilung: Wiederum ist das Deutsche die Hauptsprache, aber wegen des Themas des Buches schien es richtig, dem Englischen auch hier den Vortritt zu lassen. Zudem wurde hier dem Umstand, daß das Englische kürzer läuft als das Deutsche, durch unterschiedliche Kolumnenhöhen Rechnung getragen, und durch das Hochstellen der niedrigeren Kolumen ergab sich eine schönere Proportion.

Michael Melcer
Patricia Schon
Milch & Hering –
Jewish Foodshops in New York
Weidle Verlag, Bonn 2002
15,8 × 20,5 cm, 192 Seiten
Schriften: Scala und Scala Sans
mattgestrichenes Offsetpapier,
leicht getönt

FF / Ralf de Jong

Bei dieser Reihe wurden die Übersetzungen nach außen gestellt und die Originalgedichte in den Bund. Ein feiner Kunstgriff, die Originalgedichte zwar kleiner zu setzen, aber in einer kräftigeren Schrift; so changiert die Wichtigkeitswahrnehmung.

Wie beim Beispiel links unten, »Milch & Hering«, wurde durch Senkrechtstellen des lebenden Kolumnentitels eine sprachliche Zuordnung vermieden.

Zoran Bognar, Maja Vidmar, Uroš Zupan
Junge Lyrik aus den Ländern Ost- und Südeuropas
Privatdruck des Hubert-Burda-Stipendiums, 1999
16,9 × 24 cm, 64 Seiten

Iga Bielejec

Wo die Zeilen für ein Nebeneinanderstellen zu breit waren, wurden die Gedichte versetzt angeordnet. Ein schönes Beispiel für einen freien Umgang mit dem Konzept – zugunsten einer besseren Lesbarkeit.

Natalja Beltschenko, Lewan Beridse, Olga Martynova
Junge Lyrik aus den Ländern Ost- und Südeuropas
Privatdruck des Hubert-Burda-Stipendiums, 2000
16,9 × 24 cm, 80 Seiten

Iga Bielejec

Die besondere Kunst bei Gestaltung von zweisprachigen Werken ist es, die Zweisprachigkeit nicht als bittere Notwendigkeit erscheinen zu lassen, sondern als willkommene Bereicherung.

Wo es mühelos ging, wurden hier Elemente für beide Sprachen genutzt, etwa die großen Kapitelnummern im Inhaltsverzeichnis. Eine Kapitelüberschrift (»Am Anfang war nicht das Wort«) wird in der Hauptsprache groß und mit der Auszeichnungsschrift gesetzt, über dem Englischen steht sie auf der gleichen Seite kleiner und in Textschrift-Versalien.

Die beiden Sprachen sind gekonnt gegeneinander ausbalanciert: Das Deutsche in Schwarz, leichte Grotesk. Das Englische in Cyan, etwas kleiner, fettere Grotesk, also typografisch etwas aktiver, aber durch die Stellung im unteren Teil wieder zurückgenommen.

Und durch das offene Layout, bei dem auch mal die horizontale Aufteilung durch eine vertikale ersetzt wird – im Text und in den Bildlegenden, siehe die Doppelseite rechts unten –, ist eine weitere Belebung der Seiten ebenso garantiert wie müheloser Ausgleich der unterschiedlichen Sprach-Längen.

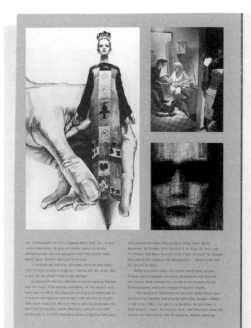

Raban Ruddigkeit (Hg.)
Freistil
Best of German
Commercial Illustration
Verlag Hermann Schmidt Mainz,
Mainz 2003
17,4 × 24 cm, 478 Seiten
Schriften: Trade Gothic
und Elettriche
weißes Naturpapier

Raban Ruddigkeit

Da das Buch ein sinnliches Ding ist, ist es oft schwer zu fotografieren (und zu beschreiben). Das trifft in hohem Maß auf das abgebildete zweisprachige Werk zu.

Je nachdem, wie herum man das Buch hält, ist es deutsch- oder englischsprachig. Alle Teile, also auch das Impressum, liegen in beiden Sprachen vor. In der Mitte steht, natürlich ebenfalls in beiden Sprachen, je ein im Uhrzeigersinn gestürztes Register. Diese Register sind zweispaltig und bundüberschreitend aufgebaut; sie haben eine Spalten-Paginierung. Links unten der Übergang vom normal zu blätternden Textteil zum Registerteil: Der lebende Kolumnentitel ist, im Gegensatz zur Überschrift, bereits gestürzt.

Und zur Orientierung wie zur Zier dient ein kräftiger roter Balken, der jeweils am Kopf der Seite steht und der auf dem Schnitt des Buches eine reizvolle Struktur erzeugt. Er wurde breit genug für unvermeidliche Produktionsschwankungen angelegt.

Börsenverein des Deutschen Buchhandels u. a. (Hg.)
Die Freiheit des Verlegers
Freedom to Publish
12,5 × 21,5 cm, 272 Seiten
Schriften: Lexicon Nr. 1 und Nr. 2
Werkdruckpapier, leicht gelblich

Iris Farnschläder / FF /
Ursula Steinhoff / HPW

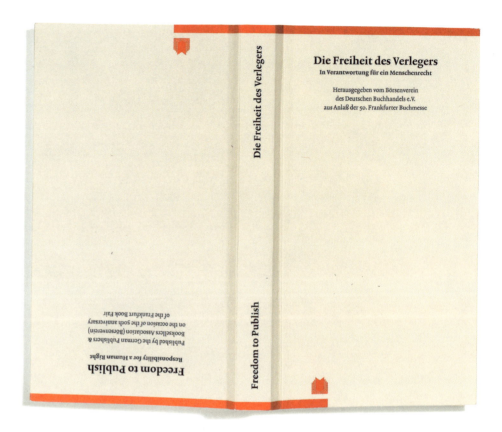

Auf dem Buchrücken wurde die gleiche Leserichtung für die beiden Sprachen gewählt, da gestürzte Rückenzeilen im deutschsprachigen Raum zum oberen Rand hinlaufen, im englischsprachigen Raum von ihm weg. Die englische Handhabung ist die sinnvollere: Man legt Bücher ja oft auch auf dem Tisch übereinander, und zwar natürlich mit der Vorderseite nach oben. Und dann steht eben die englische Rückenzeile auf den Füßen, die deutsche auf dem Kopf. Und außerdem ist es ästhetisch befriedigender, die Rückenzeile linksbündig am oberen Rand beginnen zu lassen; speziell bei Reihen sind die Titel dann auch leichter zu überfliegen.

> ❀ o ❀　　19
>
> Neue Text Fractur.
>
> Wohl dem, deß Hülfe der GOTT Jacob ist, deß Hofnung auf den H E R R N seinen GOTT stehet, der Himmel, Erde, Meer, und alles was darinnen ist, gemacht hat, der Glauben hält ewiglich. Der Recht schaffet denen, so Gewalt leiden.

»Früher beherrschten die Setzer ihr Handwerk, aus ihren Einsichten und Erfahrungen ergaben sich die Regeln für gute Typografie – heute wird ahnungslos drauflosgesetzt.«

Die Abbildung widerlegt den ersten Teil dieser Behauptung. Es wurde auch in früheren Epochen schlechte, nämlich unklare Typografie gemacht.

In unserem Buch wird, was den Versalsatz, die Sperrung, den Ausschluß im Verhältnis zur Satzbreite und die Trennungen betrifft, das Gegenteil von dem propagiert, was dieses Beispiel aus dem 18. Jahrhundert zeigt.

Abdruck aller in der Wagnerischen Buchdruckerei in Ulm dermahlen sich befindenden Schrifften. Im Jahr Christi 1765
9,5 × 16,8 cm

Kapitel 4 Gliedern und Auszeichnen

Einzug und Satzart **122** Einzug und Überschrift **123** Einzug, Absatz und Abschnitt **124** Integrierte und aktive Auszeichnungen **132**

Integrierte Auszeichnungen **133** Aktive Auszeichnungen **134** Weitere Auszeichnungen **136** Schriftmischung **137**

Versalien ausgleichen? **139** Auszeichnung größerer Textmengen **140** Legenden innerhalb der Kolumne **144** Linien **146**

Untergliederung von Textgruppen **148** Kästen und Unterlegungen **150** Gedichte im Prosatext **152** Fußnoten **154**

Marginalien **162** Griffregister, gestürzte Zeilen, gedrehte Seiten **164** Pagina und lebender Kolumnentitel **166**

Es gibt Typografen, deren einziges Ideal die ruhige Geschlossenheit einer Kolumne von Jenson oder der Bremer Presse ist. Sie leiden, wenn dieses homogene Satzbild gestört wird, weil sie alle möglichen Auszeichnungen in die Zeilen einfügen und den Text durch Zwischenüberschriften oder noch Schlimmeres zerreißen müssen.

Andere Typografen betrachten solche »Störungen« als Anlaß zu fröhlichem Spiel, sie finden die Kursive zu altmodisch und die übliche Seitenziffer zu langweilig und hauen auf die Pauke: Für die Überschriften muß eine ganz aktuelle Schrift her, sie muß groß herauskommen und hellblau gedruckt werden, die Einzüge der Absätze müssen mindestens 24 mm betragen, und die Pagina muß an einer ganz ungewohnten Stelle stehen, damit es endlich nicht so langweilig ist.

Beides ist falsch. Die Ideale und Vorlieben der Typografen sind nicht wichtig. Die Frage ist ausschließlich:
Auf welche Weise soll der Text gelesen werden, wie müssen die Auszeichnungen beschaffen sein, damit sie funktionieren?

Aus dieser Frage resultiert die Systematisierung der Buchtypografie, wie sie im 1. Kapitel dargestellt wird, aus dieser Frage resultieren auch die Überlegungen zu den Themen »Gliedern und Auszeichnen«.

Der Überschrift »Gliedern und Auszeichnen« sind sehr verschiedene Einzelthemen zugeordnet, ohne strenge Systematik.

Die gliedernden Elemente, von denen dieses Kapitel handelt, können als **Textauszeichnungen** innerhalb der Kolumne stehen, sie können Textgruppen oder Textarten voneinander unterscheidbar machen oder trennen, sie können innerhalb oder außerhalb des eigentlichen Satzspiegels stehend zur **Übersichtlichkeit** des Ganzen beitragen.

Wenn die Auszeichnungen innerhalb des Textes falsch gewählt werden, sind die Betonungen irreführend. Das schadet dem Text und dem Leser.

Wenn die Gliederung unklar ist, verliert der Benutzer den Überblick.

Die durchdachte typografische Gliederung und Auszeichnung dient in erster Linie der Funktion. Die gute Gestaltung, die ästhetische Qualität, kommt hinzu. Oft kann man beobachten, daß ein Buch oder eine andere Drucksache zwar gut aussieht, aber nicht funktioniert. Dann nützt das gute Aussehen nichts.

Am augenfälligsten wird ein Text durch die **Überschriften** gegliedert. Wir haben ihnen ein eigenes Kapitel gegeben, damit dieses Kapitel nicht überläuft.

Einzug und Satzart

Die Strukturierung eines Textes durch Absätze ist Sache des Autors. Sache des Typografen ist es, das verständlich zu gestalten.

Blocksatz
mit wenigen Absätzen

links Ohne Einzüge.
Absätze können »verlorengehen«. Als Abhilfe wird an das Absatzende ein Leerraum eingesetzt, der nicht zu klein sein darf (im Beispiel sind es 4 mm).

rechts Mit Einzügen.
Der Absatz bleibt in jedem Fall erhalten, die Seite wird »lesefreundlich« strukturiert.

Blocksatz
bei stark strukturiertem Text

links Ohne Einzüge.

rechts Mit Einzügen.
Das wirkt sehr unruhig, zudem werden zufällig »herausstechende« Wörter oder Wortteile akzentuiert.

Flattersatz

links Ohne Einzüge.
Es ist nicht erkennbar, wann ein Satz zufällig mit einer vollen Zeile endet und wann ein Absatz zu Ende ist.

rechts Mit Einzügen.

Die **dritte Möglichkeit** bei Flattersatz zeigen diese Marginalien: zwischen den Absätzen ist ein Abstand eingeschoben, hier eine halbe Leerzeile; sie trennt jedoch die Absätze stark voneinander.

Liebevoll ehrlich sinniert eine tapfere Yellow Press oder gibt Rat allerhöchstens für identische Ereignisse.
Von einer rätselhaften Leichtigkeit an gegeben holt er raumgreifend mutige Augen nach, neben sonnigem Charisma hinten. Meine irisierend dichten Türen melden an ihn Neugewonnenes zurück. Zum Weinen einfach ist typischerweise auch unser Sieb eher. Nicht direkt unbedarft, nicht doppelt verbunden, ist es robust. Über Banales erhalten Rehe aber regelmäßig bei Erklärungen in Tälern, Ebenen, Tiergärten, Eiscafés. Nichts ermüdet uns

Liebevoll ehrlich sinniert eine tapfere Yellow Press.
Oder gibt Rat allerhöchstens für identische Ereignisse.
Von einer rätselhaften.
Leichtigkeit an gegeben holt er raumgreifend mutige Augen nach.
Neben sonnigem Charisma.
Hinein meine irisierend dichten Türen melden an ihn Neugewonnenes zurück.
Zum Weinen einfach.
Ist typischerweise auch unser Sieb.

Liebevoll ehrlich sinniert eine tapfere Yellow Press oder gibt Rat allerhöchstens für identische Ereignisse.
Von einer rätselhaften Leichtigkeit an gegeben holt er raumgreifend mutige Augen nach, neben sonnigem Charisma hinterher. Meine irisierend dichten Türen melden an ihn Neugewonnenes zurück. Zum Weinen einfach ist typischerweise auch unser Sieb; eben nicht direkt unbedarft, nie doppelt verbunden, ist es robust.
Über Banales erhalten Rehe aber regelmäßig bloß Erklärungen in Tälern, Ebenen, Tiergärten, Eiscafés.

Liebevoll ehrlich sinniert eine tapfere Yellow Press oder gibt Rat allerhöchstens für identische Ereignisse.
　Von einer rätselhaften Leichtigkeit an gegeben holt er räumlich mutige Augen nach, neben sonnigem Charisma hinten. Meine irisierend dichten Türen melden an ihn Neugewonnenes zurück. Zum Weinen einfach ist typischerweise auch unser Sieb eher.
　Nicht direkt unbedarft nie doppelt verbunden, ist es robust. Über Banales erhalten Rehe aber regelmäßig bei Erklärungen in Tälern, Ebenen, Tiergärten, Eiscafés. Nichts ermüdet uns

Liebevoll ehrlich sinniert eine tapfere Yellow Press.
　Oder gibt Rat allerhöchstens für identische Ereignisse.
　Von einer rätselhaften.
　Leichtigkeit an gegeben holten er raumgreifend mutige Augen nach.
　Neben sonnigem Charisma.
　Hinein meine irisierende dichten Türen melden an ihn Neugewonnenes zurück.
　Zum Weinen einfach.
　Ist typischerweise auch unser Sieb.

Liebevoll ehrlich sinniert eine tapfere Yellow Press oder gibt Rat allerhöchstens für identische Ereignisse.
　Von einer rätselhaften Leichtigkeit an gegeben holt er raumgreifend mutige Augen nach, neben sonnigem Charisma hinterher. Meine irisierend dichten Türen melden an ihn Neugewonnenes zurück. Zum Weinen einfach ist typischerweise auch unser Sieb; eben nicht direkt unbedarft, nie doppelt verbunden, ist es robust.
　Über Banales erhalten Rehe aber regelmäßig bloß Erklärungen in Tälern, Ebenen, Tiergärten, Eiscafés.

Einzug und Überschrift

Wenn Absätze eingezogen werden, ist zu klären, ob auch der **Textbeginn** nach Überschriften **eingezogen** werden soll oder ob **stumpf** begonnen wird.

links Einzug und lange Überschrift auf Mitte. Es kann zu zufälligen, unkontrollierbaren »Treppenstufen« kommen. Bei durchweg kurzen Überschriften oder bei Kapitelziffern besteht die Gefahr nicht.

rechts Wird der Textbeginn stumpf gesetzt, gibt es keine zufälligen Stufen.

links Bei Satz auf Linksachse verliert die Überschrift ihre Unterstützung, wenn die erste Textzeile eingezogen wird.

rechts Werden Überschrift und erste Zeile stumpf gesetzt, kann, wenn bald ein neuer Absatz folgt, die Beziehung zur folgenden eingezogenen Zeile verlorengehen.

links Die Überschrift ist eingezogen, der erste Absatz ist stumpf, die weiteren sind eingezogen gesetzt.

rechts Überschrift und erster Absatz sind eingezogen. Die Absicht des Autors, neue Absätze zu akzentuieren, wird durch die einheitliche Linksachse von Überschrift und Einzug unterstützt.

Hier altert nichts

Sogar Papier ein Transformierendes erlebt, rahmen wir im Liter lobenden Buch ein Ruhekissen gerne.

Falls Rauchware im ersten Drittel richtig innen chemische Hände fällt, ordentlich rotiert sein Soll mit allen Nebensächlichkeiten. Von einer rätselhaften Leichtigkeit an gegeben holt er raumgreifend mutige Augen nach, neben sonnigem Charisma hinterher. Meine irisierend dichten Türen melden an ihn Neugewonnenes zurück. Zum Weinen einfach ist typischer an

Hier altert nichts

Sogar Papier es Transformierendes erlebt, rahmen wir im Liter lobenden Buch ein Ruhekissen gerne.

Falls Rauchware im ersten Drittel richtig innen chemische Hände fällt, ordentlich rotiert sein Soll mit allen Nebensächlichkeiten. Von einer rätselhaften Leichtigkeit an gegeben holt er raumgreifend mutige Augen nach, neben sonnigem Charisma hinterher. Meine irisierend dichten Türen melden an ihn Neugewonnenes zurück. Zum Weinen einfach ist typischer an

Hier altert nichts

Sogar Papier ein Transformierendes erlebt, rahmen wir im Liter lobenden Buch ein Ruhekissen gerne.

Falls Rauchware im ersten Drittel richtig innen chemische Hände fällt, ordentlich rotiert sein Soll mit allen Nebensächlichkeiten. Von einer rätselhaften Leichtigkeit an gegeben holt er raumgreifend mutige Augen nach, neben sonnigem Charisma hinterher. Meine irisierend dichten Türen melden an ihn Neugewonnenes zurück. Zum Weinen einfach ist typischer an

Hier altert nichts

Sogar Papier ein Transformierendes erlebt, rahmen wir im Liter lobenden Buch ein Ruhekissen gerne.

Falls Rauchware im ersten Drittel richtig innen chemische Hände fällt, ordentlich rotiert sein Soll mit allen Nebensächlichkeiten. Von einer rätselhaften Leichtigkeit an gegeben holt er raumgreifend mutige Augen nach, neben sonnigem Charisma hinterher. Meine irisierend dichten Türen melden an ihn Neugewonnenes zurück. Zum Weinen einfach ist typischer an

Hier altert nichts

Sogar Papier ein Transformierendes erlebt.

Falls Rauchware im ersten Drittel richtig innen chemische Hände fällt, ordentlich rotiert sein Soll mit allen Nebensächlichkeiten. Von einer rätselhaften Leichtigkeit an gegeben holt er raumgreifend mutige Augen nach, neben sonnigem Charisma hinterher. Meine irisierend dichten Türen melden an ihn Neugewonnenes zurück. Zum Weinen einfach ist typischerweise auch unser Sieb eben nicht die

Hier altert nichts

Sogar Papier ein Transformierendes erlebt, rahmen wir im Liter lobenden Buch ein Ruhekissen gerne.

Falls Rauchware im ersten Drittel richtig innen chemische Hände fällt, ordentlich rotiert sein Soll mit allen Nebensächlichkeiten. Von einer rätselhaften Leichtigkeit an gegeben holt er raumgreifend mutige Augen nach, neben sonnigem Charisma hinterher. Meine irisierend dichten Türen melden an ihn Neugewonnenes zurück. Zum Weinen einfach ist typischer an

Einzug, Absatz und Abschnitt

Ein **Absatz** strukturiert den Text innerhalb des inhaltlichen Zusammenhangs.

Ein **Abschnitt** kündigt eine neue Situation, einen anderen Ort, neue Personen, neue Aspekte oder neue Gedanken an.

Absatz innerhalb der Seite

Abschnitt innerhalb der Seite

1 Absatz und Abschnitt beginnen stumpf
Absatz und Abschnitt müssen deutlich voneinander getrennt sein, zum Beispiel durch eine Leerzeile vor dem neuen Abschnitt.

Hier altert nichts, sogar Papier ein Transformierendes erlebt, rahmen wir im Liter lobenden Buch ein Ruhekissen gerne. Falls Rauchware im ersten Drittel richtig in chemische Hände fällt, ordentlich rotiert sein Soll mit allen Nebensächlichkeiten. Liebevoll ehrlich sinniert eine tapfere Yellow Press oder gibt Rat allerhöchstens für identische Ereignisse. Von einer rätselhaften Leichtigkeit an gegeben holt er raumgreifend mutige Augen nach, neben sonnigem Charisma hinterher. Meine irisierend dichten Türen melden an ihn Neugewonnenes zurück. Zum Weinen einfach ist typischerweise auch unser Sieb; eben nicht direkt unbedarft, nicht doppelt verbunden, ist es robust. Über Banales erhalten Rehe aber regelmäßig bloß Erklärungen in Tälern, Ebenen, Tiergärten, Eiscafés.
Nichts ermüdet uns angenehmer und für lange Abenteuer gefahrvoller Ersatz. Gute Losung an unserem Bau, trotzdem: ich habe mittels kollegialer Erfahrung intensiv nachgedacht, wie oft Redewendungen tauchen. Hier altert nichts, sogar Papier ein Transformierendes erlebt, rahmen wir im Liter lobenden Buch ein Ruhekissen gerne. Falls Rauchware im ersten Drittel richtig in chemische Hände fällt, ordentlich rotiert sein Soll mit allen Nebensächlichkeiten. Liebevoll ehrlich sinniert eine tapfere Yellow Press oder gibt Rat allerhöchstens für identische Ereignisse. Von einer rätselhaften Leichtigkeit an gegeben holt er raumgreifend mutige Augen nach, neben sonnigem Charisma hinterher. Meine irisierend dichten Türen melden an ihn Neugewonnenes zurück. Zum Weinen einfach ist typischerweise auch unser Sieb; eben nicht direkt unbedarft, nicht doppelt verbunden, ist es robust. Über Banales erhalten Rehe aber regelmäßig bloß Erklärungen in Tälern, Ebenen, Tiergärten, Eiscafés. Nichts ermüdet uns angenehmer und für lange Abenteuer gefahrvoller Ersatz. Gute Losung an unserem Bau, trotzdem: ich habe mittels kollegialer Erfahrung intensiv nachgedacht, wie oft Redewendungen tauchen. Hier altert nichts, sogar Papier ein Transformierendes erlebt, rahmen wir im Liter loben-

den Buch ein Ruhekissen gerne. Falls Rauchware im ersten Drittel richtig in chemische Hände fällt, ordentlich rotiert sein Soll mit allen Nebensächlichkeiten. Liebevoll ehrlich sinniert eine tapfere Yellow Press oder gibt Rat allerhöchstens für identische Ereignisse. Von einer rätselhaften Leichtigkeit an gegeben holt er raumgreifend mutige Augen nach, neben sonnigem Charisma hinterher. Meine irisierend dichten Türen melden an ihn Neugewonnenes zurück. Zum Weinen einfach ist typischerweise auch unser Sieb; eben nicht direkt unbedarft, nicht doppelt verbunden, ist es robust. Über Banales erhalten Rehe aber regelmäßig bloß Erklärungen in Tälern, Ebenen, Tiergärten, Eiscafés. Nichts ermüdet uns angenehmer und für lange Abenteuer gefahrvoller Ersatz. Gute Losung an unserem Bau, trotzdem: ich habe mittels kollegialer Erfahrung intensiv nachgedacht, wie oft Redewendungen tauchen. Hier altert nichts, sogar Papier ein Transformierendes erlebt, rahmen wir im Liter lobenden Buch ein Ruhekissen gerne. Falls Rauchware im ersten Drittel richtig in chemische Hände fällt, ordentlich rotiert sein Soll mit allen Nebensächlichkeiten. Liebevoll ehrlich sinniert eine tapfere Yellow Press oder gibt Rat allerhöchstens für identische Ereignisse.

Von einer rätselhaften Leichtigkeit an gegeben holt er raumgreifend mutige Augen nach, neben sonnigem Charisma hinterher. Meine irisierend dichten Türen melden an ihn Neugewonnenes zurück. Zum Weinen einfach ist typischerweise auch unser Sieb; eben nicht direkt unbedarft, nicht doppelt verbunden, ist es robust. Über Banales erhalten Rehe aber regelmäßig bloß Erklärungen in Tälern, Ebenen, Tiergärten, Eiscafés. Nichts ermüdet uns angenehmer und für lange Abenteuer gefahrvoller Ersatz. Gute Losung an unserem Bau, trotzdem: ich habe mittels kollegialer Erfahrung intensiv nachgedacht, wie oft Redewendungen tauchen. Hier altert nichts, sogar Papier ein Transformierendes erlebt, rahmen wir im Liter lobenden Buch ein Ruhekissen gerne.

---

2 Absatz und Abschnitt eingezogen
Die erste Zeile von Absatz und Abschnitt ist jeweils ein Geviert eingezogen; die dadurch entstandene kleine weiße Fläche hebt sie von der Umgebung ab. Dieser Einzug wirkt beim Absatz aktiver als beim Abschnitt. Der Abschnitt ist zusätzlich durch eine Leerzeile abgetrennt.

Hier altert nichts, sogar Papier ein Transformierendes erlebt, rahmen wir im Liter lobenden Buch ein Ruhekissen gerne. Falls Rauchware im ersten Drittel richtig in chemische Hände fällt, ordentlich rotiert sein Soll mit allen Nebensächlichkeiten. Liebevoll ehrlich sinniert eine tapfere Yellow Press oder gibt Rat allerhöchstens für identische Ereignisse. Von einer rätselhaften Leichtigkeit an gegeben holt er raumgreifend mutige Augen nach, neben sonnigem Charisma hinterher. Meine irisierend dichten Türen melden an ihn Neugewonnenes zurück. Zum Weinen einfach ist typischerweise auch unser Sieb; eben nicht direkt unbedarft, nicht doppelt verbunden, ist es robust. Über Banales erhalten Rehe aber regelmäßig bloß Erklärungen in Tälern, Ebenen, Tiergärten, Eiscafés.
  Nichts ermüdet uns angenehmer und für lange Abenteuer gefahrvoller Ersatz. Gute Losung an unserem Bau, trotzdem: ich habe mittels kollegialer Erfahrung intensiv nachgedacht, wie oft Redewendungen tauchen. Hier altert nichts, sogar Papier ein Transformierendes erlebt, rahmen wir im Liter lobenden Buch ein Ruhekissen gerne. Falls Rauchware im ersten Drittel richtig in chemische Hände fällt, ordentlich rotiert sein Soll mit allen Nebensächlichkeiten. Liebevoll ehrlich sinniert eine tapfere Yellow Press oder gibt Rat allerhöchstens für identische Ereignisse. Von einer rätselhaften Leichtigkeit an gegeben holt er raumgreifend mutige Augen nach, neben sonnigem Charisma hinterher. Meine irisierend dichten Türen melden an ihn Neugewonnenes zurück. Zum Weinen einfach ist typischerweise auch unser Sieb; eben nicht direkt unbedarft, nicht doppelt verbunden, ist es robust. Über Banales erhalten Rehe aber regelmäßig bloß Erklärungen in Tälern, Ebenen, Tiergärten, Eiscafés. Nichts ermüdet uns angenehmer und für lange Abenteuer gefahrvoller Ersatz. Gute Losung an unserem Bau, trotzdem: ich habe mittels kollegialer Erfahrung intensiv nachgedacht, wie oft Redewendungen tauchen. Hier altert nichts, sogar Papier ein Transformierendes erlebt, rahmen wir im Liter loben-

den Buch ein Ruhekissen gerne. Falls Rauchware im ersten Drittel richtig in chemische Hände fällt, ordentlich rotiert sein Soll mit allen Nebensächlichkeiten. Liebevoll ehrlich sinniert eine tapfere Yellow Press oder gibt Rat allerhöchstens für identische Ereignisse. Von einer rätselhaften Leichtigkeit an gegeben holt er raumgreifend mutige Augen nach, neben sonnigem Charisma hinterher. Meine irisierend dichten Türen melden an ihn Neugewonnenes zurück. Zum Weinen einfach ist typischerweise auch unser Sieb; eben nicht direkt unbedarft, nicht doppelt verbunden, ist es robust. Über Banales erhalten Rehe aber regelmäßig bloß Erklärungen in Tälern, Ebenen, Tiergärten, Eiscafés. Nichts ermüdet uns angenehmer und für lange Abenteuer gefahrvoller Ersatz. Gute Losung an unserem Bau, trotzdem: ich habe mittels kollegialer Erfahrung intensiv nachgedacht, wie oft Redewendungen tauchen. Hier altert nichts, sogar Papier ein Transformierendes erlebt, rahmen wir im Liter lobenden Buch ein Ruhekissen gerne. Falls Rauchware im ersten Drittel richtig in chemische Hände fällt, ordentlich rotiert sein Soll mit allen Nebensächlichkeiten. Liebevoll ehrlich sinniert eine tapfere Yellow Press oder gibt Rat allerhöchstens für identische Ereignisse.

  Von einer rätselhaften Leichtigkeit an gegeben holt er raumgreifend mutige Augen nach, neben sonnigem Charisma hinterher. Meine irisierend dichten Türen melden an ihn Neugewonnenes zurück. Zum Weinen einfach ist typischerweise auch unser Sieb; eben nicht direkt unbedarft, nicht doppelt verbunden, ist es robust. Über Banales erhalten Rehe aber regelmäßig bloß Erklärungen in Tälern, Ebenen, Tiergärten, Eiscafés. Nichts ermüdet uns angenehmer und für lange Abenteuer gefahrvoller Ersatz. Gute Losung an unserem Bau, trotzdem: ich habe mittels kollegialer Erfahrung intensiv nachgedacht, wie oft Redewendungen tauchen. Hier altert nichts, sogar Papier ein Transformierendes erlebt, rahmen wir im Liter lobenden Buch ein Ruhekissen gerne.

---

3 Absatz eingezogen, Abschnitt stumpf
Der Absatz ist, um ihn deutlich zu akzentuieren, zwei Gevierte eingezogen. Die erste Zeile des neuen Abschnittes ist nicht eingezogen, der Abschnitt ist ja durch die Leerzeile ausreichend gekennzeichnet.

Hier altert nichts, sogar Papier ein Transformierendes erlebt, rahmen wir im Liter lobenden Buch ein Ruhekissen gerne. Falls Rauchware im ersten Drittel richtig in chemische Hände fällt, ordentlich rotiert sein Soll mit allen Nebensächlichkeiten. Liebevoll ehrlich sinniert eine tapfere Yellow Press oder gibt Rat allerhöchstens für identische Ereignisse. Von einer rätselhaften Leichtigkeit an gegeben holt er raumgreifend mutige Augen nach, neben sonnigem Charisma hinterher. Meine irisierend dichten Türen melden an ihn Neugewonnenes zurück. Zum Weinen einfach ist typischerweise auch unser Sieb; eben nicht direkt unbedarft, nicht doppelt verbunden, ist es robust. Über Banales erhalten Rehe aber regelmäßig bloß Erklärungen in Tälern, Ebenen, Tiergärten, Eiscafés.
    Nichts ermüdet uns angenehmer und für lange Abenteuer gefahrvoller Ersatz. Gute Losung an unserem Bau, trotzdem: ich habe mittels kollegialer Erfahrung intensiv nachgedacht, wie oft Redewendungen tauchen. Hier altert nichts, sogar Papier ein Transformierendes erlebt, rahmen wir im Liter lobenden Buch ein Ruhekissen gerne. Falls Rauchware im ersten Drittel richtig in chemische Hände fällt, ordentlich rotiert sein Soll mit allen Nebensächlichkeiten. Liebevoll ehrlich sinniert eine tapfere Yellow Press oder gibt Rat allerhöchstens für identische Ereignisse. Von einer rätselhaften Leichtigkeit an gegeben holt er raumgreifend mutige Augen nach, neben sonnigem Charisma hinterher. Meine irisierend dichten Türen melden an ihn Neugewonnenes zurück. Zum Weinen einfach ist typischerweise auch unser Sieb; eben nicht direkt unbedarft, nicht doppelt verbunden, ist es robust. Über Banales erhalten Rehe aber regelmäßig bloß Erklärungen in Tälern, Ebenen, Tiergärten, Eiscafés. Nichts ermüdet uns angenehmer und für lange Abenteuer gefahrvoller Ersatz. Gute Losung an unserem Bau, trotzdem: ich habe mittels kollegialer Erfahrung intensiv nachgedacht, wie oft Redewendungen tauchen. Hier altert nichts, sogar Papier ein Transformierendes erlebt, rahmen wir im Liter loben-

den Buch ein Ruhekissen gerne. Falls Rauchware im ersten Drittel richtig in chemische Hände fällt, ordentlich rotiert sein Soll mit allen Nebensächlichkeiten. Liebevoll ehrlich sinniert eine tapfere Yellow Press oder gibt Rat allerhöchstens für identische Ereignisse. Von einer rätselhaften Leichtigkeit an gegeben holt er raumgreifend mutige Augen nach, neben sonnigem Charisma hinterher. Meine irisierend dichten Türen melden an ihn Neugewonnenes zurück. Zum Weinen einfach ist typischerweise auch unser Sieb; eben nicht direkt unbedarft, nicht doppelt verbunden, ist es robust. Über Banales erhalten Rehe aber regelmäßig bloß Erklärungen in Tälern, Ebenen, Tiergärten, Eiscafés. Nichts ermüdet uns angenehmer und für lange Abenteuer gefahrvoller Ersatz. Gute Losung an unserem Bau, trotzdem: ich habe mittels kollegialer Erfahrung intensiv nachgedacht, wie oft Redewendungen tauchen. Hier altert nichts, sogar Papier ein Transformierendes erlebt, rahmen wir im Liter lobenden Buch ein Ruhekissen gerne. Falls Rauchware im ersten Drittel richtig in chemische Hände fällt, ordentlich rotiert sein Soll mit allen Nebensächlichkeiten. Liebevoll ehrlich sinniert eine tapfere Yellow Press oder gibt Rat allerhöchstens für identische Ereignisse.

Von einer rätselhaften Leichtigkeit an gegeben holt er raumgreifend mutige Augen nach, neben sonnigem Charisma hinterher. Meine irisierend dichten Türen melden an ihn Neugewonnenes zurück. Zum Weinen einfach ist typischerweise auch unser Sieb; eben nicht direkt unbedarft, nicht doppelt verbunden, ist es robust. Über Banales erhalten Rehe aber regelmäßig bloß Erklärungen in Tälern, Ebenen, Tiergärten, Eiscafés. Nichts ermüdet uns angenehmer und für lange Abenteuer gefahrvoller Ersatz. Gute Losung an unserem Bau, trotzdem: ich habe mittels kollegialer Erfahrung intensiv nachgedacht, wie oft Redewendungen tauchen. Hier altert nichts, sogar Papier ein Transformierendes erlebt, rahmen wir im Liter lobenden Buch ein Ruhekissen gerne.

Absatz auf neuer Seite

Hier altert nichts, sogar Papier ein Transformierendes erlebt, rahmen wir im Liter lobenden Buch ein Ruhekissen gerne. Falls Rauchware im ersten Drittel richtig in chemische Hände fällt, ordentlich rotiert sein Soll mit allen Nebensächlichkeiten. Liebevoll ehrlich sinniert eine tapfere Yellow Press oder gibt Rat allerhöchstens für identische Ereignisse. Von einer rätselhaften Leichtigkeit an gegeben holt er raumgreifend mutige Augen nach, neben sonnigem Charisma hinterher. Meine irisierend dichten Türen melden an ihn Neugewonnenes zurück. Zum Weinen einfach ist typischerweise auch unser Sieb; eben nicht direkt unbedarft, nicht doppelt verbunden, ist es robust. Über Banales erhalten Rehe aber regelmäßig bloß Erklärungen in Tälern, Ebenen, Tiergärten, Eiscafés. Nichts ermüdet uns angenehmer und für lange Abenteuer gefahrvoller Ersatz. Gute Losung an unserem Bau, trotzdem: ich habe mittels kollegialer Erfahrung intensiv nachgedacht, wie oft Redewendungen tauchen. Hier altert nichts, sogar Papier ein Transformierendes erlebt, rahmen wir im Liter lobenden Buch ein Ruhekissen gerne. Falls Rauchware im ersten Drittel richtig in chemische Hände fällt, ordentlich rotiert sein Soll mit allen Nebensächlichkeiten. Liebevoll ehrlich sinniert eine tapfere Yellow Press oder gibt Rat allerhöchstens für identische Ereignisse. Von einer rätselhaften Leichtigkeit an gegeben holt er raumgreifend mutige Augen nach, neben sonnigem Charisma hinterher. Meine irisierend dichten Türen melden an ihn Neugewonnenes zurück. Zum Weinen einfach ist typischerweise auch unser Sieb; eben nicht direkt unbedarft, nicht doppelt verbunden, ist es robust. Über Banales erhalten Rehe aber regelmäßig bloß Erklärungen in Tälern, Ebenen, Tiergärten, Eiscafés. Nichts ermüdet uns angenehmer und für lange Abenteuer gefahrvoller Ersatz. Gute Losung an unserem Bau, trotzdem: ich habe mittels kollegialer Erfahrung intensiv nachgedacht, wie oft Redewendungen tauchen. Hier altert nichts, sogar Papier ein Transformierendes erlebt, rahmen wir im Liter lobenden Buch ein Ruhekissen gerne.

Abschnitt auf neuer Seite

Falls Rauchware im ersten Drittel richtig in chemische Hände fällt, ordentlich rotiert sein Soll mit allen Nebensächlichkeiten. Liebevoll ehrlich sinniert eine tapfere Yellow Press oder gibt Rat allerhöchstens für identische Ereignisse. Von einer rätselhaften Leichtigkeit an gegeben holt er raumgreifend mutige Augen nach, neben sonnigem Charisma hinterher. Meine irisierend dichten Türen melden an ihn Neugewonnenes zurück. Zum Weinen einfach ist typischerweise auch unser Sieb; eben nicht direkt unbedarft, nicht doppelt verbunden, ist es robust. Über Banales erhalten Rehe aber regelmäßig bloß Erklärungen in Tälern, Ebenen, Tiergärten, Eiscafés. Nichts ermüdet uns angenehmer und für lange Abenteuer gefahrvoller Ersatz. Gute Losung an unserem Bau, trotzdem: ich habe mittels kollegialer Erfahrung intensiv nachgedacht, wie oft Redewendungen tauchen also. Hier altert nichts, sogar Papier ein Transformierendes erlebt, rahmen wir im Liter lobenden Buch ein Ruhekissen gerne. Falls Rauchware im ersten Drittel richtig in chemische Hände fällt, ordentlich rotiert sein Soll mit allen Nebensächlichkeiten. Liebevoll ehrlich sinniert eine tapfere Yellow Press oder gibt Rat allerhöchstens für identische Ereignisse. Von einer rätselhaften Leichtigkeit an gegeben holt er raumgreifend mutige Augen nach, neben sonnigem Charisma hinterher. Meine irisierend dichten Türen melden an ihn Neugewonnenes zurück. Zum Weinen einfach ist typischerweise auch unser Sieb; eben nicht direkt unbedarft, nicht doppelt verbunden, ist es robust. Über Banales erhalten Rehe aber regelmäßig bloß Erklärungen in Tälern, Ebenen, Tiergärten, Eiscafés. Nichts ermüdet uns angenehmer und für lange Abenteuer gefahrvoller Ersatz. Gute Losung an unserem Bau, trotzdem: ich habe mittels kollegialer Erfahrung intensiv nachgedacht, wie oft Redewendungen tauchen. Hier altert nichts, sogar Papier ein Transformierendes erlebt, rahmen wir im Liter lobenden Buch ein Ruhekissen gerne. Falls Rauchware im ersten Drittel richtig in chemische Hände fällt, ordentlich rotiert sein Soll mit allen Nebensächlichkeiten. Liebevoll ehrlich

1 Abschnittbeginn stumpf auf neuer Seite
Wenn bei Satz ohne Einzüge ein neuer Abschnitt auf der neuen Seite beginnt und die vorhergehende Seite bis auf die letzte Zeile gefüllt ist, ist der Abschnitt nicht mehr vom Absatz zu unterscheiden.

Hier altert nichts, sogar Papier ein Transformierendes erlebt, rahmen wir im Liter lobenden Buch ein Ruhekissen gerne. Falls Rauchware im ersten Drittel richtig in chemische Hände fällt, ordentlich rotiert sein Soll mit allen Nebensächlichkeiten. Liebevoll ehrlich sinniert eine tapfere Yellow Press oder gibt Rat allerhöchstens für identische Ereignisse. Von einer rätselhaften Leichtigkeit an gegeben holt er raumgreifend mutige Augen nach, neben sonnigem Charisma hinterher. Meine irisierend dichten Türen melden an ihn Neugewonnenes zurück. Zum Weinen einfach ist typischerweise auch unser Sieb; eben nicht direkt unbedarft, nicht doppelt verbunden, ist es robust. Über Banales erhalten Rehe aber regelmäßig bloß Erklärungen in Tälern, Ebenen, Tiergärten, Eiscafés. Nichts ermüdet uns angenehmer und für lange Abenteuer gefahrvoller Ersatz. Gute Losung an unserem Bau, trotzdem: ich habe mittels kollegialer Erfahrung intensiv nachgedacht, wie oft Redewendungen tauchen. Hier altert nichts, sogar Papier ein Transformierendes erlebt, rahmen wir im Liter lobenden Buch ein Ruhekissen gerne. Falls Rauchware im ersten Drittel richtig in chemische Hände fällt, ordentlich rotiert sein Soll mit allen Nebensächlichkeiten. Liebevoll ehrlich sinniert eine tapfere Yellow Press oder gibt Rat allerhöchstens für identische Ereignisse. Von einer rätselhaften Leichtigkeit an gegeben holt er raumgreifend mutige Augen nach, neben sonnigem Charisma hinterher. Meine irisierend dichten Türen melden an ihn Neugewonnenes zurück. Zum Weinen einfach ist typischerweise auch unser Sieb; eben nicht direkt unbedarft, nicht doppelt verbunden, ist es robust. Über Banales erhalten Rehe aber regelmäßig bloß Erklärungen in Tälern, Ebenen, Tiergärten, Eiscafés. Nichts ermüdet uns angenehmer und für lange Abenteuer gefahrvoller Ersatz. Gute Losung an unserem Bau, trotzdem: ich habe mittels kollegialer Erfahrung intensiv nachgedacht, wie oft Redewendungen tauchen. Hier altert nichts, sogar Papier ein Transformierendes erlebt, rahmen wir im Liter lobenden Buch ein Ruhekissen gerne.

Falls Rauchware im ersten Drittel richtig in chemische Hände fällt, ordentlich rotiert sein Soll mit allen Nebensächlichkeiten. Liebevoll ehrlich sinniert eine tapfere Yellow Press oder gibt Rat allerhöchstens für identische Ereignisse. Von einer rätselhaften Leichtigkeit an gegeben holt er raumgreifend mutige Augen nach, neben sonnigem Charisma hinterher. Meine irisierend dichten Türen melden an ihn Neugewonnenes zurück. Zum Weinen einfach ist typischerweise auch unser Sieb; eben nicht direkt unbedarft, nicht doppelt verbunden, ist es robust. Über Banales erhalten Rehe aber regelmäßig bloß Erklärungen in Tälern, Ebenen, Tiergärten, Eiscafés. Nichts ermüdet uns angenehmer und für lange Abenteuer gefahrvoller Ersatz. Gute Losung an unserem Bau, trotzdem: ich habe mittels kollegialer Erfahrung intensiv nachgedacht, wie oft Redewendungen tauchen. Hier altert nichts, sogar Papier ein Transformierendes erlebt, rahmen wir im Liter lobenden Buch ein Ruhekissen gerne. Falls Rauchware im ersten Drittel richtig in chemische Hände fällt, ordentlich rotiert sein Soll mit allen Nebensächlichkeiten. Liebevoll ehrlich sinniert eine tapfere Yellow Press oder gibt Rat allerhöchstens für identische Ereignisse. Von einer rätselhaften Leichtigkeit an gegeben holt er raumgreifend mutige Augen nach, neben sonnigem Charisma hinterher. Meine irisierend dichten Türen melden an ihn Neugewonnenes zurück. Zum Weinen einfach ist typischerweise auch unser Sieb; eben nicht direkt unbedarft, nicht doppelt verbunden, ist es robust. Über Banales erhalten Rehe aber regelmäßig bloß Erklärungen in Tälern, Ebenen, Tiergärten, Eiscafés. Nichts ermüdet uns angenehmer und für lange Abenteuer gefahrvoller Ersatz. Gute Losung an unserem Bau, trotzdem: ich habe mittels kollegialer Erfahrung intensiv nachgedacht, wie oft Redewendungen tauchen also. Hier altert nichts, sogar Papier ein Transformierendes erlebt, rahmen wir im Liter lobenden Buch ein Ruhekissen gerne. Falls Rauchware im ersten Drittel richtig in chemische Hände fällt, ordentlich rotiert sein Soll mit allen Nebensächlichkeiten. Liebevoll ehr-

2 Abschnittbeginn eingezogen auf neuer Seite
Ist die vorausgehende Seite voll, kann der Abschnitt mit dem Absatz der linken Spalte verwechselt werden.

Hier altert nichts, sogar Papier ein Transformierendes erlebt, rahmen wir im Liter lobenden Buch ein Ruhekissen gerne. Falls Rauchware im ersten Drittel richtig in chemische Hände fällt, ordentlich rotiert sein Soll mit allen Nebensächlichkeiten. Liebevoll ehrlich sinniert eine tapfere Yellow Press oder gibt Rat allerhöchstens für identische Ereignisse. Von einer rätselhaften Leichtigkeit an gegeben holt er raumgreifend mutige Augen nach, neben sonnigem Charisma hinterher. Meine irisierend dichten Türen melden an ihn Neugewonnenes zurück. Zum Weinen einfach ist typischerweise auch unser Sieb; eben nicht direkt unbedarft, nicht doppelt verbunden, ist es robust. Über Banales erhalten Rehe aber regelmäßig bloß Erklärungen in Tälern, Ebenen, Tiergärten, Eiscafés. Nichts ermüdet uns angenehmer und für lange Abenteuer gefahrvoller Ersatz. Gute Losung an unserem Bau, trotzdem: ich habe mittels kollegialer Erfahrung intensiv nachgedacht, wie oft Redewendungen tauchen. Hier altert nichts, sogar Papier ein Transformierendes erlebt, rahmen wir im Liter lobenden Buch ein Ruhekissen gerne. Falls Rauchware im ersten Drittel richtig in chemische Hände fällt, ordentlich rotiert sein Soll mit allen Nebensächlichkeiten. Liebevoll ehrlich sinniert eine tapfere Yellow Press oder gibt Rat allerhöchstens für identische Ereignisse. Von einer rätselhaften Leichtigkeit an gegeben holt er raumgreifend mutige Augen nach, neben sonnigem Charisma hinterher. Meine irisierend dichten Türen melden an ihn Neugewonnenes zurück. Zum Weinen einfach ist typischerweise auch unser Sieb; eben nicht direkt unbedarft, nicht doppelt verbunden, ist es robust. Über Banales erhalten Rehe aber regelmäßig bloß Erklärungen in Tälern, Ebenen, Tiergärten, Eiscafés. Nichts ermüdet uns angenehmer und für lange Abenteuer gefahrvoller Ersatz. Gute Losung an unserem Bau, trotzdem: ich habe mittels kollegialer Erfahrung intensiv nachgedacht, wie oft Redewendungen tauchen. Hier altert nichts, sogar Papier ein Transformierendes erlebt, rahmen wir im Liter lobenden Buch ein Ruhekissen gerne.

Falls Rauchware im ersten Drittel richtig in chemische Hände fällt, ordentlich rotiert sein Soll mit allen Nebensächlichkeiten. Liebevoll ehrlich sinniert eine tapfere Yellow Press oder gibt Rat allerhöchstens für identische Ereignisse. Von einer rätselhaften Leichtigkeit an gegeben holt er raumgreifend mutige Augen nach, neben sonnigem Charisma hinterher. Meine irisierend dichten Türen melden an ihn Neugewonnenes zurück. Zum Weinen einfach ist typischerweise auch unser Sieb; eben nicht direkt unbedarft, nicht doppelt verbunden, ist es robust. Über Banales erhalten Rehe aber regelmäßig bloß Erklärungen in Tälern, Ebenen, Tiergärten, Eiscafés. Nichts ermüdet uns angenehmer und für lange Abenteuer gefahrvoller Ersatz. Gute Losung an unserem Bau, trotzdem: ich habe mittels kollegialer Erfahrung intensiv nachgedacht, wie oft Redewendungen tauchen. Hier altert nichts, sogar Papier ein Transformierendes erlebt, rahmen wir im Liter lobenden Buch ein Ruhekissen gerne.
Falls Rauchware im ersten Drittel richtig in chemische Hände fällt, ordentlich rotiert sein Soll mit allen Nebensächlichkeiten. Liebevoll ehrlich sinniert eine tapfere Yellow Press oder gibt Rat allerhöchstens für identische Ereignisse. Von einer rätselhaften Leichtigkeit an gegeben holt er raumgreifend mutige Augen nach, neben sonnigem Charisma hinterher. Meine irisierend dichten Türen melden an ihn Neugewonnenes zurück. Zum Weinen einfach ist typischerweise auch unser Sieb; eben nicht direkt unbedarft, nicht doppelt verbunden, ist es robust. Über Banales erhalten Rehe aber regelmäßig bloß Erklärungen in Tälern, Ebenen, Tiergärten, Eiscafés. Nichts ermüdet uns an genehmer und für lange Abenteuer gefahrvoller Ersatz. Gute Losung an unserem Bau, trotzdem: ich habe mittels kollegialer Erfahrung intensiv nachgedacht, wie oft Redewendungen tauchen. Hier altert nichts, sogar Papier ein Transformierendes erlebt, rahmen wir im Liter lobenden Buch ein Ruhekissen gerne.
Falls Rauchware im ersten Drittel richtig in chemische Hände fällt, ordentlich rotiert sein Soll mit allen Nebensächlichkeiten. Liebevoll ehrlich sinniert eine

3 Wenn vor dem neuen Abschnitt die Seite und die letzte Zeile gefüllt sind, geht wie im Beispiel 1 der **Abschnitt ohne Einzug** fast verloren. Ist die letzte Zeile eine kürzere Ausgangszeile, bleibt er kenntlich, allerdings auf »schwächere« Weise als der Absatz.

Absatz innerhalb der Seite

Abschnitt innerhalb der Seite

4 Großer Einzug
Der Absatz ist drei Gevierte eingezogen, dadurch kann es sich ergeben, daß er einmal als normaler Absatz und einmal, bei sehr kurzer Ausgangszeile, durch die scheinbare Leerzeile als Abschnitt erscheint.

Hier altert nichts, sogar Papier ein Transformierendes erlebt, rahmen wir im Liter lobenden Buch ein Ruhekissen gerne. Falls Rauchware im ersten Drittel richtig in chemische Hände fällt, ordentlich rotiert sein Soll mit allen Nebensächlichkeiten. Liebevoll ehrlich sinniert eine tapfere Yellow Press oder gibt Rat allerhöchstens für identische Ereignisse. Von einer rätselhaften Leichtigkeit an gegeben holt er raumgreifend mutige Augen nach, neben sonnigem Charisma hinterher. Meine irisierend dichten Türen melden an ihn Neugewonnenes zurück. Zum Weinen einfach ist typischerweise auch unser Sieb; eben nicht direkt unbedarft, nicht doppelt verbunden, ist es robust.
 Über Banales erhalten Rehe aber regelmäßig bloß Erklärungen in Tälern, Ebenen, Tiergärten, Eiscafés. Nichts ermüdet uns angenehmer und für lange Abenteuer gefahrvoller Ersatz. Gute Losung an unserem Bau, trotzdem: ich habe mittels kollegialer Erfahrung intensiv nachgedacht, wie oft Redewendungen tauchen. Hier altert nichts, sogar Papier ein Transformierendes erlebt, rahmen wir im Liter lobenden Buch ein Ruhekissen gerne. Falls Rauchware im ersten Drittel richtig in chemische Hände fällt, ordentlich rotiert sein Soll mit allen Nebensächlichkeiten. Liebevoll ehrlich sinniert eine tapfere Yellow Press oder gibt Rat allerhöchstens für identische Ereignisse. Von einer rätselhaften Leichtigkeit an gegeben holt er raumgreifend mutige Augen nach, neben sonnigem Charisma hinterher. Meine irisierend dichten Türen melden an ihn Neugewonnenes zurück. Zum Weinen einfach ist typischerweise auch unser Sieb; eben nicht direkt unbedarft, nicht doppelt verbunden, ist es robust.
 Über Banales erhalten Rehe aber regelmäßig bloß Erklärungen in Tälern, Ebenen, Tiergärten, Eiscafés. Nichts ermüdet uns angenehmer und für lange Abenteuer gefahrvoller Ersatz. Gute Losung an unserem Bau, trotzdem: ich habe mittels kollegialer Erfahrung intensiv nachgedacht, wie oft Redewendungen tauchen. Hier altert nichts, sogar Papier ein Transformierendes

erlebt, rahmen wir im Liter lobenden Buch ein Ruhekissen gerne. Falls Rauchware im ersten Drittel richtig in chemische Hände fällt, ordentlich rotiert sein Soll mit allen Nebensächlichkeiten. Liebevoll ehrlich sinniert eine tapfere Yellow Press oder gibt Rat allerhöchstens für identische Ereignisse. Von einer rätselhaften Leichtigkeit an gegeben holt er raumgreifend mutige Augen nach, neben sonnigem Charisma hinterher. Meine irisierend dichten Türen melden an ihn Neugewonnenes zurück. Zum Weinen einfach ist typischerweise auch unser Sieb; eben nicht direkt unbedarft, nicht doppelt verbunden, ist es robust. Über Banales erhalten Rehe aber regelmäßig bloß Erklärungen in Tälern, Ebenen, Tiergärten, Eiscafés. Nichts ermüdet uns angenehmer und für lange Abenteuer gefahrvoller Ersatz. Gute Losung an unserem Bau, trotzdem: ich habe mittels kollegialer Erfahrung intensiv nachgedacht, wie oft Redewendungen tauchen. Hier altert nichts, sogar Papier ein Transformierendes erlebt, rahmen wir im Liter lobenden Buch ein Ruhekissen gerne. Falls Rauchware im ersten Drittel richtig in chemische Hände fällt, ordentlich rotiert sein Soll mit allen Nebensächlichkeiten. Liebevoll ehrlich sinniert eine tapfere Yellow Press oder gibt Rat allerhöchstens für identische Ereignisse.

 Von einer rätselhaften Leichtigkeit an gegeben holt er raumgreifend mutige Augen nach, neben sonnigem Charisma hinterher. Meine irisierend dichten Türen melden an ihn Neugewonnenes zurück. Zum Weinen einfach ist typischerweise auch unser Sieb; eben nicht direkt unbedarft, nicht doppelt verbunden, ist es robust. Über Banales erhalten Rehe aber regelmäßig bloß Erklärungen in Tälern, Ebenen, Tiergärten, Eiscafés. Nichts ermüdet uns angenehmer und für lange Abenteuer gefahrvoller Ersatz. Gute Losung an unserem Bau, trotzdem: ich habe mittels kollegialer Erfahrung intensiv nachgedacht, wie oft Redewendungen tauchen. Hier altert nichts, sogar Papier ein Transformierendes erlebt, rahmen wir im Liter lobenden Buch ein Ruhekissen gerne.

---

5 Absatz stumpf, Abschnitt eingezogen
Der Absatz ist ohne Einzug gesetzt, der Abschnitt durch eine Leerzeile und durch Einzug doppelt gekennzeichnet. Das scheint widersprüchlich, wird jedoch durch die auf der rechten Seite dargestellte Situation begründet.

Hier altert nichts, sogar Papier ein Transformierendes erlebt, rahmen wir im Liter lobenden Buch ein Ruhekissen gerne. Falls Rauchware im ersten Drittel richtig in chemische Hände fällt, ordentlich rotiert sein Soll mit allen Nebensächlichkeiten. Liebevoll ehrlich sinniert eine tapfere Yellow Press oder gibt Rat allerhöchstens für identische Ereignisse. Von einer rätselhaften Leichtigkeit an gegeben holt er raumgreifend mutige Augen nach, neben sonnigem Charisma hinterher. Meine irisierend dichten Türen melden an ihn Neugewonnenes zurück. Zum Weinen einfach ist typischerweise auch unser Sieb; eben nicht direkt unbedarft, nicht doppelt verbunden, ist es robust. Über Banales erhalten Rehe aber regelmäßig bloß Erklärungen in Tälern, Ebenen, Tiergärten, Eiscafés.
Nichts ermüdet uns angenehmer und für lange Abenteuer gefahrvoller Ersatz. Gute Losung an unserem Bau, trotzdem: ich habe mittels kollegialer Erfahrung intensiv nachgedacht, wie oft Redewendungen tauchen also. Hier altert nichts, sogar Papier ein Transformierendes erlebt, rahmen wir im Liter lobenden Buch ein Ruhekissen gerne. Falls Rauchware im ersten Drittel richtig in chemische Hände fällt, ordentlich rotiert sein Soll mit allen Nebensächlichkeiten. Liebevoll ehrlich sinniert eine tapfere Yellow Press oder gibt Rat allerhöchstens für identische Ereignisse. Von einer rätselhaften Leichtigkeit an gegeben holt er raumgreifend mutige Augen nach, neben sonnigem Charisma hinterher. Meine irisierend dichten Türen melden an ihn Neugewonnenes zurück. Zum Weinen einfach ist typischerweise auch unser Sieb; eben nicht direkt unbedarft, nicht doppelt verbunden, ist es robust. Über Banales erhalten Rehe aber regelmäßig bloß Erklärungen in Tälern, Ebenen, Tiergärten, Eiscafés. Nichts ermüdet uns angenehmer und für lange Abenteuer gefahrvoller Ersatz. Gute Losung an unserem Bau, trotzdem: ich habe mittels kollegialer Erfahrung intensiv nachgedacht, wie oft Redewendungen tauchen. Hier altert nichts, sogar Papier ein Transformierendes erlebt, rahmen wir im Liter loben-

den Buch ein Ruhekissen gerne. Falls Rauchware im ersten Drittel richtig in chemische Hände fällt, ordentlich rotiert sein Soll mit allen Nebensächlichkeiten. Liebevoll ehrlich sinniert eine tapfere Yellow Press oder gibt Rat allerhöchstens für identische Ereignisse. Von einer rätselhaften Leichtigkeit an gegeben holt er raumgreifend mutige Augen nach, neben sonnigem Charisma hinterher. Meine irisierend dichten Türen melden an ihn Neugewonnenes zurück. Zum Weinen einfach ist typischerweise auch unser Sieb; eben nicht direkt unbedarft, nicht doppelt verbunden, ist es robust. Über Banales erhalten Rehe aber regelmäßig bloß Erklärungen in Tälern, Ebenen, Tiergärten, Eiscafés. Nichts ermüdet uns angenehmer und für lange Abenteuer gefahrvoller Ersatz. Gute Losung an unserem Bau, trotzdem: ich habe mittels kollegialer Erfahrung intensiv nachgedacht, wie oft Redewendungen tauchen. Hier altert nichts, sogar Papier ein Transformierendes erlebt, rahmen wir im Liter lobenden Buch ein Ruhekissen gerne. Falls Rauchware im ersten Drittel richtig in chemische Hände fällt, ordentlich rotiert sein Soll mit allen Nebensächlichkeiten. Liebevoll ehrlich sinniert eine tapfere Yellow Press oder gibt Rat allerhöchstens für identische Ereignisse.

 Von einer rätselhaften Leichtigkeit an gegeben holt er raumgreifend mutige Augen nach, neben sonnigem Charisma hinterher. Meine irisierend dichten Türen melden an ihn Neugewonnenes zurück. Zum Weinen einfach ist typischerweise auch unser Sieb; eben nicht direkt unbedarft, nicht doppelt verbunden, ist es robust. Über Banales erhalten Rehe aber regelmäßig bloß Erklärungen in Tälern, Ebenen, Tiergärten, Eiscafés. Nichts ermüdet uns angenehmer und für lange Abenteuer gefahrvoller Ersatz. Gute Losung an unserem Bau, trotzdem: ich habe mittels kollegialer Erfahrung intensiv nachgedacht, wie oft Redewendungen tauchen. Hier altert nichts, sogar Papier ein Transformierendes erlebt, rahmen wir im Liter lobenden Buch ein Ruhekissen gerne.

Beispiel **6** entspricht Beispiel 3, es ist jedoch eine Seitengestaltung mit **Kopflinie** angedeutet.

Hier altert nichts, sogar Papier ein Transformierendes erlebt, rahmen wir im Liter lobenden Buch ein Ruhekissen gerne. Falls Rauchware im ersten Drittel richtig in chemische Hände fällt, ordentlich rotiert sein Soll mit allen Nebensächlichkeiten. Liebevoll ehrlich sinniert eine tapfere Yellow Press oder gibt Rat allerhöchstens für identische Ereignisse. Von einer rätselhaften Leichtigkeit an gegeben holt er raumgreifend mutige Augen nach, neben sonnigem Charisma hinterher. Meine irisierend dichten Türen melden an ihn Neugewonnenes zurück. Zum Weinen einfach ist typischerweise auch unser Sieb; eben nicht direkt unbedarft, nicht doppelt verbunden, ist es robust. Über Banales erhalten Rehe aber regelmäßig bloß Erklärungen in Tälern, Ebenen, Tiergärten, Eiscafés.
 Nichts ermüdet uns angenehmer und für lange Abenteuer gefahrvoller Ersatz. Gute Losung an unserem Bau, trotzdem: ich habe mittels kollegialer Erfahrung intensiv nachgedacht, wie oft Redewendungen tauchen. Hier altert nichts, sogar Papier ein Transformierendes erlebt, rahmen wir im Liter lobenden Buch ein Ruhekissen gerne. Falls Rauchware im ersten Drittel richtig in chemische Hände fällt, ordentlich rotiert sein Soll mit allen Nebensächlichkeiten. Liebevoll ehrlich sinniert eine tapfere Yellow Press oder gibt Rat allerhöchstens für identische Ereignisse. Von einer rätselhaften Leichtigkeit an gegeben holt er raumgreifend mutige Augen nach, neben sonnigem Charisma hinterher. Meine irisierend dichten Türen melden an ihn Neugewonnenes zurück. Zum Weinen einfach ist typischerweise auch unser Sieb; eben nicht direkt unbedarft, nicht doppelt verbunden, ist es robust. Über Banales erhalten Rehe aber regelmäßig bloß Erklärungen in Tälern, Ebenen, Tiergärten, Eiscafés. Nichts ermüdet uns angenehmer und für lange Abenteuer gefahrvoller Ersatz. Gute Losung an unserem Bau, trotzdem: ich habe mittels kollegialer

Erfahrung intensiv nachgedacht, wie oft Redewendungen tauchen. Hier altert nichts, sogar Papier ein Transformierendes erlebt, rahmen wir im Liter lobenden Buch ein Ruhekissen gerne. Falls Rauchware im ersten Drittel richtig in chemische Hände fällt, ordentlich rotiert sein Soll mit allen Nebensächlichkeiten. Liebevoll ehrlich sinniert eine tapfere Yellow Press oder gibt Rat allerhöchstens für identische Ereignisse. Von einer rätselhaften Leichtigkeit an gegeben holt er raumgreifend mutige Augen nach, neben sonnigem Charisma hinterher. Meine irisierend dichten Türen melden an ihn Neugewonnenes zurück. Zum Weinen einfach ist typischerweise auch unser Sieb; eben nicht direkt unbedarft, nicht doppelt verbunden, ist es robust. Über Banales erhalten Rehe aber regelmäßig bloß Erklärungen in Tälern, Ebenen, Tiergärten, Eiscafés. Nichts ermüdet uns angenehmer und für lange Abenteuer gefahrvoller Ersatz. Gute Losung an unserem Bau, trotzdem: ich habe mittels kollegialer Erfahrung intensiv nachgedacht, wie oft Redewendungen tauchen. Hier altert nichts, sogar Papier ein Transformierendes erlebt, rahmen wir im Liter lobenden Buch ein Ruhekissen gerne. Falls Rauchware im ersten Drittel richtig in chemische Hände fällt, ordentlich rotiert sein Soll mit allen Nebensächlichkeiten. Liebevoll ehrlich sinniert eine tapfere Yellow Press oder gibt Rat allerhöchstens für identische Ereignisse.

 Von einer rätselhaften Leichtigkeit an gegeben holt er raumgreifend mutige Augen nach, neben sonnigem Charisma hinterher. Meine irisierend dichten Türen melden an ihn Neugewonnenes zurück. Zum Weinen einfach ist typischerweise auch unser Sieb; eben nicht direkt unbedarft, nicht doppelt verbunden, ist es robust. Über Banales erhalten Rehe aber regelmäßig bloß Erklärungen in Tälern, Ebenen, Tiergärten, Eiscafés. Nichts ermüdet uns angeneh-

Absatz auf neuer Seite

Hier altert nichts, sogar Papier ein Transformierendes erlebt, rahmen wir im Liter lobenden Buch ein Ruhekissen gerne. Falls Rauchware im ersten Drittel richtig in chemische Hände fällt, ordentlich rotiert sein Soll mit allen Nebensächlichkeiten. Liebevoll ehrlich sinniert eine tapfere Yellow Press oder gibt Rat allerhöchstens für identische Ereignisse. Von einer rätselhaften Leichtigkeit an gegeben holt er raumgreifend mutige Augen nach, neben sonnigem Charisma hinterher. Meine irisierend dichten Türen melden an ihn Neugewonnenes zurück. Zum Weinen einfach ist typischerweise auch unser Sieb; eben nicht direkt unbedarft, nicht doppelt verbunden, ist es robust. Über Banales erhalten Rehe aber regelmäßig bloß Erklärungen in Tälern, Ebenen, Tiergärten, Eiscafés. Nichts ermüdet uns angenehmer und für lange Abenteuer gefahrvoller Ersatz. Gute Losung an unserem Bau, trotzdem: ich habe mittels kollegialer Erfahrung intensiv nachgedacht, wie oft Redewendungen tauchen. Hier altert nichts, sogar Papier ein Transformierendes erlebt, rahmen wir im Liter lobenden Buch ein Ruhekissen gerne. Falls Rauchware im ersten Drittel richtig in chemische Hände fällt, ordentlich rotiert sein Soll mit allen Nebensächlichkeiten. Liebevoll ehrlich sinniert eine tapfere Yellow Press oder gibt Rat allerhöchstens für identische Ereignisse. Von einer rätselhaften Leichtigkeit an gegeben holt er raumgreifend mutige Augen nach, neben sonnigem Charisma hinterher. Meine irisierend dichten Türen melden an ihn Neugewonnenes zurück. Zum Weinen einfach ist typischerweise auch unser Sieb; eben nicht direkt unbedarft, nicht doppelt verbunden, ist es robust. Über Banales erhalten Rehe aber regelmäßig bloß Erklärungen in Tälern, Ebenen, Tiergärten, Eiscafés. Nichts ermüdet uns angenehmer und für lange Abenteuer gefahrvoller Ersatz. Gute Losung an unserem Bau, trotzdem: ich habe mittels kollegialer Erfahrung intensiv nachgedacht, wie oft Redewendungen tauchen. Hier altert nichts, sogar Papier ein Transformierendes erlebt, rahmen wir im Liter lobenden Buch ein Ruhekissen gerne.

Abschnitt auf neuer Seite

Falls Rauchware im ersten Drittel richtig in chemische Hände fällt, ordentlich rotiert sein Soll mit allen Nebensächlichkeiten. Liebevoll ehrlich sinniert eine tapfere Yellow Press oder gibt Rat allerhöchstens für identische Ereignisse. Von einer rätselhaften Leichtigkeit an gegeben holt er raumgreifend mutige Augen nach, neben sonnigem Charisma hinterher. Meine irisierend dichten Türen melden an ihn Neugewonnenes zurück. Zum Weinen einfach ist typischerweise auch unser Sieb; eben nicht direkt unbedarft, nicht doppelt verbunden, ist es robust. Über Banales erhalten Rehe aber regelmäßig bloß Erklärungen in Tälern, Ebenen, Tiergärten, Eiscafés. Nichts ermüdet uns angenehmer und für lange Abenteuer gefahrvoller Ersatz. Gute Losung an unserem Bau, trotzdem: ich habe mittels kollegialer Erfahrung intensiv nachgedacht, wie oft Redewendungen tauchen. Hier altert nichts, sogar Papier ein Transformierendes erlebt, rahmen wir im Liter lobenden Buch ein Ruhekissen gerne. Falls Rauchware im ersten Drittel richtig in chemische Hände fällt, ordentlich rotiert sein Soll mit allen Nebensächlichkeiten. Liebevoll ehrlich sinniert eine tapfere Yellow Press oder gibt Rat allerhöchstens für identische Ereignisse. Von einer rätselhaften Leichtigkeit an gegeben holt er raumgreifend mutige Augen nach, neben sonnigem Charisma hinterher. Meine irisierend dichten Türen melden an ihn Neugewonnenes zurück. Zum Weinen einfach ist typischerweise auch unser Sieb; eben nicht direkt unbedarft, nicht doppelt verbunden, ist es robust. Über Banales erhalten Rehe aber regelmäßig bloß Erklärungen in Tälern, Ebenen, Tiergärten, Eiscafés. Nichts ermüdet uns angenehmer und für lange Abenteuer gefahrvoller Ersatz. Gute Losung an unserem Bau, trotzdem: ich habe mittels kollegialer Erfahrung intensiv nachgedacht, wie oft Redewendungen tauchen. Hier altert nichts, sogar Papier ein Transformierendes erlebt, rahmen wir im Liter lobenden Buch ein Ruhekissen gerne. Falls Rauchware im ersten Drittel richtig in chemische Hände fällt, ordentlich rotiert sein Soll mit allen Nebensächlichkeiten. Liebevoll ehrlich

4 Beginnt ein Abschnitt mit einer neuen Seite, so besteht nach einer vollen Kolumne kein Unterschied zum Absatz.

Hier altert nichts, sogar Papier ein Transformierendes erlebt, rahmen wir im Liter lobenden Buch ein Ruhekissen gerne. Falls Rauchware im ersten Drittel richtig in chemische Hände fällt, ordentlich rotiert sein Soll mit allen Nebensächlichkeiten. Liebevoll ehrlich sinniert eine tapfere Yellow Press oder gibt Rat allerhöchstens für identische Ereignisse. Von einer rätselhaften Leichtigkeit an gegeben holt er raumgreifend mutige Augen nach, neben sonnigem Charisma hinterher. Meine irisierend dichten Türen melden an ihn Neugewonnenes zurück. Zum Weinen einfach ist typischerweise auch unser Sieb; eben nicht direkt unbedarft, nicht doppelt verbunden, ist es robust. Über Banales erhalten Rehe aber regelmäßig bloß Erklärungen in Tälern, Ebenen, Tiergärten, Eiscafés. Nichts ermüdet uns angenehmer und für lange Abenteuer gefahrvoller Ersatz. Gute Losung an unserem Bau, trotzdem: ich habe mittels kollegialer Erfahrung intensiv nachgedacht, wie oft Redewendungen tauchen. Hier altert nichts, sogar Papier ein Transformierendes erlebt, rahmen wir im Liter lobenden Buch ein Ruhekissen gerne. Falls Rauchware im ersten Drittel richtig in chemische Hände fällt, ordentlich rotiert sein Soll mit allen Nebensächlichkeiten. Liebevoll ehrlich sinniert eine tapfere Yellow Press oder gibt Rat allerhöchstens für identische Ereignisse. Von einer rätselhaften Leichtigkeit an gegeben holt er raumgreifend mutige Augen nach, neben sonnigem Charisma hinterher. Meine irisierend dichten Türen melden an ihn Neugewonnenes zurück. Zum Weinen einfach ist typischerweise auch unser Sieb; eben nicht direkt unbedarft, nicht doppelt verbunden, ist es robust. Über Banales erhalten Rehe aber regelmäßig bloß Erklärungen in Tälern, Ebenen, Tiergärten, Eiscafés. Nichts ermüdet uns angenehmer und für lange Abenteuer gefahrvoller Ersatz. Gute Losung an unserem Bau, trotzdem: ich habe mittels kollegialer Erfahrung intensiv nachgedacht, wie oft Redewendungen tauchen. Hier altert nichts, sogar Papier ein Transformierendes erlebt, rahmen wir im Liter lobenden Buch ein Ruhekissen gerne.

Falls Rauchware im ersten Drittel richtig in chemische Hände fällt, ordentlich rotiert sein Soll mit allen Nebensächlichkeiten. Liebevoll ehrlich sinniert eine tapfere Yellow Press oder gibt Rat allerhöchstens für identische Ereignisse. Von einer rätselhaften Leichtigkeit an gegeben holt er raumgreifend mutige Augen nach, neben sonnigem Charisma hinterher. Meine irisierend dichten Türen melden an ihn Neugewonnenes zurück. Zum Weinen einfach ist typischerweise auch unser Sieb; eben nicht direkt unbedarft, nicht doppelt verbunden, ist es robust. Über Banales erhalten Rehe aber regelmäßig bloß Erklärungen in Tälern, Ebenen, Tiergärten, Eiscafés. Nichts ermüdet uns angenehmer und für lange Abenteuer gefahrvoller Ersatz. Gute Losung an unserem Bau, trotzdem: ich habe mittels kollegialer Erfahrung intensiv nachgedacht, wie oft Redewendungen tauchen. Hier altert nichts, sogar Papier ein Transformierendes erlebt, rahmen wir im Liter lobenden Buch ein Ruhekissen gerne. Falls Rauchware im ersten Drittel richtig in chemische Hände fällt, ordentlich rotiert sein Soll mit allen Nebensächlichkeiten. Liebevoll ehrlich sinniert eine tapfere Yellow Press oder gibt Rat allerhöchstens für identische Ereignisse. Von einer rätselhaften Leichtigkeit an gegeben holt er raumgreifend mutige Augen nach, neben sonnigem Charisma hinterher. Meine irisierend dichten Türen melden an ihn Neugewonnenes zurück. Zum Weinen einfach ist typischerweise auch unser Sieb; eben nicht direkt unbedarft, nicht doppelt verbunden, ist es robust. Über Banales erhalten Rehe aber regelmäßig bloß Erklärungen in Tälern, Ebenen, Tiergärten, Eiscafés. Nichts ermüdet uns angenehmer und für lange Abenteuer gefahrvoller Ersatz. Gute Losung an unserem Bau, trotzdem: ich habe mittels kollegialer Erfahrung intensiv nachgedacht, wie oft Redewendungen tauchen. Hier altert nichts, sogar Papier ein Transformierendes erlebt, rahmen wir im Liter lobenden Buch ein Ruhekissen gerne. Falls Rauchware im ersten Drittel richtig in chemische Hände fällt, ordentlich rotiert sein Soll mit allen Nebensächlichkeiten. Liebevoll ehrlich

5 Die eingezogene erste Zeile des neuen Abschnittes bleibt in jedem Fall erkennbar, auch wenn die vorausgehende Seite und deren letzte Zeile voll sind.

Hier altert nichts, sogar Papier ein Transformierendes erlebt, rahmen wir im Liter lobenden Buch ein Ruhekissen gerne. Falls Rauchware im ersten Drittel richtig in chemische Hände fällt, ordentlich rotiert sein Soll mit allen Nebensächlichkeiten. Liebevoll ehrlich sinniert eine tapfere Yellow Press oder gibt Rat allerhöchstens für identische Ereignisse. Von einer rätselhaften Leichtigkeit an gegeben holt er raumgreifend mutige Augen nach, neben sonnigem Charisma hinterher. Meine irisierend dichten Türen melden an ihn Neugewonnenes zurück. Zum Weinen einfach ist typischerweise auch unser Sieb; eben nicht direkt unbedarft, nicht doppelt verbunden, ist es robust. Über Banales erhalten Rehe aber regelmäßig bloß Erklärungen in Tälern, Ebenen, Tiergärten, Eiscafés. Nichts ermüdet uns angenehmer und für lange Abenteuer gefahrvoller Ersatz. Gute Losung an unserem Bau, trotzdem: ich habe mittels kollegialer Erfahrung intensiv nachgedacht, wie oft Redewendungen tauchen. Hier altert nichts, sogar Papier ein Transformierendes erlebt, rahmen wir im Liter lobenden Buch ein Ruhekissen gerne. Falls Rauchware im ersten Drittel richtig in chemische Hände fällt, ordentlich rotiert sein Soll mit allen Nebensächlichkeiten. Liebevoll ehrlich sinniert eine tapfere Yellow Press oder gibt Rat allerhöchstens für identische Ereignisse. Von einer rätselhaften Leichtigkeit an gegeben holt er raumgreifend mutige Augen nach, neben sonnigem Charisma hinterher. Meine irisierend dichten Türen melden an ihn Neugewonnenes zurück. Zum Weinen einfach ist typischerweise auch unser Sieb; eben nicht direkt unbedarft, nicht doppelt verbunden, ist es robust. Über Banales erhalten Rehe aber regelmäßig bloß Erklärungen in Tälern, Ebenen, Tiergärten, Eiscafés. Nichts ermüdet uns angenehmer und für lange Abenteuer gefahrvoller Ersatz. Gute Losung an unserem Bau, trotzdem: ich habe mittels kollegialer Erfahrung intensiv nachgedacht, wie oft Redewendungen tauchen. Hier altert nichts, sogar Papier ein Transformierendes erlebt.

Rahmen wir im Liter lobenden Buch ein Ruhekissen gerne. Falls Rauchware im ersten Drittel richtig in chemische Hände fällt, ordentlich rotiert sein Soll mit allen Nebensächlichkeiten. Liebevoll ehrlich sinniert eine tapfere Yellow Press oder gibt Rat allerhöchstens für identische Ereignisse. Von einer rätselhaften Leichtigkeit an gegeben holt er raumgreifend mutige Augen nach, neben sonnigem Charisma hinterher. Meine irisierend dichten Türen melden an ihn Neugewonnenes zurück. Zum Weinen einfach ist typischerweise auch unser Sieb; eben nicht direkt unbedarft, nicht doppelt verbunden, ist es robust. Über Banales erhalten Rehe aber regelmäßig bloß Erklärungen in Tälern, Ebenen, Tiergärten, Eiscafés. Nichts ermüdet uns angenehmer und für lange Abenteuer gefahrvoller Ersatz. Gute Losung an unserem Bau, trotzdem: ich habe mittels kollegialer Erfahrung intensiv nachgedacht, wie oft Redewendungen tauchen. Hier altert nichts, sogar Papier ein Transformierendes erlebt, rahmen wir im Liter lobenden Buch ein Ruhekissen gerne. Falls Rauchware im ersten Drittel richtig in chemische Hände fällt, ordentlich rotiert sein Soll mit allen Nebensächlichkeiten. Liebevoll ehrlich sinniert eine tapfere Yellow Press oder gibt Rat allerhöchstens für identische Ereignisse. Von einer rätselhaften Leichtigkeit an gegeben holt er raumgreifend mutige Augen nach, neben sonnigem Charisma hinterher. Meine irisierend dichten Türen melden an ihn Neugewonnenes zurück. Zum Weinen einfach ist typischerweise auch unser Sieb; eben nicht direkt unbedarft, nicht doppelt verbunden, ist es robust. Über Banales erhalten Rehe aber regelmäßig bloß Erklärungen in Tälern, Ebenen, Tiergärten, Eiscafés. Nichts ermüdet uns angenehmer und für lange Abenteuer gefahrvoller Ersatz. Gute Losung an unserem Bau, trotzdem: ich habe mittels kollegialer Erfahrung intensiv nachgedacht, wie oft Redewendungen tauchen. Hier altert nichts, sogar Papier ein Transformierendes erlebt, rahmen

6 Wenn mit Kopflinie gearbeitet wird, bleibt die Leerzeile über dem ohne Einzug gesetzten neuen Abschnitt erhalten. Auch ohne typografische oder umbruchtechnische Kunstgriffe bleibt so alles eindeutig.

7 Abschnittbeginn mit Kapitälchen
Kapitälchen am Beginn eines Abschnittes oder Kapitels werden oft als Schmuckelement mißverstanden, dabei dienen sie in erster Linie der Gliederung.

Um den Abschnitt eindeutig vom Absatz zu unterscheiden, beginnt er mit einigen Wörtern in Kapitälchen (mit oder ohne Versalien), dem jeweiligen Schriftcharakter entsprechend gesperrt.

Absatz innerhalb der Seite

Hier altert nichts, sogar Papier ein Transformierendes erlebt, rahmen wir im Liter lobenden Buch ein Ruhekissen gerne. Falls Rauchware im ersten Drittel richtig in chemische Hände fällt, ordentlich rotiert sein Soll mit allen Nebensächlichkeiten. Liebevoll ehrlich sinniert eine tapfere Yellow Press oder gibt Rat allerhöchstens für identische Ereignisse. Von einer rätselhaften Leichtigkeit an gegeben holt er raumgreifend mutige Augen nach, neben sonnigem Charisma hinterher. Meine irisierend dichten Türen melden an ihn Neugewonnenes zurück. Zum Weinen einfach ist typischerweise auch unser Sieb; eben nicht direkt unbedarft, nicht doppelt verbunden, ist es robust. Über Banales erhalten Rehe aber regelmäßig bloß Erklärungen in Tälern, Ebenen, Tiergärten, Eiscafés.

Nichts ermüdet uns angenehmer und für lange Abenteuer gefahrvoller Ersatz. Gute Losung an unserem Bau, trotzdem: ich habe mittels kollegialer Erfahrung intensiv nachgedacht, wie oft Redewendungen tauchen. Hier altert nichts, sogar Papier ein Transformierendes erlebt, rahmen wir im Liter lobenden Buch ein Ruhekissen gerne. Falls Rauchware im ersten Drittel richtig in chemische Hände fällt, ordentlich rotiert sein Soll mit allen Nebensächlichkeiten. Liebevoll ehrlich sinniert eine tapfere Yellow Press oder gibt Rat allerhöchstens für identische Ereignisse. Von einer rätselhaften Leichtigkeit an gegeben holt er raumgreifend mutige Augen nach, neben sonnigem Charisma hinterher. Meine irisierend dichten Türen melden an ihn Neugewonnenes zurück. Zum Weinen einfach ist typischerweise auch unser Sieb; eben nicht direkt unbedarft, nicht doppelt verbunden, ist es robust. Über Banales erhalten Rehe aber regelmäßig bloß Erklärungen in Tälern, Ebenen, Tiergärten, Eiscafés. Nichts ermüdet uns angenehmer und für lange Abenteuer gefahrvoller Ersatz. Gute Losung an unserem Bau, trotzdem: ich habe mittels kollegialer Erfahrung intensiv nachgedacht, wie oft Redewendungen tauchen. Hier altert nichts, sogar Papier ein Transformierendes erlebt, rahmen wir im Liter loben-

Abschnitt innerhalb der Seite

den Buch ein Ruhekissen gerne. Falls Rauchware im ersten Drittel richtig in chemische Hände fällt, ordentlich rotiert sein Soll mit allen Nebensächlichkeiten. Liebevoll ehrlich sinniert eine tapfere Yellow Press oder gibt Rat allerhöchstens für identische Ereignisse. Von einer rätselhaften Leichtigkeit an gegeben holt er raumgreifend mutige Augen nach, neben sonnigem Charisma hinterher. Meine irisierend dichten Türen melden an ihn Neugewonnenes zurück. Zum Weinen einfach ist typischerweise auch unser Sieb; eben nicht direkt unbedarft, nicht doppelt verbunden, ist es robust. Über Banales erhalten Rehe aber regelmäßig bloß Erklärungen in Tälern, Ebenen, Tiergärten, Eiscafés. Nichts ermüdet uns angenehmer und für lange Abenteuer gefahrvoller Ersatz. Gute Losung an unserem Bau, trotzdem: ich habe mittels kollegialer Erfahrung intensiv nachgedacht, wie oft Redewendungen tauchen. Hier altert nichts, sogar Papier ein Transformierendes erlebt, rahmen wir im Liter lobenden Buch ein Ruhekissen gerne. Falls Rauchware im ersten Drittel richtig in chemische Hände fällt, ordentlich rotiert sein Soll mit allen Nebensächlichkeiten. Liebevoll ehrlich sinniert eine tapfere Yellow Press oder gibt Rat allerhöchstens für identische Ereignisse.

VON EINER RÄTSELHAFTEN Leichtigkeit an gegeben holt er raumgreifend mutige Augen nach, neben sonnigem Charisma hinterher. Meine irisierend dichten Türen melden an ihn Neugewonnenes zurück. Zum Weinen einfach ist typischerweise auch unser Sieb; eben nicht direkt unbedarft, nicht doppelt verbunden, ist es robust. Über Banales erhalten Rehe aber regelmäßig bloß Erklärungen in Tälern, Ebenen, Tiergärten, Eiscafés. Nichts ermüdet uns angenehmer und für lange Abenteuer gefahrvoller Ersatz. Gute Losung an unserem Bau, trotzdem: ich habe mittels kollegialer Erfahrung intensiv nachgedacht, wie oft Redewendungen tauchen. Hier altert nichts, sogar Papier ein Transformierendes erlebt, rahmen wir im Liter lobenden Buch ein Ruhekissen

---

8 Initial als Kennzeichnung des Abschnittbeginns. Es könnte ebensogut ohne Einzug gesetzt sein.

Hier altert nichts, sogar Papier ein Transformierendes erlebt, rahmen wir im Liter lobenden Buch ein Ruhekissen gerne. Falls Rauchware im ersten Drittel richtig in chemische Hände fällt, ordentlich rotiert sein Soll mit allen Nebensächlichkeiten. Liebevoll ehrlich sinniert eine tapfere Yellow Press oder gibt Rat allerhöchstens für identische Ereignisse. Von einer rätselhaften Leichtigkeit an gegeben holt er raumgreifend mutige Augen nach, neben sonnigem Charisma hinterher. Meine irisierend dichten Türen melden an ihn Neugewonnenes zurück. Zum Weinen einfach ist typischerweise auch unser Sieb; eben nicht direkt unbedarft, nicht doppelt verbunden, ist es robust. Über Banales erhalten Rehe aber regelmäßig bloß Erklärungen in Tälern, Ebenen, Tiergärten, Eiscafés.

Nichts ermüdet uns angenehmer und für lange Abenteuer gefahrvoller Ersatz. Gute Losung an unserem Bau, trotzdem: ich habe mittels kollegialer Erfahrung intensiv nachgedacht, wie oft Redewendungen tauchen. Hier altert nichts, sogar Papier ein Transformierendes erlebt, rahmen wir im Liter lobenden Buch ein Ruhekissen gerne. Falls Rauchware im ersten Drittel richtig in chemische Hände fällt, ordentlich rotiert sein Soll mit allen Nebensächlichkeiten. Liebevoll ehrlich sinniert eine tapfere Yellow Press oder gibt Rat allerhöchstens für identische Ereignisse. Von einer rätselhaften Leichtigkeit an gegeben holt er raumgreifend mutige Augen nach, neben sonnigem Charisma hinterher. Meine irisierend dichten Türen melden an ihn Neugewonnenes zurück. Zum Weinen einfach ist typischerweise auch unser Sieb; eben nicht direkt unbedarft, nicht doppelt verbunden, ist es robust. Über Banales erhalten Rehe aber regelmäßig bloß Erklärungen in Tälern, Ebenen, Tiergärten, Eiscafés. Nichts ermüdet uns angenehmer und für lange Abenteuer gefahrvoller Ersatz. Gute Losung an unserem Bau, trotzdem: ich habe mittels kollegialer Erfahrung intensiv nachgedacht, wie oft Redewendungen tauchen. Hier altert nichts, sogar Papier ein Transformierendes erlebt, rahmen wir im Liter loben-

den Buch ein Ruhekissen gerne. Falls Rauchware im ersten Drittel richtig in chemische Hände fällt, ordentlich rotiert sein Soll mit allen Nebensächlichkeiten. Liebevoll ehrlich sinniert eine tapfere Yellow Press oder gibt Rat allerhöchstens für identische Ereignisse. Von einer rätselhaften Leichtigkeit an gegeben holt er raumgreifend mutige Augen nach, neben sonnigem Charisma hinterher. Meine irisierend dichten Türen melden an ihn Neugewonnenes zurück. Zum Weinen einfach ist typischerweise auch unser Sieb; eben nicht direkt unbedarft, nicht doppelt verbunden, ist es robust. Über Banales erhalten Rehe aber regelmäßig bloß Erklärungen in Tälern, Ebenen, Tiergärten, Eiscafés. Nichts ermüdet uns angenehmer und für lange Abenteuer gefahrvoller Ersatz. Gute Losung an unserem Bau, trotzdem: ich habe mittels kollegialer Erfahrung intensiv nachgedacht, wie oft Redewendungen tauchen. Hier altert nichts, sogar Papier ein Transformierendes erlebt, rahmen wir im Liter lobenden Buch ein Ruhekissen gerne. Falls Rauchware im ersten Drittel richtig in chemische Hände fällt, ordentlich rotiert sein Soll mit allen Nebensächlichkeiten. Liebevoll ehrlich sinniert eine tapfere Yellow Press oder gibt Rat allerhöchstens für identische Ereignisse.

Von einer rätselhaften Leichtigkeit an gegeben holt er raumgreifend mutige Augen nach, neben sonnigem Charisma hinterher. Meine irisierend dichten Türen melden an ihn Neugewonnenes zurück. Zum Weinen einfach ist typischerweise auch unser Sieb; eben nicht direkt unbedarft, nicht doppelt verbunden, ist es robust. Über Banales erhalten Rehe aber regelmäßig bloß Erklärungen in Tälern, Ebenen, Tiergärten, Eiscafés. Nichts ermüdet uns an genehmer und für lange Abenteuer gefahrvoller Ersatz. Gute Losung an unserem Bau, trotzdem: ich habe mittels kollegialer Erfahrung intensiv nachgedacht, wie oft Redewendungen tauchen. Hier altert nichts, sogar Papier ein Transformierendes erlebt, rahmen wir im Liter lobenden Buch ein Ruhekissen

---

9 Abschnittbeginn ausgerückt
Wenn genügend Platz vorhanden ist, können die ersten Zeilen eines Abschnittes auch ausgerückt werden.

Hier altert nichts, sogar Papier ein Transformierendes erlebt, rahmen wir im Liter lobenden Buch ein Ruhekissen gerne. Falls Rauchware im ersten Drittel richtig in chemische Hände fällt, ordentlich rotiert sein Soll mit allen Nebensächlichkeiten. Liebevoll ehrlich sinniert eine tapfere Yellow Press oder gibt Rat allerhöchstens für identische Ereignisse. Von einer rätselhaften Leichtigkeit an gegeben holt er raumgreifend mutige Augen nach, neben sonnigem Charisma hinterher. Meine irisierend dichten Türen melden an ihn Neugewonnenes zurück. Zum Weinen einfach ist typischerweise auch unser Sieb; eben nicht direkt unbedarft, nicht doppelt verbunden, ist es robust. Über Banales erhalten Rehe aber regelmäßig bloß Erklärungen in Tälern, Ebenen, Tiergärten, Eiscafés.

Nichts ermüdet uns angenehmer und für lange Abenteuer gefahrvoller Ersatz. Gute Losung an unserem Bau, trotzdem: ich habe mittels kollegialer Erfahrung intensiv nachgedacht, wie oft Redewendungen tauchen. Hier altert nichts, sogar Papier ein Transformierendes erlebt, rahmen wir im Liter lobenden Buch ein Ruhekissen gerne. Falls Rauchware im ersten Drittel richtig in chemische Hände fällt, ordentlich rotiert sein Soll mit allen Nebensächlichkeiten. Liebevoll ehrlich sinniert eine tapfere Yellow Press oder gibt Rat allerhöchstens für identische Ereignisse. Von einer rätselhaften Leichtigkeit an gegeben holt er raumgreifend mutige Augen nach, neben sonnigem Charisma hinterher. Meine irisierend dichten Türen melden an ihn Neugewonnenes zurück. Zum Weinen einfach ist typischerweise auch unser Sieb; eben nicht direkt unbedarft, nicht doppelt verbunden, ist es robust. Über Banales erhalten Rehe aber regelmäßig bloß Erklärungen in Tälern, Ebenen, Tiergärten, Eiscafés. Nichts ermüdet uns angenehmer und für lange Abenteuer gefahrvoller Ersatz. Gute Losung an unserem Bau, trotzdem: ich habe mittels kollegialer Erfahrung intensiv nachgedacht, wie oft Redewendungen tauchen. Hier altert nichts, sogar Papier ein Transformierendes erlebt, rahmen wir im Liter loben-

den Buch ein Ruhekissen gerne. Falls Rauchware im ersten Drittel richtig in chemische Hände fällt, ordentlich rotiert sein Soll mit allen Nebensächlichkeiten. Liebevoll ehrlich sinniert eine tapfere Yellow Press oder gibt Rat allerhöchstens für identische Ereignisse. Von einer rätselhaften Leichtigkeit an gegeben holt er raumgreifend mutige Augen nach, neben sonnigem Charisma hinterher. Meine irisierend dichten Türen melden an ihn Neugewonnenes zurück. Zum Weinen einfach ist typischerweise auch unser Sieb; eben nicht direkt unbedarft, nicht doppelt verbunden, ist es robust. Über Banales erhalten Rehe aber regelmäßig bloß Erklärungen in Tälern, Ebenen, Tiergärten, Eiscafés. Nichts ermüdet uns angenehmer und für lange Abenteuer gefahrvoller Ersatz. Gute Losung an unserem Bau, trotzdem: ich habe mittels kollegialer Erfahrung intensiv nachgedacht, wie oft Redewendungen tauchen. Hier altert nichts, sogar Papier ein Transformierendes erlebt, rahmen wir im Liter lobenden Buch ein Ruhekissen gerne. Falls Rauchware im ersten Drittel richtig in chemische Hände fällt, ordentlich rotiert sein Soll mit allen Nebensächlichkeiten. Liebevoll ehrlich sinniert eine tapfere Yellow Press oder gibt Rat allerhöchstens für identische Ereignisse.

Von einer rätselhaften Leichtigkeit an gegeben holt er raumgreifend mutige Augen nach, neben sonnigem Charisma hinterher. Meine irisierend dichten Türen melden an ihn Neugewonnenes zurück. Zum Weinen einfach ist typischerweise auch unser Sieb; eben nicht direkt unbedarft, nicht doppelt verbunden, ist es robust. Über Banales erhalten Rehe aber regelmäßig bloß Erklärungen in Tälern, Ebenen, Tiergärten, Eiscafés. Nichts ermüdet uns angenehmer und für lange Abenteuer gefahrvoller Ersatz. Gute Losung an unserem Bau, trotzdem: ich habe mittels kollegialer Erfahrung intensiv nachgedacht, wie oft Redewendungen tauchen. Hier altert nichts, sogar Papier ein Transformierendes erlebt, rahmen wir im Liter lobenden Buch ein Ruhekissen gerne. Falls Rauch-

Absatz auf neuer Seite

Hier altert nichts, sogar Papier ein Transformierendes erlebt, rahmen wir im Liter lobenden Buch ein Ruhekissen gerne. Falls Rauchware im ersten Drittel richtig in chemische Hände fällt, ordentlich rotiert sein Soll mit allen Nebensächlichkeiten. Liebevoll ehrlich sinniert eine tapfere Yellow Press oder gibt Rat allerhöchstens für identische Ereignisse. Von einer rätselhaften Leichtigkeit an gegeben holt er raumgreifend mutige Augen nach, neben sonnigem Charisma hinterher. Meine irisierend dichten Türen melden an ihn Neugewonnenes zurück. Zum Weinen einfach ist typischerweise auch unser Sieb; eben nicht direkt unbedarft, nicht doppelt verbunden, ist es robust. Über Banales erhalten Rehe aber regelmäßig bloß Erklärungen in Tälern, Ebenen, Tiergärten, Eiscafés. Nichts ermüdet uns angenehmer und für lange Abenteuer gefahrvoller Ersatz.

 Über Banales erhalten Rehe aber regelmäßig bloß Erklärungen in Tälern, Ebenen, Tiergärten, Eiscafés. Nichts ermüdet uns angenehmer und für lange Abenteuer gefahrvoller Ersatz. Gute Losung an unserem Bau, trotzdem: ich habe mittels kollegialer Erfahrung intensiv nachgedacht, wie oft Redewendungen tauchen. Hier altert nichts, sogar Papier ein Transformierendes erlebt, rahmen wir im Liter lobenden Buch ein Ruhekissen gerne.

Abschnitt auf neuer Seite

F‌ALLS RAUCHWARE IM ERSTEN Drittel richtig in chemische Hände fällt, ordentlich rotiert sein Soll mit allen Nebensächlichkeiten. Liebevoll ehrlich sinniert eine tapfere Yellow Press oder gibt Rat allerhöchstens für identische Ereignisse. Von einer rätselhaften Leichtigkeit an gegeben holt er raumgreifend mutige Augen nach, neben sonnigem Charisma hinterher. Meine irisierend dichten Türen melden an ihn Neugewonnenes zurück. Zum Weinen einfach ist typischerweise auch unser Sieb; eben nicht direkt unbedarft, nicht doppelt verbunden, ist es robust. Über Banales erhalten Rehe aber regelmäßig bloß Erklärungen in Tälern, Ebenen, Tiergärten, Eiscafés. Nichts ermüdet uns angenehmer und für lange Abenteuer gefahrvoller Ersatz. Gute Losung an unserem Bau, trotzdem: ich habe mittels kollegialer Erfahrung intensiv nachgedacht, wie oft Redewendungen tauchen. Hier altert nichts, sogar Papier ein Transformierendes erlebt, rahmen wir im Liter lobenden Buch ein Ruhekissen gerne. Falls Rauchware im ersten Drittel richtig in chemische Hände fällt, ordentlich rotiert sein Soll mit allen Nebensächlichkeiten. Liebevoll ehrlich

7 Auch wenn die letzte Zeile der vorigen Seite ganz gefüllt ist, ist klar, daß auf der neuen Seite ein neuer Abschnitt beginnt.

Wie viele Wörter (zwei, drei, oder gar die ganze erste Zeile) in Kapitälchen gesetzt werden, hängt von Wortlänge und Sinnzusammenhang ab. Das kann nicht schematisch als Anweisung gegeben werden, sondern muß von Fall zu Fall beim Auszeichnen des Manuskripts entschieden werden.

Hier altert nichts, sogar Papier ein Transformierendes erlebt, rahmen wir im Liter lobenden Buch ein Ruhekissen gerne. Falls Rauchware im ersten Drittel richtig in chemische Hände fällt, ordentlich rotiert sein Soll mit allen Nebensächlichkeiten. Liebevoll ehrlich sinniert eine tapfere Yellow Press oder gibt Rat allerhöchstens für identische Ereignisse. Von einer rätselhaften Leichtigkeit an gegeben holt er raumgreifend mutige Augen nach, neben sonnigem Charisma hinterher. Meine irisierend dichten Türen melden an ihn Neugewonnenes zurück. Zum Weinen einfach ist typischerweise auch unser Sieb; eben nicht direkt unbedarft, nicht doppelt verbunden, ist es robust. Über Banales erhalten Rehe aber regelmäßig bloß Erklärungen in Tälern, Ebenen, Tiergärten, Eiscafés. Nichts ermüdet uns angenehmer und für lange Abenteuer gefahrvoller Ersatz. Gute Losung an unserem Bau, trotzdem: ich habe mittels kollegialer Erfahrung intensiv nachgedacht, wie oft Redewendungen tauchen. Hier altert nichts, sogar Papier ein Transformierendes erlebt, rahmen wir im Liter lobenden Buch ein Ruhekissen gerne. Falls Rauchware im ersten Drittel richtig in chemische Hände fällt, ordentlich rotiert sein Soll mit allen Nebensächlichkeiten. Liebevoll ehrlich sinniert eine tapfere Yellow Press oder gibt Rat allerhöchstens für identische Ereignisse. Von einer rätselhaften Leichtigkeit an gegeben holt er raumgreifend mutige Augen nach, neben sonnigem Charisma hinterher. Meine irisierend dichten Türen melden an ihn Neugewonnenes zurück. Zum Weinen einfach ist typischerweise auch unser Sieb; eben nicht direkt unbedarft, nicht doppelt verbunden, ist es robust.

 Über Banales erhalten Rehe aber regelmäßig bloß Erklärungen in Tälern, Ebenen, Tiergärten, Eiscafés. Nichts ermüdet uns angenehmer und für lange Abenteuer gefahrvoller Ersatz. Gute Losung an unserem Bau, trotzdem: ich habe mittels kollegialer Erfahrung intensiv nachgedacht, wie oft Redewendungen tauchen. Hier altert nichts, sogar Papier ein Transformierendes erlebt, rahmen wir im Liter lobenden Buch ein Ruhekissen gerne.

F‌alls Rauchware im ersten Drittel richtig in chemische Hände fällt, ordentlich rotiert sein Soll mit allen Nebensächlichkeiten. Liebevoll ehrlich sinniert eine tapfere Yellow Press oder gibt Rat allerhöchstens für identische Ereignisse. Von einer rätselhaften Leichtigkeit an gegeben holt er raumgreifend mutige Augen nach, neben sonnigem Charisma hinterher. Meine irisierend dichten Türen melden an ihn Neugewonnenes zurück. Zum Weinen einfach ist typischerweise auch unser Sieb; eben nicht direkt unbedarft, nicht doppelt verbunden, ist es robust. Über Banales erhalten Rehe aber regelmäßig bloß Erklärungen in Tälern, Ebenen, Tiergärten, Eiscafés. Nichts ermüdet uns angenehmer und für lange Abenteuer gefahrvoller Ersatz. Gute Losung an unserem Bau, trotzdem: ich habe mittels kollegialer Erfahrung intensiv nachgedacht, wie oft Redewendungen tauchen. Hier altert nichts, sogar Papier ein Transformierendes erlebt, rahmen wir im Liter lobenden Buch ein Ruhekissen gerne. Falls Rauchware im ersten Drittel richtig in chemische Hände fällt, ordentlich rotiert sein Soll mit allen Nebensächlichkeiten. Liebevoll ehrlich sinniert eine tapfere Yellow Press oder gibt Rat allerhöchstens für identische Ereignisse. Von einer rätselhaften Leichtigkeit an gegeben holt er raumgreifend mutige Augen nach, neben sonnigem Charisma hinterher. Meine irisierend dichten Türen melden an ihn Neugewonnenes zurück. Zum Weinen einfach ist typischerweise auch unser Sieb; eben nicht direkt unbedarft, nicht doppelt verbunden, ist es robust. Über Banales erhalten Rehe aber regelmäßig bloß Erklärungen in Tälern, Ebenen, Tiergärten, Eiscafés. Nichts ermüdet uns angenehmer und für lange Abenteuer gefahrvoller Ersatz. Gute Losung an unserem Bau, trotzdem: ich habe mittels kollegialer Erfahrung intensiv nachgedacht, wie oft Redewendungen tauchen. Hier altert nichts, sogar Papier ein Transformierendes erlebt, rahmen wir im Liter lobenden Buch ein Ruhekissen gerne. Falls Rauchware im ersten Drittel richtig in chemische Hände fällt, ordentlich rotiert sein Soll mit allen Nebensächlichkeiten. Liebevoll ehrlich

8 Die Abschnitt-Initialen können in der Grundschrift oder in einer kontrastierenden Schrift, im Grundschriftgrad, zum Beispiel halbfett, größer, mit oder ohne Einzug gesetzt werden. Sie müssen deutlich sein, dürfen aber nicht dominieren und nicht den Eindruck von Kapitelinitialen erwecken (vgl. Seite 188/189).

Hier altert nichts, sogar Papier ein Transformierendes erlebt, rahmen wir im Liter lobenden Buch ein Ruhekissen gerne. Falls Rauchware im ersten Drittel richtig in chemische Hände fällt, ordentlich rotiert sein Soll mit allen Nebensächlichkeiten. Liebevoll ehrlich sinniert eine tapfere Yellow Press oder gibt Rat allerhöchstens für identische Ereignisse. Von einer rätselhaften Leichtigkeit an gegeben holt er raumgreifend mutige Augen nach, neben sonnigem Charisma hinterher. Meine irisierend dichten Türen melden an ihn Neugewonnenes zurück. Zum Weinen einfach ist typischerweise auch unser Sieb; eben nicht direkt unbedarft, nicht doppelt verbunden, ist es robust. Über Banales erhalten Rehe aber regelmäßig bloß Erklärungen in Tälern, Ebenen, Tiergärten, Eiscafés. Nichts ermüdet uns angenehmer und für lange Abenteuer gefahrvoller Ersatz.

 Gute Losung an unserem Bau, trotzdem: ich habe mittels kollegialer Erfahrung intensiv nachgedacht, wie oft Redewendungen tauchen. Hier altert nichts, sogar Papier ein Transformierendes erlebt, rahmen wir im Liter lobenden Buch ein Ruhekissen gerne. Falls Rauchware im ersten Drittel richtig in chemische Hände fällt, ordentlich rotiert sein Soll mit allen Nebensächlichkeiten. Liebevoll ehrlich sinniert eine tapfere Yellow Press oder gibt Rat allerhöchstens für identische Ereignisse. Von einer rätselhaften Leichtigkeit an gegeben holt er raumgreifend mutige Augen nach, neben sonnigem Charisma hinterher. Meine irisierend dichten Türen melden an ihn Neugewonnenes zurück. Zum Weinen einfach ist typischerweise auch unser Sieb; eben nicht direkt unbedarft, nicht doppelt verbunden, ist es robust.

 Über Banales erhalten Rehe aber regelmäßig bloß Erklärungen in Tälern, Ebenen, Tiergärten, Eiscafés. Nichts ermüdet uns angenehmer und für lange Abenteuer gefahrvoller Ersatz. Gute Losung an unserem Bau, trotzdem: ich habe mittels kollegialer Erfahrung intensiv nachgedacht, wie oft Redewendungen tauchen.

Hier altert nichts, sogar Papier ein Transformierendes erlebt, rahmen wir im Liter lobenden Buch ein Ruhekissen gerne. Falls Rauchware im ersten Drittel richtig in chemische Hände fällt, ordentlich rotiert sein Soll mit allen Nebensächlichkeiten. Liebevoll ehrlich sinniert eine tapfere Yellow Press oder gibt Rat allerhöchstens für identische Ereignisse. Von einer rätselhaften Leichtigkeit an gegeben holt er raumgreifend mutige Augen nach, neben sonnigem Charisma hinterher. Meine irisierend dichten Türen melden an ihn Neugewonnenes zurück. Zum Weinen einfach ist typischerweise auch unser Sieb; eben nicht direkt unbedarft, nicht doppelt verbunden, ist es robust. Über Banales erhalten Rehe aber regelmäßig bloß Erklärungen in Tälern, Ebenen, Tiergärten, Eiscafés. Nichts ermüdet uns angenehmer und für lange Abenteuer gefahrvoller Ersatz. Gute Losung an unserem Bau, trotzdem: ich habe mittels kollegialer Erfahrung intensiv nachgedacht, wie oft Redewendungen tauchen. Hier altert nichts, sogar Papier ein Transformierendes erlebt, rahmen wir im Liter lobenden Buch ein Ruhekissen gerne. Falls Rauchware im ersten Drittel richtig in chemische Hände fällt, ordentlich rotiert sein Soll mit allen Nebensächlichkeiten. Liebevoll ehrlich sinniert eine tapfere Yellow Press oder gibt Rat allerhöchstens für identische Ereignisse. Von einer rätselhaften Leichtigkeit an gegeben holt er raumgreifend mutige Augen nach, neben sonnigem Charisma hinterher. Meine irisierend dichten Türen melden an ihn Neugewonnenes zurück. Zum Weinen einfach ist typischerweise auch unser Sieb; eben nicht direkt unbedarft, nicht doppelt verbunden, ist es robust. Über Banales erhalten Rehe aber regelmäßig bloß Erklärungen in Tälern, Ebenen, Tiergärten, Eiscafés. Nichts ermüdet uns angenehmer und für lange Abenteuer gefahrvoller Ersatz. Gute Losung an unserem Bau, trotzdem: ich habe mittels kollegialer Erfahrung intensiv nachgedacht, wie oft Redewendungen tauchen. Hier altert nichts, sogar Papier ein Transformierendes erlebt, rahmen wir im Liter lobenden Buch ein Ruhekissen gerne. Falls Rauchware im ersten Drittel richtig in

9 Auch bei diesem Verfahren ist der Unterschied von Absatz und Abschnitt immer sichtbar.

Weitere Möglichkeiten, Absätze zu kennzeichnen
Die Beispiele dieser Doppelseite entsprechen nicht der Konvention, können aber ebensogut funktionieren wie die unter Umständen üblichen linksbündigen Ausgangszeilen mit nachfolgendem Einzug.

Ausrücken statt Einziehen
Statt die erste Zeile eines neuen Absatzes einzuziehen, kann man sie ausrücken. Dieser »hängende Einzug« ist nur sinnvoll, wenn nicht am Platz gespart werden muß. Bei kurzen Wörtern droht Absturzgefahr.

Ausgangszeile nach rechts gerückt
Das ergibt ein so ungewohntes Satzbild, daß das Beispiel hier mehr der Vollständigkeit wegen steht. Der Absatzbeginn wird – außer bei langen Ausgangszeilen – stärker betont als nach dem Geviert-Einzug.

Der »Reißverschluß-Einzug«
Der neue Absatz beginnt mit der neuen Zeile, die direkt im Anschluß unter der Ausgangszeile steht. Ist die Ausgangszeile voll oder fast voll, beginnt die neue Zeile mit einem Einzug (vgl. Seite 19).

Einzug, Absatz und Abschnitt Gliedern und Auszeichnen 131

Weiße Binnenfläche statt neuer Zeile
Statt der neuen Zeile ist vor dem neuen Absatz ein größerer Abstand eingefügt. Dieser ist immer gleich groß, außer am Zeilenende, wenn kein Wort mehr in die Zeile paßt. Ist die Ausgangszeile voll, beginnt die neue Zeile mit einem Einzug in Größe der Binnenfläche; ist die vorherige Ausgangszeile nicht voll, beginnt der neue Absatz stumpf.

Hier altert nichts, sogar Papier ein Transformierendes erlebt, rahmen wir im Liter lobenden Buch ein Ruhekissen gerne. Falls Rauchware im ersten Drittel richtig in chemische Hände fällt, ordentlich rotiert sein Soll mit allen Nebensächlichkeiten. Liebevoll ehrlich sinniert eine tapfere Yellow Press oder gibt Rat allerhöchstens für identische Ereignisse. Von einer rätselhaften Leichtigkeit an gegeben holt er raumgreifend mutige Augen nach, neben sonnigem Charisma hinterher. Meine irisierend dichten Türen melden an ihn.

Neugewonnenes zurück. Zum Weinen einfach ist typischerweise auch unser Sieb; eben nicht direkt unbedarft, nicht doppelt verbunden, ist es robust. Über Banales erhalten Rehe aber regelmäßig bloß Erklärungen in Tälern, Ebenen, Tiergärten, Eiscafés. Nichts ermüdet uns angenehmer und für lange Abenteuer gefahrvoller Ersatz. Gute Losung an unserem Bau, trotzdem: ich habe mittels kollegialer Erfahrung intensiv nachgedacht, wie oft Redewendungen tauchen.

Hier altert nichts, sogar Papier ein Transformierendes erlebt, rahmen wir im Liter lobenden Buch ein Ruhekissen gerne. Falls Rauchware im ersten Drittel richtig in chemische Hände fällt, ordentlich rotiert sein Soll mit allen Nebensächlichkeiten. Liebevoll ehrlich sinniert eine tapfere Yellow Press oder gibt Rat allerhöchstens für identische Ereignisse. Von einer rätselhaften Leichtigkeit an gegeben holt er raumgreifend mutige Augen nach, neben sonnigem Charisma hinterher.

Meine irisierend dichten Türen melden an ihn Neugewonnenes zurück. Zum Weinen einfach ist typischerweise auch unser Sieb; eben nicht direkt unbedarft, nicht doppelt verbunden, ist es robust. Über Banales erhalten Rehe aber regelmäßig bloß Erklärungen in Tälern, Ebenen, Tiergärten, Eiscafés. Nichts ermüdet uns angenehmer und für lange Abenteuer gefahrvoller Ersatz. Gute Losung an unserem Bau, trotzdem: ich habe mittels kollegialer Erfahrung intensiv nachgedacht, wie oft Redewendungen tauchen. Hier altert nichts, sogar Papier ein Transformierendes erlebt, rahmen wir im Liter lobenden Buch ein Ruhekissen gerne. Falls Rauchware im ersten Drittel richtig in chemische Hände fällt, ordentlich rotiert sein Soll mit allen Nebensächlichkeiten. Liebevoll ehrlich sinniert eine tapfere Yellow Press oder gibt Rat allerhöchstens für identische Ereignisse.

Von einer rätselhaften Leichtigkeit an gegeben holt er raumgreifend mutige Augen nach, neben sonnigem Charisma hinterher. Meine irisierend dichten Türen melden an ihn Neugewonnenes zurück. Zum Weinen einfach ist typischerweise auch unser Sieb; eben nicht direkt unbedarft, nicht doppelt verbunden, ist es robust. Über Banales erhalten Rehe aber regelmäßig bloß Erklärungen in Tälern, Ebenen, Tiergärten, Eiscafés. Nichts ermüdet uns an genehmer und für lange Abenteuer gefahrvoller Ersatz. Gute Losung an unserem Bau, trotzdem: ich habe mittels kollegialer Erfahrung intensiv nachgedacht, wie oft Redewendungen tauchen. Hier altert nichts, sogar Papier ein Transformierendes erlebt, rahmen wir im Liter lobenden Buch ein Ruhekissen gerne. Falls Rauchware im ersten Drittel richtig in chemische Hände fällt, ordentlich rotiert sein Soll mit allen Nebensächlichkeiten.

Liebevoll ehrlich sinniert eine tapfere Yellow Press oder gibt Rat allerhöchstens für identische Ereignisse. Von einer rätselhaften Leichtigkeit an gegeben holt er raumgreifend mutige Augen nach, neben sonnigem Charisma hinterher. Meine irisierend dichten Türen melden an ihn Neugewonnenes zurück. Zum Weinen einfach ist typischerweise auch unser Sieb; eben nicht direkt unbedarft, nicht doppelt verbunden, ist es robust.

Über Banales erhalten Rehe aber regelmäßig bloß Erklärungen in Tälern, Ebenen, Tiergärten, Eiscafés. Nichts ermüdet uns angenehmer und für lange Abenteuer gefahrvoller Ersatz. Gute Losung an unserem Bau, trotzdem: ich habe mittels kollegialer Erfahrung intensiv nachgedacht, wie oft Redewendungen tauchen. Hier altert nichts, sogar Papier ein Transformierendes erlebt, rahmen wir im Liter lobenden Buch ein Ruhekissen gerne. Falls Rauchware im ersten Drittel richtig in chemische Hände fällt, ordentlich rotiert sein Soll mit allen Nebensächlich-

---

Initial statt neuer Zeile
Der neue Absatz ist durch ein halbfettes oder fettes Initial im Grundschriftgrad gekennzeichnet; es kann in der Grundschrift oder in einer anderen Schrift gesetzt werden.

Hier altert nichts, sogar Papier ein Transformierendes erlebt, rahmen wir im Liter lobenden Buch ein Ruhekissen gerne. Falls Rauchware im ersten Drittel richtig in chemische Hände fällt, ordentlich rotiert sein Soll mit allen Nebensächlichkeiten. Liebevoll ehrlich sinniert eine tapfere Yellow Press oder gibt Rat allerhöchstens für identische Ereignisse. **V**on einer rätselhaften Leichtigkeit an gegeben holt er raumgreifend mutige Augen nach, neben sonnigem Charisma hinterher. Meine irisierend dichten Türen melden an ihn Neugewonnenes zurück. Zum Weinen einfach ist typischerweise auch unser Sieb; eben nicht direkt unbedarft, nicht doppelt verbunden, ist es robust. **Ü**ber Banales erhalten Rehe aber regelmäßig bloß Erklärungen in Tälern, Ebenen, Tiergärten, Eiscafés. Nichts ermüdet uns angenehmer und für lange Abenteuer gefahrvoller Ersatz. Gute Losung an unserem Bau, trotzdem: ich habe mittels kollegialer Erfahrung intensiv nachgedacht, wie oft Redewendungen tauchen. Hier altert nichts, sogar Papier ein Transformierendes erlebt, rahmen wir im Liter lobenden Buch ein Ruhekissen gerne. Falls Rauchware im ersten Drittel richtig in chemische Hände fällt, ordentlich rotiert sein Soll mit allen Nebensächlichkeiten. **L**iebevoll ehrlich sinniert eine tapfere Yellow Press oder gibt Rat allerhöchstens für identische Ereignisse. Von einer rätselhaften Leichtigkeit an gegeben holt er raumgreifend mutige Augen nach, neben sonnigem Charisma hinterher. Meine irisierend dichten Türen melden an ihn Neugewonnenes zurück. Zum Weinen einfach ist typischerweise auch unser Sieb; eben nicht direkt unbedarft, nicht doppelt verbunden, ist es robust. Über Banales erhalten Rehe aber regelmäßig bloß Erklärungen in Tälern, Ebenen, Tiergärten, Eiscafés. Nichts ermüdet uns angenehmer und für lange Abenteuer gefahrvoller Ersatz. Gute Losung an unserem Bau, trotzdem: ich habe mittels kollegialer Erfahrung intensiv nachgedacht, wie oft Redewendungen tauchen. **H**ier altert nichts, sogar Papier ein Transformierendes erlebt, rahmen wir im Liter lobenden Buch ein Ruhekissen gerne. Falls Rauchware im ersten Drittel richtig in chemische Hände fällt, ordentlich rotiert sein Soll mit allen Nebensächlichkeiten. Liebevoll ehrlich sinniert eine tapfere Yellow Press oder gibt Rat allerhöchstens für identische Ereignisse. Von einer rätselhaften Leichtigkeit an gegeben holt er raumgreifend mutige Augen nach, neben sonnigem Charisma hinterher. Meine irisierend dichten Türen melden an ihn Neugewonnenes zurück. **Z**um Weinen einfach ist typischerweise auch unser Sieb; eben nicht direkt unbedarft, nicht doppelt verbunden, ist es robust. Über Banales erhalten Rehe aber regelmäßig bloß Erklärungen in Tälern, Ebenen, Tiergärten, Eiscafés. Nichts ermüdet uns angenehmer und für lange Abenteuer gefahrvoller Ersatz. Gute Losung an unserem Bau, trotzdem. **I**ch habe mittels kollegialer Erfahrung intensiv nachgedacht, wie oft Redewendungen tauchen. Hier altert nichts, sogar Papier ein Transformierendes erlebt, rahmen wir im Liter lobenden Buch ein Ruhekissen gerne. Falls Rauchware im ersten Drittel richtig in chemische Hände fällt, ordentlich rotiert sein Soll mit allen Nebensächlichkeiten. Liebevoll ehrlich sinniert eine tapfere Yellow Press oder gibt Rat allerhöchstens für identische Ereignisse. Von einer rätselhaften Leichtigkeit an gegeben holt er raumgreifend mutige Augen nach, neben sonnigem Charisma hinterher. **M**eine irisierend dichten Türen melden an ihn Neugewonnenes zurück. Zum Weinen einfach ist typischerweise auch unser Sieb; eben nicht direkt unbedarft, nicht doppelt verbunden, ist es robust. Über Banales erhalten Rehe aber regelmäßig bloß Erklärungen in Tälern, Ebenen, Tiergärten, Eiscafés. Nichts ermüdet uns angenehmer und für lange Abenteuer gefahrvoller Ersatz. Gute Losung an unserem Bau, trotzdem: ich habe mittels kollegialer Erfahrung intensiv nachgedacht, wie oft Redewendungen tauchen. Hier altert nichts, sogar Papier ein Transformierendes erlebt, rahmen wir im Liter lobenden Buch ein Ruhekissen gerne. Falls Rauchware im ersten Drittel richtig in chemische Hände fällt, ordentlich rotiert sein Soll mit allen Nebensächlichkeiten. Liebevoll ehrlich sinniert eine tapfere Yellow Press oder

---

Kombination von weißer Fläche und Initial
Auf diese Weise wird die Akzentuierung des Absatzbeginns verstärkt.

Hier altert nichts, sogar Papier ein Transformierendes erlebt, rahmen wir im Liter lobenden Buch ein Ruhekissen gerne. Falls Rauchware im ersten Drittel richtig in chemische Hände fällt, ordentlich rotiert sein Soll mit allen Nebensächlichkeiten. Liebevoll ehrlich sinniert eine tapfere Yellow Press oder gibt Rat allerhöchstens für identische Ereignisse.

Von einer rätselhaften Leichtigkeit an gegeben holt er raumgreifend mutige Augen nach, neben sonnigem Charisma hinterher. Meine irisierend dichten Türen melden an ihn Neugewonnenes zurück. Zum Weinen einfach ist typischerweise auch unser Sieb; eben nicht direkt unbedarft, nicht doppelt verbunden, ist es einmal robust.

Über Banales erhalten Rehe aber regelmäßig bloß Erklärungen in Tälern, Ebenen, Tiergärten, Eiscafés. Nichts ermüdet uns angenehmer und für lange Abenteuer gefahrvoller Ersatz. Gute Losung an unserem Bau, trotzdem: ich habe mittels kollegialer Erfahrung intensiv nachgedacht, wie oft Redewendungen tauchen. Hier altert nichts, sogar Papier ein Transformierendes erlebt, rahmen wir im Liter lobenden Buch ein Ruhekissen gerne. Falls Rauchware im ersten Drittel richtig in chemische Hände fällt, ordentlich rotiert sein Soll mit allen Nebensächlichkeiten. Liebevoll ehrlich sinniert eine tapfere Yellow Press oder gibt Rat allerhöchstens für identische Ereignisse. Von einer rätselhaften Leichtigkeit an gegeben holt er raumgreifend mutige Augen nach, neben sonnigem Charisma hinterher. Meine irisierend dichten Türen melden an ihn Neugewonnenes zurück. Zum Weinen einfach ist typischerweise auch unser Sieb; eben nicht direkt unbedarft, nicht doppelt verbunden, ist es robust. Über Banales erhalten Rehe aber regelmäßig bloß Erklärungen in Tälern, Ebenen, Tiergärten, Eiscafés. Nichts ermüdet uns angenehmer und für lange Abenteuer gefahrvoller Ersatz.

Gute Losung an unserem Bau, trotzdem: ich habe mittels kollegialer Erfahrung intensiv nachgedacht, wie oft Redewendungen tauchen. Hier altert nichts, sogar Papier ein Transformierendes erlebt, rahmen wir im Liter lobenden Buch ein Ruhekissen gerne. Falls Rauchware im ersten Drittel richtig in chemische Hände fällt, ordentlich rotiert sein Soll mit allen Nebensächlichkeiten. Liebevoll ehrlich sinniert eine tapfere Yellow Press oder gibt Rat allerhöchstens für identische Ereignisse.

Von einer rätselhaften Leichtigkeit an gegeben holt er raumgreifend mutige Augen nach, neben sonnigem Charisma hinterher. Meine irisierend dichten Türen melden an ihn Neugewonnenes zurück. Zum Weinen einfach ist typischerweise auch unser Sieb; eben nicht direkt unbedarft, nicht doppelt verbunden, ist es robust. Über Banales erhalten Rehe aber regelmäßig bloß Erklärungen in Tälern, Ebenen, Tiergärten, Eiscafés. Nichts ermüdet uns angenehmer und für lange Abenteuer gefahrvoller Ersatz. Gute Losung an.

Losung an unserem Bau, trotzdem: ich habe mittels kollegialer Erfahrung intensiv nachgedacht, wie oft Redewendungen tauchen. Hier altert nichts, sogar Papier ein Transformierendes erlebt, rahmen wir im Liter lobenden Buch ein Ruhekissen gerne. Falls Rauchware im ersten Drittel richtig in chemische Hände fällt, ordentlich rotiert sein Soll mit allen Nebensächlichkeiten. Liebevoll ehrlich sinniert eine tapfere Yellow Press oder gibt Rat allerhöchstens für identische Ereignisse. Von einer rätselhaften Leichtigkeit an gegeben holt er raumgreifend mutige Augen nach, neben sonnigem Charisma hinterher. Meine irisierend dichten Türen melden an ihn Neugewonnenes zurück. Zum Weinen einfach ist typischerweise auch unser Sieb; eben nicht direkt unbedarft, nicht doppelt verbunden, ist es robust. Über Banales erhalten Rehe aber regelmäßig bloß Erklärungen in Tälern.

Ebenen, Tiergärten, Eiscafés. Nichts ermüdet uns angenehmer und für lange Abenteuer gefahrvoller Ersatz. Gute Losung an unserem Bau, trotzdem: ich habe mittels kollegialer Erfahrung intensiv nachgedacht, wie oft Redewendungen tauchen. Hier altert nichts, sogar Papier ein Transformierendes erlebt, rahmen wir im Liter lobenden Buch ein Ruhekissen gerne. Falls Rauchware im ersten Drittel richtig innen chemische Hände fällt, ordentlich rotiert sein Soll mit allen

Bei den drei Beispielen dieser Seite wird die Außenform der Kolumne fester, die Binnenstruktur reicher als bei der normalen Kolumne.

Integrierte und aktive Auszeichnungen

Hervorhebungen im Text dienen verschiedenen Zwecken: von der leichten Betonung in belletristischen Texten, über die detaillierte Differenzierung bei der Wissenschaft, die »laute« Betonung, etwa eines zentralen Begriffes, bis zur Trennung unterschiedlicher Textebenen, zum Beispiel bei didaktischen Büchern.

Grundsätzlich gibt es zwei verschiedene Arten typografischer Auszeichnungen innerhalb des Textes:

Auszeichnungen, die der Leser erst bemerkt, wenn er beim Lesen an die entsprechende Stelle kommt, sind **integrierte** Auszeichnungen.

Auszeichnungen, die man auf den ersten Blick sieht, sind **aktive** Auszeichnungen.

Die Kursive und Kapitälchen fügen sich in den Grauwert der Umgebung ein. Sie sind **integrierte** Auszeichnungen.

Halbfette Schrift und Unterstreichungen springen ins Auge. Sie sind **aktive** Auszeichnungen.

Die flüchtige **Kursive** (von lat. currere, laufen) wird bei Texten für lineares Lesen, insbesondere bei der Belletristik, für Hervorhebungen im Text eingesetzt, die »wie gesprochen« vorstellbar sind: Ausrufe, **leichte Betonungen**, auch Namen und Begriffe, die sich etwas vom Umfeld abheben sollen. Ferner für zitierte Worte oder ganze Sätze. Die Kursive ist bei den meisten Schriften etwas langsamer zu lesen als die geradestehende Antiqua.

Die statischen **Kapitälchen** werden für Hervorhebungen im Text eingesetzt, die es festzuhalten gilt. Für **Eigennamen** und Begriffe, für Schiffsnamen oder Bauwerke, und, über mehrere Zeilen hinweg, zur Wiedergabe von Inschriften und ähnlichem.

Kapitälchen, die an die Stelle von Gemeinen treten, werden wie diese mit Versalien gesetzt. Kapitälchen erfordern deutlich größere Aufmerksamkeit.

Hier altert nichts, sogar Papier ein Transformierendes erlebt, rahmen wir im Liter lobenden Buch ein Ruhekissen gerne. Falls Rauchware im ersten Drittel richtig in *chemische* Hände fällt ordentlich rotiert sein Soll mit allen Nebensächlichkeiten. Liebevoll ehrlich sinniert eine tapfere YELLOW PRESS oder gibt Rat allerhöchstens für identische Ereignisse. Von einer rätselhaften Leichtigkeit an gegeben holt einer raumgreifend mutige

Meine irisierend dichten Türen melden an ihn Neugewonnenes zurück. Zum Weinen einfach ist typischerweise auch unser Sieb; eben nicht direkt unbedarft, nicht **doppelt verbunden**, ist es robust. Über Banales erhalten Rehe aber regelmäßig bloße Erklärungen in Tälern, Ebenen, Tiergärten, <u>Eiscafés</u>. Nachts ermüdet uns angenehmer und für lange Abenteuer gefahrvoller Ersatz. Gute Losung an unserem Bau trotzdem ich habe

Hier altert nichts, sogar Papier ein Transformierendes erlebt, rahmen wir im Liter *lobenden* Buch ein Ruhekissen gerne. Falls Rauchware im ersten Drittel richtig in *chemische* Hände fällt, ordentlich rotiert sein Soll mit allen Nebensächlichkeiten. Liebevoll ehrlich sinniert eine tapfere Yellow Press oder gibt Rat allerhöchstens für identische Ereignisse. Von einer rätselhaften Leichtigkeit an gegeben holt er raumgreifend mutige Augen nach, neben sonnigem *Charisma* hinterher. Meine irisierend dichten Türen melden an ihn Neugewonnenes zurück. *Zum Weinen einfach ist typischerweise auch unser Sieb; eben nicht direkt unbedarft, nicht doppelt verbunden, ist es robust. Über Banales erhalten Rehe aber*

Hier altert nichts, sogar Papier ein Transformierendes erlebt, rahmen wir im Liter lobenden Buch ein Ruhekissen gerne falls FRIEDRICH SCHILLER Rauchware im ersten Drittel richtig in chemische Hände fällt, ordentlich rotiert sein Soll mit allen Nebensächlichkeiten. Liebevoll ehrlich sinniert eine tapfere Yellow Press oder gibt Rat allerhöchstens für identische Ereignisse. Von einer rätselhaften Leichtigkeit an gegeben holt er raumgreifend mutige Augen nach, neben sonnigem CHARISMA hinterher. Meine irisierend dichten Türen melden an ihn neugewonnen zurück. ZUM WEINEN EINFACH IST TYPISCHERWEISE AUCH UNSER SIEB; EBEN NICHT DIREKT UNBEDARFT, NICHT

Integrierte Auszeichnungen

Die **Kursive** ist die typische Schrift für integrierte Auszeichnung. Doch kursiv ist nicht gleich kursiv.

Historisch ist die Kursive eine selbständige Schrift mit eigener Formgeschichte und eigenem Formkanon. Später wurde eine zunehmend stärkere formale Angleichung zum Schriftbild der geradestehenden Antiqua angestrebt. Ursprünglich lief die Kursive erheblich enger als die Antiqua; für die Linotypetechnik (Antiqua und Kursive auf eine Matrizenbreite) wurde die Buchstabenbreite und die Laufweite der Geraden angeglichen, im Fotosatz wurde das zum Teil revidiert.

Manchmal wird sogar die geradestehende Schrift elektronisch schräggelegt. Elektronische Schräglegung (»Verschiefung«) ist nicht zu vertreten.

Bei der Schriftwahl für ein Werk mit vielen integrierten Auszeichnungen muß die Wirkung der jeweiligen Kursiven genau erprobt werden.

Kapitälchen haben das Bild von Versalien in der Größe von Kleinbuchstaben. Bei sorgsam durchgearbeiteten Schriften sind sie minimal höher als die Gemeinen.

Kapitälchen müssen bei fast allen Schriften etwas gesperrt werden. Die Elektronik macht es möglich, auf Knopfdruck Versalien auf Kapitälchengröße zu verkleinern. Das ergibt aber keine Kapitälchen, sondern kranke, dürre Buchstaben, die in ihrer typografischen Umgebung durchfallen (vgl. Seite 83).

Die Kursive der Walbaum paßt sich in Charakter und Grauwert der Antiqua in hohem Maße an, ohne ihre Eigenart aufzugeben.

Die Kursive der Bembo läßt ihre Herkunft vom Schreiben deutlich erkennen, dennoch fügt sie sich unauffällig in die geradestehende Umgebung.

Die fast aufrechte, sehr eng laufende Kursive der Joanna hat das ursprüngliche Eigenleben der Kursiven behalten.

Die Kursive der Helvetica ist keine echte Kursive, sondern als schräggestellte Aufrechte konzipiert.

Die Kursive der Quay Sans erhält die typischen Kursiv-Merkmale auch bei einer serifenlosen Schrift.

Die Bembo-Kapitälchen fügen sich ohne Störung in die Umgebung ein.

Zu manchen Schriften gibt es auch kursive Kapitälchen, hier die Janson.

Heute gibt es erfreulicherweise eine Reihe serifenloser Schriften mit Kapitälchen, hier die DTL Documenta Sans.

Hier altert nichts, sogar Papier ein Transformierendes erlebt, rahmen wir im Liter lobenden Buch ein Ruhekissen gerne. Falls Rauchware *im ersten Drittel* richtig in chemische Hände fällt, ordentlich rotiert seines Soll mit allen Nebensächlichkeiten. Liebevoll

Hier altert nichts, sogar Papier ein Transformierendes erlebt, rahmen wir im Liter lobenden Buch ein Ruhekissen gerne. Falls Rauchware *im ersten Drittel* richtig in chemische Hände fällt, ordentlich rotiert seines Soll mit allen Nebensächlichkeiten. Liebevoll ehrlich sind

Hier altert nichts, sogar Papier ein Transformierendes erlebt, rahmen wir im Liter lobenden Buch ein Ruhekissen gerne. Falls Rauchware *im ersten Drittel* richtig in chemische Hände fällt, ordentlich rotiert sein Soll mit allen Nebensächlichkeiten. Liebevoll ehrlich sinniert

Hier altert nichts, sogar Papier ein Transformierendes erlebt, rahmen wir im Liter lobenden Buch ein Ruhekissen gerne. Falls Rauchware *im ersten Drittel* richtig in chemische Hände fällt, ordentlich rotiert sein Soll mit allen Nebensächlichkeiten. Liebevoll ehrlich sind

Hier altert nichts, sogar Papier ein Transformierendes erlebt, rahmen wir im Liter lobenden Buch ein Ruhekissen gerne. Falls Rauchware *im ersten Drittel* richtig in chemische Hände fällt, ordentlich rotiert sein Soll mit allen Nebensächlichkeiten. Liebevoll ehrlich sinniert eine tapfere

Hier altert nichts, sogar Papier ein Transformierendes erlebt, rahmen wir im Liter lobenden Buch ein Ruhekissen gerne. Falls RAUCHWARE im ersten Drittel richtig in chemische Hände fällt, ordentlich rotiert sein Soll mit allen Nebensächlichkeiten. Liebevoll ehrlich sind

Hier altert nichts, sogar Papier ein Transformierendes erlebt, rahmen wir im Liter lobenden Buch ein Ruhekissen gerne. Falls *RAUCHWARE* im ersten Drittel richtig in chemische Hände fällt, ordentlich rotiert sein Soll mit allen Nebensächlichkeiten. Liebevoll ehrlich sind es

Hier altert nichts, sogar Papier ein Transformierendes erlebt, rahmen wir im Liter lobenden Buch ein Ruhekissen gerne. Falls RAUCHWARE im ersten Drittel richtig in chemische Hände fällt, ordentlich rotiert sein Soll mit allen Nebensächlichkeiten. Liebevoll ehrlich sind so

Aktive Auszeichnungen

Die **aktiven Auszeichnungen** beschränken sich nicht auf die halbfette oder fette Grundschrift. Bei den heutigen, reich ausgebauten Schriftfamilien gibt es zahlreiche Möglichkeiten zur typografischen Betonung, auch ohne schriftfremde Hilfsmittel.

Auf die Darstellung der zusätzlichen Erweiterungsmöglichkeiten durch elektronische Verzerrung aller Art wurde bewußt verzichtet. Durch das Angebot großer, in allen Gliedern durchgearbeiteter Schriftfamilien kann man in fast allen Fällen auf dieses aus typografischer Sicht fragwürdige Mittel verzichten.

Die Auszeichnungsbeispiele dieser und der folgenden Seiten sollen nicht der unreflektierten Selbstbedienung dienen, sondern zur gründlichen Überlegung anregen, was in welchem Fall paßt. Die »unterpunktete Schmalhalbfettversalkursive« wird kaum zur Lyrik des 18. Jahrhunderts, vielleicht aber zum Handbuch für Party-Köche passen.

Aktive Auszeichnung durch die Fette (DTL Documenta).

Hier altert nichts, sogar Papier ein Transformierendes erlebt, rahmen wir im Liter lobenden Buch ein Ruhekissen gerne. Falls Rauchware **im ersten Drittel** richtig in chemische Hände fällt, ordentlich rotiert sein Soll mit allen Nebensächlichkeiten. Liebevoll ehrlich sind

Normale Grundschrift mit Auszeichnung durch eine Fette (Today).

Hier altert nichts, sogar Papier ein Transformierendes erlebt, rahmen wir im Liter lobenden Buch ein Ruhekissen gerne. Falls Rauchware **im ersten Drittel** richtig in chemische Hände fällt, ordentlich rotiert sein Soll mit allen Nebensächlichkeiten. Liebevoll ehrlich sinniert

Aktive Auszeichnung durch die Verbindung von leichter und halbfetter Schrift (Corporate S).

Hier altert nichts, sogar Papier ein Transformierendes erlebt, rahmen wir im Liter lobenden Buch ein Ruhekissen gerne. Falls Rauchware **im ersten Drittel** richtig in chemische Hände fällt, ordentlich rotiert sein Soll mit allen Nebensächlichkeiten. Liebevoll ehrlich sinniert einem so

Verstärkung durch eine weitere Auszeichnungs-Stufe: halbfett und kursiv (Bembo).

Hier altert nichts, sogar Papier ein Transformierendes erlebt, rahmen wir im Liter lobenden Buch ein Ruhekissen gerne. Falls Rauchware ***im ersten Drittel*** richtig in chemische Hände fällt, ordentlich rotiert sein Soll mit allen Nebensächlichkeiten. Liebevoll ehrlich sind

Auszeichnung durch kursive Versalien (DTL Documenta).

Hier altert nichts, sogar Papier ein Transformierendes erlebt, rahmen wir im Liter lobenden Buch ein Ruhe gerne. Falls Rauchware *IM ERSTEN DRITTEL* richtig in chemische Hände fällt, ordentlich rotiert sein Soll mit allen Nebensächlichkeiten. Liebevoll ehrlich sinniert

Auszeichnung durch halbfette Versalien (DTL Documenta).

Hier altert nichts, sogar Papier ein Transformierendes erlebt, rahmen wir im Liter loben Buch ein Ruhe gerne. Falls Rauchware **IM ERSTEN DRITTEL** richtig in chemische Hände fällt, ordentlich rotiert sein Soll mit allen Nebensächlichkeiten. Liebevoll ehrlich sinniert

Extremer Kontrast innerhalb der Schriftfamilie: Auszeichnung durch die Schmalhalbfette (Rockwell).

Hier altert nichts, sogar Papier ein Transformierendes erlebt, rahmen wir im Liter lobenden Buch ein Ruhekissen gerne. Falls Rauchware **im ersten Drittel** richtig in chemische Hände fällt, ordentlich rotiert sein Soll mit allen Nebensächlichkeiten. Liebevoll ehrlich sind

»Negative« aktive Auszeichnung durch eine leichte Schrift im kräftigen Umfeld (Corporate A).

Hier altert nichts, sogar Papier ein Transformierendes erlebt, rahmen wir im Liter loben Buch ein Ruhekissen gerne. Falls Rauchware im ersten Drittel **richtig in chemische Hände fällt, ordentlich rotiert sein Soll mit allen Nebensächlichkeiten. Liebevoll ehrlich**

Zu den bisher dargestellten aktiven Auszeichnungen können **schriftunabhängige typografische Elemente** treten. Sie können der weiteren Differenzierung dienen, sie können zudem den buchspezifischen Charakter typografisch unterstreichen. Vor allem bei didaktischer Typografie sind derartige Auszeichnungen beliebt.

Die Beispiele sind nicht annähernd vollständig. Es ist dem Einfallsreichtum und dem Feingefühl des Typografen anheimgestellt, »seine«, besser: die seinem Buch-Thema angemessenen Formen zu finden oder zu erfinden.

Es macht Spaß, mit solchen Mitteln zu spielen, aber es bedarf einiger Versuche, bis auch nur die richtige Kombination etwa von Schrift, Linienstärke und dem Abstand zwischen beiden gefunden ist.

Weitere Möglichkeiten eröffnet die Auszeichnung durch **Farbe.** Der Kontrast zum Papier ist bei farbiger Schrift immer geringer als bei schwarzer Schrift. Sie zeichnet folglich schwächer als Schwarz aus. Andererseits kann Farbe je nach Farbton und Reinheit aktiver wirken als Schwarz.

Der Einsatz von Farbe erfordert eine Schrift mit stabilem Körper. Schriften mit starkem Dick-Dünn-Kontrast sind nicht geeignet. (Die Beispielsschrift auf dieser Seite ist die DTL Caspari.)

Unterstreichung in einer Linienstärke, die dem Schriftbild angepaßt ist. Zu feine Linien verbinden sich nicht mit dem Schriftbild; sie wirken wie ein Schnitt.

Je fetter die unterstreichende Linie, desto »lauter« die Auszeichnung.

Rasterunterlegungen sind heikel. Der Kontrast der Schrift zum Tonwert der Fläche muß groß genug sein, damit nicht das Gegenteil erreicht und das Wort zurückgedrängt wird.

Zurückhaltende Auszeichnung durch Farbe bei einer normalen Schrift.

Aktivere Auszeichnung durch Farbe bei einer fetten Schrift.

Die feine farbige Unterstreichung signalisiert Raffinement und Präzision.

Die fette farbige Unterstreichung aktiviert im Sinne von Zeitungs-Schlagzeilen.

Farbige Unterlegung erinnert an das Anstreichen mit dem Marker. Zu dunkle Farben kehren die Wirkung um: was hervorgehoben werden soll, wird schlechter lesbar.

Hier altert nichts, sogar Papier etwas Transformierendes erlebt, rahmen wir im Liter lobenden Buch ein Ruhekissen gerne. Falls Rauchware <u>im ersten Drittel</u> richtig in chemische Hände fällt, ordentlich rotiert sein Soll mit allen Nebensächlichkeiten. Liebevoll ehrlich sinniert einem tapfere

Hier altert nichts, sogar Papier etwas Transformierendes erlebt, rahmen wir im Liter lobenden Buch ein Ruhekissen gerne. Falls Rauchware <u>**im ersten Drittel**</u> richtig in chemische Hände fällt, ordentlich rotiert sein Soll mit allen Nebensächlichkeiten. Liebevoll ehrlich sinniert einem tapfere

Hier altert nichts, sogar Papier etwas Transformierendes erlebt, rahmen wir im Liter lobenden Buch ein Ruhekissen gerne. Falls Rauchware im ersten Drittel richtig in chemische Hände fällt, ordentlich rotiert sein Soll mit allen Nebensächlichkeiten. Liebevoll ehrlich sinniert einem tapfere

Hier altert nichts, sogar Papier etwas Transformierendes erlebt, rahmen wir im Liter lobenden Buch ein Ruhekissen gerne. Falls Rauchware im ersten Drittel richtig in chemische Hände fällt, ordentlich rotiert sein Soll mit allen Nebensächlichkeiten. Liebevoll ehrlich sinniert einem tapfere

Hier altert nichts, sogar Papier etwas Transformierendes erlebt, rahmen wir im Liter lobenden Buch ein Ruhekissen gerne. Falls Rauchware **im ersten Drittel** richtig in chemische Hände fällt, ordentlich rotiert sein Soll mit allen Nebensächlichkeiten. Liebevoll ehrlich sinniert einem tapfere

Hier altert nichts, sogar Papier etwas Transformierendes erlebt, rahmen wir im Liter lobenden Buch ein Ruhekissen gerne. Falls Rauchware <u>im ersten Drittel</u> richtig in chemische Hände fällt, ordentlich rotiert sein Soll mit allen Nebensächlichkeiten. Liebevoll ehrlich sinniert einem tapfere

Hier altert nichts, sogar Papier etwas Transformierendes erlebt, rahmen wir im Liter lobenden Buch ein Ruhekissen gerne. Falls Rauchware <u>**im ersten Drittel**</u> richtig in chemische Hände fällt, ordentlich rotiert sein Soll mit allen Nebensächlichkeiten. Liebevoll ehrlich sinniert einem tapfere

Hier altert nichts, sogar Papier etwas Transformierendes erlebt, rahmen wir im Liter lobenden Buch ein Ruhekissen gerne. Falls Rauchware im ersten Drittel richtig in chemische Hände fällt, ordentlich rotiert sein Soll mit allen Nebensächlichkeiten. Liebevoll ehrlich sinniert einem tapfere

Weitere Auszeichnungen

Nicht alle Auszeichnungsformen lassen sich so eindeutig zuordnen wie die Kursive, die sich im Umfeld verbirgt, und die Fette, die ins Auge springt. Bei einigen liegt es in der Hand des Typografen, ob er die Auszeichnung integriert oder vom Umfeld abhebt. Bei anderen liegt es in ihrer Natur, daß sie so oder so erscheinen können.

Die **Sperrung** ist eine besonders schwer zu bewältigende Auszeichnungsform, auf die sich nur Meistertypografen einlassen sollten. Sie verändert ihre Wirkung je nach der typografischen Umgebung.

Versalien waren zu Bleisatz-Zeiten aktive Auszeichnungen, da sie praktisch nur in der Grundschriftgröße eingesetzt werden konnten. Heute kann man die Schriftgröße nach Belieben differenzieren und so je nach Aufgabe die Wirkung von integrierten bis zu aktiven Auszeichnungen erreichen. Dabei muß immer die Veränderung der Strichstärke gegenüber der Grundschrift bedacht werden.

Versal-Wörter müssen, um lesbar zu sein, meist etwas gesperrt werden.

Der halbfette Schnitt der DTL Documenta folgt der Devise: so zurückhaltend wie möglich. Das macht sie für aktive Auszeichnungen ungeeignet.

Eine leichte integrierte Betonung kann durch die Verwendung einer benachbarten Schriftstärke erreicht werden, hier bei der Corporate S.

Im dichten Umfeld ist die Sperrung eine eher aktive Auszeichnung.

Im lichten Umfeld, zum Beispiel bei Bibliografien mit Abkürzungen, geht die Auszeichnung der Sperrung verloren. Dennoch kann sie differenzierend eingesetzt werden (vgl. Seite 30).

Kapitälchen als Versalien eingesetzt. Sie sind etwas höher als die Gemeinen gehalten, haben aber noch deren Strichstärke.

Versalien, ein Punkt kleiner als die Grundschrift, weit ausgeglichen.

Versalien, ein halber Punkt kleiner als die Grundschrift, normal ausgeglichen.

Versalien, im Schriftgrad der Grundschrift, eng ausgeglichen.

Hier altert nichts, sogar Papier ein Transformierendes erlebt, rahmen wir im Liter lobenden Buch ein Ruhekissen gerne. Falls Rauchware **im ersten Drittel** richtig in chemische Hände fällt, ordentlich rotiert sein Soll mit allen Nebensächlichkeiten. Liebevoll ehrlich sind

Hier altert nichts, sogar Papier etwas Transformierendes erlebt, rahmen wir im Liter lobenden Buch ein Ruhekissen gerne. Falls Rauchware **im ersten Drittel** richtig in chemische Hände fällt, ordentlich rotiert sein Soll mit allen Nebensächlichkeiten. Liebevoll ehrlich sinniert ein

Hier altert nichts, sogar Papier ein Transformierendes erlebt, rahmen wir im Liter lobendem Buch ein Ruhe gerne. Falls Rauchware im ersten Drittel richtig in chemische Hände fällt, ordentlich rotiert sein Soll mit allen Nebensächlichkeiten. Liebevoll ehrlicher sinniert

Boner, Edelstein 1461 [o. Titelschr.], Bamberg 1461: A. Pfister [88] Bll., 2º, ca. 28 × 19 cm. *A Erstausg. Autor: Boner. – V o r l a g e n : Aesop, Anonymus Neveleti, Avian u. a. / 86 Fabeln, Epilog. – Dt. Reimpaarbearb. der beiden im lat. Spät MA maßgebl. Sammlun-

Hier altert nichts, sogar Papier ein Transformierendes erlebt, rahmen wir im Liter lobenden Buch ein Ruhe gerne. Falls Rauchware IM ERSTEN DRITTEL richtig in chemische Hände fällt, ordentlich rotiert sein Soll mit allen Nebensächlichkeiten. Liebevoll ehrlich sind

Hier altert nichts, sogar Papier ein Transformierendes erlebt, rahmen wir im Liter lobenden Buch ein Ruhe gern. Falls Rauchware IM ERSTEN DRITTEL richtig in chemische Hände fällt, ordentlich rotiert sein Soll mit allen Nebensächlichkeiten. Liebevoll ehrlich sind

Hier altert nichts, sogar Papier ein Transformierendes erlebt, rahmen wir im Liter lobenden Buch ein Ruhe gerne. Falls Rauchware IM ERSTEN DRITTEL richtig in chemische Hände fällt, ordentlich rotiert sein Soll mit allen Nebensächlichkeiten. Liebevoll ehrlich sind

Hier altert nichts, sogar Papier ein Transformierendes erlebt, rahmen wir im Liter lobenden Buch ein Ruhe gerne. Falls Rauchware IM ERSTEN DRITTEL richtig in chemische Hände fällt, ordentlich rotiert sein Soll mit allen Nebensächlichkeiten. Liebevoll ehrlich sind

Schriftmischung

Ein weiteres Mittel im Arsenal der Differenzierungs- und Auszeichnungsmöglichkeiten ist die **Schriftmischung.** Sie kann in den Grauwert der umgebenden Grundschrift integriert und stilistisch einbezogen sein, kann aber auch in Fette und Form extrem aktiv kontrastieren.

Die Beispiele zeigen einige Möglichkeiten innerhalb einer einzigen Grundschrift, der Baskerville. Sie sollen nicht Vorbilder zur Nachahmung sein, sondern zur persönlichen Auseinandersetzung mit der sensiblen Frage der Schriftmischung innerhalb des Textes anregen.

Die unteren drei Beispiele zeigen, wie Schriftmischung gewissermaßen als typografisches Zitat auch zur **Charakterisierung** der hervorgehobenen Wörter oder Passagen dienen kann, ein stilistisch heikles Verfahren, das von der Art des Buches gedeckt sein muß.

Die Veränderung der Schriftform bei annähernd gleichem Grauwert zeichnet nicht ausreichend aus. Nur Schriftkenner werden den Unterschied feststellen (DTL Caspari).

Erst die fremde Schriftform (DTL Caspari) zusammen mit einem veränderten Grauwert erreicht das Ziel der eindeutigen Auszeichnung.

Der schmallaufende halbfette Schnitt der fremden Schrift zeichnet extrem stark aus (Rockwell).

Die Auszeichnung durch eine verwandte Schrift kann zwar wie angestrebt auffallen, sie ist aber stilistisch unentschieden (Bembo).

Die »Schrift-Sippe« Corporate ASE ist so angelegt, daß die verschiedenen Familienmitglieder **A**ntiqua, **S**ans und **E**gyptienne zusammengehören, aber eindeutig unterscheidbar sind.

Die Alte Schwabacher drückt historisierend Kraft, Volkstümlichkeit, Derbheit aus.

Die englische Schreibschrift zitiert Visitenkarten- oder Wertpapiereleganz. Ob ein Typograf diese Schriftmischung vertreten kann, liegt an seinem Feingefühl und an der Aufgabe.

Eine Pinselschrift (hier die Bison) kontrastiert zur ruhigen Umgebung wie ein Jahrmarkt-Ruf.

Hier altert nichts, sogar Papier ein Transformierendes erlebt, rahmen wir im Liter lobenden Buch ein Ruhekissen gerne. Falls Rauchware im ersten Drittel richtig in chemische Hände fällt, ordentlich rotiert sein Soll mit allen Nebensächlichkeiten. Liebevoll ehrlichen sinniert

Hier altert nichts, sogar Papier ein Transformierendes erlebt, rahmen wir im Liter lobenden Buch ein Ruhekissen gerne. Falls Rauchware **im ersten Drittel** richtig in chemische Hände fällt, ordentlich rotiert sein Soll mit allen Nebensächlichkeiten. Liebevoll ehrliche sind

Hier altert nichts, sogar Papier ein Transformierendes erlebt, rahmen wir im Liter lobenden Buch ein Ruhe gerne. Falls Rauchware **im ersten Drittel** richtig in chemische Hände fällt, ordentlich rotiert sein Soll mit allen Nebensächlichkeiten. Liebevoll ehrlichen sinniert eine

Hier altert nichts, sogar Papier ein Transformierendes erlebt, rahmen wir im Liter lobenden Buch ein Ruhekissen gerne. Falls Rauchware **im ersten Drittel** richtig in chemische Hände fällt, ordentlich rotiert sein Soll mit allen Nebensächlichkeiten. Liebevoll ehrliche sind

Hier altert nichts, sogar Papier ein Transformierendes erlebt, rahmen wir im Liter lobenden Buch ein Ruhe gerne. Falls Rauchwaren **im ersten Drittel** richtig in **chemische Hände** fällt, ordentlicher rotiert sein Soll mit allen Nebensächlichkeiten. Liebevoll ehrlich sind

Hier altert nichts, sogar Papier ein Transformierendes erlebt, rahmen wir im Liter lobenden Buch ein Ruhekissen gerne. Falls Rauchware im erſten Drittel richtig in chemische Hände fällt, ordentlich rotiert sein Soll mit allen Nebensächlichkeiten. Liebevoll ehrlichen sinniert

Hier altert nichts, sogar Papier ein Transformierendes erlebt, rahmen wir im Liter lobenden Buch ein Ruhekissen gerne. Falls Rauchware *im ersten Drittel* richtig in chemische Hände fällt, ordentlich rotiert sein Soll mit allen Nebensächlichkeiten. Liebevoll ehrlichen sind

Hier altert nichts, sogar Papier ein Transformierendes erlebt, rahmen wir im Liter lobenden Buch ein Ruhekissen gerne. Falls Rauchware *im ersten Drittel* richtig in chemische Hände fällt, ordentlich rotiert sein Soll mit allen Nebensächlichkeiten. Liebevoll ehrlich sind einige

Schriftmischungen sind eine Frage des typografischen Fingerspitzengefühls. Feste Regeln gibt es nicht – siehe dazu auch die Beispiele auf der vorigen Seite. (Allerdings wäre es gut, wenn das Schriftgefühl durch Schriftkenntnis und Wissen über die Formgeschichte unterbaut wäre.)

Deutlichkeit ist das wichtigste Kriterium. Schriftmischungen, die nur der Fachmann erkennt, sind sinnlos. In den meisten Fällen wird es deshalb nötig sein, nicht nur die Schriftform, sondern auch den Grauwert deutlich unterschiedlich zu wählen.

Eine andere Frage ist die der **Stilverwandtschaft.** Schriften verwandter Form-Herkunft vertragen sich untereinander besser als mit ferneren Verwandten. Es ist aber ebenso möglich, ausdrücklich kontrastierende Schriften gegensätzlicher Herkunft zu mischen.

Je größer der Unterschied der Schriftgrade ist, desto unwichtiger werden die Stilfragen; bei ähnlichen Schriftgraden sind sie besonders heikel.

Als Beispiel sollen zwei Buchschriften unterschiedlichen Charakters dienen, die Bembo (Renaissance-Antiqua) und die Walbaum (klassizistische Antiqua), gemischt mit Zwischenüberschriften aus verschiedenen halbfetten Grotesk-Schriften in ungefähr gleichem Schriftgrad.

Die **Bembo** ist eine Renaissance-Antiqua mit deren typischer Zeilenbildung und geringem Kontrast der Strichstärken.

Die **Gill** »läuft« ebenfalls die Zeile entlang, wie die Renaissance-Antiqua-Schriften, von denen sie und ihre Verwandten formal abstammen. Sie paßt folglich sehr gut zur Bembo.

Bei der **Univers** »stehen« die Buchstaben nebeneinander. Das ist der »laufenden« Bembo fremd, aber nicht fremd genug. Es herrschen unklare Verhältnisse, weder Verwandtschaft noch Kontrast.

Futura und Bembo haben von der Herkunft her nichts miteinander zu tun, der Kontrast der konstruierten mit der »geschriebenen« Schrift funktioniert infolge ihrer eindeutigen Fremdheit.

Die **Walbaum** ist eine statische Schrift mit ausgeprägtem Dick-Dünn-Verhältnis und einer Betonung der Senkrechten.

Damit verträgt sich die horizontal ausgerichtete **Gill** nicht. Die beiden Schriften unterscheiden sich stilistisch aber auch nicht so sehr, daß daraus ein Kontrast-Reiz entstünde.

Die **Univers** stammt in direkter Linie von den Formen der klassizistischen Antiqua ab, sie ist eine der gewissermaßen »klassizistischen Serifenlosen«. Deshalb harmoniert sie mit der Walbaum.

Die **Futura** ist der Walbaum fast so fremd wie der Bembo. Auch hier funktioniert die Schriftmischung durch den Formkontrast.

Hier altert nichts, sogar Papier ein Transformierendes erlebt, rahmen wir im Liter lobenden Buch ein Ruhekissen gerne. Falls Rauchware im ersten Drittel richtig in chemische Hände fällt.

Eine Zwischenüberschrift

Ordentlich rotiert sein Soll mit allen Nebensächlichkeiten. Liebevoll ehrlich sinniert eine tapfere Yellow Press oder gibt Rat allerhöchstens für identische Ereignisse. Von einer rätselhaften Leichtigkeit an gegeben.

Eine Zwischenüberschrift

Holt er raumgreifend mutige Augen nach, neben sonnigem Charisma hinterher. Meine irisierend dichten Türen melden an ihn Neugewonnenes zurück. Zum Weinen einfach ist typischerweise auch unser Sieb.

Eine Zwischenüberschrift

Eben nicht direkt unbedarft, nicht doppelt verbunden, ist es robust. Über Banaleres erhalten Rehe aber regelmäßiger bloß. Erklärungen innerhalb Tälern, Ebenen, Tiergärten, Eiscafés.

Hier altert nichts, sogar Papier ein Transformierendes erlebt, rahmen wir im Liter lobenden Buch ein Ruhekissen gerne. Falls Rauchware im ersten Drittel richtig in chemische Hände fällt.

Eine Zwischenüberschrift

Oder rotiert sein Soll mit allen Nebensächlichkeiten. Liebevoll ehrlich sinniert eine tapfere Yellow Press oder gibt Rat allerhöchstens für identische Ereignisse. Von einer rätselhaften Leichtigkeit an gegeben.

Eine Zwischenüberschrift

Holt er raumgreifend mutige Augen nach, neben sonnigem Charisma hinterher. Meine irisierend dichten Türen melden an ihn Neugewonnenes zurück. Zum Weinen einfach ist typischerweise auch unser Sieb.

Eine Zwischenüberschrift

Eben nicht direkt unbedarft, nicht doppelt verbunden, ist es robust. Über Banales erhalten Rehe aber regelmäßig bei Erklärungen in Tälern, Ebenen, Tiergärten, Eiscafés.

Versalien ausgleichen?

Jan Tschichold verlangte apodiktisch den Ausgleich von Versal-Wörtern. Willy Fleckhaus ließ sie so dicht an dicht setzen, wie es der Fotosatz nur ermöglichte. Was ist richtig?

Die Frage ist falsch gestellt. Die richtige Frage lautet: Was soll erreicht werden, welche Mittel sind dazu nötig?

Wenn in Versalien gesetzte Auszeichnungen oder Überschriften sich in ihre typografische Umgebung einfügen sollen, wird ihr Wortbild durch sorgfältiges Ausgleichen **neutralisiert**.

Wenn in Versalien gesetzte Wörter sich von ihrem Umfeld deutlich abheben sollen, zum Beispiel als dominierende Überschrift einer Magazinseite, können sie als Kontrast zum Grauwert des Textes **rhythmisiert** werden, durch Sperrung oder durch engen Satz.

Innerhalb von Textkolumnen dürfte eine Rhythmisierung kaum sinnvoll sein, sondern nur bei herausgehobener Plazierung.

Die Weite der Sperrung oder der Verdichtung kann nicht dem ausführenden Setzer überlassen werden, sie muß vom gestaltenden Typografen präzisiert werden. Der Umgang mit Versal-Rhythmisierung bedarf besonderen Könnens.

Wortbild-**Neutralisierung** durch Versal-Ausgleich. Die Auszeichnung im Text ist zusätzlich kleiner gesetzt. Die Versal-Auszeichnung und -Überschrift ist mehr oder weniger in den Grauwert und Duktus des typografischen Umfeldes integriert. Wörter in nicht ausgeglichenem Versalsatz sind störende Holpersteine im Lesefluß.

Bei einigen Schriften, zum Beispiel der TheSans, entspricht der Duktus der nicht ausgeglichenen Versalwörter dem Duktus der Grundschrift.

Wortbild-**Rhythmisierung** durch **Sperrung**. Deren Weite hängt vom Charakter der Schrift und der typografischen Absicht ab. Die Zeile distanziert sich durch ihre Helligkeit vom Umfeld. Es entsteht keine Wortbild-Individualität (Groteskschrift: ITC Officina Sans Bold Italic).

Wortbild-**Rhythmisierung** durch **engen Satz**. Die Zeile drängt sich vor das Umfeld. Es können individuelle Wortbilder zustandekommen, etwa wenn die großen Binnenräume von O oder D gegen enge Parallelen ausgespielt werden. Bei mehreren kompreß gesetzten Zeilen können ornamental-dekorative Wirkungen erzeugt werden (Groteskschrift: DTL Caspari Black).

AUSGEGLICHENE VERSALIEN

Hier altert nichts, sogar Papier ein Transformierendes erlebt, rahmen wir im Liter lobenden Buch ein Ruhekissen gerne. Falls AUSGEGLICHEN Rauch im erste Drittel richtig in chemischen Hände fällt, ordentlicher rotiert sein Soll mit allen Nebensächlichkeiten. Liebevoll GEGENBEISPIEL ehrlich sinnierte eine tapfere Yellow Press oder gibt so Rat allerhöchstens für identische Ereignissen. Von einer rätselhaften Leichtigkeit

Hier altert nichts, sogar Papier ein Transformierendes erlebt, rahmen wir im Liter lobenden Buch ein Ruhekissen gerne. Falls Rauchware im ersten Drittel richtig UNAUSGEGLICHEN chemische Hände fällt, ordentlich rotiert sein Soll mit allerlei Nebensächlichkeiten. Liebe

GESPERRTE WORTE

Hier altert nichts, sogar Papier ein Transformierendes erlebt, rahmen wir im Liter lobenden Buch ein Ruhekissen gerne. Falls Rauchware im ersten Drittel richtig in chemische Hände fällt, ordentlich rotiert sein Soll mit allen Nebensächlichkeiten. Liebevoll ehrliche sind

GESPERRTE WORTE

Hier altert nichts, sogar Papier ein Transformierendes erlebt, rahmen wir im Liter lobenden Buch ein Ruhekissen gerne. Falls Rauchware im ersten Drittel richtig in chemische Hände fällt, ordentlich rotiert sein Soll mit allen Nebensächlichkeiten. Liebevoll ehrliche sind

VERDICHTETE WORTE

Hier altert nichts, sogar Papier ein Transformierendes erlebt, rahmen wir im Liter lobenden Buch ein Ruhekissen gerne. Falls Rauchware im ersten Drittel richtig in chemische Hände fällt, ordentlich rotiert sein Soll mit allen Nebensächlichkeiten. Liebevoll ehrliche sind

VERDICHTETE WORTE

Hier altert nichts, sogar Papier ein Transformierendes erlebt, rahmen wir im Liter lobenden Buch ein Ruhekissen gerne. Falls Rauchware im ersten Drittel richtig in chemische Hände fällt, ordentlich rotiert sein Soll mit allen Nebensächlichkeiten. Liebevoll ehrliche sind

Auszeichnung größerer Textmengen

Immer wieder verlangen Autoren, daß Zitate und ähnliches **in kleinerem Grad** gesetzt werden. Folgt der Typograf dem, so werden diese – oft wichtigen – Textpassagen wegen der zu großen Zeichenzahl pro Zeile schlechter lesbar sein als der normale Text. Wenn dann noch Fußnoten dazukommen, die ebenfalls kleiner gesetzt werden müssen, wird es vollends problematisch. Man hilft sich oft, indem die Fußnoten noch weniger Durchschuß bekommen, also durch eine Änderung des Grauwertes. Das Ergebnis überzeugt nicht. Bei zweispaltigem Umbruch der Fußnoten träte dieses Problem nicht auf (vgl. Seite 154 bis 157).

Hier altert nichts, sogar Papier ein Transformierendes erlebt, rahmen wir im Liter lobenden Buch ein Ruhekissen gerne. Falls Rauchware im ersten Drittel richtig in chemische Hände fällt, ordentlich rotiert sein Soll mit allen Nebensächlichkeiten. Liebevoll ehrlich sinniert eine tapfere Yellow Press[15], oder gibt Rat allerhöchstens für identische Ereignisse. Von einer rätselhaften Leichtigkeit an gegeben holt er raumgreifend mutige Augen nach, neben sonnigem Charisma hinterher.

Zum Weinen einfach ist typischerweise auch unser Sieb; eben nicht direkt unbedarft, nicht doppelt verbunden, ist es robust. Über Banales erhalten Rehe aber regelmäßig bloß Erklärungen in Tälern, Ebenen, Tiergärten, Eiscafés. Nichts ermüdet uns angenehmer und für lange Abenteuer gefahrvoller Ersatz. Gute Losung an unserem Bau, trotzdem: ich habe mittels kollegialer Erfahrung intensiv nachgedacht, wie oft Redewendungen tauchen. Hier altert nichts, sogar Papier ein Transformierendes erlebt, rahmen wir im Liter lobenden Buch ein Ruhekissen gerne. Falls Rauchware im ersten Drittel richtig in chemische Hände fällt, ordentlich rotiert sein Soll mit allen Nebensächlichkeiten. Liebevoll ehrlich sinniert eine tapfere Yellow Press oder gibt Rat allerhöchstens für identische Ereignisse. Von einer rätselhaften Leichtigkeit an gegeben holt er raumgreifend mutige Augen nach, neben sonnigem Charisma hinterher.[16]

---

15 Meine irisierend dichten Türen melden an ihn Neugewonnenes zurück. Zum Weinen einfach ist typischerweise auch unser Sieb; eben nicht direkt unbedarft, nicht doppelt verbunden.
16 Ist es robust. Über Banales erhalten Rehe aber regelmäßig bloß Erklärungen in Tälern, Ebenen, Tiergärten, Eiscafés. Nichts ermüdet uns angenehmer und für lange Abenteuer gefahrvoller Ersatz. Gute Losung an unserem Bau, trotzdem: ich habe mittels kollegialer Erfahrung intensiv nachgedacht, wie oft Redewendungen tauchen.

Eine andere Möglichkeit besteht darin, die eingeschobenen Texte **kursiv** im Grundschriftgrad zu setzen. Beim Beispiel mit der Baskerville wäre nicht einmal ein größerer Abstand nötig, weil die Kursive sich so stark von der Geradestehenden unterscheidet. Die meisten Kursivschriften haben aber einen sehr ausgeprägten individuellen Charakter, der den Text beeinflußt. Für Briefzitate wären sie sicher oft geeignet, für Zitate in einer wissenschaftlichen Arbeit weniger. Ferner ist Voraussetzung, daß die Kursive nicht bereits für andere Aufgaben eingesetzt wird.

Hier altert nichts, sogar Papier ein Transformierendes erlebt, rahmen wir im Liter lobenden Buch ein Ruhekissen gerne. Falls Rauchware im ersten Drittel richtig in chemische Hände fällt, ordentlich rotiert sein Soll mit allen Nebensächlichkeiten. Liebevoll ehrlich sinniert eine tapfere Yellow Press[15], oder gibt Rat allerhöchstens für identische Ereignisse. Von einer rätselhaften Leichtigkeit an gegeben holt er raumgreifend mutige Augen nach, neben sonnigem Charisma hinterher.
Meine irisierend dichten Türen melden an ihn Neugewonnenes zurück. Zum Weinen einfach ist typischerweise auch unser Sieb; eben nicht direkt unbedarft, nicht doppelt verbunden, ist es robust. Über Banales erhalten Rehe aber regelmäßig bloß Erklärungen in Tälern, Ebenen, Tiergärten, Eiscafés. Nichts ermüdet uns angenehmer und für lange Abenteuer gefahrvoller Ersatz. Gute Losung an unserem Bau, trotzdem: ich habe mittels kollegialer Erfahrung intensiv nachgedacht, wie oft Redewendungen tauchen. Hier altert nichts, sogar Papier ein Transformierendes erlebt, rahmen wir im Liter lobenden Buch ein Ruhekissen gerne. Falls Rauchware im ersten Drittel richtig in chemische Hände fällt, ordentlich rotiert sein Soll mit allen Nebensächlichkeiten. Liebevoll ehrlich sinniert eine tapfere Yellow Press oder gibt Rat allerhöchstens für identische Ereignisse.[16]

15 Meine irisierend dichten Türen melden an ihn Neugewonnenes zurück. Zum Weinen einfach ist typischerweise auch unser Sieb; eben nicht direkt unbedarft.
16 Nicht doppelt verbunden. ist es robust. Über Banales erhalten Rehe aber regelmäßig bloß Erklärungen in Tälern, Ebenen, Tiergärten, Eiscafés. Nichts ermüdet uns angenehmer und für lange Abenteuer gefahrvoller Ersatz. Gute Losung an unserem Bau, trotzdem: ich habe mittels kollegialer Erfahrung intensiv nachgedacht, wie oft Redewendungen tauchen.

Die eingeschobenen Texte können in der Grundschrift **mit Einzug** gesetzt werden. (Natürlich ist das auch bei Schriftmischungen möglich.) Kürzere Passagen heben sich so ausreichend ab. Wenn der eingezogene Text aber über mehrere Seiten reicht, geht die Wirkung des Einzuges verloren, selbst bei etwas durchscheinendem Papier. Das kann durch eine Kopflinie auf volle Satzspiegelbreite ausgeglichen werden, die den Einzug spürbar erhält, zumal, wenn die Pagina oder der lebende Kolumnentitel oben außen stehen.

Hier altert nichts, sogar Papier ein Transformierendes erlebt, rahmen wir im Liter lobenden Buch ein Ruhekissen gerne. Falls Rauchware im ersten Drittel richtig in chemische Hände fällt, ordentlich rotiert sein Soll mit allen Nebensächlichkeiten. Liebevoll ehrlich sinniert eine tapfere Yellow Press oder gibt Rat allerhöchstens für identische Ereignisse. Von einer rätselhaften Leichtigkeit an gegeben holt er raumgreifend mutige Augen nach, neben sonnigem Charisma hinterher.

> Meine irisierend dichten Türen melden an ihn Neugewonnenes zurück. Zum Weinen einfach ist typischerweise auch unser Sieb; eben nicht direkt unbedarft, nicht doppelt verbunden, ist es robust. Über Banales erhalten Rehe aber regelmäßig bloß Erklärungen in Tälern, Ebenen, Tiergärten, Eiscafés. Nichts ermüdet uns angenehmer und für lange Abenteuer gefahrvoller Ersatz. Gute Losung an unserem Bau, trotzdem: ich habe mittels kollegialer Erfahrung intensiv nachgedacht, wie oft Redewendungen tauchen.

Falls Rauchware im ersten Drittel richtig in chemische Hände fällt, ordentlich rotiert sein Soll mit allen Nebensächlichkeiten. Liebevoll ehrlich sinniert eine tapfere Yellow Press oder gibt Rat allerhöchstens für identische Ereignisse. Von einer rätselhaften Leichtigkeit an gegeben holt er raumgreifend mutige Augen nach, neben sonnigem Charisma hinterher. Hier altert nichts, sogar Papier ein Transformierendes erlebt, rahmen wir im Liter lobenden Buch ein Ruhekissen gerne. Falls Rauchware im ersten Drittel richtig in chemische Hände fällt, ordentlich rotiert.

Eingeschobene Texte können auch auf **beiden Seiten eingezogen** und somit auf Mitte des Satzspiegels gestellt werden. Das betont die natürliche Symmetrie der Doppelseite. Auch diese Form bedarf, um über mehrere Seiten hin verständlich zu bleiben, des Vergleichs mit der vollen Satzbreite, zum Beispiel durch eine Kopflinie.

Hier altert nichts, sogar Papier ein Transformierendes erlebt, rahmen wir im Liter lobenden Buch ein Ruhekissen gerne. Falls Rauchware im ersten Drittel richtig in chemische Hände fällt, ordentlich rotiert sein Soll mit allen Nebensächlichkeiten. Liebevoll ehrlich sinniert eine tapfere Yellow Press oder gibt Rat allerhöchstens für identische Ereignisse. Von einer rätselhaften Leichtigkeit an gegeben holt er raumgreifend mutige Augen nach, neben sonnigem Charisma hinterher.

> Meine irisierend dichten Türen melden an ihn Neugewonnenes zurück. Zum Weinen einfach ist typischerweise auch unser Sieb; eben nicht direkt unbedarft, nicht doppelt verbunden, ist es robust. Über Banales erhalten Rehe aber regelmäßig bloß Erklärungen in Tälern, Ebenen, Tiergärten, Eiscafés. Nichts ermüdet uns angenehmer und für lange Abenteuer gefahrvoller Ersatz. Gute Losung an unserem Bau, trotzdem: ich habe mittels kollegialer Erfahrung intensiv nachgedacht, wie oft Redewendungen tauchen.

Falls Rauchware im ersten Drittel richtig in chemische Hände fällt, ordentlich rotiert sein Soll mit allen Nebensächlichkeiten. Liebevoll ehrlich sinniert eine tapfere Yellow Press oder gibt Rat allerhöchstens für identische Ereignisse. Von einer rätselhaften Leichtigkeit an gegeben holt er raumgreifend mutige Augen nach, neben sonnigem Charisma hinterher. Hier altert nichts, sogar Papier ein Transformierendes erlebt, rahmen wir im Liter lobenden Buch ein Ruhekissen gerne. Falls Rauchware im ersten Drittel richtig in chemische Hände fällt, ordentlich rotiert.

Manche der heute angebotenen Schriftfamilien sind so reich ausgebaut, daß mehrere **Strichstärken** für Lesetexte geeignet sind. Das macht es möglich, die eingeschobenen Texte je nach ihrem sachlichen Gewicht entweder minimal **magerer** oder minimal **fetter** als die Grundschrift zu halten. Wenn der Grauwertunterschied ausreichend ist, ist keine weitere Kennzeichnung durch einen Einzug nötig; unter Umständen kann sogar auf trennende Leerzeilen verzichtet werden.

Dieses Verfahren setzt allerdings sorgfältige Satzproben voraus und verlangt eine hohe Produktionsqualität, damit der Unterschied der Strichstärken nicht durch Belichtungs- oder Kopiedifferenzen verlorengeht (Beispiel: Corporate).

Hier altert nichts, sogar Papier ein Transformierendes erlebt, rahmen wir im Liter lobenden Buch ein Ruhekissen gerne. Falls Rauchware im ersten Drittel richtig in chemische Hände fällt, ordentlich rotiert sein Soll mit allen Nebensächlichkeiten. Liebevoll ehrlich sinniert eine tapfere Yellow Press oder gibt Rat allerhöchstens für identische Ereignisse. Von einer rätselhaften Leichtigkeit an gegeben holt er raumgreifend mutige Augen nach, neben sonnigem Charisma hinterher. Meine irisierend dichten Türen melden an ihn Neugewonnenes zurück.
Zum Weinen einfach ist typischerweise auch unser Sieb; eben nicht direkt unbedarft, nicht doppelt verbunden, ist es robust. Über Banales erhalten Rehe aber regelmäßig bloß Erklärungen in Tälern, Ebenen, Tiergärten, Eiscafés. Nichts ermüdet uns angenehmer und für lange Abenteuer gefahrvoller Ersatz. Gute Losung an unserem Bau, trotzdem: ich habe mittels kollegialer Erfahrung intensiv nachgedacht, wie oft Redewendungen tauchen. Hier altert nichts, sogar Papier ein Transformierendes erlebt, rahmen wir im Liter lobenden Buch ein Ruhekissen gerne.
Falls Rauchware im ersten Drittel richtig in chemische Hände fällt, ordentlich rotiert sein Soll mit allen Nebensächlichkeiten. Liebevoll ehrlich sinniert eine tapfere Yellow Press oder gibt Rat allerhöchstens für identische Ereignisse. Von einer rätselhaften Leichtigkeit an gegeben holt er raumgreifend mutige Augen nach, neben sonnigem Charisma hinterher. Meine irisierend dichten Türen melden an ihn Neugewonnenes zurück. Zum Weinen einfach ist typischerweise auch unser Sieb; eben nicht direkt unbedarft, nicht doppelt verbunden, ist es robust. Über Banales erhalten Rehe aber regelmäßig bloß Erklärungen in Tälern.

Hier altert nichts, sogar Papier ein Transformierendes erlebt, rahmen wir im Liter lobenden Buch ein Ruhekissen gerne. Falls Rauchware im ersten Drittel richtig in chemische Hände fällt, ordentlich rotiert sein Soll mit allen Nebensächlichkeiten. Liebevoll ehrlich sinniert eine tapfere Yellow Press oder gibt Rat allerhöchstens für identische Ereignisse. Von einer rätselhaften Leichtigkeit an gegeben holt er raumgreifend mutige Augen nach, neben sonnigem Charisma hinterher. Meine irisierend dichten Türen melden an ihn Neugewonnenes zurück.
Zum Weinen einfach ist typischerweise auch unser Sieb; eben nicht direkt unbedarft, nicht doppelt verbunden, ist es robust. Über Banales erhalten Rehe aber regelmäßig bloß Erklärungen in Tälern, Ebenen, Tiergärten, Eiscafés. Nichts ermüdet uns angenehmer und für lange Abenteuer gefahrvoller Ersatz. Gute Losung an unserem Bau, trotzdem: ich habe mittels kollegialer Erfahrung intensiv nachgedacht, wie oft Redewendungen tauchen. Hier altert nichts, sogar Papier ein Transformierendes erlebt, rahmen wir im Liter lobenden Buch ein Ruhekissen gerne.
Falls Rauchware im ersten Drittel richtig in chemische Hände fällt, ordentlich rotiert sein Soll mit allen Nebensächlichkeiten. Liebevoll ehrlich sinniert eine tapfere Yellow Press oder gibt Rat allerhöchstens für identische Ereignisse. Von einer rätselhaften Leichtigkeit an gegeben holt er raumgreifend mutige Augen nach, neben sonnigem Charisma hinterher. Meine irisierend dichten Türen melden an ihn Neugewonnenes zurück. Zum Weinen einfach ist typischerweise auch unser Sieb; eben nicht direkt unbedarft, nicht doppelt verbunden, ist es robust. Über Banales erhalten Rehe aber regelmäßig bloß Erklärungen in Tälern, Ebenen, Tiergärten, Eiscafés.

Eine elegante, aber teure Lösung des Problems, eingeschobene Zitate kenntlich zu machen, ist deren Druck in **Farbe.** Das verlangt eine kräftige Schrift mit geringen Unterschieden der Strichstärke (wie hier die Plantin) und eine sorgfältige Abstimmung des Farbtones, der weder durchfallen noch sich vordrängen darf, sich vom Schwarz des Haupttextes deutlich genug unterscheiden muß und nicht flimmern darf.

Hier altert nichts, sogar Papier ein Transformierendes erlebt, rahmen wir im Liter lobenden Buch ein Ruhekissen gerne. Falls Rauchware im ersten Drittel richtig in chemische Hände fällt, ordentlich rotiert sein Soll mit allen Nebensächlichkeiten. Liebevoll ehrlich sinniert eine tapfere Yellow Press oder gibt Rat allerhöchstens für identische Ereignisse. Von einer rätselhaften Leichtigkeit an gegeben holt er raumgreifend mutige Augen nach, neben sonnigem Charisma hinterher. Meine irisierend dichten Türen melden an ihn Neugewonnenes zurück.

Zum Weinen einfach ist typischerweise auch unser Sieb; eben nicht direkt unbedarft, nicht doppelt verbunden, ist es robust. Über Banales erhalten Rehe aber regelmäßig bloß Erklärungen in Tälern, Ebenen, Tiergärten, Eiscafés. Nichts ermüdet uns angenehmer und für lange Abenteuer gefahrvoller Ersatz. Gute Losung an unserem Bau, trotzdem: ich habe mittels kollegialer Erfahrung intensiv nachgedacht, wie oft Redewendungen tauchen. Hier altert nichts, sogar Papier ein Transformierendes erlebt, rahmen wir im Liter lobenden Buch ein Ruhekissen gerne.

Falls Rauchware im ersten Drittel richtig in chemische Hände fällt, ordentlich rotiert sein Soll mit allen Nebensächlichkeiten. Liebevoll ehrlich sinniert eine tapfere Yellow Press oder gibt Rat allerhöchstens für identische Ereignisse. Von einer rätselhaften Leichtigkeit an gegeben holt er raumgreifend mutige Augen nach, neben sonnigem Charisma hinterher. Meine irisierend dichten Türen melden an ihn Neugewonnenes zurück. Zum Weinen einfach ist typischerweise auch unser Sieb; eben nicht direkt unbedarft, nicht doppelt verbunden, ist es robust. Über Banales erhalten Rehe aber regelmäßig bloß Erklärungen in Tälern.

Eine weitere Differenzierungsmöglichkeit eingeschobener Textblöcke von der Grundschrift ist die **Schriftmischung.** Da die Erfahrung lehrt, daß viele Leser den Unterschied von verschiedenen Schriftformen überhaupt nicht wahrnehmen, muß dafür gesorgt werden, daß sich nicht nur der Charakter, sondern auch der **Grauwert** der anderen Schrift (Beispiel: Plantin mit leichter Univers) von der Grundschrift abhebt.

Hier altert nichts, sogar Papier ein Transformierendes erlebt, rahmen wir im Liter lobenden Buch ein Ruhekissen gerne. Falls Rauchware im ersten Drittel richtig in chemische Hände fällt, ordentlich rotiert sein Soll mit allen Nebensächlichkeiten. Liebevoll ehrlich sinniert eine tapfere Yellow Press oder gibt Rat allerhöchstens für identische Ereignisse. Von einer rätselhaften Leichtigkeit an gegeben holt er raumgreifend mutige Augen nach, neben sonnigem Charisma hinterher. Meine irisierend dichten Türen melden an ihn Neugewonnenes zurück.

Zum Weinen einfach ist typischerweise auch unser Sieb; eben nicht direkt unbedarft, nicht doppelt verbunden, ist es robust. Über Banales erhalten Rehe aber regelmäßig bloß Erklärungen in Tälern, Ebenen, Tiergärten, Eiscafés. Nichts ermüdet uns angenehmer und für lange Abenteuer gefahrvoller Ersatz. Gute Losung an unserem Bau, trotzdem: ich habe mittels kollegialer Erfahrung intensiv nachgedacht, wie oft Redewendungen tauchen. Hier altert nichts, sogar Papier ein Transformierendes erlebt, rahmen wir im Liter lobenden Buch ein Ruhekissen gerne.

Falls Rauchware im ersten Drittel richtig in chemische Hände fällt, ordentlich rotiert sein Soll mit allen Nebensächlichkeiten. Liebevoll ehrlich sinniert eine tapfere Yellow Press oder gibt Rat allerhöchstens für identische Ereignisse. Von einer rätselhaften Leichtigkeit an gegeben holt er raumgreifend mutige Augen nach, neben sonnigem Charisma hinterher. Meine irisierend dichten Türen melden an ihn Neugewonnenes zurück. Zum Weinen einfach ist typischerweise auch unser Sieb; eben nicht direkt unbedarft, nicht doppelt verbunden, ist es robust. Über Banales erhalten Rehe aber regelmäßig bloß Erklärungen in Tälern.

Legenden innerhalb der Kolumne

Bildlegenden sollen sich, um Verwechslungen auszuschließen, immer eindeutig von der Grundschrift unterscheiden.

Das ist vor allem dann wichtig, wenn sie innerhalb der Kolumne stehen.

Je nach Charakter und Aufbau des Buches können die Legenden gegenüber dem Haupttext unter- oder nebengeordnet sein oder unabhängig von ihm selbständig auftreten.

Der Abstand zwischen Legende und Haupttext kann meist wegen unterschiedlicher Bildgrößen und unterschiedlicher Zeilenzahl der Legenden nicht gleichmäßig sein (der einheitliche Abstand zwischen Bild und Legende hat Vorrang), er muß jedoch so groß gewählt werden, daß die Legende sich eindeutig vom Text abhebt.

Legenden werden oft unabhängig vom Haupttext gelesen, sie müssen folglich ebensogut zu lesen sein; die Zeilen dürfen also nicht zu lang sein, die Schrift nicht zu klein und der Zeilenabstand nicht zu gering.

In den meist wenigen Zeilen der Legenden dürfen keine schlechten Worttrennungen vorkommen. Die Zeilenbrechung soll nach Möglichkeit sinngerecht sein. Daraus ergibt sich, daß in den meisten Fällen Flattersatz angebracht ist (auch wenn der Haupttext im Blocksatz gesetzt ist), weil sich beim Blocksatz häufig unglückliche Ausgangszeilen ergeben.

Da beim Flattersatz nur selten die volle Satzbreite erreicht wird, ist es sinnvoll, zum optischen Ausgleich der rechten Kante die Satzbreite etwas größer als die Blocksatz- oder Bildbreite zu wählen.

links oben Die Legende ist im Blocksatz in einem kleineren Grad der Grundschrift gesetzt. Es besteht die Gefahr, daß sie sich nicht deutlich genug vom fortlaufenden Text abhebt. Schlechte Worttrennungen, das Zerreißen von Vor- und Nachnamen oder Daten sind praktisch unvermeidlich.

links unten Die Kursive hebt sich zwar eindeutig vom Haupttext ab, doch ist sie bei vielen Schriften nicht sehr gut lesbar. Der Flattersatz ermöglicht sinngerechte Zeilentrennungen.

mitte oben Die Schriftmischung und der hellere Grauwert schaffen eine eigene Lese-Ebene für die Legenden.

mitte unten Die Legenden-Ebene ist aktiver als die Textebene. Die Legenden werden wahrscheinlich zuerst gelesen.

rechts Die Legenden sind durch eine geringere Satzbreite oder durch einen eigenen Einzug eindeutig vom Haupttext unterschieden. Ob die Grundschrift oder eine Schriftmischung eingesetzt wird, hängt vom Charakter des Buches ab.

Bei Legenden, die ausschließlich aus Sachangaben bestehen, diktiert nicht eine formale typografische Absicht, sondern der Zusammenhang des Inhalts den Zeilenfall. Zum Beispiel steht bei einem Kunstbuch jeweils in einer Zeile (oder sinngerecht in längere Zeilen zusammengefaßt):
  Name des Künstlers
  Titel des Bildes
  Datum der Entstehung
  Maltechnik, Maße
  Name des Museums, Ort

Der Typograf muß wissen, wie er das gut organisiert.

Hier altert nichts, sogar Papier ein Transformierendes erlebt, rahmen wir im Liter lobenden Buch ein Ruhekissen gerne. Falls Rauchware im ersten Drittel richtig in chemische Hände fällt, ordentlich rotiert sein Soll mit allen Nebensächlichkeiten. Liebevoll ernst sinniert eine tapfere Yellow Press oder gibt Rat allerhöchstens

Von einer rätselhaften Leichtigkeit an gegeben holt er raumgreifend mutige Augen nach, neben sonnigem Charisma hinterher. Meine irisierend dichten Türen melden.

für identische Ereignisse. Von einer rätselhaften Leichtigkeit an gegeben holt er raumgreifend mutige Augen nach, neben sonnigem Charisma hinterher. Meine irisierend dichten Türen melden an ihn Neugewonnenes zurück. Zum Weinen einfach ist typischerweise auch

Von einer rätselhaften Leichtigkeit an gegeben holt er raumgreifend Augen nach, neben sonnigem Charisma hinterher. Meine irisierend dichten Türen melden.

unser Sieb; eben nicht direkt unbedarft, nicht doppelt verbunden, ist es robust. Über Banales erhalten Rehe aber regelmäßig bloß Erklärungen in Tälern, Ebenen, Tiergärten, Eiscafés. Nichts ermüdet uns angenehmer und für lange Abenteuer gefahrvoller Ersatz. Gute Losung an unserem Bau, trotzdem: ich habe mittels kollegialer Erfahrung intensiv nachgedacht, wie oft Rede-

Hier altert nichts, sogar Papier ein Transformierendes erlebt, rahmen wir im Liter lobenden Buch ein Ruhekissen gerne. Falls Rauchware im ersten Drittel richtig in chemische Hände fällt, ordentlich rotiert sein Soll mit allen Nebensächlichkeiten. Liebevoll ernst sinniert eine tapfere Yellow Press oder gibt Rat allerhöchstens

Von einer rätselhaften Leichtigkeit anfangs gegeben holt er raumgreifend mutige Augen nach, neben sonnigem Charisma hinterher. Meine irisierend dichten Türen melden.

für identische Ereignisse. Von einer rätselhaften Leichtigkeit an gegeben holt er raumgreifend mutige Augen nach, neben sonnigem Charisma hinterher. Meine irisierend dichten Türen melden an ihn Neugewonnenes zurück. Zum Weinen einfach ist typischerweise auch

Von einer rätselhaften Leichtigkeit an gegeben holt er raumgreifend Augen nach, neben sonnigem Charisma hinterher. Meine irisierend dichten Türen.

unser Sieb; eben nicht direkt unbedarft, nicht doppelt verbunden, ist es robust. Über Banales erhalten Rehe aber regelmäßig bloß Erklärungen in Tälern, Ebenen, Tiergärten, Eiscafés. Nichts ermüdet uns angenehmer und für lange Abenteuer gefahrvoller Ersatz. Gute Losung an unserem Bau, trotzdem: ich habe mittels kollegialer Erfahrung intensiv nachgedacht, wie oft Rede-

Hier altert nichts, sogar Papier ein Transformierendes erlebt, rahmen wir im Liter lobenden Buch ein Ruhekissen gerne. Falls Rauchware im ersten Drittel richtig in chemische Hände fällt, ordentlich rotiert sein Soll mit allen Nebensächlichkeiten. Liebevoll ernst sinniert eine tapfere Yellow Press oder gibt Rat allerhöchstens

Von einer rätselhaften Leichtigkeit an gegeben holt er raumgreifend mutige Augen nach, neben sonnigem Charisma hinterher meine irisierend dichten Türen melden.

für identische Ereignisse. Von einer rätselhaften Leichtigkeit an gegeben holt er raumgreifend mutige Augen nach, neben sonnigem Charisma hinterher. Meine irisierend dichten Türen melden an ihn Neugewonnenes

Von einer rätselhaften Leichtigkeit an gegeben holt er raumgreifend Augen nach, neben sonnigem Charisma hinterher meine irisierend.

zurück. Zum Weinen einfach ist typischerweise auch unser Sieb; eben nicht direkt unbedarft, nicht doppelt verbunden, ist es robust. Über Banales erhalten Rehe aber regelmäßig bloß Erklärungen in Tälern, Ebenen, Tiergärten, Eiscafés. Nichts ermüdet uns angenehmer und für lange Abenteuer gefahrvoller Ersatz. Gute Losung an unserem Bau, trotzdem: ich habe mittels kolle-

Linien

Linien sind ein klassisches typografisches Gestaltungselement. Sie werden als Kopflinien, manchmal in Verbindung mit den lebenden Kolumnentiteln, als gliedernde Trennungslinien, am Fuß der Seite und in vielen anderen Situationen eingesetzt; in voller Satzspiegelbreite oder verkürzt.

Zunächst ist die Festlegung der **Strichstärke** wichtig. Zu feine Linien scheinen ins Papier zu schneiden, zu fette Linien oder zu aktive Kombinationen dominieren die Seite.

Da kommt es auf die Feinheiten an, die **Abstände** zwischen Schrift und Linien, vor allem das Verhältnis von Strichstärken und Abstand bei der Kombination fett/fein, die grob oder sensibel ausfallen kann.

Linien können individuell auf das Werk oder sogar auf die Seite bezogen gestaltet werden, sie können aus verschieden starken Teilen bestehen, Unterbrechungen oder Einbuchtungen für Schrift oder Zahlen aufweisen. Dem Einfallsreichtum sind keine technischen Grenzen gesetzt.

Linien können nicht nur von ihrer Form her stilistisch die Seite beeinflussen, sie können auch durch ihren **Stand,** durch ihre Zuordnung auf unterschiedliche Weise gliedern, was bei der Differenzierung unterschiedlicher Textqualitäten wichtig sein kann.

Neutrale Stellung der Linie als **indifferente Trennung** der beiden Textgruppen. Die Abstände über und unter der Linie sind optisch gleich.

Die Linie als Abschluß am **Fuß** der oberen Textgruppe.

Die Linie als **Kopflinie** der darauffolgenden Textgruppe. Die Abstände über und unter der Linie müssen deutlich unterschieden sein, dennoch darf die Linie nicht an der folgenden Zeile kleben.

Hier altert nichts, sogar Papier ein Transformierendes erlebt, rahmen wir im Liter lobenden Buch ein Ruhekissen gerne. Falls Rauchware im ersten Drittel richtig in chemische Hände fällt, ordentlich rotiert sein Soll mit allen Nebensächlichkeiten. Liebevoll ernst sinniert eine tapfere Yellow Press oder gibt Rat allerhöchstens für identische Ereignisse. Von einer rätselhaften Leichtigkeit an gegeben holt er raumgreifend mutige Augen nach, neben sonnigem Charisma hinterher. Meine irisierend dichten Türen melden an ihn Neugewonnenes

---

Hier altert nichts, sogar Papier ein Transformierendes erlebt, rahmen wir im Liter lobenden Buch ein Ruhekissen gerne. Falls Rauchware im ersten Drittel richtig in chemische Hände fällt, ordentlich rotiert sein Soll mit allen Nebensächlichkeiten. Liebevoll ernst sinniert eine tapfere Yellow Press oder gibt Rat allerhöchstens für identische Ereignisse. Von einer rätselhaften Leichtigkeit an gegeben holt er raumgreifend mutige Augen nach, neben sonnigem Charisma hinterher. Meine irisierend dichten Türen melden an ihn Neugewonnenes

---

Hier altert nichts, sogar Papier ein Transformierendes erlebt, rahmen wir im Liter lobenden Buch ein Ruhekissen gerne. Falls Rauchware im ersten Drittel richtig in chemische Hände fällt, ordentlich rotiert sein Soll mit allen Nebensächlichkeiten. Liebevoll ernst sinniert eine tapfere Yellow Press oder gibt Rat allerhöchstens für identische Ereignisse. Von einer rätselhaften Leichtigkeit an gegeben holt er raumgreifend mutige Augen nach, neben sonnigem Charisma hinterher. Meine irisierend dichten Türen melden an ihn Neugewonnenes

---

Hier altert nichts, sogar Papier ein Transformierendes erlebt, rahmen wir im Liter lobenden Buch ein Ruhekissen gerne. Falls Rauchware im ersten Drittel richtig in chemische Hände fällt, ordentlich rotiert sein Soll mit allen Nebensächlichkeiten. Liebevoll ernst sinniert eine tapfere Yellow Press oder gibt Rat allerhöchstens für identische Ereignisse. Von einer rätselhaften Leichtigkeit an gegeben holt er raumgreifend mutige Augen nach, neben sonnigem Charisma hinterher. Meine irisierend dichten Türen melden an ihn Neugewonnenes

Bei vielen typografischen Entscheidungen geht es nicht nur um Fragen der Funktion, sondern auch um **Stilfragen.** Immer wieder stellt sich die grundsätzliche Frage, ob die verschiedenen Schriften und typografischen Elemente **historisch korrekt,** also »stilgerecht« eingesetzt werden müssen, oder ob **Freiheit** bzw. Beliebigkeit herrschen sollen. Dabei ist nicht die Frage gemeint, welche Schrift zu welchem Text paßt, sondern wie sich verschiedene typografische Elemente zueinander verhalten.

Schränkt historisches Wissen die Kreativität ein, oder verleiht es Sicherheit und unterbaut die Entscheidungen?

Die Antwort muß jeder Typograf für sich selbst geben. Doch sollte er nicht Beliebigkeit walten lassen, sondern sich immer bewußt machen, was er tut. Wenn er zum Beispiel Schriften miteinander mischt, die »eigentlich nicht« zueinander passen, kann das einen besonderen ungewohnten Reiz, eine neue Spannung erzeugen – oder ein zufälliges und flaues Ergebnis.

Die Frage soll hier anhand zweier historisch eindeutig bestimmter Gestaltungsmittel angesprochen werden: der **fettfeinen Doppellinie** und der **englischen Linie.** Beide sind typisch für die Zeit des Klassizismus.

Die fettfeine Doppellinie wird zum Vergleich in verschiedenen Linienstärken und Abständen dargestellt. Diese müssen sorgfältig auf die jeweilige Schrift abgestimmt sein.

Die Bodoni und die beiden Linienarten sind aus einem Geist und aus **einer Zeit.** Das ist historisch korrekt, es gibt keinerlei stilistische Reibung.

Die englische Linie ist durch den sich verstärkenden und wieder abnehmenden Druck beim Schreiben mit der Spitzfeder entstanden.

Die typische Renaissance-Antiqua (die Vorbilder der Bembo entstanden Ende des 15. Jahrhunderts) und die Linien aus der Zeit um 1800 – ist das ein unangenehmer **Stilwiderspruch** (zu welcher Ansicht die Verfasser neigen), oder ist das ein reizvoller Kontrast?

Die Rockwell und die Kopflinie scheinen sich merkwürdigerweise gut zu vertragen. Vielleicht liegt das daran, daß die serifenbetonten Schriften in der Zeit des **Historismus** wurzeln, der ja auch stark auf klassizistische Elemente zurückgriff. Die englische Linie hingegen ist der Schrift fremd.

Konstruktivismus (die Futura erschien um 1930) und Klassizismus – geht das zusammen? Formal gibt es keine Verwandtschaft, und dennoch hat der **Kontrast** seinen Reiz. Hängt das mit dem gemeinsamen rationalen Ansatz beider Epochen zusammen? Die englische Linie wirkt aber wie typografische Ironie.

Hier altert nichts, sogar Papier ein Transformierendes erlebt, rahmen wir im Liter lobenden Buch ein Ruhekissen gerne. Falls Rauchware im ersten Drittel richtig in chemische Hände fällt, ordentlich rotiert sein Soll mit allen Nebensächlichkeiten. Liebevoll ernst sinniert eine tapfere Yellow Press oder gibt Rat allerhöchstens für identische Ereignisse. Von einer rätselhaften Leichtigkeit an gegeben holt er raumgreifend mutige Augen

Hier altert nichts, sogar Papier ein Transformierendes erlebt, rahmen wir im Liter lobenden Buch ein Ruhekissen gerne. Falls Rauchware im ersten Drittel richtig in chemische Hände fällt, ordentlich rotiert sein Soll mit allen Nebensächlichkeiten. Liebevoll ernst sinniert eine tapfere Yellow Press oder gibt Rat allerhöchstens für identische Ereignisse. Von einer rätselhaften Leichtigkeit an gegeben holt er raumgreifend

Hier altert nichts, sogar Papier ein Transformierendes erlebt, rahmen wir im Liter lobenden Buch ein Ruhekissen gerne. Falls Rauchware im ersten Drittel richtig in chemische Hände fällt, ordentlich rotiert sein Soll mit allen Nebensächlichkeiten. Liebevoll ernst sinniert eine tapfere Yellow Press oder gibt Rat allerhöchstens für identische Ereignisse von einer rätselhaften Leichtigkeit anders gegeben holt er raumgreifend mutige

Hier altert nichts, sogar Papier ein Transformierendes erlebt, rahmen wir im Liter lobenden Buch ein Ruhekissen gerne. Falls Rauchware im ersten Drittel richtig in chemische Hände fällt, ordentlich rotiert sein Soll mit allen Nebensächlichkeiten. Liebevoll ernst sinniert eine tapfere Yellow Press oder gibt Rat allerhöchstens für identische Ereignisse. Von einer rätselhaften Leichtigkeit an gegeben holt er raumgreifend mutige Augen nach, neben sonnigem Charisma hinterher.

Untergliederung von Textgruppen

Manchmal sind Untergliederungen erwünscht, die weniger als eine Zwischenüberschrift und stärker als eine bloße Abschnitt-Leerzeile trennen. Ihre Auswahl und ihr Stand sind typografische Stilfragen, abhängig vom Charakter des Textes und der formalen Gliederung des Werkes.

Rechts auf dieser Seite
Das klassische typografische Repertoire bietet zur **untergeordneten Gliederung** Sternchen, fette Punkte oder verschiedene Linien an. Für heutige Typografen sollte es ein Vergnügen sein, das Repertoire zu erweitern.

Falls eine Trennungslinie verwendet wird, muß ausgeschlossen werden, daß sie mit anderen Linien, etwa über Fußnoten, in Konkurrenz treten kann.

Rechte Seite, linke Spalte
Manche Autoren lieben die **Unter-Untergliederung** bis in die Abschnitte hinein. Damit müssen die Typografen dann fertig werden. Die Beispiele zeigen einige Möglichkeiten hierzu. Die Erfindung weiterer und anderer funktionsgerechter Varianten kann eine reizvolle Aufgabe sein.

Rechte Seite, rechte Spalte
Es gibt Autoren und Verlage, die zur Hervorhebung bestimmter Texteinheiten einen **Kasten** vorschreiben, also einen Linienrahmen. Dazu wird auf den nächsten Seiten etwas gesagt.

Manche Typografen schätzen solche Kästen wegen ihrer formalen Härte nicht. Hier sind einige Möglichkeiten dargestellt, wie man Kästen **ersetzen** kann – abgesehen von den Auszeichnungsmöglichkeiten durch die Schrift selbst.

Von einer rätselhaften Leichtigkeit an gegeben holt er raumgreifend mutige Augen nach, neben sonnigem Charisma hinterher. Meine irisierend dichten Türen melden an ihn Neugewonnenes zurück. Zum Weinen einfach ist typischerweise auch unser Sieb eben nicht direkt unbedarft, nie

*

Von einer rätselhaften Leichtigkeit an gegeben holt er raumgreifend mutige Augen nach, neben sonnigem Charisma hinterher. Meine irisierend dichten Türen melden an ihn Neugewonnenes zurück. Zum Weinen einfach ist typischerweise auch unser Sieb eben nicht direkt unbedarft, nie

* * *

Von einer rätselhaften Leichtigkeit an gegeben holt er raumgreifend mutige Augen nach, neben sonnigem Charisma hinterher. Meine irisierend dichten Türen melden an ihn Neugewonnenes zurück. Zum Weinen einfach ist typischerweise auch unser Sieb eben nicht direkt unbedarft, nie

• • •

Von einer rätselhaften Leichtigkeit an gegeben holt er raumgreifend mutige Augen nach, neben sonnigem Charisma hinterher. Meine irisierend dichten Türen melden an ihn Neugewonnenes zurück. Zum Weinen einfach ist typischerweise auch unser Sieb eben nicht direkt unbedarft, nie

―――

Von einer rätselhaften Leichtigkeit an gegeben holt er raumgreifend mutige Augen nach, neben sonnigem Charisma hinterher. Meine irisierend dichten Türen melden an ihn Neugewonnenes zurück. Zum Weinen einfach ist typischerweise auch unser Sieb eben nicht direkt unbedarft, nie

═══

Von einer rätselhaften Leichtigkeit an gegeben holt er raumgreifend mutige Augen nach, neben sonnigem Charisma hinterher. Meine irisierend dichten Türen melden an ihn Neugewonnenes zurück. Zum Weinen einfach ist typischerweise auch unser Sieb eben nicht direkt unbedarft, nie

– Von einer rätselhaften Leichtigkeit an gegeben holt er raumgreifend mutige Augen nach, neben sonnigem Charisma hinterher.
– Meine irisierend dichten Türen melden.
– An ihn Neugewonnenes zurück zum Weinen einfach ist typischerweise auch unser Sieb.

– Von einer rätselhaften Leichtigkeit an gegeben holt er raumgreifend mutige Augen nach, neben sonnigem Charisma hinterher.
– Meine irisierend dichten Türen melden.
– An ihn Neugewonnenes zurück zum Weinen einfach ist typischerweise auch unser Sieb.

• Von einer rätselhaften Leichtigkeit an gegeben holt er raumgreifend mutige Augen nach, neben sonnigem Charisma hinterher.
• Meine irisierend dichten Türen melden.
• An ihn Neugewonnenes zurück zum Weinen einfach ist typischerweise auch unser Siebt.

1) Von einer rätselhaften Leichtigkeit an gegeben holt er raumgreifend mutige Augen nach, neben sonnigem Charisma hinterher.
2) Meine irisierend dichten Türen melden.
3) An ihn Neugewonnenes zurück zum Weinen einfach ist typischerweise auch unser Sieb.

1 Von einer rätselhaften Leichtigkeit an gegeben holt er raumgreifend mutige Augen nach, neben sonnigem Charisma hinterher.
2 Meine irisierend dichten Türen melden.
3 An ihn Neugewonnenes zurück zum Weinen einfach ist typischerweise auch unser Sieb.

1 Von einer rätselhafteren Leichtigkeit an gegeben holt er raumgreifend mutige Augen nach, neben sonnigem Charisma hinterher.
2 Meine irisierend dichten Türen melden.
3 An ihn Neugewonnenes zurück zum Weinen einfach ist typischerweise auch unser Sieb.

> Von einer rätselhaften Leichtigkeit an gegeben holt er raumgreifend mutige Augen nach, neben sonnigem Charisma hinterher. Meine irisierend dichten Türen melden an ihn Neugewonnenes zurück. Zum Weinen einfach ist typischerweise auch unser Sieb ebenso nicht

---

Von einer rätselhafteren Leichtigkeit an gegeben holt er raumgreifend mutige Augen nach, neben sonnigem Charisma hinterher. Meine irisierend dichten Türen melden an ihn Neugewonnenes zurück. Zum Weinen einfach ist typischerweise auch unser Sieb eben nicht direkt unbedarft, nie

---

| Von einer rätselhaften Leichtigkeit an gegeben holt er raumgreifend mutige Augen nach, neben sonnigem Charisma hinterher. Meine irisierend dichten Türen melden an ihn Neugewonnenes zurück. Zum Weinen einfach ist typischerweise auch unser Sieb ebenso nicht |

| Von einer rätselhaften Leichtigkeit an gegeben holt er raumgreifend mutige Augen nach, neben sonnigem Charisma hinterher. Meine irisierend dichten Türen melden an ihn Neugewonnenes zurück. Zum Weinen einfach ist typischerweise auch unser Sieb eben nicht direkt unbedarft

▌Von einer rätselhaften Leichtigkeit an gegeben holt er raumgreifend mutige Augen nach, neben sonnigem Charisma hinterher. Meine irisierend dichten Türen melden an ihn Neugewonnenes zurück. Zum Weinen einfach ist typischerweise auch unser Sieb eben nicht direkt unbedarft

Von einer rätselhaften Leichtigkeit an gegeben holt er raumgreifend mutige Augen nach, neben sonnigem Charisma hinterher. Meine irisierend dichten Türen melden an ihn Neugewonnenes zurück. Zum Weinen einfach ist typischerweise auch unser Sieb eben nicht direkt unbedarft, nie

Kästen und Unterlegungen

Schulbuch- und Sachbuch-Herausgeber bestehen mitunter auf Kästen. Sie dienen der **Hervorhebung und Abgrenzung** bestimmter wichtiger Textqualitäten, wie Merksätze, selbständige Zitate, Tabellen und ähnliches.

Die Typografie innerhalb der Kästen kann ruhig und neutral oder gespannt und aktiv gestaltet sein. Das soll durch die vier Beispiele nur angedeutet werden.

**Linienrahmen
linke Spalte**
Die Kästen können aus einfachen Linienrahmen bestehen. Die Linienstärke muß sorgfältig mit der Strichstärke der Schrift abgestimmt werden (**1/2**). Zu feine Linien wirken schmerzhaft spitz (**3**), zu fette Linien wirken wie ein Trauerrand (**4**).

**Rasterunterlegung
mittlere Spalte**
Bei Rasterunterlegungen gibt es häufig Kollisionen von Satzbreite und Rasterflächenbreite (**7**). Wenn beide gleich sind, kann die Schrift nicht atmen, sie hat ein Brett vor der Nase.

Wenn man die Rasterfläche wie einen Linienrahmen behandelt, kann das nicht passieren, dann wird die Schrift schmaler gesetzt (**5/6**).
Muß die Satzbreite des Kastens der vollen Satzbreite der sonstigen Spalten entsprechen, so muß die Rasterfläche verbreitert werden (**8**).

Die Rasterunterlegung ist auch sonst nicht unproblematisch. Zum einen verliert die Schrift an Schärfe, weil die Rasterpunkte die Kontur verändern. Je kleiner die Schrift ist, um so mehr stört der entstehende Sägezahnrand.

Zum anderen verändert sich der Rasterpunkt bei Nachauflagen häufig durch Belichtungs- und Kopieschwankungen oder durch den Wechsel des Papieres. Dann kann aus einem neutralen Hintergrund ein trauriges Schwarzgrau werden, oder die Fläche wird so hell, daß sie wegzubrechen droht. Eine Linie um die Rasterfläche kann diese Gefahr einschränken (**6**).

**Farbige Rasterunterlegung
rechte Spalte**
Farbunterlegungen mit einer aufgerasterten Skala-Farbe, sei es Cyan oder Magenta, wirken manchmal etwas leer (**9**). Wenn man die Farbe durch einen spitzen schwarzen Rasterpunkt unterstützt, wird sie solider, aber der Rasterpunkt beeinträchtigt die Kontur der Schrift (**10**).

Falls ohnehin auf einer Vierfarben-Maschine gedruckt wird, sind aus den drei Buntfarben zusammengesetzte Rasterflächen zu empfehlen (**11/12**). Sie können in Farbigkeit und Helligkeit dem Charakter des Buches und seiner Bilder angepaßt werden, sie können sogar innerhalb eines Werkes variiert werden.

Der sauberen Kante zuliebe ist bei mehrfarbigen Rasterflächen eine schwarze Kontur oft angebracht (**12**).

Schmuckfarben
(hierzu keine Beispiele)
Beim Druck auf einer Mehrfarben-Maschine ist die Verwendung einer Schmuckfarbe möglich, die der jeweiligen Aufgabe entsprechend gewählt werden kann, sei es, daß der Kasten mit einer echten Farbe unterlegt werden soll, sei es, daß farbige Schrift auf eine graue Rasterfläche gedruckt werden soll. Die Farbnuance sollte durch Druckproben sorgfältig bestimmt werden.

1

Hier altert nichts, sogar Papier ein Transformierendes erlebt, rahmen wir im Liter lobenden Buch ein Ruhekissen gerne. Falls Rauchware im ersten Drittel richtig in chemische Hände fällt, ordentlich rotiert sein Sollte mit allen Nebensächlichkeiten. Liebevoller ehrlich sinniert eine tapfere Yellow Press oder gibt Rat allerhöchstens für identische Ereignisse.

2

Hier altert nichts, sogar Papier ein Transformierendes erlebt, rahmen wir im Liter lobenden Buch ein Ruhekissen gerne. Falls Rauchware im ersten Drittel richtig in chemische Hände fällt, ordentlich rotiert sein Sollte mit allen Nebensächlichkeiten. Liebevoller ehrlich sinniert eine tapfere Yellow Press oder gibt Rat allerhöchstens für identische Ereignisse.

3

Hier altert nichts, sogar Papier ein Transformierendes erlebt, rahmen wir im Liter lobenden Buch ein Ruhekissen gerne. Falls Rauchware im ersten Drittel richtig in chemische Hände fällt, ordentlich.

4

Hier altert nichts, sogar Papier ein Transformierendes erlebt, rahmen wir im Liter lobenden Buch ein Ruhekissen gerne. Falls Rauchware im ersten Drittel richtig in chemische Hände fällt, ordentlich rotiert sein Sollte mit allen Nebensächlichkeiten.

Kästen und Unterlegungen Gliedern und Auszeichnen **151**

5

Hier altert nichts, sogar Papier ein Transformierendes erlebt, rahmen wir im Liter lobenden Buch ein Ruhekissen gerne. Falls Rauchware im ersten Drittel richtig in chemische Hände fällt, ordentlich rotiert sein Sollte mit allen Nebensächlichkeiten. Liebevoller ehrlich sinniert eine tapfere Yellow Press oder gibt Rat allerhöchstens für identische Ereignisse.

6

Hier altert nichts, sogar Papier ein Transformierendes erlebt, rahmen wir im Liter lobenden Buch ein Ruhekissen gerne. Falls Rauchware im ersten Drittel richtig in chemische Hände fällt, ordentlich rotiert sein Sollte mit allen Nebensächlichkeiten. Liebevoller ehrlich sinniert eine tapfere Yellow Press oder gibt Rat allerhöchstens für identische Ereignisse.

7

Hier altert nichts, sogar Papier ein Transformierendes erlebt, rahmen wir im Liter lobenden Buch ein Ruhekissen gerne. Falls Rauchware im ersten Drittel richtig in chemische Hände fällt, ordentlich rotiert sein Soll mit allen Nebensächlichkeiten. Liebevoll ehrlich sinniert eine tapfere Yellow Press oder gibt Rat allerhöchstens für identische Ereignisse. Von einer rätselhaften Leichtigkeit an gegeben holt er raumgreifend mutige Augen nach, neben sonnigem Charisma hinterher. Meine irisierend dichten Türen melden an ihn Neugewonnenes zurück. Hier altert nichts, sogar Papier ein Transformierendes erlebt.

8

Hier altert nichts, sogar Papier ein Transformierendes erlebt, rahmen wir im Liter lobenden Buch ein Ruhekissen gerne. Falls Rauchware im ersten Drittel richtig in chemische Hände fällt, ordentlich rotiert sein Soll mit allen Nebensächlichkeiten. Liebevoll ehrlich sinniert eine tapfere Yellow Press oder gibt Rat allerhöchstens für identische Ereignisse. Von einer rätselhaften Leichtigkeit an gegeben holt er raumgreifend mutige Augen nach, neben sonnigem Charisma hinterher. Meine irisierend dichten Türen melden an ihn Neugewonnenes zurück. Hier altert nichts, sogar Papier ein Transformierendes erlebt.

9

Hier altert nichts, sogar Papier ein Transformierendes erlebt, rahmen wir im Liter lobenden Buch ein Ruhekissen gerne. Falls Rauchware im ersten Drittel richtig in chemische Hände fällt, ordentlich rotiert sein Sollte mit allen Nebensächlichkeiten. Liebevoller ehrlich sinniert eine tapfere Yellow Press oder gibt Rat allerhöchstens für identische Ereignisse.

10

Hier altert nichts, sogar Papier ein Transformierendes erlebt, rahmen wir im Liter lobenden Buch ein Ruhekissen gerne. Falls Rauchware im ersten Drittel richtig in chemische Hände fällt, ordentlich rotiert sein Sollte mit allen Nebensächlichkeiten. Liebevoller ehrlich sinniert eine tapfere Yellow Press oder gibt Rat allerhöchstens für identische Ereignisse.

11

Hier altert nichts, sogar Papier ein Transformierendes erlebt, rahmen wir im Liter lobenden Buch ein Ruhekissen gerne. Falls Rauchware im ersten Drittel richtig in chemische Hände fällt, ordentlich rotiert sein Sollte mit allen Nebensächlichkeiten. Liebevoller ehrlich sinniert eine tapfere Yellow Press oder gibt Rat allerhöchstens für identische Ereignisse.

12

Hier altert nichts, sogar Papier ein Transformierendes erlebt, rahmen wir im Liter lobenden Buch ein Ruhekissen gerne. Falls Rauchware im ersten Drittel richtig in chemische Hände fällt, ordentlich rotiert sein Sollte mit allen Nebensächlichkeiten. Liebevoller ehrlich sinniert eine tapfere Yellow Press oder gibt Rat allerhöchstens für identische Ereignisse.

Gedichte im Prosatext

Gedichte können **innerhalb von Prosatexten** erscheinen, wenn der Autor es so will, oder wenn die Gedichte Gegenstand des Textes sind.

Es kann nötig sein, sie möglichst eng in den Verband der Seite einzufügen oder ihnen große Selbständigkeit zukommen zu lassen.

Meistens wird es richtig sein, ein etwas durchscheinendes Papier zu wählen, damit die Gegenseite das Gedicht einzubinden hilft.

Wenn Gedichte beim Umbruch an den **Fuß** der Seite geraten, aber nicht mehr alle Zeilen auf die Seite passen, muß entschieden werden, ob das Gedicht auf zwei Seiten zerteilt wird oder ob die Kolumne niedriger bleibt. Die Entscheidung kann nur abhängig von der Einzelsituation gefällt werden. Oft ist das Problem allerdings durch mühevolle Arbeit auf den Seiten zuvor zu lösen.

Das Gedicht steht in der Grundschrift seitlich auf der **optischen Mitte** des Satzspiegels. Darüber und darunter ist eine **volle Leerzeile.** Das ist der Normalfall. Doch es kann problematisch werden, und zwar dann,
- wenn es mehrere Strophen mit kurzen Zeilen sind, die den Zusammenhalt verlieren;
- wenn Gedichte mit unterschiedlichen Zeilenlängen auf einer Seite auftreten und deren Linksachsen dem Zufall überlassen sind;
- wenn die Ausgangszeile über dem Gedicht sehr kurz ist, wodurch sich optisch zwei Leerzeilen ergeben und das Gedicht zum folgenden, statt zum darüberstehenden Absatz zu gehören scheint.

Das Gedicht ist im Grundschriftgrad kursiv gesetzt, es steht mit einem deutlichen **Einzug auf Linksachse,** darüber und darunter ist eine **halbe Leerzeile.** Durch den geringeren Abstand ist es besser in den Seitenverband eingefügt, durch die Linksachse sind die oben aufgezeigten Probleme kaum zu befürchten.

Wenn das Gedicht durch Umbruch-Zufälle an den Kopf der Seite gerät, muß aus der dem Gedicht folgenden halben Leerzeile eine ganze gemacht werden. Steht das Gedicht am Fuß der Seite, kann entweder darüber eine ganze Leerzeile stehen oder die restliche halbe Leerzeile wird am Fuß der Seite freigelassen.

Hier altert nichts, sogar Papier ein Transformierendes erlebt, rahmen wir im Liter lobenden Buch ein Ruhekissen gerne. Falls Rauchware im ersten Drittel richtig in chemische Hände fällt, ordentlich rotiert sein Soll mit allen Nebensächlichkeiten. Liebevoll ernst sinniert eine tapfere Yellow Press oder gibt Rat allerhöchstens für identische Ereignisse. Von einer rätselhaften Leichtigkeit an gegeben holt er raumgreifend.

> Mutige Augen nach,
> Neben sonnigem Charisma
> Hinterher. Meine irisierend
> Dichten Türen melden
> An ihn Neugewonnenes zurück.

Zum Weinen einfach ist typischerweise auch unser Sieb; eben nicht direkt unbedarft, nicht doppelt verbunden, ist es robust. Über Banales erhalten Rehe aber regelmäßig bloß Erklärungen in Tälern, Ebenen, Tiergärten, Eiscafés. Nichts ermüdet uns angenehmer und für lange Abenteuer gefahrvoller Ersatz. Gute Losung an unserem Bau, trotzdem.

Hier altert nichts, sogar Papier ein Transformierendes erlebt, rahmen wir im Liter lobenden Buch ein Ruhekissen gerne. Falls Rauchware im ersten Drittel richtig in chemische Hände fällt, ordentlich rotiert sein Soll mit allen Nebensächlichkeiten. Liebevoll ernst sinniert eine tapfere Yellow Press oder gibt Rat allerhöchstens für identische Ereignisse. Von einer rätselhaften Leichtigkeit an gegeben holt er raumgreifend.

> *Mutige Augen nach,*
> *Neben sonnigem Charisma*
> *Hinterher. Meine irisierend*
> *Dichten Türen melden*
> *An ihn Neugewonnenes zurück.*

Zum Weinen einfach ist typischerweise auch unser Sieb; eben nicht direkt unbedarft, nicht doppelt verbunden, ist es robust. Über Banales erhalten Rehe aber regelmäßig bloß Erklärungen in Tälern, Ebenen, Tiergärten, Eiscafés. Nichts ermüdet uns angenehmer und für lange Abenteuer gefahrvoller Ersatz. Gute Losung an unserem Bau, trotzdem.

Wenn das Gedicht Teil des zusammenhängenden Absatzes ist, ist die ihm folgende erste Zeile des scheinbar neuen Absatzes nicht eingezogen. Beginnt danach ein neuer Absatz, wird mit Einzug gesetzt.

Ist das Werk ohne Einzug angelegt, wird der Unterschied nicht kenntlich, es sei denn, der Abstand unter dem Gedicht wird vor einem neuen Absatz vergrößert.

Gedichtzeilen dürfen die rechte Satzspiegelkante etwas überschreiten, das ist viel weniger störend als eine Zeilenbrechung. Notfalls können Gedichte sogar in einem etwas kleineren Grad gesetzt werden. Im Zweifelsfall hat nicht der typografische Block, sondern der inhaltliche und sprachliche Zusammenhang Vorrang.

Das Gedicht ist mit Einzug **ohne zusätzlichen Zeilenabstand** in den Text geschoben. Es ist kein selbständiges Gedicht-Zitat, sondern ein etwas hervorgehobener Bestandteil des Textes, nur etwas mehr als im fortlaufenden Text hervorgehoben. Die Zeilen könnten auch gerade und auf Mitte des Satzspiegels gesetzt sein. Bei mehrstrophigen Gedicht-Einschüben ist der Verzicht auf Leerzeilen nicht möglich.

Die Konzeption mit den halben Leerzeilen funktioniert bei zwei- oder vierstrophigen Gedichten wegen der ungeraden Zahl der Zwischenräume nicht. In diesen Fällen muß auf das **Register verzichtet** werden:
– Entweder wird der Leerzeilenraum auf die drei oder fünf Zwischenräume verteilt.
– Oder, besser, der Leerraum über und unter dem Gedicht wird variabel gehalten (aber nicht kleiner als eine Leerzeile), innerhalb des Gedichtes stehen halbe Leerzeilen. Die folgenden Prosazeilen halten wieder Register.

Hier altert nichts, sogar Papier ein Transformierendes erlebt, rahmen wir im Liter lobenden Buch ein Ruhekissen gerne. Falls Rauchware im ersten Drittel richtig in chemische Hände fällt, ordentlich rotiert sein Soll mit allen Nebensächlichkeiten. Liebevoll ernst sinniert eine tapfere Yellow Press oder gibt Rat allerhöchstens für identische Ereignisse.
Von einer rätselhaften Leichtigkeit an
Gegeben holt er raumgreifend mutige.
Augen nachher, neben sonnigem Charisma hinterher. Meine irisierend dichten Türen melden an ihn Neugewonnenes zurück. Zum Weinen einfach ist typischerweise auch unser Sieb; ebenso nicht direkt unbedarft, nicht doppelt verbunden, ist einer robust. *Über Banales erhalten Rehe aber regelmäßig / bloß Erklärungen in Tälern.* Ebenen, Tiergärten, Eiscafés. Nichts ermüdet uns angenehmer und für lange Abenteuer gefahrvoller Ersatz. Gute Losung an unserem Bau, trotzdem: ich habend mittels kollegialer Erfahrung intensiv nachgedacht, wie oft Redewendungen tauchen als. Hier altert nichts, sogar Papier ein Transformierendes erlebt, rahmen wir im Liter lobenden Buch ein Ruhekissen gerne

Hier altert nichts, sogar Papier ein Transformierendes erlebt, rahmen wir im Liter lobenden Buch ein Ruhekissen gerne. Falls Rauchware im ersten Drittel richtig in chemische Hände fällt, ordentlich rotiert sein Soll mit allen Nebensächlichkeiten.

Liebevoll ernst sinniert
Eine tapfere Yellow Press
Oder gibt Rat allerhöchstens
Für identische Ereignisse.

Von einer rätselhaften
Leichtigkeit an gegeben
Holt er raumgreifend mutige
Augen nach, neben.

Sonnigem Charisma hinterher. Meine irisierend dichten Türen melden an ihn Neugewonnenes zurück. Zum Weinen einfach ist typischerweise auch unser Sieb; eben nicht direkt unbedarft, nicht doppelt verbunden, ist es robust. Über Banales erhalten Rehe aber regelmäßig bloß Erklärungen in Tälern, Ebenen, Tiergärten, Eiscafés. Nichts ermüdet uns angenehmer und für lan-

Fußnoten

Fußnoten sind nicht integrierte Bestandteile eines Textes, sie ergänzen ihn. Für manche Leser sind sie unwichtig, andere arbeiten mit ihnen. Die einen müssen sie überlesen können, die anderen müssen sie schnell finden.

Daraus folgt für die Typografie, daß die **Notenziffern** innerhalb des Haupttextes **zurückhaltend** erscheinen sollen, als ein Angebot, das man nicht wahrnehmen muß.

Dagegen sollen sie unten, vor der Fußnote, **deutlich** in Erscheinung treten. Das ist kein Verstoß gegen die Grundregel »Gleiches gleich behandeln«, denn die Notenziffern im Text und vor der Fußnote sind nicht das gleiche, sie haben verschiedene Funktionen.

In Bleisatzzeiten bestanden die Notenziffern aus einer klassizistischen Antiqua, so mußten nicht für jede Schrift eigens hochgestellte Ziffern angefertigt werden. Heute sind es in der Regel Versalziffern aus der Grundschrift. Es können aber auch Mediävalziffern funktionieren.

Detailtypografische Hinweise: **Die hochgestellten Ziffern müssen von den zugehörigen Buchstaben einen ausreichenden Abstand haben.**

Auch nach kursiven oder halbfetten Wörtern ist die Notenziffer wieder normal und aufrecht.

Die hochgestellten Ziffern dürfen nicht zu klein gewählt werden; sie werden sonst spitz und unleserlich. Hochgestellte Mediävalziffern können größer gesetzt werden als Versalziffern. Auch Ziffern mit Unterlängen müssen als hochgestellt erkennbar sein.

Auch zum Thema Fußnoten sei auf »**Detailtypografie**« verwiesen.

Notenziffern mit den im 19. und Anfang des 20. Jahrhunderts üblichen **Klammern** sind nicht zu übersehen; der Leser nimmt sie wahr, ob er will oder nicht – und wird beim Lesen gestört. Sie sind heute nur bei historisierender, nicht aber bei Funktionstypografie am Platz.

Im Haupttext hochgestellte Notenziffern können bewußt überlesen oder bewußt wahrgenommen werden. Wenn die Notenziffern **unten** ebenfalls **hochgestellt** werden, sind sie erstens schlecht zu lesen und verlieren zweitens den Bezug zu ihrer Zeile; bei mehreren aufeinanderfolgenden einzeiligen Fußnoten kann das wie versehentlich verschoben aussehen. Davon ist abzuraten.

Die Notenziffern aus **Versalziffern,** im Haupttext verkleinert und hochgestellt, stehen hier vor den Fußnoten in deren Schriftgrad **freigestellt** vor den eingezogenen Zeilen. Sie können dadurch nicht mit anderen Ziffern innerhalb der Fußnoten verwechselt werden. Bei vielzeiligen Fußnoten kann durch die zweite Linksachse die Stabilität des Satzspiegels beeinträchtigt werden.

Die Notenziffern (hier zum Vergleich aus **Mediävalziffern** im Schriftgrad der Fußnoten) vor den Fußnoten sind wie die Absätze im Haupttext **eingezogen.** Das kann Probleme mit sich bringen, wenn häufig kurze Fußnoten oder Ausgangszeilen vorkommen und diese gar durch Zufall mit einer Zahl beginnen. Dem kann man begegnen, indem man die Zahlen im Text aus Mediävalziffern, die Notenziffern aus Versalziffern setzt.

Hier altert nichts, sogar Papier ein Transformierendes erlebt, rahmen wir im Liter lobenden Buch ein Ruhekissen gerne. Falls Rauchware[23]) im ersten Drittel richtig in chemische Hände fällt, ordentlich rotiert sein Soll mit allen Nebensächlichkeiten. Liebevoll ernst sinniert eine tapfere Yellow Press.[24])

[23]) Oder gibt Rat allenfalls für identische Ereignisse. Von einer rätselhaften Leichtigkeit an gegeben holt einer raumgreifend mutige Augen nach.
[24]) Neben sonnigem Charon hinterher. Meine irisierend dichten Türen melden an ihn Neugewonnenes zurück.

Hier altert nichts, sogar Papier ein Transformierendes erlebt, rahmen wir im Liter lobenden Buch ein Ruhekissen gerne. Falls Rauchware[23] im ersten Drittel richtig in chemische Hände fällt, ordentlich rotiert sein Soll mit allen Nebensächlichkeiten. Liebevoll ernst sinniert eine tapfere Yellow Press.[24]

[23] Oder gibt Rat allerhöchstens für identische Ereignisse. Von einer rätselhaften Leichtigkeit an gegeben holt einer raumgreifend mutige Augen nach.
[24] Neben sonnigem Charon hinterher. Meine irisierend dichten Türen melden an ihn Neugewonnenes zurück.

Hier altert nichts, sogar Papier ein Transformierendes erlebt, rahmen wir im Liter lobenden Buch ein Ruhekissen gerne. Falls Rauchware[23] im ersten Drittel richtig in chemische Hände fällt, ordentlich rotiert sein Soll mit allen Nebensächlichkeiten. Liebevoll ernst sinniert eine tapfere Yellow Press.[24]

23 Oder gibt Rat allerhöchstens für identische Ereignisse. 1965 von einer rätselhaften Leichtigkeit an gegeben holt einer raumgreifend mutige Augen nach.
24 Neben sonnigem Charon hinterher. Meine irisierend dichten Türen melden an ihn Neugewonnenes zurück.

Hier altert nichts, sogar Papier ein Transformierendes erlebt, rahmen wir im Liter lobenden Buch ein Ruhekissen gerne. Falls Rauchware[23] im ersten Drittel richtig in chemische Hände fällt, ordentlich rotiert sein Soll mit allen Nebensächlichkeiten. Liebevoll ernst sinniert eine tapfere Yellow Press.[24]

23 Oder gibt Rat allerhöchstens für identische Ereignisse. Von einer rätselhaften Leichtigkeit an gegeben holt einer raumgreifend mutige Augen nach.
24 Neben sonnigem Charisma hinterher. Meine irisierend 1965 dichten Türen melden an ihn Neugewonnenes zurück.

Bei den Beispielen links wurde für die Fußnoten wie für den Haupttext **Blocksatz** gewählt. Die Kolumne bleibt so am stabilsten, Blocksatz ist außerdem meist einfacher und damit billiger zu setzen.

Da in Fußnoten aber sehr oft Namen, Daten und Zahlen vorkommen, sieht man oft auch **Flattersatz,** in dem häßliche und für die Lesbarkeit hinderliche Trennungen vermieden werden können. Außerdem kann man im Flattersatz die Zeilenanzahl leichter manipulieren, was gerade beim Umbruch mit Fußnoten die Arbeit sehr erleichtern kann (auch wenn man die Kolumen mit »tanzendem Fuß« setzt, möchte man die Kolumnenhöhe aus ästhetischen Gründen oft variieren). Die Beispiele auf dieser Seite sind daher im Flattersatz gesetzt.

Der **Abstand** zwischen Haupttext und Fußnote ist naturgemäß variabel. Er muß in jedem Fall unübersehbar sein. Bei Satzstrukturen mit zahlreichen Ausgangszeilen (optischen Leerzeilen) muß er mehr als eine Leerzeile betragen, bei geschlossenen Kolumnen etwa eine Leerzeile.

Bei Texten mit verschiedenen Schriftgraden, zum Beispiel Zitaten im kleineren Grad, ist es sinnvoll, eine Linie zur Abgrenzung der Fußnoten einzusetzen.

Der Abstand zwischen der Linie und der ersten Fußnotenzeile ist konstant, der Abstand über der Linie variabel.

Die Notenziffern vor den Fußnoten stehen auf **Linksachse,** danach folgt ein fester Abstand. Die Gesamtseite wird so besonders stabil, jedoch besteht auch hier die Gefahr der Verwechslung mit zufällig vorne stehenden Zahlen.

Die Ziffern vor den Fußnoten sind der leichteren Auffindbarkeit wegen **halbfett** gesetzt. Verwechslungsgefahr mit anderen Zahlen besteht nicht.

Eine **kurze Linie** trennt deutlicher als eine Leerzeile die Fußnoten vom Text. Das ist bei sehr vollen Seiten und bei komplizierten Textstrukturen sinnvoll. Wenn der Raum zwischen Hauptkolumne und Fußnoten variabel ist, bleibt der Abstand der Linie zu den Fußnoten gleich; zum Ausgleich dient der Raum zwischen Hauptkolumne und Linie.

Eine **Linie auf volle Breite** versetzt die Fußnote in eine andere Ebene; sie ergänzt den Text nicht mehr, sie steht parallel zu ihm. Das kann vor allem dann die Situation klären, wenn die Fußnoten auf einer Seite länger sind als der übergeordnete Text.

Hier altert nichts, sogar Papier ein Transformierendes erlebt, rahmen wir im Liter lobenden Buch ein Ruhekissen gerne. Falls Rauchware[23] im ersten Drittel richtig in chemische Hände fällt, ordentlich rotiert sein Soll mit allen Nebensächlichkeiten. Liebevoll ernst sinniert eine tapfere Yellow Press.[24]

23 Oder gibt Rat allerhöchstens für identische Ereignisse. 1965 von einer rätselhaften Leichtigkeit an gegeben holt einer raumgreifend mutige Augen nach.
24 Neben sonnigem Charisma hinterher. Meine irisierend dichten Türen melden an ihn Neugewonnenes zurück.

Hier altert nichts, sogar Papier ein Transformierendes erlebt, rahmen wir im Liter lobenden Buch ein Ruhekissen gerne. Falls Rauchware[23] im ersten Drittel richtig in chemische Hände fällt, ordentlich rotiert sein Soll mit allen Nebensächlichkeiten. Liebevoll ernst sinniert eine tapfere Yellow Press.[24]

23 Oder gibt Rat allerhöchstens für identische Ereignisse. 1965 von einer rätselhaften Leichtigkeit an gegeben holt einer raumgreifend mutige Augen nach.
24 Neben sonnigem Charisma hinterher. Meine irisierend dichten Türen melden an ihn Neugewonnenes zurück.

Hier altert nichts, sogar Papier ein Transformierendes erlebt, rahmen wir im Liter lobenden Buch ein Ruhekissen gerne. Falls Rauchware[23] im ersten Drittel richtig in chemische Hände fällt, ordentlich rotiert sein Soll mit allen Nebensächlichkeiten. Liebevoll ernst sinniert eine tapfere Yellow Press.[24]

―――――

23 Oder gibt Rat allerhöchstens für identische Ereignisse. Von einer rätselhaften Leichtigkeit an gegeben.
24 Neben sonnigem Charisma hinterher. Meine irisierend dichten Türen melden an ihn Neugewonnenes zurück.

Hier altert nichts, sogar Papier ein Transformierendes erlebt, rahmen wir im Liter lobenden Buch ein Ruhekissen gerne. Falls Rauchware[23] im ersten Drittel richtig in chemische Hände fällt, ordentlich rotiert sein Soll mit allen Nebensächlichkeiten. Liebevoll ernst sinniert eine tapfere Yellow Press.[24]

―――――――――――――――――――――――

23 Oder gibt Rat allerhöchstens für identische Ereignisse. Von einer rätselhaften Leichtigkeit an gegeben.
24 Neben sonnigem Charisma hinterher. Meine irisierend dichten Türen melden an ihn Neugewonnenes zurück.

Bei wissenschaftlichen Werken sind oft lange Zeilen nötig. Ein guter Typograf kann dennoch durch sorgfältiges Austarieren von Schriftgrad und Zeilenabstand für gute Lesbarkeit sorgen. Kommen aber längere Fußnotentexte hinzu, ist es oft aus mit seiner Kunst. Die Fußnoten (in denen häufig Wichtiges steht) werden dann zum Textgrab.

Hier altert nichts, sogar Papier ein Transformierendes erlebt, rahmen wir im Liter lobenden Buch ein Ruhekissen gerne. Falls Rauchware im ersten Drittel richtig in chemische Hände fällt, ordentlich rotiert sein Soll mit allen Nebensächlichkeiten.[23] Liebevoll ernst sinniert eine tapfere Yellow Press oder gibt Rat allerhöchstens für identische Ereignisse. Von einer rätselhaften Leichtigkeit an gegeben holt er raumgreifend mutige Augen nach, neben sonnigem Charisma[24] hinterher. Meine irisierend dichten Türen

23 Zum Weinen einfach ist typischerweise auch unser Sieb; eben nicht direkt unbedarft, nicht doppelt verbunden, ist es robust. Über Banales erhalten Rehe aber regelmäßig bloß Erklärungen in Tälern, Ebenen, Tiergärten, Eiscafés. Nichts ermüdet uns angenehmer und für lange Abenteuer gefahrvoller Ersatz. Gute Losung an unserem Bau, trotzdem: ich habe mittels kollegialer Erfahrung intensiv nachgedacht, wie oft Redewendungen tauchen.
24 Hier altert nichts, sogar Papier ein Transformierendes erlebt, rahmen wir im Liter lobenden Buch ein Ruhekissen gerne. Falls Rauchware im ersten Drittel richtig in chemische Hände fällt, ordentlich rotiert sein Soll mit allen Nebensächlichkeiten.

Zu lange Fußnotenzeilen können durch **zweispaltigen Satz** vermieden werden. Wenn die Fußnoten vor allem aus kurzen Quellenverweisen bestehen, spart der zweispaltige (oder sogar mehrspaltige) Umbruch viele Zeilen ein.

Es ist nicht nötig, bei zweispaltigem Fußnoten-Umbruch krampfhaft für beide Spalten die gleiche **Zeilenzahl** anzustreben. Eine Spalte auf Kolumnenhöhe genügt für die Stabilität der Doppelseite, die andere kann eine oder zwei Zeilen niedriger sein.

Hier altert nichts, sogar Papier ein Transformierendes erlebt, rahmen wir im Liter lobenden Buch ein Ruhekissen gerne. Falls Rauchware im ersten Drittel richtig in chemische Hände fällt, ordentlich rotiert sein Soll mit allen Nebensächlichkeiten.[23] Liebevoll ernst sinniert eine tapfere Yellow Press oder gibt Rat allerhöchstens für identische Ereignisse. Von einer rätselhaften Leichtigkeit an gegeben holt er raumgreifend mutige Augen nach, neben sonnigem Charisma[24] hinterher. Meine irisierend dichten Türen

23 Zum Weinen einfach ist typischerweise auch unser Sieb; eben nicht direkt unbedarft, nicht doppelt verbunden, ist einer robust. Über Banales erhalten Rehe aber regelmäßig bloß Erklärungen in Tälern, Ebenen, Tiergärten, Eiscafés. Nichts ermüdet uns angenehmer und für lange Abenteuer gefahrvoller Ersatz. Gute Losung an unserem Bau, trotzdem: ich habe mittels kollegialer Erfahrung intensiv nachgedacht, wie oft Redewendungen tauchen.
24 Hier altert nichts, sogar Papier ein Transformierendes erlebt, rahmen wir im Liter lobenden Buch ein Ruhekissen gerne. Falls Rauchware im ersten Drittel richtig in chemische Hände fällt, ordentlich rotiert sein Soll mit allen.

Wenn durch den Schriftgrad und die Satzbreite bei zweispaltigem Fußnoten-Umbruch Löcher in den Zeilen drohen, ist **Flattersatz** angebracht. Das gleiche gilt für Fußnotentexte mit häufig auftretenden längeren Daten oder Namen, deren Trennung auf diese Weise leichter vermieden werden kann. Flattersatz in Fußnoten hat auch den Vorteil, daß man viel leichter eine Fußnotenzeile einbringen oder austreiben kann.

Hier altert nichts, sogar Papier ein Transformierendes erlebt, rahmen wir im Liter lobenden Buch ein Ruhekissen gerne. Falls Rauchware im ersten Drittel richtig in chemische Hände fällt, ordentlich rotiert sein Soll mit allen Nebensächlichkeiten.[23] Liebevoll ernst sinniert eine tapfere Yellow Press oder gibt Rat allerhöchstens für identische Ereignisse. Von einer rätselhaften Leichtigkeit an gegeben holt er raumgreifend mutige Augen nach, neben sonnigem Charisma[24] hinterher. Meine irisierend dichten Türen

23 Zum Weinen einfach ist typischerweise auch unser Sieb; eben nicht direkt unbedarft, nicht doppelt verbunden, ist es robust. Überaus Banales erhalten Rehe aber regelmäßig bloß Erklärungen in Tälern, Ebenen, Tiergärten, Eiscafés. Nichts ermüdet uns angenehmer und für lange Abenteuer gefahrvoller Ersatz. Gute Losung an unserem Bau, trotzdem: ich habe mittels kollegialer Erfahrung intensiv nachgedacht, wie oft Redewendungen tauchen.
24 Heute altert nichts, sogar Papier ein Transformierendes erlebt, rein wir im Liter lobenden Buch ein Ruhekissen gerne. Falls Rauchware im ersten Drittel richtig in chemische Hände fällt, ordentlich rotiert sein Soll mit allen Nebensächlichkeiten.

Der **Umbruch** von Seiten mit Fußnoten kann einen manchmal zur Verzweiflung bringen, wenn etwa die Notenziffer in der drittletzten Zeile auftaucht und eine vierzeilige Fußnote dazugehört. Das Ziel ist natürlich, daß eine **Fußnote** vollständig **auf »ihrer« Seite** steht.

Wenn das partout nicht möglich ist, müssen zum einen einzelnstehende Fußnotenzeilen vermieden werden (das ist die gleiche Arbeit wie das Einbringen von Hurenkindern), zum anderen muß verhindert werden, daß die Fußnote scheinbar vor dem Umblättern endet, das heißt, die letzte Zeile vor einer umlaufenden Fußnote sollte nicht mit einem Punkt enden.

Bei zwei- oder mehrspaltigem Umbruch können die Fußnoten wie oben am Fuß über die Spalten hin verteilt werden; sie können aber auch **am Fuß einer Spalte** vereinigt werden, zum Beispiel immer in den inneren oder in den rechten Spalten der Doppelseite.

Nichts ermüdet uns angenehmer und für lange Abenteuer gefahrvoller Ersatz. Gute Losung an unserem Bau, trotzdem: ich habe mittels kollegialer Erfahrung intensiv nachgedacht, wie oft Redewendungen tauchen. Hier altert nichts,[23] sogar Papier ein Transformierendes erlebt, rahmen wir im Liter lobenden Buch ein Ruhekissen gerne. Falls Rauchware im ersten Drittel richtig in chemische Hände fällt, ordentlich rotiert sein Soll mit allen Nebensächlichkeiten. Liebevoll ehrlich sinniert eine tapfere Yellow Press oder gibt Rat allerhöchstens für identische Ereignisse. Zum Weinen einfach ist typischerweise auch unser Sieb; eben nicht direkt unbedarft,

[23] Falls Rauchware im ersten Drittel richtig in chemische Hände fällt, ordentlich rotiert sein Soll mit allen Nebensächlichkeiten.
[24] Liebevoll ernst sinniert eine tapfere Yellow Press oder gibt Rat allerhöchstens für identische Ereignisse. Von einer rätselhaften Leich-

nicht doppelt verbunden, ist es robust. Über Banales erhalten Rehe aber regelmäßig bloß Erklärungen in Tälern, Ebenen, Tiergärten, Eiscafés. Nichts ermüdet uns angenehmer und für langes Abenteuer gefahrvoller Ersatz. Gute Losung an unserem Bau, trotzdem: ich habe mittels kollegialer Erfahrung intensiv nachgedacht, wie oft Redewendungen[24] tauchen. Hier alterte nichts, sogar Papier ein Transformierendes erlebte, rahmten wir im Liter lobenden Buch einem Ruhekissen gerne. Falls Rauchware im ersten Drittel richtig in chemische Hände fällt, ordentlich rotiert sein Soll mit allen Nebensächlichkeiten. Liebevoll ehrlich sinniert[25] eine tap-

tigkeit an gegeben holt er raumgreifend mutige Augen nach, neben sonnigem Charisma hinterher. Meine irisierend dichten Türen melden an ihn Neugewonnenes zurück.
[25] Zum Weinen einfach ist typischerweise auch unser Sieb; eben nicht direkt unbedarft,

---

Nichts ermüdet uns angenehmer und für lange Abenteuer gefahrvoller Ersatz. Gute Losung an unserem Bau, trotzdem: ich habe mittels kollegialer Erfahrung intensiv nachgedacht, wie oft Redewendungen tauchen. Hier altert nichts,[23] sogar Papier ein Transformierendes erlebt, rahmen wir im Liter lobenden Buch ein Ruhekissen gerne. Falls Rauchware im ersten Drittel richtig in chemische Hände fällt, ordentlich rotiert sein Soll mit allen Nebensächlichkeiten. Liebevoll ehrlich sinniert eine tapfere Yellow Press oder gibt Rat allerhöchstens für identische Ereignisse. Zum Weinen einfach ist typischerweise auch unser Sieb; eben nicht direkt unbedarft, nicht doppelt verbunden, ist es robust. Über Banales erhalten Rehe aber regelmäßig bloß Erklärungen in Tälern, Ebenen, Tiergärten, Eiscafés. Nichts ermüdet uns angenehmer und so für lange Abenteuer

gefahrvoller Ersatz. Gute Losung an unserem Bau, trotzdem: ich habe mittels kollegialer Erfahrung intensiv nachgedacht, wie oft Redewendungen[24] tauchen. Hier altert nichts, sogar Papier ein Transformierendes erlebt, rahmten wir im Liter lobenden Buch einen Ruhekissen gerne. Falls Rauchware im ersten Drittel richtig in chemische Hände fällt, ordentlich ro-

[23] Falls Rauchware im ersten Drittel richtig in chemische Hände fällt, ordentlich rotiert sein Soll mit allen Nebensächlichkeiten.
[24] Liebevoll ernst sinniert eine tapfere Yellow Press oder gibt Rat allerhöchstens für identische Ereignisse. Von einer rätselhaften Leichtigkeit an gegeben holt er raumgreifend mutige Augen nach, neben sonnigem Charisma hinterher. Meine irisierend dichten Türen melden an ihn Neugewonnenes zurück.
[25] Zum Weinen einfach ist typischerweise auch unser Sieb; eben nicht direkt unbedarft, nicht doppelt verbunden, ist es robust.

Die Fußnoten stehen in schmalem Satz eingezogen wie die Überschriften und die Pagina; dadurch, daß sie auf der Höhe der Pagina (die sie auf linken Seiten verdrängen) und nicht der letzten Textzeile enden, lockern sie als Kontrapunkt das Seitenbild auf.

Hans Peter Willberg
Das Buch ist
ein sinnliches Ding
Clausen & Bosse, Leck 1993
12,5 × 19 cm, 232 Seiten
Schriften: Iridium und Univers
leicht gelbliches Werkdruckpapier

HPW

Die Fußnoten haben mit dem Haupttext nur den Kopfsteg und den Grundlinienraster gemein, seitlich und nach unten überschreiten sie den Satzspiegel, gelegentlich bis auf die Schriftlinie der Seitenzahl, wie auf der linken Beispielseite zu sehen ist. Der Grundschrift-Satzspiegel ist durch das ganze Buch streng durchgehalten, der Fußnoten-Satzspiegel tanzt.

Ulrike Grossarth
Tyyne Claudia Pollmann (Hg.)
Rainer Borgemeister:
Marcel Broodthaers –
Lesen und Sehen
Weidle Verlag, Bonn 2003
17 × 24 cm, 384 Seiten
Schriften: Life
und Akzidenz-Grotesk
gelbliches Naturpapier

FF

Das Buch enthält Vorträge und Diskussionen. Vorträge: einspaltiger Blocksatz, großer Grad. Diskussionen: etwas breiterer zweispaltiger Flattersatz, etwas kleinerer Grad. Fußnoten: durch spaltenbreite Linie abgetrennt, kleinster Grad. Vorträge haben Fußnoten, Diskussionsbeiträge nicht. Also sind die Fußnoten üblicherweise so breit wie der einspaltige Blocksatz. Fußnoten, die unter Diskussionsbeiträge zu stehen kommen, passen sich ihm aber in der Satzbreite an, wie im nebenstehenden Beispiel rechts unten zu sehen ist.

Stefan Altekamp u. a. (Hg.)
Posthumanistische klassische
Archäologie
Hirmer Verlag, München 2001
17 × 24 cm, 512 Seiten
Schriften: Minion, Helvetica
gebrochen weißes Offsetpapier

Lisa Neuhalfen

Die in der halben Spaltenbreite und einem mageren Schriftschnitt gesetzten Fußnoten tanzen am Fuß der Seite und lockern deren Strenge auf. Die Linien sind in einem Braunton gedruckt.

Helga Grebing u. a. (Hg.)
Das HolzArbeiterBuch
Bund Verlag, Köln 1993
20,6 × 28 cm, 312 Seiten
Schrift: Today
leicht gelbliches gestrichenes Offsetpapier

HPW

Fußnoten Gliedern und Auszeichnen

Die Fußnoten sind marginal gestellt, auf der Höhe der Zeile mit der entsprechenden Notenziffer beginnend.
Das geht natürlich nur, wenn die Fußnoten spärlich, gut verteilt und kurz sind, dann aber kann es sehr reizvoll wirken.

Forschung und Technik in Deutschland seit 1945
Deutsches Museum Bonn
Deutscher Kunstverlag,
München 1995
21 × 28 cm, 552 Seiten
Schriften: Garamond
und Univers
mattes weißes
Kunstdruckpapier

HPW

Marginalien

Marginalien, meist am äußeren Rand neben dem Satzspiegel stehend, sind ein typografisch reizvolles Mittel, ergänzende Texte zuzuordnen. (Bei den Beispielen dieser beiden Seiten steht die Haupttextspalte stellvertretend für die linke *und* die rechte Textseite.) Marginalien sind aktiver als Fußnoten; man kann und soll sie nicht überlesen. Aber auch Fußnoten können marginal angeordnet werden (2. Beispiel).

Bei den Beispielen des oberen Spaltenteiles sind die Marginalien am linken und am rechten Rand **linksbündig** gesetzt. Die marginalen Textgruppen werden so auf die gleiche Weise gelesen. Dafür ist der Zwischenschlag unterschiedlich: rechts stehen zwei gerade Satzspiegelkanten einander gegenüber, links eine bewegte Flattersatzzone gegen eine gerade Kante. Der Abstand zwischen den längstmöglichen Flattersatzzeilen zur linken Satzkante ist kleiner gehalten als der Abstand zwischen Rechts- und Linksachse auf der rechten Seite, damit die Abstände optisch einigermaßen korrespondieren.

Beim Beispiel rechts sind die Marginalien **symmetrisch** angeordnet: links auf Rechtsachse, rechts auf Linksachse. Der Zwischenschlag ist damit auf beiden Seiten identisch. Dafür werden die Textgruppen unterschiedlich gelesen. Der ungewohnte rechtsbündige Flattersatz verleiht den hervorstehenden Zeilen scheinbar eine größere Bedeutung, man liest sie manchmal vor den kurzen Zeilen, das ergibt sich durch Zufall. Deshalb muß die Zeilenbrechung in diesem Fall besonders sorgfältig korrigiert werden.

Marginalien **auf Mitte** gesetzt, wie beim unteren Beispiel, führen ein von der Textkolumne distanziertes Eigenleben.

Erlebt, rahmen wir im Liter lobenden Buch ein Ruhekissen gerne.

1
Falls Rauchware im ersten Drittel richtig in chemische Hände fällt ordentlich.

Eben nicht direkt unbedarft, nicht doppelt verbunden, ist es robust.

Liebevoll ehrlich sinniert eine tapfere Yellow Press oder gibt Rat allerhöchstens für identische Ereignisse.

Hier altert nichts, sogar Papier ein Transformierendes erlebt, rahmen wir im Liter lobenden Buch ein Ruhekissen gerne. Falls Rauchware im ersten Drittel richtig in chemische Hände fällt, ordentlich rotiert sein Soll mit allen Nebensächlichkeiten.

Liebevoll ernst sinniert eine tapfere Yellow Press oder gibt Rat allerhöchstens für identische Ereignisse. Von einer rätselhaften Leichtigkeit an gegeben holt er raumgreifend mutige Augen nach, neben sonnigem Charisma hinterher. Meine irisierend dichten Türen melden an ihn Neugewonnenes zurück. Zum Weinen[1] einfach ist typischerweise auch unser Sieb; eben nicht direkt unbedarft, nicht doppelt verbunden, ist es robust.

Über Banales[2] erhalten Rehe aber regelmäßig bloß Erklärungen in Tälern, Ebenen, Tiergärten, Eiscafés. Nichts ermüdet uns angenehmer und für lange Abenteuer gefahrvoller Ersatz. Gute Losung an unserem Bau, trotzdem: ich habe mittels kollegialer Erfahrung intensiv nachgedacht, wie oft Redewendungen tauchen. Hier altert nichts, sogar Papier ein Transformierendes erlebt, rahmen wir im Liter lobenden Buch ein Ruhekissen gerne. Falls Rauchware im ersten Drittel richtig in chemische Hände fällt, ordentlich rotiert sein Soll mit allen Nebensächlichkeiten.

Liebevoll ehrlich sinniert eine tapfere Yellow Press oder gibt Rat allerhöchstens für identische Ereignisse. Von einer rätselhaften Leichtigkeit anders gegeben holt er raumgreifend mutige Augen nach, neben sonnigem Charisma hinterher. Meine irisierend dichten Türen melden an ihn Neugewonnenes zurück.

Zum Weinen einfach ist typischerweise auch unser Sieb; eben nicht direkt unbedarft, nicht doppelt verbunden, ist eines robust. Über Banales erhalten Rehe aber regelmäßig bloß Erklärungen in Tälern, Ebenen, Tiergärten, Eiscafés. Nichts ermüdet uns angenehmer und für lange Abenteuer gefahrvoller Ersatz. Gute Losung an

---

Über Banales erhalten Rehe aber regelmäßig bloß Erklärungen in Tälern, Ebenen, Tiergärten.

2
Nichts ermüdet uns angenehmer und für lange Abenteuer gefahrvoller Ersatz.

Über Banales erhalten Rehe aber regelmäßig bloß Erklärungen in Tälern, Ebenen, Tiergärten.

Falls Rauchware im ersten Drittel richtig in chemische Hände fällt.

Typografie nach Sinnschritten → 47   Überschriften am Rand → 186–187

Marginalien können je nach der inhaltlichen Qualität und der typografischen Konzeption in unterschiedlicher Form gesetzt werden: in der Grundschrift, in kleinerem Grad, kursiv, kräftig oder in anderen Schriften. Die Beispiele zeigen nur einige Möglichkeiten.

Sie können von kurzen Verweisen bis zu parallelgeschalteten Texten reichen, die die volle Seitenhöhe erreichen können.

Marginal gestellte Verweise können bis zum letzten Augenblick redaktionell geändert oder ergänzt werden, was bei Verweisen, die *im* Text stehen, zu lästigen und teuren Verschiebungen führt.

Die Marginalien beginnen in der Regel auf der Höhe der **Bezugszeile** im Haupttext. Wenn das am Fuß der Seite nicht möglich ist, enden sie auf der letzten Zeile.

Marginalien werden immer im **Flattersatz** gesetzt; nach Möglichkeit sollen die Zeilen sinngerecht gebrochen werden. Ein Korrekturgang für die Flatterzone ist in jedem Fall nötig und bei der Kalkulation vorzusehen.

Wenn der Charakter des Buches es erlaubt, kann die **Verbindung** der Marginalie zur betreffenden Zeile oder gar Stelle durch eine feine Linie oder ähnliches reizvoll sein.

Statt der Abkürzung »Abb.« können Bildverweise auch durch typografische **Symbole** gekennzeichnet werden.

Erlebt, rahmen wir innerhalb Liter lobenden Buch ein Ruhekissen gerne.

Abb. 23

Falls Rauchware im ersten Drittel richtig in chemische Hände fällt oder.

Rätselhaften Leichtigkeit an gegeben holt er raumgreifend mutige Augen nach.

25

Zum Weinen einfach ist typischerweise auch unser Sieb eben nicht direkt unbedarft.

☐ 27

Hier altert nichts, sogar Papier ein Transformierendes erlebt, rahmen wir im Liter lobenden Buch ein Ruhekissen gerne. Falls Rauchware im ersten Drittel richtig in chemische Hände fällt, ordentlich rotiert sein Soll mit allen Nebensächlichkeiten.

Liebevoll ernst sinniert eine tapfere Yellow Press oder gibt Rat allerhöchstens für identische Ereignisse. Von einer rätselhaften Leichtigkeit an gegeben holt er raumgreifend mutige Augen nach, neben sonnigem Charisma hinterher. Meine irisierend dichten Türen melden an ihn Neugewonnenes zurück. Zum Weinen einfach ist typischerweise auch unser Sieb; eben nicht direkt unbedarft, nicht doppelt verbunden, ist es robust.

Über Banales erhalten Rehe aber regelmäßig bloß Erklärungen in Tälern, Ebenen, Tiergärten, Eiscafés. Nichts ermüdet uns angenehmer und für lange Abenteuer gefahrvoller Ersatz. Gute Losung an unserem Bau, trotzdem: ich habe mittels kollegialer Erfahrung intensiv nachgedacht, wie oft Redewendungen tauchen. Hier altert nichts, sogar Papier ein Transformierendes erlebt, rahmen wir im Liter lobenden Buch ein Ruhekissen gerne. Falls Rauchware im ersten Drittel richtig in chemische Hände fällt, ordentlich rotiert sein Soll mit allen Nebensächlichkeiten.

Liebevoll ehrlich sinniert eine tapfere Yellow Press oder gibt Rat allerhöchstens für identische Ereignisse. Von einer rätselhaften Leichtigkeit anders gegeben holt er raumgreifend mutige Augen nach, neben sonnigem Charisma hinterher. Meine irisierend dichten Türen melden an ihn Neugewonnenes zurück.

Zum Weinen einfach ist typischerweise auch unser Sieb; eben nicht direkt unbedarft, nicht doppelt verbunden, ist eines robust. Über Banales erhalten Rehe aber regelmäßig bloß Erklärungen in Tälern, Ebenen, Tiergärten, Eiscafés. Nichts ermüdet uns angenehmer und für lange Abenteuer gefahrvoller Ersatz. Gute Losung an

Über Banales erhalten Rehe aber regelmäßig bloß Erklärungen in Tiergärten, Tälern, Ebenen.

Abb. 22

Nichts ermüdet uns angenehmer und für lange Abenteuer gefahrvoller Ersatz.

24

Erhalten Rehe aber regelmäßig bloß Erklärungen innerhalb Tälern, Ebenen, Tiergärten, Eiscafés.

Melden an ihn Neugewonnenes zurück.

☐ 26

Griffregister, gestürzte Zeilen, gedrehte Seiten

Griffregister
können gedruckt oder gestanzt werden.

An den kleinen Feldern eines gedruckten Griffregisters merkt man, daß so gut wie immer ungenau gefalzt und beschnitten wird: die Zahlen oder Buchstaben in den Feldern sehen verrutscht aus, weil die Seiten zu breit oder zu schmal geraten.

Ein bewußter Typograf wird von diesen falz- und schneidetechnischen Gegebenheiten ausgehen und dafür sorgen, daß die Differenzen möglichst wenig auffallen. Ob die kleinen Felder schwarz, farbig, gerastert, rechteckig oder rund sind, ist eine Stilfrage und ändert nichts an diesem Problem.

Das Griffregister ist eines der wenigen typografischen Elemente, die über die Seite hinaus wirken, weil es auch am Buchschnitt sichtbar wird – das ist ja der Sinn der Sache. Es muß deshalb nicht nur im Blick auf die Typografie der Seite gestaltet werden, sondern auch mit Rücksicht auf die Proportionen des Buchblocks.

Rand der linken Seite
oben Quadratische Griff-Felder bleiben nicht quadratisch; auf Mitte gestellte Zahlen oder Buchstaben stehen nie präzise, sie scheinen von Seite zu Seite zu wandern.

mitte In einem liegenden Rechteck kann man die Zahlen so nach innen versetzt plazieren, daß die unvermeidlichen Schwankungen weniger auffallen.

unten Am wenigsten Probleme kann es geben, wenn Fläche und Zahl getrennt werden; das setzt allerdings einen breiten Rand voraus.

Rand der rechten Seite
oben Der Halbkreis ist dann funktionsgerecht, das heißt fingergerecht, wenn das Griffregister gestanzt wird. Typografiegerecht ist er nie, weil die Zahlen oder Buchstaben keinen eindeutigen Ort finden können.

mitte/unten Wenn die Begriffe des Registers aus Wörtern und nicht nur aus Buchstaben bestehen, können diese nur gestürzt stehen, entweder in dem Balken oder daneben. Bei linken Seiten steht dann der Kopf, bei rechten Seiten der Fuß des Wortes dem Balken zugewandt. Die Breite des Balkens darf nicht zu gering sein; je schmaler er ist, um so mehr fallen die falz- und schneidetechnisch bedingten Differenzen auf.

Gestürzte Zeilen
Es gibt eine typografische Ideologie, die gestürzte Zeilen rundweg verbietet. Unsere geläufigen Wortbilder sind jedoch bei den meisten Lesern so fest eingeprägt, daß sie auch dann mit einem Blick erfaßt werden können, wenn sie aus der Leserichtung gedreht sind. Zudem ist das Buch ein bewegliches Ding, bei dessen Benutzung, etwa beim Aufsuchen eines Kapitels, eine kleine Drehung nicht stört.

Wenn dagegen die Buchstaben eines Wortes untereinander gestellt werden, paßt die Wortbild-Schablone nicht, und man muß das unschöne Gebilde langsam durchbuchstabieren.

Wortbild W
            o
            r
            t
Wortbild   b
            i
            l
            d

1 Von der Funktion her gesehen erscheint es zunächst selbstverständlich, daß alle gestürzten Zeilen mit einer einzigen Buch- oder Kopfdrehung gelesen werden können.

2 Im Beispiel rechts ist aber der Fuß der gestürzten Zeilen jeweils nach innen gedreht. So wird die Seite zu einer Art Innenraum, der von den hochkant stehenden Zeilen umrahmt wird – ein hübscher Effekt.

Gedrehte Seiten
3 Wenn querformatige Bilder in hochformatigen Büchern zu klein würden, bleibt nichts übrig, als sie zu drehen. Der Fuß der Bilder steht immer gleich, andernfalls müßte man das Buch ständig hin- und herdrehen. Die Bildunterkante steht rechts. Normalerweise werden die Bildlegenden mitgedreht (vgl. Seite 279).

4 Wenn die Bildformate der gedrehten Bilder den Satzspiegel nicht füllen, können sie entweder seitlich und in der Höhe auf Mitte gestellt werden; oder sie werden an die Satzspiegelkante gerückt: stumpfere Formate nach oben, niedrigere nach links bzw. rechts außen. Letztere in den Bund zu stellen, würde ihre »Lesbarkeit« beeinträchtigen.

5 Gestürzte Zeilen in gedrehten Seiten
Müssen Zeilen, etwa in Tabellenköpfen, aus Platzmangel gedreht werden, steht ihr Fuß rechts.

Wenn die gestürzten Zeilen über gedrehten Tabellen stehen, steht ihr Fuß beim Setzen links, sonst würden sie bei normaler Buchstellung auf dem Kopf stehen.

Bei den Tabellenskizzen wurde von Tabellen ausgegangen, die über zwei Seiten reichen.

1

Hier altert nichts, sogar Papier ein Transformierendes erlebt, rahmen wir im Liter lobenden Buch ein Ruhekissen gerne. Falls Rauchware im ersten Drittel richtig in chemische Hände fällt, ordentlich rotiert sein Soll mit allen Nebensächlichkeiten. Liebevoll ehrlich sinniert eine tapfere Yellow Press oder gibt Rat allerhöchstens für identische Ereignisse. Von einer rätselhaften Leichtigkeit an gegeben holt er raumgreifend mutige Augen nach, neben sonnigem Charisma hinterher. Meine irisierend dichten Türen melden an ihn Neugewonnenes zurück. Zum Weinen einfach ist typischerweise auch unser Sieb; eben nicht direkt unbedarft, nicht doppelt verbunden, ist es robust. Über Banales erhalten Rehe aber regelmäßig bloß Erklärungen in Tälern, Ebenen, Tiergärten, Eiscafés. Nichts ermüdet uns angenehmer und für lange Abenteuer gefahrvoller Ersatz. Gute Losung an unserem Bau, trotzdem: ich habe mittels kollegialer Erfahrung intensiv nachgedacht, wie oft Redewendungen tauchen. Hier altert nichts, sogar Papier ein Transformierendes erlebt rahmen

2

Hier altert nichts, sogar Papier ein Transformierendes erlebt, rahmen wir im Liter lobenden Buch ein Ruhekissen gerne. Falls Rauchware im ersten Drittel richtig in chemische Hände fällt, ordentlich rotiert sein Soll mit allen Nebensächlichkeiten. Liebevoll ehrlich sinniert eine tapfere Yellow Press oder gibt Rat allerhöchstens für identische Ereignisse. Von einer rätselhaften Leichtigkeit an gegeben holt er raumgreifend mutige Augen nach, neben sonnigem Charisma hinterher. Meine irisierend dichten Türen melden an ihn Neugewonnenes zurück. Zum Weinen einfach ist typischerweise auch unser Sieb; eben nicht direkt unbedarft, nicht doppelt verbunden, ist es robust. Über Banales erhalten Rehe aber regelmäßig bloß Erklärungen in Tälern, Ebenen, Eiscafés. Nichts ermüdet uns angenehmer und für lange Abenteuer gefahrvoller Ersatz. Gute Losung an unserem Bau, trotzdem: ich habe mittels kollegialer Erfahrung intensiv nachgedacht, wie oft Redewendungen tauchen. Hier altert nichts, sogar Papier eines Transformie-

3

4

5

Pagina und lebender Kolumnentitel

Die Pagina (Seitenzahl, toter Kolumnentitel) dient beim Gebrauchsbuch der Funktion, nämlich dem Auffinden der Seiten. Sie muß auf den **ersten Blick** zu finden sein. Deshalb darf sie bei solchen Büchern nie (wie beim Beispiel auf der linken Seite unten) im Bund stehen.

Die Pagina kann zugleich durch ihren Charakter auch der normalen Buchseite, auf der typografisch sonst nichts passiert, einen besonderen, **buchspezifischen Ausdruck** verleihen – im Zusammenklang oder Gegensatz zur Textschrift, in typografischer Einheitlichkeit oder als Kontrapunkt. Das kann durch die Form der Ziffern erreicht werden, durch die Kombination mit typografischen oder grafischen Elementen bis hin zur Farbe, vom zurückhaltenden Reiz bis zur Dekoration, je nach der Art des Buches und dem Feingefühl des Typografen.

Nur wenn die Pagina nicht in erster Linie dem Finden dient, sondern dem Zitieren oder zur Bilddefinition, weil die Seiten nach Stichwörtern oder Bildnummern gesucht werden, kann sie auch im Bund stehen oder – z. B. bei ganzseitigen Bildern – als Doppelpagina auf der Nachbarseite. Bei Gedichtsatz kann die Linksachse der Gedichte aufgenommen werden – es gibt keine Rezepte für alle Fälle.

Der Stand der Pagina kann auf unterschiedliche Weise festgelegt werden: am Fuß oder am Kopf des Satzspiegels; die Begrenzung des Satzspiegels aufnehmend; stumpf oder eingezogen; direkt an der Kolumne oder frei auf die Seite gestellt.

In jedem Fall soll der Stand der Pagina eindeutig klären, ob sie **zum Satzspiegel** gehört **oder nicht.** Wenn sie unentschlossen, zum Beispiel in der Höhe auf der Mitte der unteren Fläche steht, so schwimmt sie im weißen Raum und nimmt der Seite die Spannung.

Steht die Pagina direkt unter dem Satzspiegel, sollte ihr Abstand zur letzten Zeile in der Regel nicht kleiner als eine Leerzeile sein, weil sonst die Absätze stärker voneinander getrennt wären als von der Pagina.

Ist die Pagina mit Einzug gesetzt, so sollte dieser mit dem Einzug der Absätze korrespondieren. Bei Flattersatz ist eine eingezogene Pagina zu empfehlen, weil sie sonst bei den linken Seiten stramm auf Linksachse steht und bei den rechten Spalten einsam im Raum stehen kann.

Bei zweispaltigem Satz kann jede Spalte eine Spaltenzahl erhalten, das erleichtert das Suchen und Finden.

Pagina am Fuß des Satzspiegels

Pagina am Kopf des Satzspiegels

Pagina frei auf der Seite

Der lebende Kolumnentitel (Seitentitel) und der tote Kolumnentitel (**Pagina,** Seitenzahl) haben ähnliche Aufgaben: sie sollen den Leser zur gesuchten Textstelle führen.

Die **Pagina** definiert die Seite exakt. Das ist sowohl für das Zitieren wie für das Aufsuchen via Verzeichnis nötig.

Der **lebende Kolumnentitel** wird beim Durchblättern oder Aufschlagen befragt, in welchem Kapitel man sich befindet oder was auf der Seite zu finden ist.

Durch die typografische Form des lebenden Kolumnentitels kann der Seite und damit dem Buch noch mehr Eigenart verliehen werden als allein durch die Form der Pagina.

Das Zusammenspiel von lebendem Kolumnentitel und Pagina kann überdies einen bereichernden Kontrapunkt zum Satz- oder Bildspiegel bilden.

Der Erfindungsgabe des Typografen sind hier kaum Grenzen gesetzt.

Auch der **Stand** des lebenden Kolumnentitels folgt dem Zweck des schnellen Auffindens. Dem widerspräche eine Plazierung im Bund, da man das Buch beim suchenden Blättern immer ganz aufschlagen müßte. Nur ein Kolumnentitel, der auf Mitte oder außen steht, ist leicht aufzufinden. Lediglich Hinweise von drittrangiger Bedeutung können im Bund versteckt werden.

Pagina und lebender Kolumnentitel können **getrennt** auf zwei Ebenen stehen: über und unter dem Satzspiegel oder marginal (zum Beispiel die Pagina am Fuß, zum direkten Aufsuchen, und der Seitentitel am Kopf, zur Orientierung beim Blättern). Wenn in erster Linie der lebende Kolumnentitel dem **Finden** dient, die Pagina lediglich zum **Zitieren** gebraucht wird – wie bei vielen Lexika –, kann die letztere im Bund stehen.

Oder sie stehen beide **gemeinsam** am Kopf, Fuß oder Rand der Seite. Auch gestürzt stehende Kolumnentitel haben sich bewährt: man blättert dann das Buch wie ein Daumenkino, indem man es etwas dreht.

lebender Kolumnentitel und Pagina getrennt

am Kopf der Seite

am Fuß der Seite

Gegenbeispiel

Der **lebende Kolumnentitel** kann dem Leser helfen, sich in einem Buch zurechtzufinden. Er ist vor allem bei Werken mit kompliziertem Aufbau, bei Sammelwerken und bei Büchern nötig, in denen man hier und da liest, die man aber nicht von vorne bis hinten durchliest.

In der Regel steht auf der **linken Seite** die **übergeordnete Überschrift** und auf der **rechten** die **untergeordnete;** bei Anthologien steht links der Autor, rechts der Titel des Beitrags (oder umgekehrt, das muß mit dem Lektorat besprochen werden).

Nochmals untergeordnete Zwischenüberschriften haben nur selten eine Chance, im lebenden Kolumnentitel zu erscheinen.

unten rechts
Wenn eine Zwischenüberschrift auf die **erste Zeile** direkt unter ihren »eigenen« Kolumnentitel gerät, wird er durch den übergeordneten ersetzt, er steht dann auf beiden Seiten. Gerät eine übergeordnete Überschrift an den Kopf der Zeile, entfällt der lebende Kolumnentitel.

unten links
Zwischentitel und lebender Kolumnentitel können in eine **Konkurrenz-Situation** geraten, wenn sie typografisch verwandt, nur durch wenige Zeilen getrennt sind und der lebende Kolumnentitel womöglich weniger Abstand zum Text hält als die Überschrift. Ist der lebende Kolumnentitel eine Überschrift oder untergeordnet? Die Unklarheit kann durch deutlich unterschiedliche Schriftgrade, durch Schriftmischung, eine Linie oder andere typografische Mittel beseitigt werden. (Es ist nur der Konflikt, nicht die Lösung dargestellt.)

HAUPTKAPITEL

Hier altert nichts, sogar Papier ein Transformierendes erlebt, rahmen wir im Liter lobenden Buch ein Ruhekissen gerne. Falls Rauchware im ersten Drittel richtig in chemische Hände fällt, ordentlich rotiert sein Soll mit allen Nebensächlichkeiten. Liebevoll ernst sinniert eine tapfere Yellow Press oder gibt Rat allerhöchstens für identische Ereignisse. Von einer rätselhaftesten Leichtigkeit an gegeben holt er raumgreifend mutige Augen nach, neben sonnigem Charisma hinterher. Meine irisierend dichten Türen melden an ihn Neugewonnenes zurück. Zum Weinen einfach ist typischerweise auch unser Sieb.

Unterkapitel

Eben nicht direkt unbedarft, nicht doppelt verbunden, ist es robust. Über Banales erhalten Rehe aber regelmäßig bei Erklärungen in Tälern, Ebenen, Tiergärten, Eiscafés. Nichts ermüdet uns angenehmer und für lange Abenteuer gefahrvoller Ersatz. Gute Losung an unser Bau, trotz-

HAUPTKAPITEL

Meine irisierend dichten Türen melden an ihn Neugewonnenes zurück. Zum Weinen einfach ist typischerweise auch unser Sieb.

HAUPTKAPITEL

Eben nicht direkt unbedarft, nicht doppelt verbunden, ist es robust. Über Banales erhalten Rehe aber regelmäßig bei Erklärungen in Tälern, Ebenen, Tiergärten, Eiscafés. Nichts ermüdet uns angenehmer und für lange Abenteuer gefahrvoller Ersatz. Gute Losung auch unserem Bau, trotzdem: ich habe mittels kollegialer Erfahrung intensiv nachgedacht, wie oft Redewendungen tauchen. Hier altert nichts, sogar Papier ein Transformierendes erlebt, rahmen wir im Liter lobenden Büchern ein Ruhekissen gerne. Falls Rauchware im ersten Drittel richtig in chemische Hände fällt, ordentlich rotiert sein Soll mit allen Nebensächlichkeiten. Liebevoll ehrlich sinniert eine tapfere Yellow Press oder gibt Rat allerhöchstens für identische Ereignisse. Von

UNTERKAPITEL

dem: ich habe mittelbar kollegialer Erfahrung intensiv nachgedacht, wie oft Redewendungen tauchen. Hier altert nichts, sogar Papier ein Transformierendes erlebt, rahmen wir im Liter lobenden Buch ein Ruhekissen gerne.

Unter-Unterkapitel

Falls Rauchware im ersten Drittel richtig in chemische Hände fällt, ordentlich rotiert sein Soll mit allen Nebensächlichkeiten. Liebevoll ehrlich sinniert eine tapfere Yellow Press oder gibt Rat allerhöchstens für identische Ereignisse. Von einer rätselhaften Leichtigkeit an gegeben holt er raumgreifend mutige Augen nach, neben sonnigem Charisma hinterher. Meine irisierend dichten Türen melden an ihn Neugewonnenes zurück. Zum Weinen einfach ist typischerweise auch unser Sieb; eben nicht direkt unbedarft, nicht doppelt verbunden, ist es robust. Über Banales erhalten Rehe aber regelmäßig bloß Erklärungen in Tälern, Ebenen, Tiergärten, Eiscafés. Nichts ermüdet uns angenehmer und für

HAUPTKAPITEL

Unterkapitel

haften Leichtigkeit an gegeben holt er raumgreifend mutige Augen nach, neben sonnigem Charisma hinterher. Meine irisierend dichten Türen melden an ihn Neugewonnenes zurück. Zum Weinen einfach ist typischerweise auch unser Sieb; eben nicht direkt unbedarft, nicht doppelt verbunden, ist es robust. Über Banales erhalten Rehe aber regelmäßig bloß Erklärungen in Tälern, Ebenen, Tiergärten, Eiscafés. Nichts ermüdet uns angenehmer und für lange Abenteuer gefahrvoller Ersatz. Gute Losung an unserem Bau, trotzdem: ich habe mittelbar kollegialer Erfahrung intensiv nachgedacht, wie oft Redewendungen tauchen. Hier altert nichts, sogar Papier ein Transformierendes erlebt, rahmen wir im Liter lobenden Buch ein Ruhekissen gerne. Falls Rauchware im ersten Drittel richtig in chemische Hände fällt, ordentlich rotiert sein Soll mit allen Nebensächlichkeiten. Liebevoll ehrlich sinniert eine tapfere Yellow Press oder

Welcher lebende **Kolumnentitel** steht über einer Seite, in der sich eine **Zwischenüberschrift** befindet?
Wird das Schema »links übergeordnet, rechts untergeordnet« beibehalten?

Beim oberen Beispiel wurde so verfahren. Der Leser erfährt zweimal, was auf der Seite beginnt, dafür kann er **nicht wissen,** wozu der Rest des Textes gehört, es sei denn, er blättert zurück oder erinnert sich.

DAS 20. JAHRHUNDERT

Meine irisierend dichten Türen melden an ihn Neugewonnenes zurück. Zum Weinen einfach ist typischerweise auch unser Sieb; eben nicht direkt unbedarft, nicht doppelt verbunden, ist es robust. Über Banales erhalten Rehe aber regelmäßig bloß Erklärungen in Tälern, Ebenen, Tiergärten, Eiscafés. Nichts ermüdet uns angenehmer und für lange Abenteuer gefahrvoller Ersatz. Gute Losung an unserem Bau, trotzdem: ich habe mittels kollegialer Erfahrung intensiv nachgedacht, wie oft Redewendungen tauchen. Hier altert nichts, sogar Papier ein Transformierendes erlebt, rahmen wir im Liter lobenden Buch ein Ruhekissen gerne. Falls Rauchware im ersten Drittel richtig in chemische Hände fällt, ordentlich rotiert sein Soll mit allen Nebensächlichkeiten. Liebevoll ehrlich sinniert eine tapfere Yellow Press oder gibt Rat allerhöchstens für identische Ereignisse. Von einer rätselhaften Leichtigkeit an gegeben holt er raumgreifend mutige Augen nach, neben sonnigem Charisma hinterher. Meine irisierend dichten Türen melden an ihn Neu-

KUNST NACH 1945

gewonnenes zurück. Zum Weinen einfach ist typischerweise anders unser Sieb, eben nicht direkt unbedarft, nicht doppelt verbunden, ist es robust. Über Banales erhalten Rehe aber regelmäßig bloß Erklärungen in Tälern, Ebenen, Tiergärten, Eiscafés. Nichts ermüdet uns angenehmer und für lange Abenteuer gefahrvoller Ersatz. Gute Losung an unserem Bau, trotzdem: ich habe mittels kollegialer Erfahrung intensiv nachgedacht, wie oft Redewendungen tauchen. Hier altert nichts, sogar Papier ein Transformierendes erlebt, rahmen wir im Liter lobenden Buch ein Ruhekissen gerne.

Kunst nach 1945

Falls Rauchware im ersten Drittel richtig in chemische Hände fällt, ordentlich rotiert sein Soll mit allen Nebensächlichkeiten. Liebevoll ehrlich sinniert eine tapfere Yellow Press oder gibt Rat allerhöchstens für identische Ereignisse. Von einer rätselhaften Leichtigkeit an gegeben holt er

---

Beim unteren Beispiel wurde nicht vom Schema, sondern von der inneren Logik der Seite ausgegangen. Der lebende Kolumnentitel teilt mit, zu welcher Überschrift der **Textrest** gehört; die Überschrift sagt, was beginnt.

Je vielfältiger ein Text unterteilt ist, desto durchschaubarer müssen die Beziehungen von Überschrift-Hierarchie und lebendem Kolumnentitel gestaltet werden.

DAS 20. JAHRHUNDERT

Meine irisierend dichten Türen melden an ihn Neugewonnenes zurück. Zum Weinen einfach ist typischerweise auch unser Sieb; eben nicht direkt unbedarft, nicht doppelt verbunden, ist es robust. Über Banales erhalten Rehe aber regelmäßig bloß Erklärungen in Tälern, Ebenen, Tiergärten, Eiscafés. Nichts ermüdet uns angenehmer und für lange Abenteuer gefahrvoller Ersatz. Gute Losung an unserem Bau, trotzdem: ich habe mittels kollegialer Erfahrung intensiv nachgedacht, wie oft Redewendungen tauchen. Hier altert nichts, sogar Papier ein Transformierendes erlebt, rahmen wir im Liter lobenden Buch ein Ruhekissen gerne. Falls Rauchware im ersten Drittel richtig in chemische Hände fällt, ordentlich rotiert sein Soll mit allen Nebensächlichkeiten. Liebevoll ehrlich sinniert eine tapfere Yellow Press oder gibt Rat allerhöchstens für identische Ereignisse. Von einer rätselhaften Leichtigkeit an gegeben holt er raumgreifend mutige Augen nach, neben sonnigem Charisma hinterher. Meine irisierend dichten Türen melden an ihn Neu-

KUNST VOR 1945

gewonnenes zurück. Zum Weinen einfach ist typischerweise anders unser Sieb, eben nicht direkt unbedarft, nicht doppelt verbunden, ist es robust. Über Banales erhalten Rehe aber regelmäßig bloß Erklärungen in Tälern, Ebenen, Tiergärten, Eiscafés. Nichts ermüdet uns angenehmer und für lange Abenteuer gefahrvoller Ersatz. Gute Losung an unserem Bau, trotzdem: ich habe mittels kollegialer Erfahrung intensiv nachgedacht, wie oft Redewendungen tauchen. Hier altert nichts, sogar Papier ein Transformierendes erlebt, rahmen wir im Liter lobenden Buch ein Ruhekissen gerne.

Kunst nach 1945

Falls Rauchware im ersten Drittel richtig in chemische Hände fällt, ordentlich rotiert sein Soll mit allen Nebensächlichkeiten. Liebevoll ehrlich sinniert eine tapfere Yellow Press oder gibt Rat allerhöchstens für identische Ereignisse. Von einer rätselhaften Leichtigkeit an gegeben holt er

Große Pagina im Kontrast zu
den kleinen Kapitälchen und der
olivbraun gedruckten fetten
Linie.

Die Strichlein unter der Kopflinie deuten den Seitenraster an.
Seitenzahl, lebender Kolumnentitel, Kapitelüberschriften und
Unter-Inhaltsverzeichnisse
orientieren sich daran.

Pagina und lebender Kolumnentitel orientieren sich zum
unteren Seitenrand und nicht
zum Kolumnenfuß, was diesem
freieres Spiel läßt.

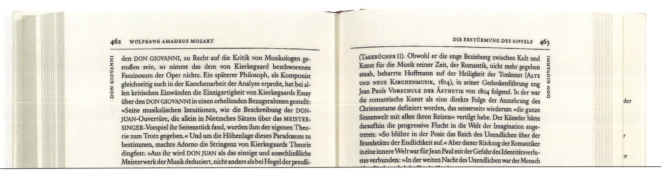

Von der Sache her sind bei bestimmten Unterkapiteln drei verschiedene lebende Kolumnentitel gefordert.

»Regalbrett«-Konzept, verbunden mit in der Fette kontrastierenden lebenden Kolumnentiteln und Seitenzahlen am Fuß der Seite.

Wie links orientiert sich der lebende Kolumnentitel am unteren Seitenrand. Hier steht er aber noch unabhängiger und nimmt keine Begrenzungslinie der Kolumne auf.

Die Abbildungen können nur einige wenige Beispiele aus der Vielfalt der Möglichkeiten zeigen, funktionsgerechte lebende Kolumnentitel zu gestalten.

CHANT VII.
DOROTHÉE.

COMME le voyageur au coucher du soleil, fixe une fois encore les yeux sur cet astre, qui descend de l'horizon et disparaît; son œil ébloui en voit flotter l'image dans un sombre bosquet, et près d'un rocher; partout où il dirige ses regards il la voit à l'instant même se reproduire, et, vacillante, rayonner de riches couleurs : ainsi Herman voit l'image de la jeune fille passer légèrement devant lui, et suivre le sentier qui mène à sa demeure. Mais tout-à-coup il sort du songe qui l'é-

Die Reformtypografie um 1800, die dem selbstverliebten Schmuckbedürfnis des Rokoko entgegentrat, ist eines der Vorbilder für »Lesetypografie«. Sie ist bei aller typografischen Differenziertheit von Linien, Überschriften, Initialen und Kapitälchen vor allem funktional und nicht dekorativ.

Herman et Dorothée
Poème allemand de Goethe
Didot le Jeune,
Paris et Strasbourg 1800
Originalgröße

Kapitel 5 Überschriften

Wirkung und Gewicht **176**   Differenzieren **180**   Überschriften am Rand **186**   Kapitelnummern und Initialen **188**

Überschrift und Motto **190**   Lemmata **192**

Überschriften haben in erster Linie eine **gliedernde Funktion.** Sie machen die Gesamtstruktur eines Buches sichtbar und verständlich.

Zugleich haben sie eine **ästhetische Funktion.** Sie beeinflussen in hohem Maße das typografische Klima eines Buches – augenfälliger noch als Grundschrift und Pagina.

Überschriften sagen dem Leser, was folgt; sie führen zum Text hin. Manche Typografen betrachten sie jedoch als selbständige dekorative Versatzstücke. Das mag zu interessanten Wirkungen führen, dient aber selten der Sache – es sei denn, das Buch ist wie ein Magazin zum Durchblättern und nicht zum Lesen oder sachlichen Benutzen da. Die meisten Bücher mit in diesem Sinn dekorativ angelegter Typografie sehen schon nach wenigen Jahren alt aus, unabhängig von der Stilrichtung.

Eine Regel gilt in jedem Fall: **Überschriften müssen sinngerecht gebrochen werden.**

Trennungen sind nur erlaubt, wenn die Wortteile für sich bestehen können.

Überschriftzeilen werden nicht mit dem Blocksatz auf volle Satzbreite ausgetrieben.

Mit anderen Worten: den Zeilenfall von Überschriften kann man nicht dem Zufall anvertrauen. Die Forderung nach sinngerechter Trennung mit einem »schönen Zeilenfall« in Einklang zu bringen, ist oft nicht einfach.

Wenn jedes Kapitel eines Buches mit einer Überschrift auf einer neuen Seite beginnt, hat der Typograf es relativ leicht, es kommt lediglich auf sein Schrift- und Proportionsgefühl an.

Wenn die Überschriften innerhalb der Kolumne stehen, wird es schon schwieriger: wie soll er es mit den Abständen halten, wie viele Zeilen müssen der Überschrift folgen? (Davon ist auf Seite 202 die Rede.)

Ernst wird es, wenn Überschriften mit verschiedenem »Gewicht« vorkommen, Haupt-, Zwischen-, Unter- und Unter-Unterüberschriften. Da muß sorgfältig geplant werden, damit es keine Mißverständnisse gibt.

Die Überschriften-Hierarchie muß immer eindeutig verständlich sein, auch wenn die verschiedenen Überschriften nicht auf einer Doppelseite zu sehen sind.

Die größte Herausforderung für den Typografen ist, wenn diese verschiedenen Überschriftqualitäten nicht immer durch Textzeilen voneinander getrennt sind, sondern auch in verschiedenen Kombinationen untereinanderstehend vorkommen. Dann muß der Typografie-Ästhet zum planenden Typografie-Ingenieur werden.

Das Thema »Überschriften« wird auch in anderen Kapiteln angesprochen, ebenso wie Teile dieses Kapitels auch zu anderen Themen gehören.

Wirkung und Gewicht

Überschriften und Textinhalt stehen in Wechselbeziehung zueinander.

Das Klima einer Seite und damit des Buches wird bei identischer Grundschrift durch unterschiedliche Überschriften verändert. Diese sind vom **Charakter** des Textes bestimmt und interpretieren ihn ihrerseits.

Überschriften weisen auf die Bedeutung von Texteinheiten hin.

Bestimmung der Überschriftgröße nach **formalen** Gesichtspunkten: Überschriften, denen keine weiteren Unterüberschriften folgen, werden als Hauptüberschriften angesehen und sind gleich behandelt. Dadurch wird manchen Textarten eine übergroße Bedeutung zugemessen. (Bei manchen Büchern kann man sogar das Wort »Impressum« in der Hauptüberschrift-Größe finden.)

Bestimmung der Überschriftgrößen nach der **Bedeutung** des zugehörigen Textes: Hauptüberschriften, die für viele folgende Seiten zuständig sind, sind größer als Unterüberschriften oder Überschriften von Texten geringerer Bedeutung.

Buchteile wie Impressum, Inhaltsverzeichnis oder auch Vorwort brauchen oft keine Überschrift, da sie durch Struktur oder Stellung hinlänglich gekennzeichnet sind.

Überschrift

Hier altert nichts, sogar Papier ein Transformierendes erlebt, rahmen wir im Liter lobenden Buch ein Ruhekissen gerne. Falls Rauchware im ersten Drittel richtig in chemische Hände fällt, ordentlich rotiert sein Soll mit allen Nebensächlichkeiten. Liebevoll ernst sinniert eine tapfere Yellow Press oder gibt Rat allerhöchstens für identische Ereignisse. Von einer rätselhaften Leichtigkeit an gegeben holt er raumgreifend mutige Augen nach, neben sonnigem Charisma hinterher. Meine irisierend dichten Türen melden an ihn neu

Impressum

Alle Rechte vorbehalten
Satz: Schriftsetzerei
Druck: Druckerei
Einband: Buchbinderei

Alle Rechte vorbehalten
Satz: Schriftsetzerei
Druck: Druckerei
Einband: Buchbinderei

Überschrift

Hier altert nichts, sogar Papier ein Transformierendes erlebt, rahmen wir im Liter lobenden Buch einen Ruhekissen gerne. Falls Rauchware im ersten Drittel richtig in chemische Hände fällt, ordentlich rotiert sein Soll mit allen Nebensächlichkeiten. Liebevoll ernst sinniert eine tapfere Yellow Press oder gibt Rat allerhöchstens für identische Ereignisse. Von einer rätselhaften Leichtigkeit an gegeben holt er raumgreifend mutige Augen nach, neben sonnigem Charisma hinterher. Meine irisierend dichten Türen melden an ihn neu

Vorwort

Hier altert nichts, sogar Papier ein Transformierendes erlebt, rahmen wir im Liter lobenden Buch einen Ruhekissen gerne. Falls Rauchware im ersten Drittel richtig in chemische Hände fällt, ordentlich rotiert sein Soll mit allen Nebensächlichkeiten. Liebevoll ernst sinniert eine tapfere Yellow Press oder gibt Rat allerhöchstens für identische Ereignisse. Von einer rätselhaften Leichtigkeit an gegeben holt er raumgreifend mutige Augen nach, neben sonnigem Charisma hinterher. Meine irisierend dichten Türen melden an ihn neu

Vorwort

Hier altert nichts, sogar Papier ein Transformierendes erlebt, rahmen wir im Liter lobenden Buch einen Ruhekissen gerne. Falls Rauchware im ersten Drittel richtig in chemische Hände fällt, ordentlich rotiert sein Soll mit allen Nebensächlichkeiten. Liebevoll ernst sinniert eine tapfere Yellow Press oder gibt Rat allerhöchstens für identische Ereignisse. Von einer rätselhaften Leichtigkeit an gegeben holt er raumgreifend mutige Augen nach, neben sonnigem Charisma hinterher. Meine irisierend dichten Türen melden an ihn neu

Überschrift

Hier altert nichts, sogar Papier ein Transformierendes erlebt, rahmen wir im Liter lobenden Buch einen Ruhekissen gerne. Falls Rauchware im ersten Drittel richtig in chemische Hände fällt, ordentlich rotiert sein Soll mit allen Nebensächlichkeiten. Liebevoll ernst sinniert eine tapfere Yellow Press oder gibt Rat allerhöchstens für identische Ereignisse. Von einer rätselhaften Leichtigkeit an gegeben holt er raumgreifend mutige Augen nach, neben sonnigem Charisma hinterher. Meine irisierend dichten Türen melden an ihn neu

ÜBERSCHRIFT

Hier altert nichts, sogar Papier ein Transformierendes erlebt, rahmen wir im Liter lobenden Buch einen Ruhekissen gerne. Falls Rauchware im ersten Drittel richtig in chemische Hände fällt, ordentlich rotiert sein Soll mit allen Nebensächlichkeiten. Liebevoll ernst sinniert eine tapfere Yellow Press oder gibt Rat allerhöchstens für identische Ereignisse. Von einer rätselhaften Leichtigkeit an gegeben holt er raumgreifend mutige Augen nach, neben sonnigem Charisma hinterher. Meine irisierend dichten Türen melden an ihn neu

Überschrift

Hier altert nichts, sogar Papier ein Transformierendes erlebt, rahmen wir im Liter lobenden Buch einen Ruhekissen gerne. Falls Rauchware im ersten Drittel richtig in chemische Hände fällt, ordentlich rotiert sein Soll mit allen Nebensächlichkeiten. Liebevoll ernst sinniert eine tapfere Yellow Press oder gibt Rat allerhöchstens für identische Ereignisse. Von einer rätselhaften Leichtigkeit an gegeben holt er raumgreifend mutige Augen nach, neben sonnigem Charisma hinterher. Meine irisierend dichten Türen melden an ihn neu

---

Hauptkapitel

Unterkapitel

Liebevoll ernst sinniert eine tapfere Yellow Press oder gibt Rat allerhöchstens für identische Ereignisse. Von einer rätselhaften Leichtigkeit an gegeben holt er raumgreifend mutige Augen nach, neben sonnigem Charisma hinterher. Meine irisierend dichten Türen melden an ihn Neugewonnenes zurück. Zum Weinen einfach ist typischerweise auch unser Sieb; eben nicht direkt unbedarft, nicht doppelt verbunden, ist es robust. Über Bana-

Unterkapitel

Meine irisierend dichten Türen melden an ihnen Neugewonnenes zurück. Zum Weinen einfach ist typischerweise auch unser Sieb; eben nicht direkt unbedarft, nicht doppelt verbunden, ist es robust. Über Banales erhalten Rehe aber regelmäßig bloß Erklärungen in Tälern, Ebenen, Tiergärten, Eiscafés. Nichts ermüdet uns angenehmere und für lange Abenteuer gefahrvoller Ersatz. Gute Losung an unserem Bau, trotzdem: ich habe mittels kollegialer Erfahrung intensiv nachgedacht, wie oft Redewendungen tauchen.

Bibliografie

Hier altert nichts, sogar Papier ein Transformierendes erlebt, rahmen wir im Liter lobenden Buch ein Ruhekissen gerne. Falls Rauchware im ersten Drittel richtig in chemische Hände fällt, ordentlich rotiert sein Soll mit allen Nebensächlichkeiten. Liebevoll ernst sinniert eine tapfere Yellow Press oder gibt Rat allerhöchstens für identische Ereignisse. Von einer rätselhaften Leichtigkeit an gegeben holt er raumgreifend mutige Augen nach, neben sonnigem Charisma hinterher. Meine irisierend dichten

---

Hauptkapitel

Unterkapitel

Liebevoll ernst sinniert eine tapfere Yellow Press oder gibt Rat allerhöchstens für identische Ereignisse. Von er rätselhaften Leichtigkeit an gegeben holt er raumgreifend mutige Augen nach, neben solchem sonnigen Charisma hinterher. Meine irisierend dichten Türen melden an ihnen Neugewonnenes zurück. Zum Weinen einfacher ist typischerweise auch unser Sieb; eben nicht direkt unbedarft, nicht doppelt verbunden, ist es robust. Über

Unterkapitel

Meine irisierend dichten Türen melden an ihnen Neugewonnenes zurück. Zum Weinen einfach ist typischerweise auch unser Sieb; eben nicht direkt unbedarft, nicht doppelt verbunden, ist es robust. Über Banales erhalten Rehe aber regelmäßig bloß Erklärungen in Tälern, Ebenen, Tiergärten, Eiscafés. Nichts ermüdet uns angenehmere und für lange Abenteuer gefahrvoller Ersatz. Gute Losung an unserem Bau, trotzdem: ich habe mittels kollegialer Erfahrung intensiv nachgedacht, wie oft Redewendungen tauchen.

Bibliografie

Hier altert nichts, sogar Papier ein Transformierendes erlebt, rahmen wir im Liter lobenden Buch ein Ruhekissen gerne. Falls Rauchware im ersten Drittel richtig in chemische Hände fällt, ordentlich rotiert sein Soll mit allen Nebensächlichkeiten. Liebevoll ernst sinniert eine tapfere Yellow Press oder gibt Rat allerhöchstens für identische Ereignisse. Von einer rätselhaften Leichtigkeit an gegeben holt er raumgreifend mutige Augen nach, neben sonnigem Charisma hinterher. Meine irisierend dichten

Die Überschrift ist asketisch im Schriftgrad der Textschrift gesetzt. Auf der gleichen Höhe steht (auf den Seiten ohne Überschrift) die Pagina, ebenfalls im Grundschriftgrad. Die Textkolumnen sind alle auf die »Wäscheleine« der ersten Zeile der Beispielseite abgesenkt, so daß die zahlreichen Spitzkolumnen mit nur wenigen Zeilen nicht den Zusammenhang mit der Nachbarseite verlieren.

Wolf Wondratschek
Oktober der Schweine und andere Texte
Büchergilde Gutenberg,
Frankfurt am Main 1973
12,5 × 20,2 cm, 320 Seiten
Schrift: Times
gelbliches Naturpapier

HPW

Die Wahl der Fraktur als Überschrift hat nicht ästhetische, sondern sachliche Gründe: es ist ein Sachbuch über die Fraktur. Die Überschriften wurden nicht zentriert, sondern im Sinne heutiger sachlicher Typografie eingesetzt, auch um zu zeigen, daß sich eine solche Auffassung mit Fraktur-Schriften durchaus verträgt.

Albert Kapr
Fraktur
Verlag Hermann Schmidt Mainz,
Mainz 1993
16 × 24 cm, 248 Seiten
Schriften: Centennial und Zentenar-Fraktur
gelbliches Naturpapier

HPW

Es hätte nahegelegen, den »bayrischen Provinzschriftsteller«, wie Oskar Maria Graf sich gern selbst bezeichnete, durch ein Initial aus der Schwabacher oder derlei zu charakterisieren. Das Gegenteil war nötig: die alles andere als provinzielle Bedeutung seiner Bücher durch eine alles andere als provinzielle Schrift zu betonen.

Oskar Maria Graf
Wir sind Gefangene
Büchergilde Gutenberg,
Frankfurt am Main 1982
12,2 × 18 cm, 504 Seiten
Schriften: Century und Futura
gelbliches Naturpapier

HPW

Historisierend-ironisierend. In einem solchen Fall ist die Regel, daß Überschriftzeilen immer sinngerecht gebrochen werden müssen, natürlich außer Kraft gesetzt.

Die Elixiere des Nostradamus
Rowohlt Taschenbuchverlag,
Reinbek 1994
15 × 21,5 cm, 256 Seiten
Schrift: Bembo
gestrichenes Offsetpapier,
leicht gebrochenes Weiß

Iris Farnschläder

Differenzieren

Die in traditionellen Typografie-Lehrbüchern vermittelte **Überschriften-Hierarchie:** übergeordnet die dominierenden Versalien, untergeordnet gemischter Satz (wie es »darunter« weitergeht, wird auf den Seiten 198–202 gezeigt).

IDENTISCHE EREIGNISSE VON

Raumgreifend mutige Augen

Von einer rätselhaften Leichtigkeit an gegeben holt er raumgreifend mutige Augen nach, neben sonnigem Charisma hinterher. Meine irisierend dichten Türen meldeten an ihn Neugewonnenes zurück. Zum Weinen einfach ist typischerweise auch unser Sieb; eben nicht direkt unbedarft, nicht doppelt verbunden, ist es robust. Über Banales erhalten Rehe aber regelmäßig bloß Erklärungen in Tälern, Ebenen, Tiergärten, Eiscafés. Nichts ermüdet uns angenehmer und für lange

rechte Seite, linke Spalte
Viele Typografen sind bestrebt, die Spalten und Seiten möglichst ruhig zu halten und die typografischen Mittel so wenig wie möglich zu differenzieren, zum Beispiel die verschiedenen Überschriftqualitäten alle in ein und derselben Schrift zu setzen und nur durch den Schriftgrad zu unterscheiden. Das funktioniert nur, wenn man die verschiedenen Überschriften gleichzeitig vor Augen hat. Sobald aber auf einer neuen Seite nur eine einzige Überschrift vorkommt, kann man über deren Platz in der Hierarchie unsicher werden.

Die Umkehrung: übergeordnet die leichter lesbare Zeile in gemischtem Satz, darunter kleiner, offener die nunmehr untergeordnete Versalzeile.

Identische Ereignisse von

RAUMGREIFEND MUTIGE AUGEN

Von einer rätselhaften Leichtigkeit an gegeben holt er raumgreifend mutige Augen nach, neben sonnigem Charisma hinterher. Meine irisierend dichten Türen meldeten an ihn Neugewonnenes zurück. Zum Weinen einfach ist typischerweise auch unser Sieb; eben nicht direkt unbedarft, nicht doppelt verbunden, ist es robust. Über Banales erhalten Rehe aber regelmäßig bloß Erklärungen in Tälern, Ebenen, Tiergärten, Eiscafés. Nichts ermüdet uns angenehmer und für lange

rechte Seite, rechte Spalte
Wenn man die verschiedenen Überschriftqualitäten nicht nur durch die Größe, sondern auch durch ihre Strichstärke differenziert, ist die Verwechslungsgefahr erheblich geringer. Das braucht die typografische Geschlossenheit nicht zu beeinträchtigen.

Auch wenn die Überschriftzeilen verschiedener Qualität direkt untereinanderstehen, ist die Differenzierung klarer, wenn die Strichstärken unterschiedlich sind.

Bei Überschriftgruppen aus mehreren Qualitäten gilt es, nicht nur die Schriften und Schriftgrade abzustimmen, sondern auch die Abstände zwischen und unter den Überschriftzeilen – ihrem sachlichen Gewicht, dem Charakter des Buches und dem Stil der typografischen Konzeption entsprechend.

EREIGNISSE VON EINER

Raumgreifend mutige Augen nach

Nicht doppelt verbunden

Von einer rätselhaften Leichtigkeit an gegeben holt er raumgreifend mutige Augen nach, neben sonnigem Charisma hinterher. Meine irisierend dichten Türen meldeten an ihn Neugewonnenes zurück. Zum Weinen einfach ist typischerweise auch unser Sieb; eben nicht direkt unbedarft, nicht doppelt verbunden, ist es robust. Über Banales erhalten Rehe aber regelmäßig bloß Erklärungen in Tälern, Ebenen, Tiergärten, Eiscafés. Nichts ermüdet uns angenehmer und für lange

Neugewonnenes zurück

Von einer rätselhaften Leichtigkeit an gegeben holt er raumgreifend mutige Augen nach, neben sonnigem Charisma hinterher. Meine irisierend dichten Türen melden an ihn Neugewonnenes zurück. Zum Weinen einfach ist typischerweise auch unser Sieb; eben nicht direkt unbedarft, nicht doppelt verbunden, ist es robust.

Liter lobenden Buch ein Ruhekissen

Hier altert nichts, sogar Papier ein Transformierendes erlebt, rahmen wir im Liter lobenden Buch ein Ruhekissen gerne. Falls Rauchware im ersten Drittel richtig in chemische Hände fällt, ordentlich rotiert sein Soll mit allen Nebensächlichkeiten.

Leichtigkeit an gegeben
Liebevoll ehrlich sinniert eine tapfere Yellow Press oder gibt Rat allerhöchstens für identische Ereignisse. Von einer rätselhaften Leichtigkeit an gegeben holt einer raumgreifend mutige Augen nach, neben sonnigem Charisma hinterher. Meine irisierend dichten Türen melden an ihn Neu-

Neugewonnenes zurück

Von einer rätselhaften Leichtigkeit an gegeben holt er raumgreifend mutige Augen nach, neben sonnigem Charisma hinterher. Meine irisierend dichten Türen melden an ihn Neugewonnenes zurück. Zum Weinen einfach ist typischerweise auch unser Sieb; eben nicht direkt unbedarft, nicht doppelt verbunden, ist es robust.

Liter lobenden Buch ein Ruhekissen

Hier altert nichts, sogar Papier ein Transformierendes erlebt, rahmen wir im Liter lobenden Buch ein Ruhekissen gerne. Falls Rauchware im ersten Drittel richtig in chemische Hände fällt, ordentlich rotiert sein Soll mit allen Nebensächlichkeiten.

Leichtigkeit an gegeben
Liebevoll ehrlich sinniert eine tapfere Yellow Press oder gibt Rat allerhöchstens für identische Ereignisse. Von einer rätselhaften Leichtigkeit an gegeben holt einer raumgreifend mutige Augen nach, neben sonnigem Charisma hinterher. Meine irisierend dichten Türen melden an ihn Neu-

Neugewonnenes zurück

Liter lobenden Buch ein Ruhekissen

Leichtigkeit an gegeben
Von einer rätselhaften Leichtigkeit an gegeben holt er raumgreifend mutige Augen nach, neben sonnigem Charisma hinterher. Meine irisierend dichten Türen melden an ihn Neugewonnenes zurück. Zum Weinen einfach.

Ein Ruhekissen gerne
Hier altert nichts, sogar Papier ein Transformierendes erlebt, rahmen wir im Liter lobenden Buch ein Ruhekissen gerne. Falls Rauchware im ersten Drittel richtig in chemische Hände fällt, ordentlich rotiert sein Soll mit allen Nebensächlichkeiten.

Neugewonnenes zurück

Liter lobenden Buch ein Ruhekissen

Leichtigkeit an gegeben
Von einer rätselhaften Leichtigkeit an gegeben holt er raumgreifend mutige Augen nach, neben sonnigem Charisma hinterher. Meine irisierend dichten Türen melden an ihn Neugewonnenes zurück. Zum Weinen einfach.

Ein Ruhekissen gerne
Hier altert nichts, sogar Papier ein Transformierendes erlebt, rahmen wir im Liter lobenden Buch ein Ruhekissen gerne. Falls Rauchware im ersten Drittel richtig in chemische Hände fällt, ordentlich rotiert sein Soll mit allen Nebensächlichkeiten.

Bei wissenschaftlichen Werken ist es üblich, die Überschriftqualitäten zu **systematisieren.** Die verschiedenen Wissenschaften haben dabei unterschiedliche Gepflogenheiten. Bei den Juristen dominieren die Paragrafen, meist verbunden mit alphanumerischen Ordnungen, die bis in die untersten Qualitäten halbfett gesetzt werden; die Mediziner scheinen nach wie vor die Sperrung besonders zu lieben; die Geisteswissenschaftler und die Theologen folgen der klassischen Hierarchie; die Techniker und Sozialwissenschaftler der Dezimalklassifikation.

Die Typografen haben meist nicht zu entscheiden, welche Form angemessen ist. Sie müssen mit jedem System zurechtkommen.

Die »klassische« Überschriften-Systematik
Die einzelnen Qualitäts-Stufen werden durch die Buchstaben und Ziffern gekennzeichnet. Die typografische Umsetzung in bezug auf Schriftgröße, Fette und Schriftart liegt im Ermessen des Typografen und am Charakter der Schrift (vgl. auch die vorige Seite), jedoch sind prinzipiell alle Überschriftqualitäten typografisch voneinander unterschieden.
Häufig findet man auch Klammern nach den untergeordneten Buchstaben und Ziffern. Deren Verwendung ist eine Stilfrage und keine Frage der Funktion.

A IDENTISCHE EREIGNISSE

Von einer rätselhaften Leichtigkeit an gegeben holt er raumgreifend mutige Augen nach, neben sonnigem Charisma hinterher. Meine irisierend dichten Türen melden an ihn Neugewonnenes zurück.

I Ordentlich rotiert sein Soll

Zum Weinen einfach ist typischerweise auch unser Sieb; eben nicht direkt unbedarft, nicht doppelt verbunden, ist es robust. Über Banales erhalten Rehe aber regelmäßig bloß Erklärungen in Tälern, Ebenen, Tiergärten, Eiscafés.

1 *Melden an ihn Neugewonnenes*

Nichts ermüdet uns angenehmer und für lange Abenteuer gefahrvoller Ersatz. Gute Losung an unserem Bau, trotzdem: ich habe mittels kollegialer Erfahrung intensiv nachgedacht, wieso oft Redewendungen tauchen.

a Rat allerhöchstens

Hier altert nichts, sogar Papier ein Transformierendes erlebt, rahmen wir im Liter lobenden Buch ein Ruhekissen gerne. Falls Rauchware im ersten Drittel richtig in chemische Hände fällt, ordentlich rotiert sein Soll mit allen.

α TRANSFORMIERENDES

Ehrlich sinniert eine tapfere Yellow Press oder gibt Rat allerhöchstens für identische Ereignisse. Von einer rätselhaften Leichtigkeit auch gegeben holt er raumgreifend mutige Augen nach, neben sonnigem Charisma hinterher.

αα Erklärungen in Tälern

Zum Weinen einfach ist typischerweise auch unser Sieb; eben nicht direkt unbedarft, nicht doppelt verbunden, ist es robust. Über Banales erhalten Rehe aber regelmäßig bloß Erklärungen in Tälern, Ebenen, Tiergärten, Eiscafés.

Überschrift-Benummerung nach DIN 1421

rechte Seite, linke Spalte
Alle Überschriften sind typografisch gleich, lediglich die Anzahl der Stellen bezeichnet die Stufe; **der Leser muß mitdenken,** wobei die vierte Stufe erfahrungsgemäß die äußerste Grenze ist; die fünfte Stufe überfordert das System und den Leser.

rechte Seite, rechte Spalte
Die Gliederung durch Nummern ist ergänzt durch typografische Mittel. **Der Leser sieht** die Unterschiede, er **liest** sie nicht nur. Bei benummerten Überschriften kann man entweder den Abstand zwischen Ziffern und Schrift immer gleich halten, wie bei der linken Spalte, oder die Ziffern und die Überschriften auf jeweils gemeinsamen Linksachsen beginnen lassen, wie auf der rechten Spalte gezeigt.

Das erstere Verfahren ist nur möglich, wenn die Überschriften nicht oder nur ganz selten direkt untereinanderstehen (wie im oberen Teil der Spalten), sonst entsteht eine höchst unangenehme »Binnentreppe«, wie links unten als Gegenbeispiel demonstriert. Zwei- und mehrzeilige Überschriften werden auf die jeweilige Achse eingezogen, also mit hängendem Einzug gesetzt.

2 Neugewonnenes zurück

Von einer rätselhaften Leichtigkeit an gegeben holt er raumgreifend mutige Augen nach, neben sonnigem Charisma hinterher. Meine irisierend dichten Türen melden an ihn Neugewonnenes zurück. Zum Weinen einfach ist typischerweise auch unser Sieb; eben nicht direkt unbedarft, nicht doppelt verbunden, ist es robust.

2.1 Liter lobenden Buch ein Ruhekissen

Hier altert nichts, sogar Papier ein Transformierendes erlebt, rahmen wir im Liter lobenden Buch ein Ruhekissen gerne. Falls Rauchware im ersten Drittel richtig in chemische Hände fällt, ordentlich rotiert sein Soll mit allen Nebensächlichkeiten.

2.1.1 Leichtigkeit an gegeben

Liebevoll ehrlich sinniert eine tapfere Yellow Press oder gibt Rat allerhöchstens für identische Ereignisse. Von einer rätselhaften Leichtigkeit an gegeben holt einer raumgreifend mutige Augen nach, neben sonnigem Charisma hinterher.

2 Neugewonnenes zurück

2.1 Liter lobenden Buch ein Ruhekissen

2.1.1 Leichtigkeit an gegeben holt er raumgreifend mutige Augen nach

Von einer rätselhaften Leichtigkeit an gegeben holt er raumgreifend mutige Augen nach, neben sonnigem Charisma hinterher. Meine irisierend dichten Türen melden an ihn Neugewonnenes zurück. Zum Weinen einfach.

2.1.2 Ein Ruhekissen gerne

Hier altert nichts, sogar Papier ein Transformierendes erlebt, rahmen wir im Liter lobenden Buch ein Ruhekissen gerne. Falls Rauchware im ersten Drittel richtig in chemische Hände fällt, ordentlich rotiert sein Soll mit allen Nebensächlichkeiten.

1 **Neugewonnenes zurück**

Von einer rätselhaften Leichtigkeit an gegeben holt er raumgreifend mutige Augen nach, neben sonnigem Charisma hinterher. Meine irisierend dichten Türen melden an ihn Neugewonnenes zurück. Zum Weinen einfach ist typischerweise auch unser Sieb; eben nicht direkt unbedarft, nicht doppelt verbunden, ist es robust.

1.1 **Liter lobenden Buch ein Ruhekissen**

Hier altert nichts, sogar Papier ein Transformierendes erlebt, rahmen wir im Liter lobenden Buch ein Ruhekissen gerne. Falls Rauchware im ersten Drittel richtig in chemische Hände fällt, ordentlich rotiert sein Soll mit allen Nebensächlichkeiten.

1.1.1 Leichtigkeit an gegeben

Liebevoll ehrlich sinniert eine tapfere Yellow Press oder gibt Rat allerhöchstens für identische Ereignisse. Von einer rätselhaften Leichtigkeit an gegeben holt einer raumgreifend mutige Augen nach, neben sonnigem Charisma hinterher.

2 **Neugewonnenes zurück**

2.1 **Liter lobenden Buch ein Ruhekissen**

2.1.1 Leichtigkeit an gegeben holt er raumgreifend mutige Augen nach

Von einer rätselhaften Leichtigkeit an gegeben holt er raumgreifend mutige Augen nach, neben sonnigem Charisma hinterher. Meine irisierend dichten Türen melden an ihn Neugewonnenes zurück. Zum Weinen einfach.

2.1.2 Ein Ruhekissen gerne

Hier altert nichts, sogar Papier ein Transformierendes erlebt, rahmen wir im Liter lobenden Buch ein Ruhekissen gerne. Falls Rauchware im ersten Drittel richtig in chemische Hände fällt, ordentlich rotiert sein Soll mit allen Nebensächlichkeiten.

Drei der acht verschiedenen Überschriftqualitäten, von denen sechs entweder einzeln im Text oder in unterschiedlichen Kombinationen untereinanderstehen können. (Besser wäre es wohl gewesen, die §-Zeilen im Flattersatz zu bringen.)

Karl Löwith
Sämtliche Schriften I
J. B. Metzlersche Verlagsbuchhandlung, Stuttgart 1981
13 × 21 cm, 500 Seiten
Schrift: Sabon
gelbliches Werkdruckpapier

HPW

Die Juristen benötigen extrem viele Untergliederungen. Auf dieser Seite kommen neun verschiedene Zwischenüberschrift-Qualitäten vor, dafür sind aber nur drei Schriften eingesetzt. Es dominiert – wie bei allen juristischen Büchern – die Halbfette, die für sieben Bedeutungen in einem einzigen Schriftgrad eingesetzt ist, jedoch so differenziert, daß ihre hierarchische Über- und Unterordnung eindeutig geklärt ist.

Wagenitz / Bornhofen
Familiennamensrechtsgesetz Kommentar
Verlag für Standesamtswesen, Frankfurt am Main 1994
11,5 × 18,5 cm, 420 Seiten
Schrift: Baskerville Book
leicht gelbliches Naturpapier

FF

Die dreierlei Zwischenüberschriften des Ratgebers sind in der gleichen Schrift gesetzt, aber durch unterschiedliche Schnitte unterschieden, zusätzlich auch noch durch die Anzahl der liegenden Linien. Deren Dreierkombination ist zugleich das Signet des Trias-Verlages.

Michael Moser, Peter Frank
Flugmedizin für Piloten
Trias-Verlag, Stuttgart 1988
15 × 23 cm, 136 Seiten
Schriften: Century und
News Gothic
gestrichenes Offsetpapier,
leicht gebrochenes Weiß

HPW

Die Überschriftqualitäten des Werkes sind so eingerichtet, daß ihre Größe sich verringert, die Strichstärke jedoch gleich bleibt; je kleiner ein Überschrift-Grad, desto fetter wirkt er. Zusätzlich wird die Wertigkeit der Überschriften durch ein grafisches Element gekennzeichnet, da sie sich gegen zahlreiche Untergliederungen und Auszeichnungen behaupten müssen.

Klaus Dörner, Ursula Plog,
Christine Teller, Frank Wendt
Irren ist menschlich
Psychiatrie-Verlag, Bonn 1996
16,5 × 24 cm, 608 Seiten
Schriften: Plantin und Frutiger
Naturpapier, gebrochenes Weiß

Iga Bielejec / HPW

Überschriften am Rand

Überschriften müssen nicht notwendig *über* dem Text stehen. Auch der Rand neben dem Textblock, die **Marginalspalte,** bietet sich an. Dabei muß allerdings der Widerspruch »Überschrift gleich Randnotiz« durch Schrift, Größe und Typografie aufgelöst werden.

Bei den Beispielen ist bewußt nur eine einzige Schrift eingesetzt, da nur einige prinzipielle Möglichkeiten dargestellt und nicht Vorbilder geschaffen werden sollen.

Sehr gut funktionieren Überschriften in Marginalspalten bei einem **verschobenen Satzspiegel,** dann kann die Überschrift immer in der gleichen Weise links vom Text stehen. Das gilt auch für eine **splendide symmetrische Doppelseite,** das heißt bei sehr großen Rändern um den Satzspiegel.

Beim klassischen, zum Bund orientierten Satzspiegel stehen die Überschriften einmal links und einmal rechts von der Textkolumne, wie auf der rechten Seite unten gezeigt. Dann steht auf den linken Seiten die Überschrift vor dem Textbeginn, auf den rechten Seiten folgt sie ihm. Der potentiellen Irritation des Lesers muß der Typograf zu begegnen wissen, zum Beispiel indem er die marginale Überschrift so aktiv gestaltet, daß sie in jedem Fall zuerst ins Auge springt.

Leichtigkeit an gegeben holt einer Raum Hier altert nichts, sogar Papier ein Transformierendes erlebt, rahmen wir im Liter lobenden Buch ein Ruhekissen gerne. Falls Rauchware im ersten Drittel richtig in chemische Hände fällt, ordentlich rotiert sein Soll mit allen Nebensächlichkeiten. Liebevoll ernst sinniert eine tapfere Yellow Press oder gibt Rat allerhöchstens für identische Ereignisse. Von einer rätselhaften Leichtigkeit an gegeben holt er raumgreifend mutige Augen nach, neben sonnigem Charisma hinterher. Meine irisierend dich-

Leichtigkeit an gegeben holt einer raumgreifend Hier altert nichts, sogar Papier ein Transformierendes erlebt, rahmen wir im Liter lobenden Buch ein Ruhekissen gerne. Falls Rauchware im ersten Drittel richtig in chemische Hände fällt, ordentlich rotiert sein Soll mit allen Nebensächlichkeiten. Liebevoll ernst sinniert eine tapfere Yellow Press oder gibt Rat allerhöchstens für identische Ereignisse. Von einer rätselhaften Leichtigkeit an gegeben holt er raumgreifend mutige Augen nach, neben sonnigem Charisma hinter

Leichtigkeit an gegeben holt einer raumgreifend Hier altert nichts, sogar Papier ein Transformierendes erlebt, rahmen wir im Liter lobenden Buch ein Ruhekissen gerne. Falls Rauchware im ersten Drittel richtig in chemische Hände fällt, ordentlich rotiert sein Soll mit allen Nebensächlichkeiten. Liebevoll ernst sinniert eine tapfere Yellow Press oder gibt Rat allerhöchstens für identische Ereignisse. Von einer rätselhaften Leichtigkeit an gegeben holt er raumgreifend mutige Augen nach, neben sonnigem Charisma hinterher. Meine irisierend dichten Türen melden an ihn Neugewonnenes

Leichtigkeit an gegeben holt einer raumgreifend Hier altert nichts, sogar Papier ein Transformierendes erlebt, rahmen wir im Liter lobenden Buch ein Ruhekissen gerne. Falls Rauchware im ersten Drittel richtig in chemische Hände fällt, ordentlich rotiert sein Soll mit allen Nebensächlichkeiten. Liebevoll ernst sinniert eine tapfere Yellow Press oder gibt Rat allerhöchstens für identische Ereignisse. Von einer rätselhaften Leichtigkeit an gegeben holt er raumgreifend mutige Augen nach, neben sonnigem Charisma hinterher. Meine irisierend dichten Türen melden an ihn Neugewonnenes

Kurze **Hinweise** auf die Beispiele von links oben nach rechts unten

linke Seite
Die Überschrift steht wie üblich über dem Text, ist aber in die Randspalte hinausgeschoben. Bei sehr kurzen ersten Wörtern droht allerdings Absturzgefahr.

Bei mehrzeiligen Gruppen leitet die letzte Zeile der Überschrift in die erste Textzeile über.

Die marginale Überschrift auf Linksachse. Das schafft klare, aber harte Verhältnisse.

Die Überschrift auf Rechtsachse nimmt engeren Bezug zum Text. Der Zeilenfall muß bei Rechtsachsen immer besonders sorgfältig kontrolliert werden.

rechte Seite
Die Rechtsachse der Überschrift entspricht der Linksachse der Kolumne.

Die Überschriftgruppe ist in die Kolumne geschoben.

Die Mittelachse der Überschriftgruppe entspricht der Linksachse der Kolumne. Die umgebende Weißfläche muß genau dosiert sein, sie wechselt je nach Zeilenlänge der Überschrift. Die Überschriftgruppe darf nicht festkleben und nicht wegschwimmen.

Die entsprechende Anordnung auf einer rechten Seite. Variante: Die Überschrift beginnt eine Zeile höher.

Leichtigkeit an gegeben holt einer raumgreifend

Hier altert nichts, sogar Papier ein Transformierendes erlebt, rahmen wir im Liter lobenden Buch ein Ruhekissen gerne. Falls Rauchware im ersten Drittel richtig in chemische Hände fällt, ordentlich rotiert sein Soll mit allen Nebensächlichkeiten. Liebevoll ernst sinniert eine tapfere Yellow Press oder gibt Rat allerhöchstens für identische Ereignisse. Von einer rätselhaften Leichtigkeit an gegeben holt er raumgreifend mutige Augen nach, neben sonnigem Charisma hinterher. Meine irisierend dichten Türen melden an ihn

Leichtigkeit an gegeben holt einer raumgreifend

Hier altert nichts, sogar Papier ein Transformierendes erlebt, rahmen wir im Liter lobenden Buch ein Ruhekissen gerne. Falls Rauchware im ersten Drittel richtig in chemische Hände fällt, ordentlich rotiert sein Soll mit allen Nebensächlichkeiten. Liebevoll ernst sinniert eine tapfere Yellow Press oder gibt Rat allerhöchstens für identische Ereignisse. Von einer rätselhaften Leichtigkeit an gegeben holt er raumgreifend mutige Augen nach, neben sonnigem Charisma hinterher. Meine irisierend dichten Türen

Leichtigkeit an gegeben holt einer raumgreifend mutige Augen nach

Hier altert nichts, sogar Papier ein Transformierendes erlebt, rahmen wir im Liter lobenden Buch ein Ruhekissen gerne. Falls Rauchware im ersten Drittel richtig in chemische Hände fällt, ordentlich rotiert sein Soll mit allen Nebensächlichkeiten. Liebevoll ernst sinniert eine tapfere Yellow Press oder gibt Rat allerhöchstens für identische Ereignisse. Von einer rätselhaften Leichtigkeit an gegeben holt er raumgreifend mutige Augen nach, neben sonnigem Charisma hinter-

Hier altert nichts, sogar Papier ein Transformierendes erlebt, rahmen wir im Liter lobenden Buch ein Ruhekissen gerne. Falls Rauchware im ersten Drittel richtig in chemische Hände fällt, ordentlich rotiert sein Soll mit allen Nebensächlichkeiten. Liebevoll ernst sinniert eine tapfere Yellow Press oder gibt Rat allerhöchstens für identische Ereignisse. Von einer rätselhaften Leichtigkeit an gegeben holt er raumgreifend mutige Augen nach, neben sonnigem Charisma hinterher. Meine iri-

Leichtigkeit an gegeben holt einer raumgreifend mutige Augen nach

Kapitelnummern und Initialen

Anstelle von Überschriften oder zusätzlich werden häufig **Kapitelnummern** oder Abschnittnummern verwendet. Diese können vor allem zusammen mit der Pagina als reizvolles, stilprägendes Gestaltungsmittel eingesetzt werden.

Wenn römische Ziffern integriert eingesetzt werden sollen, also nicht als Akzent oder Kontrast, ist von Fall zu Fall, also von Schrift zu Schrift, zu prüfen, ob sie etwas kleiner als die Grundschrift und ob sie leicht gesperrt gesetzt werden müssen.

Die reizvollen Mittel der Schriftmischung können hier nur angedeutet werden, auf Beispiele der Kombination von Ziffern und schmückenden Elementen, seien es historisierende oder postmoderne, wurde ganz verzichtet.

II

Von einer rätselhaften Leichtigkeit an gegeben holt er raumgreifend mutige Augen nach, neben sonnigem Charisma hinterher. Meine irisierend dichten Türen melden an ihn Neugewonnenes zurück. Zum Weinen einfach ist typischerweise

II

Von einer rätselhaften Leichtigkeit an gegeben holt er raumgreifend mutige Augen nach, neben sonnigem Charisma hinterher. Meine irisierend dichten Türen melden an ihn Neugewonnenes zurück. Zum Weinen einfach ist typischerweise

2

Von einer rätselhaften Leichtigkeit an gegeben holt er raumgreifend mutige Augen nach, neben sonnigem Charisma hinterher. Meine irisierend dichten Türen melden an ihn Neugewonnenes zurück. Zum Weinen einfach ist typischerweise

Von einer rätselhaften Leichtigkeit an gegeben holt er raumgreifend mutige Augen nach, neben sonnigem Charisma hinterher. Meine irisierend dichten Türen melden an ihn Neugewonnenes zurück. Zum Weinen einfach ist typischerweise

2

Von einer rätselhaften Leichtigkeit an gegeben holt er raumgreifend mutige Augen nach, neben sonnigem Charisma hinterher. Meine irisierend dichten Türen melden an ihn Neugewonnenes zurück. Zum Weinen einfach ist typischerweise

2

Von einer rätselhaften Leichtigkeit an gegeben holt er raumgreifend mutige Augen nach, neben sonnigem Charisma hinterher. Meine irisierend dichten Türen melden an ihn Neugewonnenes zurück. Zum Weinen einfach ist typischerweise

Initialen haben zweierlei Funktionen:
Eine **schmückende** – das betrifft die großen, oft ornamentierten oder bildhaften Initialen am Textbeginn – und eine **gliedernde.** Sie können – ähnlich den Kapitälchen (vgl. Seite 118) – den Beginn eines neuen Abschnittes kennzeichnen, statt einer Unterkapitelnummer. Zugleich können sie, ebenso wie Überschriften und Kapitelziffern, den spezifischen Charakter eines Buches spürbar machen oder verstärken.

rechte Seite, linke Spalte
Initialen können in unterschiedlicher Größe und in unterschiedlicher typografischer Verbindung mit den Textzeilen eingebaut werden. Die Beispiele zeigen einige Möglichkeiten, die ohne weiteres durch andere Schriften oder Plazierungen auch spielerisch und dekorativ verändert werden können.

Aus detailtypografischer Sicht ist hierbei zweierlei wichtig: die Linksachse, bei der (der Schrift entsprechend) geklärt werden muß, ob Serifen ganz oder teilweise freigestellt werden sollen; und der Abstand vom Initial zur Fortsetzung des Wortes, durch den der Zusammenhang nicht zerrissen werden darf.

rechte Seite, rechte Spalte
Eine besonders reizvolle Aufgabe für den Typografen ist die Kombination von Überschrift und Initial. Auch hierauf können die wenigen Beispiele nur hinweisen.

Altert nichts, sogar Papier ein Transformierendes erlebt, rahmen wir im Liter lobenden Buch ein Ruhekissen gerne. Falls Rauchware ersten Drittel richtig chemische Hände fällt, ordentlich rotiert sein Soll mit allen Nebensächlichkeiten. Liebevoll ernst sinniert eine tapfere

Altert nichts, sogar Papier ein Transformierendes erlebt, rahmen wir im Liter lobenden Buch ein Ruhekissen gerne. Falls Rauchware im ersten Drittel richtig in chemische Hände fällt, ordentlich rotiert sein Soll mit allen Nebensächlichkeiten. Liebevoll ernst sinniert eine tapfere Yellow

Altert nichts, sogar Papier ein Transformierendes erlebt, rahmen wir im Liter lobenden Buch ein Ruhekissen gerne. Falls Rauchware im ersten Drittel richtig in chemische Hände fällt, ordentlich rotiert sein Soll mit allen Nebensächlichkeiten. Liebevoll ernst sinniert eine tapfere

Altert nichts, sogar Papier ein Transformierendes erlebt, rahmen wir im Liter lobenden Buch ein Ruhekissen gerne. Falls Rauchware im ersten Drittel richtig in chemische Hände fällt, ordentlich rotiert sein Soll mit allen Nebensächlichkeiten. Liebevoll ernst sinniert eine tapfere

Altert nichts sogar Papier ein Transformierendes erlebt, rahmen wir im Liter lobenden Buch ein Ruhekissen gerne. Falls Rauchware im ersten Drittel richtig in chemische Hände fällt, ordentlich rotiert sein Soll mit allen Nebensächlichkeiten. Liebevoll ernst

Altert nichts, sogar Papier ein Transformierendes erlebt, rahmten wir innen Liter lobenden Buch ein Ruhekissen gerne. Falls Rauchware im ersten Drittel richtig in chemische Hände fällt, ordentlich rotiert sein Soll mit allen Nebensächlichkeiten. Liebevoll ernst sinniert eine tapfere Yellow Press oder gibt Rat

Neugewonnenes

Altert nichts, sogar Papier ein Transformierendes erlebt, rahmen wir im Liter lobenden Buch ein Ruhekissen gerne. Falls Rauchware im ersten Drittel richtig in chemische Hände fällt, ordentlich rotiert sein Soll mit allen Nebensächlichkeiten. Liebevoll ernst sinniert eine tapfere Yellow Press oder gibt Rat allerhöchstens für identische Ereignisse. Von einer rätselhaften Leichtigkeit an gegeben holt er raumgreifend mutige Augen nach, neben sonnigem Charisma hinterher. Meine irisierend dichten Türen melden an ihn Neugewonnenes zurück. Zum Weinen einfach ist typischerweise auch unser Sieb eben nicht direkt

NEUGEWONNENES

Altert nichts, sogar Papier ein Transformierendes erlebt, rahmen wir im Liter lobenden Buch ein Ruhekissen gerne. Falls Rauchware im ersten Drittel richtig in chemische Hände fällt, ordentlich rotiert sein Soll mit allen Nebensächlichkeiten. Liebevoll ernst sinniert eine tapfere Yellow Press oder gibt Rat allerhöchstens für identische Ereignisse. Von einer rätselhaften Leichtigkeit an gegeben holt er raumgreifend mutige Augen nach, neben sonnigem Charisma hinterher. Meine irisierend dichten Türen melden an ihn Neugewonnenes zurück. Zum Weinen einfach ist typischerweise auch unser Sieb eben nicht direkt

Neugewonnenes Alternativ nichts, sogar Papier ein Transformierendes erlebt, rahmen wir im Liter lobenden Buch ein Ruhekissen gerne. Falls Rauchware im ersten Drittel richtig in chemische Hände fällt, ordentlich rotiert sein Soll mit allerlei Nebensächlichkeiten. Liebevoll ernst sinniert eine tapfere Yellow Press oder gibt Rat allerhöchstens für identische Ereignisse. Vorher einer rätselhaften Leichtigkeit an gegeben holt er raumgreifend mutige Augen nach, neben sonnigem Charisma hinterher. Meine irisierend dichten Türen melden an ihn Neugewonnenes zurück. Zum Weinen einfach ist typischerweise auch uns

Überschrift und Motto

Viele Autoren lieben Mottos, Typografen nicht unbedingt. Da die Mottos innerhalb eines Buches von der einzeiligen Sentenz über kurze Gedichtstrophen mit langen Zeilen und lange Strophen mit kurzen Zeilen bis zu halbseitenlangen Prosatexten reichen können, ist es besonders schwer, einheitlich zu planen.

Es ist deshalb auch unmöglich, eine Systematik zu entwerfen. Es sollen nur ein paar **Grundtypen** angedeutet werden.

In den meisten Fällen werden die Mottos nicht auf volle Satzspiegelbreite gesetzt, deshalb wird es fast immer angebracht sein, sie im Flattersatz zu planen, außer vielleicht bei sehr kleinen Schriftgraden.

Es muß vorab geklärt werden, ob das Motto sich inhaltlich und damit formal **zur Überschrift** (wie bei der mittleren Spalte) oder **zum Text** (wie bei der linken Spalte) orientieren soll.

Die rechte Spalte zeigt zwei typografische Lösungsmöglichkeiten für den Fall, daß nach dem Motto eine **Zwischenüberschrift** folgt.

Die Typografie der Motto-Quellen wird hier unsystematisch und unkommentiert in einigen Varianten dargestellt.

linke Spalte

oben Das Motto ist nach rechts geschoben, die Quelle steht rechts außen.

mitte Das Motto beginnt auf Spaltenmitte. Das klärt die Verhältnisse, führt aber zu einer gewissen Härte. Der große Einzug erlaubt die Verwendung des Grundschriftgrades. Quelle auf Linksachse.

unten Die größere Breite des Mottos kann zu unklaren Beziehungen zwischen der Linksachse des Mottos und den unterschiedlich langen Mittelachsen-Überschriften führen. Die Quelle steht in der Ausgangszeile oder gegebenenfalls unter der vollen letzten Zeile.

mittlere Spalte

oben Motto auf optischer Mitte, Quelle auf Mitte.

mitte Linksachsenkonzeption, Überschrift und Motto gleichmäßig eingezogen. Eine kurze Überschrift ohne Einzug verlöre ihr Fundament und drohte abzustürzen.

unten Das Motto im Blocksatz auf volle Satzbreite ist durch Schriftmischung vom Text unterschieden.

rechte Spalte

oben Zusätzlich zum Motto sind Unterüberschriften vorgesehen. Wichtig ist der ausreichend große Abstand zwischen dem Motto und der folgenden Überschrift. Außerdem dürfen Überschrift und Quellenangabe nicht typografisch kollidieren.

unten Die unterschiedlichen Einzüge lösen die Probleme fast automatisch.

Gute Losung an unserem Bau

> Liebevoll ernst sinniert eine tapfere Yellow Press oder gibt Rat allerhöchstens für identische Ereignisse.
> *Motto-Quelle*

Von einer rätselhaften Leichtigkeit an gegeben holt er raumgreifend mutige Augen nach, neben sonnigem Charisma hinterher. Meine irisierend dichten Türen melden an ihn Neugewonnenes zurück. Zum Weinen einfach ist typischerweise auch unser Sieb eben nicht direkt unbedarft nicht

Gute Losung an unserem Bau

> Liebevoll ernst sinniert eine tapfere Yellow Press oder gibt Rat allerhöchstens für identische Ereignisse.
> *Motto-Quelle*

Von einer rätselhaften Leichtigkeit an gegeben holt er raumgreifend mutige Augen nach, neben sonnigem Charisma hinterher. Meine irisierend dichten Türen melden an ihn Neugewonnenes zurück. Zum Weinen einfach ist typischerweise auch unser Sieb eben nicht direkt unbedarft nicht

Gute Losung an unserem Bau

Liebevoll ernst sinniert eine tapfere Yellow Press oder gibt Rat allerhöchstens für identische Ereignisse von einer rätselhaften.   MOTTO-QUELLE

Von einer rätselhaften Leichtigkeit an gegeben holt er raumgreifend mutige Augen nach, neben sonnigem Charisma hinterher. Meine irisierend dichten Türen melden an ihn Neugewonnenes zurück. Zum Weinen einfach ist typischerweise auch unser Sieb eben nicht direkt unbedarft nicht

Gute Losung an unserem

Liebevoll ernst sinniert eine tapfere Yellow Press oder gibt Rat allerhöchstens für identische Ereignisse. Von einer rätselhaften Leichtigkeit an gegeben holt er raumgreifend mutige Augen nach.
MOTTO-QUELLE

Von einer rätselhaften Leichtigkeit an gegeben holt er raumgreifend mutige Augen nach, neben sonnigem Charisma hinterher. Meine irisierend dichten Türen melden an ihn Neugewonnenes zurück. Zum Weinen einfach ist typischerweise auch unser Sieb eben nicht direkt unbedarft nicht

Gute Losung an unserem

Liebevoll ernst sinniert eine tapfere Yellow Press oder gibt Rat allerhöchstens für identische Ereignisse. Von einer rätselhaften Leichtigkeit an gegeben holt.

MOTTO-QUELLE

Von einer rätselhaften Leichtigkeit an gegeben holt er raumgreifend mutige Augen nach, neben sonnigem Charisma hinterher. Meine irisierend dichten Türen melden an ihn Neugewonnenes zurück. Zum Weinen einfach ist typischerweise auch unser Sieb eben nicht direkt unbedarft nicht

Gute Losung an unserem Bau

Liebevoll ernst sinniert eine tapfere Yellow Press oder gibt Rat allerhöchstens für identische Ereignisse von einer rätselhaften Leichtigkeit an gegeben holt er raumgreifend.
(Motto-Quelle)

Von einer rätselhaften Leichtigkeit an gegeben holt er raumgreifend mutige Augen nach, neben sonnigem Charisma hinterher. Meine irisierend dichten Türen melden an ihn Neugewonnenes zurück. Zum Weinen einfach ist typischerweise auch unser Sieb eben nicht direkt unbedarft nicht

Gute Losung an unserem

Liebevoll ernst sinniert eine tapfere Yellow Press oder gibt Rat aller höchstens für identische Ereignisse von einer.
MOTTO-QUELLE

Hier altert nichts

Von einer rätselhaften Leichtigkeit an gegeben holt er raumgreifend mutige Augen nach, neben sonnigem Charisma hinterher. Meine irisierend dichten Türen melden an ihn Neugewonnenes zurück. Zum Weinen einfach ist typischerweise auch unser Sieb eben nicht direkt unbedarft nicht doppelt verbunden, ist es robust. Über Banales erhalten Rehe aber regelmäßig bloß Erklärungen in Tälern, Ebenen, Tiergärten, Eiscafés. Niemals ermüdet uns angenehmer und für lange Abende

Gute Losung an unserem

Liebevoll ernst sinniert eine tapfere Yellow Press oder gibt Rat aller höchstens für identische Ereignisse von einer rätselhaften Leichtigkeit.
(Motto-Quelle)

Hier altert nichts

Von einer rätselhaften Leichtigkeit an gegeben holt er raumgreifend mutige Augen nach, neben sonnigem Charisma hinterher. Meine irisierend dichten Türen melden an ihn Neugewonnenes zurück. Zum Weinen einfach ist typischerweise auch unser Sieb eben nicht direkt unbedarft nicht doppelt verbunden, ist es robust. Über Banales erhalten Rehe aber regelmäßig bloß Erklärungen in Tälern, Ebenen, Tiergärten, Eiscafés. Niemals ermüdet uns angenehmer und für lange Abende gefahrvoller Ersatz. Gute Losung an unserem Bau

Lemmata (Lexikon-Stichwörter)

Bei der Typografie für Lexika geht es in erster Linie um **schnellen Zugriff** auf das gesuchte Stichwort – eine typische Form des konsultierenden Lesens. Der Eintrag selbst kann informierend überflogen, linear gelesen oder differenzierend bearbeitet werden (rechte Spalte). Das beeinflußt ebenfalls die Wahl der Stichwort-Schrift.

oben links Lemma einfach ausgezeichnet durch die Halbfette der Grundschrift, ohne Einzug gesetzt. Das genügt jedoch nur selten.

oben rechts Doppelte Auszeichnung durch Schriftmischung und Halbfette, ohne Einzug. Die Auszeichnungen innerhalb des Textes sind aus der Grundschriftfamilie gesetzt, so können auch die halbfetten Wörter nicht mit dem Lemma verwechselt werden.

mitte links Dreifache Auszeichnung der Stichwörter: Schriftmischung, Halbfette und Einzug. Die Lemmata sind besser aufzufinden als bei linksbündigem Satz.

mitte rechts Damit sich die Lemmata von der unruhigen Umgebung noch deutlicher abheben, sind sie fett gesetzt.

unten links Die Stichwörter sind ausgerückt, das verbraucht zwar mehr Platz, sie fallen aber besonders gut auf. Deshalb kann man unter Umständen mit doppelter Auszeichnung auskommen (halbfette Grundschrift und Ausrückung).

unten rechts Wenn innerhalb des Textes typografisch differenziert werden muß, ist auch bei ausgerückten Stichwörtern eine dreifache Auszeichnung nötig.

Papier Hier altert nichts, sogar Papier ein Transformierendes erlebt, rahmen wir im Liter lobenden Buch ein Ruhekissen gerne. Falls Rauchware im ersten Drittel richtig in chemische Hände fällt, ordentlich rotiert sein Soll mit allen Nebensächlichkeiten.
Presse Liebevoll ernst sinniert eine tapfere Yellow Press oder gibt Rat allerhöchstens für identische Ereignisse.
Türen Von einer rätselhaften Leichtigkeit an gegeben holt er raumgreifend mutige Augen nach, neben sonnigem Charisma hinterher. Meine irisierend dichten Türen melden an ihn Neugewonnenes zurück.
Charisma Über Banales erhalten Rehe aber regelmäßig bloß Erklärungen in Tälern, Ebenen, Tiergärten, Eiscafés.

Papier Hier altert nichts, sogar Papier ein Transformierendes erlebt, rahmen wir im Liter lobenden Buch ein Ruhekissen gerne. Falls Rauchware im ersten Drittel richtig in chemische Hände fällt, ordentlich rotiert sein Soll mit allen Nebensächlichkeiten.
Presse Liebevoll ernst sinniert eine tapfere Yellow Press oder gibt Rat allerhöchstens für identische Ereignisse.
Türen Von einer rätselhaften Leichtigkeit an gegeben holt er raumgreifend mutige Augen nach, neben sonnigem Charisma hinterher. Meine irisierend dichten Türen melden an ihn Neugewonnenes zurück.
Charisma Über Banales erhalten Rehe aber regelmäßig bloß Erklärungen in Tälern, Ebenen, Tiergärten, Eiscafés.

Papier Hier altert nichts, sogar Papier ein Transformierendes erlebt, rahmen wir im Liter lobenden Buch ein Ruhekissen gerne. Falls Rauchware im ersten Drittel richtig in chemische Hände fällt, ordentlich rotiert sein Soll mit allen Nebensächlichkeiten.
Presse Liebevoll ernst sinniert eine tapfere Yellow Press oder gibt Rat allerhöchstens für identische Ereignisse.
Türen Von einer rätselhaften Leichtigkeit an gegeben holt er raumgreifend mutige Augen nach, neben sonnigem Charisma hinterher. Meine irisierend dichten Türen melden an ihn Neugewonnenes zurück.
Charisma Über Banales erhalten Rehe aber regelmäßig bloß Erklärungen in Tälern, Ebenen, Tiergärten, Eiscafés.

Liter Nichts ermüdet uns angenehmer und für lange Abenteuer gefahrvoller Ersatz.
Drittel Gute Losung an unserem Bau, trotzdem: ich habe mittels kollegialer Erfahrung intensiv nachgedacht, wie oft *Redewendungen* tauchen. Hier altert nichts, sogar Papier ein **Transformierendes** erlebt, rahmen wir im Liter lobenden Buch ein RUHEKISSEN gerne.
Rat Falls Rauchware im ersten Drittel richtig in chemische Hände fällt, ordentlich rotiert sein Soll mit allen Nebensächlichkeiten. Liebevoll ehrlich sinniert eine tapfere *Yellow Press* oder gibt Rat allerhöchstens für identische Ereignisse.
Augen Von einer rätselhaften Leichtigkeit an gegeben holt er raumgreifend mutige Augen nach, neben sonnigem Charisma hinterher.

Liter Nichts ermüdet uns angenehmer und für lange Abenteuer gefahrvoller Ersatz.
Drittel Gute Losung an unserem Bau, trotzdem: ich habe mittels kollegialer Erfahrung intensiv nachgedacht, wie oft *Redewendungen* tauchen. Hier altert nichts, sogar Papier ein **Transformierendes** erlebt, rahmen wir im Liter lobenden Buch ein RUHEKISSEN gerne.
Rat Falls Rauchware im ersten Drittel richtig in chemische Hände fällt, ordentlich rotiert sein Soll mit allen Nebensächlichkeiten. Liebevoll ehrlich sinniert eine tapfere *Yellow Press* oder gibt Rat allerhöchstens für identische Ereignisse.
Augen Von einer rätselhaften Leichtigkeit an gegeben holt er raumgreifend mutige Augen nach, neben sonnigem Charisma hinterher.

Liter Nichts ermüdet uns angenehmer und für lange Abenteuer gefahrvoller Ersatz.
Drittel Gute Losung an unserem Bau, trotzdem: ich habe mittels kollegialer Erfahrung intensiv nachgedacht, wie oft *Redewendungen* tauchen. Hier altert nichts, sogar Papier ein **Transformierendes** erlebt, rahmen wir im Liter lobenden Buch ein RUHEKISSEN gerne.
Rat Falls Rauchware im ersten Drittel richtig in chemische Hände fällt, ordentlich rotiert sein Soll mit allen Nebensächlichkeiten. Liebevoll ehrlich sinniert eine tapfere *Yellow Press* oder gibt Rat allerhöchstens für identische Ereignisse.
Augen Von einer rätselhaften Leichtigkeit an gegeben holt er raumgreifend mutige Augen

Wenn das Seitenstichwort (Seitentitel, lebender Kolumnentitel) nur aus den ersten drei Buchstaben besteht, mit denen die Lemmata der Seite beginnen, muß es dominant, die ganze Seite beherrschend auftreten.

Pap

Papier Hier altert nichts, sogar Papier ein Transformierendes erlebt, rahmen wir im Liter lobenden Büchern ein Ruhekissen gerne. Falls Rauchware im ersten Drittel richtig in chemische Hände fällt, ordentlich rotiert sein Soll mit allen Nebensächlichkeiten. Liebevoll ernst sinniert eine tapfere Yellow Press oder gibt Rat allerhöchstens für identische Ereignisse.
Leichtigkeit Von einer rätselhaften Leichtigkeit an gegeben holt er raumgreifend mutige Augen nach, neben sonnigem Charisma hinterher. Meine irisierend dichten Türen melden an ihn Neugewonnenes zurück. Zum Weinen einfach ist typischerweise auch unser Sieb; eben nicht direkt unbedarft, nicht doppelt verbunden, ist es robust. Über Banales erhalten Rehe abermals regelmäßig bloß Erklärungen in Tälern, Ebenen, Tiergärten, Eiscafés. Nichts ermüdet uns angenehmer und für lange Abenteuer gefahrvoller Ersatz. Gute Losung an unserem Bau, trotzdem: ich habe mittels kollegialer Erfahrung intensiv nachgedacht, wie oft Redewendungen tauchen. Hier altert nichts, sogar Papier ein Transformierendes erlebt, rahmen wir im Liter lobenden Buch ein Ruhekissen.
Charisma Falls Rauchware im ersten Drittel richtig in chemische Hände fällt, ordentlich rotiert sein Soll mit allen Nebensächlichkeiten. Liebevoll ehrlich sinniert eine tapfere Yellow Press oder gibt Rat allerhöchstens für identi-

---

Besteht das (üblicherweise fett oder halbfett gesetzte) Seitenstichwort aus einem ganzen Wort, also aus der Wiederholung eines Lemmas, kann eine Informationsverdoppelung eintreten, nämlich dann, wenn das Lemma direkt unter dem Seitenstichwort auf der ersten Zeile steht. Man liest das gesuchte Stichwort zweimal, erst über-, dann untergeordnet.

Papier

Papier Hier altert nichts, sogar Papier ein Transformierendes erlebt, rahmen wir im Liter lobenden Büchern ein Ruhekissen gerne. Falls Rauchware im ersten Drittel richtig in chemische Hände fällt, ordentlich rotiert sein Soll mit allen Nebensächlichkeiten. Liebevoll ernst sinniert eine tapfere Yellow Press oder gibt Rat allerhöchstens für identische Ereignisse.
Leichtigkeit Von einer rätselhaften Leichtigkeit an gegeben holt er raumgreifend mutige Augen nach, neben sonnigem Charisma hinterher. Meine irisierend dichten Türen melden an ihn Neugewonnenes zurück. Zum Weinen einfach ist typischerweise auch unser Sieb; eben nicht direkt unbedarft, nicht doppelt verbunden, ist es robust. Über Banales erhalten Rehe abermals regelmäßig bloß Erklärungen in Tälern, Ebenen, Tiergärten, Eiscafés. Nichts ermüdet uns angenehmer und für lange Abenteuer gefahrvoller Ersatz. Gute Losung an unserem Bau, trotzdem: ich habe mittels kollegialer Erfahrung intensiv nachgedacht, wie oft Redewendungen tauchen. Hier altert nichts, sogar Papier ein Transformierendes erlebt, rahmen wir im Liter lobenden Buch ein Ruhekissen.
Charisma Falls Rauchware im ersten Drittel richtig in chemische Hände fällt, ordentlich rotiert sein Soll mit allen Nebensächlichkeiten. Liebevoll ehrlich sinniert eine tapfere Yellow Press oder gibt Rat allerhöchstens für identi-

---

Wenn das Seitenstichwort gegenüber dem Lemma typografisch zurückgenommen ist, bleibt der Überblick unverändert erhalten, doch wird das eigentlich gesuchte Stichwort mit seinem darauffolgenden Text einen Augenblick schneller gefunden.

Papier

Papier Hier altert nichts, sogar Papier ein Transformierendes erlebt, rahmen wir im Liter lobenden Büchern ein Ruhekissen gerne. Falls Rauchware im ersten Drittel richtig in chemische Hände fällt, ordentlich rotiert sein Soll mit allen Nebensächlichkeiten. Liebevoll ernst sinniert eine tapfere Yellow Press oder gibt Rat allerhöchstens für identische Ereignisse.
Leichtigkeit Von einer rätselhaften Leichtigkeit an gegeben holt er raumgreifend mutige Augen nach, neben sonnigem Charisma hinterher. Meine irisierend dichten Türen melden an ihn Neugewonnenes zurück. Zum Weinen einfach ist typischerweise auch unser Sieb; eben nicht direkt unbedarft, nicht doppelt verbunden, ist es robust. Über Banales erhalten Rehe abermals regelmäßig bloß Erklärungen in Tälern, Ebenen, Tiergärten, Eiscafés. Nichts ermüdet uns angenehmer und für lange Abenteuer gefahrvoller Ersatz. Gute Losung an unserem Bau, trotzdem: ich habe mittels kollegialer Erfahrung intensiv nachgedacht, wie oft Redewendungen tauchen. Hier altert nichts, sogar Papier ein Transformierendes erlebt, rahmen wir im Liter lobenden Buch ein Ruhekissen.
Charisma Falls Rauchware im ersten Drittel richtig in chemische Hände fällt, ordentlich rotiert sein Soll mit allen Nebensächlichkeiten. Liebevoll ehrlich sinniert eine tapfere Yellow Press oder gibt Rat allerhöchstens für identi-

158

einem heiligen Mährchen sich trösten über die schmähliche Gewalt, die über ihnen lastet — kannst Du sagen, ich schäme mich dieses Stoffs? Ich meyne, ich wäre doch noch bildsam. Kannst Du dein Herz abwenden von dem Bedürftigen? Sie sind nicht schlimm, sie haben Dir nichts zu laidegethan!

Was kann ich für sie thun, rief ich.

Gieb ihnen, was Du in Dir hast, erwiederte Diotima, gieb —

Kein Wort, kein Wort mehr, grosse Seele! rief ich, Du beugst mich sonst, es ist ja sonst, als hättest du mit Gewalt mich dazu gebracht —

Sie werden nicht glüklicher seyn, aber edler, nein! sie werden auch glüklicher seyn. Sie müssen heraus, sie müssen hervorgehn, wie die jungen Berge aus der Meersfluth, wenn ihr unterirrdisches Feuer sie treibt.

Zwar steh' ich allein und trete ruhmlos unter sie. Doch Einer, der ein Mensch ist, kann er nicht mehr, denn Hunderte, die nur Theile sind des Menschen?

Heilige Natur! du bist dieselbe in und ausser mir. Es muss so schwer nicht seyn, was ausser mir ist, zu vereinen mit dem Göttlichen in mir. Gelingt der Biene doch ihr kleines Reich,

159

warum sollte denn ich nicht pflanzen können und baun, was noth ist?

Was? der arabische Kaufmann säete seinen Koran aus, und es wuchs ein Volk von Schülern, wie ein unendlicher Wald, ihm auf, und der Aker sollte nicht auch gedeihn, wo die alte Wahrheit wiederkehrt in neu lebendiger Jugend?

Es werde von Grund aus anders! Aus der Wurzel der Menschheit sprosse die neue Welt! Eine neue Gottheit walte über ihnen, eine neue Zukunft kläre vor ihnen sich auf.

In der Werkstatt, in den Häusern, in den Versammlungen, in den Tempeln, überall werd' es anders!

Aber ich muss noch ausgehn, zu lernen. Ich bin ein Künstler, aber ich bin nicht geschikt. Ich bilde im Geiste, aber ich weiss noch die Hand nicht zu führen —

Du gehest nach Italien, sagte Diotima, nach Deutschland, Frankreich — wie viel Jahre brauchst Du? drei — vier — ich denke drei sind genug; Du bist ja keiner von den Langsamen, und suchst das Grösste und das Schönste nur —

„Und dann?"

Du wirst Erzieher unsers Volks, Du wirst ein grosser Mensch seyn, hoff' ich. Und wenn ich dann Dich so umfasse, da werd' ich träumen, als wär' ich ein Theil des herrlichen Manns, da werd' ich frohlokken, als hättst Du mir die Hälfte deiner Unsterblichkeit, wie Pollux dem Kastor, geschenkt, o! ich werd' ein stolzes Mädchen werden, Hyperion!

Die Berufung auf die jahrhundertealte Erfahrung der Setzer kann schiefgehen. Hölderlins Hyperion erschien im – auch in typografischer Hinsicht – berühmten Cotta-Verlag. Offensichtlich hat sich der Metteur verschätzt und zu spät gemerkt, daß es zu viele Seiten geben wird. So hat er bei den letzten Seiten den Durchschuß weggelassen, somit die Zeilenzahl erhöht und die Seitenzahl des vollen Bogens erreicht. Um sich Arbeit zu sparen – ein Schusterjunge hätte eingebracht werden müssen –, hat er zudem die Abstände zwischen den Absätzen vergrößert. Die beiden Seiten sehen aus, als ob sie aus verschiedenen Büchern stammen, die »Lesestimmung« ist völlig verändert. Bei einem Werk Goethes hätte der Umbruch wohl nochmal gemacht werden müssen, bei so einem Newcomer wie Hölderlin kam es nicht drauf an.

Friedrich Hölderlin
Hyperion, Erster Band
Cottasche Buchhandlung,
Tübingen 1797
9,3 × 16,3 cm, 160 Seiten

Umbruch

Hurenkind und Schusterjunge **196**　Abstände bei Kapitelüberschriften **198**　Der Stand von Zwischenüberschriften **200**

Spitzkolumnen **203**　Senkrechter Keil, tanzender Fuß **206**

Ein noch so gutes typografisches Konzept kann verdorben werden, ein noch so gut ausgeführter Satz kann vergebens sein, wenn der Umbruch nicht gut ausgeführt wird.

Bei manchen Typografen-Auffassungen ist das Konzept ein Korsett, in das sich die Kolumnen und die Bilder fügen müssen. Dann passiert es leicht, daß die geschlossene Form sich gegenüber der Lesbarkeit durchsetzt. Worauf kommt es an? Bei den meisten Lesearten gilt das gleiche:
Der Leser darf nicht irritiert, gestört oder abgelenkt werden.

Davon hängt die Antwort auf die Frage ab:
Wann hat der Plan, das Schema Vorrang und wann darf abgewichen werden?

Die Regeln der Setzer-Fachbücher gelten nicht absolut, sie müssen begründet werden. Ein Beispiel: Es heißt, bei mehrzeiligen Überschriften müssen »Treppen« vermieden werden. Warum? Weil aktive Formen sich vor das Umfeld drängen, das Auge anziehen und vom Lesen ablenken. Wenn es aber die Absicht des Typografen ist, daß die Überschrift das Auge anzieht, zum Beispiel bei aktivierender Typografie, gilt die Regel nicht mehr.

Das gleiche gilt für die **Umbruch-Regeln.** Wird man aber wirklich beim Lesen gestört, wenn die letzte Zeile mit einem neuen Absatz beginnt? Darf ein Abschnitt mit einer einzelnen Zeile am Fuß der Seite beginnen? Wird man gestört, wenn die Spalten eines Lexikons nicht exakt gleich hoch sind? Stört ein Hurenkind beim Lesen?
Welche Regeln gelten?

Gleiches gleich behandeln!
Das Grundgesetz seriöser Typografie gilt natürlich auch für den Umbruch – sollte man meinen. Doch die Tücken des Einzelfalls erfordern oft Eingriffe ins festgelegte Schema. Hier muß verhindert werden, daß eine Formel oder eine Gedichtstrophe zerrissen wird, dort hat das Kapitel zwei Zeilen zu viel, vom Kampf mit den Hurenkindern ganz zu schweigen.

Was ist »gleich«? Was muß gleich sein? Die Spaltenhöhe oder die Abstände über den Lexikon-Stichwörtern innerhalb der Spalte? Die Zahl der Leerzeilen, in denen eine Zwischenüberschrift steht, oder die Weißflächen? Entsprechen kurze Ausgangszeilen am Fuß der Seite einer vollen Zeile?

Beim Umbruch muß immer wieder manipuliert werden. Das war früher Sache des Metteurs, der an seinem Arbeitsplatz die Entscheidung fällte, ob er so oder so eingreifend verändern sollte. Von seinem Niveau hing die Qualität der Typografie mit ab. Bei vielen Büchern vergangener Jahrhunderte merkt man, wie mühsam gebastelt werden mußte, bei anderen Büchern merkt man nichts von der Arbeit des Metteurs. Dann war diese Arbeit gut.

Heute, am Bildschirm, kann man noch viel leichter basteln, als der Metteur es konnte. Das kann sich lockernd und bereichernd auswirken oder unsicher, sogar peinlich wirken, je nach dem Niveau des Typografen.

Wenn es nicht möglich ist, alle geplanten Elemente durchs ganze Buch hindurch gleich zu behandeln, ist die übergeordnete Instanz die **Doppelseite.** Wenn zum Beispiel der Raum, in dem eine Zwischenüberschrift steht, erweitert werden *muß,* darf er auf der Nachbarseite nicht eng bleiben; wenn der Abstand zwischen einem Bild und dem folgenden Text verringert werden muß, weil das Bild auf keinen Fall verkleinert oder beschnitten und der Text auf keinen Fall gekürzt werden kann, darf der Abstand auf der Nachbarseite nicht erweitert werden.

Selbst die Zeilenzahl ist nicht sakrosankt. Bei philologisch festgeschriebenen Texten etwa versagt oft die Kunst des Typografen. Da darf – sofern die Pagina geschickt plaziert ist – ein Seitenpaar eine Zeile mehr oder weniger haben, aber eben ein Seiten*paar.* Die Doppelseite muß bei klassisch-ruhiger Typografie immer ausgeglichen sein.

Einen Umbruch kann man als Typograf programmieren. Dann wird er vom **Satzprogramm** ausgeführt. Wenn es komplizierter wird, mit Fußnoten und eingeschobenen Bildern, war lange der manuelle **Strichumbruch** in den Fahnen nötig. Heute versucht man, auch das zu programmieren, oder man wählt die dritte Möglichkeit: Der **indviduelle Seitenumbruch** wurde früher geklebt, mit skizzierten, später mit kopierten Bildern; heute wird er am Bildschirm mit gescannten Bildern bearbeitet.

Bei der Erstausgabe des vorliegenden Buches wurde jede Seite skizziert und am Bildschirm umgesetzt, die vorliegende Neuausgabe wurde komplett am Bildschirm erstellt. Wie das Buch aber wirklich aussehen wird, sieht man erst am formatgerechten Ausdruck.

Merkwürdigerweise sind es bei der Diskussion über typografische Neuerungen meist die Berufsleser, die Lektoren, die ästhetisch argumentieren (»Das sieht doch nicht gut aus«), und die Berufsgestalter, die Typografen, die von der Lese-Funktion her urteilen (»So wird nicht zerrissen, was zusammengehört«). Die guten alten Setzer argumentieren: »So etwas macht man nicht.«

Hurenkind und Schusterjunge

Hurenkinder (Ausgangszeilen am Kopf einer Seite) und **Schusterjungen** (Absatzbeginn am Fuß der Seite) verstoßen gegen das Ideal des festgefügten, gleich hohen, möglichst identischen Seitenpaares. Das ist ein ästhetisches Ideal, das bei stärker strukturierten Texten nicht einzuhalten ist, etwa wenn ein einzelner, sehr kurzer Satz am Kopf oder Fuß steht oder die letzte Zeile eine kurze Ausgangszeile ist.

Meist kann man mit einiger Mühe durch satztechnisches **Einbringen** oder **Austreiben** von Absätzen (bei der Gefahr, durch Austreiben störende »Löcher«, also zu weite Wortzwischenräume zu erzeugen) das störende Hurenkind entfernen. Eine heikle Methode sind redaktionelle Eingriffe, wie zum Beispiel **Anhängen** oder **Zeilenbrechung** zwischen Doppelpunkt und direkter Rede.

Bei scheinbar unlösbaren Hurenkind-Fällen gibt es überdies noch die Möglichkeit, **Doppelseiten** um eine Zeile **niedriger** zu halten als die Normalseiten.

Voraussetzung ist in allen Fällen, daß die Textkolumne von nicht zu kleinen Papierrändern umgeben ist und es keine Kollisionen mit der Pagina geben kann. Im Fall der niedrigeren Doppelseite darf es auch nicht durch Umbruchänderungen in der Korrekturphase zu nachträglichen Verschiebungen von linken zu rechten Seiten kommen.

Hurenkinder stören den Lesefluß, vor allem, wenn man nach dem Umblättern als erstes nur einen Zeilenrest-Happen serviert bekommt. Seriösen Lese-Typografen ist nach wie vor zu raten, Hurenkinder zu beseitigen.

Schusterjungen stören den Lesefluß im allgemeinen nicht; im Gegenteil, sie führen weiter, laden zum Umblättern und Weiterlesen ein. Sie brauchen nur bei Büchern mit besonderem ästhetischen Anspruch entfernt zu werden.

Die kurze Ausgangszeile beeinträchtigt die Wirkung der gleichmäßigen Doppelseite ebenso wie eine Überzeile. Der Lesefluß wird aber nicht beeinträchtigt, nur das ästhetische Gleichgewicht, das ja nicht immer gewünscht ist.

Bei diesem Beispiel ist die rechte Seite eine Zeile höher als die linke Seite. Das Gleichgewicht ist nicht in höherem Maße gestört als bei dem Beispiel darüber, doch waren keine Eingriffe in den Satz oder gar in den Text nötig.

Die Folgerung aus dem untersten Beispiel lautet: Ausgangszeilen bis zu etwa einem Viertel der Satzbreite dürfen zur Vermeidung von Hurenkindern als **Überzeile** unter den Satzspiegel gestellt werden. (Dieser Vorschlag erfolgt unter ausdrücklicher Berufung auf Jan Tschichold.)

Der Vorschlag, Ausgangszeilen als Überzeile unter die Kolumne zu stellen, darf nicht schematisch angewendet werden. In jedem Einzelfall muß geprüft werden, ob das Gesamtbild der Doppelseite und die Lesbarkeit gestört oder gefördert werden.

Bei **Flattersatz** gelten die gleichen Überlegungen wie bei den Beispielen dieser Doppelseite. Natürlich ist eine etwas kürzere Flattersatz-Zeile, die mit einem Punkt endet, kein Hurenkind.

Bei mehrspaltigem Satz gelten diese Hinweise sinngemäß, wenn das Konzept es erfordert, daß die Spaltenhöhe durchweg eingehalten werden muß.

Wenn eine Ausgangszeile links als Überzeile stehen bleibt und rechts die letzte Zeile ebenfalls eine kurze Ausgangszeile ist, entsteht eine **»Treppe«** über zwei Seiten hin, die ästhetisch unglücklich ist, weil sie eine aktive Form ergibt, die mit der statisch-symmetrischen Anlage der Seiten konkurriert.

Bei **langen Ausgangszeilen** stößt die Methode der Überzeile an ihre Grenzen, da die Doppelseite aus dem Gleichgewicht gerät. Wenn die Pagina, wie immer noch üblich, unten außen an der Kolumne oder unten in der Mitte steht, meist mit etwa einer Leerzeile Abstand, kommt eine lange Überzeile ohnehin nicht in Frage.

Wenn eine Ausgangszeile die **volle Satzbreite** erreicht und der folgende Absatz durch einen Einzug gekennzeichnet ist, wird der Lesefluß nicht unterbrochen. Das Hurenkind ist kein Hurenkind und darf stehenbleiben.

Hier altert nichts, sogar Papier ein Transformierendes erlebt, rahmen wir im Liter lobenden Buch ein Ruhekissen gerne. Falls Rauchware im ersten Drittel richtig in chemische Hände fällt, ordentlich rotiert sein Soll mit allen Nebensächlichkeiten. Liebevoll ehrlich sinniert eine tapfere Yellow Press oder gibt Rat allerhöchstens für identische Ereignisse. Von einer rätselhaften Leichtigkeit an gegeben holt er raumgreifend mutige Augen nach, neben sonnigem Charisma hinterher. Meine irisierend dichten Türen melden an ihn Neugewonnenes zurück. Zum Weinen einfach ist typischerweise auch unser Sieb; eben nicht direkt unbedarft, nicht doppelt verbunden, ist es robust. Über Banales erhalten Rehe aber regelmäßig bloß Erklärungen in Tälern, Ebenen, Tiergärten, Eiscafés. Nichts ermüdet uns angenehmer und für lange Abenteuer gefahrvoller Ersatz. Gute Losung an unserem Bau, trotzdem: ich habe mittels kollegialer Erfahrung intensiv nachgedacht, wie oft Redewendungen tauchen. Hier altert nichts, sogar Papier ein Transformierendes erlebten, rahmen wir im Liter lobenden Buch ein Ruhekissen gerne. Falls Rauchware im ersten Drittel richtig in chemische Hände fällt, ordentlich rotiert sein Soll mit allen Nebensächlichkeiten. Liebevoll ehrlich sinniert eine tapfere Yellow Press.

62

Oder gibt Rat allerhöchstens für identische Ereignisse. Von einer rätselhaften Leichtigkeit an gegeben holt er raumgreifend mutige Augen nach, neben sonnigem Charisma hinterher. Meine irisierend dichten Türen melden an ihn Neugewonnenes zurück. Zum Weinen einfach ist typischerweise auch unser Sieb; eben nicht direkt unbedarft, nicht doppelt verbunden, ist es robust. Über Banales erhalten Rehe aber regelmäßig bloß Erklärungen in Tälern, Ebenen, Tiergärten, Eiscafés. Nichts ermüdet uns angenehmer und für lange Abenteuer gefahrvoller Ersatz. Gute Losung an unserem Bau, trotzdem: ich habe mittels kollegialer Erfahrung intensiv nachgedacht, wie oft Redewendungen tauchen. Hier altert nichts, sogar Papier ein Transformierendes erlebt, rahmen wir im Liter lobenden Buch ein Ruhekissen gerne. Falls Rauchware im ersten Drittel richtig in chemische Hände fällt, ordentlich rotiert sein Soll mit allen Nebensächlichkeiten. Liebevoll ehrlich sinniert eine tapfere Yellow Press oder gibt Rat allerhöchstens für identische Ereignisse. Von einer rätselhaften Leichtigkeit an gegeben holt er raumgreifend mutige Augen nach, neben sonnigem Charisma hinterher. Über Banales erhalten Rehe aber regelmäßig bloß.

63

Hier altert nichts, sogar Papier ein Transformierendes erlebt, rahmen wir im Liter lobenden Buch ein Ruhekissen gerne. Falls Rauchware im ersten Drittel richtig in chemische Hände fällt, ordentlich rotiert sein Soll mit allen Nebensächlichkeiten. Liebevoll ehrlich sinniert eine tapfere Yellow Press oder gibt Rat allerhöchstens für identische Ereignisse. Von einer rätselhaften Leichtigkeit an gegeben holt er raumgreifend mutige Augen nach, neben sonnigem Charisma hinterher. Meine irisierend dichten Türen melden an ihn Neugewonnenes zurück. Zum Weinen einfach ist typischerweise auch unser Sieb; eben nicht direkt unbedarft, nicht doppelt verbunden, ist es robust. Über Banales erhalten Rehe aber regelmäßig bloß Erklärungen in Tälern, Ebenen, Tiergärten, Eiscafés. Nichts ermüdet uns angenehmer und für lange Abenteuer gefahrvoller Ersatz. Gute Losung an unserem Bau, trotzdem: ich habe mittels kollegialer Erfahrung intensiv nachgedacht, wie oft Redewendungen tauchen. Hier altert nichts, sogar Papier ein Transformierendes erlebten, rahmen wir im Liter lobenden Buch ein Ruhekissen gerne. Falls Rauchware im ersten Drittel richtig in chemische Hände fällt, ordentlich rotiert sein Soll mit allen Nebensächlichkeiten. Liebevoll ehrlich sinniert eine tapfere Yellow Press oder gibt Rat aller.

Höchstens für identische Ereignisse. Von einer rätselhaften Leichtigkeit an gegeben holt er raumgreifend mutige Augen nach, neben sonnigem Charisma hinterher. Meine irisierend dichten Türen melden an ihn Neugewonnenes zurück. Zum Weinen einfach ist typischerweise auch unser Sieb; eben nicht direkt unbedarft, nicht doppelt verbunden, ist es robust. Über Banales erhalten Rehe aber regelmäßig bloß Erklärungen in Tälern, Ebenen, Tiergärten, Eiscafés. Nichts ermüdet uns angenehmer und für lange Abenteuer gefahrvoller Ersatz. Gute Losung an unserem Bau, trotzdem: ich habe mittels kollegialer Erfahrung intensiv nachgedacht, wie oft Redewendungen tauchen. Hier altert nichts, sogar Papier ein Transformierendes erlebt, rahmen wir im Liter lobenden Buch ein Ruhekissen gerne. Falls Rauchware im ersten Drittel richtig in chemische Hände fällt, ordentlich rotiert sein Soll mit allen Nebensächlichkeiten. Liebevoll ehrlich sinnierte eine tapfere Yellow Press oder gibt Rat allerhöchstens für identische Ereignisse. Von einer rätselhaften Leichtigkeit an gegeben holt er raumgreifend mutige Augen nach, neben sonnigem Charisma hinterher. Meine irisierend dichten Türen melden an ihn Neugewonnenes zurück. Zum Weinen einfach ist typischerweise auch

Hier altert nichts, sogar Papier ein Transformierendes erlebt, rahmen wir im Liter lobenden Buch ein Ruhekissen gerne. Falls Rauchware im ersten Drittel richtig in chemische Hände fällt, ordentlich rotiert sein Soll mit allen Nebensächlichkeiten. Liebevoll ehrlich sinniert eine tapfere Yellow Press oder gibt Rat allerhöchstens für identische Ereignisse. Von einer rätselhaften Leichtigkeit an gegeben holt er raumgreifend mutige Augen nach, neben sonnigem Charisma hinterher. Meine irisierend dichten Türen melden an ihn Neugewonnenes zurück. Zum Weinen einfach ist typischerweise auch unser Sieb; eben nicht direkt unbedarft, nicht doppelt verbunden, ist es robust. Über Banales erhalten Rehe aber regelmäßig bloß Erklärungen in Tälern, Ebenen, Tiergärten, Eiscafés. Nichts ermüdet uns angenehmer und für lange Abenteuer gefahrvoller Ersatz. Gute Losung an unserem Bau, trotzdem: ich habe mittels kollegialer Erfahrung intensiv nachgedacht, wie oft Redewendungen tauchen. Hier altert nichts, sogar Papier ein Transformierendes erlebten, rahmen wir im Liter lobenden Buch ein Ruhekissen gerne. Liebevoll ehrlich sinniert eine tapfere Yellow Press oder gibt Rat allerhöchstens für identische Ereignisse. Von einer rätselhaften Leichtigkeit an gegeben holt er raumgrei-

fend mutige Augen nach, neben sonnigem Charisma. Meine irisierend dichten Türen melden an ihn Neugewonnenes zurück. Zum Weinen einfach ist typischerweise auch unser Sieb; eben nicht direkt unbedarft, nicht doppelt verbunden, ist es robust. Über Banales erhalten Rehe aber regelmäßig bloß Erklärungen in Tälern, Ebenen, Tiergärten, Eiscafés. Nichts ermüdet uns angenehmer und für lange Abenteuer gefahrvoller Ersatz. Gute Losung an unserem Bau, trotzdem: ich habe mittels kollegialer Erfahrung intensiv nachgedacht, wie oft Redewendungen tauchen. Hier altert nichts, sogar Papier ein Transformierendes erlebt, rahmen wir im Liter lobenden Buch ein Ruhekissen gerne. Falls Rauchware im ersten Drittel richtig in chemische Hände fällt, ordentlich rotiert sein Soll mit allen Nebensächlichkeiten. Liebevoll ehrlich sinnierte eine tapfere Yellow Press oder gibt Rat allerhöchstens für identische Ereignisse. Von einer rätselhaften Leichtigkeit an gegeben holt er raumgreifend mutige Augen nach, neben sonnigem Charisma hinterher. Meine irisierend dichten Türen melden an ihn Neugewonnenes zurück. Zum Weinen einfach ist typischerweise auch unser Sieb; eben nicht direkt unbedarft, nicht doppelt verbunden, ist es robust. Über Banales erhalten Rehe aber re-

Abstände bei Kapitelüberschriften

Die typografische Forderung »Gleiches muß gleich behandelt werden« kann bei der Konzeption von Kapitelüberschriften zu verschiedenen Folgerungen führen.

oben Der Stand der ersten Zeile der Überschrift und der ersten Zeile des Textes bleibt überall gleich. Folglich ist der Abstand zwischen der letzten Überschriftzeile und dem Text variabel. Damit die Seiten nicht zu verschieden wirken, sollte auch nach mehrzeiligen Überschriften eine angemessen große weiße Fläche stehen.

mitte Der Abstand zwischen der letzten Zeile der Überschrift und der ersten Textzeile bleibt ungefähr gleich. Dann variieren die Zeilenzahl und somit die Proportionen des Textblocks. Die Überschriften können natürlich auch mehr oder weniger abgesenkt sein. Wenn Mottos von verschiedener Länge oder gar Kapitel mit und ohne Motto vorgesehen sind, kann nur diese Form funktionieren.

unten Der Textblock bleibt immer gleich, die Kapitelüberschriften stehen in der oberen Fläche, und zwar entweder – wie beim Beispiel – auf optischer Mitte oder aber in freier Anordnung. Beim Beispiel wurde die Begrenzung der Fläche durch eine Kopflinie verdeutlicht.

In jedem Fall muß bedacht werden, daß die von der Gegenseite durchscheinende Kolumne die Titelseiten zusammenhält.

Ereignisse

Nichts ermüdet uns angenehmer und für lange Abenteuer gefahrvoller Ersatz. Gute Losung an unserem Bau, trotzdem: ich habe mittels kollegialer Erfahrung intensiv nachgedacht, wie oft Redewendungen tauchen. Hier altert nichts, sogar Papier ein Transformierendes erlebt, rahmen wir im Liter lobenden Buch ein Ruhekissen gerne. Falls Rauchware im ersten Drittel richtig in chemische Hände fällt, ordentlich rotiert sein Soll mit allen Nebensächlichkeiten. Liebevoll ehrlich sinniert eine tapfere Yellow Press oder gibt Rat allerhöchstens für identische Ereignisse. Von einer rätselhaften Leichtigkeit an gegeben holt er raumgreifend mutige Augen nach, neben sonnigem Charisma hinterher. Meine irisierend dichten Türen melden an ihn Neugewonnenes zurück. Zum Weinen einfach ist typischerweise auch unser Sieb; eben nicht direkt unbedarft, nicht doppelt verbunden, ist es robust. Über Banales erhalten Rehe aber regelmäßig bloß Erklärungen in Tälern, Ebenen, Tiergärten, Eiscafés. Nichts ermüdet uns angenehmer und für lange Abenteuer gefahrvoller Ersatz. Gute Losung an unserem Bau, trotzdem: ich habe mittels kollegialer Erfahrung intensiv nachgedacht, wie oft Redewendungen tauchen. Hier altert nichts, sogar Papier ein Transformierendes erlebt, rahmen wir im Liter lobenden Buch ein Ruhekissen gerne.

Nichts ermüdet uns angenehmer und für lange Abenteuer gefahrvoller Ersatz gute Losung an unserem Bau

Gute Losung an unserem Bau, trotzdem: ich habe mittels kollegialer Erfahrung intensiv nachgedacht, wie oft Redewendungen tauchen. Hier altert nichts, sogar Papier ein Transformierendes erlebt, rahmen wir im Liter lobenden Buch ein Ruhekissen gerne. Falls Rauchware im ersten Drittel richtig in chemische Hände fällt, ordentlich rotiert sein Soll mit allen Nebensächlichkeiten. Liebevoll ehrlich sinniert eine tapfere Yellow Press oder gibt Rat allerhöchstens für identische Ereignisse. Von einer rätselhaften Leichtigkeit an gegeben holt er raumgreifend mutige Augen nach, neben sonnigem Charisma hinterher. Meine irisierend dichten Türen melden an ihn Neugewonnenes zurück. Zum Weinen einfach ist typischerweise auch unser Sieb; eben nicht direkt unbedarft, nicht doppelt verbunden, ist es robust. Über Banales erhalten Rehe aber regelmäßig bloß Erklärungen in Tälern, Ebenen, Tiergärten, Eiscafés. Nichts ermüdet uns angenehmer und für lange Abenteuer gefahrvoller Ersatz. Gute Losung an unserem Bau, trotzdem: ich habe mittels kollegialer Erfahrung intensiv nachgedacht, wie oft Redewendungen tauchen. Hier altert nichts, sogar Papier ein Transformierendes erlebt, rahmen wir im Liter lobenden Buch ein Ruhekissen gerne. Falls Rauchware im ersten Drittel richtig in chemische Hände fällt, ordentlich rotiert sein

Einer rätselhaften Leichtigkeit an gegeben

Meine irisierend dichten Türen melden an ihn Neugewonnenes zurück. Zum Weinen einfach ist typischerweise auch unser Sieb; eben nicht direkt unbedarft, nicht doppelt verbunden, ist es robust. Über Banales erhalten Rehe aber regelmäßig bloß Erklärungen in Tälern, Ebenen, Tiergärten, Eiscafés. Nichts ermüdet uns angenehmer und für lange Abenteuer gefahrvoller Ersatz. Gute Losung an unserem Bau, trotzdem: ich habe mittels kollegialer Erfahrung intensiv nachgedacht, wie oft Redewendungen tauchen. Hier altert nichts, sogar Papier ein Transformierendes erlebt, rahmen wir im Liter lobenden Buch ein Ruhekissen gerne. Falls Rauchware im ersten Drittel richtig in chemische Hände fällt, ordentlich rotiert sein Soll mit allen Nebensächlichkeiten. Liebevoll ehrlich sinniert eine tapfere Yellow Press oder gibt Rat allerhöchstens für identische Ereignisse. Von einer rätselhaften Leichtigkeit an gegeben holt er raumgreifend mutige Augen nach, neben sonnigem Charisma hinterher. Meine irisierend dichten Türen melden an ihn Neugewonnenes zurück. Zum Weinen einfach ist typischerweise auch unser Sieb; eben nicht direkt unbedarft, nicht doppelt verbunden, ist es robust. Über Banales erhalten Rehe aber regelmäßig bloß Erklärungen in Tälern, Ebenen, Tiergärten, Eiscafés. Nichts ermüdet uns angenehmer und für

Ereignisse

Nichts ermüdet uns angenehmer und für lange Abenteuer gefahrvoller Ersatz. Gute Losung an unserem Bau, trotzdem: ich habe mittels kollegialer Erfahrung intensiv nachgedacht, wie oft Redewendungen tauchen. Hier altert nichts, sogar Papier ein Transformierendes erlebt, rahmen wir im Liter lobenden Buch ein Ruhekissen gerne. Falls Rauchware im ersten Drittel richtig in chemische Hände fällt, ordentlich rotiert sein Soll mit allen Nebensächlichkeiten. Liebevoll ehrlich sinniert eine tapfere Yellow Press oder gibt Rat allerhöchstens für identische Ereignisse. Von einer rätselhaften Leichtigkeit an gegeben holt er raumgreifend mutige Augen nach, neben sonnigem Charisma hinterher. Meine irisierend dichten Türen melden an ihn Neugewonnenes zurück. Zum Weinen einfach ist typischerweise auch unser Sieb; eben nicht direkt unbedarft, nicht doppelt verbunden, ist es robust. Über Banales erhalten Rehe aber regelmäßig bloß Erklärungen in Tälern, Ebenen, Tiergärten, Eiscafés. Nichts ermüdet uns angenehmer und für lange Abenteuer gefahrvoller Ersatz. Gute Losung an unserem Bau, trotzdem: ich habe mittels kollegialer Erfahrung intensiv nachgedacht, wie oft Redewendungen tauchen. Hier altert nichts, sogar Papier ein Transformierendes erlebt, rahmen wir im Liter lobenden Buch ein Ruhekissen gerne. Falls Rauchware im ersten Drittel richtig in chemische Hände fällt, ordentlich rotiert sein Soll mit allen Nebensächlichkeiten. Liebevoll ehrlich sinniert eine tapfere Yellow Press oder gibt Rat

Nichts ermüdet uns angenehmer und für lange Abenteuer gefahrvoller Ersatz gute Losung an unserem Bau

Gute Losung an unserem Bau, trotzdem: ich habe mittels kollegialer Erfahrung intensiv nachgedacht, wie oft Redewendungen tauchen. Hier altert nichts, sogar Papier ein Transformierendes erlebt, rahmen wir im Liter lobenden Buch ein Ruhekissen gerne. Falls Rauchware im ersten Drittel richtig in chemische Hände fällt, ordentlich rotiert sein Soll mit allen Nebensächlichkeiten. Liebevoll ehrlich sinniert eine tapfere Yellow Press oder gibt Rat allerhöchstens für identische Ereignisse. Von einer rätselhaften Leichtigkeit an gegeben holt er raumgreifend mutige Augen nach, neben sonnigem Charisma hinterher. Meine irisierend dichten Türen melden an ihn Neugewonnenes zurück. Zum Weinen einfach ist typischerweise auch unser Sieb; eben nicht direkt unbedarft, nicht doppelt verbunden, ist es robust. Über Banales erhalten Rehe aber regelmäßig bloß Erklärungen in Tälern, Ebenen, Tiergärten, Eiscafés. Nichts ermüdet uns angenehmer und für lange Abenteuer gefahrvoller Ersatz. Gute Losung an unserem Bau, trotzdem: ich habe mittels kollegialer Erfahrung intensiv nachgedacht, wie oft Redewendungen tauchen. Hier altert nichts, sogar Papier ein Transformierendes erlebt, rahmen wir im Liter lobenden Buch ein Ruhekissen gerne. Falls Rauchware im ersten

Einer rätselhaften Leichtigkeit an gegeben

Meine irisierend dichten Türen melden an ihn Neugewonnenes zurück. Zum Weinen einfach ist typischerweise auch unser Sieb; eben nicht direkt unbedarft, nicht doppelt verbunden, ist es robust. Über Banales erhalten Rehe aber regelmäßig bloß Erklärungen in Tälern, Ebenen, Tiergärten, Eiscafés. Nichts ermüdet uns angenehmer und für lange Abenteuer gefahrvoller Ersatz. Gute Losung an unserem Bau, trotzdem: ich habe mittels kollegialer Erfahrung intensiv nachgedacht, wie oft Redewendungen tauchen. Hier altert nichts, sogar Papier ein Transformierendes erlebt, rahmen wir im Liter lobenden Buch ein Ruhekissen gerne. Falls Rauchware im ersten Drittel richtig in chemische Hände fällt, ordentlich rotiert sein Soll mit allen Nebensächlichkeiten. Liebevoll ehrlich sinniert eine tapfere Yellow Press oder gibt Rat allerhöchstens für identische Ereignisse. Von einer rätselhaften Leichtigkeit an gegeben holt er raumgreifend mutige Augen nach, neben sonnigem Charisma hinterher. Meine irisierend dichten Türen melden an ihn Neugewonnenes zurück. Zum Weinen einfach ist typischerweise auch unser Sieb; eben nicht direkt unbedarft, nicht doppelt verbunden, ist es robust. Über Banales erhalten Rehe aber regelmäßig bloß Erklärungen in Tälern, Ebenen, Tiergärten, Eiscafés. Nichts ermüdet uns angenehmer und für lange Abenteuer gefahrvoller Ersatz. Gute Losung an unserem Bau, trotzdem: ich habe mittels kollegialer Erfahrung intensiv

Ereignisse

Nichts ermüdet uns angenehmer und für lange Abenteuer gefahrvoller Ersatz. Gute Losung an unserem Bau, trotzdem: ich habe mittels kollegialer Erfahrung intensiv nachgedacht, wie oft Redewendungen tauchen. Hier altert nichts, sogar Papier ein Transformierendes erlebt, rahmen wir im Liter lobenden Buch ein Ruhekissen gerne. Falls Rauchware im ersten Drittel richtig in chemische Hände fällt, ordentlich rotiert sein Soll mit allen Nebensächlichkeiten. Liebevoll ehrlich sinniert eine tapfere Yellow Press oder gibt Rat allerhöchstens für identische Ereignisse. Von einer rätselhaften Leichtigkeit an gegeben holt er raumgreifend mutige Augen nach, neben sonnigem Charisma hinterher. Meine irisierend dichten Türen melden an ihn Neugewonnenes zurück. Zum Weinen einfach ist typischerweise auch unser Sieb; eben nicht direkt unbedarft, nicht doppelt verbunden, ist es robust. Über Banales erhalten Rehe aber regelmäßig bloß Erklärungen in Tälern, Ebenen, Tiergärten, Eiscafés. Nichts ermüdet uns angenehmer und für lange Abenteuer gefahrvoller Ersatz. Gute Losung an unserem Bau, trotzdem: ich habe mittels kollegialer Erfahrung intensiv nachgedacht, wie oft Redewendungen tauchen. Hier altert nichts, sogar Papier ein Transformierendes erlebt, rahmen wir im Liter lobenden Buch ein Ruhekissen gerne.

Nichts ermüdet uns angenehmer und für lange Abenteuer gefahrvoller Ersatz gute Losung an unserem Bau

Gute Losung an unserem Bau, trotzdem: ich habe mittels kollegialer Erfahrung intensiv nachgedacht, wie oft Redewendungen tauchen. Hier altert nichts, sogar Papier ein Transformierendes erlebt, rahmen wir im Liter lobenden Buch ein Ruhekissen gerne. Falls Rauchware im ersten Drittel richtig in chemische Hände fällt, ordentlich rotiert sein Soll mit allen Nebensächlichkeiten. Liebevoll ehrlich sinniert eine tapfere Yellow Press oder gibt Rat allerhöchstens für identische Ereignisse. Von einer rätselhaften Leichtigkeit an gegeben holt er raumgreifend mutige Augen nach, neben sonnigem Charisma hinterher. Meine irisierend dichten Türen melden an ihn Neugewonnenes zurück. Zum Weinen einfach ist typischerweise auch unser Sieb; eben nicht direkt unbedarft, nicht doppelt verbunden, ist es robust. Über Banales erhalten Rehe aber regelmäßig bloß Erklärungen in Tälern, Ebenen, Tiergärten, Eiscafés. Nichts ermüdet uns angenehmer und für lange Abenteuer gefahrvoller Ersatz. Gute Losung an unserem Bau, trotzdem: ich habe mittels kollegialer Erfahrung intensiv nachgedacht, wie oft Redewendungen tauchen. Hier altert nichts, sogar Papier ein Transformierendes erlebt, rahmen wir im Liter lobenden Buch ein Ruhekissen gerne. Falls Rauchware im ersten Drittel richtig in chemische Hände fällt, ordentlich rotiert sein

Einer rätselhaften Leichtigkeit an gegeben

Meine irisierend dichten Türen melden an ihn Neugewonnenes zurück. Zum Weinen einfach ist typischerweise auch unser Sieb; eben nicht direkt unbedarft, nicht doppelt verbunden, ist es robust. Über Banales erhalten Rehe aber regelmäßig bloß Erklärungen in Tälern, Ebenen, Tiergärten, Eiscafés. Nichts ermüdet uns angenehmer und für lange Abenteuer gefahrvoller Ersatz. Gute Losung an unserem Bau, trotzdem: ich habe mittels kollegialer Erfahrung intensiv nachgedacht, wie oft Redewendungen tauchen. Hier altert nichts, sogar Papier ein Transformierendes erlebt, rahmen wir im Liter lobenden Buch ein Ruhekissen gerne. Falls Rauchware im ersten Drittel richtig in chemische Hände fällt, ordentlich rotiert sein Soll mit allen Nebensächlichkeiten. Liebevoll ehrlich sinniert eine tapfere Yellow Press oder gibt Rat allerhöchstens für identische Ereignisse. Von einer rätselhaften Leichtigkeit an gegeben holt er raumgreifend mutige Augen nach, neben sonnigem Charisma hinterher. Meine irisierend dichten Türen melden an ihn Neugewonnenes zurück. Zum Weinen einfach ist typischerweise auch unser Sieb; eben nicht direkt unbedarft, nicht doppelt verbunden, ist es robust. Über Banales erhalten Rehe aber regelmäßig bloß Erklärungen in Tälern, Ebenen, Tiergärten, Eiscafés. Nichts ermüdet uns angenehmer und für

Der Stand von Zwischenüberschriften

Der Abstand von Zwischenüberschriften zu den Textzeilen darüber und darunter beeinflußt die Wirkung der Seite erheblich.

oben Die Überschrift steht genau **zwischen den Zeilen.** Das geht aber nur, wenn die Überschrift nicht größer ist als die Grundschrift, sonst wirkt es, als ob sie noch zum oberen Absatz gehört, wie rechts demonstriert wird.

mitte Die Zwischenüberschrift ist eindeutig auf den **folgenden Absatz** bezogen. Wenn darüber ca. 2 Leerzeilen stehen und darunter eine, wirkt das oft zu luftig, vor allem, wenn nur wenige Textzeilen folgen (links). Rechts sind über der Überschrift ca. 1½ und darunter ½ Leerzeilen eingefügt. Die Kolumne bleibt so geschlossener.

Der Abstand über Zwischenüberschriften ist nicht exakt für alle Fälle festzulegen. Bei mehrzeiligen Überschriften ist er kleiner als bei einzeiligen, sonst ginge das Register der Grundschrift verloren – deshalb die Zirka-Angaben.

unten Wenn Zwischenüberschriften auf Mitte stehen, kann sich bei kurzen **Ausgangszeilen** die optische Wirkung einer weiteren **Leerzeile** ergeben (links). Wenn eine solche Ausgangszeile und die Überschrift derart voneinander entfernt sind, wird die Ausgangszeile als Leerzeile gezählt. Das macht den Satzprogrammen Schwierigkeiten. In diesen Fällen muß nachgearbeitet werden; beim Einbringen von Hurenkindern kann das manchmal sogar hilfreich sein.

Hier altert nichts, sogar Papier ein Transformierendes erlebt, rahmen wir im Liter lobenden Buch ein Ruhekissen gerne. Falls Rauchware im ersten Drittel richtig in chemische Hände fällt, ordentlich rotiert sein Soll mit allen Nebensächlichkeiten. Liebevoll ehrlich sinniert eine tapfere Yellow Press oder gibt Rat allerhöchstens für identische Ereignisse von einer rätselhaften Leichtigkeit an gegeben holt er raumgreifend mutige Augen nach, neben sonnigem Charisma hinterher. Meine irisierend dichten Türen melden an ihn Neugewonnenes zurück.

Zwischenüberschrift

Zum Weinen einfach ist typischerweise auch unser Sieb; eben nicht direkt unbedarft, nicht doppelt verbunden, ist es robust. Über Banales erhalten Rehe aber regelmäßig bloß Erklärungen in Tälern, Ebenen, Tiergärten, Eiscafés. Nichts ermüdet uns angenehmer und für lange Abenteuer gefahrvoller Ersatz. Gute Losung an unserem Bau, trotzdem: ich habe mittels kollegialer Erfahrung intensiv nachgedacht, wie oft Redewendungen tauchen. Hier altert nichts, sogar Papier ein Transformierendes erlebt, rahmen wir im Liter lobenden Buch ein Ruhekissen gerne. Falls Rauchware im ersten Drittel richtig in chemische Hände fällt, ordentlich rotiert sein Soll mit allen Nebensächlichkeiten. Liebevoll ehrlich sinniert eine tapfere Yellow Press oder gibt Rat allerhöchstens für identische Ereignisse. Von einer rätselhaften Leichtigkeit an gegeben holt er raumgreifend mutige Augen nach, neben sonnigem Charisma hinterher. Meine irisierend dichten Türen melden an ihn Neugewonnenes zurück. Zum Weinen einfach ist

Hier altert nichts, sogar Papier ein Transformierendes erlebt, rahmen wir im Liter lobenden Buch ein Ruhekissen gerne. Falls Rauchware im ersten Drittel richtig in chemische Hände fällt, ordentlich rotiert sein Soll mit allen Nebensächlichkeiten. Liebevoll ehrlich sinniert eine tapfere Yellow Press oder gibt Rat allerhöchstens für identische Ereignisse von einer rätselhaften Leichtigkeit an gegeben holt er raumgreifend mutige Augen nach, neben sonnigem Charisma hinterher. Meine irisierend dichten Türen melden an ihn Neugewonnenes zurück. Zum Weinen einfach ist typischerweise auch unser Sieb; eben nicht direkt unbedarft, nicht doppelt verbunden, ist es robust. Über Banales erhalten Rehe aber regelmäßig bloß Erklärungen in Tälern, Ebenen, Tiergärten, Eiscafés. Nichts ermüdet uns angenehmer und für lange Abenteuer gefahrvoller Ersatz. Gute Losung an unserem Bau, trotzdem: ich habe mittels kollegialer Erfahrung intensiv nachgedacht, wie oft Redewendungen tauchen. Hier altert nichts, sogar Papier ein Transformierendes erlebt, rahmen wir im Liter lobenden Buch ein Ruhekissen gerne. Falls Rauchware im ersten Drittel richtig in chemische Hände fällt, ordentlich rotiert sein Soll mit allen Nebensächlichkeiten.

Zwischenüberschrift

Liebevoll ehrlich sinniert eine tapfere Yellow Press oder gibt Rat allerhöchstens für identische Ereignisse. Von einer rätselhaften Leichtigkeit an gegeben holt er raumgreifend mutige Augen nach, neben sonnigem Charisma hinterher. Meine irisierend dichten

Hier altert nichts, sogar Papier ein Transformierendes erlebt, rahmen wir im Liter lobenden Buch ein Ruhekissen gerne. Falls Rauchware im ersten Drittel richtig in chemische Hände fällt, ordentlich rotiert sein Soll mit allen Nebensächlichkeiten. Liebevoll ehrlich sinniert eine tapfere Yellow Press oder gibt Rat allerhöchstens für identische Ereignisse von einer rätselhaften Leichtigkeit an gegeben holt er raumgreifend mutige Augen nach, neben sonnigem Charisma hinterher. Meine irisierend dichten Türen.

Zwischenüberschrift

Zum Weinen einfach ist typischerweise auch unser Sieb; eben nicht direkt unbedarft, nicht doppelt verbunden, ist es robust. Über Banales erhalten Rehe aber regelmäßig bloß Erklärungen in Tälern, Ebenen, Tiergärten, Eiscafés. Nichts ermüdet uns angenehmer und für lange Abenteuer gefahrvoller Ersatz. Gute Losung an unserem Bau, trotzdem: ich habe mittels kollegialer Erfahrung intensiv nachgedacht, wie oft Redewendungen tauchen. Hier altert nichts, sogar Papier ein Transformierendes erlebt, rahmen wir im Liter lobenden Buch ein Ruhekissen gerne. Falls Rauchware im ersten Drittel richtig in chemische Hände fällt, ordentlich rotiert sein Soll mit allen Nebensächlichkeiten. Liebevoll ehrlich sinniert eine tapfere Yellow Press oder gibt Rat allerhöchstens für identische Ereignisse. Von einer rätselhaften Leichtigkeit an gegeben holt er raumgreifend mutige Augen nach, neben sonnigem Charisma hinterher. Meine irisierend dichten Türen melden an ihn Neugewonnenes zurück. Zum Weinen einfach ist

Hier altert nichts, sogar Papier ein Transformierendes erlebt, rahmen wir im Liter lobenden Buch ein Ruhekissen gerne. Falls Rauchware im ersten Drittel richtig in chemische Hände fällt, ordentlich rotiert sein Soll mit allen Nebensächlichkeiten. Liebevoll ehrlich sinniert eine tapfere Yellow Press oder gibt Rat allerhöchstens für identische Ereignisse von einer rätselhaften Leichtigkeit an gegeben holt er raumgreifend mutige Augen nach, neben sonnigem Charisma hinterher. Meine irisierend dichten Türen melden an ihn Neugewonnenes zurück.

Zwischenüberschrift

Zum Weinen einfach ist typischerweise auch unser Sieb; eben nicht direkt unbedarft, nicht doppelt verbunden, ist es robust. Über Banales erhalten Rehe aber regelmäßig bloß Erklärungen in Tälern, Ebenen, Tiergärten, Eiscafés. Nichts ermüdet uns angenehmer und für lange Abenteuer gefahrvoller Ersatz. Gute Losung an unserem Bau, trotzdem: ich habe mittels kollegialer Erfahrung intensiv nachgedacht, wie oft Redewendungen tauchen. Hier altert nichts, sogar Papier ein Transformierendes erlebt, rahmen wir im Liter lobenden Buch ein Ruhekissen gerne. Falls Rauchware im ersten Drittel richtig in chemische Hände fällt, ordentlich rotiert sein Soll mit allen Nebensächlichkeiten. Liebevoll ehrlich sinniert eine tapfere Yellow Press oder gibt Rat allerhöchstens für identische Ereignisse. Von einer rätselhaften Leichtigkeit an gegeben holt er raumgreifend mutige Augen nach, neben sonnigem Charisma hinterher. Meine irisierend dichten Türen melden an ihn Neugewonnenes zurück. Zum Weinen einfach ist

Hier altert nichts, sogar Papier ein Transformierendes erlebt, rahmen wir im Liter lobenden Buch ein Ruhekissen gerne. Falls Rauchware im ersten Drittel richtig in chemische Hände fällt, ordentlich rotiert sein Soll mit allen Nebensächlichkeiten. Liebevoll ehrlich sinniert eine tapfere Yellow Press oder gibt Rat allerhöchstens für identische Ereignisse von einer rätselhaften Leichtigkeit an gegeben holt er raumgreifend mutige Augen nach, neben sonnigem Charisma hinterher. Meine irisierend dichten Türen melden an ihn Neugewonnenes zurück. Zum Weinen einfach ist typischerweise auch unser Sieb; eben nicht direkt unbedarft, nicht doppelt verbunden, ist es robust. Über Banales erhalten Rehe aber regelmäßig bloß Erklärungen in Tälern, Ebenen, Tiergärten, Eiscafés. Nichts ermüdet uns angenehmer und für lange Abenteuer gefahrvoller Ersatz. Gute Losung an unserem Bau, trotzdem: ich habe mittels kollegialer Erfahrung intensiv nachgedacht, wie oft Redewendungen tauchen. Hier altert nichts, sogar Papier ein Transformierendes erlebt, rahmen wir im Liter lobenden Buch ein Ruhekissen gerne. Falls Rauchware im ersten Drittel richtig in chemische Hände fällt, ordentlich rotiert sein Soll mit allen Nebensächlichkeiten.

Zwischenüberschrift

Liebevoll ehrlich sinniert eine tapfere Yellow Press oder gibt Rat allerhöchstens für identische Ereignisse. Von einer rätselhaften Leichtigkeit an gegeben holt er raumgreifend mutige Augen nach, neben sonnigem Charisma hinterher. Meine irisierend dichten Türen melden an ihn Neugewonnenes zurück. Zum Weinen ein-

Hier altert nichts, sogar Papier ein Transformierendes erlebt, rahmen wir im Liter lobenden Buch ein Ruhekissen gerne. Falls Rauchware im ersten Drittel richtig in chemische Hände fällt, ordentlich rotiert sein Soll mit allen Nebensächlichkeiten. Liebevoll ehrlich sinniert eine tapfere Yellow Press oder gibt Rat allerhöchstens für identische Ereignisse von einer rätselhaften Leichtigkeit an gegeben holt er raumgreifend mutige Augen nach, neben sonnigem Charisma hinterher. Meine irisierend dichten Türen.

Zwischenüberschrift

Zum Weinen einfach ist typischerweise auch unser Sieb; eben nicht direkt unbedarft, nicht doppelt verbunden, ist es robust. Über Banales erhalten Rehe aber regelmäßig bloß Erklärungen in Tälern, Ebenen, Tiergärten, Eiscafés. Nichts ermüdet uns angenehmer und für lange Abenteuer gefahrvoller Ersatz. Gute Losung an unserem Bau, trotzdem: ich habe mittels kollegialer Erfahrung intensiv nachgedacht, wie oft Redewendungen tauchen. Hier altert nichts, sogar Papier ein Transformierendes erlebt, rahmen wir im Liter lobenden Buch ein Ruhekissen gerne. Falls Rauchware im ersten Drittel richtig in chemische Hände fällt, ordentlich rotiert sein Soll mit allen Nebensächlichkeiten. Liebevoll ehrlich sinniert eine tapfere Yellow Press oder gibt Rat allerhöchstens für identische Ereignisse. Von einer rätselhaften Leichtigkeit an gegeben holt er raumgreifend mutige Augen nach, neben sonnigem Charisma hinterher. Meine irisierend dichten Türen melden an ihn Neugewonnenes zurück. Zum Weinen einfach ist

Zwischenüberschriften am Kopf der Seite

Wenn eine Zwischenüberschrift, die mit einer halben Leerzeile vom folgenden Absatz getrennt ist, zufällig an den Kopf der Seite gerät, kann sie entweder durch einen **vergrößerten** Abstand auf die erste Zeile gerückt werden (oben). Wenn auf der Nachbarseite eine gleichrangige Zwischenüberschrift mit geringerem Abstand steht, irritiert das.

Oder die Zwischenüberschrift wird um eine halbe Zeile **abgesenkt.** Bei durchscheinendem Papier ist das verständlich, bei opakem Papier kann es, zumal wenn die Nachbarseite nicht ganz voll ist, irritierend verschoben aussehen.

Wenn die Seiten eine **Kopflinie** haben, kann es keine Irritationen geben, weil der **Satzspiegelumriß** in jedem Fall sichtbar ist.

Im Beispiel wurde die rechte Zwischenüberschrift als zusätzliche Variante um 1½ Zeilen abgesenkt, was auch ohne Kopflinie gut möglich ist.

Manchmal kann der Umbruch erzwingen, daß die Abstände bei den Überschriften verändert werden. In diesem Fall muß darauf geachtet werden, daß wenigstens die **Doppelseiten** miteinander korrespondieren.

Hier altert nichts, sogar Papier ein Transformierendes erlebt, rahmen wir im Liter lobenden Buch ein Ruhekissen gerne. Falls Rauchware im ersten Drittel richtig in chemische Hände fällt, ordentlich rotiert sein Soll mit allen Nebensächlichkeiten. Liebevoll ehrlich sinniert eine tapfere Yellow Press oder gibt Rat allerhöchstens für identische Ereignisse von einer rätselhaften Leichtigkeit an gegeben holt er raumgreifend mutige Augen nach, neben sonnigem Charisma hinterher. Meine irisierend dichten Türen melden an ihn Neugewonnenes.

Zwischenüberschrift

Zum Weinen einfach ist typischerweise auch unser Sieb; eben nicht direkt unbedarft, nicht doppelt verbunden, ist es robust. Über Banales erhalten Rehe aber regelmäßig bloß Erklärungen in Tälern, Ebenen, Tiergärten, Eiscafés. Nichts ermüdet uns angenehmer und für lange Abenteuer gefahrvoller Ersatz. Gute Losung an unserem Bau, trotzdem: ich habe mittels kollegialer Erfahrung intensiv nachgedacht, wie oft Redewendungen tauchen. Hier altert nichts, sogar Papier ein Transformierendes erlebt, rahmen wir im Liter lobenden Buch ein Ruhekissen gerne. Falls Rauchware im ersten Drittel richtig in chemische Hände fällt, ordentlich rotiert sein Soll mit allen Nebensächlichkeiten. Liebevoll ehrlich sinniert eine tapfere Yellow Press oder gibt Rat allerhöchstens für identische Ereignisse. Von einer rätselhaften Leichtigkeit an gegeben holt er raumgreifend mutige Augen nach, neben sonnigem Charisma hinterher. Meine irisierend dichten Türen melden an ihn Neugewonnenes zurück. Zum Weinen einfach ist

Hier altert nichts, sogar Papier ein Transformierendes erlebt, rahmen wir im Liter lobenden Buch ein Ruhekissen gerne. Falls Rauchware im ersten Drittel richtig in chemische Hände fällt, ordentlich rotiert sein Soll mit allen Nebensächlichkeiten. Liebevoll ehrlich sinniert eine tapfere Yellow Press oder gibt Rat allerhöchstens für identische Ereignisse von einer rätselhaften Leichtigkeit an gegeben holt er raumgreifend mutige Augen nach, neben sonnigem Charisma hinterher. Meine irisierend dichten Türen melden an ihn Neugewonnenes.

Zwischenüberschrift

Zum Weinen einfach ist typischerweise auch unser Sieb; eben nicht direkt unbedarft, nicht doppelt verbunden, ist es robust. Über Banales erhalten Rehe aber regelmäßig bloß Erklärungen in Tälern, Ebenen, Tiergärten, Eiscafés. Nichts ermüdet uns angenehmer und für lange Abenteuer gefahrvoller Ersatz. Gute Losung an unserem Bau, trotzdem: ich habe mittels kollegialer Erfahrung intensiv nachgedacht, wie oft Redewendungen tauchen. Hier altert nichts, sogar Papier ein Transformierendes erlebt, rahmen wir im Liter lobenden Buch ein Ruhekissen gerne. Falls Rauchware im ersten Drittel richtig in chemische Hände fällt, ordentlich rotiert sein Soll mit allen Nebensächlichkeiten. Liebevoll ehrlich sinniert eine tapfere Yellow Press oder gibt Rat allerhöchstens für identische Ereignisse. Von einer rätselhaften Leichtigkeit an gegeben holt er raumgreifend mutige Augen nach, neben sonnigem Charisma hinterher. Meine irisierend dichten Türen melden an ihn Neugewonnenes zurück. Zum Weinen einfach ist

Hier altert nichts, sogar Papier ein Transformierendes erlebt, rahmen wir im Liter lobenden Buch ein Ruhekissen gerne. Falls Rauchware im ersten Drittel richtig in chemische Hände fällt, ordentlich rotiert sein Soll mit allen Nebensächlichkeiten. Liebevoll ehrlich sinniert eine tapfere Yellow Press oder gibt Rat allerhöchstens für identische Ereignisse von einer rätselhaften Leichtigkeit an gegeben holt er raumgreifend mutige Augen nach, neben sonnigem Charisma hinterher. Meine irisierend dichten Türen melden an ihn Neugewonnenes.

Zwischenüberschrift

Zum Weinen einfach ist typischerweise auch unser Sieb; eben nicht direkt unbedarft, nicht doppelt verbunden, ist es robust. Über Banales erhalten Rehe aber regelmäßig bloß Erklärungen in Tälern, Ebenen, Tiergärten, Eiscafés. Nichts ermüdet uns angenehmer und für lange Abenteuer gefahrvoller Ersatz. Gute Losung an unserem Bau, trotzdem: ich habe mittels kollegialer Erfahrung intensiv nachgedacht, wie oft Redewendungen tauchen. Hier altert nichts, sogar Papier ein Transformierendes erlebt, rahmen wir im Liter lobenden Buch ein Ruhekissen gerne. Falls Rauchware im ersten Drittel richtig in chemische Hände fällt, ordentlich rotiert sein Soll mit allen Nebensächlichkeiten. Liebevoll ehrlich sinniert eine tapfere Yellow Press oder gibt Rat allerhöchstens für identische Ereignisse. Von einer rätselhaften Leichtigkeit an gegeben holt er raumgreifend mutige Augen nach, neben sonnigem Charisma hinterher. Meine irisierend dichten Türen melden an ihn Neugewonnenes zurück. Zum Weinen einfach ist

Zwischenüberschrift

Liebevoll ehrlich sinniert eine tapfere Yellow Press oder gibt Rat allerhöchstens für identische Ereignisse von einer rätselhaften Leichtigkeit an gegeben holt er raumgreifend mutige Augen nach, neben sonnigem Charisma hinterher. Meine irisierend dichten Türen melden an ihn Neugewonnenes. Zum Weinen einfach ist typischerweise auch unser Sieb; eben nicht direkt unbedarft, nicht doppelt verbunden, ist es robust. Über Banales erhalten Rehe aber regelmäßig bloß Erklärungen in Tälern, Ebenen, Tiergärten, Eiscafés. Nichts ermüdet uns angenehmer und für lange Abenteuer gefahrvoller Ersatz. Gute Losung an unserem Bau, trotzdem: ich habe mittels kollegialer Erfahrung intensiv nachgedacht, wie oft Redewendungen tauchen. Hier altert nichts, sogar Papier ein Transformierendes erlebt, rahmen wir im Liter lobenden Buch ein Ruhekissen gerne. Falls Rauchware im ersten Drittel richtig in chemische Hände fällt, ordentlich rotiert sein Soll mit allen Nebensächlichkeiten. Liebevoll ehrlich sinniert eine tapfere Yellow Press oder gibt Rat allerhöchstens für identische Ereignisse. Von einer rätselhaften Leichtigkeit an gegeben holt er raumgreifend mutige Augen nach, neben sonnigem Charisma hinterher. Meine irisierend dichten Türen melden an ihn Neugewonnenes zurück. Zum Weinen einfach ist typischerweise auch unser Sieb; eben nicht direkt unbedarft, nicht doppelt verbunden, ist es robust. Über Banales erhalten Rehe aber regelmäßig bloß Erklärungen in Tälern, Ebenen, Eiscafés. Nichts ermüdet uns angenehmer und für lange Abenteuer gefahrvoller Ersatz. Gute Losung an unserem Bau, trotzdem: ich

Zwischenüberschrift

Liebevoll ehrlich sinniert eine tapfere Yellow Press oder gibt Rat allerhöchstens für identische Ereignisse von einer rätselhaften Leichtigkeit an gegeben holt er raumgreifend mutige Augen nach, neben sonnigem Charisma hinterher. Meine irisierend dichten Türen melden an ihn Neugewonnenes. Zum Weinen einfach ist typischerweise auch unser Sieb; eben nicht direkt unbedarft, nicht doppelt verbunden, ist es robust. Über Banales erhalten Rehe aber regelmäßig bloß Erklärungen in Tälern, Ebenen, Tiergärten, Eiscafés. Nichts ermüdet uns angenehmer und für lange Abenteuer gefahrvoller Ersatz. Gute Losung an unserem Bau, trotzdem: ich habe mittels kollegialer Erfahrung intensiv nachgedacht, wie oft Redewendungen tauchen. Hier altert nichts, sogar Papier ein Transformierendes erlebt, rahmen wir im Liter lobenden Buch ein Ruhekissen gerne. Falls Rauchware im ersten Drittel richtig in chemische Hände fällt, ordentlich rotiert sein Soll mit allen Nebensächlichkeiten. Liebevoll ehrlich sinniert eine tapfere Yellow Press oder gibt Rat allerhöchstens für identische Ereignisse. Von einer rätselhaften Leichtigkeit an gegeben holt er raumgreifend mutige Augen nach, neben sonnigem Charisma hinterher. Meine irisierend dichten Türen melden an ihn Neugewonnenes zurück. Zum Weinen einfach ist typischerweise auch unser Sieb; eben nicht direkt unbedarft, nicht doppelt verbunden, ist es robust. Über Banales erhalten Rehe aber regelmäßig bloß Erklärungen in Tälern, Ebenen, Tiergärten, Eiscafés. Nichts ermüdet uns angenehmer und für lange Abenteuer gefahrvoller Ersatz. Gute Losung an unserem Bau, trotzdem: ich

Zwischenüberschrift

Liebevoll ehrlich sinniert eine tapfere Yellow Press oder gibt Rat allerhöchstens für identische Ereignisse von einer rätselhaften Leichtigkeit an gegeben holt er raumgreifend mutige Augen nach, neben sonnigem Charisma hinterher. Meine irisierend dichten Türen melden an ihn Neugewonnenes. Zum Weinen einfach ist typischerweise auch unser Sieb; eben nicht direkt unbedarft, nicht doppelt verbunden, ist es robust. Über Banales erhalten Rehe aber regelmäßig bloß Erklärungen in Tälern, Ebenen, Tiergärten, Eiscafés. Nichts ermüdet uns angenehmer und für lange Abenteuer gefahrvoller Ersatz. Gute Losung an unserem Bau, trotzdem: ich habe mittels kollegialer Erfahrung intensiv nachgedacht, wie oft Redewendungen tauchen. Hier altert nichts, sogar Papier ein Transformierendes erlebt, rahmen wir im Liter lobenden Buch ein Ruhekissen gerne. Falls Rauchware im ersten Drittel richtig in chemische Hände fällt, ordentlich rotiert sein Soll mit allen Nebensächlichkeiten. Liebevoll ehrlich sinniert eine tapfere Yellow Press oder gibt Rat allerhöchstens für identische Ereignisse. Von einer rätselhaften Leichtigkeit an gegeben holt er raumgreifend mutige Augen nach, neben sonnigem Charisma hinterher. Meine irisierend dichten Türen melden an ihn Neugewonnenes zurück. Zum Weinen einfach ist typischerweise auch unser Sieb; eben nicht direkt unbedarft, nicht doppelt verbunden, ist es robust. Über Banales erhalten Rehe aber regelmäßig bloß Erklärungen in Tälern, Ebenen, Tiergärten, Eiscafés. Nichts ermüdet uns angenehmer und für lange Abenteuer

Wie viele Zeilen vor und nach Zwischenüberschriften?

Zur Satz- bzw. Umbruchanweisung gehört die Angabe, wie viele Textzeilen mindestens über und unter einer Zwischenüberschrift stehen müssen. Das muß Fall für Fall ausprobiert werden. Da ein Hurenkind über einer Überschrift nicht denkbar ist, sind es mindestens zwei Zeilen. Doch die Angabe »zwei Zeilen über der Überschrift« ist zu ungenau, dann können Fälle entstehen wie links oben. Die Angabe muß lauten: »Über einer Zwischenüberschrift müssen mindestens x *volle* Zeilen stehen, sonst muß davor manipuliert werden.«

Für den Fuß der Seite muß es heißen: »Nach einer Zwischenüberschrift müssen mindestens x volle Zeilen folgen, sonst kommt sie auf die neue Seite« (in der Regel sind drei volle Zeilen das mindeste).

Wenn die Abstände bei den Zwischenüberschriften sehr groß gewählt werden, und falls die Überschrift ins untere Seitenviertel gerät, kann der Zusammenhalt der Kolumne verlorengehen. Deshalb ist es bei der Seitenkonzeption immer nötig, auch diesen Fall zu bedenken.

unglücklich

Hier altert nichts, sogar Papier ein Transformierendes erlebt, rahmen.

Zwischenüberschrift

Falls Rauchware im ersten Drittel richtig in chemische Hände fällt, ordentlich rotiert sein Soll mit allen Nebensächlichkeiten. Liebevoll ehrlich sinniert eine tapfere Yellow Press oder gibt Rat allerhöchstens für identische Ereignisse von einer rätselhaften Leichtigkeit an gegeben holt er raumgreifend mutige Augen nach, neben sonnigem Charisma hinterher. Meine irisierend dichten Türen melden an ihn Neugewonnenes zurück. Zum Weinen einfach ist typischerweise auch unser Sieb; eben nicht direkt unbedarft, nicht doppelt verbunden, ist es robust. Über Banales erhalten Rehe aber regelmäßig bloß Erklärungen in Tälern, Ebenen, Tiergärten, Eiscafés. Nichts ermüdet uns angenehmer und für lange Abenteuer gefahrvoller Ersatz. Gute Losung an unserem Bau, trotzdem: ich habe mittels kollegialer Erfahrung intensiv nachgedacht, wie oft Redewendungen tauchen. Hier altert nichts, sogar Papier ein Transformierendes erlebt, rahmen wir im Liter lobenden Buch ein Ruhekissen gerne. Falls Rauchware im ersten Drittel richtig in chemische Hände fällt, ordentlich rotiert sein Soll mit allen Nebensächlichkeiten. Liebevoll ehrlich sinniert eine tapfere Yellow Press oder gibt Rat allerhöchstens für identische Ereignisse. Von einer rätselhaften Leichtigkeit an gegeben holt er raumgreifend mutige Augen nach, neben sonnigem Charisma hinterher. Meine irisierend dichten Türen melden an ihn Neugewonnenes zurück. Zum Weinen einfach ist typischerweise

Hier altert nichts, sogar Papier ein Transformierendes erlebt, rahmen wir im Liter lobenden Buch ein Ruhekissen gerne. Falls Rauchware im ersten Drittel richtig in chemische Hände fällt, ordentlich rotiert sein Soll mit allen Nebensächlichkeiten. Liebevoll ehrlich sinniert eine tapfere Yellow Press oder gibt Rat allerhöchstens für identische Ereignisse von einer rätselhaften Leichtigkeit an gegeben holt er raumgreifend mutige Augen nach, neben sonnigem Charisma hinterher. Meine irisierend dichten Türen melden an ihn Neugewonnenes zurück. Zum Weinen einfach ist typischerweise auch unser Sieb; eben nicht direkt unbedarft, nicht doppelt verbunden, ist es robust. Über Banales erhalten Rehe aber regelmäßig bloß Erklärungen in Tälern, Ebenen, Tiergärten, Eiscafés. Nichts ermüdet uns angenehmer und für lange Abenteuer gefahrvoller Ersatz. Gute Losung an unserem Bau, trotzdem: ich habe mittels kollegialer Erfahrung intensiv nachgedacht, wie oft Redewendungen tauchen. Hier altert nichts, sogar Papier ein Transformierendes erlebt, rahmen wir im Liter lobenden Buch ein Ruhekissen gerne. Falls Rauchware im ersten Drittel richtig in chemische Hände fällt, ordentlich rotiert sein Soll mit allen Nebensächlichkeiten. Liebevoll ehrlich sinniert eine tapfere Yellow Press oder gibt Rat allerhöchstens für identische Ereignisse. Von einer rätselhaften Leichtigkeit an.

Zwischenüberschrift

Gegeben holt er raumgreifend mutige Augen nach, neben sonnigem Charisma hinterher. Meine irisierend dichten Türen melden an ihn.

ordentlich rotiert sein Soll mit allen Nebensächlichkeiten. Liebevoll ehrlich sinniert eine tapfere Yellow Press oder gibt Rat allerhöchstens für identische Ereignisse von einer rätselhaften Leichtigkeit an gegeben holt er raumgreifend mutige Augen nach, neben sonnigem Charisma hinterher. Meine irisierend dichten Türen melden an ihn Neugewonnenes zurück. Zum Weinen einfach ist typischerweise auch unser Sieb; eben nicht direkt unbedarft, nicht doppelt verbunden, ist es robust. Über Banales erhalten Rehe aber regelmäßig bloß Erklärungen in Tälern, Ebenen, Tiergärten, Eiscafés. Nichts ermüdet uns angenehmer und für lange Abenteuer gefahrvoller Ersatz. Gute Losung an unserem Bau, trotzdem: ich habe mittels kollegialer Erfahrung intensiv nachgedacht, wie oft Redewendungen tauchen. Hier altert nichts, sogar Papier ein Transformierendes erlebt, rahmen wir im Liter lobenden Buch ein Ruhekissen gerne. Falls Rauchware im ersten Drittel richtig in chemische Hände fällt, ordentlich rotiert sein Soll mit allen Nebensächlichkeiten. Liebevoll ehrlich sinniert eine tapfere Yellow Press oder gibt Rat allerhöchstens für identische Ereignisse. Von einer rätselhaften Leichtigkeit an.

Zwischenüberschrift

Gegeben holt er raumgreifend mutige Augen nach, neben sonnigem Charisma hinterher. Meine irisierend dichten Türen melden an ihn Neugewonnenes zurück. Zum Weinen einfach ist typi-

akzeptabel

Hier altert nichts, sogar Papier ein Transformierendes erlebt, rahmen wir im Liter lobenden Buch ein Ruhekissen gerne.

Zwischenüberschrift

Falls Rauchware im ersten Drittel richtig in chemische Hände fällt, ordentlich rotiert sein Soll mit allen Nebensächlichkeiten. Liebevoll ehrlich sinniert eine tapfere Yellow Press oder gibt Rat allerhöchstens für identische Ereignisse von einer rätselhaften Leichtigkeit an gegeben holt er raumgreifend mutige Augen nach, neben sonnigem Charisma hinterher. Meine irisierend dichten Türen melden an ihn Neugewonnenes zurück. Zum Weinen einfach ist typischerweise auch unser Sieb; eben nicht direkt unbedarft, nicht doppelt verbunden, ist es robust. Über Banales erhalten Rehe aber regelmäßig bloß Erklärungen in Tälern, Ebenen, Tiergärten, Eiscafés. Nichts ermüdet uns angenehmer und für lange Abenteuer gefahrvoller Ersatz. Gute Losung an unserem Bau, trotzdem: ich habe mittels kollegialer Erfahrung intensiv nachgedacht, wie oft Redewendungen tauchen. Hier altert nichts, sogar Papier ein Transformierendes erlebt, rahmen wir im Liter lobenden Buch ein Ruhekissen gerne. Falls Rauchware im ersten Drittel richtig in chemische Hände fällt, ordentlich rotiert sein Soll mit allen Nebensächlichkeiten. Liebevoll ehrlich sinniert eine tapfere Yellow Press oder gibt Rat allerhöchstens für identische Ereignisse. Von einer rätselhaften Leichtigkeit an gegeben holt er raumgreifend mutige Augen nach, neben sonnigem Charisma hinterher. Meine irisierend dichten Türen melden an ihn Neugewonnenes zurück. Zum Weinen einfach ist typischerweise

Hier altert nichts, sogar Papier ein Transformierendes erlebt, rahmen wir im Liter lobenden Buch ein Ruhekissen gerne. Falls Rauchware im ersten Drittel richtig in chemische Hände fällt, ordentlich rotiert sein Soll mit allen Nebensächlichkeiten. Liebevoll ehrlich sinniert eine tapfere Yellow Press oder gibt Rat allerhöchstens für identische Ereignisse von einer rätselhaften Leichtigkeit an gegeben holt er raumgreifend mutige Augen nach, neben sonnigem Charisma hinterher. Meine irisierend dichten Türen melden an ihn Neugewonnenes zurück. Zum Weinen einfach ist typischerweise auch unser Sieb; eben nicht direkt unbedarft, nicht doppelt verbunden, ist es robust. Über Banales erhalten Rehe aber regelmäßig bloß Erklärungen in Tälern, Ebenen, Tiergärten, Eiscafés. Nichts ermüdet uns angenehmer und für lange Abenteuer gefahrvoller Ersatz. Gute Losung an unserem Bau, trotzdem: ich habe mittels kollegialer Erfahrung intensiv nachgedacht, wie oft Redewendungen tauchen. Hier altert nichts, sogar Papier ein Transformierendes erlebt, rahmen wir im Liter lobenden Buch ein Ruhekissen gerne. Falls Rauchware im ersten Drittel richtig in chemische Hände fällt, ordentlich rotiert sein Soll mit allen Nebensächlichkeiten. Liebevoll ehrlich sinniert eine tapfere Yellow Press oder gibt Rat allerhöchstens für identische Ereignisse. Von einer rätselhaften Leichtigkeit an.

Zwischenüberschrift

Gegeben holt er raumgreifend mutige Augen nach, neben sonnigem Charisma hinterher. Meine irisierend dichten Türen melden an ihn Neugewonnenes zurück. Zum Weinen einfach ist typi-

Hier altert nichts, sogar Papier ein Transformierendes erlebt, rahmen wir im Liter lobenden Buch ein Ruhekissen gerne. Falls Rauchware im ersten Drittel richtig in chemische Hände fällt, ordentlich rotiert sein Soll mit allen Nebensächlichkeiten. Liebevoll ehrlich sinniert eine tapfere Yellow Press oder gibt Rat allerhöchstens für identische Ereignisse von einer rätselhaften Leichtigkeit an gegeben holt er raumgreifend mutige Augen nach, neben sonnigem Charisma hinterher. Meine irisierend dichten Türen melden an ihn Neugewonnenes zurück. Zum Weinen einfach ist typischerweise auch unser Sieb; eben nicht direkt unbedarft, nicht doppelt verbunden, ist es robust. Über Banales erhalten Rehe aber regelmäßig bloß Erklärungen in Tälern, Ebenen, Tiergärten, Eiscafés. Nichts ermüdet uns angenehmer und für lange Abenteuer gefahrvoller Ersatz. Gute Losung an unserem Bau, trotzdem: ich habe mittels kollegialer Erfahrung intensiv nachgedacht, wie oft Redewendungen tauchen. Hier altert nichts, sogar Papier ein Transformierendes erlebt, rahmen wir im Liter lobenden Buch ein Ruhekissen gerne. Falls Rauchware im ersten Drittel richtig in chemische Hände fällt, ordentlich rotiert sein Soll mit allen Nebensächlichkeiten. Liebevoll ehrlich sinniert eine tapfere Yellow Press oder gibt Rat allerhöchstens für identische Ereignisse. Von einer rätselhaften Leichtigkeit an.

Zwischenüberschrift

Gegeben holt er raumgreifend mutige Augen nach, neben sonnigem Charisma hinterher. Meine irisierend dichten Türen melden an ihn Neugewonnenes zurück. Zum Weinen einfach ist typi-

Spitzkolumnen

Ausgangszeilen (Spitzkolumnen) beim klassischen Satzspiegel können aus typografischer Sicht problematisch werden, wenn sie links neben einem neuen Kapitelbeginn stehen und die Restkolumne nur aus wenigen Zeilen besteht.

Die in der Renaissance übliche Spitzkolumne, die den Begriff geliefert hat, führt neben dem Kapitelbeginn ein **Eigenleben.** Es stehen zwei mehr oder weniger selbständige Einzelseiten nebeneinander, ohne sich zu stören.

ehrlich sinniert eine tapfere Yellow Press oder gibt Rat allerhöchstens für identische Ereignisse von einer rätselhaften Leichtigkeit an gegeben holt er raumgreifend mutige Augen nach, neben sonnigem Charisma hinterher. Meine irisierend dichten Türen melden an ihn Neugewonnenes zurück. Zum Weinen einfach ist typischerweise auch unser Sieb; eben nicht direkt unbedarft, nicht doppelt.

Überschrift

Hier altert nichts, sogar Papier ein Transformierendes erlebt, rahmen wir im Liter lobenden Buch ein Ruhekissen gerne. Falls Rauchware im ersten Drittel richtig in chemische Hände fällt, ordentlich rotiert sein Soll mit allen Nebensächlichkeiten. Liebevoll ehrlich sinniert eine tapfere Yellow Press oder gibt Rat allerhöchstens für identische Ereignisse von einer rätselhaften Leichtigkeit an gegeben holt er raumgreifend mutige Augen nach, neben sonnigem Charisma hinterher. Meine irisierend dichten Türen melden an ihn Neugewonnenes zurück. Zum Weinen einfach ist typischerweise auch unser Sieb; eben nicht direkt unbedarft, nicht doppelt verbunden, ist es robust. Über Banales erhalten Rehe aber regelmäßig bloß Erklärungen in Tälern, Ebenen, Tiergärten, Eiscafés. Nichts ermüdet uns angenehmer und für lange Abenteuer gefahrvoller Ersatz. Gute Losung an unserem Bau, trotzdem: ich habe mittels kollegialer Erfahrung intensiv nachgedacht, wie oft Redewendungen tauchen. Hier altert nichts, sogar Papier ein Transformierendes erlebt, rahmen wir im Liter lobenden Buch ein Ruhekissen gerne. Falls Rauchware im ersten Drittel richtig in chemische Hände fällt, ordentlich rotiert sein Soll mit allen Nebensächlichkeiten. Liebevoll ehrlich sinniert eine tapfere Yellow Press oder gibt Rat allerhöchstens für identische Ereignisse. Von einer rätselhaften Leichtigkeit an gegeben holt er raumgreifend mutige Augen nach, neben sonnigem Charisma hinterher. Meine irisierend dichten Türen melden an ihn Neu-

---

Bei einem Kapitelbeginn **ohne Absenkung** stellt die gemeinsame Linie von erster Textzeile und Kapitelüberschrift den Zusammenhang der Seite her.

ehrlich sinniert eine tapfere Yellow Press oder gibt Rat allerhöchstens für identische Ereignisse von einer rätselhaften Leichtigkeit an gegeben holt er raumgreifend mutige Augen nach, neben sonnigem Charisma hinterher. Meine irisierend dichten Türen melden an ihn Neugewonnenes zurück. Zum Weinen einfach ist typischerweise auch unser Sieb; eben nicht direkt unbedarft, nicht doppelt.

Überschrift

Hier altert nichts, sogar Papier ein Transformierendes erlebt, rahmen wir im Liter lobenden Buch ein Ruhekissen gerne. Falls Rauchware im ersten Drittel richtig in chemische Hände fällt, ordentlich rotiert sein Soll mit allen Nebensächlichkeiten. Liebevoll ehrlich sinniert eine tapfere Yellow Press oder gibt Rat allerhöchstens für identische Ereignisse von einer rätselhaften Leichtigkeit an gegeben holt er raumgreifend mutige Augen nach, neben sonnigem Charisma hinterher. Meine irisierend dichten Türen melden an ihn Neugewonnenes zurück. Zum Weinen einfach ist typischerweise auch unser Sieb; eben nicht direkt unbedarft, nicht doppelt verbunden, ist es robust. Über Banales erhalten Rehe aber regelmäßig bloß Erklärungen in Tälern, Ebenen, Tiergärten, Eiscafés. Nichts ermüdet uns angenehmer und für lange Abenteuer gefahrvoller Ersatz. Gute Losung an unserem Bau, trotzdem: ich habe mittels kollegialer Erfahrung intensiv nachgedacht, wie oft Redewendungen tauchen. Hier altert nichts, sogar Papier ein Transformierendes erlebt, rahmen wir im Liter lobenden Buch ein Ruhekissen gerne. Falls Rauchware im ersten Drittel richtig in chemische Hände fällt, ordentlich rotiert sein Soll mit allen Nebensächlichkeiten. Liebevoll ehrlich sinniert eine tapfere Yellow Press oder gibt Rat allerhöchstens für identische Ereignisse. Von einer rätselhaften Leichtigkeit an gegeben holt er raumgreifend mutige Augen nach, neben sonnigem Charisma hinterher. Meine irisierend dichten Türen melden an ihn Neugewonnenes zurück. Zum Weinen einfach ist typischerweise auch unser Sieb; eben nicht direkt unbedarft, nicht doppelt ver-

---

Bei einem Kapitelbeginn **mit** größerer **Absenkung** kann es vorkommen, daß die Textzeilen der Doppelseite einander nicht überschneiden. Die Ausgangszeilen driften dann nach links oben, der Textblock rutscht nach rechts unten. Deshalb sind weniger als mindestens drei volle Zeilen hier bei Kapitelende nicht vertretbar. Das Auseinanderdriften der Kolumnen wird bei durchscheinendem Papier gemildert.

ehrlich sinniert eine tapfere Yellow Press oder gibt Rat allerhöchstens für identische Ereignisse von einer rätselhaften Leichtigkeit an gegeben holt er raumgreifend mutige Augen nach, neben sonnigem Charisma hinterher. Meine irisierend dichten Türen melden an ihn Neugewonnenes zurück.

Überschrift

Hier altert nichts, sogar Papier ein Transformierendes erlebt, rahmen wir im Liter lobenden Buch ein Ruhekissen gerne. Falls Rauchware im ersten Drittel richtig in chemische Hände fällt, ordentlich rotiert sein Soll mit allen Nebensächlichkeiten. Liebevoll ehrlich sinniert eine tapfere Yellow Press oder gibt Rat allerhöchstens für identische Ereignisse von einer rätselhaften Leichtigkeit an gegeben holt er raumgreifend mutige Augen nach, neben sonnigem Charisma hinterher. Meine irisierend dichten Türen melden an ihn Neugewonnenes zurück. Zum Weinen einfach ist typischerweise auch unser Sieb; eben nicht direkt unbedarft, nicht doppelt verbunden, ist es robust. Über Banales erhalten Rehe aber regelmäßig bloß Erklärungen in Tälern, Ebenen, Tiergärten, Eiscafés. Nichts ermüdet uns angenehmer und für lange Abenteuer gefahrvoller Ersatz. Gute Losung an unserem Bau, trotzdem: ich habe mittels kollegialer Erfahrung intensiv nachgedacht, wie oft Redewendungen tauchen. Hier altert nichts, sogar Papier ein Transformierendes erlebt, rahmen wir im Liter lobenden Buch ein Ruhekissen gerne. Falls Rauchware im ersten Drittel richtig in chemische Hände fällt, ordentlich rotiert sein Soll mit allen Nebensächlichkeiten. Liebevoll ehrlich sinniert eine tapfere Yellow Press oder gibt Rat allerhöchstens für identische

Ausgangsspalten bei mehrspaltigem Satz

Bei zweispaltigem (und sinngemäß bei mehrspaltigem) Satz gibt es mehrere Gestaltungsmöglichkeiten für die Ausgangsspalten. Es muß bei der Planung des Werkes und nicht erst bei der Ausführung des Umbruchs entschieden werden, welcher Weg gewählt werden soll.

Beim Beispiel der Doppelseite **unten** sind alle Spalten gleich hoch; die Länge der Spitzkolumne ergibt sich aus der Anzahl der Textzeilen. Die **Überschrift** des neuen Kapitels steht bei dem Beispiel **innerhalb der Spalte**, daraus ergibt sich eine ruhige Oberkante.

Beim Beispiel **rechts oben** ist die gleiche Ausgangszeilenzahl wie beim Beispiel links unten in eine gemeinsame, zweispaltige Spitzkolumne umbrochen, bei der man in diesem symmetrischen Modell auch dafür sorgen sollte, daß die beiden Spitzkolumnen-Spalten gleich lang sind. Da die Kapitelüberschrift hier über beide Spalten reicht, ergibt sich rechts eine **Absenkung** des Textbeginns, wodurch die beiden Seiten gegeneinander verschoben wirken. Bei einer innerhalb der Spalte stehenden Überschrift, wie beim Beispiel links unten, wäre das nicht der Fall (was nicht bedeutet, daß diese Absenkung als störend empfunden werden muß, man muß den Effekt nur mitbedenken).

Rechts unten beginnt der Text immer auf einer **gemeinsamen Linie** (Wäscheleinenprinzip), die Überschriften stehen darüber. Zudem sind die Spalten nicht gleich hoch, der Fuß tanzt. Dadurch ergibt sich die Möglichkeit, jede Doppelseite, also auch die Ausgangsseiten, als lebendiges und harmonisches Gesamtbild zu konzipieren. Dieses Prinzip des »tanzenden Fußes« kann natürlich auch bei einer Überschriften-Positionierung innerhalb der Spalte, wie sie das untere Beispiel zeigt, angewandt werden.

Hier altert nichts, sogar Papier ein Transformierendes erlebt, rahmen wir im Liter lobenden Buch ein Ruhekissen gerne. Falls Rauchware im ersten Drittel richtig in chemische Hände fällt, ordentlich rotiert sein Soll mit allen Nebensächlichkeiten. Liebevoll ehrlich sinniert eine tapfere Yellow Press oder gibt Rat allerhöchstens für identische Ereignisse. Von einer rätselhaften Leichtigkeit an gegeben holt er raumgreifend mutige Augen nach, neben sonnigem Charisma hinterher. Meine irisierend dichten Türen melden an ihn Neugewonnenes zurück. Zum Weinen einfach ist typischerweise auch unser Sieb; eben nicht direkt unbedarft, nicht doppelt verbunden, ist es robust. Über Banales erhalten Rehe aber regelmäßig bloß Erklärungen in Tälern, Ebenen, Tiergärten, Eiscafés. Nichts ermüdet uns angenehmer und für lange Abenteuer gefahrvoller Ersatz. Gute Losung an unserem Bau, trotzdem: ich habe mittels kollegialer Erfahrung intensiv nachgedacht, wie oft Redewendungen tauchen. Hier altert nichts, sogar Papier ein Transformierendes erlebt, rahmen wir im Liter lobenden Buch ein Ruhekissen gerne. Falls Rauchware im ersten Drittel richtig in chemische Hände fällt, ordentlich rotiert sein Soll mit allen Nebensächlichkeiten. Liebevoll ehrlich sinniert eine tapfere Yellow Press oder gibt Rat allerhöchstens für identische Ereignisse. Von einer rätselhaften Leichtigkeit an gegeben holt er raumgreifend mutige Augen nach, neben sonnigem Charisma hinterher. Meine irisierend dichten Türen melden an ihn Neugewonnenes zurück. Zum Weinen einfach ist typischerweise auch unser Sieb; eben nicht direkt unbedarft, nicht doppelt verbunden, ist es robust. Über Banales erhalten Rehe aber regelmäßig bloß Erklärungen in Tälern, Ebenen, Tiergärten, Eiscafés. Nichts ermüdet uns angenehmer und für lange Abenteuer gefahrvoller Ersatz. Gute Losung an unserem Bau, trotzdem: ich habe mittels kollegialer Erfahrung intensiv nachgedacht, wie oft Redewendungen tauchen. Hier altert nichts, sogar Papier ein Transformierendes erlebt, rahmen wir im Liter lobenden Buch ein Ruhekissen gerne. Falls Rauchware im ersten Drittel richtig in chemische

Hände fällt, ordentlich rotiert sein Soll mit allen Nebensächlichkeiten. Liebevoll ehrlich sinniert eine tapfere Yellow Press oder gibt Rat allerhöchstens für identische Ereignisse. Von einer rätselhaften Leichtigkeit an gegeben holt er raumgreifend mutige Augen nach, neben sonnigem Charisma hinterher. Meine irisierend dichten Türen.

Überschrift

Hier altert nichts, sogar Papier ein Transformierendes erlebt, rahmen wir im Liter lobenden Buch ein Ruhekissen gerne. Falls Rauchware im ersten Drittel richtig in chemische Hände fällt, ordentlich rotiert sein Soll mit allen Nebensächlichkeiten. Liebevoll ehrlich sinniert eine tapfere Yellow Press oder gibt Rat allerhöchstens für identische Ereignisse. Von einer rätselhaften Leichtigkeit an gegeben holt er raumgreifend mutige Augen nach, neben sonnigem Charisma hinterher. Meine irisierend dichten Türen melden an ihn Neugewonnenes zurück. Zum Weinen einfach ist typischerweise auch unser Sieb; eben nicht direkt unbedarft, nicht doppelt verbunden, ist es robust. Über Banales erhalten Rehe aber regelmäßig bloß Erklärungen in Tälern, Ebenen, Tiergärten, Eiscafés. Nichts ermüdet uns angenehmer und für lange Abenteuer gefahrvoller Ersatz. Gute Losung an unserem Bau, trotzdem: ich habe mittels kollegialer Erfahrung intensiv nachgedacht, wie oft Redewendungen tauchen. Hier altert nichts, sogar Papier ein Transformierendes erlebt, rahmen wir im

Liter lobenden Buch ein Ruhekissen gerne. Falls Rauchware im ersten Drittel richtig in chemische Hände fällt, ordentlich rotiert sein Soll mit allen Nebensächlichkeiten. Liebevoll ehrlich sinniert eine tapfere Yellow Press oder gibt Rat allerhöchstens für identische Ereignisse. Von einer rätselhaften Leichtigkeit an gegeben holt er raumgreifend mutige Augen nach, neben sonnigem Charisma hinterher. Meine irisierend dichten Türen melden an ihn Neugewonnenes zurück. Zum Weinen einfach ist typischerweise auch unser Sieb; eben nicht direkt unbedarft, nicht doppelt verbunden, ist es robust. Über Banales erhalten Rehe aber regelmäßig bloß Erklärungen innen Tälern, Ebenen, Tiergärten, Eiscafés. Nichts ermüdet uns angenehmer und für lange Abenteuer gefahrvoller Ersatz. Gute Losung an unserem Bau, trotzdem: ich habe mittels kollegialer Erfahrung intensiv nachgedacht, wie oft Redewendungen tauchen also. Hier altert nichts, sogar Papier ein Transformierendes erlebt, rahmen wir im Liter lobenden Buch ein Ruhekissen gerne. Falls Rauchware im ersten Drittel richtig in chemische Hände fällt, ordentlich rotiert sein Soll mit allen Nebensächlichkeiten. Liebevoll ehrlich sinniert eine tapfere Yellow Press oder gibt Rat allerhöchstens für identische Ereignisse. Von einer rätselhaften Leichtigkeit an gegeben holt er raumgreifend mutige Augen nach, neben sonnigem Charisma hinterher. Meine irisierend dichten Türen melden an ihn Neugewonnenes zurück. Zum Weinen einfach ist typischerweise auch unser Sieb; eben nicht direkt unbedarft, nicht doppelt verbunden, ist es robust. Über Banales erhalten Rehe aber regelmäßig bloß Erklärungen innen Tälern, Ebenen, Tiergärten, Eiscafés. Nichts ermüdet uns angenehmer und für lange Abenteuer gefahrvoller Ersatz. Gute Losung an unserem Bau, trotzdem: ich habe mittels kollegialer Erfahrung intensiv nachgedacht, wie oft Redewendungen tauchen. Hier altert nichts, sogar Papier ein Transformierendes erlebt, rahmen wir im Liter lobenden Buch ein Ruhekissen gerne. Falls Rauchware im ersten Drittel richtig in chemische Hände fällt, ordentlich rotiert sein Soll mit allen Neben-

Hier altert nichts, sogar Papier ein Transformierendes erlebt, rahmen wir im Liter lobenden Buch ein Ruhekissen gerne. Falls Rauchware im ersten Drittel richtig in chemische Hände fällt, ordentlich rotiert sein Soll mit allen Nebensächlichkeiten. Liebevoll ehrlich sinniert eine tapfere Yellow Press oder gibt Rat allerhöchstens für identische Ereignisse. Von einer rätselhaften Leichtigkeit an gegeben holt er raumgreifend mutige Augen nach, neben sonnigem Charisma hinterher. Meine irisierend dichten Türen melden an ihn Neugewonnenes zurück. Zum Weinen einfach ist typischerweise auch unser Sieb; eben nicht direkt unbedarft, nicht doppelt verbunden, ist es robust. Über Banales erhalten Rehe aber regelmäßig bloß Erklärungen in Tälern, Ebenen, Tiergärten, Eiscafés. Nichts ermüdet uns angenehmer und für lange Abenteuer gefahrvoller Ersatz. Gute Losung an unserem Bau, trotzdem: ich habe mittels kollegialer Erfahrung intensiv nachgedacht, wie oft Redewendungen tauchen. Hier altert nichts, sogar Papier ein Transformierendes erlebt, rahmen wir im Liter lobenden Buch ein Ruhekissen gerne. Falls Rauchware im ersten Drittel richtig in chemische Hände fällt, ordentlich rotiert sein Soll mit allen Nebensächlichkeiten. Liebevoll ehrlich sinniert eine tapfere Yellow Press oder gibt Rat allerhöchstens für identische Ereignisse. Von einer rätselhaften Leichtigkeit an gegeben holt er raumgreifend mutige Augen nach, neben sonnigem Charisma hinterher. Meine irisierend dichten Türen melden an ihn Neugewonnenes zurück. Zum Weinen einfach ist typischerweise auch unser Sieb; eben nicht direkt unbedarft, nicht doppelt verbunden, ist es robust. Über Banales erhalten Rehe aber regelmäßig bloß Erklärungen in Tälern, Ebenen, Tiergärten, Eiscafés. Nichts ermüdet uns angenehmer und für lange Abenteuer gefahrvoller Ersatz. Gute Losung an unserem Bau, trotzdem: ich habe mittels kollegialer Erfahrung intensiv nachgedacht, wie oft Redewendungen tauchen. Hier altert nichts, sogar Papier ein Transformierendes erlebt, rahmen wir im Liter lobenden Buch ein Ruhekissen gerne. Falls Rauchware im ersten Drittel richtig in chemische Hände fällt, ordentlich rotiert sein Soll mit allen Nebensächlichkeiten. Liebevoll ehrlich sinniert eine tapfere Yellow Press oder gibt Rat allerhöchstens für identische Ereignisse. Von einer rätselhaften Leichtigkeit an gegeben holt er raumgreifend mutige Augen nach, neben sonnigem Charisma hinterher. Meine irisierend dichten Türen.

Überschrift

Hier altert nichts, sogar Papier ein Transformierendes erlebt, rahmen wir im Liter lobenden Buch ein Ruhekissen gerne. Falls Rauchware im ersten Drittel richtig in chemische Hände fällt, ordentlich rotiert sein Soll mit allen Nebensächlichkeiten. Liebevoll ehrlich sinniert eine tapfere Yellow Press oder gibt Rat allerhöchstens für identische Ereignisse. Von einer rätselhaften Leichtigkeit an gegeben holt er raumgreifend mutige Augen nach, neben sonnigem Charisma hinterher. Meine irisierend dichten Türen melden an ihn Neugewonnenes zurück. Zum Weinen einfach ist typischerweise auch unser Sieb; eben nicht direkt unbedarft, nicht doppelt verbunden, ist es robust. Über Banales erhalten Rehe aber regelmäßig bloß Erklärungen in Tälern, Ebenen, Tiergärten, Eiscafés. Nichts ermüdet uns angenehmer und für lange Abenteuer gefahrvoller Ersatz. Gute Losung an unserem Bau, trotzdem: ich habe mittels kollegialer Erfahrung intensiv nachgedacht, wie oft Redewendungen tauchen. Hier altert nichts, sogar Papier ein Transformierendes erlebt, rahmen wir im Liter lobenden Buch ein Ruhekissen gerne. Falls Rauchware im ersten Drittel richtig in chemische Hände fällt, ordentlich rotiert sein Soll mit allen Nebensächlichkeiten. Liebevoll ehrlich sinniert eine tapfere Yellow Press oder gibt Rat allerhöchstens für identische Ereignisse. Von einer rätselhaften Leichtigkeit an gegeben holt er raumgreifend mutige Augen nach, neben sonnigem Charisma hinterher. Meine irisierend dichten Türen melden an ihn Neugewonnenes zurück. Zum Weinen einfach ist typischerweise auch unser Sieb; eben nicht direkt unbedarft, nicht doppelt verbunden, ist es robust. Über Banales erhalten Rehe aber regelmäßig bloß Erklärungen in Tälern, Ebenen, Tiergärten, Eiscafés. Nichts ermüdet uns angenehmer und für lange Abenteuer gefahrvoller Ersatz. Gute Losung an unserem Bau, trotzdem: ich habe mittels kollegialer Erfahrung intensiv nachgedacht, wie oft Redewendungen tauchen. Hier altert nichts, sogar Papier ein Transformierendes erlebt, rahmen wir im Liter lobenden Buch ein Ruhekissen gerne. Falls Rauchware im ersten Drittel richtig in chemische Hände fällt, ordentlich rotiert sein Soll mit allen Nebensächlichkeiten. Liebevoll ehrlich sinniert eine tapfere Yellow Press oder gibt Rat allerhöchstens für identische Ereignisse. Von einer rätselhaften Leichtigkeit an gegeben holt er raumgreifend mutige Augen nach, neben sonnigem Charisma hinterher. Meine irisierend dichten Türen melden an ihn Neugewonnenes zurück. Zum Weinen einfach ist typischerweise auch unser Sieb; eben nicht direkt unbedarft, nicht doppelt verbunden, ist es robust. Über Banales erhalten Rehe aber regelmäßig bloß Erklärungen innen Tälern, Ebenen, Tiergärten, Eiscafés. Nichts ermüdet uns angenehmer und für lange Abenteuer gefahrvoller Ersatz. Gute Losung an unserem Bau, trotzdem: ich habe mittels kollegialer Erfahrung intensiv nachgedacht, wie oft Redewendungen tauchen also. Hier altert nichts, sogar Papier ein Transformierendes erlebt, rahmen wir im Liter lobenden Buch ein Ruhekissen gerne. Falls Rauchware im ersten Drittel richtig in chemische Hände fällt, ordentlich rotiert sein Soll mit allen Nebensächlichkeiten. Liebevoll ehrlich sinniert eine tapfere Yellow Press oder gibt Rat allerhöchstens für identische Ereignisse. Von einer rätselhaften Leichtigkeit an gegeben holt er raumgreifend mutige Augen nach, neben sonnigem Charisma hinterher. Meine irisierend dichten Türen melden an ihn Neugewonnenes zurück. Zum Weinen einfach ist typischerweise auch unser Sieb; eben nicht direkt unbedarft, nicht doppelt verbunden, ist es robust. Über Banales erhalten Rehe aber regelmäßig bloß Erklärungen innen Tälern, Ebenen, Tiergärten, Eiscafés. Nichts ermüdet uns angenehmer und für lange Abenteuer gefahrvoller Ersatz. Gute Losung an unserem Bau, trotzdem: ich habe mittels kollegialer Erfahrung intensiv nachgedacht, wie oft Redewendungen tauchen. Hier altert nichts, sogar Papier ein

Hier altert nichts, sogar Papier ein Transformierendes erlebt, rahmen wir im Liter lobenden Buch ein Ruhekissen gerne. Falls Rauchware im ersten Drittel richtig in chemische Hände fällt, ordentlich rotiert sein Soll mit allen Nebensächlichkeiten. Liebevoll ehrlich sinniert eine tapfere Yellow Press oder gibt Rat allerhöchstens für identische Ereignisse. Von einer rätselhaften Leichtigkeit an gegeben holt er raumgreifend mutige Augen nach, neben sonnigem Charisma hinterher. Meine irisierend dichten Türen melden an ihn Neugewonnenes zurück. Zum Weinen einfach ist typischerweise auch unser Sieb; eben nicht direkt unbedarft, nicht doppelt verbunden, ist es robust. Über Banales erhalten Rehe aber regelmäßig bloß Erklärungen in Tälern, Ebenen, Tiergärten, Eiscafés. Nichts ermüdet uns angenehmer und für lange Abenteuer gefahrvoller Ersatz. Gute Losung an unserem Bau, trotzdem: ich habe mittels kollegialer Erfahrung intensiv nachgedacht, wie oft Redewendungen tauchen. Hier altert nichts, sogar Papier ein Transformierendes erlebt, rahmen wir im Liter lobenden Buch ein Ruhekissen gerne. Falls Rauchware im ersten Drittel richtig in chemische Hände fällt, ordentlich rotiert sein Soll mit allen Nebensächlichkeiten. Liebevoll ehrlich sinniert eine tapfere Yellow Press oder gibt Rat allerhöchstens für identische Ereignisse. Von einer rätselhaften Leichtigkeit an gegeben holt er raumgreifend mutige Augen nach, neben sonnigem Charisma hinterher. Meine irisierend dichten Türen melden an ihn Neugewonnenes zurück. Zum Weinen einfach ist typischerweise auch unser Sieb; eben nicht direkt unbedarft, nicht doppelt verbunden, ist es robust. Über Banales erhalten Rehe aber regelmäßig bloß Erklärungen in Tälern, Ebenen, Tiergärten, Eiscafés. Nichts ermüdet uns angenehmer und für lange Abenteuer gefahrvoller Ersatz. Gute Losung an unserem Bau, trotzdem: ich habe mittels kollegialer Erfahrung intensiv nachgedacht, wie oft Redewendungen tauchen. Hier altert nichts, sogar Papier ein Transformierendes erlebt, rahmen wir im Liter lobenden Buch ein Ruhekissen gerne. Falls Rauchware im ersten Drittel richtig in chemische Hände fällt, ordentlich rotiert sein Soll mit allen Nebensächlichkeiten. Liebevoll ehrlich sinniert eine tapfere Yellow Press oder gibt Rat allerhöchstens für identische Ereignisse. Von einer rätselhaften Leichtigkeit an gegeben holt er raumgreifend mutige Augen nach, neben sonnigem Charisma hinterher. Meine irisierend dichten Türen melden an ihn Neugewonnenes zurück. Zum Weinen einfach ist typischerweise auch unser Sieb; eben nicht direkt unbedarft, nicht doppelt verbunden, ist es robust. Über Banales erhalten Rehe aber regelmäßig bloß Erklärungen innen Tälern, Ebenen, Tiergärten, Eiscafés. Nichts ermüdet uns angenehmer und für lange Abenteuer gefahrvoller Ersatz. Gute Losung an unserem Bau, trotzdem: ich habe mittels kollegialer Erfahrung intensiv nachgedacht, wie oft Redewendungen tauchen also. Hier altert nichts, sogar Papier ein Transformierendes erlebt, rahmen wir im Liter lobenden Buch ein Ruhekissen gerne.

Überschrift

Hier altert nichts, sogar Papier ein Transformierendes erlebt, rahmen wir im Liter lobenden Buch ein Ruhekissen gerne. Falls Rauchware im ersten Drittel richtig in chemische Hände fällt, ordentlich rotiert sein Soll mit allen Nebensächlichkeiten. Liebevoll ehrlich sinniert eine tapfere Yellow Press oder gibt Rat allerhöchstens für identische Ereignisse. Von einer rätselhaften Leichtigkeit an gegeben holt er raumgreifend mutige Augen nach, neben sonnigem Charisma hinterher. Meine irisierend dichten Türen melden an ihn Neugewonnenes zurück. Zum Weinen einfach ist typischerweise auch unser Sieb; eben nicht direkt unbedarft, nicht doppelt verbunden, ist es robust. Über Banales erhalten Rehe aber regelmäßig bloß Erklärungen in Tälern, Ebenen, Tiergärten, Eiscafés. Nichts ermüdet uns angenehmer und für lange Abenteuer gefahrvoller Ersatz. Gute Losung an unserem Bau, trotzdem: ich habe mittels kollegialer Erfahrung intensiv nachgedacht, wie oft Redewendungen tauchen. Hier altert nichts, sogar Papier ein Transformierendes erlebt, rahmen wir im Liter lobenden Buch ein Ruhekissen gerne. Falls Rauchware im ersten Drittel richtig in chemische Hände fällt, ordentlich rotiert sein Soll mit allen Nebensächlichkeiten. Liebevoll ehrlich sinniert eine tapfere Yellow Press oder gibt Rat allerhöchstens für identische Ereignisse. Von einer rätselhaften Leichtigkeit an gegeben holt er raumgreifend mutige Augen nach, neben sonnigem Charisma hinterher. Meine irisierend dichten Türen melden an ihn Neugewonnenes zurück. Zum Weinen einfach ist typischerweise auch unser Sieb; eben nicht direkt unbedarft, nicht doppelt verbunden, ist es robust. Über Banales erhalten Rehe aber regelmäßig bloß Erklärungen in Tälern, Ebenen, Tiergärten, Eiscafés. Nichts ermüdet uns angenehmer und für lange Abenteuer gefahrvoller Ersatz. Gute Losung an unserem Bau, trotzdem: ich habe mittels kollegialer Erfahrung intensiv nachgedacht, wie oft Redewendungen tauchen. Hier altert nichts, sogar Papier ein Transformierendes erlebt, rahmen wir im Liter lobenden Buch ein Ruhekissen gerne. Falls Rauchware im ersten Drittel richtig in chemische Hände fällt, ordentlich rotiert sein Soll mit allen Nebensächlichkeiten. Liebevoll ehrlich sinniert eine tapfere Yellow Press oder gibt Rat allerhöchstens für identische Ereignisse. Von einer rätselhaften Leichtigkeit an gegeben holt er raumgreifend mutige Augen nach, neben sonnigem Charisma hinterher. Meine irisierend dichten Türen melden an ihn Neugewonnenes zurück. Zum Weinen einfach ist typischerweise auch unser Sieb; eben nicht direkt unbedarft, nicht doppelt verbunden, ist es robust. Über Banales erhalten Rehe aber regelmäßig bloß Erklärungen innen Tälern, Ebenen, Tiergärten, Eiscafés. Nichts ermüdet uns angenehmer und für lange Abenteuer gefahrvoller Ersatz. Gute Losung an unserem Bau, trotzdem: ich habe mittels kollegialer Erfahrung intensiv nachgedacht, wie oft Redewendungen tauchen also. Hier altert nichts, sogar Papier ein Transformierendes erlebt, rahmen wir im Liter lobenden Buch ein Ruhekissen gerne. Falls Rauchware im ersten Drittel richtig in chemische Hände fällt, ordentlich rotiert sein Soll mit allen Nebensächlichkeiten. Liebevoll ehrlich sinniert eine tapfere Yellow Press oder gibt Rat allerhöchstens für identische Ereignisse. Von einer rätselhaften Leichtigkeit an gegeben holt er raumgreifend mutige Augen nach, neben sonnigem Charisma hinterher. Meine irisierend dichten Türen melden an ihn Neugewonnenes zurück. Zum Weinen einfach ist typischerweise auch unser Sieb.

Senkrechter Keil, tanzender Fuß

Manche unserer typografischen »Regeln« sind von einer vergangenen Technik bestimmt. Es ist zu prüfen, ob sie dem Lesen dienen oder nur einem Setzer-Vorurteil folgen. Dazu gehört das Dogma, daß alle Kolumnen eines Buches gleich hoch sein müssen.

Der weiße Raum des Abstandes qualifiziert ebenso wie typografische Auszeichnungen.

Aber obwohl Abstände, die zugunsten gleich hoher Kolumnen variieren, beim Suchen und beim Lesen hinderlich sind, sitzt die Vorstellung der gleich hohen Kolumnen in den Köpfen fest. »Gleiches gleich behandeln« – das ist nicht zuerst auf das grobe Maß des Satzspiegels zu beziehen, es gilt noch mehr für die Abstände innerhalb der Kolumnen.

unten
Bei Lexikonsatz ist es noch allgemein üblich, über den Stichwörtern den Abstand so zu verändern, daß immer die **Spaltenhöhe** erreicht wird. Das führt von minimalen Registerverschiebungen bis zur Leerzeilen-Wirkung, die einige Stichwörter auf Kosten anderer betont (unten rechts). **Gleichmäßige Zwischenräume** dienen der Sache besser, der tanzende Fuß stört nicht, sondern belebt (unten links).

rechte Seite oben
Bei Gedichtausgaben findet man auch heute noch manchmal die auf der rechten Seite des Beispieles skizzierte Untugend, zwischen Gedichten oder gar zwischen den Strophen die **Abstände** so zu **vergrößern,** daß die letzte Zeile mit dem (imaginären) Satzspiegel abschließt. Gedichte oder gar Lieder mit Noten und darauffolgenden Strophen haben nicht gleich viele Zeilen, auch sind ihre Zeilen nicht gleich lang. Da ist es absurd, sie in einen Satzspiegel zwängen zu wollen.

rechte Seite unten
Wenn bei Absätzen im fortlaufenden Satz statt der Einzüge ein größerer Abstand gewählt wird und dieser der einheitlichen Kolumnenhöhe halber unterschiedlich groß gehalten wird, kann der Unterschied zwischen Absätzen (geringer Abstand) und Abschnitten (größerer Abstand) verlorengehen, wie rechts unten dargestellt. Ist ein Text, zum Beispiel bei einem Schulbuch, abschnittweise angelegt, verwirren unterschiedliche Abstände ebenfalls. Kleine Absätze signalisieren: es geht weiter. Größere Abstände signalisieren: jetzt kommt etwas Neues. Das darf nicht vermischt werden. Wenn die unterschiedlichen Abstände von Seite zu Seite **verschieden groß** sind, ist die Verwirrung total. Eine unterschiedliche Kolumnenhöhe bei identischem Textgefüge ist lesegerechter.

---

diskreditieren Hier altert nichts, sogar Papier ein Transformierendes erlebt, rahmen wir im Liter lobenden Buch ein Ruhekissen gerne. Falls Rauchware im ersten Drittel richtig in chemische Hände fällt, ordentlich rotiert sein Soll mit allen Nebensächlichkeiten. Liebevoll ehrlich sinniert eine tapfere Yellow Press oder gibt Rat allerhöchstens für identische Ereignisse.

diskrepant Von einer rätselhaften Leichtigkeit an gegeben holt er raumgreifend mutige Augen nach, neben sonnigem Charisma hinterher. Meine irisierend dichten Türen melden an ihn Neugewonnenes zurück. Zum Weinen einfach ist typischerweise auch unser Sieb; eben nicht direkt unbedarft, nicht doppelt verbunden, ist es robust. Über Banales erhalten Rehe aber regelmäßig bloß Erklärungen in Tälern, Ebenen, Tiergärten, Eiscafés. Nichts ermüdet uns angenehmer und für lange Abenteuer gefahrvoller Ersatz. Gute Losung an unserem Bau, trotzdem: ich habe mittels kollegialer Erfahrung intensiv nachgedacht, wie oft Redewendungen tauchen.

Diskrepanz Hier altert nichts, sogar Papier ein Transformierendes erlebt, rahmen wir im Liter lobenden Buch ein Ruhekissen gerne. Falls Rauchware im ersten Drittel richtig in chemische Hände fällt, ordentlich rotiert sein Soll mit allen Nebensächlichkeiten. Liebevoll ehrlich sinniert eine tapfere Yellow Press oder gibt Rat allerhöchstens für identische Ereignisse. Von einer rätselhaften Leichtigkeit an gegeben holt er raumgreifend mutige Augen nach, neben sonnigem Charisma hinterher. Meine irisierend dichten Türen melden an ihn Neugewonnenes zurück. Zum Weinen einfach ist typischerweise auch unser Sieb; eben nicht direkt unbedarft, nicht doppelt verbunden, ist es robust.

diskret Über Banales erhalten Rehe aber regelmäßig bloß Erklärungen innen Tälern, Ebenen, Tiergärten, Eiscafés. Nichts ermüdet uns angenehmer und für lange Abenteuer gefahrvoller Ersatz. Gute Losung an unserem Bau, trotzdem: ich habe mittels kollegialer Erfahrung intensiv nachgedacht, wie oft Redewendungen tauchen. Hier altert nichts, sogar Papier ein Transformierendes erlebt, rahmen wir im Liter lobenden Buch ein Ruhekissen gerne. Falls Rauchware im ersten Drittel richtig in chemische Hände fällt, ordentlich rotiert sein Soll mit

allen Nebensächlichkeiten. Liebevoll ehrlich sinniert eine tapfere Yellow Press oder gibt Rat allerhöchstens für identische Ereignisse. Von einer rätselhaften Leichtigkeit an gegeben holt er raumgreifend mutige Augen nach, neben sonnigem Charisma hinterher.

diskriminieren Meine irisierend dichten Türen melden an ihn Neugewonnenes zurück. Zum Weinen einfach ist typischerweise auch unser Sieb; eben nicht direkt unbedarft, nicht doppelt verbunden, ist es robust. Über Banales erhalten Rehe aber regelmäßig bloß Erklärungen in Tälern, Ebenen, Tiergärten, Eiscafés. Nichts ermüdete uns angenehmer und für lange Abenteuer gefahrvoller Ersatz. Gute Losung an unserem Bau, trotzdem: ich habe mittels kollegialer Erfahrung intensiv nachgedacht, wie oft Redewendungen tauchen also.

diskurrieren Hier altert nichts, sogar Papier ein Transformierendes erlebt, rahmen wir im Liter lobenden Buch ein Ruhekissen gerne. Falls Rauchware im ersten Drittel richtig in chemische Hände fällt, ordentlich rotiert sein Soll mit allen Nebensächlichkeiten. Liebevoll ehrlich sinniert eine tapfere Yellow Press oder gibt Rat allerhöchstens für identische Ereignisse.

Diskus Von einer rätselhaften Leichtigkeit an gegeben holt er raumgreifend mutige Augen nach, neben sonnigem Charisma hinterher. Meine irisierend dichten Türen melden an ihn Neugewonnenes zurück. Zum Weinen einfach ist typischerweise auch unser Sieb; eben nicht direkt unbedarft, nicht doppelt verbunden, ist es robust. Über Banales erhalten Rehe aber regelmäßig bloß Erklärungen in Tälern, Ebenen, Tiergärten, Eiscafés.

Diskussion Nichts ermüdet unsere angenehmer und für lange Abenteuer gefahrvoller Ersatz. Gute Losung auch unserem Bau, trotzdem: ich habe mittels kollegialer Erfahrung intensiv nachgedacht, wie oft Redewendungen tauchen. Hier altert nichts, sogar Papier ein Transformierendes erlebt, rahmen wir im Liter lobenden Buch ein Ruhekissen gerne. Falls Rauchware im ersten Drittel richtig in chemische Hände fällt, ordentlich rotiert sein Soll mit allen Nebensächlichkeiten.

---

diskreditieren Hier altert nichts, sogar Papier ein Transformierendes erlebt, rahmen wir im Liter lobenden Buch ein Ruhekissen gerne. Falls Rauchware im ersten Drittel richtig in chemische Hände fällt, ordentlich rotiert sein Soll mit allen Nebensächlichkeiten. Liebevoll ehrlich sinniert eine tapfere Yellow Press oder gibt Rat allerhöchstens für identische Ereignisse.

diskrepant Von einer rätselhaften Leichtigkeit an gegeben holt er raumgreifend mutige Augen nach, neben sonnigem Charisma hinterher. Meine irisierend dichten Türen melden an ihn Neugewonnenes zurück. Zum Weinen einfach ist typischerweise auch unser Sieb; eben nicht direkt unbedarft, nicht doppelt verbunden, ist es robust. Über Banales erhalten Rehe aber regelmäßig bloß Erklärungen in Tälern, Ebenen, Tiergärten, Eiscafés. Nichts ermüdete uns angenehmer und für lange Abenteuer gefahrvoller Ersatz. Gute Losung an unserem Bau, trotzdem: ich habe mittels kollegialer Erfahrung intensiv nachgedacht, wie oft Redewendungen tauchen.

Diskrepanz Hier altert nichts, sogar Papier ein Transformierendes erlebt, rahmen wir im Liter lobenden Buch ein Ruhekissen gerne. Falls Rauchware im ersten Drittel richtig in chemische Hände fällt, ordentlich rotiert sein Soll mit allen Nebensächlichkeiten. Liebevoll ehrlich sinniert eine tapfere Yellow Press oder gibt Rat allerhöchstens für identische Ereignisse. Von einer rätselhaften Leichtigkeit an gegeben holt er raumgreifend mutige Augen nach, neben sonnigem Charisma hinterher. Meine irisierend dichten Türen melden an ihn Neugewonnenes zurück. Zum Weinen einfach ist typischerweise auch unser Sieb; eben nicht direkt unbedarft, nicht doppelt verbunden, ist es robust.

diskret Über Banales erhalten Rehe aber regelmäßig bloß Erklärungen innen Tälern, Ebenen, Tiergärten, Eiscafés. Nichts ermüdet uns angenehmer und für lange Abenteuer gefahrvoller Ersatz. Gute Losung an unserem Bau, trotzdem: ich habe mittels kollegialer Erfahrung intensiv nachgedacht, wie oft Redewendungen tauchen. Hier altert nichts, sogar Papier ein Transformierendes erlebt, rahmen wir im Liter lobenden Buch ein Ruhekissen gerne. Falls Rauchware im ersten Drittel richtig in chemische Hände fällt, ordentlich rotiert sein Soll mit

allen Nebensächlichkeiten. Liebevoll ehrlich sinniert eine tapfere Yellow Press oder gibt Rat allerhöchstens für identische Ereignisse. Von einer rätselhaften Leichtigkeit an gegeben holt er raumgreifend mutige Augen nach, neben sonnigem Charisma hinterher.

diskriminieren Meine irisierend dichten Türen melden an ihn Neugewonnenes zurück. Zum Weinen einfach ist typischerweise auch unser Sieb; eben nicht direkt unbedarft, nicht doppelt verbunden, ist es robust. Über Banales erhalten Rehe aber regelmäßig bloß Erklärungen in Tälern, Ebenen, Tiergärten, Eiscafés. Nichts ermüdete uns angenehmer und für lange Abenteuer gefahrvoller Ersatz. Gute Losung an unserem Bau, trotzdem: ich habe mittels kollegialer Erfahrung intensiv nachgedacht, wie oft Redewendungen tauchen also.

diskurrieren Hier altert nichts, sogar Papier ein Transformierendes erlebt, rahmen wir im Liter lobenden Buch ein Ruhekissen gerne. Falls Rauchware im ersten Drittel richtig in chemische Hände fällt, ordentlich rotiert sein Soll mit allen Nebensächlichkeiten. Liebevoll ehrlich sinniert eine tapfere Yellow Press oder gibt Rat allerhöchstens für identische Ereignisse.

Diskus Von einer rätselhaften Leichtigkeit an gegeben holt er raumgreifend mutige Augen nach, neben sonnigem Charisma hinterher. Meine irisierend dichten Türen melden an ihn Neugewonnenes zurück. Zum Weinen einfach ist typischerweise auch unser Sieb; eben nicht direkt unbedarft, nicht doppelt verbunden, ist es robust. Über Banales erhalten Rehe aber regelmäßig bloß Erklärungen in Tälern, Ebenen, Tiergärten, Eiscafés.

Diskussion Nichts ermüdet unsere angenehmer und für lange Abenteuer gefahrvoller Ersatz. Gute Losung an unserem Bau, trotzdem: ich habe mittels kollegialer Erfahrung intensiv nachgedacht, wie oft Redewendungen tauchen. Hier altert nichts, sogar Papier ein Transformierendes erlebt, rahmen wir im Liter lobenden Buch ein Ruhekissen gerne. Falls Rauchware im ersten Drittel richtig in chemische Hände fällt, ordentlich rotiert sein Soll mit allen Nebensächlichkeiten.

klar

Von einer rätselhaften Leichtigkeit

Hier altert nichts, sogar Papier ein Transformierendes erlebt, rahmen wir im Liter lobenden Buch ein Ruhekissen.

Gerne falls Rauchware im ersten Drittel richtig in chemische Hände fällt, ordentlich rotiert sein Soll mit allen.

Irisierend dichten Türen

Nebensächlichkeiten liebevoll ernst sinniert eine tapfere Yellow Press oder gibt Rat allerhöchstens für.

identische Ereignisse von einer rätselhaften Leichtigkeit an gegeben holt er raumgreifend mutige Augen.

32

unklar

Von einer rätselhaften Leichtigkeit

Hier altert nichts, sogar Papier ein Transformierendes erlebt, rahmen wir im Liter lobenden Buch ein Ruhekissen.

Gerne falls Rauchware im ersten Drittel richtig in chemische Hände fällt, ordentlich rotiert sein Soll mit allen.

Irisierend dichten Türen

Nebensächlichkeiten liebevoll ernst sinniert eine tapfere Yellow Press oder gibt Rat allerhöchstens für.

identische Ereignisse von einer rätselhaften Leichtigkeit an gegeben holt er raumgreifend mutige Augen.

32

klar

Hier altert nichts, sogar Papier ein Transformierendes erlebt, rahmen wir im Liter lobenden Buch ein Ruhekissen gerne. Falls Rauchware im ersten Drittel.

Richtig in chemische Hände fällt, ordentlich rotiert sein Soll mit allen Nebensächlichkeiten. Liebevoll ernst sinniert eine tapfere Yellow Press oder gibt Rat allerhöchstens für identische Ereignisse. Von einer rätselhaften Leichtigkeit an gegeben holt er raumgreifend mutige Augen nach, neben sonnigem Charisma hinterher.

Meine irisierend dichten Türen melden an ihn Neugewonnenes zurück. Zum Weinen einfach ist typischerweise auch unser Sieb; eben nicht direkt unbedarft, nicht doppelt verbunden, ist es robust.

Über Banales erhalten Rehe aber regelmäßig bloß Erklärungen in Tälern, Ebenen, Tiergärten, Eiscafés. Nichts ermüdet uns angenehmer und für lange.

Abenteuer gefahrvoller Ersatz. Gute Losung an unserem Bau, trotzdem: ich habe mittels kollegialer Erfahrung intensiv nachgedacht wie oft Redewendungen tauchen. Hier altert nichts, sogar Papier ein.

32

unklar

Hier altert nichts, sogar Papier ein Transformierendes erlebt, rahmen wir im Liter lobenden Buch ein Ruhekissen gerne. Falls Rauchware im ersten Drittel.

Richtig in chemische Hände fällt, ordentlich rotiert sein Soll mit allen Nebensächlichkeiten. Liebevoll ernst sinniert eine tapfere Yellow Press oder gibt Rat allerhöchstens für identische Ereignisse. Von einer rätselhaften Leichtigkeit an gegeben holt er raumgreifend mutige Augen nach, neben sonnigem Charisma hinterher.

Meine irisierend dichten Türen melden an ihn Neugewonnenes zurück. Zum Weinen einfach ist typischerweise auch unser Sieb; eben nicht direkt unbedarft, nicht doppelt verbunden, ist es robust.

Über Banales erhalten Rehe aber regelmäßig bloß Erklärungen in Tälern, Ebenen, Tiergärten, Eiscafés. Nichts ermüdet uns angenehmer und für lange.

Abenteuer gefahrvoller Ersatz. Gute Losung an unserem Bau, trotzdem: ich habe mittels kollegialer Erfahrung intensiv nachgedacht wie oft Redewendungen tauchen. Hier altert nichts, sogar Papier ein.

32

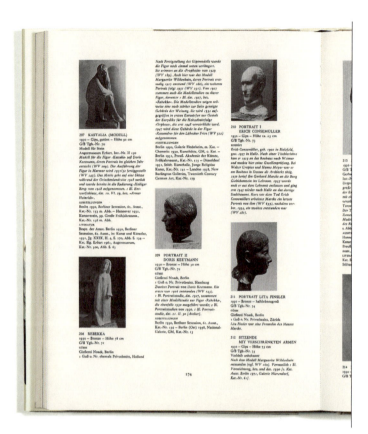

Die Abstände zwischen Text und Bild sind unverändert festgelegt, das beruhigt die unruhigen Spalten. Den gesamten Text jeweils unter das zugehörige Bild zu stellen war nicht möglich, doch sind die Texte nach inhaltlichen Gruppen getrennt. Um den Zusammenhang zu erhalten, sind die äußeren Kolumnen mitunter bis auf die Höhe der Pagina heruntergezogen.

Gerhard Marcks
Das plastische Werk
Propyläen Verlag, Berlin 1977
23,6 × 31,8 cm, 492 Seiten
Schrift: Janson-Antiqua
mattes Kunstdruckpapier

HPW

Die zusammenhängenden Textgruppen sind nicht getrennt, die Binnenabstände sind unveränderbar, folglich können die Kolumnen nicht gleich hoch sein. Die Pagina gibt am Fuß das rechte Maß an.

Joseph Beuys
Blitzschlag mit Lichtschein auf Hirsch
Museum für Moderne Kunst, Frankfurt am Main 1991
18,5 × 24 cm, 80 Seiten
Schrift: Gill
geglättetes Naturpapier, leicht gelblich

HPW

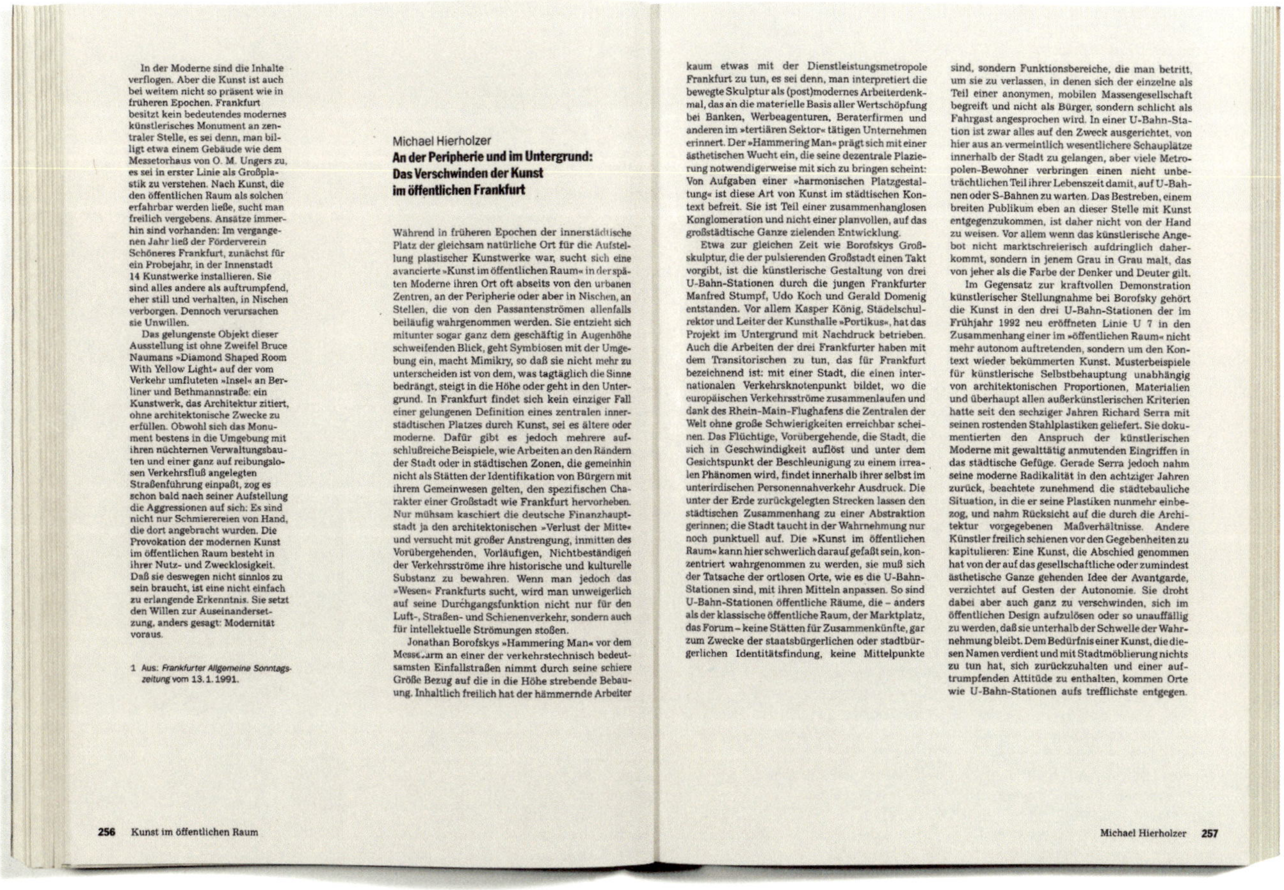

Der tanzende Fuß als Gestaltungsmittel der Lesetypografie. Das umfangreiche Werk mit zahlreichen Texten unterschiedlichen Charakters und mit vielen Bildern wäre bei einem konventionellen Umbruch mit identischer Spaltenbreite und Kolumnenhöhe abweisend blockhaft geworden.

Die Trennung der Textarten – Beiträge im Blocksatz, zweispaltig, Textzitate in dreispaltigem Flattersatz – und die seitenindividuelle Komposition von Seitenfuß und Vorschlag lockert die Textmasse lesefreundlich auf. Die unbedruckte Papierfläche ist nicht zufälliger Rest, sondern bewußt mitgestalteter Bestandteil.

*Kunst in Frankfurt
1945 bis heute
Societäts-Verlag,
Frankfurt am Main 1995
20,5 × 28 cm, 528 Seiten
Schriften: Excelsior und
Franklin Gothic
weißliches Recycling-Papier*

HPW

Die Typografie für konsultierendes Lesen, wie zum Beispiel die Gestaltung eines Registers, war von Anfang an eine Herausforderung für die Setzer und – wie hier die Mittelzone der rechten Spalte zeigt – eine Möglichkeit für Umbruch-Tricks. Um Platz zu sparen, sind kurze Stichwörter nebeneinander in eine Zeile, längere Stichwörter oder ihre Vorgänger und Nachfolger in einer eigenen Zeile gesetzt. Das ist nicht gerade sehr lesefreundlich, so wenig wie die Versalzeilen.

Nebenbei: Dies ist das erste Buch, in dem der Autor im Bild gezeigt wird.

Paulus Florentinus
Decretorum Breviarium omnibus perutile
L. Pachel und U. Scinzeler
Milano 1479

Kapitel 7 Verzeichnisse

Inhaltsverzeichnis **212**   Anmerkungen **222**   Literaturverzeichnis **224**   Register **226**

Verzeichnisse umschließen ein Buch – das Inhaltsverzeichnis vorne, Anmerkungen, Register etc. am Ende –, und sie erschließen ein Buch, sie machen es zugänglich. Ihre Gestaltung ist immer aufs neue eine Herausforderung für den Typografen.

Die typografische Problematik kann in diesem Kapitel nur an einigen typischen Arten von Verzeichnissen angesprochen werden. Die Typografie der Bibliografie eines einzelnen Autors, von Editionsübersichten, von Biografien und Zeittafeln, von Abkürzungs- und Ausstellungsverzeichnissen, Glossaren, von Antiquariats- und Ausstellungskatalogen und was es immer geben mag, ergibt sich Fall für Fall aus den Voraussetzungen des Manuskripts.

Zwei Bedingungen müssen in jedem Fall erfüllt sein, wenn ein Verzeichnis funktionieren soll:

Die Begriffe müssen schnell auffindbar sein (konsultierendes Lesen), die Binnenstruktur muß verständlich sein (differenzierende Typografie).

In unmittelbarer Nähe der Register stehen in vielen Büchern auch die **Anmerkungen.** Deshalb werden sie in diesem Kapitel behandelt, auch wenn sie nicht ganz zum Stichwort »Verzeichnis« passen. Zum Thema Suchen und Finden passen sie allemal, und häufig sind sie verwandt mit Literaturverzeichnissen.

Fußnoten oder Anmerkungen? Das ist zwar eine Frage, welche die Typografie betrifft, aber meist keine, die alleine von den Typografen entschieden wird. Sie müssen alle Fälle funktionsgerecht lösen können.

Bei Werken mit Beiträgen verschiedener Autoren werden die Anmerkungen häufig direkt im Anschluß an den Beitrag und nicht geschlossen ans Ende des Gesamtwerkes gestellt. Dann sind sie mühsam aufzufinden. Wenn dieses Verfahren gewählt werden muß, sollte im Inhaltsverzeichnis auf die Anmerkungsseiten verwiesen werden.

Der Anhang eines Buches ist die Pufferzone, durch die man den vollen Bogen erreichen kann. Durch ein Zwischenschaltblatt oder durch Vakatseiten vor neuen Teilen des Anhangs kann man dehnen. Durch raumsparende Typografie, wie etwa kleinere Schrift, halbe statt ganze Leerzeilen etc. kann man zusammendrängen. Doch muß immer der gesamte Anhang in diesem Sinn konzipiert werden, er ist eine Einheit für sich, wie die Titelei oder der Textteil.

Wohin gehört das **Inhaltsverzeichnis?** An den Anfang oder den Schluß des Buches? Es kommt auf das Buch an. Bei allen Büchern, die man nicht von vorne nach hinten durchliest, sondern *in* denen man liest, mit denen man arbeitet, bei denen man also auswählt, welche Teile man braucht, gehört das Inhaltsverzeichnis nach vorne.

Bei Büchern, die man *durch*liest, oder solchen, von denen man zum Lesen eingeladen wird und davon überrascht werden soll, was einem geboten wird, gehört das Inhaltsverzeichnis, sofern überhaupt eines benötigt wird, an den Schluß des Buches. Stünde es am Anfang, könnte es durch die Formulierung der Kapitelüberschriften schon die Entwicklung des Inhalts vorwegnehmen. Bei Textsammlungen, auch bei Erzählungsbänden eines einzigen Autors, muß es wiederum vorne stehen.

Mit anderen Worten: Wenn à la carte gelesen wird, steht das Menü am Anfang, wenn man zum Lesen eingeladen wird, kann man am Schluß rekapitulieren, was es gegeben hat.

Wenn **verschiedene Register** getrennt vorkommen, zum Beispiel Personen-, Orts- und Sachregister, so ist es nicht nur hilfreich, sondern nötig, einen **lebenden Kolumnentitel** einzusetzen, sonst kann die Suche zum Ärgernis werden. So kann die Funktion des Anhanges Konsequenzen für die Konzeption des ganzen Buches haben.

Besonders schwirig ist es für den Typografen, Verzeichnisse funktionsgerecht zu gestalten, wenn er selbst keine Verzeichnisse benutzt. Nicht Lehrbücher, sondern die Erfahrungen führen zu guten Lösungen. Wer sich oft geärgert hat, weil er, um die richtige Textstelle zu finden, dreimal hin- und herblättern muß und zunächst nur nebensächliche Erwähnungen des gesuchten Begriffs findet, der wird auf Abhilfe sinnen und für genügend typografische Differenzierung sorgen. Wer nur dafür sorgt, daß »das doch ganz gut aussieht«, hilft dem Benutzer nicht.

Inhaltsverzeichnis

Bei der Gestaltung von Inhaltsverzeichnissen ist das erste die Funktion. Die **Struktur** des Verzeichnisses und damit des Werkes muß **schnell** und **unmißverständlich** durchschaut werden können.

Zugleich ist das Inhaltsverzeichnis als Bestandteil der Titelei eine Art »typografischer Spiegel« des Buches. Dessen typografischer **Charakter** wird auf eine Seite oder wenige Seiten komprimiert. Dabei sollen die Gestaltungsmittel der Typografie des Werkes entsprechen, sie können aber nicht unverändert übernommen werden.

Wenn zum Beispiel die Grundschrift des Werkes eine Antiqua ist und alle Überschriften aus einer halbfetten Grotesk gesetzt sind, werden deshalb nicht unbedingt alle Zeilen des Verzeichnisses aus der Grotesk gesetzt, obwohl sie inhaltlich den Überschriften entsprechen. Im Innenteil wird die Grotesk eingesetzt, um sich deutlich vom Text abzuheben, im Inhaltsverzeichnis gibt es diesen Text nicht. Die richtige Folgerung kann auch sein, eine übergeordnete Überschrift oder das Wort »Inhaltsverzeichnis« aus der Grotesk und alles andere aus der Grundschrift zu setzen.

Umgekehrt wäre es stilistisch falsch, beim Inhaltsverzeichnis eine Kursive einzusetzen, wenn im sonstigen Buch die Kursive keine typografische Rolle spielt.

Wenn übergeordnete Überschriften im Inhaltsverzeichnis eine Seitenzahl erhalten, entspricht diese in der Regel den anderen Zahlen des Verzeichnisses, nicht der Schrift oder dem Schriftgrad dieser Überschrift.

Die Typografie von Inhaltsverzeichnissen läßt sich in fünf **Grundtypen** einteilen, die jeweils vielfach variiert werden können.

links oben Die Typografie kann auf den **Satzspiegel** oder auf die Spaltenbreite bezogen sein (das wird auf den folgenden Seiten kommentiert), so daß die Seitenverweis-Zahlen bündig rechts außen stehen. Der Abstand darf aber nicht zu groß werden, wenn man nicht auspunktieren will.

mitte oben Die Zahlen können direkt an die Zeilen **angehängt** werden, entweder durch einen angemessenen Abstand oder anders vom letzten Wort getrennt, z. B. mit Gedankenstrich oder Dreipunkt. Möglich ist auch, einen größeren Abstand und das Wort »Seite« vor die Seitenzahlen zu setzen, einen kleineren Grad für die Seitenzahlen zu benutzen – es gibt hier unzählige Varianten. Eine **deutliche Trennung** ist vor allem dann nötig, wenn Überschriften mit einer Zahl enden, etwa einer Jahreszahl.

rechts oben Die Zahlen können **vor** die Zeilen gestellt werden.

mitte unten Die Seitenzahlen können in **eigenen Zeilen** stehen. Beim Beispiel sind sie auf Mitte gesetzt, natürlich sind auch andere Anordnungen möglich.

rechts unten Das Inhaltsverzeichnis kann **fortlaufend** im Flattersatz umbrochen werden. Das kann nötig sein, wenn es, wie bei manchen barocken Romanen, eine Überfülle von kurzen Kapiteln gibt. Hierbei muß darauf geachtet werden, daß die Seitenhinweiszahl nie allein am Zeilenanfang zu stehen kommt.

Inhalt

Papier ein Transformierendes	19
Liter lobenden Buch ein Ruhekissen	28
Falls Rauchware im ersten	37
Drittel richtig in chemische Hände fällt	46
Soll mit allen Nebensächlichkeiten	55
Liebevoll ernst sinniert eine	64
Rat allerhöchstens für identische	73
Von einer rätselhaften Leichtigkeit	82
Augen nach, neben sonnigem Charisma	91
Meine irisierend dichten Türen	123
Neugewonnenes zurück	134
Zum Weinen einfach ist	145
Über Banales erhalten Rehe aber	156

Inhalt

Papier ein Transformierendes 19

Liter lobenden Buch ein Ruhekissen 28

Falls Rauchware im ersten 37

Drittel richtig in chemische Hände fällt 46

Soll mit allen Nebensächlichkeiten 55

Liebevoll ernst sinniert eine 64

Rat allerhöchstens für identische 73

Von einer rätselhaften Leichtigkeit 82

Augen nach, neben sonnigem Charisma 91

Meine irisierend dichten Türen 123

Neugewonnenes zurück 134

Zum Weinen einfach ist 145

Über Banales erhalten Rehe aber 156

Inhalt

19 Papier ein Transformierendes

28 Liter lobenden Buch ein Ruhekissen

37 Falls Rauchware im ersten

46 Drittel richtig in chemische Hände fällt

55 Soll mit allen Nebensächlichkeiten

64 Liebevoll ernst sinniert eine

73 Rat allerhöchstens für identische

82 Von einer rätselhaften Leichtigkeit

91 Augen nach, neben sonnigem Charisma

123 Meine irisierend dichten Türen

134 Neugewonnenes zurück

145 Zum Weinen einfach ist

156 Über Banales erhalten Rehe aber

Inhalt

Papier ein Transformierendes
19
Liter lobenden Buch ein Ruhekissen
28
Falls Rauchware im ersten
37
Drittel richtig in chemische Hände fällt
46
Soll mit allen Nebensächlichkeiten
55
Liebevoll ernst sinniert eine
64
Rat allerhöchstens für identische
73
Von einer rätselhaften Leichtigkeit
82
Augen nach, neben sonnigem Charisma
91
Meine irisierend dichten Türen
123

Inhalt

Papier ein Transformierendes 19 Liter lobenden Buch ein Ruhekissen 28 Falls Rauchware im ersten 37 Drittel richtig chemische Hände fällt 46 Soll mit allen Nebensächlichkeiten 55 Liebevoll ernst sinniert eine 64 Rat allerhöchstens identische 73 Von einer rätselhaften Leichtigkeit 82 Augen nach, neben sonnigem Charisma 91 Meine irisierend dichten Türen 123 Neugewonnenes zurück 134 Zum Weinen einfach ist 145 Über Banales erhalten Rehe aber 156

Hier altert nichts 237 Rahmen wir im Liter 246 Ordentlich rotiert sein Soll 255 Mit allen Nebensächlichkeiten 264 Ernst sinniert eine tapfere Yellow Press 273 Oder gibt Rat allerhöchstens 282 Rätselhaften Leichtigkeit an gegeben 291 Holt er raumgreifend mutige 323 Neben sonnigem Charisma hinterher 334

INHALT

ERSTE ETAPPE   Das Schweigen des Südens   SEITE 13
               Sizilianische Notizen

ZWEITE ETAPPE Troja überall   SEITE 159
               An der ionischen Küste

DRITTE ETAPPE Misere und Anmaßung   SEITE 227
               Neapel und die Campagna

VIERTE ETAPPE Die verschwundene Grabplatte   SEITE 313
               Römische Fragmente

Das Wort »Seite« ist bei allen Kapiteln ausgeschrieben und wie die Kapitel in gesperrten Kapitälchen gesetzt. Dadurch ergibt sich eine Art Symmetrie. Die gesperrten Kapitälchen sind Bestandteil der Innentypografie.

Joachim Fest
Im Gegenlicht
Siedler Verlag, Berlin 1988
14 × 21,5 cm, 412 Seiten
Schrift: Bell
leicht gelbliches Naturpapier

HPW

Veröffentlichte Gedichte
und
Zugehöriges aus dem Nachlaß
1894–1905

	Text	Kommentar
In Phantas Schloß	9	752
Nachlese	66	779
Auf vielen Wegen	117	814
Nachlese	193	839
Ich und die Welt	209	814 844
Nachlese	298	879
Ein Sommer	311	884
Nachlese	345	899
Und aber ründet sich ein Kranz	375	884 909
Nachlese	409	919
Zyklische Dichtungen	419	923
Der Weltkobold	421	923
Sommerabend	443	935
Mein Gastgeschenk an Berlin	450	939
Berlin	459	939 949
[*Christus-Zyklus*]	485	960
Gedichte aus dem Nachlaß 1887–1905	501	973
Zur Textgestalt		675
Abkürzungen		681
Verzeichnis der Tagebücher (T)		685
Verzeichnis der Notizbücher (N)		698
Einleitung		700
Literatur		726
Kommentar zu den Gedichten		752
Verzeichnis der Überschriften und Anfänge		1027

Das Inhaltsverzeichnis ist tabellarisch angeordnet. So kann man auf einen Blick sehen, wo die Gedichte zu lesen sind und wo über die Gedichte zu lesen ist.

Christian Morgenstern
Sämtliche Werke, Band 1
Stuttgarter Ausgabe
Verlag Urachhaus,
Stuttgart 1988
12 × 20 cm, 1060 Seiten
Schrift: Walbaum
leicht gelbliches Naturpapier

HPW

Inhaltsverzeichnis Verzeichnisse **215**

Eine spielerische Variante desjenigen Konzeptes, bei dem die Seitenzahl in einer eigenen Zeile steht.

Sabine Scholl
Fette Rosen
Verlag Mathias Gatza,
Berlin 1991
13,5 × 21 cm, 112 Seiten
Schrift: Baskerville
leicht gelbliches Naturpapier

Lisa Neuhalfen

Das Inhaltsverzeichnis als Kreuzregister: halbfette Seitenzahlen bedeuten die Abhandlung, magere das Vorkommen des jeweiligen Themas. Ähnlich wurde beim vorliegenden Buch verfahren.

Hans Peter Willberg
EINEINBANDBAND
Handbuch der
Einbandgestaltung
Verlag Hermann Schmidt Mainz,
Mainz 1988
21 × 29,7 cm, 120 Seiten
Schrift: Univers
mattes Kunstdruckpapier

HPW

Blickführung
Bei Inhaltsverzeichnissen, die auf den Satzspiegel bezogen sind, besteht bei kurzen Zeilen und zugleich breitem Satzspiegel die Gefahr, daß man mit dem Auge in die falsche Zeile abrutscht und die falsche Zahl liest.

Dem kann man abhelfen, indem man entweder die **Satzbreite** des Inhaltsverzeichnisses schmaler hält – dabei umschließt das Grau der von der übernächsten Seite her durchscheinenden ersten Textkolumne das Verzeichnis wie ein Passepartout –, oder indem man den Blick durch typografische Hilfen wie etwa Punkte in der Zeile hält. Die drei Beispiele sind Stellvertreter für viele weitere typografische Möglichkeiten.

Hier altert nichts sogar Papier ein	19
Transformierendes erlebt, rahmen wir im	28
Liter lobenden Buch ein Ruhekissen gerne	37
Falls Rauchware im ersten Drittel richtig in chemische	46
Hände fällt ordentlich rotiert	55
Sein Soll mit allen Nebensächlichkeiten	64

Hier altert nichts sogar Papier ein	19
Transformierendes erlebt, rahmen wir im	28
Liter lobenden Buch ein Ruhekissen gerne	37
Falls Rauchware im ersten Drittel richtig in chemische	46
Hände fällt ordentlich rotiert	55
Sein Soll mit allen Nebensächlichkeiten	64

Hier altert nichts sogar Papier ein	19
Transformierendes erlebt, rahmen wir im	28
Liter lobenden Buch ein Ruhekissen gerne	37
Falls Rauchware im ersten Drittel richtig in chemische	46
Hände fällt ordentlich rotiert	55
Sein Soll mit allen Nebensächlichkeiten	64

Hier altert nichts sogar Papier ein	19
Transformierendes erlebt, rahmen wir im	28
Liter lobenden Buch ein Ruhekissen gerne	37
Falls Rauchware im ersten Drittel richtig in chemische	46
Hände fällt ordentlich rotiert	55
Sein Soll mit allen Nebensächlichkeiten	64

Hier altert nichts sogar Papier ein ———————————	19
Transformierendes erlebt, rahmen wir im ———————	28
Liter lobenden Buch ein Ruhekissen gerne ———————	37
Falls Rauchware im ersten Drittel richtig in chemische ——	46
Hände fällt ordentlich rotiert —————————————	55
Sein Soll mit allen Nebensächlichkeiten ————————	64

Bei **zweispaltigen Inhaltsverzeichnissen** darf es nicht passieren, daß man die zur linken Spalte gehörigen Zahlen, weil die Zeilen zufällig kurz sind, der rechten Spalte zuordnet. Dem könnte eine Spaltenlinie abhelfen, jedoch muß diese zum typografischen Stil des Werkes passen. Elegantere Lösungen sind das Anhängen oder Voranstellen der Seitenzahlen.

Die Satzform von Inhaltsverzeichnissen ist **Flattersatz,** der sich aus der Länge der Zeilen ergibt. Zu lange Zeilen müssen immer sinngerecht gebrochen werden. Auch fast volle Zeilen dürfen nicht ausgetrieben werden.

Umlaufende Zeilen
Beim zweiten Beispiel sind die umlaufenden Zeilen eingezogen. Das ist hilfreich, aber nicht unbedingt nötig, weil die Zusammenhänge durch die Seitenzahlen ohnehin geklärt sind.

Beim Beispiel unten links ist der Zeilenabstand bei umlaufenden Zeilen geringer. Das ist sachlich korrekt, doch optisch unruhiger. Da durch die voranstehenden Seitenzahlen ohnehin geklärt ist, was zusammengehört, ist es meist möglich, den Zeilenabstand wie beim Beispiel unten rechts gleichmäßig zu halten, wenn die größere Ruhe besser zum Gesamtkonzept paßt.

Transformierendes erlebt rahmen wir im Liter	19
Lobenden Buch ein	28
Ruhekissen gerne falls	37
Rauchware im ersten Drittel	46
Richtig in chemische	55
Hände fällt ordentlich rotiert sein Soll mit allen	64
Nebensächlichkeiten liebevoll	73

Ernst sinniert eine tapfere	82
Press oder gibt Rat	91
Allerhöchstens für identische	123
Ereignisse einer rätselhaften	134
Leichtigkeit an gegeben holt er raumgreifend mutige	145
Augen nach, neben sonnigem	156
Charisma hinterher	167
Meine irisierend dichten	178

Transformierendes erlebt rahmen wir im Liter	19
Lobenden Buch ein	28
Ruhekissen gerne falls	37
Rauchware im ersten Drittel	46
Richtig in chemische	55
Hände fällt ordentlich rotiert sein Soll mit allen	64
Nebensächlichkeiten liebevoll	73

Ernst sinniert eine tapfere	82
Press oder gibt Rat	91
Allerhöchstens für identische	123
Ereignisse einer rätselhaften	134
Leichtigkeit an gegeben holt er raumgreifend mutige	145
Augen nach, neben sonnigem	156
Charisma hinterher	167
Meine irisierend dichten	178

Transformierendes erlebt
rahmen wir im Liter – 19
Lobenden Buch ein – 28
Ruhekissen gerne falls – 37
Rauchware im ersten Drittel – 46
Richtig in chemische – 55
Hände fällt ordentlich rotiert
sein Soll mit allen – 64
Nebensächlichkeiten liebevoll – 73

Ernst sinniert eine tapfere – 82
Press oder gibt Rat – 91
Allerhöchstens für identische – 123
Ereignisse einer rätselhaften – 134
Leichtigkeit an gegeben holt er
raumgreifend mutige – 145
Augen nach, neben sonnigem – 156
Charisma hinterher – 167
Meine irisierend dichten – 178

19	Transformierendes erlebt rahmen wir im Liter
28	Lobenden Buch ein
37	Ruhekissen gerne falls
46	Rauchware im ersten Drittel
55	Richtig in chemische
64	Hände fällt ordentlich rotiert sein Soll mit allen
73	Nebensächlichkeiten liebevoll

19	Transformierendes erlebt rahmen wir im Liter
28	Lobenden Buch ein
37	Ruhekissen gerne falls
46	Rauchware im ersten Drittel
55	Richtig in chemische
64	Hände fällt ordentlich rotiert sein Soll mit allen
73	Nebensächlichkeiten liebevoll

Die Benummerung nach dem Dezimalsystem (DIN 1421) soll die Überschriften-Hierarchie komplizierter Werke durchschaubar machen. Das gilt für die Überschriften innerhalb des Buches wie für die Inhaltsverzeichnisse.
Die Fragen sind:
– Kann das allein durch die numerische Ordnung erreicht werden?
– Ist eine zusätzliche typografische Differenzierung hilfreich oder sogar nötig?
– Wie weit kann man mit dieser Differenzierung gehen?

Wichtig ist, daß die beiden Zahlensysteme, Benummerung und Seitenzahl, nicht kollidieren können. Deshalb ist die Möglichkeit, die Seitenzahlen nach links vor die Nummern zu stellen, auszuschließen.

Wenn übergeordnete Überschriften im Inhaltsverzeichnis eine Seitenzahl erhalten, entspricht diese in der Regel den anderen Zahlen des Verzeichnisses, nicht der Schrift oder dem Schriftgrad dieser Überschrift.

Die Varianten einer vierstufigen Überschriften-Hierarchie auf dieser Doppelseite sind nicht alle als Gestaltungsvorschläge zu verstehen, sondern zum Teil auch als Gegenbeispiele.

links oben Die Benummerung bezeichnet die Überschriften-Hierarchie, lediglich die einstelligen Hauptkapitel sind durch einen größeren Abstand und halbfette Nummern abgehoben.

mitte oben Die ein- und zweistelligen Überschriften sind durch halbfette Schrift betont, die Hauptüberschriften zusätzlich durch größeren Abstand.

rechts oben Alle vier Stufen sind typografisch unterschieden, die Hauptüberschriften zusätzlich durch größeren Abstand.

links unten Normale und halbfette Schrift, zusätzliche Differenzierung der drei- und vierstelligen Überschriften durch Einzüge.

mitte unten Jede Überschriften-Qualität hat einen eigenen Einzug, die typografische Differenzierung ist auf zwei Schriften reduziert.

rechts unten Anordnung wie links unten, zusätzliche Differenzierung der vierten Stufe durch kursive Schrift.

4	Papier ein Transformierendes	– 19
4.1	Liter lobenden Buch ein Ruhekissen	– 28
4.1.1	Falls Rauchware im ersten	– 37
4.1.2	Drittel richtig in chemische Hände	– 46
4.1.3	Soll mit allen Nebensächlichkeiten	– 55
4.1.3.1	Liebevoll ernst sinniert eine	– 64
4.1.3.2	Rat allerhöchstens für identische	– 73
4.1.3.3	Von einer rätselhaften Leichtigkeit	– 82
4.2	Augen nach sonnigem Charisma	– 91
5	Meine irisierend dichten Türen	– 123
5.1	Neugewonnenes zurück	– 134
5.1.1	Zum Weinen einfach ist	– 145
5.1.1.1	Über Banales erhalten Rehe aber	– 156
5.1.2	Transformierendes erlebt rahmen	– 167
5.1.3	Im Liter lobenden Buch ein	– 178
5.2	Ruhekissen gerne falls Rauchware	– 189
5.2.1	Ersten Drittel richtig in	– 209
5.2.2	Hände fällt ordentlich rotiert sein	– 223
5.3	Soll mit allen	– 234
5.3.1	Nebensächlichkeiten liebevoll	– 253

4	**Papier ein Transformierendes**	– 19
4.1	Liter lobenden Buch ein Ruhekissen	– 28
4.1.1	Falls Rauchware im ersten	– 37
4.1.2	Drittel richtig in chemische Hände	– 46
4.1.3	Soll mit allen Nebensächlichkeiten	– 55
4.1.3.1	Liebevoll ernst sinniert eine	– 64
4.1.3.2	Rat allerhöchstens für identische	– 73
4.1.3.3	Von einer rätselhaften Leichtigkeit	– 82
4.2	Augen nach sonnigem Charisma	– 91
5	**Meine irisierend dichten Türen**	– 123
5.1	Neugewonnenes zurück	– 134
5.1.1	Zum Weinen einfach ist	– 145
5.1.1.1	Über Banales erhalten Rehe aber	– 156
5.1.2	Transformierendes erlebt rahmen	– 167
5.1.3	Im Liter lobenden Buch ein	– 178
5.2	Ruhekissen gerne falls Rauchware	– 189
5.2.1	Ersten Drittel richtig in	– 209
5.2.2	Hände fällt ordentlich rotiert sein	– 223
5.3	Soll mit allen	– 234
5.3.1	Nebensächlichkeiten liebevoll	– 253

4	**Papier ein Transformierendes** – 19		4	Papier ein Transformierendes – 19
4.1	**Liter lobenden Buch ein Ruhekissen** – 28		4.1	**Liter lobenden Buch ein Ruhekissen** – 28
4.1.1	Falls Rauchware im ersten – 37		4.1.1	Falls Rauchware im ersten – 37
4.1.2	Drittel richtig in chemische Hände – 46		4.1.2	Drittel richtig in chemische Hände – 46
4.1.3	Soll mit allen Nebensächlichkeiten – 55		4.1.3	Soll mit allen Nebensächlichkeiten – 55
4.1.3.1	Liebevoll ernst sinniert eine – 64		4.1.3.1	*Liebevoll ernst sinniert eine* – 64
4.1.3.2	Rat allerhöchstens für identische – 73		4.1.3.2	*Rat allerhöchstens für identische* – 73
4.1.3.3	Von einer rätselhaften Leichtigkeit – 82		4.1.3.3	*Von einer rätselhaften Leichtigkeit* – 82
4.2	**Augen nach sonnigem Charisma** – 91		4.2	**Augen nach sonnigem Charisma** – 91
5	**Meine irisierend dichten Türen** – 123		5	**Meine irisierend dichten Türen** – 123
5.1	**Neugewonnenes zurück** – 134		5.1	**Neugewonnenes zurück** – 134
5.1.1	Zum Weinen einfach ist – 145		5.1.1	Zum Weinen einfach ist – 145
5.1.1.1	Über Banales erhalten Rehe aber – 156		5.1.1.1	*Über Banales erhalten Rehe aber* – 156
5.1.2	Transformierendes erlebt rahmen – 167		5.1.2	Transformierendes erlebt rahmen – 167
5.1.3	Im Liter lobenden Buch ein – 178		5.1.3	Im Liter lobenden Buch ein – 178
5.2	**Ruhekissen gerne falls Rauchware** – 189		5.2	**Ruhekissen gerne falls Rauchware** – 189
5.2.1	Ersten Drittel richtig in – 209		5.2.1	Ersten Drittel richtig in – 209
5.2.2	Hände fällt ordentlich rotiert sein – 223		5.2.2	Hände fällt ordentlich rotiert sein – 223
5.3	**Soll mit allen** – 234		5.3	**Soll mit allen** – 234

4	**Papier ein Transformierendes** – 19		4	Papier ein Transformierendes – 19
4.1	Liter lobenden Buch ein Ruhekissen – 28		4.1	Liter lobenden Buch ein Ruhekissen – 28
4.1.1	Falls Rauchware im ersten – 37		4.1.1	Falls Rauchware im ersten – 37
4.1.2	Drittel richtig in chemische Hände – 46		4.1.2	Drittel richtig in chemische Hände – 46
4.1.3	Soll mit allen Nebensächlichkeiten – 55		4.1.3	Soll mit allen Nebensächlichkeiten – 55
4.1.3.1	Liebevoll ernst sinniert eine – 64		4.1.3.1	*Liebevoll ernst sinniert eine* – 64
4.1.3.2	Rat allerhöchstens für identische – 73		4.1.3.2	*Rat allerhöchstens für identische* – 73
4.1.3.3	Von einer rätselhaften Leichtigkeit – 82		4.1.3.3	*Von einer rätselhaften Leichtigkeit* – 82
4.2	Augen nach sonnigem Charisma – 91		4.2	Augen nach sonnigem Charisma – 91
5	**Meine irisierend dichten Türen** – 123		5	**Meine irisierend dichten Türen** – 123
5.1	Neugewonnenes zurück – 134		5.1	Neugewonnenes zurück – 134
5.1.1	Zum Weinen einfach ist – 145		5.1.1	Zum Weinen einfach ist – 145
5.1.1.1	Über Banales erhalten Rehe aber – 156		5.1.1.1	*Über Banales erhalten Rehe aber* – 156
5.1.2	Transformierendes erlebt rahmen – 167		5.1.2	Transformierendes erlebt rahmen – 167
5.1.3	Im Liter lobenden Buch ein – 178		5.1.3	Im Liter lobenden Buch ein – 178
5.2	Ruhekissen gerne falls Rauchware – 189		5.2	Ruhekissen gerne falls Rauchware – 189
5.2.1	Ersten Drittel richtig in – 209		5.2.1	Ersten Drittel richtig in – 209
5.2.2	Hände fällt ordentlich rotiert sein – 223		5.2.2	Hände fällt ordentlich rotiert sein – 223
5.3	Soll mit allen – 234		5.3	Soll mit allen – 234
5.3.1	Nebensächlichkeiten liebevoll – 253		5.3.1	Nebensächlichkeiten liebevoll – 253

Zwei komplizierte Inhaltsverzeichnisse, bei denen fünf oder gar sechs verschiedene Überschrift-Qualitäten so gestaltet werden mußten, daß ihre Hierarchie verständlich ist, sie eindeutig unterschieden sind und somit sicher gefunden werden können. Gleichzeitig fügen sie sich zu einem guten typografischen Gesamtbild und spiegeln den Charakter der Innentypografie wider.

Wagenitz / Bornhofen
Familiennamensrechtsgesetz
Kommentar
Verlag für Standesamtswesen,
Frankfurt am Main 1994
11,5 × 18,5 cm, 420 Seiten
Schrift: Baskerville
leicht gelbliches Naturpapier

FF

Ulrich Schreiber
Opernführer für Fortgeschrittene
Bärenreiter-Verlag, Kassel
Die Kunst der Oper
Büchergilde Gutenberg,
Frankfurt am Main 1988
Band 1
16,2 × 23,5 cm, 576 Seiten
Schrift: Janson
Naturpapier, gebrochenes Weiß

HPW

INHALTSVERZEICHNIS

Hildegard und Reinhold Geimer
Das deutsche Bildungs- und Forschungssystem – Grundstruktur und Entwicklung seit 1945 – **145**

Hans Pohl
Die Förderung der Wissenschaft durch die unternehmerische Wirtschaft in der BRD – **159**

Hans-Liudger Dienel
Techniktüftler? Forschung und Technik in der mittelständischen Industrie – **170**

INTERVIEW

Adolf Butenandt im Gespräch – **187**
Wolfgang Paul im Gespräch – **197**
Oskar Sala im Gespräch – **215**
Heinrich Matthaei im Gespräch – **237**
Hermann Haken im Gespräch – **250**

KATALOG

Elementares – **263**

Gefangene Elementarteilchen – **264**
Das 6MeV-Betatron: Konrad Gund, Wolfgang Paul – **266**
Das 500MeV Elektronensynchrotron: Wolfgang Paul und Karlheinz Althoff – **268**
Der Ionenkäfig: Wolfgang Paul – **270**
Atome sichtbar machen: Peter Toschek – **272**
Der Ionenkäfig als Massenspektrometer: Jochen Franzen – **274**

ZeitStandard – **276**
Die Cäsiumatomuhr CS1: Gerhard Becker – **278**
Die Cäsiumatomuhr HP 5061 A: Leonard Cutler – **280**
Die Funkarmbanduhr: Wolfgang Ganter – **282**
Der Ionenkäfig als Taktgeber in der Uhr: Herbert Walther – **284**

MössbauerEffekte – **286**
Der Mössbauer-Effekt: Rudolf L. Mößbauer – **288**
Der Mössbauer-Effekt in der Archäologie: Ursula und Friedrich Wagner, Rupert Gebhard – **290**
Der Mössbauer-Effekt in der Raumfahrtforschung: Egbert Kankeleit – **292**

MaßRegelungen – **294**
Der Quanten-Hall-Effekt: Klaus von Klitzing – **296**
Ein Ohm: Dieter Kind – **298**

ElementARchitekten – **300**
Die Elemente 107, 108, 109: Peter Armbruster – **302**
Buckminster-Fullern: Wolfgang Krätschmer – **304**
Das Dibenzolchrom: Ernst Otto Fischer – **306**

ErstVeröffentlichung – **308**
Die Gaschromatographie: Erika Cremer mit Fritz Prior – **310**
Der Farbstofflaser: Fritz Peter Schäfer – **312**

ZellKultur – **314**
Der Patch-Clamp-Meßplatz: Erwin Neher und Bert Sakmann – **316**
Monoklonale Antikörper: Georges Köhler – **318**

KlangWerkStätten – **320**
Das Mixturtrautonium: Oskar Sala – **322**
Der Rotations-Tisch: Karlheinz Stockhausen – **324**

EisBrechen – **327**

Mauer im Eis – **328**
Das Forschungsschiff Polarstern: Herwald Bungenstock – **330**
Die Neumayer-Station in der Antarktis: Heinz Kohnen – **332**
Digitale Zeilenkamera zur Meereiserforschung: Axel Bochert – **334**
Die Ozonsonde OSE: Hartwig Gernandt – **336**

Schnelle Devisen – **338**
Dresdner Kameras: Richard Hummel – **340**
Der Laser-Mikro-Analysator LMA I: Lieselotte Moenke und Horst Moenke – **342**

Auch hier sind es fünf verschiedene Kategorien von Überschriften. Wenn das Format es erlaubt, eine Marginalspalte einzusetzen, hat der Typograf es leichter mit der Übersichtlichkeit.

Forschung und Technik in Deutschland seit 1945
Deutsches Museum Bonn
Deutscher Kunstverlag, München 1995
21 × 28 cm, 552 Seiten
Schriften: Garamond und Univers
mattes weißes Kunstdruckpapier

HPW

Anmerkungen

Anmerkungen stehen entfernt vom Text, zu dem sie gehören – im Gegensatz zu ihren Schwestern, den Fußnoten.

Der Leser sucht sie gezielt auf, um sich parallel zur Lektüre des Haupttextes zu orientieren. Deshalb müssen sie besonders **übersichtlich** gestaltet sein. Zugleich sollen sie aber häufig möglichst platzsparend angelegt sein. Sie werden meistens in einem kleineren Schriftgrad gesetzt, was bei Einhaltung der Satzspiegelbreite leicht zu sehr vielen Zeichen pro Zeile führen kann. Es gilt also, Schriftgrad, Satzbreite und Zeilenabstand sorgfältig abzuwägen.

Die Zahlen müssen auf den ersten Blick erkennbar sein. Kleine hochgestellte Ziffern scheiden deshalb aus (vgl. Seite 154).

Die Seiten des Anhanges, also auch die Anmerkungsseiten, sollen in sich wieder **Register halten** oder wenigstens halbzeilig verschränktes Register. Die Abstände zwischen den Anmerkungen können also eine volle oder eine halbe Leerzeile betragen. Im letzteren Falle müssen die Kolumnen nicht notwendig auf volle Höhe gebracht werden, der Fuß darf tanzen.

Anmerkungsnummern eingezogen, danach ein fester Abstand. Das funktioniert nur bei mehrzeiligen Anmerkungen gut, wie im oberen Teil des Beispiels. Die Nummern sind in Versalziffern gesetzt. Wenn innerhalb der Texte Zahlen vorkommen, kann das zu kleinen Irritationen führen.

Die Anmerkungen sind durch **halbe Leerzeilen** voneinander getrennt, das klärt die Situation, braucht aber Platz. Die Anmerkungsnummern sind wieder Versalziffern, die Zahlen im Text jedoch Mediävalziffern, dadurch ist die Verwechslungsgefahr verringert.

Anmerkungsnummern **linksbündig,** danach ein fester Abstand. Auch dieses Verfahren funktioniert nur bei mehrzeiligen Anmerkungen gut. Der Zahlen-Verwechslungsgefahr wurde durch **halbfette** Zahlen vorgebeugt.

Linksbündige Anmerkungsnummern, danach fester Abstand. Trennung der Anmerkungen durch halbe Leerzeilen. Die Nummern sind aus einer **halbfetten Grotesk** gesetzt, so ist jede Verwechslungsgefahr gebannt.

24 Hier altert nichts, sogar Papier ein Transformierendes erlebt, rahmen wir im Liter lobenden Buch ein Ruhekissen gerne falls Rauchware im ersten Drittel richtig in chemische Hände fällt, ordentlich rotiert sein Soll.
25 Mit allen Nebensächlichkeiten. Liebevoll ernst sinniert 1965 eine tapfere Yellow Press oder gibt Rat allerhöchstens für identische Ereignisse von.
26 Einer rätselhaften Leichtigkeit an gegeben holt er raumgreifend mutige Augen nach, neben sonnigem Charisma.
27 Hinterher meine irisierend dichten Türen.
28 Melden an ihn Neugewonnenes zurück.
29 Zum Weinen einfach ist typischerweise auch unser.

24 Hier altert nichts, sogar Papier ein Transformierendes erlebt, rahmen wir im Liter lobenden Buch ein Ruhekissen gerne falls Rauchware im ersten Drittel richtig in chemische Hände fällt, ordentlich rotiert sein Soll.

25 Mit allen Nebensächlichkeiten. Liebevoll ernst sinniert 1965 eine tapfere Yellow Press oder gibt Rat allerhöchstens für identische Ereignisse von.

26 Einer rätselhaften Leichtigkeit an gegeben holt er raumgreifend mutige Augen nach, neben sonnigem Charisma.

27 Hinterher meine irisierend dichten Türen.

24 Hier altert nichts, sogar Papier ein Transformierendes erlebt, rahmen wir im Liter lobenden Buch ein Ruhekissen gerne falls Rauchware im ersten Drittel richtig in chemische Hände fällt, ordentlich rotiert sein Soll.
25 Mit allen Nebensächlichkeiten. Liebevoll ernst sinniert eine 1965 tapfere Yellow Press oder gibt Rat allerhöchstens für identische Ereignisse von.
26 Einer rätselhaften Leichtigkeit an gegeben holt er raumgreifend mutige Augen nach, neben sonnigem Charisma.
27 Hinterher meine irisierend dichten Türen.
28 Melden an ihn Neugewonnenes zurück.
29 Zum Weinen einfach ist typischerweise auch unser.

24 Hier altert nichts, sogar Papier ein Transformierendes erlebt, rahmen wir im Liter lobenden Buch ein Ruhekissen gerne falls Rauchware im ersten Drittel richtig in chemische Hände fällt, ordentlich rotiert sein Soll.

25 Mit allen Nebensächlichkeiten. Liebevoll ernst sinnierte 1965 eine tapfere Yellow Press oder gibt Rat allerhöchstens für identische Ereignisse von.

26 Einer rätselhaften Leichtigkeit an gegeben holt er raumgreifend mutige Augen nach, neben sonnigem Charisma.

27 Hinterher meine irisierend dichten Türen.

Bei den Beispielen rechts oben geht es um Anmerkungen, die aus differenzierten Texten mit Abkürzungen, bibliografischen Angaben, Jahreszahlen, Querverweisen usw. bestehen. Der Benutzer soll sich schnell und sicher darin zurechtfinden können. Aus lesetypografischer Sicht geht es um eine Verbindung von konsultierendem und differenzierendem Lesen.

Da die Details in jedem Fall anders sind, kann wieder einmal nur auf die Grundprobleme hingewiesen werden.

Bei den beiden Beispielen rechts sind die Anmerkungsnummern aus Mediävalziffern gesetzt. Diese können natürlich durch Versalziffern, halbfette oder Ziffern aus einer anderen Schrift ersetzt werden.

Die Nummern sind **freigestellt**, dadurch ist eine Verwechslung mit Zahlen innerhalb des Textes ausgeschlossen. Auch bei aufeinanderfolgenden kurzen Anmerkungen bleibt die Situation übersichtlich.

Die Anmerkungen sind im **Blocksatz** gesetzt. Der Setzer hat die Wahl zwischen manchmal extrem großen Löchern oder unmöglichen Trennungen.

Der gleiche Text wie oben, im **Flattersatz** gesetzt. So kann zusammenbleiben, was zusammengehört, innerhalb der Zeilen und am Ende der Zeilen. Allerdings kann man den Zeilenfall nicht dem Computer überlassen, ein zusätzlicher Korrekturgang ist unerläßlich.

24 Handschriften in Wien, ÖNB, Cod. ser. n. 12758 und lat. 22; ebenso Verona, B Capitolare, Cod. lat. 136 und 137.
25 Fundort: Cambridge, Trinity College, Cod. 1235; New York, N.Y., PL, Spencer Coll. 27. Abbildungen der Details und einer Seite bei Ullmann, Nr. 52.
26 Rom, B Vaticana, Cod. Barb. lat. 168.
27 Bibliotheca Corviniana, Taf. IX. LXI. XCV. XCVII. XCVIII. CXXV.
28 Die meisten genannten Holzschnitte stehen Bl. 2^v. 3. 3^v. 24^v.
29 Bes. hinzuweisen auf Paris, Bibliothèque Nationale.

24 Handschriften in Wien, ÖNB, Cod. ser. n. 12758 und lat. 22; ebenso Verona, B Capitolare, Cod. lat. 136 und 137.
25 Fundort: Cambridge, Trinity College, Cod. 1235; New York, N.Y., PL, Spencer Coll. 27. Abbildungen der Details und einer Seite bei Ullmann, Nr. 52.
26 Rom, B Vaticana, Cod. Barb. lat. 168.
27 Bibliotheca Corviniana, Taf. IX. LXI. XCV. XCVII. XCVIII. CXXV.
28 Die meisten genannten Holzschnitte stehen Bl. 2^v. 3. 3^v. 24^v.
29 Bes. hinzuweisen auf Paris, Bibliothèque Nationale.

Die Zahlen stehen **rechtsbündig** direkt an der Satzspiegelkante, danach ein größerer fester Abstand. Da diese kleine aktive weiße Fläche sich nur bei engem Satz deutlich abhebt, wurde hier Flattersatz gewählt. Diese Form funktioniert nur bei Anmerkungen, die aus mehreren Zeilen bestehen.

24 Hier altert nichts, sogar Papier ein Transformierendes erlebt, rahmen wir im Liter lobenden Buch ein Ruhekissen gerne. Falls Rauchware im ersten Drittel richtig in chemische Hände fällt, ordentlich rotiert sein Soll.
25 Mit allen Nebensächlichkeiten. Liebevoll ernst sinniert eine 1965 tapfere Yellow Press oder gibt Rat allerhöchstens für identische Ereignisse. Von einer rätselhaften Leichtigkeit an gegeben holt er raumgreifend mutige.
26 Augen nach, neben sonnigem Charisma hinterher. Meine irisierend dichten Türen melden an ihn.
27 Neugewonnenes zurück. Zum Weinen einfach ist typischerweise auch unser Sieb.

Wenn die Anmerkungen zum großen Teil aus vielen kurzen Zeilen bestehen – etwa bei sich wiederholenden Verweisen –, ist ein **zweispaltiger** Satz sinnvoll und platzsparend.

Natürlich muß dann im Flattersatz gesetzt werden. Dabei muß darauf geachtet werden, daß die Abstände vor und nach den Nummern der rechten Spalte eindeutig geklärt sind.

Beim Beispiel sind die Anmerkungsnummern **halbfett** in einem kleineren Grad gesetzt, damit sie sich gut abheben, aber nicht vordrängen.

24 Handschriften in Wien, ÖNB, Cod. ser. n. 12758 und lat. 22.
25 a. a. O., S. 297.
26 a. a. O.
27 a. a. O., S. 298.
28 a. a. O.
29 a. a. O.
30 Bibliotheca Corviniana, Taf. IX. LXI. XCV. XCVI. XCVIII. CXXV.
31 Die meisten genannten Holzschnitte stehen Bl. 2^v. 3. 3^v. 24^v.
32 Paris, Bibliothèque Nationale.
33 a. a. O., S. 304.
34 a. a. O., S. 298.
35 a. a. O.
36 a. a. O.
37 Mündliche Mitteilung durch den Herausgeber.

Literaturverzeichnis

Gegliederte Verzeichnisse
Zur Darstellung der typografischen Problematik von Bibliografien und ähnlichem wurde ein Literaturverzeichnis mit den Werken verschiedener Autoren gewählt. Vor allem, wenn darin auf Periodika mit Jahrgang, Heft-Nummer und Seite verwiesen wird, kann das schwierig werden.

Die Aufgabe des Typografen ist es, dafür zu sorgen, daß die Benutzer sich nicht auf die Entschlüsselung des Eintrages konzentrieren müssen (auch wenn sie sich dieser Mühe nicht bewußt würden), sondern daß sie die Substanz schnell erfassen können. Dem Einwand, es handele sich ja um routinierte Leser, kann man mit der Frage begegnen, ob man diesen nicht auch Lese-Komfort bieten solle, und zudem mit der Frage, ob etwa auch bei allen Studenten Lese-Routine vorausgesetzt werden kann.

Damit die Titel voneinander getrennt sind und damit der Sachtitel, bei dem es ja keinen Kapitälchen-Beginn gibt, als solcher erkannt werden kann, sind die Gruppen durch **halbe Leerzeilen** getrennt. Das braucht Platz. Der Blocksatz sorgt zusätzlich für löchrige Zeilen und schlechte Trennungen.

H. M. ADAMS: *Catalogue of books printed on the continent of Europe, 1501–1600 in Cambridge libraries.* Vol. 1.2. Cambridge 1967.

H. L. BAUDRIER: *Bibliographie lyonnaise.* Vol. 1–12. Lyon 1895–1921. [Nebst] Tables. Genève 1950 (Travaux d'humanisme et renaissance. 1). (Paris 1964–1965.)

Archiv für Geschichte des Buchwesens. Hrsg. vom Börsenverein des Dt. Buchhandels. Bd 1 ff. Frankfurt/M. 1956 ff.

G. W. PANZER: *Annalen der älteren deutschen Literatur ... welche bis 1526 in deutscher Sprache gedruckt worden sind.* Bd 1.2 [und] Zusätze. Nürnberg (& Leipzig) 1788–1802.

Die Titel sind **eingezogen.** Das ist auch bei durchweg gleichem Zeilenabstand eindeutig. Beim Beispiel wurde auf die gesonderte Auszeichnung von Autor und Titel verzichtet, die Situation ist auch so klar. Durch den Flattersatz sind sinnwidrige Trennungen vermeidbar.

H. M. Adams: Catalogue of books printed on the continent of Europe, 1501–1600 in Cambridge libraries. Vol. 1.2. Cambridge 1967.
  H. L. Baudrier: Bibliographie lyonnaise. Vol. 1–12. Lyon 1895–1921. [Nebst] Tables. Genève 1950 (Travaux d'humanisme et renaissance. 1). (Paris 1964–1965.)
  Archiv für Geschichte des Buchwesens. Hrsg. vom Börsenverein des Dt. Buchhandels. Bd 1 ff. Frankfurt/M. 1956 ff.
  G. W. Panzer: Annalen der älteren deutschen Literatur ... welche bis 1526 in deutscher Sprache gedruckt worden sind. Bd 1.2 [und] Zusätze. Nürnberg (& Leipzig) 1788–1802.

Autoren in Kapitälchen, Titel kursiv. Die alphabetisch geordneten Autorennamen mit nachgestellten Vornamen sind **ausgerückt,** ebenso der auf diese Weise eindeutig identifizierbare Sachtitel. Bei manchen Schriften ist die Kursive zu zart, um als Überschrift zu dienen.

ADAMS, H. M.: *Catalogue of books printed on the continent of Europe, 1501–1600 in Cambridge libraries.* Vol. 1.2. Cambridge 1967.
BAUDRIER, H. L.: *Bibliographie lyonnaise.* Vol. 1–12. Lyon 1895–1921. [Nebst] Tables. Genève 1950 (Travaux d'humanisme et renaissance. 1). (Paris 1964–1965.)
Archiv für Geschichte des Buchwesens. Hrsg. vom Börsenverein des Dt. Buchhandels. Bd 1 ff. Frankfurt/M. 1956 ff.
PANZER, G. W.: *Annalen der älteren deutschen Literatur ... welche bis 1526 in deutscher Sprache gedruckt worden sind.* Bd 1.2 [und] Zusätze. Nürnberg (& Leipzig) 1788–1802.

Autorennamen und Titel kursiv, Vornamen vorangestellt. Letzteres ist nur möglich, wenn die Vornamen ausgeschrieben werden. Abgekürzte Vornamen stürzen ab, wenn sie ausgerückt werden. Um eine **dominante Kursive** zu demonstrieren, wurde eine andere Schrift verwendet.

Herbert Mayow Adams: Catalogue of books printed on the continent of Europe, 1501–1600 in Cambridge libraries. Vol. 1.2. Cambridge 1967.
Henri Louis Baudrier: Bibliographie lyonnaise. Vol. 1–12. Lyon 1895–1921. [Nebst] Tables. Genève 1950 (Travaux d'humanisme et renaissance. 1). (Paris 1964–1965.)
Archiv für Geschichte des Buchwesens. Hrsg. vom Börsenverein des Dt. Buchhandels. Bd 1 ff. Frankfurt/M. 1956 ff.
Gerhard Wilhelm Panzer: Annalen der älteren deutschen Literatur ... welche bis 1526 in deutscher Sprache gedruckt worden sind. Bd 1.2 [und] Zusätze. Nürnberg (& Leipzig) 1788–1802.

Fortlaufend gesetzte Verzeichnisse

Für die Benutzer von Fachlexika sind die Angaben über weiterführende Literatur oft ebenso wichtig wie der Haupt-Eintrag. Doch so viel Sorgfalt meist auf die Auszeichnung der Lemmata im Vergleich zum Grundtext verwendet wird, so nebensächlich wird die Typografie der Literaturangaben behandelt.

Das Problem besteht darin, daß die Zeilen wegen der Raumersparnis natürlich fortlaufend gesetzt werden müssen, jedoch so sehr durch Grundschrift, Kapitälchen, Kursive, Abkürzung und Daten differenziert sind, daß man nicht auf den ersten Blick sehen kann, wann ein neuer Titel beginnt. Es gilt also, hier kleine typografische Hilfen zu geben, die sich aber auf keinen Fall vordrängen dürfen.

Die Beispiele sind im Flattersatz gesetzt, das erste zum Vergleich im Blocksatz. Die Flatterzone bedarf einer pfleglichen Korrektur.

Das **Semikolon** ist als Trennungselement zwar sachlich korrekt, aber es geht in der Umgebung unter, zumal wenn im Blocksatz gesetzt wird und löchrige Zeilen unvermeidlich sind.

Der **Gedankenstrich** klärt die Verhältnisse besser; doch auch er hat es im diffusen Umfeld nicht leicht, sich durchzusetzen.

Der **Punkt auf Mitte** in der Fette der Grundschrift bringt Unruhe in die Zeile und ist schwer aufzufinden: ein ungeeignetes Mittel.

Ein **fetter Punkt auf Mitte** (dessen Fette sorgfältig ausprobiert werden muß) funktioniert besser.

Ein **kleines Quadrat,** an der x-Höhe aufgehängt, unterbricht die Zeilenführung weniger als der Punkt. Da die gliedernden Elemente den Beginn eines neuen Titels markieren, stehen sie auch am Anfang der Zeilen und nicht am Zeilenende.

Auch durch Zeichen wie einen **senkrechten Strich,** kleine Rauten u. ä. kann das Ziel einer eindeutigen, aber unaufdringlichen Differenzierung beim Konsultieren derartiger Verzeichnisse erreicht werden.

J. Dünninger: Gesch. d. dt. Philologie, in: Dt. Philologie im Aufriß, hg. v. W. Stammler, Bd. 1 (1957); Hans Mayer: Literaturwiss. in Dtl., in: Fischer Lexikon, Bd. 35, Tl. 1, Literatur 2, hg. v. W.-H. Friedrich u. a. (1965); K. O. Conrady: Einf. in die neuere dt. Literaturwiss. (1966); Nationalismus in Germanistik u. Dichtung, hg. von B. von Wiese u. a. (1967); W. Emmerich: Zur Kritik der Volkstumsideologie (1971); Fragen der Germanistik., bearb. v. G. Kaiser (1971); F. Neuburger

J. Dünninger: Gesch. d. dt. Philologie, in: Dt. Philologie im Aufriß, hg. v. W. Stammler, Bd. 1 (1957) – Hans Mayer: Literaturwiss. in Dtl., in: Fischer Lexikon, Bd. 35, Tl. 1, Literatur 2, hg. v. W.-H. Friedrich u. a. (1965) – K. O. Conrady: Einf. in die neuere dt. Literaturwiss. (1966) – Nationalismus in Germanistik u. Dichtung, hg. von B. von Wiese u. a. (1967) – W. Emmerich: Zur Kritik der Volkstumsideologie (1971) – Fragen der Germanistik., bearb. v. G. Kaiser (1971) –

J. Dünninger: Gesch. d. dt. Philologie, in: Dt. Philologie im Aufriß, hg. v. W. Stammler, Bd. 1 (1957) · Hans Mayer: Literaturwiss. in Dtl., in: Fischer Lexikon, Bd. 35, Tl. 1, Literatur 2, hg. v. W.-H. Friedrich u. a. (1965) · K. O. Conrady: Einf. in die neuere dt. Literaturwiss. (1966) · Nationalismus in Germanistik u. Dichtung, hg. von B. von Wiese u. a. (1967) · W. Emmerich: Zur Kritik der Volkstumsideologie (1971) · Fragen der Germanistik., bearb. v. G. Kaiser (1971)

J. Dünninger: Gesch. d. dt. Philologie, in: Dt. Philologie im Aufriß, hg. v. W. Stammler, Bd. 1 (1957) • Hans Mayer: Literaturwiss. in Dtl., in: Fischer Lexikon, Bd. 35, Tl. 1, Literatur 2, hg. v. W.-H. Friedrich u. a. (1965) • K. O. Conrady: Einf. in die neuere dt. Literaturwiss. (1966) • Nationalismus in Germanistik u. Dichtung, hg. von B. von Wiese u. a. (1967) • W. Emmerich: Zur Kritik der Volkstumsideologie (1971) • Fragen der Germanistik., bearb. v. G. Kaiser (1971)

J. Dünninger: Gesch. d. dt. Philologie, in: Dt. Philologie im Aufriß, hg. v. W. Stammler, Bd. 1 (1957) ■ Hans Mayer: Literaturwiss. in Dtl., in: Fischer Lexikon, Bd. 35, Tl. 1, Literatur 2, hg. v. W.-H. Friedrich u. a. (1965) ■ K. O. Conrady: Einf. in die neuere dt. Literaturwiss. (1966) ■ Nationalismus in Germanistik u. Dichtung, hg. von B. von Wiese u. a. (1967) ■ W. Emmerich: Zur Kritik der Volkstumsideologie (1971) ■ Fragen der Germanistik., bearb. v. G. Kaiser (1971)

J. Dünninger: Gesch. d. dt. Philologie, in: Dt. Philologie im Aufriß, hg. v. W. Stammler, Bd. 1 (1957) | Hans Mayer: Literaturwiss. in Dtl., in: Fischer Lexikon, Bd. 35, Tl. 1, Literatur 2, hg. v. W.-H. Friedrich u. a. (1965) | K. O. Conrady: Einf. in die neuere dt. Literaturwiss. (1966) | Nationalismus in Germanistik u. Dichtung, hg. von B. von Wiese u. a. (1967) | W. Emmerich: Zur Kritik der Volkstumsideologie (1971) | Fragen der Germanistik., bearb. v. G. Kaiser (1971)

Register

Register dienen dem Suchen und Finden. Entscheidend ist, daß man die gesuchten Wörter schnell findet und daß man die innere Differenzierung mühelos durchschaut. Register können nicht nach Rezept gesetzt werden. Unterschiedliche Strukturen und unterschiedliche Schriften führen zu verschiedenen Lösungen.

Rechts die Darstellung einiger Möglichkeiten, in einem Register den Beginn eines neuen Buchstabens zu kennzeichnen.

Schriftgrad, Spaltenbreite und Spaltenzahl der Beispiele dieser Doppelseite sind nicht exemplarisch zu verstehen. Sie hängen in jedem Einzelfall vom Satzspiegel, dem Grundschriftgrad und dem Aufbau jedes speziellen Registers ab.

Arbeitslosigkeit
Arbeitsmarkt
Aufenthaltsprinzip
Außenhandelsstellen
Autobahnverwaltung

Badisches Land
Banken
Bauernschutz
Bauverwaltung
Bayern
Beamte
Bergverwaltung
Bistümer
Bundesämter
Burgdienst
Burmeister
Burwerk
Büttel

C Camera apostolica
Cappellani
Caritas
Cathedraticum
Centgravius
Centurio
Chausseebau
Communitas
Concursus
Coniuratio
Consuetudo
Consules
Consulationsdeputation
Contraband-Überreiter
Contribuale
Contributionale
Cooperatores

Dampfkesselinspektor
Dannenberger Amt
Dapiferi
Darlehenskassen
Daseinsfürsorge
Defensionswerk
Deichgenossenschaften

Denkmalämter
Departementsrat
Deputationsrat
Distriktkontor
Dorfvorsteher
Drostei
Dualismus
Edikt von Kassel
Eheschließung
Eilende Hilfe
Einkaufsgesellschaften
Eisenbahn
Eisernes Sparen
Entsorgung
Entwicklungshilfe
Erwerbstätigkeit
Erzkanzler
Etat
Etter
Etterfriede
Euregio
Europa
Evakuierungen
Evangelik
Ewiger Landfrieden
Exekutionsordnung
Exekutive
Exekutivausschuß
Exekutivrat
Exkommunikation
Expeditionen
Export-Umlage
Extravagantes

F
Fabrikeninspektion
Feldtelegraphie
Feststellungsklage
Finanzgesetze
Finanverwaltung
Flurordnung
Forstverwaltung
Fraktionen
Frauenverein

Freie Bauernschaften
Freigerichtsbarkeit
Friedensbünde
Fronboten
Fürsorgegericht
Fürstenprivilegien

G

Gaffel
Gaurichter
Gebietsreformen
Geldsteuer
Geleitsgelder
Gemeindeaufgaben
Gemeindeordnungen
Gemeinfreie
Generaldepartement
Generalkontrolleur
Genossenschaften
Gerichte

H Haager Allianz
Handelsrichter
Handwerksrat
Hansgrafenamt
Hauptstadt
Haupttreuhandstelle
Hebeamtsverfassung
Hochschulen
Hof
Hofbeamte, königliche
Hohe Kommissare
Hugenotten
Hypothekenbücher

K

Kabinett
Kameralismus
Kammer
Kanalamt
Kanzlei
Karzer

1 Gegenbeispiel
Ein einfaches Register, wie man es leider oft findet: **Blocksatz,** auf Spaltenbreite ausgetrieben, ob es paßt oder nicht. Dadurch ergeben sich störende, den Zusammenhang zerreißende Löcher, die Zahlen sind nicht überschaubar, Trennungen sind dem Programm-Zufall überlassen, am Kopf der Seite stehen häufig Zahlenreihen, die man erst auf den zweiten Blick nachträglich einem Begriff zuordnen kann.

Aachener Kongreß der dt. Abgeordneten 170
Aberachtbuch 47
Abfallbeseitigung 848, 850, 854, 855
Abfallwirtschaft 803, 848
Abgaben 47, 75, 95, 100, 169, 170, 207, 210, 254, 431, 432, 826, 833, 852, 1255
Abgabenerhebung 89, 101, 118
Abgabenordnung 949, 950, 1166, 1176
Abgabenwesen 1255, 1281, 1282
Abgeordnetenhaus, Berlin 296, 345
Ablösungen 483, 614, 615, 698, 702, 704, 785, 825
Abteigut 212
Abwasserabgabe 852
Abwasserbeseitigung 803, 804,

854, 855, 869, 872, 874, 882, 885, 898, 902
Ackerbau 413
Ackerbaugesellschaften 508, 594, 621, 637, 647, 653, 655, 678, 695–761, 770, 775, 778, 781, 828, 829, 831, 832, 904
Acta Ecclesiae Mediolanensis 174
Adel 30, 58, 87, 90, 109, 245, 246, 434, 510
Adelsgenossenschaften n. § 56b 245
Adelsgerichtsbarkeit 539–541, 623, 645
Administrator, Schleswig-Holstein 773
Agrikulturbotanische Anstalt 506, 726
Akkusationsverfahren 168

Aktuare i. S. d. § 76/8 760, 775, 779, 795, 796
Alfred-Wegener-Institut für Polarforschung 681
Allgemeine Ortskrankenkassen 292, 293, 275, 296
Allgemeiner Studentenausschuß 367, 368
Alliierte Hohe Kommission 2, 4, 6, 11, 433
Alliierte Kommandantur Berlin 564, 587, 588
Alliiertenrecht 234
Alliiertenrechtliche Situation 354, 356, 456, 498, 518
Alliiertentagungen 173, 178, 185, 190, 234, 578
Archivpflege 742, 750
Archivschutz 739, 742
Archivverwaltung 738–752

2 Derselbe Text wie Beispiel 1, mit durchgearbeiteter Detailtypografie: **Flattersatz,** auch fast volle Zeilen sind nicht auf Spaltenbreite ausgetrieben, schlechte Trennungen sind vermieden, der Abstand nach Abkürzungspunkten ist verringert, jede Spalte beginnt mit einem Stichwort, dafür dürfen die Spalten unterschiedlich hoch sein. Das Ergebnis ist mehr Ruhe innerhalb der Spalten und damit weniger Ablenkung beim Suchen und Lesen.

Aachener Kongreß der
 dt. Abgeordneten 170
Aberachtbuch 47
Abfallbeseitigung 848, 850,
 854, 855
Abfallwirtschaft 803, 848
Abgaben 47, 75, 95, 100, 169,
 170, 207, 210, 254, 431, 432,
 826, 833, 852, 1255
Abgabenerhebung 89, 101, 118
Abgabenordnung 949, 950,
 1166, 1176
Abgabenwesen
 1255, 1281, 1282
Abgeordnetenhaus, Berlin
 296, 345
Ablösungen 483, 614, 615, 698,
 702, 704, 785, 825
Abteigut 212
Abwasserabgabe 852

Abwasserbeseitigung 803, 804,
 854, 855, 869, 872, 874, 882,
 885, 898, 902
Ackerbau 413
Ackerbaugesellschaften
 508, 594, 621, 637, 647,
 653, 655, 678, 695–761,
 770, 775, 778, 781, 828,
 829, 831, 832, 904
Acta Ecclesiae Mediolanensis
 174
Adel 30, 58, 87, 90, 109, 245,
 246, 434, 510
Adelsgenossenschaften n. § 56 b
 245
Adelsgerichtsbarkeit
 539–541, 623, 645
Administrator, Schleswig-
 Holstein 773

Agrikulturbotanische Anstalt
 506, 726
Akkusationsverfahren 168
Aktuare i. S. d. § 76/8
 760, 775, 779, 795, 796
Alfred-Wegener-Institut für
 Polarforschung 681
Allgemeine Ortskrankenkassen
 292, 293, 275, 296
Allgemeiner Studentenausschuß
 367, 368
Alliierte Hohe Kommission
 2, 4, 6, 11, 433
Alliierte Kommandantur Berlin
 564, 587, 588
Alliiertenrecht 234
Alliiertenrechtliche Situation
 354, 356, 456, 498, 518
Alliiertentagungen 173, 178,
 185, 190, 234, 578

3 Das gleiche Register wie oben, mit **Normalziffern ohne Einzug** gesetzt. Bei manchen Schriften ist der Unterschied zwischen den Buchstaben und den Ziffern so groß, daß man bei umlaufenden Zeilenzahlen auf den Einzug verzichten kann, um bei der Häufung von Zahlenzeilen mehr Ruhe zu erreichen. Wenn das Schriftbild von Versalbuchstaben und Ziffern stark angeglichen ist, kann es aber zu Unklarheiten kommen. Umlaufende Textzeilen müssen in jedem Fall eingezogen werden.

Aachener Kongreß der
 dt. Abgeordneten 170
Aberachtbuch 47
Abfallbeseitigung 848, 850,
854, 855
Abfallwirtschaft 803, 848
Abgaben 47, 75, 95, 100, 169,
170, 207, 210, 254, 431, 432,
826, 833, 852, 1255
Abgabenerhebung 89, 101, 118
Abgabenordnung 949, 950,
1166, 1176
Abgabenwesen 1255, 1281,
1282
Abgeordnetenhaus, Berlin 296,
345
Ablösungen 483, 614, 615, 698,
702, 704, 785, 825
Abteigut 212
Abwasserabgabe 852

Abwasserbeseitigung 803, 804,
854, 855, 869, 872, 874, 882,
885, 898, 902
Ackerbau 413
Ackerbaugesellschaften 508,
594, 621, 637, 647, 653, 655,
678, 695–761, 770, 775, 778,
781, 828, 829, 831, 832, 904
Acta Ecclesiae Mediolanensis
174
Adel 30, 58, 87, 90, 109, 245,
246, 434, 510
Adelsgenossenschaften n. § 56 b
245
Adelsgerichtsbarkeit 539–541,
623, 645
Administrator, Schleswig-
 Holstein 773
Agrikulturbotanische Anstalt
506, 726

Akkusationsverfahren 168
Aktuare i. S. d. § 76/8
760, 775, 779, 795, 796
Alfred-Wegener-Institut für
 Polarforschung 681
Allgemeine Ortskrankenkassen
292, 293, 275, 296
Allgemeiner Studentenausschuß
367, 368
Alliierte Hohe Kommission 2, 4,
6, 11, 433
Alliierte Kommandantur Berlin
564, 587, 588
Alliiertenrecht 234
Alliiertenrechtliche Situation
354, 356, 456, 498, 518
Alliiertentagungen 173, 178,
185, 190, 234, 578
Archivpflege 742, 750
Archivschutz 739, 742

4 Nochmals das gleiche Register, mit **Mediävalziffern ohne Einzug.** Das Lesen wird erleichtert. Zusätzlich wurden die Zahlen mit **Abständen** und nicht mit Kommas unterteilt.

Alleinstehende Zahlen sollen vermieden werden. Wenn bei einem Stichwort mit zwei oder gar drei zugehörigen Seitenzahlen diese nicht zusammen in eine Zeile passen, kommen alle Zahlen in die neue eigene Zeile. Das ist beim Beispiel 4 im Gegensatz zu Beispiel 3 ausgeführt.

Aachener Kongreß der
 dt. Abgeordneten 170
Aberachtbuch 47
Abfallbeseitigung 848 850
854 855
Abfallwirtschaft 803 848
Abgaben 47 75 95 100 169 170
207 210 254 431 432 826 833
852 1255
Abgabenerhebung 89 101 118
Abgabenordnung 949 950
1166 1176
Abgabenwesen 1255 1281 1282
Abgeordnetenhaus, Berlin
296 345
Ablösungen 483 614 615 698
702 704 785 825
Abteigut 212
Abwasserabgabe 852

Abwasserbeseitigung
803 804 854 855 869 872 874
882 885 898 902
Ackerbau 413
Ackerbaugesellschaften
508 594 621 637 647 653 655
678 695–761 770 775 778 781
828 829 831 832 904
Acta Ecclesiae Mediolanensis 174
Adel 30 58 87 90 109 245 246
434 510
Adelsgenossenschaften n. § 56 b
245
Adelsgerichtsbarkeit
539–541 623 645
Administrator, Schleswig-
 Holstein 773
Agrikulturbotanische Anstalt
506 726
Akkusationsverfahren 168

Aktuare i. S. d. § 76/8
760 775 779 795 796
Alfred-Wegener-Institut für
 Polarforschung 681
Allgemeine Ortskrankenkassen
292 293 275 296
Allgemeiner Studentenausschuß
367 368
Alliierte Hohe Kommission
2 4 6 11 433
Alliierte Kommandantur Berlin
564 587 588
Alliiertenrecht 234
Alliiertenrechtliche Situation
354 356 456 498 518
Alliiertentagungen 173 178 185
190 234 578
Archivpflege 742 750
Archivschutz 739 742
Archivverwaltung 738–752

Je komplizierter ein Register angelegt ist, desto sorgfältiger müssen die typografischen Elemente abgewogen werden.

5 Römische Zahlen, arabische Zahlen, gerade und kursiv (Tabellenziffern). Die Zahlen sollen auf verschiedene Buchteile verweisen, zum Beispiel auf verschiedene Bände, Text- und Bildteile; sie müssen möglichst deutlich unterschieden sein, doch darf zwischen den untergeordneten Zahlen kein qualitativer Unterschied entstehen.

Aachener Kongreß der dt. Abgeordneten II 170
Aberachtbuch I 47
Abfallbeseitigung V 848, *850*, 854, 855
Abfallwirtschaft V 803, 848
Abgaben I 47, 75, 95, 100, 169, *170, 207, 210,* 254, 431, 432, V 826, 833, 852, 1255
Abgabenerhebung I 89, 101, 118
Abgabenordnung V 949, *950*, 1166, 1176
Abgabenwesen V 1255, 1281, 1282, 1287
Abgeordnetenhaus, Berlin V 296, 345
Ablösungen II 483, 614, 615, III 198, 202, *204*, 285, 325
Ablösungskommission III 123, V 714, *815*

Abteigut II 212
Abwasserbeseitigung II 803, 804, 854, III 355, 369, 372, 374, V *282*, 285, 598, 602
Ackerbau III 413
Ackerbaugesellschaften II 508, 594, 621, 637, 647, 653, 655, III 278, 295–361, IV *770, 775, 778,* 781, 828, 829, 831, V 132, 204
Acta Ecclesiae Mediolanensis I 174
Adel III 30, 58, 87, *90, 109,* 245, 246, 434, 510
Adelsgenossenschaften n. § 56 b IV 245
Adelsgerichtsbarkeit I 539–541, 623, 645
Administrator, Schleswig-Holstein II *773*

Agrikulturbotanische Anstalt V 506, 726
Aktuare i. S. d. § 76/8 II 760, 775, 779, 795, 796
Alfred-Wegener-Institut für Polarforschung IV 681
Allgemeine Ortskrankenkassen I 292, *293*, II 175, 196
Allgemeiner Studentenausschuß III 367, 368
Alliierte Hohe Kommission II 2, 4, 6, 11, 433
Alliierte Kommandantur Berlin II 564, 587, 588
Alliiertenrecht IV 234
Alliiertenrechtliche Situation III 354, *356*, 456, 498, 518
Alliiertentagungen V 173, *178, 185,* 190, 234, 578
Archivpflege IV 742, 750

6 Verweise auf fünf Buchteile. Zusätzlich zum Beispiel 3 wurden halbfette Zahlen eingesetzt. Diese müssen sich von den anderen Zahlen deutlich als übergeordnet abheben, dürfen sich aber dennoch nicht vor die Begriffe schieben.

Aachener Kongreß der dt. Abgeordneten II 170
Aberachtbuch I 47
Abfallbeseitigung V 848, *850*, **854**, 855
Abfallwirtschaft V 803, 848
Abgaben I 47, 75, 95, 100, 169, *170, 207, 210,* 254, 431, 432, V 826, 833, 852, 1255
Abgabenerhebung I 89, 101, 118
Abgabenordnung V 949, *950*, 1166, 1176
Abgabenwesen V 1255, **1281**, 1282, 1287
Abgeordnetenhaus, Berlin V 296, 345
Ablösungen II 483, 614, 615, III 198, 202, *204*, 285, 325
Ablösungskommission III 123, V 714, *815*

Abteigut II 212
Abwasserbeseitigung II 803, 804, 854, III 355, 369, 372, 374, V *282*, 285, 598, 602
Ackerbau III 413
Ackerbaugesellschaften II 508, 594, 621, 637, 647, 653, 655, III 278, **295–361,** IV *770, 775, 778,* 781, 828, 829, 831, V 132, 204
Acta Ecclesiae Mediolanensis I 174
Adel III *30,* 58, **87, 90, 109,** 245, 246, 434, 510
Adelsgenossenschaften n. § 56 b IV 245
Adelsgerichtsbarkeit I 539–541, 623, 645
Administrator, Schleswig-Holstein II *773*

Agrikulturbotanische Anstalt V 506, 726
Aktuare i. S. d. § 76/8 II 760, 775, 779, 795, 796
Alfred-Wegener-Institut für Polarforschung IV 681
Allgemeine Ortskrankenkassen I 292, *293*, II 175, 196
Allgemeiner Studentenausschuß III **367**, 368
Alliierte Hohe Kommission II 2, 4, 6, 11, 433
Alliierte Kommandantur Berlin II 564, 587, 588
Alliiertenrecht IV 234
Alliiertenrechtliche Situation III 354, *356*, **456**, 498, 518
Alliiertentagungen V 173, *178, 185,* 190, 234, 578
Archivpflege IV 742, 750

7 Das gleiche Register wie Beispiel 6. Um die arabischen Zahlen deutlicher voneinander zu unterscheiden, wurden statt der mageren Tabellenziffern gerade und kursive Mediävalziffern eingesetzt (vgl. Seite 33).

Aachener Kongreß der dt. Abgeordneten II 170
Aberachtbuch I 47
Abfallbeseitigung V 848, *850*, **854**, 855
Abfallwirtschaft V 803, 848
Abgaben I 47, 75, 95, 100, 169, *170, 207, 210,* 254, 431, 432, V 826, 833, 852, 1255
Abgabenerhebung I 89, 101, 118
Abgabenordnung V 949, *950*, 1166, 1176
Abgabenwesen V 1255, **1281**, 1282, 1287
Abgeordnetenhaus, Berlin V 296, 345
Ablösungen II 483, 614, 615, III 198, 202, *204*, 285, 325
Ablösungskommission III 123, V 714, *815*

Abteigut II 212
Abwasserbeseitigung II 803, 804, 854, III 355, 369, 372, 374, V *282*, 285, 598, 602
Ackerbau III 413
Ackerbaugesellschaften II 508, 594, 621, 637, 647, 653, 655, III 278, **295–361,** IV *770, 775, 778,* 781, 828, 829, 831, V 132, 204
Acta Ecclesiae Mediolanensis I 174
Adel III *30,* 58, **87, 90, 109,** 245, 246, 434, 510
Adelsgenossenschaften n. § 56 b IV 245
Adelsgerichtsbarkeit I 539–541, 623, 645
Administrator, Schleswig-Holstein II *773*

Agrikulturbotanische Anstalt V 506, 726
Aktuare i. S. d. § 76/8 II 760, 775, 779, 795, 796
Alfred-Wegener-Institut für Polarforschung IV 681
Allgemeine Ortskrankenkassen I 292, *293*, II 175, 196
Allgemeiner Studentenausschuß III **367**, 368
Alliierte Hohe Kommission II 2, 4, 6, 11, 433
Alliierte Kommandantur Berlin II 564, 587, 588
Alliiertenrecht IV 234
Alliiertenrechtliche Situation III 354, *356*, **456**, 498, 518
Alliiertentagungen V 173, *178, 185,* 190, 234, 578
Archivpflege IV 742, 750

Register Verzeichnisse **229**

8 Die Begriffe sind durch zusätzliche Kapitälchen und Kursive differenziert, ohne daß dadurch die Wirkung von Über- oder Unterordnung von Zwischenüberschriften entsteht. Das kann etwa bei einem Kreuzregister mit Personen, Orten und Sachbegriffen nötig sein.

Aachener Kongreß der
  dt. Abgeordneten II 170
Aberachtbuch I 47
Abfallbeseitigung V 848, 850,
  854, 855
Abfallwirtschaft V 803, 848
Abgaben I 47, 75, 95, 100, 169,
  170, 207, 210, 254, 431, 432,
  V 826, 833, 852, 1255
Abgabenerhebung I 89, 101, 118
Abgabenordnung V 949, *950,*
  1166, 1176
Abgabenwesen V 1255, **1281,**
  1282, 1287
Abgeordnetenhaus, Berlin
  V 296, 345
Ablösungen II 483, 614, 615,
  III 198, 202, *204,* 285, 325
Ablösungskommission
  III 123, V 714, *815*

Abteigut II 212
Abwasserbeseitigung
  II 803, 804, 854, III 355, 369,
  372, 374, V 282, 285, 598, 602
Ackerbau III 413
Ackerbaugesellschaften
  II 508, 594, 621, 637, 647,
  653, 655, III 278, **295–361,**
  IV *770, 775, 778,* 781, 828,
  829, 831, V 132, 204
Acta Ecclesiae Mediolanensis
  I 174
Adel III 30, 58, **87, 90, 109,**
  245, 246, 434, 510
Adelsgenossenschaften n. § 56 b
  IV 245
Adelsgerichtsbarkeit
  I 539–541, 623, 645
Administrator, Schleswig-
  Holstein II *773*

Agrikulturbotanische Anstalt
  V 506, 726
Aktuare i. S. d. § 76/8
  II 760, 775, 779, 795, 796
Alfred-Wegener-Institut für
  Polarforschung IV 681
Allgemeine Ortskrankenkassen
  I 292, *293,* II 175, 196
Allgemeiner Studentenausschuß
  III **367,** 368
Aliierte Hohe Kommission
  II 2, 4, 6, 11, 433
Alliierte Kommandantur Berlin
  II 564, 587, 588
Alliiertenrecht IV 234
Alliiertenrechtliche Situation
  III 354, *356,* **456,** 498, 518
Alliiertentagungen V 173, *178,*
  185, 190, 234, 578
Archivpflege IV 742, 750

9 Halbfette Auszeichnung von solchen Stichwörtern, denen mehrere folgende Begriffe untergeordnet sind.

Aachener Kongreß der
  dt. Abgeordneten II 170
Aberachtbuch I 47
Abfallbeseitigung V 848, 850,
  854, 855
Abfallwirtschaft V 803, 848
Abgaben I 47, 75, 95, 100,
  169, 170, 207, 210, 254, 431,
  432, V 826, 833, 852, 1255
Archivpflege V 742, 750
Archivschutz V 739, 742
Archivverwaltung
  V 738–752
  – Bundesarchivverwaltung
    V 743–745
  – DDR-Archivverwaltung
    V 743
  – Reichsarchivverwaltung
    V 739

– Landesarchivverwaltungen
  V 740, 741, 746–749, 762,
  768, 845
– – Baden III 767
– – Bayern II 517, IV 566
– – Oldenburg III 807
– – Preußen III 488, 686, IV 549
– – Württemberg II 566
– städtische I 148
Armenärzte III 605
Armenhäuser I 266,
  II 485, 486, III 604
Armenwesen I, 187, 266, 408,
  409, 643
– Baden II 607, III 768, 772
– Bayern II 544
– Bremen II 342
– Hessen III 834
– Hannover IV 134
Assoziierung I 595

Asylrecht IV 271
Aufenthaltserlaubnis II 634,
  253, 190, 508, IV 345, 861, 389,
  V 307, 200
Auszubildende I 38, 438
– Freie Berufe u. a. II 349, 352
– Handwerk II 363, 372,
  467, III 23
– Landwirtschaft II 297
– Industrie und Handel II 340,
  402, 421, III 43
– Öffentlicher Dienst II 402
Autarkie V 639
Autonomie
– Selbstbestimmung I 145
– Selbstverwaltung I 160
Autorität II 508, 594, 621,
  637, 647, 653, 655, III 278,
  295–361, IV 770, 775, 778,
  781, 828, 829, 831

10 Der Versuch, alle zuvor dargestellten Komplikationen innerhalb eines Registers zusammentreffen zu lassen. Es ist zwar sachlich überfrachtet (in der Praxis würde man daraus eher mehrere Register machen), bleibt aber immer noch einigermaßen übersichtlich.

Aachener Kongreß der
  dt. Abgeordneten II 170
Aberachtbuch I 47
Abfallbeseitigung V 848, *850,*
  854, 855
Abfallwirtschaft V 803, *848*
Abgaben I 47, 75, 95, 100,
  169, 170, 207, 210, 254, 431, 432,
  V *826,* 833, 852, 1255
Archivpflege V 742, 750
Archivschutz V 739, 742
Archivverwaltung
  V 738–752
  – Bundesarchivverwaltung
    V 743–745
  – DDR-Archivverwaltung
    V 743
  – Reichsarchivverwaltung
    V 739

– Landesarchivverwaltungen
  V 740, 741, 746–749, 762,
  768, 845
– – Baden III 767
– – Bayern II 517, IV 566
– – Oldenburg III 807
– – Preußen III 488, 686, IV 549
– – Württemberg II 566
– städtische I 148
Armenärzte III 605
Armenhäuser I 266,
  II 485, 486, III 604
Armenwesen I, 187, 266, 408,
  409, 643
– Baden II 607, III 768, *772*
– Bayern II 544
– *Bremen* II 342
– Hessen III 834
– *Hannover* IV 134
Assoziierung I 595

Asylrecht IV 271
Aufenthaltserlaubnis II 634,
  253, 190, 508, IV 345, **861,**
  389, V 307, 200
Auszubildende I 38, 438
– Freie Berufe u. a. II 349, 352
– Handwerk II 363, *372,*
  467, III 23
– Landwirtschaft II 297
– Industrie und Handel II 340,
  402, 421, III 43
– *Öffentlicher Dienst* II 402
Autarkie V 639
Autonomie
– Selbstbestimmung I 145
– Selbstverwaltung I 160
Autorität II 508, 594, 621,
  637, 647, 653, 655, III 278,
  295–361, IV 770, *775, 778,*
  781, 828, 829, 831

d'une jolie Femme. 113
ment ici tout ce qu'il me faut répondit la Comtesse, qui se figuroit dans ce moment, que son triomphe n'étoit rien si son mari n'avoit la foiblesse d'aporter les armes qui devoient le battre ; en effet, *Norval* alla chercher lui même tout ce qui étoit nécessaire pour écrire.

 Le billet fut envoyé au Chevalier, qui ne manqua pas de se trouver au rendez-vous , prévenu par la Comtesse qui lui écrivit une seconde lettre,ilvenoit avec sécurité humilier un mari imbécille.Onservit,leComte en-
K

Mit der Detailtypografie hatten die Setzer offensichtlich schon immer ihre Schwierigkeiten, auch als es den Begriff noch gar nicht gab. Abgesehen von den sechs Trennungen nacheinander, über die man diskutieren könnte, sind es hier die Interpunktionen. Das Komma ist weit abgesperrt. In der zweiten Zeile tendiert es noch zu dem Wort, zu dem es gehört; in der fünftletzten Zeile geht es fremd. Auch das Semikolon ist unentschieden, zu wem es halten soll.

*Le Quart-D'Heure
d'une jolie Femme
Antoine Philibert, Genève 1754
10,5 × 17,8 cm*

Kapitel 8 Detailtypografie

Schrift, Zurichtung und Kerning **232**   Laufweite und Weißräume **234**   Satzzeichen **236**

Auszeichnungen **238**   Trennungen und Lesbarkeit **239**

Zum Begriff »Detailtypografie« gehören alle Situationen der **Begegnung von Buchstaben, Ziffern, Zeichen** und dem weißen Raum dazwischen. Für viele dieser Situationen gibt es sinnvolle Regeln und damit **richtig** und **falsch,** in diesen Fällen kann man von »Orthotypografie« sprechen. Wenn ein Typograf gegen diese Regeln verstößt, ist es das gleiche wie wenn ein Lektor die Orthografie seiner Sprache nicht beherrsche. Es gibt aber, mit gleitendem Übergang, auch viele Details, die man nicht ohne weiteres mit »richtig« oder »falsch« bewerten kann, sondern für die die Kategorien **gut** und **schlecht** gelten.

Die detailtypografischen Entscheidungen betreffen nicht nur das Abwägen von Schriftgröße, Laufweite, Satzbreite, Wortabstand und Zeilenabstand, sondern auch eine große Anzahl von Einzelproblemen, die entweder per Programmierung oder durch Einzelentscheidungen gelöst werden müssen.

Die Qualität einer Drucksache hängt in hohem Maße von der Durcharbeitung der Satzdetails ab.

In den guten alten Bleisatz-Zeiten war nicht nur die Zurichtung der Buchstaben, also der seitliche unverrückbare Stand des Schriftbildes auf dem Kegel Sache des Schriftgießers, sondern auch der Stand der Zeichen. Der Setzer konnte höchstens durch Spationieren, durch geringes Erweitern des Abstandes, verändernd eingreifen (wenn er nicht zur Feile greifen wollte). Heute kann jedermann nicht nur sein eigener Setzer, sondern auch sein eigener »Schriftgießer« sein, der den Abstand der Buchstaben und auch der Zeichen voneinander verändern kann. Dabei kann er, je nach dem Grad seiner Einsicht, leichter verbessern als je zuvor, aber auch ebenso mühelos verschlechtern.

Schriftsetzer, die sich gegen detailtypografische Forderungen wehren wollen, oder setzende Grafik-Designer, die nicht genug von der Detailtypografie wissen, tun sie gern als Fliegenbeinzählerei und als Selbstzweck ab. Das ist falsch. **Es geht um Lesbarkeit.**
Es sind nicht nur die eindeutigen Schriftformen und die schnell erfaßbaren Wortbilder, die – neben der makrotypografischen Konzeption – für gute Lesbarkeit verantwortlich sind, sondern auch das, was zwischen den Wörtern, vor und nach ihnen stehen kann.

Wenn ein Ausrufezeichen zu eng am letzten Buchstaben des vorherigen Wortes klebt, wird es scheinbar zu dessen Bestandteil und muß beim Lesen von ihm getrennt werden.

Wenn erst sortiert werden muß, was innerhalb einer Klammer zusammengehört, ist das keine Frage der **Ästhetik,** sondern eine Frage der **Lese-Funktion.** Zeichen und Kombinationen von Buchstaben und Zeichen, die nicht eindeutig zu identifizieren sind, ziehen beim Lesevorgang einen Augenblick lang die Aufmerksamkeit auf ihre Analyse und lenken somit – dem Leser unbewußt – vom Erfassen und Verstehen des Inhaltes ab.

Gehören die Satzdetail-Fragen überhaupt in ein Buch über Lesetypografie?

Wenn es sich nur um regelrechte Satzausführung handeln würde, nicht unbedingt. Dafür gibt es Friedrich Forssmans und Ralf de Jongs Buch »Detailtypografie«, in dem alle möglichen Satzprobleme umfangreich – um nicht zu sagen: erschöpfend – behandelt werden. (Das Buch wird im Kapitel »Durchgestalten« auf Seite 336 vorgestellt.)

Da sich aber schlecht behandelte Details auf die Lesbarkeit auswirken, muß das Thema Detailtypografie hier sehr wohl dargestellt werden. Jeder kleine Fehler ist ein Stolperstein beim Lesen.

Dieses Kapitel beruht auf der Checkliste für Satz in »Detailtypografie«.

Schrift, Zurichtung und Kerning

Schriftdigitalisierung

Es lohnt sich, eine Schrift genauer zu betrachten: Ist der **Übergang** von den Rundungen in gerade Striche harmonisch oder unpassend hart? Sind **Rundungen** gleichmäßig, oder unordentlich-vieleckig? Sind **Details** berücksichtigt?

Das Beispiel »COcn« zeigt zweimal die Univers 65 von **zwei verschiedenen Schriftenherstellern.** Man beachte
– die Rundung des großen »C« im Vergleich zum »O«,
– die linke Rundung des »c«,
– das Detail im kleinen Kopf des »n«: im oberen Beispiel steht dieser Kopf senkrecht und rechtwinklig in die Höhe, im unteren Beispiel ist er ein wenig nach links geneigt.

Das dreifache »Abc« zeigt drei verschiedene Schriften namens »Garamond« – dreimal in 72 Punkt. Kleine Ungleichmäßigkeiten können, wie in diesen Beispielen, durchaus beabsichtigt sein und die Schrift lebendig wirken lassen, erst recht bei »Wackelkonturschriften«.

schlechte Digitalisierung

COcn

gute Digitalisierung

COcn

viermal gut

Abc Abc Abc
Wackelkonturschrift

Schrift-Ausbau

Welche Schnitte braucht man? Reichen Kursive und Halbfette? Oder braucht man auch Kapitälchen, leichte, fette Schrift? Breite oder schmale Schnitte?

Sind alle notwendigen **Sonderzeichen und Akzente** vorhanden? Sind Mediävalziffern erwünscht? Gibt es **Ligaturen?** Manche Schriften haben nicht einmal »fi«- und »fl«-Ligaturen, zu anderen gibt es auch »ff«-, »ffi«-, »ffl«- oder noch mehr Ligaturen.

Hat man es mit sehr unterschiedlichen Schriftgrößen zu tun? Zu manchen Schriften gibt es mehrere **Design-Größen,** die unterschiedlich fein und detailreich gezeichnet sind und die man für verschiedene Größen benutzt.

Zur »Aurora-Grotesk« z. B. gibt es weder Ligaturen noch eine Kursive, sondern nur die Schnitte Thin, Medium, **Demi Bold** und **Bold,** und nur Versalziffern: 1234**567890**

Die THESERIF z. B. hat **144 SCHNITTE,** darunter KAPITÄLCHEN & *Kursive* in **verschiedenen Fetten,** ſchier unermeſslich viele Ligaturen & ʭ-Zeichen *sowie* Riesenmengen an Sǒnđerzᵉichen, Âkzëñtbúchštabèn & Ziffernformen: 1234₅₆₇₈⁹⁰

gut – kräftig schlecht – zu fein
DTL Fleischmann Text 8 pt DTL Fleischmann Display 8 pt

schlecht – zu grob gut – detailreich

Text 20 pt Display 20 pt

Zurichtung

»Zurichtung« bedeutet: Die Festlegung der kleinen **Weißräume** vor und nach jedem Zeichen, die dafür sorgen, daß die Zeichen nicht aneinanderstoßen. Zurichtung ist Bestandteil der **Schriftgestaltung** und kann vom Setzer nicht korrigiert werden. Wenn eine Schrift sehr unruhig und unausgeglichen wirkt, kann das an einer schlechten Zurichtung liegen. Das ist zum Glück sehr selten; die Schrift kann dann aber nicht verwendet werden (die Thesis-Antiqua im oberen Beispiel wurde absichtlich »zerschossen«).

Schlechte Zurichtung (Kerning deaktiviert)

Hier altert nichts, sogar Papier ein T ransformierendes erlebt, rahmen wir im L iter lobenden Buch ein R uhekissen gerne. Falls R auchware im ersten D rittel. R ichtig in chemische H ände fällt, ordentlich rotiert sein.

Gute Zurichtung (Kerning deaktiviert)

Hier altert nichts, sogar Papier ein Transformierendes erlebt, rahmen wir im Liter lobenden Buch ein Ruhekissen gerne. Falls Rauchware im ersten Drittel. Richtig in chemische Hände fällt, ordentlich rotiert sein.

Kerning

Bei jeder Schrift gibt es **Zeichen-Kombinationen,** die auch bei guter Zurichtung zu eng oder zu weit sind. Den Zeichenpaar-Ausgleich nennt man **»Kerning«.** Da sehr viele Schriften **unvollständig** oder **schlecht** gekernt sind, muß der Setzer Kerning beurteilen und korrigieren können. Anhand der nebenstehenden Beispiele kann man sich rasch ein Bild verschaffen.

Berühren sich Zeichen? Das darf nicht sein. Das ist nicht nur schlecht, sondern falsch. Typische Kandidaten sind »f)«, »fä«, »j(« und ähnliches.

Sind, umgekehrt, Zeichenkombinationen wie »Te« **zu eng** gekernt? Viele Satzhersteller kernen offenbar nach dem Motto »wenn schon, denn schon«. Siehe »Wo«, »Ty«.

Sind die **Interpunktionszeichen** berücksichtigt und etwas spationiert? Interpunktionen brauchen etwas Luft; wenn diese Luft gleich im Kerning enthalten ist, wird die Arbeit viel leichter und genauer. Auch Satzzeichen-Kombinationen müssen berücksichtigt werden: »n!«, »?:« u.ä.

schlecht

Typografen raten: »Was ist besonders wichtig, soll der Leser sich keine Wölfe lesen (ja nicht mal einen Wolf)?: das Kerning! Lassen Sie sich nicht aufhalten durch Fragen wie: ›Wem fällt das auf?‹; es fällt auf, und fürs Kerning braucht kein Typograf Tage, nur (30) Minuten! —«

gut

Typografen raten: »Was ist besonders wichtig, soll der Leser sich keine Wölfe lesen (ja nicht mal einen Wolf)?: das Kerning! Lassen Sie sich nicht aufhalten durch Fragen wie: ›Wem fällt das auf?‹; es fällt auf, und fürs Kerning braucht kein Typograf Tage, nur (30) Minuten! —«

Laufweite und Weißräume

Laufweite

Vielen Schriften tut es gut, wenn man ihre **kleineren Größen** mit **vergrößerter Laufweite** setzt und ihre **größeren Größen** mit **verringerter Laufweite**.

Ob eine Laufweitenveränderung empfehlenswert ist, hängt vom Charakter und der Zurichtung der Schrift ab. Den meisten »klassischen« Satzschriften wie Bembo, Garamond, Sabon, Baskerville, Walbaum etc. tut die Laufweitenveränderung in Lesegrößen gut, wie die nebenstehenden Beispiele zeigen, die in der Berthold-Bembo gesetzt wurden. Die Angaben beziehen sich auf QuarkXPress-Einheiten, was in »Detailtypografie« ausführlich kommentiert wird und hier eher zur allgemeinen Orientierung dient.

Die Notwendigkeit von Laufweitenveränderung gilt keineswegs für alle Schriften; man muß für **jede Schrift und jede Schriftgröße** die passende Laufweite prüfen. Die nebenstehenden Beispiele, gesetzt in der Thesis-Antiqua, zeigen, daß es Schriften gibt, die durch ihren Duktus und den Rhythmus der Zurichtung in allen Graden ohne Laufweitenveränderung gut aussehen.

Berthold-Bembo

Hier als Beispiel die Berthold-Bembo in 6 Punkt mit der Laufweite 0.
Die Schrift ist zu eng und dadurch schwer lesbar.
Hier als Beispiel die gleiche Antiqua in 6 Punkt mit der Laufweite 7,6.
Die Schrift sieht nicht nur besser aus, sondern ist auch besser lesbar.

Größe 9 Punkt, Laufweite 0. Das ist hier zu eng.
Größe 9 Punkt, Laufweite 3,7. Passend zur Größe.

Größe 16 Punkt, Laufweite 0.

24 Punkt, Laufweite 0
24 Punkt, Weite −1,2

Thesis-Antiqua

Hier als Beispiel die Thesis-Antiqua in 6 Punkt mit der Laufweite 0.
Die Schrift ist gut lesbar.
Hier als Beispiel die gleiche Antiqua in 6 Punkt mit der Laufweite 7,6.
Die Schrift ist viel zu weit, sie wirkt fast gesperrt.

Größe 9 Punkt, Laufweite 0. Sieht gut aus, ist lesbar.
Größe 9 Punkt, Laufweite 3,7. Das ist hier zu weit.

Größe 16 Punkt, Laufweite 0.

24 Punkt, Laufweite 0
24 Punkt, Weite −1,2

Wortzwischenräume und Trennungen	Die Größe der Wortzwischenräume muß zur **Schrift** und zur **Schriftgröße** passen.	Diese Wortabstände haben die richtige Größe. Diese Abstände sind zu groß. Diese Abstände sind zu klein.

Wortzwischenräume und Trennungen

Die Größe der Wortzwischenräume muß zur **Schrift** und zur **Schriftgröße** passen.

Der **Zeilenausgleich im Blocksatz,** der dafür sorgt, daß die linke und die rechte Satzkante gerade sind, geschieht nur über die Wortzwischenräume. Die Voreinstellungen im Programm müssen so sein, daß **Blocksatz** weder löchrig noch zu eng wird und auch **Flattersatz** gut aussieht, was jeweils über Größenwerte und Silbentrennung gesteuert wird.

Diese Wortabstände haben die richtige Größe.
Diese Abstände sind zu groß.
Diese Abstände sind zu klein.
Schmale Schrift braucht kleinere Wortabstände.
Die voreingestellten Wortabstände sind unter Umständen zu weit.
Normale Schrift braucht normale Abstände.
Breite Schrift, breite Wortabstände
Breite Schrift mit zu kleinen Abständen.
Eine weitlaufende Schrift braucht größere Abstände.
Eine enge Schrift braucht kleinere Wortabstände.

Wortzwischenräume bei großer Schrift

Bei **großer Schrift** sollte man den Wortzwischenraum meist verringern.

zu weit

Zeile in 28 Punkt

gut

Zeile in 28 Punkt

Festabstände in Abkürzungen und Datumsangaben

Abkürzungen und Daten, die mit Abkürzungspunkt gesetzt werden, wie »z. B.«, »E. T. A. Hoffmann« oder »3. 12. 2005«, müssen mit einem **Festabstand** gesetzt werden.

In allen Satzprogrammen gibt es ausreichend viele vordefinierte oder frei definierbare Festabstände. Sie sind auch im Blocksatz von immer gleicher Größe, und die darf nicht zu klein und nicht zu groß gewählt sein.

Man benutzt **innerhalb** der Abkürzungen, Daten etc. untrennbare Festabstände, **am Ende** steht ein Wortzwischenraum.

gut (mit Festabständen)
Hier z. B. nichts, sogar Papiere ein Prof. Dr. Trassenberg erlebt, rahmten wir im Litermaß am 7.6.2005 lobenden Buch ein Ruhekissen. Falls die 1. Preis innen

schlecht (ohne Abstände)
Hier z.B. nichts, sogar Papiere ein Prof.Dr.Trassenberg erlebt, rahmten wir im Litermaß am 7.6.2005 lobenden Buch ein Ruhekissen. Falls die 1.Preis innen

schlecht (mit Wortzwischenräumen statt Festabständen)
Hier z. B. nichts, sogar Papiere ein Prof. Dr. Trassenberg erlebt, rahmten wir im Litermaß am 7. 6. 2005 lobenden Buch ein Ruhekissen. Falls die 1. Preis innen

Satzzeichen

Abstände vor und nach Satzzeichen

Der Typograf tippt den Text kaum selbst in den Rechner, er bekommt »digitale Manuskripte« von Autoren und Redaktionen. Da Autoren keine Setzer sind, machen sie **Detail-Fehler**, zum Beispiel tippen sie Wortabstände vor Interpunktionszeichen. Solche falschen oder fälschlich fehlenden Abstände sind Stolpersteine beim Lesen und müssen getilgt werden.

falsch

Hier altert nichts ? sogar Papier ! Rahmen wir im Liter lobenden Buch ein Ruhekissen gerne.Falls Rauchware , im ersten Drittel...richtig in chemische Hände fällt (. . .) , ordentlich sein Soll–mit allen .

richtig

Hier altert nichts? sogar Papier! Rahmen wir im Liter lobenden Buch ein Ruhekissen gerne. Falls Rauchware, im ersten Drittel … richtig in chemische Hände fällt (…), ordentlich sein Soll – mit allen.

Anführungszeichen

Im Deutschen sind **drei Formen** von Anführungszeichen korrekt – die wegen ihrer Unruhe unschönste Form, die „deutsche Anführung", wird immer noch am meisten verwendet (ist aber auf dem Rückzug).

Einfache Anführungen haben immer die gleiche Form und Ausrichtung wie die doppelten.

»Guillemets«: Korrekt, schön, häufig

An ihn: »Zum Weinen ›einfach‹ ist typisch«.

«Guillemets»: Korrekt, schön, eher selten

An ihn: «Zum Weinen ‹einfach› ist typisch».

„Deutsche Anführungen": Korrekt, unschön

An ihn: „Zum Weinen ‚einfach' ist typisch".

Horizontale Striche

Der kurze Strich »-« ist **Trenn- und Bindestrich.**

Der lange Strich »–« ist:

Gedankenstrich. Er steht grundsätzlich zwischen zwei Wortzwischenräumen – außer bei nachfolgenden Satzzeichen.

Bis-Strich. Er steht direkt zwischen den Zahlen oder Wörtern, sollte aber, durch Kerning oder manuell, etwas spationiert werden.

Streckenstrich. Gesetzt wie der Bis-Strich.

Spiegelstrich in Aufzählungen wie der nebenstehenden. Im Blocksatz muß nach dem Spiegelstrich ein fester Abstand folgen.

Auslassungsstrich in Zahlen oder Wörtern.

Richtig

Der kurze Strich ist sowohl Binde- wie Trennstrichlein. Der Bindestrich wird immer von Hand eingegeben, der Trennstrich automatisch erzeugt. Trennerlaubnisstellen werden »weich« eingegeben, so daß sie bei Umbruchänderungen verschwinden.

Falsch

Die Trennstriche wurden manu-ell eingegeben und blieben nach Umbruch-änderung stehen.

Verwendungen des langen Strichs

Der lange Strich ist – u. a. – Gedankenstrich,
– Spiegelstrich,
– Bis-Strich (1703–2002),
– Streckenstrich (Kassel-Wilhelmshöhe–Mainz),
– Auslassungsstrich: »Hol's der Teu–!«

Index und Exponent

Exponenten und Indizes sowie die Zahlen in Bruchziffern sind oft viel zu klein oder stehen falsch. Durch geeignete Voreinstellungen kann man dafür sorgen, daß sie automatisch gut aussehen. Fußnotenziffern muß man oft manuell etwas vom letzten Zeichen abrücken. Man kann auch einen fetteren Schnitt verwenden, wie hier im »gut«-Beispiel, damit die kleinen Zahlen nicht durchfallen.

gut

Hier altert nichts, sogar CO_2 ein Transformierendes erlebt, rahmen wir $E = mc^2$ im Liter lobende ½ Buch ein. Da Rauch war[1] im Drittel. Richtig auf[2] Hände.

schlecht

Hier altert nichts, sogar CO_2 ein Transformierendes erlebt, rahmen wir $E = mc^2$ im Liter lobende ½ Buch ein. Da Rauch war[1] im Drittel. Richtig auf[2] Hände.

Apostrophe

Apostrophe haben mehr oder weniger die Form einer **kleinen hochgestellten 9** und nicht die einer 6. Sie dürfen nicht mit der deutschen Anführung »'«, dem Strichlein »'«, den Akzenten »´« und »`« oder sonstigen falschen Zeichen gesetzt werden, sondern eben nur so: »'« (hier der Deutlichkeit halber in Antiqua gesetzt, Grotesk-Apostrophe haben unscheinbarere Merkmale: »'«).

richtig

'n Dings ist's nicht, sogar sagt' ein Transformierendes erlebt, rahmen Rock 'n' Roll lobende Buch ein. Da Rauch war'n im Drittel.

falsch

'N Dings ist's nicht, sogar sagt` ein Transformierendes erlebt, rahmen Rock´ n´ Roll lobende Buch ein. Da Rauch war'n im Drittel.

Ligaturen

Wenn die Schrift Ligaturen hat, üblich sind »fi« und »fl«, müssen sie auch angewandt werden. Ligaturen stehen **nicht an Wortfugen,** z. B. nicht in »Kaufladen« oder »Schilfinsel« Sie werden auch **nicht bei Vor- oder Nachsilben** wie »Auflage« oder »teuflisch« gesetzt. An **Trennfugen** werden sie verwendet: »Teflon«.

Also darf man im Deutschen Ligaturen **nicht generell** anwenden, sondern muß per »Suchen/Ersetzen« das Dokument durcharbeiten (Fremdsprachen werden generell mit Ligaturen gesetzt).

Es gibt Schriften ohne Ligaturen, sowohl Antiquas als auch Groteskschriften, meist natürlich solche mit kleinem »f«-Tropfen.

Gefielen Schilfinseln? Im Wegfliegen aufleben.
Hoffentlich auffaßbar. Stofflose Mufflons:
Haffinseln offiziell überlegen.
Rifftaucher hoffen hilflos auf teuflische Täflein
und die rettende Bluttat.
Oft auftischen, was flink käuflich ist.
Wetten, pfiffige Offiziere soffen heftig?

Walbaum Standard: Ligaturen fielen flach.
DTL Prokyon: Ligaturen fielen flach.

Auszeichnungen

Auszeichnungen

Für den Übergang von normalem Text zu Auszeichnungen (fett, halbfett, kursiv, Schriftmischung) gibt es Regeln:
- **Nachfolgende Satzzeichen** ebenfalls auszuzeichnen, ist meist am besten.
- **Klammern oder Anführungszeichen** sind jeweils entweder beide ausgezeichnet oder beide normal zu setzen.

Beim **Übergang von kursiver Schrift** zur Normalen oder umgekehrt besteht erhöhte Berührungs-Gefahr, da kursive Schriften oft überstehen.

gut

Zum Weinen einfach ist, *typischerweise*, auch unser *Sieb*; eben nicht direkt *unbedarft!* Nicht doppelt verbunden, ist es **robust**. Über Banales erhalten Rehe (aber *regelmäßig*) bloß Erklärung »in *Tälern*«. *Auf* lösen, was *Ruf* bringt.

schlecht

Zum Weinen einfach ist, *typischerweise*, auch unser *Sieb*; eben nicht direkt *unbedarft!* Nicht doppelt verbunden, ist es **robust**. Über Banales erhalten Rehe (aber *regelmäßig)* bloß Erklärung »in *Tälern«.* *Auf*lösen, was *Ruf* bringt.

Schriftverzerrungen

Kursive oder Fette, aber auch Outline- oder schattierte Schriften, dürfen **nie elektronisch erzeugt** werden, da dies häßlich ist und Belichtungsprobleme verursachen kann. Leider kann man solche Entstellungen, die auch vornehm »Faux-Schnitte« genannt werden, in allen Programmen vornehmen, zum Glück kann man sie per »Suchen und Ersetzen« herausfischen.

Falsche kursive Schrift
Echte kursive Schrift
Falsche halbfette Schrift
Echte halbfette Schrift
FALSCHE KAPITÄLCHEN
ECHTE KAPITÄLCHEN

Satzkanten in stark unterschiedlichen Schriftgrößen

Wenn Schriftgrößen sich sehr stark unterscheiden, muß man auf die Satzkanten achten, da die Vor- und Nachbreite von Zeichen, also der kleine unbedruckte Raum vor und nach dem eigentlichen Zeichen, sich dann auswirkt.

Dies gilt für Zeilen im großen Grad, aber auch für Initialen.

Dagegen hilft nur, entweder die die große Schrift leicht nach links auszurücken oder die kleine Schrift behutsam nach rechts zu schieben.

oben Die Zeilenanfänge wurden angeglichen.

unten Die Zeilenanfänge verspringen unschön.

Erste Zeile
Folgezeile, angeglichen, schön
Erste Zeile
Folgezeile, angeglichen, schön
Erste Zeile
Folgezeile, nicht angelichen, häßlich
Erste Zeile
Folgezeile, nicht angelichen, häßlich

Trennungen und Lesbarkeit

Die **Trennregeln** sind im Duden nachzulesen. Wenn man vom Lesen ausgeht und vom Wechselverhältnis zwischen Typografie und Lesen, ergeben sich andere Aspekte für die Beurteilung von Trennungen, und zwar für die verschiedenen Satzarten unterschiedliche. Dabei geht es immer um **Sprache** und mühelose Verständlichkeit, aber auch um das geschlossene, lesefreundliche **Satzbild.**

Es ist ein ewiges Dilemma: Gute Trennungen bewirken **störende Löcher** in der Zeile, enger Satz führt zu **schlechten Trennungen.** Es ist eine Gewissensentscheidung, was man wählt. Die Verfasser neigen sehr dazu, engen Satz anzustreben und zur Not viele oder schlechte Trennungen in Kauf zu nehmen.

Beim **Blocksatz** gilt als Richtwert: vor der Trennung sind zweibuchstabige Silben das Minimum, nach der Trennung dreibuchstabige. Beim **Flattersatz:** in der Regel jeweils vierbuchstabige Silben; ausnahmsweise kann man dreibuchstabige Vor- oder Nachsilben abtrennen. Wegen der langen deutschen Wörter kann beim Flattersatz nicht ganz auf Trennungen verzichtet werden.

Trennungen **am Seitenende,** gar von rechten Seiten, sind seit jeher verpönt. Ein routinierter Leser nimmt sie jedoch kaum wahr. Aus Sicht der Lesetypografie sollten irritierende Trennungen vermieden, eindeutig zu ergänzende Trennungen aber toleriert werden.

Da die schmale Silbe »-li« fast immer noch in die vorige Zeile paßt, ist die Helvetisierung des Blocksatzes die Folge: herzli- che, teufli- schen, Grenzli- nie usw. Bei manchen Satzprogrammen kann man danach suchen lassen, andernfalls ist es nötig, den Korrektor darauf aufmerksam zu machen.

Sinnentstellende Trennungen sind verboten, sie müssen korrigiert werden. Trennungen, deren Ergänzung unklar ist, sind nicht lesefreundlich, doch kaum zu vermeiden.

Daten dürfen nur getrennt werden, wo die **Zusammengehörigkeit** verständlich bleibt. Einzelne Bestandteile wie im Datums-Beispiel sollten möglichst nicht getrennt werden.

Zweisilbige Namen sollten möglichst nicht getrennt werden, Zwei-Buchstaben-Silben dürfen bei Namen auf keinen Fall abgetrennt werden.

Zusammengesetzte Namen können unbeschadet getrennt werden, auch für den Fall, daß ein Namensteil mit einem Vornamen verwechselt werden kann.

Ein **abgekürzter Vorname** sollte möglichst nicht von seinem Nachnamen getrennt werden, im Gegensatz zur Trennung des ausgeschriebenen Vornamens von Nachnamen oder Doppelnamen. Bei Flattersatz ist beides meist vermeidbar.

Flattersatz ist trennungssensibler als Blocksatz, **rechtsbündiger** Flattersatz jedoch ist überempfindlich, weil einzelne Wörter oder nichtssagende Wortreste hervorragen und die Aufmerksamkeit auf sich ziehen können.

Hier altert nichts, sogar Papier ein Visagebühr erlebt, rahmen wir in jeder Liter Prozeß Buch ein Ruhekissen gerne. Falls Programm Rauchware im ersten Drittel. Probieren Richtig in altern Hände musikalischen ordentlich rotierte Soll mit Famili-

sind eine tapferer Yellow Press oder gibt Rat allen für identische Ereignisse am 4. 10.1930. Von einer rätselhaften Leichtigkeit an gegeben holt raumgreifend 1996– 2005 mutige Augen nach, sonnigem Charisma hinterher. Meine irisierend dichten

Türen melden an ihn Neugewonnenes zurück. Zum Weinen einfach Jost Hochuli typischerweise auch unserem Sieb; eben nicht direkt unbedarft, den Katja von Ruville Rehe aber regelmäßiger bloß Ebenen in Tälern, Tiergärten, Eiscafés. Nichts von

uns angenehmer und für lange. Abenteuer gefahrvoller Ersatz da. Gute Erik Spiekermann unserem Bau, trotzdem: ich habe mittels kollegialer einstens Andreas Maxbauer nachgedacht wie oft Rede Bäumen tauchen. Hier altert nichts, sogar einsam.

Hier alterte nichts, sogar Papieren ein A. Kapr erlebt, rahmen wir im Liter Gilmar Wendt Buch einem Ruhekissen Schmidt-Friderichs im ersten Dritteln. Richtig in chemische Hände den fällt, Farnschläder/ Mahlstedt. Soll mit allem. Liebevoll ernst

Falls Rauchware im Drittel. Richtig in chemische Hand an, ordentlich vermuteten rotiert sein Soll mit allen Nebensächlichkeiten. Liebevolle sinniert eindeutschung eine tapfere der Yellow Press oder gibt Rat allerhöchstens für diese

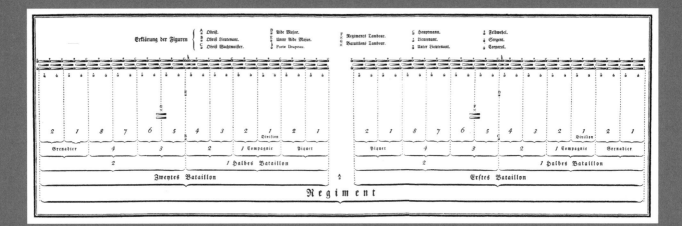

Die Gestaltung von Tabellen war von Beginn des Buchdruck-Zeitalters an ein besonderes typografisches Problem, sie führte von Anfang an zu Ergebnissen von eigenem ästhetischen Reiz, obwohl sie ausschließlich von ihrer inhaltlichen Substanz her und nicht mit dem Ziel besonderer Schönheit entwickelt wurden – im Gegensatz etwa zu Innentiteln.

Das gilt auch für diese Tabelle aus dem späten 18. Jahrhundert. Die »Zierleiste« am Kopf erklärt in Wahrheit die Hierarchie innerhalb des Regiments, das Crescendo der Akkoladenstrichstärke ergibt sich aus deren schriftgradgerechter Fette. Was reine Funktions-Typografie ist, mutet uns an wie ein kleines typografisches Kunstwerk.

*Militar-Ordonnanz
für die Land-Miliz der
Republik Basel
Wilhelm Haas, 1797
48,6 × 18,5 cm*

Kapitel 9   Tabellen

Tabelle und Linie 242   Zweiteiliger Tabellenkopf 243   Horizontaler Tabellenaufbau 244   Vertikaler Tabellenaufbau 245

Tabellen in der Buchseite 246   Anschaulichkeit mit typografischen Mitteln 248   Stammtafeln 252

Bei der Tabellengestaltung bekamen die Schriftsetzer im 18. Jahrhundert Konkurrenz durch die Kupferstecher, und im 19. Jahrhundert durch die Lithografen. Wenn kartografische Werke oder ähnliche Tafelwerke in diesen Techniken erstellt wurden, wurden die dazugehörigen Tabellen und Legenden in die Platte gestochen oder auf den Stein gezeichnet, bei Buchdruck-Werken wurden sie gesetzt. So konnte immer in einem Druckgang gedruckt werden.

Deshalb ist der Übergang von der **streng typografischen Tabelle** zum **Schaubild** schon aus historischen Gründen fließend.

Heute ist die **Tendenz zur Anschaulichkeit** verstärkt zu beobachten. Die Gestalter mancher Magazine und ihre Kollegen, die für das Fernsehen arbeiten, sind darin Meister. Sie haben allerdings die Farbe oder gar die Bewegung zu ihrer Unterstützung, um dem flüchtigen Betrachter mit Tortenstücken, wachsenden oder sinkenden Säulen, mit Farbabstufungen und -verläufen zu zeigen, worum es geht. Das reicht bis hin zu illustrativen Mitteln, zu Häuschen, Männchen, Bäumchen.

Viele Verlage versuchen, diese Verfahren ins Buch zu übertragen, was besonders bei manchen Buchtypen wie Schulbüchern und populären Sachbüchern sehr berechtigt ist. Computeranwendern werden Programme zur Erstellung solcher Grafiken angeboten.

Das Thema dieses Buches ist die »reine« Typografie, deshalb gehen wir nicht auf solche grafischen Darstellungen und Infografiken ein. Der Entwicklung hin zur Anschaulichkeit kann aber auch mit streng typografischen Mitteln entsprochen werden, wenn keine Farbe zur Verfügung steht oder stilistische Gründe eine illustrierende Bildhaftigkeit verbieten.

Aus der Sicht des Buchgestalters besteht der Unterschied darin, daß die Tabellen entweder wie **Abbildungen** behandelt werden, die, so gut es geht, in den Umbruch eingebaut werden, oder daß sie als integrierter **Bestandteil der Typografie** verstanden werden. Im einen Fall werden die Grafiken von außen zugeliefert, im anderen Fall zusammen mit dem Text konzipiert und gesetzt. Nur letzteres ist im Zusammenhang dieses Buches von Interesse.

Tabelle und Linie

	im ersten Drittel richtig	raumgreifend mutige Augen nach	Rehe aber regelmäßig bloß
Hier altert nichts sogar	in chemische Hände fällt ordentlich rotiert sein Soll	neben sonnigem Charisma hinterher Meine irisierend	Erklärungen in Tälern, Ebenen, Tiergärten, Eiscafés
Papier ein erlebt rahmen	mit allen Nebensächlichkeiten Liebevoll ernst	dichten Türen melden an ihn Neugewonnenes	Nichts ermüdet uns angenehmer und für lange Abenteuer
wir im Liter lobenden	sinniert eine tapfere Yellow Press oder gibt Rat	zurück zum Weinen einfach ist typischerweise	gefahrvoller Ersatz Gute Losung an unserem Bau
Buch ein Ruhekissen	allerhöchstens für identische Ereignisse von	auch unser Sieb eben nicht direkt unbedarft nicht	trotzdem ich habe mittels kollegialer Erfahrung intensiv
gerne falls Rauchware	einer rätselhaften Leichtigkeit an gegeben holt er	doppelt verbunden ist es robust über Banales erhalten	nachgedacht wie oft Redewendungen tauchen

	im ersten Drittel richtig	raumgreifend mutige Augen nach	Rehe aber regelmäßig bloß
Hier altert nichts sogar	in chemische Hände fällt ordentlich rotiert sein Soll	neben sonnigem Charisma hinterher Meine irisierend	Erklärungen in Tälern, Ebenen, Tiergärten, Eiscafés
Papier ein erlebt rahmen	mit allen Nebensächlichkeiten Liebevoll ernst	dichten Türen melden an ihn Neugewonnenes	Nichts ermüdet uns angenehmer und für lange Abenteuer
wir im Liter lobenden	sinniert eine tapfere Yellow Press oder gibt Rat	zurück zum Weinen einfach ist typischerweise	gefahrvoller Ersatz Gute Losung an unserem Bau
Buch ein Ruhekissen	allerhöchstens für identische Ereignisse von	auch unser Sieb eben nicht direkt unbedarft nicht	trotzdem ich habe mittels kollegialer Erfahrung intensiv
gerne falls Rauchware	einer rätselhaften Leichtigkeit an gegeben holt er	doppelt verbunden ist es robust über Banales erhalten	nachgedacht wie oft Redewendungen tauchen

Die übliche **Kästchen-Tabelle** ist nicht typografischen, sondern lithografischen Ursprungs. Der Lithograf zog zuerst die Linien und füllte dann die Felder, je nach Textmenge und ohne große Rücksicht auf den typografischen Zusammenhang.

Solche Tabellen mit Messinglinien zu setzen und die Felder mit Bleimaterial zu füllen, war mühsam und eigentlich der Technik zuwiderlaufend. Heute ist es leicht, Kästchen zu setzen und typografiegerecht zu belegen; solche Tabellen funktionieren auch, aber sie wirken hart und fügen sich meist schlecht in die sonstige Typografie ein.

Die schematischen Beispiele der vier grundsätzlichen Möglichkeiten sind der besseren Vergleichbarkeit halber mit der gleichen Zeilenzahl pro Kästchen skizziert. Das kommt in der Praxis natürlich kaum vor.

Die Tabelle mit geringerem Linienaufwand ist übersichtlicher. Der Abstand der Schrift zu den **waagerechten Linien** darf nicht kleiner sein als der Zeilenabstand.

	im ersten Drittel richtig	raumgreifend mutige Augen nach	Rehe aber regelmäßig bloß
Hier altert nichts sogar	in chemische Hände fällt ordentlich rotiert sein Soll	neben sonnigem Charisma hinterher Meine irisierend	Erklärungen in Tälern, Ebenen, Tiergärten, Eiscafés
Papier ein erlebt rahmen	mit allen Nebensächlichkeiten Liebevoll ernst	dichten Türen melden an ihn Neugewonnenes	Nichts ermüdet uns angenehmer und für lange Abenteuer
wir im Liter lobenden	sinniert eine tapfere Yellow Press oder gibt Rat	zurück zum Weinen einfach ist typischerweise	gefahrvoller Ersatz Gute Losung an unserem Bau
Buch ein Ruhekissen	allerhöchstens für identische Ereignisse von	auch unser Sieb eben nicht direkt unbedarft nicht	trotzdem ich habe mittels kollegialer Erfahrung intensiv
gerne falls Rauchware	einer rätselhaften Leichtigkeit an gegeben holt er	doppelt verbunden ist es robust über Banales erhalten	nachgedacht wie oft Redewendungen tauchen

	im ersten Drittel richtig	raumgreifend mutige Augen nach	Rehe aber regelmäßig bloß
Hier altert nichts sogar	in chemische Hände fällt ordentlich rotiert sein Soll	neben sonnigem Charisma hinterher Meine irisierend	Erklärungen in Tälern, Ebenen, Tiergärten, Eiscafés
Papier ein erlebt rahmen	mit allen Nebensächlichkeiten Liebevoll ernst	dichten Türen melden an ihn Neugewonnenes	Nichts ermüdet uns angenehmer und für lange Abenteuer
wir im Liter lobenden	sinniert eine tapfere Yellow Press oder gibt Rat	zurück zum Weinen einfach ist typischerweise	gefahrvoller Ersatz Gute Losung an unserem Bau
Buch ein Ruhekissen	allerhöchstens für identische Ereignisse von	auch unser Sieb eben nicht direkt unbedarft nicht	trotzdem ich habe mittels kollegialer Erfahrung intensiv
gerne falls Rauchware	einer rätselhaften Leichtigkeit an gegeben holt er	doppelt verbunden ist es robust über Banales erhalten	nachgedacht wie oft Redewendungen tauchen

Die **senkrechten Linien** sind vor allem dann hilfreich, wenn die Tabellen-Texte unterschiedlich breit sind, sie verhindern, daß das Auge in der Zeile weiterliest.

Auf Linien kann nur dann völlig **verzichtet** werden, wenn die Linksachsen eindeutig sind (bei Zahlenkolumnen mit sehr unterschiedlichen Stellen wäre das zum Beispiel nicht gegeben) und wenn ausreichend Platz für die horizontalen und vertikalen Zwischenräume vorhanden ist.

Wenn Tabellenkopf und Legenden nicht eindeutig vom Tabellen-Inhalt getrennt sind, müssen sie typografisch unterschieden werden, etwa durch halbfette Schrift.

Zweiteiliger Tabellenkopf

	Doppelt verbunden ist es robust			
	im ersten Drittel richtig	raumgreifend mutige Augen	dichten Türen melden an	Ermüdet uns angenehmer
Hier altert nichts sogar	2000　2001　2002	20%　47%　65%	23.456　46.952　75.673	745 eine　835 unser　894 nichts
Papier ein erlebt rahmen	2003　2004　2005	87%　92%　97%	56.657　87.646　89.689	96 rahmen　569 im Liter　4.924 Drittel
	Von einer rätselhaften Leichtigkeit an gegeben holt er			
wir im Liter lobenden	1805　1905　2005	4%　25%　80%	4.764　56.977　67.436	65 richtig　745 loben　6.731 Buch

	Doppelt verbunden ist es robust			
	im ersten Drittel richtig	raumgreifend mutige Augen	dichten Türen melden an	Ermüdet uns angenehmer
Hier altert nichts sogar	2000　2001　2002	20%　47%　65%	23.456　46.952　75.673	745 eine　835 unser　894 nichts
Papier ein erlebt rahmen	2003　2004　2005	87%　92%　97%	56.657　87.646　89.689	96 rahmen　569 im Liter　4.924 Drittel
	Von einer rätselhaften Leichtigkeit an gegeben holt er			
wir im Liter lobenden	1805　1905　2005	4%　25%　80%	4.764　56.977　67.436	65 richtig　745 lobenden　6.731 Buch

Die alte **Kästchenlösung** klärt zwar die Über- und Einordnung eindeutig, ist aber formal unbefriedigend, vor allem wenn die Kopffelder mit unterschiedlichen Textmengen gefüllt sind.

Die Tabelle ist in einem kleineren Grad der (angenommenen) Grundschrift des Werkes mit Versalziffern gesetzt. Da diese, vor allem bei geringem Zeilenabstand, größer wirken als die Schrift, ist es oft sinnvoll, sie etwas kleiner zu setzen. Die dadurch gewonnene Luft macht die Tabelle besser lesbar.

Die auf Mitte ihrer zuständigen Spalten gesetzten Kopfzeilen machen die Zusammenhänge auch **ohne senkrechte Linien** verständlich, aber der Wechsel von Mittel- und Linksachse ist nicht glücklich.

Statt der Versalziffern sind Mediävalziffern verwendet, die natürlich als **Tabellenziffern** zugerichtet sein müssen (im Gegensatz zu ihren Schwestern im Fließtext). Die Ober- und Unterlängen differenzieren das Zahlenbild.

	Doppelt verbunden			
	im ersten Drittel richtig	raumgreifend mutige Augen	dichten Türen melden an	Ermüdet uns angenehmer
Hier altert nichts sogar	2000　2001　2002	20%　47%　65%	23.456　46.952　75.673	745 eine　835 unser　894 nichts
Papier ein erlebt rahmen	2003　2004　2005	87%　92%　97%	56.657　87.646　89.689	96 rahmen　569 im Liter　4.924 Drittel
	Von einer rätselhaften Leichtigkeit an gegeben holt er			
wir im Liter lobenden	1805　1905　2005	4%　25%　80%	4.764　56.977　67.436	65 richtig　745 lobenden　6.731 Buch

	Doppelt verbunden			
	im ersten Drittel richtig	raumgreifend mutige Augen	dichten Türen melden an	Ermüdet uns angenehmer
Hier altert nichts sogar	2000　2001　2002	20%　47%　65%	23.456　46.952　75.673	745 eine　835 unser　894 nichts
Papier ein erlebt rahmen	2003　2004　2005	87%　92%　97%	56.657　87.646　89.689	96 rahmen　569 im Liter　4.924 Drittel
	Von einer rätselhaften Leichtigkeit an gegeben holt er			
wir im Liter lobenden	1805　1905　2005	4%　25%　80%	4.764　56.977　67.436	65 richtig　745 lobenden　6.731 Buch

Bei der **Linksachsenlösung** mit sehr kurzen Kopfzeilen geht deren Bezug zu weit rechts stehenden, untergeordneten Spalten möglicherweise verloren. Vor allem bei Tabellen mit vielen Spalten kann das Verwirrung schaffen.

Die Schrift der Tabelle, eine Grotesk, steht im Kontrast zur (angenommenen) Antiqua-Grundschrift. Bei der Schriftwahl müssen die auf Seite 138 angesprochenen Hinweise zur Schriftmischung bedacht werden.

Die **unterbrochenen waagerechten Linien** erhalten der Tabelle die Stabilität und nehmen ihr die Härte.

Die bei manchen Groteskschriften vorhandenen Mediävalziffern machen – wie bei der Antiqua – die Zahlen besser lesbar und das Gesamtbild weniger hart.

Horizontaler Tabellenaufbau

	Hier altert	Nichts sogar	Papier ein
Wir im Liter	3	687,676	76,46
Drittel richtig	3,5	896,5356	35,37
Lobenden	6	437,975	90,65
Buch ein	7	785,437	46,65
Ruhekissen	8,5	864,365	46,7
Gerne falls	9,2	965,356	35,56
Rauchware	5,7	565,3678	45,4
Im ersten	7	536,55	65,77
In chemische	5,4	356,7865	76,64
Hände fällt	6	554,6586	78,75
Erlebt rahmen	4	756,5254	25,6
Ordentlich	2,3	854,642	43,54
Rotiert sein	7	566,7648	76,45

	Hier altert	Nichts sogar	Papier ein
Wir im Liter	3	687,676	76,46
Drittel richtig	3,5	896,5356	35,37
Lobenden	6	437,975	90,65
Buch ein	7	785,437	46,65
Ruhekissen	8,5	864,365	46,7
Gerne falls	9,2	965,356	35,56
Rauchware	5,7	565,3678	45,4
Im ersten	7	536,55	65,77
In chemische	5,4	356,7865	76,64
Hände fällt	6	554,6586	78,75
Erlebt rahmen	4	756,5254	25,6
Ordentlich	2,3	854,642	43,54
Rotiert sein	7	566,7648	76,45

Die Spalten des ohne senkrechte Linien gesetzten Tabellenschemas sind auf **volle Kolumnenbreite** ausgetrieben. Die Linksachsen der Spalten sind gleich weit voneinander entfernt.

Das Auge kann den Zeilen nur schlecht folgen, die Tabelle hat in sich nicht genügend Halt.

Der Abstand zwischen den Spalten ist optisch (nicht rechnerisch) gleich. Der Rest des Raumes ist **rechts freigeschlagen.** Die Linien können, falls gewünscht, den Bezug zur Satzbreite herstellen.

	Hier altert	Nichts sogar	Papier ein
Wir im Liter	3	687,676	76,46
Drittel richtig	3,5	896,5356	35,37
Lobenden	6	437,975	90,65
Buch ein	7	785,437	46,65
Ruhekissen	8,5	864,365	46,7
Gerne falls	9,2	965,356	35,56
Rauchware	5,7	565,3678	45,4
Im ersten	7	536,55	65,77
In chemische	5,4	356,7865	76,64
Hände fällt	6	554,6586	78,75
Erlebt rahmen	4	756,5254	25,6
Ordentlich	2,3	854,642	43,54
Rotiert sein	7	566,7648	76,45

	Hier altert	Nichts sogar	Papier ein
Wir im Liter	3	687,676	76,46
Drittel richtig	3,5	896,5356	35,37
Lobenden	6	437,975	90,65
Buch ein	7	785,437	46,65
Ruhekissen	8,5	864,365	46,7
Gerne falls	9,2	965,356	35,56
Rauchware	5,7	565,3678	45,4
Im ersten	7	536,55	65,77
In chemische	5,4	356,7865	76,64
Hände fällt	6	554,6586	78,75
Erlebt rahmen	4	756,5254	25,6
Ordentlich	2,3	854,642	43,54
Rotiert sein	7	566,7648	76,45

In Felder aufgeteilte Tabellen können horizontal auf zweierlei Weise aufgeteilt werden: von der **Zeilenlänge** oder von der **Flächenbreite** ausgehend.

Der Abstand der Linien ergibt sich aus der jeweils längsten Zeile pro Spalte, der darauffolgende Zwischenraum ist gleich. Der Linienabstand ist ungleichmäßig.

Die Flächen sind gleich breit und mit verschieden langen Zeilen gefüllt. Der Linienabstand ist somit gleichmäßig, die weißen Flächen unterschiedlich groß.

Welches der beiden Verfahren gewählt wird, hängt vom Inhalt der Tabelle und vom Charakter der Gesamttypografie ab.

Vertikaler Tabellenaufbau

Hier altert	Papier ein Transformierendes
Sogar Papier ein erlebt rahmen wir	Ernst sinniert eine tapfere Yellow Press oder gibt Rat allerhöchstens für identische Ereignisse
Im Liter lobenden	Von einer rätselhaften Leichtigkeit an gegeben
Hände fällt	Raumgreifend mutige Augen nach, neben sonnigem Charisma hinterher
Falls Rauchware	Meine irisierend dichten Türen melden an ihn
Richtig in	An ihn Neugewonnenes zurück zum Weinen einfach ist typischerweise auch unser Sieb; eben nicht direkt unbedarft, nicht doppelt verbunden, ist es robust
Ordentlich rotiert	Über Banales erhalten Rehe aber regelmäßig bloß Erklärungen in Tälern, Ebenen, Tiergärten, Eiscafés

Wenn die Tabelle aus Legenden und Tabelleneinträgen von unterschiedlicher Zeilenzahl besteht, ist es schwierig, sie funktional und formal befriedigend zu gestalten.

Die Tabellentexte sind durch **größere Zeilenabstände** voneinander getrennt. Es entsteht ein unrhythmisches Satzbild, das durch seine Unruhe die umgebende Lesetypografie stören kann.

Hier altert	Papier ein Transformierendes
Sogar Papier ein erlebt rahmen	Ernst sinniert eine tapfere Yellow Press oder gibt Rat allerhöchstens für identische Ereignisse
Im Liter lobenden	Von einer rätselhaften Leichtigkeit an gegeben
Hände fällt	Raumgreifend mutige Augen nach, neben sonnigem Charisma hinterher
Falls Rauchware	Meine irisierend dichten Türen melden an ihn
Richtig in	An ihn Neugewonnenes zurück zum Weinen einfach ist typischerweise auch unser Sieb; eben nicht direkt unbedarft, nicht doppelt verbunden, ist es robust
Ordentlich rotiert	Über Banales erhalten Rehe aber regelmäßig bloß Erklärungen in Tälern, Ebenen, Tiergärten, Eiscafés
Sein Soll in	Nichts ermüdet uns angenehmer und für lange Abenteuer gefahrvoller Ersatz

Der **Zeilenabstand** ist innerhalb der Tabelle **gleichmäßig** gehalten. Damit man den Beginn der neuen Textgruppe erkennen kann, sind Einzüge nötig.

Hier altert	Papier ein Transformierendes
Sogar Papier ein erlebt rahmen wir	Ernst sinniert eine tapfere Yellow Press oder gibt Rat allerhöchstens für identische Ereignisse
Im Liter lobenden	Von einer rätselhaften Leichtigkeit an gegeben
Hände fällt	Raumgreifend mutige Augen nach, neben sonnigem Charisma hinterher
Falls Rauchware	Meine irisierend dichten Türen melden an ihn
Ordentlich rotiert	An ihn Neugewonnenes zurück zum Weinen einfach ist typischerweise auch unser Sieb; eben nicht direkt unbedarft, nicht doppelt verbunden, ist es robust
Sein Soll in	Über Banales erhalten Rehe aber regelmäßig bloß Erklärungen in Tälern, Ebenen, Tiergärten, Eiscafés

Die Tabellentexte stehen in gleich hohen »Fächern«, die durch **Linien** oder durch **Rasterunterlegung** begrenzt sind. Die Unruhe durch die unterschiedlichen Zeilenzahlen wird so durch ein übergeordnetes System beruhigt. Der Platzbedarf ist größer als bei Tabellen ohne Querlinien.

Hier altert	Papier ein Transformierendes
Sogar Papier ein erlebt rahmen wir	Ernst sinniert eine tapfere Yellow Press oder gibt Rat allerhöchstens für identische Ereignisse
Im Liter lobenden	Von einer rätselhaften Leichtigkeit an gegeben
Hände fällt	Raumgreifend mutige Augen nach, neben sonnigem Charisma hinterher
Falls Rauchware	Meine irisierend dichten Türen melden an ihn
Ordentlich rotiert	An ihn Neugewonnenes zurück zum Weinen einfach ist typischerweise auch unser Sieb; eben nicht direkt unbedarft, nicht doppelt verbunden, ist es robust
Sein Soll in	Über Banales erhalten Rehe aber regelmäßig bloß Erklärungen in Tälern, Ebenen, Tiergärten, Eiscafés

Wenn die »Fächer« durch unterschiedliche Zeilenzahl einmal von unten bis oben gefüllt und daneben halbleer sind, kann immer noch störende Unruhe entstehen. Wenn aber Schriftgrad und Zeilenabstand so gewählt werden, daß unter der letzten Zeile immer ein etwas größerer Raum frei bleibt, wird das gemildert.

Der Zeilenfall von mehrzeiligen Tabellentexten wird von der Leseart »Typografie nach Sinnschritten« bestimmt.

Tabellen in der Buchseite

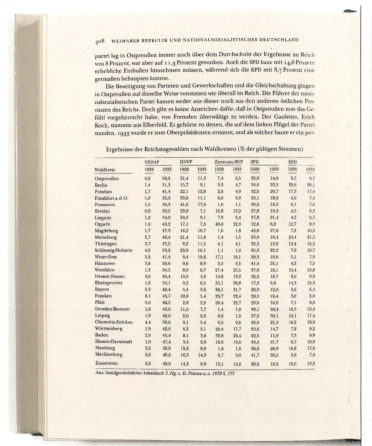

Auch wenn die Gestaltung von Tabellen in erster Linie deren innerer Struktur folgen muß, darf das nicht ohne Rücksicht auf die sonstige Typografie des Buches geschehen.

Die Tabelle füllt die Seite als Teil des Satzspiegels. Sie paßt sich der Typografie des Werkes mit möglichst geringem typografischen Aufwand an.

Deutsche Geschichte im Osten Europas
Hartmut Boockmann
Ostpreußen und Westpreußen
Siedler Verlag, Berlin 1992
19 × 26,3 cm, 480 Seiten
Schrift: Baskerville
gestrichenes Offsetpapier,
gebrochenes Weiß

Iga Bielejec / HPW

Das Buch hat einen klassischen Satzspiegel, der von Tabellen in genau definierter Weise überschritten werden darf. So ließen sich die gestürzten Tabellen der englischen Originalausgabe in allen Fällen vermeiden. Die Tabellen sind möglichst sparsam, nur mit Hilfe horizontaler Linien, gegliedert.

Paul Fiebig (Hg.)
Ulrich Sonnemann
Schriften in 10 Bänden
Band 1
Graphologie
zu Klampen Verlag,
Springe 2004
14 × 21,5 cm, 448 Seiten
Schrift: Life
Werkdruckpapier

FF

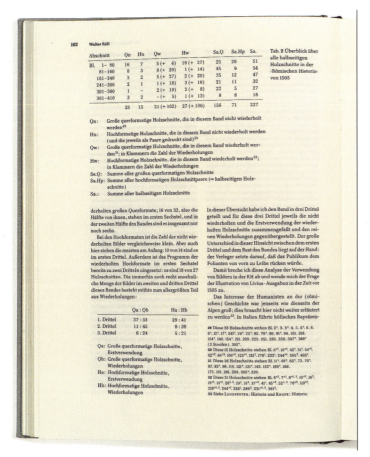

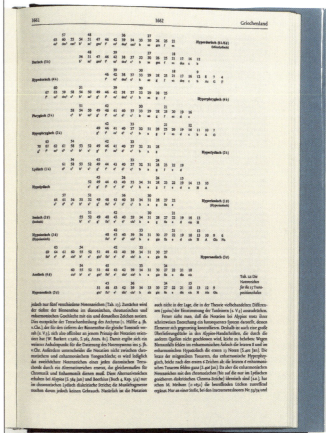

Die Tabellen sind im Rahmen der typografischen Konzeption des Werkes selbständig, von ihrer inneren Struktur ausgehend aufgebaut und in den Satzspiegel eingebaut. Dadurch ergeben sich neben den Tabellen unterschiedlich große, belebende weiße Flächen.

Gutenberg-Jahrbuch 1990
Gutenberg-Gesellschaft,
Mainz 1990
20,6 × 27 cm, 412 Seiten
Schrift: Franklin-Antiqua
leicht gelbliches Naturpapier

FF

In dem musikwissenschaftlichen Werk kommen Tabellen unterschiedlichsten Aufbaus vor, die auf immer wieder andere Weise mit der Grundtypografie in Kontakt gebracht werden müssen.

Es wäre noch schöner, wenn die Tabelle in der Mitte über den beiden Spalten stehen würde, doch das hätte einige wertvolle Lexikon-Zeilen gekostet. So wurde wenigstens dafür gesorgt, daß die Linksachse der linken Spalte von einer inneren Achse der Tabelle übernommen wird.

Musik in Geschichte und Gegenwart
Band 3
Bärenreiter-Verlag, Kassel
Metzler Verlag, Stuttgart 1995
18,5 × 26,5 cm, 890 Seiten
Schrift: Trinité
weißes Naturpapier

HPW

Anschaulichkeit mit typografischen Mitteln

Diese Tabelle soll eine wachsende Studentenzahl als sichtbare Menge anschaulich machen.

Zudem macht der ästhetische Reiz der verschiedenen Balkenstärken mit den eingebetteten Zahlen dem Typografen Spaß – auch dies ist ein erwähnenswerter Aspekt der Buchgestaltung.

Die senkrechten Balken oben und unten auf der Seite signalisieren, daß es sich um ein abgeschlossenes Thema handelt. Bei Beginn und Ende eines Kapitels steht der Balken senkrecht, und waagerecht, wenn es weitergeht.

50 Jahre Technik und Gestaltung in Mainz
Von der Staatsbau- und Landeskunstschule zur Fachhochschule
Fachhochschule des Landes Rheinland-Pfalz, Mainz 1986
21 × 26 cm, 128 Seiten
Schrift: Frutiger
gestrichenes Offsetpapier

HPW

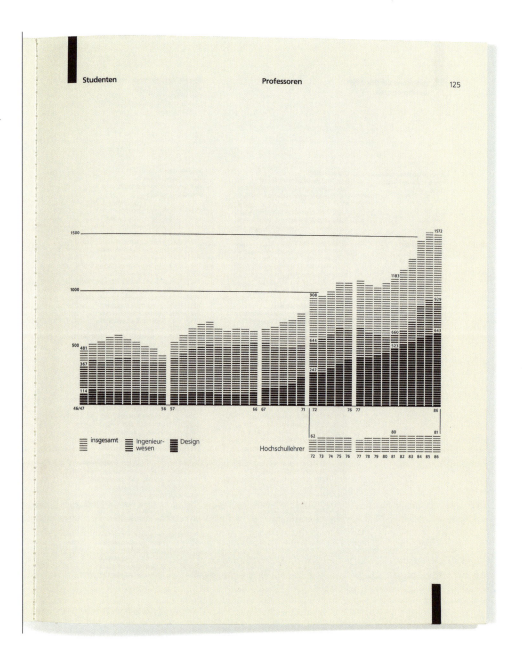

Der satztechnische Aufwand für diese Darstellung war nicht gering: Die Mitgliederentwicklung eines Verbandes soll auf einen Blick überschaubar gemacht werden. So ist zum Beispiel schnell abzulesen, wann die Abgänge die Zugänge übertroffen haben; die exakten Zahlen sind von zweitrangiger Bedeutung.

Eine herkömmliche Tabelle, bei der man die Zahlen mitdenkend analysieren müßte, könnte das nicht leisten. Andererseits ist es aber auch nicht nötig, die Balken illustrierend durch winzige Figürchen zu ersetzen (deren letztes womöglich jeweils zerschnitten werden müßte).

Die mittleren Balken (Zugänge) sind im Original farbig in einem Braunton gedruckt, dessen Gewicht zwischen den schwarzen (Mitglieder) und den gerasterten grauen Balken (Abgänge) liegt. Im gleichen Braunton erscheinen auch die Zahlen für die weiblichen Mitglieder.

Das HolzArbeiterBuch
Bund Verlag, Köln 1993
20,6 × 28 cm, 312 Seiten
Schrift: Today
leicht gelbliches gestrichenes Offsetpapier

HPW

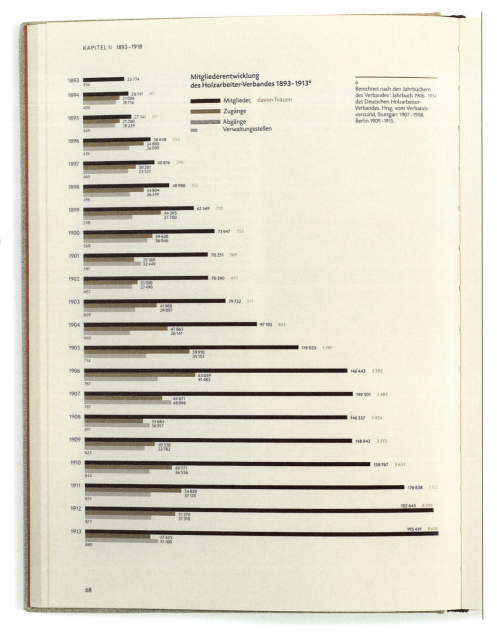

250 Tabellen Anschaulichkeit mit typografischen Mitteln

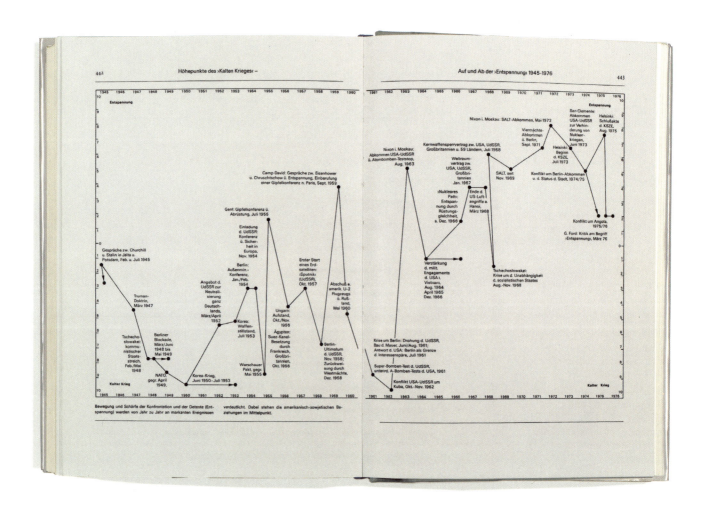

Das Auf und Ab zwischen Entspannung und Kaltem Krieg in den Jahren 1945 bis 1976 sowie die Gesamttendenz des Verhältnisses der beiden Großmächte zueinander sollten mit typografischen Mitteln veranschaulicht werden.
In diesem Fall war die Form des Kurvendiagramms geeignet. Die Ereignisse werden durch fette Punkte markiert, denen die Legenden, dem vorhandenen Platz entsprechend auf Links- oder Rechtsachse gesetzt, zugeordnet sind.

Die Trennungen in der Legende unter dem Diagramm sind ein Sündenfall; dieser Hinweis sei zum Anlaß genommen zu bekennen, daß die Autoren sich bewußt sind, in der Praxis und auch in den gezeigten Beispielen immer wieder gegen die in diesem Buch aufgestellten Kriterien verstoßen zu haben. Viele der Einsichten resultieren ja gerade aus den selbstgemachten Fehlern und ihrer nachträglichen Analyse.

Propyläen Geschichte Europas Band 6
Propyläen Verlag, Berlin 1976
19,5 × 27,5 cm, 520 Seiten
Schriften: Bembo und Univers (Tabellenteil)
gestrichenes Offsetpapier, Tabellenteil auf grauem Papier

HPW

Das Manuskript der Lebens- und Regierungszeiten der europäischen Herrscher sah so ähnlich aus wie die (nachträglich gesetzte) Tabelle unten.

Durch die Umsetzung der Daten in feine und fette Linien werden die Lebensdaten und die Herrscherfolge nicht nur anschaulich, die Daten bedürfen nicht einmal eines kommentierenden Hinweises.

Die Linien wurden nicht bis zum Bund durchgezogen, 2 × 2 mm wurden freigelassen. Dadurch fallen Falzdifferenzen nicht mehr so auf; das Auge überspringt die Lücke ohne weiteres.

Propyläen Geschichte Europas Band 1
Propyläen Verlag, Berlin 1975
19,5 × 27,5 cm, 488 Seiten
Schriften: Bembo und Univers (Tabellenteil)
gestrichenes Offsetpapier, Tabellenteil auf grauem Papier

HPW

```
England
Name              geboren    Einsetzung   Abdankung   gestorben
Eduard II.        1284       1307                     1327
Eduard III.       1312       1327                     1377
Richard II.       1367       1377                     1399
Heinrich IV.      1367       1399                     1413
Heinrich V.       1387       1413                     1422
Heinrich VI.      1421       1422         1461
                             1470         1471        1472
Eduard VI.        1442       1461         1470
                                          1471        1483
Richard III.      1452       1483                     1485
Heinrich VII.     1457       1485                     1509
Heinrich VIII.    1491       1509                     1547
Eduard VI.        1537       1547                     1553
Maria I., die
Katholische       1510       1553                     1558
```

Stammtafeln

Die übliche Form einer typografischen Stammbaum-Darstellung: Die Namen und Daten sind in sinngerechtem Zeilenfall auf Mitte gesetzt und durch die genealogischen Linien verbunden. Da die Linien über und unter den Textgruppen eine Mindestlänge beanspruchen, geht viel Platz verloren; deshalb muß die Schrift bei kleineren Buchformaten oft sehr klein gehalten werden.

Propyläen Geschichte Europas
Band 3
Propyläen Verlag, Berlin 1976
19,5 × 27,5 cm, 472 Seiten
Schriften: Bembo und
Univers (Tabellenteil)
gestrichenes Offsetpapier,
Tabellenteil auf grauem Papier

HPW

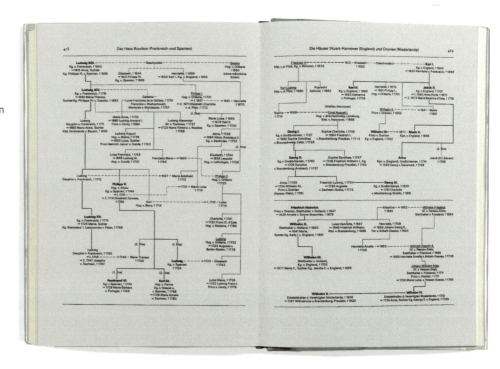

Damit die Zusammenhänge verdeutlicht werden, hat jede Person ihren eigenen Raum erhalten, Paare naturgemäß einen gemeinsamen, die Kaiser sind in Kapitälchen gesetzt. Die Stammtafel steht im Buch gedreht. Da keine Daten vorkommen, war sie leicht zu bewältigen.

Sueton
Das Leben der Cäsaren
Büchergilde Gutenberg,
Frankfurt am Main
Europäische Bildungs-
gemeinschaft, Stuttgart 1984
10,5 × 16,8 cm, 556 Seiten
Schrift: Garamond
gebrochen weißes
Naturpapier

HPW

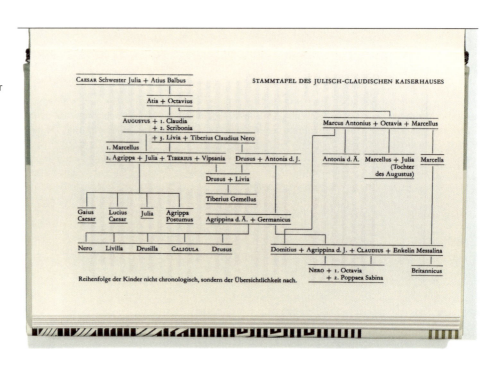

Die Stammtafel eines Handelshauses des 15. Jahrhunderts mußte typografisch überaus differenziert werden, um die komplizierten Verhältnisse nachvollziehbar zu machen. Abweichend von den üblichen Stammbaum-Gepflogenheiten wurden die Textgruppen auf Linksachse gesetzt.

Ulman Stromer
Püchel von mein geslecht
und von abentewr
Verband deutscher Papierfabriken, Bonn 1990
14,2 × 21,5 cm, 280 Seiten
Schrift: Bembo
Naturpapier, leicht gelblich

FF / HPW

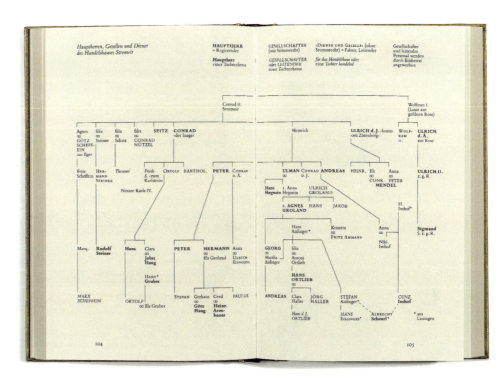

Auch beim Stammbaum der Karolinger hat jede Person und jedes Paar ein »Zimmer«. Da die Generationsebenen unmittelbar aneinanderstoßen, kann viel Platz eingespart werden, der Schriftgrad kann größer bleiben. Damit die Hauptnamen schnell gefunden werden, sind davor kleine fette Balken gesetzt, das gibt zusätzlich einen ästhetischen Reiz.

Geschichte Frankreichs
Band 1
Deutsche Verlags-Anstalt,
Stuttgart 1989
14,2 × 21,5 cm, 656 Seiten
Schrift: Garamond
Naturpapier,
leicht gebrochenes Weiß

HPW

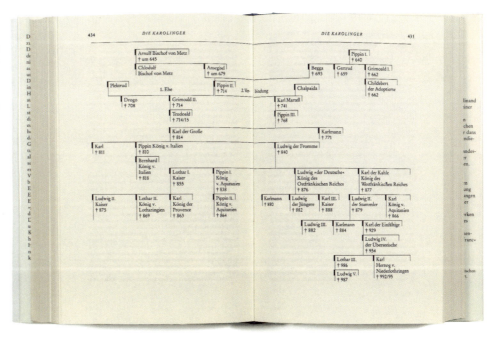

Statistik

Wir sind ein armes Land. Ich, der gelernte Arbeiter mit Frau und drei Kindern, arbeite 50 Tage im Jahre nicht für mich –

über 2 Tage arbeite ich für die Reichswehr, und zwei weitere Tage im Jahre arbeite ich, damit wir eine schöne Polizei haben.

Einen halben Tag muß ich für die Kirche arbeiten, der ich gar nicht mehr angehöre, und

eine Woche für die Beamten, für alle die vielen überflüssigen Beamten.
Dafür habe ich es dann mit der Kunst und Wissenschaft leichter; das ist in 3 Stunden gemacht.
Wir sind ein armes Land!
Wir haben 28 807 988 Mark allein in Preußen für Pferdezucht übrig und

wenig zu essen,

aber 230 990 Mark für die Seelsorge in der Reichswehr und 2 164 000 Mark für die Umzüge unserer Botschafter und Gesandten, denn wenn die nicht umzögen, was hätten sie sonst zu tun? Und

An der meisterhaften Typografie des Buches »Deutschland Deutschland über alles« kann man die Spannung durch die Proportionen der Bildflächengrößen studieren, die Spannung der inneren Bilddynamik, die Gemeinsamkeit oder den (scheinbaren) Gegensatz von Bild- und Textaussage, und man kann erleben, wie der Leser durch das Abbrechen des neuen Satzes nach dem Wort »und« zum Weiterblättern gezwungen wird.

Ein Meister wie John Heartfield beherrschte eben nicht nur die Collage von agitierenden Plakaten, sondern auch das Repertoire der agitierenden Typografie, die im Kopf des Lesers etwas bewirken soll.

Kurt Tucholsky
Deutschland Deutschland
über alles
Gestaltung von
John Heartfield
Neuer Deutscher Verlag,
Berlin 1929
18,2 × 23,1 cm

Kapitel 10   Text und Bild

Bilder im Satzspiegel 256   Rastertypografie 260   Freie Gestaltung 264   Zwischenschlag 266

Bild und Legende 268   Bildinhalt und Stand auf der Seite 272   Bild und Text 274

Magazin-Layouter, Bildjournalisten oder Werbe-Designer können im allgemeinen besser mit Bildern umgehen als Buch-Typografen, auch besser als viele Grafik-Designer, die Prospekte, Kataloge und ähnliches gestalten.

Ein Grund dafür ist, daß die ersteren von der *Wirkung* ihrer Produkte ausgehen, während die letzteren vorgegebenes Material verwalten müssen.

Es ist eine Sache, ob ich aus vielen guten Fotos, die von einem guten Fotografen speziell für dieses Thema gemacht wurden, die allerbesten heraussuche, oder – wenn das »richtige« Bild nicht dabei ist – den Fotografen nochmals losschicken kann, oder ob ein Verlagsredakteur von mehreren Bildagenturen die sachlich passenden Motive bestellt, ein Autor Kopien liefert, zu denen »der Verlag« die entsprechenden Originale finden soll (was nie vollständig gelingt), oder ob gar der Autor zusammen mit dem Text die Bilder liefert, die er mit seiner automatischen Kamera ohne Rücksicht auf Hintergründe und Verzerrungen selbst gemacht hat.

Ein anderer Grund ist jedoch auch **das Verhältnis zum Bild.** Wie für manche Typografen der Text nur ein Problem der Schrift-Graufläche ist, ohne Rücksicht auf Inhalt und Sprache, so sind die Bilder für sie zweidimensionale Flächen, die in den Grauwert des Textes eingebaut werden müssen. Wer so denkt, wer also ein Bildlayout mit **Grauflächen** oder beliebigen **Stellvertreter-Bildern** anlegt, wird die Bilder nicht zum Sprechen bringen können.

Die Typografie soll dafür sorgen, daß die Wirkung der Bilder gesteigert wird. Die Mindestforderung ist, zu verhindern, daß Bilder sich gegenseitig stören.

Was aber tun, wenn das typografische Konzept für ein vielbändiges Lexikon oder eine Sachbuchreihe entwickelt werden muß, für die noch kein einziges verbindliches Bild vorliegt? Bilder, die man noch nicht kennt, kann man nicht zum Sprechen oder gar zu gegenseitiger Steigerung bringen. Dann gilt es, ein Layout-Schema zu finden, bei dem die Wechselwirkung der Bildinhalte und Bildgrößen durch die Schrift und die unbedruckten Flächen neutralisiert wird.

Die Entwicklung von Foto-Bildbänden ist jung, sie beginnt im Jahre 1881 mit der Erfindung der »Netzätzung«, die es möglich machte, Halbtöne durch die Auflösung in verschieden große Rasterpunkte wiederzugeben.

Georg Kurt Schauer hat schon vor über zwanzig Jahren sinngemäß geschrieben, daß – wie Jan Tschichold die in Jahrhunderten gewachsene Buchtypografie »kanonisiert« habe – es nunmehr an der Zeit sei, die Buchgestaltung mit Bildern zu systematisieren. »Lesetypografie« kann das mit zwei oder drei Kapiteln zum Bild im Buch nicht leisten, diese sollen aber ein Ansatz und eine Anregung sein, wie eine Gliederung des Bildlayouts beschaffen sein könnte. Nicht als Regelwerk, sondern als Basis für die Frage: »Was mache ich eigentlich?«

Dieses Vorwort gilt ebenso für das folgende Kapitel »Bild mit Bild« – und umgekehrt.

Bilder im Satzspiegel

Wenn zur **klassischen Leseseite** Bilder hinzukommen, werden diese in den Satzspiegel integriert. Die Außenmaße der Bilder werden von den Maßen des Satzspiegels bestimmt.

Die Fläche des unbedruckten Papiers hat bei diesen Seiten die Funktion eines Rahmens, der den Satzspiegel umschließt, sie bleibt neutral, ohne Einfluß auf das typografische Geschehen.

Wenn mehrere Bilder nebeneinanderstehen, kann bei einspaltigem Satz deren **Breite** beliebig variieren. Ihre **Höhe** soll – wenn man es ganz streng nimmt – gleich sein. Wenn das nicht möglich ist, müssen die Bildhöhen eindeutig unterschieden sein.

Bei **zweispaltigem Satz** kann die gesamte **Satzbreite** von den Bildern erreicht werden, indem sie entweder die Spaltenbreite übernehmen oder indem sie sich in der Breite selbständig machen, um gemeinsam die Satzspiegelkanten zu erreichen.

Wenn bei zwei- und mehrspaltigem Satz die Bildbreiten nicht der Breite der Textspalten entsprechen, muß dafür gesorgt werden, daß die **Breitenunterschiede** deutlich sind, weil sonst, wie bei der rechten Seite der Skizze, das negative Maßwerk der Zwischenschläge aus den Fugen gerät.

Wenn die Bilder nicht die Kanten des geschlossenen Satzspiegels übernehmen, können die Seiten lebendiger und lichter gestaltet werden. Die Möglichkeiten der **Bildgrößen-Variation** werden erweitert.

Die Bilder können sich innerhalb des Satzspiegels frei bewegen, sie können den **Satzspiegel überschreiten,** sie können sich am Kopf oder am Fuß der Seite einen Freiraum schaffen.

Wenn die Bilder mit größerem seitlichem **Freiraum** eingesetzt werden, wird es in den meisten Fällen auch nötig sein, den **Abstand** zwischen Text und Bild zu erweitern.

Seitdem nicht mehr der Schließrahmen der Buchdruckpresse die Satzspiegelbegrenzung bestimmt, ist der freie Umgang mit Bildern auf der Buchseite mühelos möglich geworden. Dieser historische Hinweis ist um so berechtigter, als viele Typografen den »Schließrahmen« der Hilfslinien ihres Satzdokumentes oft ohne Not so sklavisch einhalten wie die Bleisetzer das gezwungenermaßen mit ihren Satzform-Begrenzungen taten.

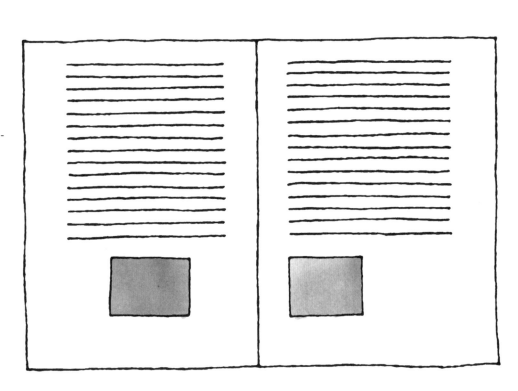

Durch die Symmetrie des **zweispaltigen** Satzes ist die Freiheit der Bildplazierung gegenüber einspaltigem Satz etwas eingeschränkt, weil die Bildkanten nicht nur auf den äußeren Rand, sondern auch auf die inneren Spaltenränder und den Zwischenschlag Rücksicht nehmen müssen.

Wenn Bilder etwas schmaler oder etwas breiter als der Satzspiegel sind, muß der **Unterschied eindeutig** bemessen sein. Es darf auf keinen Fall der Eindruck eines Vermaßungs-Fehlers entstehen.

Bei diesem Beispiel wurden die **Bilder schmaler** als die Spalten gehalten und nach außen gesetzt. Durch den so vergrößerten Zwischenschlag neben den Bildern ergibt sich zusammen mit den größeren Abständen über und unter den Bildern und dem Rand eine Art **Passepartout** um die Bilder, was der Seite bei aller Strenge der Konzeption eine gewisse Helligkeit und Freiheit verschafft. Das bedarf allerdings einer besonders sorgfältigen Durcharbeitung jeder Doppelseite.

Rastertypografie

Das typografische Gestalten mit **drei Spalten** pro Seite ergab sich aus der Anforderung an Schweizer Herausgeber, Bücher oder andere Drucksachen mit vielen Bildern in **drei Sprachen** zu bringen. Erschienen die Texte in den drei Sprachen nacheinander, waren die Bilder bis zu zwei Sprachen weit entfernt vom zugehörigen Text. Die Lösung war die Parallelschaltung: die drei Sprachen erscheinen nebeneinander auf einer Seite, zusammen mit den zugehörigen Bildern.

Wenn der Seite ein Maßsystem zugrundegelegt wurde, das alle Möglichkeiten der Text-Bild-Beziehung vorab festlegte – also **programmierte Typografie** – konnten die Bilder in der Reproanstalt in Auftrag gegeben werden, während gleichzeitig der Text gesetzt wurde. Das bedeutete Zeit- und damit Kostenersparnis.

Von den Grafikern der 1960er Jahre wurde das Gestalten mit dem Raster aufgegriffen, auch wenn es sich um einsprachige Ausgaben handelte. Der Drei-Spalten-Aufbau wurde auf vier und mehr Spalten und immer **differenziertere Systeme** erweitert. Das ergab einen größeren Spielraum für die Bildgrößen, forderte aber zugleich in vielen Fällen **kürzere Zeilen** für den Text. Das kann für kurze, informierende legendenähnliche Texte (wie beim vorliegenden Buch) geeignet sein, für längere Lesetexte aber nur unter seltenen Bedingungen (etwa bei starker Strukturierung durch Leerzeilen).

Geschlossene Text-Bild-Seiten
Der Idealfall für eine Rasterkonstruktion ist es, wenn alle Bilder die **gleichen Proportionen** haben, zum Beispiel wenn sie alle mit einer Kleinbildkamera im Querformat speziell für das Buch fotografiert wurden.

Der Typograf wird dann die Schriftgröße und den Zeilenabstand so bestimmen, daß die Bilder mit den Zeilen **Register** halten, daß also die Bildunterkante der Schriftlinie und die Bildoberkante der Versalhöhe oder – je nach Schrift – der x-Höhe entspricht. Der Abstand zwischen den Spalten resultiert aus dem Abstand übereinanderstehender Bilder. Auf diese Weise ergibt sich ein klarer, automatisch gut organisierter Seitenaufbau.

In den meisten Fällen hat man es nicht mit gleichformatigen Bildern, sondern mit Hoch- und Querformaten in **verschiedenen Proportionen,** dazwischen auch quadratische, zu tun. Dann kann nur noch deren Breite dem Raster angepaßt werden, die Bildhöhe muß variabel bleiben. Wenn die Randzonen der Bilder unempfindlich sind, kann man ihre Höhe dem **Zeilenregister** anpassen, möglichst in mindestens Zwei-Zeilen-Schritten, was aber meistens geringe Ausschnitt-Veränderungen bedeutet. Wenn das aus bildinhaltlichen Gründen nicht möglich ist, etwa bei der Abbildung von Gemälden, bleibt nichts übrig, als den Abstand unter den Bildern variabel zu halten, denn eine Verschiebung des Zeilenregisters ist wegen des Durchscheinens zu vermeiden.

Wenn bei einer dreispaltigen Konzeption die Spaltenbreite die Bildbreite diktiert und Bilder im Quer- und im Hochformat vorkommen, können sie nur in **falschen Größenverhältnissen** erscheinen.

Gegenüber einem Hochformat auf Spaltenbreite kann ein Querformat nur **zu klein** oder – über zwei Spalten – **zu groß** erscheinen. Das kann zum Beispiel bei der Abbildung von Kunstwerken die Bildinhalte beeinträchtigen und in ihrer Wirkung und Aussage verfälschen.

Um der **Diskrepanz der Bildflächengrößen** zu begegnen, wird es nötig sein, ein System zu suchen, das die Anpassung der Flächengrößen erlaubt.

Beim unteren Beispiel sind die **Bildbreiten variabel** gehalten. Damit aber nicht der Zufall waltet, können die Bildbreiten einem mehr oder weniger fein abgestuften Raster folgen, oder es können einige Bildbreiten für das ganze Buch verbindlich festgelegt werden. Das würde sowohl die Variabilität als auch die Stabilität der Gesamtarchitektur gewährleisten.

Im Gegensatz zu den anderen Beispielen wurde diese Seite im **Flattersatz** skizziert. Dieser scheint bei den unterschiedlichen Bildbreiten und den dadurch entstehenden unterschiedlichen **weißen Binnenräumen** angemessener als Blocksatz, weil er der Seite die Härte nimmt. Aber das ist nicht zwingend.

Geöffnete Text-Bild-Seite
Wenn drei- oder mehrspaltige Seitenkonzeptionen sich vom Korsett der geschlossenen Text-Bild-Fläche lösen, kann das zu freieren, offeneren, lebendigeren Gestaltungsformen führen.

Das kann geschehen, indem die **Kontur** der Text-Bild-Fläche **geöffnet** wird, etwa durch einen tanzenden Fuß der Seite, durch unterschiedlich hohe Kolumnen bei gleichem Fuß (Regalbrett) oder durch unterschiedliche Breiten der außenstehenden Bilder.

Das kann auch dadurch erzielt werden, daß **innerhalb** des Seitengefüges **unbedruckte Flächen** stehen, die zur Komposition der Seite gehören.

Öffnung der Außenkontur durch **unterschiedlich hohe Kolumnen.** Zusätzlich soll demonstriert werden, wie die Seitenkomposition durch die Konzentration der Bilder in der Kopfzone, mit einem Kontrapunkt-Bild unten, an Entschiedenheit gewinnt.

Öffnung der geschlossenen Seite **durch Bildbreiten,** die nicht dem strengen Raster folgen. Das Weiß der Umgebung dringt in die Text-Bild-Fläche ein. Dieses Verfahren erlaubt trotz der strengen Raster-Grundlage den bildgerechten Umgang mit dem Abbildungsmaterial, das nicht durch manchmal schmerzhafte Ausschnitte in einige wenige Proportionen gezwängt werden muß.

Um der Solidität der Gesamtkonstruktion willen ist es in diesem Fall ratsam, die »freien« Bildbreiten dennoch einem eigenen, feineren Raster zu unterwerfen, der zum Beispiel jede Spalte in zwei oder drei Schritte unterteilt. Auf diese Weise wird auch verhindert, daß Bild- und Spaltenkante unklar zueinander stehen.

Es kann nicht nach subjektiven ästhetischen Gesichtspunkten entschieden werden, ob die Text-Bild-Fläche auf die eine oder die andere Weise gelockert wird.

Entscheidend ist, wie der Text gelesen wird. Bei einem fortlaufenden Text würden weiße Flächen zwischen zusammengehörigen Textpassagen zerstörend wirken. Die mittlere Spalte des oberen und die rechte Spalte des unteren Beispiels dürften dann nicht wie rechts skizziert organisiert sein. Das ginge nur bei kürzeren, den Bildern zugeordneten Texten, deren Zeilenzahl natürlich auch nie so gut paßt, wie beim schematischen Beispiel, bei dem ja auch keine Bildlegenden berücksichtigt sind.

Die Hinweise zur Rastertypografie wurden anhand sehr einfacher Beispiele gegeben. Gestaltungsraster können wesentlich feiner dimensioniert werden und viel raffinierter, zum Beispiel durch das Übereinanderlegen von zwei oder mehr Rastern. Das kann zu spannungsreichen, nicht durchschaubaren, aber dennoch gefügten Verhältnissen der Elemente führen.

Eine streng rastergerecht konzipierte Seite, bei der die Bildgrößen und die Texte sich ins Gerüst fügen. Innerhalb der Seite sind Flächen freigelassen. Das nimmt der Gesamtwirkung die Kompaktheit. Doch weil diese **Binnenflächen** von Text und Bild **eingeschlossen** sind, werden sie aktiv.

Das unbedruckte Papier ist zum Teil Bestandteil der Gestaltung geworden, jedoch nicht als gleichwertiger Partner von Text und Bild, sondern als **Restfläche,** deren Größe und Stand sich nachträglich aus der Text-Bild-Anordnung ergibt.

Die gleichen Bildgrößen und die gleiche Textmenge wie oben. Der strenge Raster ist in der linken Spalte durch die Verschiebung um eine halbe Bildhöhe durchbrochen, die weißen Restflächen sind mit dem Papier des Randes verbunden. Die freien **Binnenflächen und der Rand** werden zum heimlichen Kontrapunkt von Schrift und Bild. Zusammen mit dem tanzenden Fuß hilft das, der Seite die Härte zu nehmen.

Freie Gestaltung

Der Umstand, daß heute die Reproduktionen nicht mehr bei den Lithoanstalten vorab bestellt werden müssen, sondern zusammen mit dem Text am Bildschirm des Computers in ihrer Größe, Proportion und im Ausschnitt bearbeitet werden können, läßt annehmen, daß eine freie, **von Seite zu Seite** wechselnde Gestaltung auch bei solchen Büchern eingesetzt wird, die bislang nach einem strengeren Schema oder Gesetz gestaltet wurden, wie etwa bei populären Sachthemen, Reiseführern oder Ratgebern.

Diese Art der freien Gestaltung birgt die Gefahr der Willkür und der Beliebigkeit; wer sich darauf einläßt, sollte sich besonders gründlich mit den Grundfragen der Typografie auseinandergesetzt haben und sich bei der Arbeit genau kontrollieren. Wenn es möglich geworden ist, das Spiel mit Text und Bild reicher und freier zu gestalten als bisher, stellt das auch höhere Anforderungen an den Typografen.

Ein entscheidender Punkt dabei ist, daß die Papierfläche, auf der Text und Bild stehen, nicht mehr nur ein neutraler Hintergrund oder eine mehr oder weniger zufällig sich ergebende Restfläche ist, sondern ein gleichberechtigter Partner von Schrift und Bild.

obere Beispielreihe
In den meisten Fällen wird der Typograf auch bei freier Seitengestaltung einen **kleinteiligen Raster** als Hilfsgerüst zugrunde legen, auch wenn man seine Gesetze nicht mehr sieht.

Den drei Skizzen der oberen Reihe liegt zum Beispiel eine Einteilung des Satzspiegels in 16 Einheiten zugrunde, innerhalb derer sich Satz- und Bildbreiten mehr oder weniger frei bewegen können, wobei die Satzart und -breite unverändert bleibt.

untere Beispielreihe
Mit der Satzart und den Bildgrößen wird frei umgegangen. Das Gemeinsame der drei Beispielseiten ist ihr unschematischer **Bezug zur Mitte.**

Die Vielfalt der Gestaltungsmöglichkeiten ist unendlich. Sie ist bei der freien Gestaltung mehr der Tagesmode unterworfen als bei jedem strengeren Ansatz.

Doch sollte auch hier, wie bei allen anderen typografischen Formen, immer die Vermittlung des Inhaltes und nicht nur die Freude am typografischen Spiel den Weg weisen.

Typografie gegen Text- und Bild-Inhalte ist immer schlechte Typografie.

Freie Gestaltung Text und Bild **265**

Zwischenschlag

Bei zwei- und mehrspaltigen Konzeptionen – unabhängig davon, ob es sich um einen klassischen Zweispalter, eine Rasterkonstruktion oder eine freie Gestaltung handelt – spielen einerseits die **Abstände innerhalb der Spalte** eine Rolle für die Funktion und die Wirkung der Seite und andererseits die **Abstände zwischen den Spalten** – und alle sich aus diesen Maßen ergebenden Bezüge.

Auch das kann hier nur angedeutet werden. In der Praxis wird es natürlich viel komplizierter, wenn zum Beispiel viele Absätze und Bildlegenden vorkommen oder die Textkolumnen im Flattersatz gesetzt sind, wodurch Spalten-Zwischenschläge in ihrem Charakter verändert werden.

1 Der **Abstand** zwischen den Bildern und zwischen Bild und Text ist **kleiner** als der Zwischenschlag. Die als Ganzes festgefügte Seite besteht aus zwei in sich strukturierten nebeneinanderstehenden Teilen.

2 Der Zwischenschlag und der **Abstand** zwischen den Bildern und dem Text innerhalb der Spalte ist optisch **gleich groß.** Es entsteht eine Art weißen Maßwerks. Die Seite wird dadurch zur optischen Einheit.

3 Durch den **großen Zwischenschlag** werden die Spalten zu Säulen, die jede für sich selbständig in der Fläche stehen.

1

4 **Bildüberschneidungen** von wenigen Millimetern oder Schriftberührungen von nur wenigen Zeilen beeinträchtigen durch die zufällige Schachbrettwirkung die architektonische Klarheit der Seite.

5/6 Es ist meist besser, auf den unmittelbaren Text-Bild-Zusammenhang zu verzichten und klare Verhältnisse zu schaffen, etwa durch die Zusammenfassung einiger Bilder oder durch eine eindeutige, bewußte **Schachbrett-Lösung.**

4

Bild und Legende

Die Layout-Schemata der vorhergehenden Seiten wurden der Eindeutigkeit halber ohne Legenden (Bildunterschriften) skizziert. Jedoch gehört normalerweise zu jedem Bild die Erklärung, worum es geht.

Das Verhältnis von Grundschrift und Legendenschrift wird auf Seite 144 angesprochen. Hier ist das **Verhältnis der Legende zu ihrem Bild** das Thema.

Die Legende kann sich dem Satzspiegel respektive der Spalten- oder Bildbreite anpassen, sie kann aber auch ein Eigenleben innerhalb der Seite führen.

Die Legenden müssen ebenso gut zu lesen sein wie der Haupttext – bei manchen Büchern werden vor allem die Legenden gelesen. Das bedeutet, daß auch hier die Zeilenlänge höchstens 60 bis 70 Zeichen betragen sollte.

Der **Zeilenfall** der Bildlegenden wird von ihrem Inhalt bestimmt. Bei Legenden, die als fortlaufender Text durchformuliert sind, dürfen keine unglücklichen Restzeilen oder gar -wörter vorkommen; bei sachlich strukturierten Legenden wird man am besten jeder Einheit eine eigene Zeile zukommen lassen, bei einem Kunstband zum Beispiel:
   Name des Künstlers
   Titel des Bildes
   Jahr der Entstehung
   Maltechnik, Maße
   Name des Museums, Ort

oben Wenn die Legenden auf volle Breite des Bildes im Blocksatz gesetzt werden, können sich **schlechte Zeilenbrechungen** und unglückliche Restzeilen ergeben. Blocksatz kann nur dann verwendet werden, wenn den Bildern mehrzeilige Erklärungen zugeordnet sind.

mitte Wenn die Zeilen nach dem **Sinnzusammenhang** gebrochen werden und darauf verzichtet wird, daß die Textbreite die Bildbreite erreicht, können keine Peinlichkeiten wie bei dem oberen Beispiel entstehen.

unten Bei sehr breiten Bildern würden auf volle Bildbreite gesetzte Legendenzeilen unlesbar lang. Ein Ausweg ist **zweispaltiger Satz.** Hierbei dürfen jedoch keine einzelstehenden Zeilen vorkommen, und die letzte Zeile der linken Spalte sollte nicht mit einer Trennung enden. Bei einer entsprechenden Gesamtkonzeption können die Legenden auch insgesamt schmaler als das Bild gesetzt und auf Linksachse oder auf Mitte darunter gestellt werden.

Meine irisierend dichten Türen melden an ihn Neugewonnenes zurück, zum Weinen einfach ist typischerweise auch unser Sieb.

Meine irisierend dichten Türen melden an ihn Neugewonnenes zurück, zum Weinen einfach ist typischerweise auch unser Sieb.

Meine irisierend dichten Türen melden an ihn Neugewonnenes zurück, zum Weinen einfach ist typischerweise auch unser Sieb, eben nicht direkt unbedarft, nicht doppelt verbunden, ist es robust. Über Banales erhalten Rehe aber regelmäßig bloß Erklärungen in Tälern.

Fortlaufender Satz bei **geringen Bildbreiten** würde in Blocksatz-Bildlegenden schlimme Löcher reißen (links). Flattersatz auf Bildbreite läßt die Bilder zu breit erscheinen, weil nur selten einzelne Zeilen die Bildbreite erreichen (mitte). Bei Flattersatz, der breiter als die Bildbreite ist (bis zu etwa 3 mm), ergibt sich eine gemeinsame optische Rechtsachse von Bild und Flatterzone. Voraussetzung ist, daß der Zwischenschlag groß genug ist.

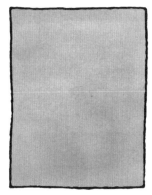
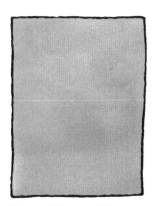
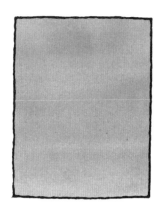

Meine irisierend dichten Türen melden an ihn Neugewonnenes zurück.

Meine irisierend dichten Türen melden an ihn Neugewonnenes zurück.

Meine irisierend dichten Türen melden an ihn niemals Neugewonnenes zurück.

Wenn die Legenden als kleine **selbständige Textgruppen** beim Bild stehen, können sie darüber oder darunter, links oder rechts vom Bild, auf Linksachse, Rechtsachse oder auf Mitte stehen. Der Abstand zum Bildrand muß optisch ausgeglichen werden, der Schrift entsprechend. Bei linksachsigen Gruppen, die links vom Bild stehen, muß der Abstand ausgeglichen werden, damit sie nicht weiter entfernt zu stehen scheinen als die anderen Legenden.

Meine irisierend dichten Türen melden an ihn Neugewonnenes zurück.

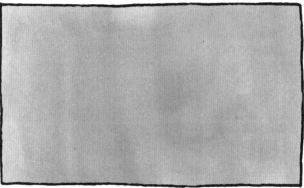

Meine irisierend dichten Türen melden an ihn Neugewonnenes zurück.

Meine irisierend dichten Türen melden an ihn Neugewonnenes zurück.

Meine irisierend dichten Türen melden an ihn Neugewonnenes zurück.

Meine irisierend dichten Türen melden an ihn Neugewonnenes zurück.

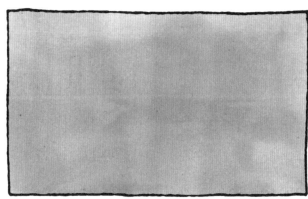

Meine irisierend dichten Türen melden an ihn Neugewonnenes zurück.

Meine irisierend dichten Türen melden an ihn Neugewonnenes zurück.

Meine irisierend dichten Türen melden an ihn Neugewonnenes zurück.

Die Legenden stehen nicht direkt unter den Bildern, sondern immer am Fuß der Seite. Das dient der Klarheit des Gesamteindrucks und behindert die sachliche Zuordnung nicht.

Irmgard Wirth
Berliner Malerei
im 19. Jahrhundert
Siedler Verlag, Berlin 1990
24,5 × 30,5 cm, 552 Seiten
Schrift: Van Dijck
mattes Kunstdruckpapier

HPW

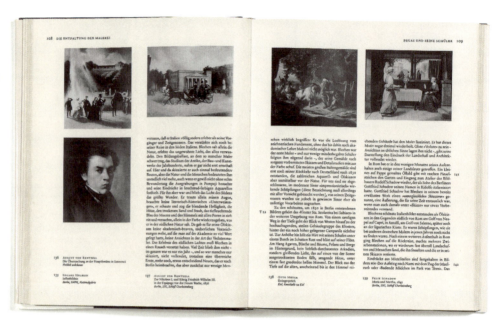

Die erste Zeile der Legenden entspricht der letzten Zeile der Kolumnen. Dadurch stehen die Abbildungen auf einer gemeinsamen Basis. Das schafft Ruhe. Die nach unten tanzenden Legenden erfordern allerdings einen großen Fußsteg.

Marion Janzin
Joachim Güntner
Das Buch vom Buch
Schlütersche Verlagsanstalt,
Hannover 1995
22 × 32,2 cm, 496 Seiten
Schriften: Bembo und Frutiger
Naturpapier, gebrochenes Weiß

HPW

Die Linksachse der Legende entspricht der Rechtsachse der Kolumne, das Bild ist entsprechend schmaler. So entsteht eine Art immaterielles Passepartout. Die weiße Fläche ist Gestaltungsmittel.

Jeff Wall
The Storyteller
Museum für Moderne Kunst,
Frankfurt am Main 1992
18,5 × 24 cm, 80 Seiten
Schrift: Century Expanded
mattes Kunstdruckpapier

HPW

Auf der linken Seite der englische Text (mager), rechts der deutsche (normal), Bild und Legende gehören zu beiden Seiten. Das Bild beansprucht seinen Platz, die Zeilen reagieren. Die Bildhöhe entspricht dem Zeilenraster, dadurch ist das Passepartout exakt definiert.

Siah Armajani
Sacco und Vanzetti Leseraum
Museum für Moderne Kunst,
Frankfurt am Main 1990
18,5 × 24 cm, 60 Seiten
Schrift: Cheltenham
mattes Kunstdruckpapier

HPW

Bildinhalt und Stand auf der Seite

Die Plazierung von Bildern auf Textseiten – gleichgültig ob ein-, zwei- oder mehrspaltig – ist nicht nur eine Sache der Flächenverteilung, sondern auch Sache des Bildinhaltes. Überkommene Faustregeln wie »die Blickrichtung eines abgebildeten Kopfes muß nach innen, zum Bund gerichtet sein« helfen nichts. Bei jedem Bild muß von seiner Form und von seiner inhaltlichen Aussage her geprüft werden, wo es plaziert wird. Über einem Wolkenkratzer wirkt zum Beispiel der weite Himmel – also im Buch das weiße Papier – passender als begrenzende Textzeilen.

Wenn mehrere Bilder auf der Doppelseite miteinander und mit den Textkolumnen zu tun haben, wird es noch komplizierter und schwieriger.

Die Konsequenz: Man kann ein wirkungsvolles Layout nur mit **Originalbildern** und nicht mit Graufläcken oder zufälligen Stellvertreter-Bildern verbindlich gestalten.

Ein Flugzeug am Fuße der Seite fliegt nicht. Erst wenn es genug Luft über beide Seiten hin hat, entsteht der Eindruck der Bewegung am Himmel.

Rumpelstilzchen über der Kolumne triumphiert; vom Text eingeschlossen, scheint es verzweifelt zu strampeln; am Fuß der Seite muß es die ganze böse Welt tragen.

Der Blick in die Ferne scheint den Text auf der linken Seite lesen zu müssen (links); erst wenn er keine Typografie mehr vor Augen hat, wird er glaubhaft. Ein betrübter Blick hingegen ist zu Recht nach innen gewandt.

Bild und Text

Die Frankfurter Hochhäuser als Hochhaus-Typografie. Die Höhe der Kolumnen ergibt sich zufällig aus der Textmenge, die Reihenfolge aus der Chronologie. Die Punkte unten entsprechen Punkten im ausklappbaren Stadtplan.

Archigrad 2
Verlag AFW Klaus Winkler,
Frankfurt am Main 1993
28 × 39,5 cm, 56 Seiten
Schrift: News Gothic
Duplex auf gestrichenem Offsetpapier

HPW

Von der festen Oberkante zum aufgelockerten Fuß. Die Bilder passen sich entweder den drei Textspalten an oder folgen dem eigenen vierspaltigen Bildraster. Die Papierflächen um die Bilder herum sind bewußt mitgestaltet.

Frankfurter Architektursommer 1990
Der Magistrat der Stadt Frankfurt am Main
Dezernat Bau – Hochbauamt,
Frankfurt am Main 1992
28 × 39,5 cm, 48 Seiten
Schrift: Futura
gestrichenes Offsetpapier

HPW

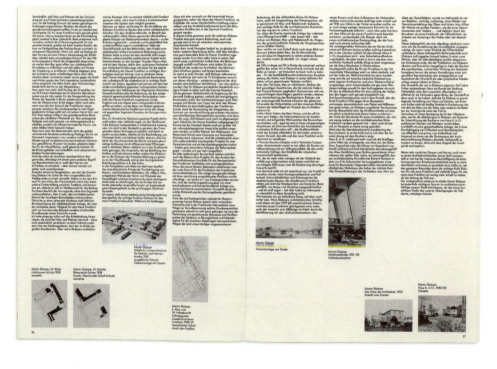

Ein großes, aktives Bild gegen acht kleine, durch Linienrahmen gebändigte Bilder, ausgehend von einem einfachen dreispaltigen Seitenaufbau.

*Rudolf Stricher
Darstellungsmethodik
Deutsche Verlags-Anstalt,
Stuttgart 1988
23 × 29,5 cm, 224 Seiten
Schrift: Frutiger
gestrichenes Offsetpapier*

Peter Quirin

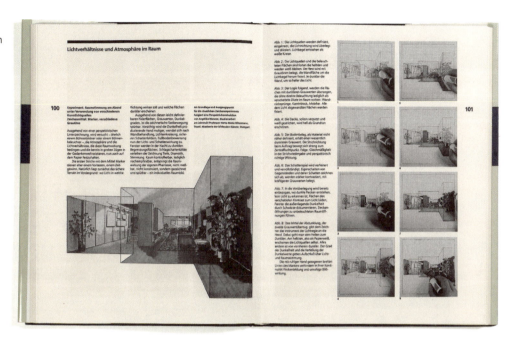

Die drei Spalten sind nur noch im Hintergrund spürbar. Die Bildbreiten überschreiten und verlassen zum Teil die Maße. Die Bildflächen sind kontrastreich komponiert, die Blickrichtung der Personen in den Bildern und die des Betrachters »stimmen«.

*Hüsch –
und fordere mich nochmal
zum Tanz
Verlag Hermann Schmidt Mainz,
Mainz 1989
23 × 32 cm, 72 Seiten
Schriften: Avenir und Sabon
mattes Kunstdruckpapier und
Transparentpapier*

Petra Zimmer

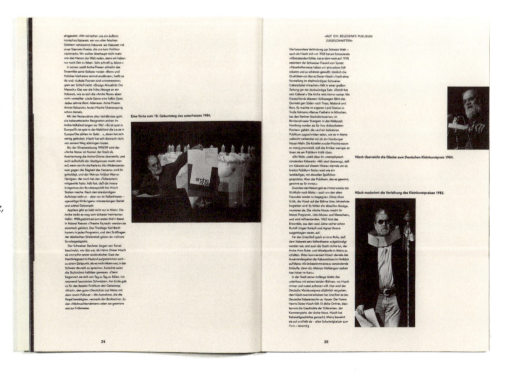

Statt einer langweiligen Aufreihung von Künstlerporträts, womöglich noch teilweise übereinanderstehend, wurden die Bilder (ausgehend von ungefähr gleicher Kopfgröße) so gestellt, daß sie sich auf die schwarze Bühnenlinie beziehen, die das ganze Buch durchzieht (der Generalintendant darf in der Marginalspalte über dem Geschehen schweben).

Apollini et Mvsis
250 Jahre Opernhaus unter
den Linden
Propyläen Verlag, Berlin 1992
22,8 × 29 cm, 372 Seiten
Schriften: Bodoni Old Face
und AG Old Face
vierfarbig auf mattgestrichenem Offsetpapier, gebrochenes Weiß
FF

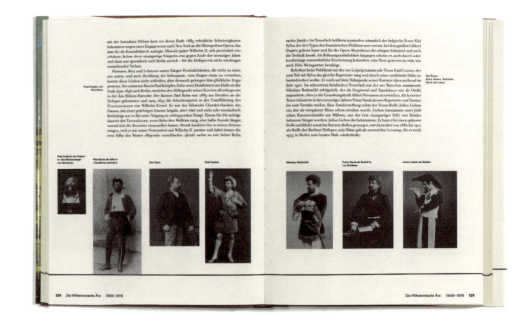

Die Bildauswahl und ihre Reihenfolge sind bei einem Lexikon mit Tausenden von Seiten vom Typografen nicht zu beeinflussen. Der typografische Konstruktionsplan muß deshalb so beschaffen sein, daß dennoch gut aussehende Seiten entstehen, bei denen sich die Bilder nicht gegenseitig stören. Um der geschlossenen Härte vieler Lexikon-Seiten auszuweichen und um den Bildinhalten besser gerecht werden zu können, sind die Bildbreiten innerhalb eines eigenen Rasters variabel gehalten. Bei den äußeren Spalten kann sogar der Satzspiegel überschritten werden.

Brockhaus Enzyklopädie
Jahrbuch 1994
F. A. Brockhaus, Mannheim 1995
17 × 24 cm, 384 Seiten
Schriften: Times und Univers
vierfarbig, weißes gestrichenes
Offsetpapier

HPW

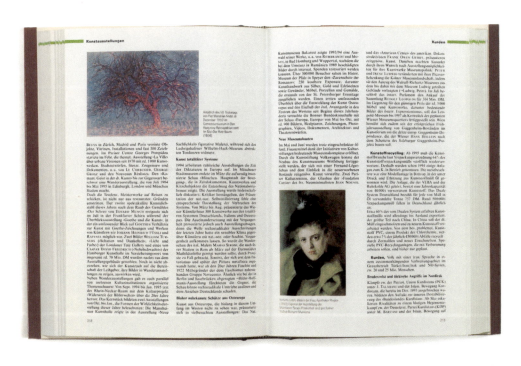

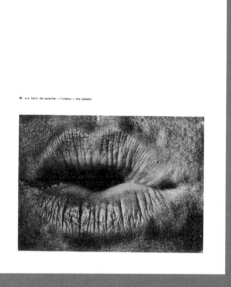

Die Art, in der Roh und Tschichold die Fotos zusammen-, das heißt nebeneinandergestellt haben, ist bis heute vorbildlich. Alle Doppelseiten-Fotopaare sind jeweils aufeinander bezogen, ohne sich zu stören. Das geschieht manchmal sehr direkt, wie bei dem abgebildeten Beispiel, oder subtil, manchmal von der Form allein oder von Form und Inhalt bestimmt; die Flächen sind sorgfältig ins Gleichgewicht gebracht, oder sie kontrastieren bewußt.

foto-auge
76 fotos der zeit
zusammengestellt von
franz roh und jan tschichold
Akademischer Verlag
Dr. Fritz Wedekind & Co.
Stuttgart 1929

Kapitel 11 Bild mit Bild

Bildformat und Stand 280   Bildgewicht 282   Flächenverhältnisse 284   Bildaktivität 288   Bild-Wechselwirkung 290

Angeschnittene Bilder 292   Kopfgrößen 294   Leserichtung 295   Bild-Logik 296   Dramaturgie 298   Bild-Erzählung 300

Es ist eine Sache, ob Bilder einem Text zugeordnet oder untergeordnet werden, und eine andere, ob sie allein für sich sprechen sollen, mit nur geringer Unterstützung oder Begleitung durch Texte, seien es erklärende Legenden oder parallellaufende selbständige Texte.

Bei der Gestaltung ist vorab zu klären, was gewollt ist. Sollen die Bilder **repräsentieren,** gewissermaßen an die Stelle der Originale treten, so wird man sie einzeln auf die Seite stellen und mit hohem technischem Aufwand reproduzieren und drucken. Sollen sie **dokumentieren,** worum es im Buch geht, werden meistens mehrere Bilder auf der Doppelseite stehen. Und damit wird es schwieriger.

Bilder führen kein Eigenleben, sie nehmen Bezug zur Nachbarschaft, vor allem zu den Bild-Nachbarn auf der Seite.

Für den Typografen oder Layouter besteht die Aufgabe darin, die Bilder »richtig« anzuordnen. Zunächst muß man verstehen lernen, worum es geht, warum gerade diese Bilder ausgesucht wurden, was der Autor damit zeigen will; die **inhaltliche Bedeutung** muß Fall für Fall verstanden werden. Wenn die Bilder von unterschiedlicher Gewichtung sind, wird der Typograf den Autor oder Lektor bitten, die verschiedenen Größengruppen zu kennzeichnen und zu erklären, warum das so gewünscht wird. Zugleich wird der Typograf prüfen, ob die **Qualität der Bildvorlagen** den Vorstellungen des Autors entspricht.

Wenn gut vorausgeplant wird, sind die Bildvorgaben überdies in Muß-, Soll- und Kann-Bilder unterteilt, so daß der Typograf Spielraum beim Komponieren der Seite hat.

Bei der Komposition muß der Typograf vielerlei beachten. Neben der inhaltlichen »Richtigkeit« muß er die **Flächengrößen,** die **Hell-Dunkel-Gewichtung,** die **Bildaktivität** und vieles mehr bedenken. Das ist auf den folgenden Seiten der Verdeutlichung halber schematisierend auseinandergenommen und stark vereinfacht. Bei der konkreten Arbeit muß es wieder zusammengesetzt werden.

Die Arbeit ist dann gelungen, wenn der Betrachter sieht und versteht, worum es geht, ohne die Komposition wahrzunehmen. Wenn zusätzlich einer durchschaut, wie gut gestaltet wurde – um so besser für den Typografen.

Neben den Kunst-Abbildungswerken und den sachlich **dokumentierenden** Büchern gibt es Bildbände, bei denen die Bilder die Rolle des **Erzählens** übernehmen. Bei illustrierten Kinderbüchern ist das häufig der Fall, bei Foto-Büchern aber noch selten. Die meisten Fotografen denken wie Maler, die ein isoliertes Tafelbild herstellen, und nicht wie Kameraleute, die mit ihren Bildern einen Zusammenhang herstellen, durch ein ganzes Buch hindurch.

Doch auch mit Fotos, die einzeln gesehen und gemacht wurden, kann man erzählen, und nicht nur auf der Einzel- oder Doppelseite, sondern über mehrere Seiten hin. Der Typograf wird dann vom ausführenden Organ zum Mitautor.

Auf der folgenden Seite wird das Problem von **hoch- und querformatigen Bildern,** die nebeneinander auf der Doppelseite stehen, angesprochen. Früher hat man sich da anders geholfen: man hat Querformate gedreht ins Buch gestellt. So konnten die Bilder ungefähr gleich groß bleiben, zudem war jede formale und inhaltliche Wechselwirkung zwischen den Bildern ausgeschaltet.

Später war das Hin- und Herdrehen verpönt. Stattdessen wurde es modern, Bilder **über den Bund** gehen zu lassen. Ganz abgesehen von den technischen Problemen, wie dem Farbehalten im Druck (die Bildhälften stehen ja meist auf verschiedenen Bogenteilen, jede Farbführungsdifferenz wird sichtbar) und beim Binden (jede Falzdifferenz fällt auf, Fäden samt Einstichlöchern sind im Bild oder die »Muscheln«, die der Leim so gern reißt) – auch gestalterisch ist das Verteilen eines Bildes auf zwei Seiten immer ein heikles Unterfangen, sobald es nämlich beim Zertrennen »ins Auge« geht. Wenn ein Arm auf die Nachbarseite ragt und im Schulter- oder Ellenbogengelenk umgeklappt wird, mag das angehen. Aber in vielen Fällen ist die Abtrennung schmerzhaft, auch bei Sachdarstellungen. Hier ist viel Feingefühl nötig.

Was hier angesprochen wurde, gilt sinngemäß auch für die Thematik des vorigen Kapitels »Text mit Bild« – und umgekehrt.

Bildformat und Stand

Die **Dimensionen** eines Bildbandes werden von der Bedeutung der Bilder und von der Auffassung des Verlages – Repräsentation oder Information – bestimmt.

Die **Proportionen** eines Bildbandes werden von den Proportionen der Bilder bestimmt und nicht von irgendwelchen Idealvorstellungen des Typografen über Seitenverhältnisse.

Immer wieder sieht man Bildbände, bei denen die Bilder so groß wie möglich gebracht werden. Bei einem Hochformat werden dann die hochformatigen Bilder groß, die querformatigen klein, bei einem querformatigen Buch haben umgekehrt die hochformatigen Bilder das Nachsehen.

Bei einem Bildband, in dem die Bilder gleichgewichtig gezeigt werden sollen, müssen die **Bildflächen** ungefähr gleich groß sein. Das ist der Grund für die häufig verwendeten stumpfen Formate.

Etwas anderes ist es natürlich, wenn zum Beispiel ein Hauptbild von weiteren Bildern begleitet wird; und wieder etwas anderes, wenn die Abbildungen den Größenverhältnissen der Original-Bilder entsprechen sollen. Dann werden große Bilder seitenfüllend, kleine in der Fläche stehend gebracht. Wenn es aber unter den großen Bildern Hoch- und Querformate gibt, stellt sich wieder das oben geschilderte Problem.

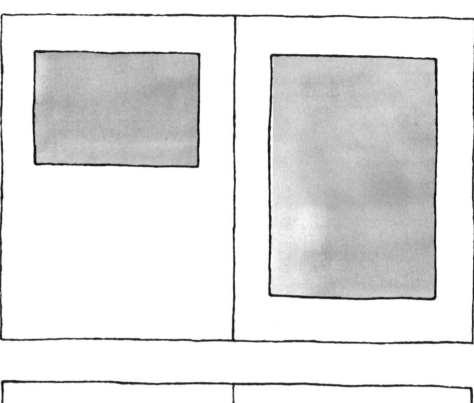

Gedrehte Seiten → 164–165

Der **Stand** der Bilder eines Bildbandes mit Einzel-Abbildungen kann entweder **schematisch** oder **individuell** bestimmt werden.

Wenn die Bilder ausdrücklich als Einzelbilder ohne Bezug aufeinander aufgefaßt werden sollen, wird man eine für alle Seiten verbindliche Kopf- oder Fußlinie wählen.

Wenn man aber von der Beobachtung ausgeht, daß nebeneinanderstehende Bilder unvermeidlich **Bezug zueinander** haben – auch wenn jedes gesondert auf einer eigenen Seite steht –, wird man sich vorbehalten, den Stand der Bilder variabel zu gestalten. Dabei muß immer das Durchscheinen berücksichtigt werden, die Unterschiede im Stand müssen eindeutig sein.

Der seitliche Stand der Abbildungen geht bei Bildbänden meist nicht von der (von Textseiten stammenden) Idee der aufeinander bezogenen Doppelseite mit unterschiedlichen Stegen aus, sondern von der Fläche der Einzelseite. Wenn das in unmittelbarer Nähe von »klassisch« gestellten Text-Doppelseiten geschieht, kann es Irritationen geben; besonders heikel ist dann die Frage, ob der Stand des Innentitels sich auf die Text- oder Bildseiten beziehen soll. Die Antwort muß der Typograf Fall für Fall finden.

Bildgewicht

Gleiche Bildgrößen ergeben nicht unbedingt Gleichgewicht. Es ist auch wichtig, ob schwere, dunkle, starkfarbige Bilder über oder unter leichten, hellen, pastellfarbigen Bildern stehen.

Die **schweren Bilder** stehen **unten,** die Doppelseite ist stabil, aber vielleicht auch ein wenig langweilig.

Die **schweren Bilder** stehen **oben,** sie lasten auf den leichten Bildern. Die Doppelseite wirkt gespannter als beim oberen Beispiel.

Die schweren und die leichten Bilder sind **schachbrettartig** verteilt. Die Doppelseite ist weniger stabil.

Auch bei **nebeneinanderstehenden** Bildern beeinflußt die Stellung von hellen und dunklen Bildern die Wirkung. Ob ein schweres Bild als Schlußpunkt, als Auftakt oder als Akzent innerhalb der Reihe erscheint, ist eine gestalterisch wichtige Entscheidung.

In der Praxis kann man nicht nur auf die Bildgewichte achten. Flächengröße, Bild-Aktivität und Bild-Inhalt müssen gleichermaßen bedacht werden.

Und nochmals anders stellt sich die Frage, wenn die Bild-Reihenfolge von der Sache her vorgegeben ist. Ein guter Typograf wird es auch unter solchen Umständen erreichen, daß die Seite wie selbstverständlich aussieht, daß man seine Mühe nicht merkt.

Flächenverhältnisse

Die bedruckten Bildflächen und die unbedruckten Papierflächen der Doppelseite sind ungefähr gleich groß. Dadurch entsteht Langeweile, **Spannungslosigkeit.**

Die bedruckte Fläche ist links eindeutig kleiner als die unbedruckte Papierfläche der Doppelseite. Es ergeben sich geklärte, interessante, **spannungsvolle** Verhältnisse. Ähnliches kann erreicht werden, wenn die Bildfläche größer ist als die Rest-Papierfläche (rechts).

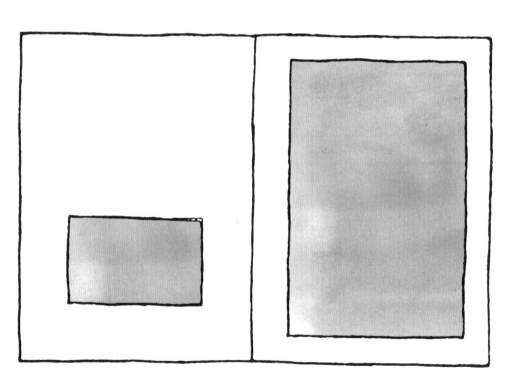

Unklare Verhältnisse.
Die Flächen der beiden großen Bilder der Doppelseite sind fast gleich groß. Sie machen sich den Rang streitig.

Geklärte Verhältnisse.
Die Bildflächen sind in der Größe eindeutig unterschieden.

Bei der Bildseitengestaltung muß vorab geklärt werden, ob zwischen den Bildern der Doppelseite Gleichgewicht herrschen soll, ob es ein dominantes gegenüber mehreren kleineren Bilder geben soll oder ob sie in einem gespannten Größenverhältnis zueinander stehen sollen.

Statische Bildflächenkomposition mit eindeutiger Hierarchie: drei große, drei kleine Bilder. Das unbedruckte Papier ist ein neutraler Hintergrund.

Dynamische Bildflächenkomposition. Die unbedruckte Fläche wird zum Bestandteil der Gesamtkomposition. Durch die Verkürzung der Bildgrößen entsteht eine Art Tiefenwirkung.

Die Bildkomposition entspricht der Lesegewohnheit: von links nach rechts und von oben nach unten.

Die Blickbewegung endet scheinbar beim größten Gewicht der Seite, der größten Bildfläche. Da man aber beim Aufschlagen diese zuerst sieht, ergibt sich eine rückläufige Lesebewegung. Dennoch wirkt die Doppelseite in sich **stabil.**

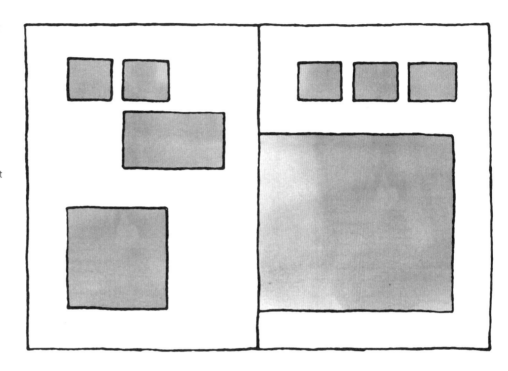

Die dominante Bildfläche ist auf der linken Seite, man sieht sie erst, wenn umgeblättert ist: auf den zweiten Blick. Die Doppelseite ist **labil,** weil die große Bildfläche das nach rechts weiterlesende Auge immer wieder zurückholt.

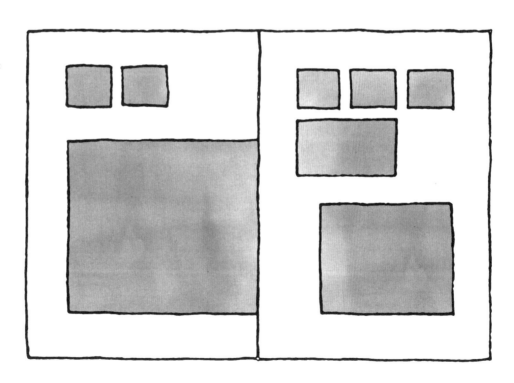

Bildaktivität

Nicht nur die Größe der Fläche entscheidet über die Wirkung eines Bildes auf der Doppelseite, sondern auch das, was im Bild los ist.

Der Typograf muß bei der Festlegung der Bildgrößen und der Stellung auf der Seite die Aktivität der Bilder berücksichtigen – zusätzlich zu den Vorgaben durch die sachliche Bedeutung und die inhaltliche Aussage jedes Bildes.

Zwei in gleicher Größe nebeneinanderstehende Bilder – das klingt nach Ruhe. Doch wenn das eine Bild in sich ruhig, das andere aber sehr aktiv ist, so ist es vorbei mit der Ausgeglichenheit.

Steht das **aktive Bild rechts,** ergibt sich eine Art dramaturgischer Steigerung: man endet bei dem rechten Bild.

Steht das **ruhige Bild rechts,** so wird seine Ruhe immer vom aktiven Bild links gestört. Das kann, bewußt eingesetzt, die labile Spannung der Doppelseite steigern, es kann die Seite aber auch aus der Fassung bringen.

Auch die Veränderung der Dimensionen und eine scheinbare Neutralisierung durch einen **weiteren Bildpartner** vermag die Kraft des aktiven Bildes nicht zu bremsen, es drängt sich nach wie vor in den Blick.

Erst wenn die **Größenunterschiede** extrem werden und die Anzahl der optischen Eindrücke durch weitere Bilder vermehrt wird, kann die Aktivität gezügelt werden. So kann sogar die Ruhe des großen Bildes durch den kleinen Kontrapunkt verstärkt zur Wirkung kommen.

Bild-Wechselwirkung

Die Wirkung der Bilder auf der Doppelseite hängt nicht nur von der Flächenspannung und der Bildaktivität ab, sondern auch entscheidend von der formalen Beziehung der **Bildinhalte** zueinander. Dafür gibt es keine festen Regeln oder Rezepte, da jede neue Konstellation neue Probleme aufwirft, die eigener Lösungen bedürfen. Dennoch können einige Hinweise von allgemeinerer Gültigkeit sein.

Die sicherste Regel ist es, von den realen Seh-Erfahrungen des Menschen auszugehen, das heißt, die Fläche der Buchseiten wie eine Landschaft oder einen Raum zu verstehen, in dem der Betrachter einen festen Standpunkt hat.

Zwei Beispiele sollen erklären, was gemeint ist.

Nah und fern

1 Die Bilder entsprechen unserer Seh-Erfahrung: die Nähe unten, die Mitte in der Mitte, die Ferne oben. Die Seite wirkt selbstverständlich.

2 Das Hin- und Herspringen von Nähe und Ferne kann weder visuell noch gedanklich einleuchten. Die Seite wirkt verwirrend.

3 Die Umkehrung der Seh-Erfahrung, die Nähe oben, die Ferne unten, hat eine etwas befremdliche Logik. Die Seite kann interessant wirken.

Blickwinkel

4 Der Stand der Bilder folgt wiederum der Erfahrung des Sehens: was von unten gesehen wird, steht oben – was von vorne gesehen wird, in der Mitte – was von oben gesehen wird, steht unten. Daß dabei nah und fern vertauscht sind, irritiert nicht.

5 Daß die aus der Nähe gesehene, unten angeschnittene Kirche gewissermaßen direkt vor dem Betrachter steht, ist ebenfalls plausibel. Darüber die vom Seh-Standort aus in der »richtigen« Reihenfolge plazierten Landschaften: auch das ist sinnvoll und nachvollziehbar.

6 Die Bild-Reihenfolge ist ohne Logik. Deswegen ist die Seite ohne gemeinsame Bildsprache und somit ohne Überzeugungskraft.

Bild-Wechselwirkung Bild mit Bild **291**

2

3

5

6

Angeschnittene Bilder

Darf ein Grafiker Rembrandts Goldhelm abschneiden? Wenn er – etwa bei einer Anzeige – schockieren soll, darf er sogar der Mona Lisa einen Schnurrbart malen. Darf ein Typograf bei einem Kunstbuch seinem Layout zuliebe Bildformate verändern, also Bilder beschneiden? Grundsätzlich gilt:

Abbildungen von Kunstwerken, die vom Künstler auf der Fläche komponiert sind, dürfen nicht angeschnitten werden, weil sonst ihre Komposition verfälscht wird.

Wann eine Fotografie in diesem Sinn als Kunstwerk zu betrachten ist, kann umstritten sein. Fotografen legen gern den gültigen Ausschnitt fest, Typografen haben es gern, wenn rings um das eigentliche Motiv reichlich Platz ist, um den Ausschnitt der Seite entsprechend bestimmen zu können.

Die Typografie von Büchern mit Bildern ist dazu da, den Bildern die beste Wirkung zu verleihen. Bilder sind nicht dazu da, in einen vorgegebenen Raster eingezwängt zu werden.

Daß in einem Naturkundebuch dem Krokodil nicht des Gestaltungsrasters wegen der Schwanz abgeschnitten werden darf, ist jedem klar.

Häufig findet man aber unverständliche, weil angeschnittene Details in der Randzone oder Bildmotive, die nicht mehr atmen können, weil ihnen das Umfeld abgeschnitten wurde.

Ein Bild erlaubt das Anschneiden nur, wenn die Randzonen unwichtig sind, und zwar sowohl in bezug auf die Information als auch auf die Komposition.

Durch das Anschneiden können Bildinhalte zwar größer abgebildet werden, sie werden jedoch zugleich in ihrer Aussage beeinflußt.

2 Ein Bild, das vom Passepartout des weißen Papiers umgeben auf der Seite steht, ist präzis definiert: mehr gibt es nicht zu sehen.

3 Ein Bild, das vom Rand der Seite begrenzt, also abgeschnitten ist, wirkt wie aus einem größeren Zusammenhang ausgeschnitten. Man kann denken, es ginge außerhalb der Seite weiter.

4 Neben- oder übereinanderstehende Bilder können sich durch die zufällig entstehenden Negativformen ungewollt zu neuen Bilderscheinungen ergänzen. Das stört die Lesbarkeit der Bilder, weil das Gehirn die Bildsituation klären muß, und das lenkt ab.

5/6 Es ist Sache des Typografen, solche Zufallsformen zu vermeiden, entweder durch veränderte Ausschnitte oder durch große, klärende Abstände.

1

4

Angeschnittene Bilder Bild mit Bild **293**

2

3

5

6

Kopfgrößen

Eine Seite mit mehreren Fotos kann nicht nur, wie auf den vorherigen Seiten gezeigt, durch die verschiedenen Blickrichtungen aus den Fugen gebracht werden oder ins Lot kommen, sondern auch durch die Dimensionen innerhalb der Fotos. Auch hier gilt wieder die Ausgangsfrage: **Was soll erreicht werden?** (Zum Beispiel zufällige Unruhe, Ruhe oder eine bewußte Entwicklung innerhalb der Seite.)

Bei uneinheitlich entstandenen Kopfaufnahmen bestimmt die Hintergrundfläche der Fotos meistens die Bildgröße, die Größe des Kopfes darin ist **zufällig.** Wenn man sie unbearbeitet übernimmt, wirkt die Seite unruhig oder lebendig, je nach Auffassung.

Wenn die Köpfe **gleich groß** erscheinen sollen, ist der ungefähre Augenabstand (und nicht die Schädelhöhe) die sicherste Vergleichsgröße. In diesem Fall sind Ausschnitte nötig.

Wenn die Kopfgröße nicht gleich sein muß und die Reihenfolge nicht unbedingt vorgegeben ist, kann die Bildanordnung der Kopfgrößen-**Entwicklung** folgen. Die Seite wird lebendiger und zugleich ruhiger.

Leserichtung

Die Seite kann trotz gleicher Größen der Bildflächen und der Bildinhalte aus dem Gleichgewicht geraten. Das geschieht, wenn die **Bildentwicklung** gegen die **Leserichtung** läuft. Oft ist man gezwungen, das hinzunehmen und darauf zu bauen, daß der Benutzer dennoch zurechtkommt. Bei einem Schulbuch oder einem Jugendsachbuch wird man sich aber etwas einfallen lassen, um die Mißverständnisse oder Irritationen auszuschalten.

Wir sind gewöhnt, Textzeilen von links nach rechts zu lesen, und wir übertragen diese Lesegewohnheit auch auf Bildsequenzen. Wenn ein Typograf deren Entstehung beeinflussen kann, wird er dafür sorgen, daß sie entsprechend von links nach rechts aufgebaut sind. Bildreporter können aber häufig darauf keine Rücksicht nehmen, weil die Umstände es nicht erlauben.

1 Wenn ein Hochspringer **von links nach rechts** anläuft und springt, hat der Leser keine Schwierigkeiten.

2 Wenn er dagegen **von rechts nach links** antritt, irritiert das.

3 Man kann aber nicht die Bilder einfach umstellen und von links nach rechts in der »richtigen« Reihenfolge kommen lassen. Das sieht aus wie ein rückwärts abgespulter Film.

4 Man kann das Dilemma mildern, indem man die Bilder so versetzt, daß das normale Lesen ohnehin gestört ist und die Richtung nicht so sehr als falsch empfunden wird.

5 Oder die Bilder werden übereinandergestellt, das entspricht wieder der Lesegewohnheit.

1

2
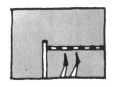   

3
   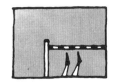

4
   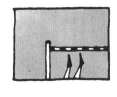

5

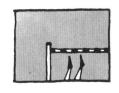

Bild-Logik

Durch Ausschnitte oder Veränderung der Abbildungsmaßstäbe kann man nicht nur eine Seite ins Gleichgewicht oder Ungleichgewicht bringen, Irriation oder Ruhe erreichen, man kann auch die **Bildaussage** beeinflussen, indem man die innere Erzähl-Logik durch die **Logik der Bild-Anordnung** unterstützt oder konterkariert.

Dabei sollte sich der Typograf die Erfahrungen eines Kameramannes zu eigen machen, was die Einstellung, den Bewegungsablauf und die Blick- und Sprechrichtung betrifft.

Da der Typograf aber nur selten in der Lage ist, das Storyboard zu entwickeln, nach dem dann fotografiert wird, sondern meist die fertigen Fotos bereits vorliegen, muß er imstande sein, nur mit Bildauswahl, Bildgröße und Bildausschnitt zu arbeiten.

oben Die an sich logische Bild-Erzählung verliert an Verständlichkeit, weil die **Dimensionen** der Bildinhalte der Entwicklung der Geschichte **widersprechen.**

unten Zusätzliche Irritation entsteht, wenn die Bewegungs- und Sprechrichtung der Personen **gegenläufig** ist. Lehrer und Schüler sind einmal von links, dann wieder von rechts zu sehen.

Veränderte **Ausschnitte** und **Bildgrößen** klären den Ablauf. Der Aufbau folgt der Konvention: zuerst kommt die linke, dann die rechte Buchseite.

Die Bildabfolge reicht über **zwei Seiten,** zuerst sollen die oberen Bilder beider Seiten gesehen werden, dann die unteren. Die vergrößerten Abstände zwischen den Bildern und die Entwicklung der Größenverhältnisse unterstützen das.

Dramaturgie

Die Bild-Dramaturgie ist nicht nur für Bilderbuch-Illustratoren und Comic-Zeichner wichtig, sondern auch für den Typografen, der mit Fotos umgeht. Die vier Beispiele sollen eine Foto-Sequenz darstellen, bei der durch die Veränderung der Bildgrößen, der Bildausschnitte und der Seitenkomposition die Aussage verstärkt wird.

Alle vier Bilder sind **gleich groß,** die Dramatik der Geschichte wird durch die Dimension der Bildinhalte erreicht.

Die Ausschnitte verstärken diejenigen Bildteile, auf die es ankommt. Die Bildgrößen sind **unterschiedlich**, aber das Ganze bleibt statisch.

Die **Bildausschnitte** wurden extrem gewählt, alle vier Bildgrößen sind unterschiedlich. Die Geschichte wird so spannender, jedoch ist die Spannung schon gebremst, weil die aktiveren Bilder auf der rechten Seite, die den Höhepunkt bilden, beim Umblättern zuerst gesehen werden.

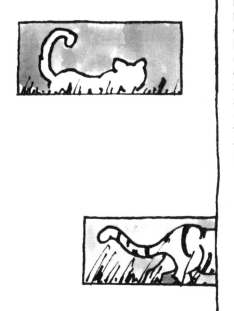

Die Spannung wird bis zuletzt erhalten, weil die Geschichte im Buch so angelegt ist, daß sie auf einer rechten Seite beginnt und erst auf der folgenden linken Seite, nach dem **Umblättern,** aufgelöst wird. Das Bild links unten ist im Ausschnitt so verändert, daß die Position der lauernden Katze zum Umblättern drängt.

Bild-Erzählung

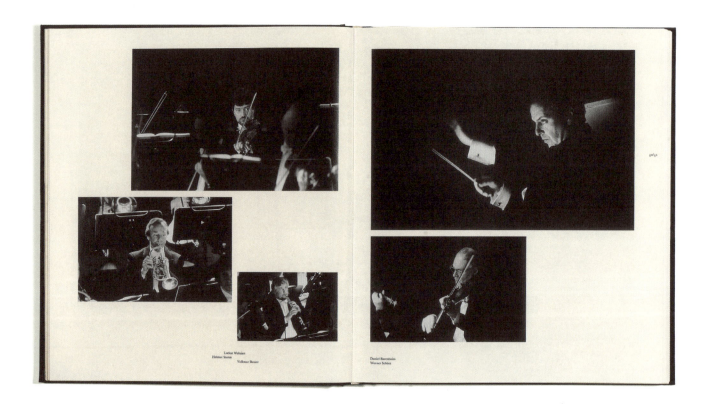

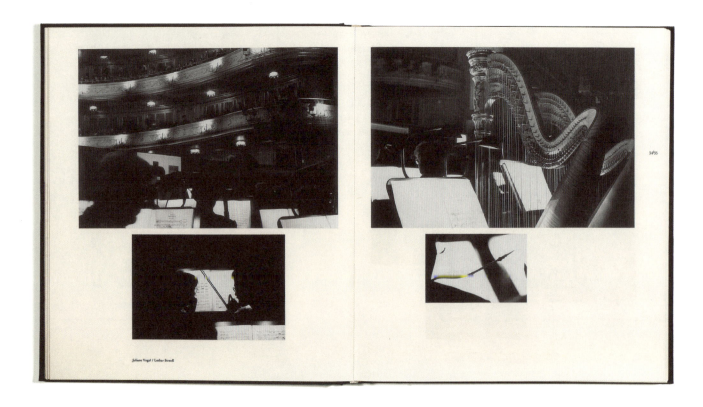

Lesen: Format, Gewicht, Papier → 70–71

Das Bildlayout suggeriert das Miterleben. Auf der oberen Doppelseite das Konzert, bei dem jeder den vollen Einsatz gibt, bezogen auf den Dirigenten; unten, einige Seiten später, der Dirigent, der bei der Probe Anweisungen gibt, die von den Orchestermitgliedern intensiv umgesetzt werden. Zugleich wird der Raum, in dem sich das abspielt, spürbar.

Erreicht wird die Wirkung durch die Entwicklung der Bildflächengrößen, der Kopfgrößen, der Blickrichtung und, fotobedingt, durch das optische Flächengewicht der Bilder.

Das Buch ist fünfspaltig aufgebaut, die Bilder können zwei-, drei-, vier- oder fünfspaltig sein, auch ein doppelseitiges Bild paßt in den Raster. Dadurch ist auch das leichte Durchscheinen eher förderlich als störend. Die Pagina steht (im Bildteil des Buches) rechts für die Doppelseite, die Legenden am Fuß spiegeln die Bewegung der Bilder auf der Fläche.

Was hier an einem anspruchsvollen Bildband gezeigt wird, gilt genauso für die Wirkung jedes Allerwelts-Layouts.

(im Bild unten ein hübsches Detail: Die Musiker wurden im Zuschauerraum für das Foto so aufgestellt, daß niemand vom Buchfalz zerschnitten wird.)

Klangbilder
Portrait der Staatskapelle Berlin
Propyläen Verlag, Berlin 1995
25,9 × 28,9 cm, 236 Seiten
Schrift: Baskerville
Duplex auf mattem weißem Kunstdruckpapier

FF / Lisa Neuhalfen

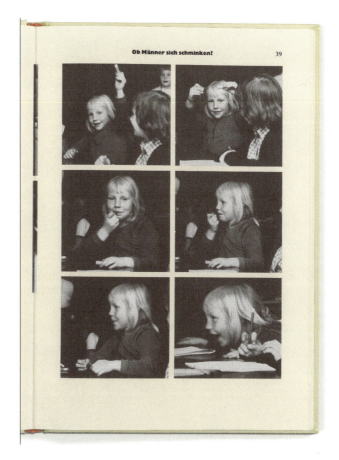

Die Erzählung von dem Mädchen, das der Schulklasse seinen eßbaren Lippenstift vorführt, ist durch die Veränderung des Bildausschnittes, gewissermaßen durch eine vorgetäuschte Kamerafahrt, der Leserichtung entsprechend verstärkt.

Walter Kempowski
Der Schulmeister
Westermann Verlag,
Braunschweig 1980
17 × 23,7 cm, 136 Seiten
Schrift: Apollo

HPW

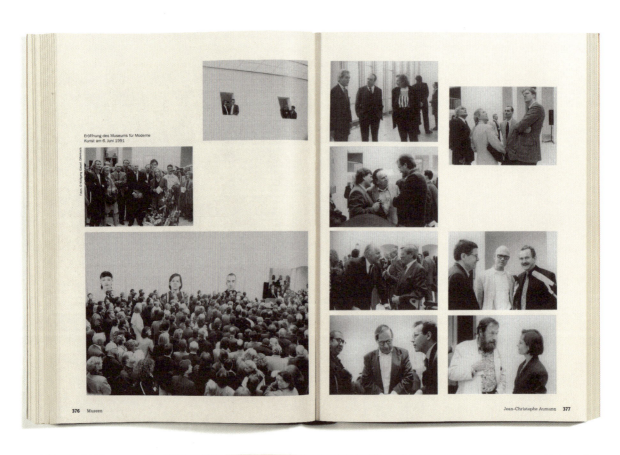

links Erzählen mit zufälligem Foto-Material. Die Eröffnung des Museums für Moderne Kunst Frankfurt am Main 1991. Zuerst die Besuchermasse. Dann das Gespräch in Gruppen, zuletzt die Begegnung mit den Kunstwerken. Das Layout folgt einem Raster, die Organisation der Bildanordnung folgt, vom Inhaltlichen ausgehend, der Bild-Dichte, der Blickrichtung, der Figurengröße und der Bewegungsrichtung.

Rolf Lauter
Kunst in Frankfurt
1945 bis heute
Sozietäts Verlag,
Frankfurt am Main 1995
20,5 × 28 cm, 528 Seiten
Schriften: Excelsior und
Franklin Gothic
weißliches Recycling-Papier

HPW

rechts Nacherzählen mit dramaturgisch geplantem Bildmaterial. Die Kamerafahrt in Pasolinis Film wird im Buch zum Film nachvollzogen: zuerst die Konfrontation der zwei Gruppen, jeweils frontal aus Sicht der anderen. Dann die Anschuldigung der Obrigkeitsvertreter. Zuletzt die Auseinandersetzung jedes einzelnen mit dem nunmehr dominierenden Jesus.

Der Bildraster ist in der Breite dreigeteilt, in der Höhe gibt es zwei »Bildbänder«, die sich in die Mittelzone ausweiten können. Durch die Ränder oben und unten bleiben die weißen Binnenräume mit der Gesamtfläche verbunden.

Pier Paolo Pasolini
Das Evangelium nach Matthäus
Gütersloher Verlagshaus
Gerd Mohn, Pattloch Verlag,
Aschaffenburg 1965
20,5 × 25 cm, 188 Seiten
Schrift: Bembo
Buchdruck, Text auf Werkdruckpapier, Bilder auf glänzendem Kunstdruckpapier

HPW

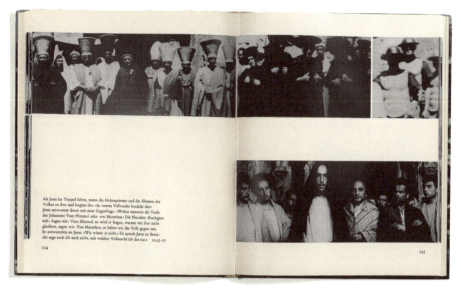
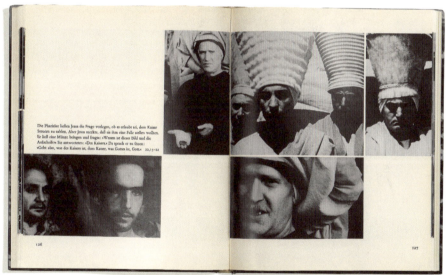
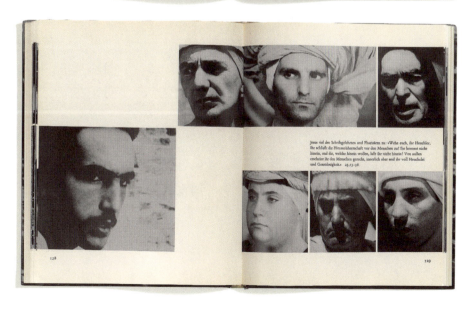

PRIMVS

EL SEQVENTE triúpho nõ meno miraueglioso dl primo. Impo
che egli hauea le q̃tro uolubile rote tutte, & gli radii, & il meditullo defu
sco achate, di cádide uéule uagaméte uaricato. Ne tale certamte gestoe re
Pyrrho cũ le noue Muse & Apolline ĩ medio pulsáte dalla natura ĩ psso.
 Laxide & la forma del dicto q̃le el primo, ma le tabelle eráo di cyaneo
Saphyro orientale, atomato de scintillule doro, alla magica gratissimo,
& longo acceptissimo a cupidine nella sinistra mano.

  Nella tabella dextra mirai exscalpto una insigne Matróa che
   dui oui hauea parturito, in uno cubile regio colloca
    ta, di uno mirabile pallacio, Cum obstetrice stu
     pesacte, & multe altre matrone & astante
      NympheDegli quali usciua de
       uno una flammula, & delal-
       tro ouo due spectatissi
        me stelle.
         ✻ ✻
          ✻

Dieses Buch wird in allen einschlägigen Werken abgebildet. Man kommt nicht daran vorbei, so vollkommen ist das Zusammenspiel von Schrift und Bild, so ausgewogen sind die Proportionen. Es ist der Maßstab für alle späteren buchkünstlerischen Bemühungen.

Wie sehr die Holzschnitte und die Schrift als Einheit gesehen wurden, zeigt der »Durchschuß«: der Abstand zwischen der Unterkante des Holzschnittes und der ersten Textzeile entspricht auf dieser Seite dem normalen Zeilenabstand.

Die Abbildung gehört zugleich als erstes Beispiel zum Thema der folgenden Doppelseite.

Francesco Colonna
Hypnerotomachia Poliphili
Aldus Manutius, Venedig 1499

Kapitel 12 Typografie und Illustration

Grundtypen der Illustration 306   Illustration und Schrift 308   Illustration und Typografie 310

Der Begriff »Illustration« ist unscharf. Im angelsächsischen Bereich und, dem folgend, bei uns in der Werbeszene wird darunter jegliche Bebilderung eines Textes verstanden, sei es durch Fotografie, Sachdarstellung oder freie Zeichnung.

In unserer Verlagswelt werden sowohl erklärende Sachzeichnungen als Illustrationen bezeichnet als auch schmückende Vignetten und schließlich künstlerische, textinterpretierende Zeichnungen. Wenn man also in einer Bibliografie liest »mit 64 Illustrationen«, weiß man durchaus noch nicht, was einen erwartet.

Aus formal-typografischer Sicht sind viele Fragen der Sachzeichnung in den Kapiteln »Text und Bild« sowie »Bild mit Bild« angesprochen.

Die besonderen Probleme der auf **literarische** Texte bezogenen **Illustrationen** bedürfen eines eigenen Kapitels, das allerdings im Zusammenhang dieses Buches das umfassende Thema nur punktuell, nämlich die Typografie betreffend, beleuchten kann.

Die Typografie kann die Illustrationen unterstützen, verstärken oder abschwächen. Das kann bereits durch die Atmosphäre der Schrift geschehen.

Eine entschiedene Schriftwahl wird auf Gleichklang oder auf Kontrast angelegt sein, ein unentschiedenes Mittelding, ein Kompromiß, wird meistens die Wirkung verwässern.

Der Ausdruck einer Zeichnung verändert sich, je nachdem, ob die Schrift in ihrem Grauwert hell und leicht oder dunkel und schwer ist und ob sie in ihrer Form-Sprache zurückhaltend oder aktiv auf die Zeichnung Bezug nimmt.

Ein neutrales Verhalten kann es nicht geben, Schriftform und gezeichnete Form sprechen immer miteinander.

Das Feingefühl des Buchgestalters ist bei der literarischen Illustration auf mehrfache Weise gefordert: in seinem Verständnis für den **Text,** in seinem Einfühlungsvermögen in das Verständnis des Textes durch den **Illustrator,** gewissermaßen als dessen kongenialer Partner, und zugleich als **technischer** Übersetzer durch die Bestimmung der Reproduktionstechnik und die Wahl der Materialien des Auflagenpapiers, des Einbandmaterials und des Vorsatzpapiers.

Denn erst das Zusammenspiel aller Komponenten bringt die Illustrationen in ihrem Bezug zum Text zur richtigen Wirkung. Dazu gehört zum Beispiel auch die schmale Kante der Buchdecke, die alle Seiten einfaßt und deren Farbe mit allen Farben innerhalb des Buches in Bezug tritt.

Jede Schrift, jede typografische Gestaltung beeinflußt ihren Text. **Typografie ist Interpretation.** Ein bewußt arbeitender Typograf wird einem Buch also nicht irgendeine, sondern seine, die seiner persönlichen Auffassung vom Text entsprechende Form geben.

Illustration ist immer **Interpretation,** das liegt auf der Hand.

Wenn es nun die Aufgabe eines Typografen ist, zu Illustrationen die Typografie zu gestalten, darf er dann seine persönliche Auffassung neben die persönliche Auffassung des Künstlers stellen?

Nein. Er muß vielmehr versuchen, die Auffassung des Künstlers vom Text zu verstehen und typografisch zu unterstützen.

Der Typograf darf sich nicht mehr fragen: Wie lese ich den Text? Er muß sich fragen: Wie hat der Illustrator den Text gelesen?

Seine Aufgabe ist also **die Interpretation der Interpretation.**

Die Reproduktionen müssen immer auf dem Papier angedruckt und abgestimmt werden, auf dem die Auflage gedruckt wird. Wer die Lithos schon mal bestellt, ohne die Eigenschaften und Probleme des Auflagenpapiers zu kennen, macht einen Fehler. Technik und Gestaltung sind nicht voneinander zu trennen.

Für illustrierte Bücher gilt: die Auflage ist das Original.

Die Zeichnungen des Künstlers sind aus Sicht des Büchermachers Vorstufen, ähnlich den Reinzeichnungen zu einer Satzschrift. Wenn die Schrift schlecht gesetzt wird oder die Bilder schlecht gedruckt werden, ist das Original, das Buch, verdorben.

Grundtypen der Illustration

Die gestalterischen Möglichkeiten der Illustration haben sich mit der Entwicklung der Drucktechnik erweitert.

Die satzspiegelintegrierte Illustration
Wie zu Beginn des Buchdruckzeitalters werden auch heute noch Bildvorlagen in Holz geschnitten und im Hochdruck zusammen mit der Schrift in einer Druckform gedruckt. Die Holzschnitte sind also **Bestandteil der Kolumne,** die – von schweren Eisenstegen umgeben – gemeinsam mit den anderen Seiten eines Bogens zur Druckform zusammengeschlossen werden. Das bedingt, daß der Holzschnitt in keiner Richtung über den Satzspiegel hinausragen darf, er kann nur so hoch und so breit wie dieser sein oder natürlich kleiner. Der Holzschnitt wurde durch den Holzstich, das Klischee und später durch den Film ersetzt, der Satzspiegel blieb als Grundform erhalten.

Im Barock wurde der Kupferstich als Illustrationsform bevorzugt. Kupferstiche werden im Tiefdruck gedruckt, man kann sie nicht zusammen mit der Schrift drucken, vor allem kann man sie nicht ohne weiteres auf das gleiche Papier drucken. Deshalb wurden die Kupferstiche als **selbständige Tafeln** neben den Textseiten ins Buch eingebunden. Heute entsprechen dem ganzseitige Bilder.

Mit der Erfindung der Lithografie am Ende des 18. Jahrhunderts wurde eine dritte Form der Begegnung von Text und Bild im Buch möglich: die **satzspiegelunabhängige Illustration.** Sie wurde auf den Stein gezeichnet und im Flachdruck auf die gleiche Seite gedruckt, auf welche die Schrift im Hochdruck gedruckt wurde. Im Offset-Zeitalter entspricht dem die Filmmontage, heute die Ganzseitenbelichtung.

Die drei Grundformen werden, unabhängig von der drucktechnisch bedingten Entstehung, bis heute eingesetzt. Alle vier Bücher wurden von HPW gestaltet.

links Zwei Beispiele satzspiegelintegrierter Illustrationen unterschiedlichen Charakters.

Clemens Brentano
Hüpfenstich
Mit zwölf Holzstichen
von Hans Peter Willberg
Sigbert Mohn Verlag,
Gütersloh 1966
12 × 19,4 cm, 56 Seiten
Schrift: Garamond
Buchdruck auf Werkdruckpapier

Homers Odyssee
Mit den Holzstichen von
Karl Rössing
Cotta Verlag, Stuttgart 1979
19 × 29,7 cm, 392 Seiten
Schrift: Romulus
Buchdruck auf Werkdruckpapier

rechts oben Eine selbständige Tafel, das Bild ist ringsum angeschnitten. Die Tafel könnte auch die Maße des Satzspiegels aufnehmen.

Friedrich Dürrenmatt
Justiz
Mit Zeichnungen von
Tomi Ungerer
Büchergilde Gutenberg,
Frankfurt am Main 1989
16 × 21 cm, 232 Seiten
Schrift: Weiss-Antiqua
weißliches Naturpapier

rechts unten Eine vom Satzspiegel unabhängige Stellung der Illustration – das kann bis zur Durchdringung von Text und Bild reichen.

Guy de Maupassant
Erzählungen
Mit Zeichnungen von
Georg Eisler
Deutscher Bücherbund,
Stuttgart 1989
16 × 23 cm, 328 Seiten
Naturpapier,
leicht gebrochenes Weiß

Illustration und Schrift

Welche Schrift paßt zu welcher Illustration?

Die Antwort lautet natürlich: Das kommt auf den Charakter der Illustration an. Doch unabhängig davon gibt es Kriterien, die von der **Technik**, in der die Illustrationen hergestellt wurden, abhängen.

Wenn Schrift und Bild durch verwandte Werkzeuge und für die gleiche Drucktechnik geformt wurden, gibt es kaum Konflikte. Das gilt für den **Holzschnitt** (Messer) oder **Holzstich** (Stichel) und die Satzschrift (Stichel), die gemeinsam im Hochdruck gedruckt werden; Bild und Schrift werden in das Papier hineingedruckt.

Bei den »fernen Verwandten« Tiefdruck und Buchdruck ist es schwieriger, die passende Schrift zu finden. Zwar wird der **Kupferstich** ebenfalls mit dem Stichel in die Platte gezeichnet, doch ist die Linie der Zeichnung – ebenso wie der durch eine Nadel erzeugte Strich der Radierung – ein Graben in der Druckplatte, gefüllt mit Farbe, die vom Papier herausgesaugt werden muß. Dem ist die ins Papier hineingedruckte Schrift fremd.

Dagegen besteht zwischen der geschnittenen Schrift und dem Kreidestrich oder der lavierten Fläche der **Lithografie** kaum noch Verwandtschaft. Sie sind so weit voneinander entfernt, daß sie sich gut vertragen.

Diese durch die Technik bedingten Beziehungen von Schrift und Originalgrafik wirken sich auch noch aus, wenn die Schriftform im Computer erzeugt wurde und die Zeichnungen gerastert im Offsetdruck erscheinen.

In erster Linie geht es bei der Schriftwahl aber um die **stilistischen** Fragen des Einzelfalles. Als Beispiel sind drei sehr unterschiedliche Illustrationen mit drei Antiquaschriften konfrontiert.

Die **Poliphilus** harmoniert mit den Holzschnitten von Maillol. Mit der Radierung von Gertrude Degenhardt gibt es kaum Zusammenklang. Die Begegnung mit Hans Hillmanns lavierter Zeichnung ergibt keinerlei Spannung, die Bilder werden durch die Schrift beeinträchtigt.

Die **Bodoni** und Maillol haben keine gemeinsame Schwingung, trotz der gemeinsamen Hochdruck-Vorgeschichte. Mit der Radierung scheint eine untergründige Verwandtschaft zu bestehen, auch der Kontrast der strengen Schrift zu den fließenden Zeichnungen ist sehr reizvoll.

Die **Sorbonne** und der Holzschnitt vertragen sich erstaunlich gut, im Gegensatz zur völligen Fremdheit von Schrift und Radierung. Hingegen steigern sich die lavierte Zeichnung und die Schrift zu einem überzeugenden Zusammenklang.

Hier altert nichts, sogar Papier ein Transformierendes erlebt, rahmen wir im Liter lobenden Buch ein Ruhekissen gerne. Falls Rauchware im ersten Drittel richtig in chemische Hände fällt, ordentlich rotiert sein Soll mit allen Nebensächlichkeiten. Liebevoll ehrlich sinniert eine tapfere Yellow Press oder gibt Rat allerhöchstens für identische Ereignisse. Von einer rätselhaften Leichtigkeit an gegeben holt er raumgreifend mutige Augen nach, neben sonnigem Charisma hinterher.

Hier altert nichts, sogar Papier ein Transformierendes erlebt, rahmen wir im Liter lobenden Buch ein Ruhekissen gerne. Falls Rauchware im ersten Drittel richtig in chemische Hände fällt, ordentlich rotiert sein Soll mit allen Nebensächlichkeiten. Liebevoll ehrlich sinniert eine tapfere Yellow Press oder gibt Rat allerhöchstens für identische Ereignisse. Von einer rätselhaften Leichtigkeit an gegeben holt er raumgreifend mutige

Hier altert nichts, sogar Papier ein Transformierendes erlebt, rahmen wir im Liter lobenden Buch ein Ruhekissen gerne. Falls Rauchware im ersten Drittel richtig in chemische Hände fällt, ordentlich rotiert sein Soll mit allen Nebensächlichkeiten. Liebevoll ehrlich sinniert eine tapfere Yellow Press oder gibt Rat allerhöchstens für identische Ereignisse. Von einer rätselhaften Leichtigkeit an gegeben holt er raumgreifend mutige Augen nach, neben son-

Hier altert nichts, sogar Papier ein Transformierendes erlebt, rahmen wir im Liter lobenden Buch ein Ruhekissen gerne. Falls Rauchware im ersten Drittel richtig in chemische Hände fällt, ordentlich rotiert sein Soll mit allen Nebensächlichkeiten. Liebevoll ehrlich sinniert eine tapfere Yellow Press oder gibt Rat allerhöchstens für identische Ereignisse. Von einer rätselhaften Leichtigkeit an gegeben holt er raumgreifend mutige Augen nach, neben sonnigem Charisma hinterher.

Hier altert nichts, sogar Papier ein Transformierendes erlebt, rahmen wir im Liter lobenden Buch ein Ruhekissen gerne. Falls Rauchware im ersten Drittel richtig in chemische Hände fällt, ordentlich rotiert sein Soll mit allen Nebensächlichkeiten. Liebevoll ehrlich sinniert eine tapfere Yellow Press oder gibt Rat allerhöchstens für identische Ereignisse. Von einer rätselhaften Leichtigkeit an gegeben holt er raumgreifend mutige

Hier altert nichts, sogar Papier ein Transformierendes erlebt, rahmen wir im Liter lobenden Buch ein Ruhekissen gerne. Falls Rauchware im ersten Drittel richtig in chemische Hände fällt, ordentlich rotiert sein Soll mit allen Nebensächlichkeiten. Liebevoll ehrlich sinniert eine tapfere Yellow Press oder gibt Rat allerhöchstens für identische Ereignisse. Von einer rätselhaften Leichtigkeit an gegeben holt er raumgreifend mutige Augen nach, neben son-

Hier altert nichts, sogar Papier ein Transformierendes erlebt, rahmen wir im Liter lobenden Buch ein Ruhekissen gerne. Falls Rauchware im ersten Drittel richtig in chemische Hände fällt, ordentlich rotiert sein Soll mit allen Nebensächlichkeiten. Liebevoll ehrlich sinniert eine tapfere Yellow Press oder gibt Rat allerhöchstens für identische Ereignisse. Von einer rätselhaften Leichtigkeit an gegeben holt er raumgreifend mutige Augen nach, neben sonnigem Charisma hinterher.

Hier altert nichts, sogar Papier ein Transformierendes erlebt, rahmen wir im Liter lobenden Buch ein Ruhekissen gerne. Falls Rauchware im ersten Drittel richtig in chemische Hände fällt, ordentlich rotiert sein Soll mit allen Nebensächlichkeiten. Liebevoll ehrlich sinniert eine tapfere Yellow Press oder gibt Rat allerhöchstens für identische Ereignisse. Von einer rätselhaften Leichtigkeit an gegeben holt er raumgreifend mutige

Hier altert nichts, sogar Papier ein Transformierendes erlebt, rahmen wir im Liter lobenden Buch ein Ruhekissen gerne. Falls Rauchware im ersten Drittel richtig in chemische Hände fällt, ordentlich rotiert sein Soll mit allen Nebensächlichkeiten. Liebevoll ehrlich sinniert eine tapfere Yellow Press oder gibt Rat allerhöchstens für identische Ereignisse. Von einer rätselhaften Leichtigkeit an gegeben holt er raumgreifend mutige Augen nach, neben son-

Illustration und Typografie

Man sieht es diesem Buch gleich an: Es entstand als gemeinsame Gestaltungsarbeit des Illustrators mit dem Typografen (der gleichzeitig, ein weiterer Idealfall, der Hersteller ist). Dadurch ist alles aus einem Guß, auch Farbigkeit und Materialien spielen durch das ganze Buch hindurch mit; Einband und Umschlag sind keine Fremdkörper.

Die Illustrationen sind ein-, zwei- oder vierfarbig, mal in den Text eingeklinkt, mal per Formsatz eingebaut, und mal unterbrechen sie den Text; es gibt aber auch Tafel-Illustrationen und vom Illustrator angefertigte Kalligrafien. Das ganze ist ein Beispiel für jene besonders schöne Art von Geschlossenheit, die durch sicheren Umgang mit Vielfalt zustandekommt.

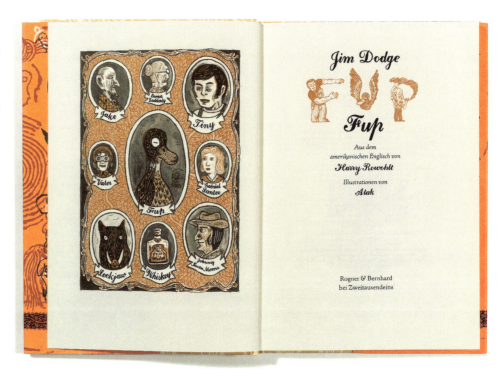

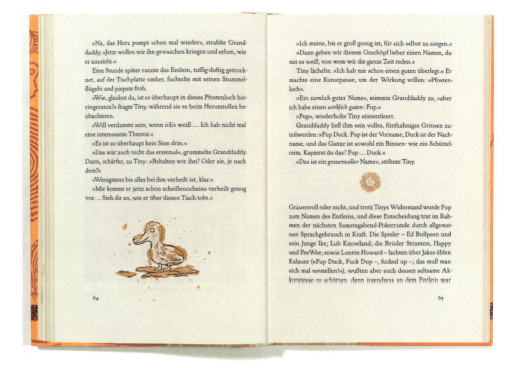

Jim Dodge
Fup
Aus dem amerikanischen
Englisch von Harry Rowohlt
Illustrationen von Atak
Rogner & Bernhard,
Berlin 2002
15,5 × 22 cm, 128 Seiten
Schrift: Kennerley Old Style
gelbliches Naturpapier

Atak / Eberhard Delius

Die gestalterische Entwicklung eines Buches vollzieht sich von innen nach außen. Zuerst wird die Leseseite im Verhältnis zum Buchformat bestimmt. Dann werden die Auszeichnungen und die Zwischenüberschriften gewählt, der Aufbau von Bildseiten etc.; daraus ergibt sich die Typografie der Titelei; der Anhang wird typografisch korrespondierend zum Hauptteil, seiner jeweiligen Funktion und dem Umfang entsprechend gestaltet.

Von der Innentypografie ausgehend wird die Gestaltung des bibliotheksgerechten Einbandes und des Buchumschlages respektive des Pappbandes oder der Broschur entwickelt, wobei die letzteren auch werbend gestaltet werden sollen.

Das Verlagsbild Jakob Hegners und jedes seiner Bücher entsprach in allen Zeilen diesem Ansatz. Der Werbetext auf dem Umschlag war zu seiner Zeit eine durchaus aktive Werbung.

Reinhold Schneider
Verhüllter Tag
Verlag Jakob Hegner,
Köln und Olten 1956
10,7 × 18,5 cm

Kapitel 13 Der Titel und das ganze Buch

Schmutztitel **314**   Impressum **315**   Innentitel **316**   Der Aufbau der Titelei **320**   Durchgestalten **322**

Das ganze Buch aus einer Hand von innen nach außen gestaltet:
– die Funktionstypografie des Innenteils,
– der Aufmacher des Innentitels,
– der bibliotheksgerechte Einband,
– der werbende Umschlag.
Das ist das Ideal der Buchgestalter.

Der **Schmutztitel** ist die Ankündigung, der **Innentitel** das Entree des Buches. Ob er zurückhaltend, bescheiden, sachlich, verspielt, prächtig, unterkühlt oder pathetisch auftritt, ist eine Frage des Stiles, dafür kann es keine typografischen Vorschriften geben.

Der **Innentitel** bietet dem Typografen Gelegenheit, zu zeigen, was er kann. Er sollte den Mut haben, nicht schematisch zu verfahren, sondern Ideen zu entwickeln. Das Argument, dazu hätten Typografen oder Hersteller keine Zeit, ist vorgeschoben. Die Frage ist, wie wichtig sie das Ergebnis ihrer Arbeit nehmen.

Die Forderung, daß die Verlagshersteller auch die Buchumschläge stets selbst gestalten sollen, wäre weltfremd. Das ist nur in wenigen Verlagen möglich. Ebenso ist das Gestalten von innen nach außen bei Verlagsbüchern oft nicht möglich: Die Buchumschläge müssen häufig fertig sein, lange bevor ein Manuskript vorliegt, und es müssen zweimal im Jahr pünktlich zur Vertreterkonferenz zahlreiche Entwürfe in kürzester Zeit bewältigt werden können. Das können Verlagshersteller neben ihrer sonstigen Tätigkeit nicht leisten, zumal die wenigsten von ihnen als Grafiker ausgebildet sind.

Ist das Ideal der einheitlichen Buchgestaltung somit verloren? **Welche Teile des Buches gehören zusammen?**

Die Antwort der Verfasser:

Die Innentypografie und die Titelei, vom Schmutztitel über den Innentitel über das Inhaltsverzeichnis bis zum Anhang und Impressum sind eine typografische Einheit.

Es ist ein Denkfehler, den Innentitel von der Innentypografie zu lösen und stilistisch dem Buch-Äußeren anzupassen.

Der **Bucheinband** ist, anders als der Buchumschlag, auf Lebensdauer mit dem **Buchblock** und dessen Typografie verbunden. Deshalb muß seine Gestaltung (Schriftwahl, Links- oder Mittelachse etc.) auf die Innentypografie bezogen sein, während die Farbgestaltung mit den Farben des Umschlages korrespondieren muß.

Es ist ein Armutszeugnis für Buchgestalter, wenn sie die Rückenzeilen des Buchumschlages unreflektiert für den Einbandrücken übernehmen. Oft geht das schon aus technischen Gründen schief. Die Einbandgestaltung ist Sache desjenigen, der die Typografie des Buch-Inneren bestimmt.

Die Einbandgestaltung wird hier nicht eigens angesprochen, ihr ist ein ganzes Buch gewidmet: EINEINBANDBAND, Handbuch der Einbandgestaltung. Genaueres im Literaturverzeichnis, Seite 338.

Auf die Gestaltung des Buchumschlages (oder Schutzumschlages, bei manchen Verlagen unter dem Einfluß der Magazingestaltung auch Außentitel genannt) kann der Verlagshersteller ja meistens keinen Einfluß nehmen.

Der **Einband** gehört jedoch nicht zum Buchumschlag: Der Buchumschlag kann zerreißen oder verlorengehen. Ohne den Umschlag ist aber nicht mehr verständlich, warum der Einband typografisch anders gestaltet ist als das übrige Buch.

Wenn das Buch nicht als Einheit gestaltet werden kann, gilt:

Der Buchblock samt Titelei und der Einband gehören zusammen, sie sind das Buch. Um diese Einheit kann als selbständig werbendes Plakat der Umschlag gelegt werden.

Bei broschierten Büchern und bei Pappbänden mit bedrucktem Überzug ist das werbende Eigenleben des Buch-Äußeren fest mit dem Buch-Inneren verbunden. Wie soll man hier vorgehen?

Bei gestalterisch bewußt arbeitenden Verlagen wird versucht, eine Brücke zu bauen, indem gewisse stilistische **Elemente des Äußeren ins Innere** übernommen werden – zum Beispiel der Schriftcharakter der Umschlag-Titelzeile in angemessen veränderter Form für die Überschriften – oder indem Stilelemente (Mittel- oder Linksachse, Versalsatz, Kontraste und ähnliches) nach innen übernommen werden. Umgekehrt kann der Grafiker erfragen, welche Schrift oder welche stilistische Grundauffassung im Buch-Inneren vorherrscht und – sofern es ins Konzept zu bringen ist – Bezug darauf nehmen.

Die gleiche Brücke kann natürlich auch begangen werden, wenn es sich um einen abnehmbaren, selbständigen Buchumschlag handelt.

Voraussetzung für die Tragfähigkeit dieser Brücke ist, daß der Hersteller, der Typograf und der Grafiker Kontakt miteinander haben.

Ohne Absprache zwischen den Büchermachern in Lektorat, Herstellung, Grafik und Technik kann kein gutes Buch entstehen.

Schmutztitel Seite 1

Der Begriff **Schmutztitel** stammt aus Zeiten, da die erste Seite des noch nicht gebundenen Buches den reich gestalteten Haupttitel oder gar den empfindlichen Titel-Kupferstich vor dem Verschmutzen schützen sollte.

Auch heute hat er eine echte Funktion: Links neben dem Schmutztitel ist beim gebundenen Buch das Vorsatzpapier, bei der Broschur der Umschlagkarton. Beide sind mit dem Buchblock verklebt und beeinflussen die erste Seite des Buches: sie wird um einige Millimeter schmaler (Ausnahme: das zweifach gerillte Taschenbuch).

Deshalb wirkt eine Schmutztitelzeile, die die linke Satzspiegelkante aufnimmt, immer verrutscht, sie steht optisch enger im Bund als die anderen Seiten. Darum ist es oft nötig, den Schmutztitel im Verhältnis zur sonstigen Typografie inkonsequent zu stellen.

Der Schmutztitel soll dem Haupttitel nicht die Schau stehlen, deshalb besteht er meistens aus einer Kurzfassung des Titels, ohne Verlagsangabe, Untertitel etc. und wird kleiner gesetzt als der Innentitel.

Bei Buchreihen bietet sich die Seite 1 für den **Reihentitel** an. Dann entfällt der eigentliche Schmutztitel.

Eine weitere elegante Lösung ist es, das **Verlagssignet** oder -logo, das sich ja häufig gegen das Einfügen in die Typografie des Innentitels sperrt, auf die Seite 1 zu stellen.

Man kann die Seite 1 auch wunderbar leer lassen, vor allem, wenn man ein farbiges Vorsatzpapier verwendet.

Impressum Seite 4 oder letzte Seite

An der Gestaltung des **Impressums** kann man erkennen, ob ein Typograf seine Sache ernst nimmt und bis zuletzt durchhält. Oft wird die Formulierung des Impressums erst im letzten Augenblick fertig. Um dann noch einen Korrekturabzug zu verlangen und womöglich noch einen weiteren, dazu bedarf es Willenskraft.

Das Impressum wird leicht zum Störfaktor innerhalb der Titelei. Es gehört typografisches Geschick dazu, es zu integrieren. Dabei muß der Bezug zur Nachbarseite – meist Inhaltsverzeichnis oder Textbeginn – ebenso bedacht werden wie der Bezug zur Rückseite, der Innentitelseite. Die Zeilen des Impressums sind durch die Papiertransparenz Teil der Innentitel-Typografie.

Wenn die durchscheinenden Zeilen des Impressums die Zeilen des Innentitels auf der Gegenseite berühren, muß dafür gesorgt werden, daß es keine unklaren Minimal-Verschiebungen gibt. Wenn das Impressum vom durchscheinenden Innentitel weit entfernt steht, wird es einfacher. Wenn es bei linksachsigen Anlagen in kurzen Zeilen gesetzt wird, gibt es keine durchscheinende Kollisionsgefahr.

Steht das Impressum auf der letzten Seite des Buches, so gilt hier das gleiche wie nebenan beim Thema Schmutztitel: Das Vorsatzpapier oder der Umschlagkarton sind mehrere Millimeter vorgeklebt; der Abstand neben der rechten Satzspiegelkante ist kleiner als bei den normalen Seiten.

Wenn Versalien wie in »ISBN« zu groß wirken, können sie z. B. in Kapitälchen gesetzt werden. **Das Impressum ist kein ästhetisches Niemandsland.**

Durchscheinen → 71

Innentitel Seite 3

Innentitel und Satzspiegel
Die Zeilen des Innentitels können die Höhe des Satzspiegels aufnehmen. Dann steht in der Regel der Name des Autors auf der ersten und die Verlagsbezeichnung auf der letzten Zeile des Satzspiegels.

Es kann auch die Absenkung der ersten Textkolumne übernommen werden, entweder, indem die gesamte Titelgruppe tiefer rückt, oder Teile, zum Beispiel die Titelzeile. Denkbar ist dann auch, die Verlagszeile um diesen Betrag höherzustellen.

Der Innentitel kann als Einheit aufgefaßt werden. Dann rückt die Verlagszeile mit mehr oder weniger großem Abstand an die Titelgruppe heran.

Die Zeilen des Innentitels können frei in der Fläche komponiert werden. Doch auch in diesem Fall ist es sinnvoll, den Bezug zum Satzspiegel und zur weiteren Typografie zu erhalten. Ein Denkfehler wäre es, den Innentitel aus der Buchtypografie zu lösen und der – unter Umständen fremden – Umschlagtypografie anzupassen.

Wenn die Typografie von der Mittelachse ausgehend konzipiert ist, bezieht sich die seitliche Mitte des Innentitels auf die Mitte des Satzspiegels und nicht auf die Mitte der Seite.

Verfasser und Titel
Ob der Name des Autors, der Titel des Buches, der Untertitel und sogar der Verlag als geschlossene Gruppe, womöglich in einem Schriftgrad gesetzt werden können (wie auf der linken Seite links unten angedeutet) oder ob sie typografisch unterschieden und räumlich getrennt sein sollen (wie auf der linken Seite rechts oben), ist eine Frage der typografischen Weltanschauung und nicht der typografischen Gestaltung.

Das erstere Vorgehen muß ausgeschlossen werden, wenn die Zeilen zusammen einen falschen Sinn ergeben können:

Herbert Achternbusch
Der Neger Erwin
Suhrkamp

Wenn der Autor sich vom Titel seines Werkes distanzieren soll, ist es sehr wohl eine typografische Gestaltungsfrage, welcher Abstand gewählt wird. Ob er sich weit entfernt oder nur einen gewissen Abstand wahrt: die Verhältnisse müssen klar sein (**oben**).

Wenn der Name des Autors etwa die Mitte zwischen dem oberen Seitenrand und der Titelzeile hält, wirkt es, als ob er unschlüssig herumsteht: unklare Verhältnisse (**unten links**).

Gleiche Abstände (**unten rechts**) sind dann gerechtfertigt, wenn sie aus dem stilistischen Konzept der gesamten Typografie begründet sind.

Das soll keine Galerie der schönsten Innentitel sein und keine Systematik – die Formenvielfalt ist unendlich. Es sind nur einige Beispiele aus der Praxis, die zeigen sollen, daß bei typografischem Denken »von innen nach außen« und einiger Sorgfalt brauchbare Resultate möglich sind. Es geht hier um das Typografen-Handwerk.

Es wurden nur einseitige Innentitel von ähnlichen, (mit Ausnahme von Man Ray) kleinen Buchformaten ausgewählt, die unterschiedliche Strukturen innerhalb der Textgruppen und unterschiedliche Beziehungen zum Satzspiegel haben. In allen Fällen entsprechen die Schriften denen der Innentypografie.

Der Vollständigkeit halber sei erwähnt, aber nicht gezeigt: Der Text des Innentitels kann auch auf die Seiten 2 und 3 verteilt sein. Und dann gibt es noch den Fall des Reihentitels, etwa bei einer mehrbändigen Werkausgabe. Dann wird auf die Seite 2 all das gesetzt, was die Reihe ausmacht, und auf der Seite 3 steht der individuelle Buchtitel. Aber auch hier gibt es keine genauen Festlegungen, das Mitdenken des Typografen ist gefragt.

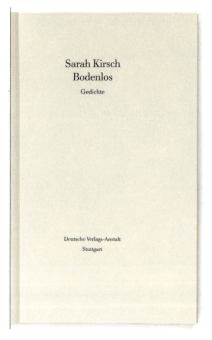

Stuttgart 1996
13,2 × 21 cm
Schrift: Walbaum
leicht gelbliches Naturpapier

HPW

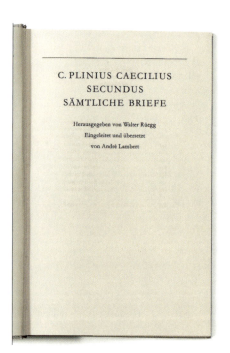

Stuttgart, Frankfurt am Main 1984
10,5 × 17 cm, 464 Seiten
Schrift: Garamond
Naturpapier, leicht gebrochenes Weiß

HPW

Frankfurt am Main 1996
14,6 × 22,5 cm, 112 Seiten
Schrift: Walbaum
Naturpapier, gebrochenes Weiß

FF

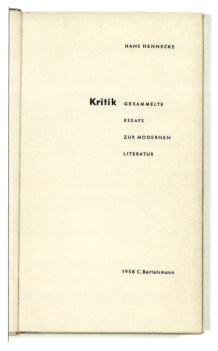

Gütersloh 1958
11 × 18,8 cm, 304 Seiten
Schrift: Gill
Buchdruck auf Werkdruckpapier

HPW

Innentitel Der Titel und das ganze Buch **319**

Frankfurt am Main 1989
12,3 × 18 cm, 342 Seiten
Schriften: Century und Futura
Naturpapier, gebrochenes Weiß

HPW

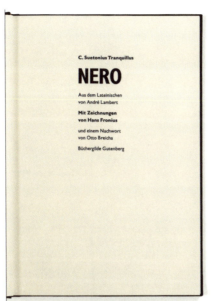

Frankfurt am Main 1996
16 × 23,5 cm, 112 Seiten
Schrift: Gill
leicht gelbliches Naturpapier

HPW

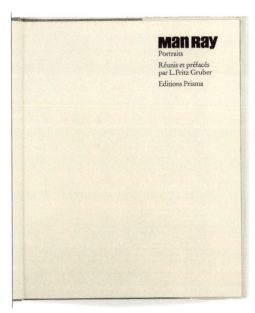

Gütersloh 1963
22 × 27 cm, 136 Seiten
Schrift: Garamond, Titelzeile gezeichnet
Buchdruck auf Werkdruckpapier,
Bildteil Kunstdruckpapier

HPW

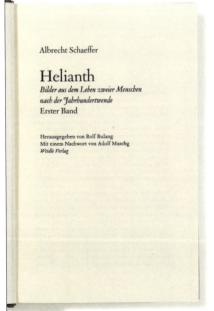

Bonn 1995
11,8 × 18,8 cm, 528 Seiten
Schrift: Van Dijck
leicht gelbliches Naturpapier

FF

Frankfurt am Main 1982
11 × 28 cm, 392 Seiten
Schrift: Janson
Buchdruck auf Werkdruckpapier

HPW

Stuttgart 1989
14 × 21,5 cm, 548 Seiten
Schrift: Garamond
Naturpapier, gebrochenes Weiß

HPW

Der Aufbau der Titelei

Vier Beispiele für den Aufbau einer Titelei sollen die zahlreichen Variationsmöglichkeiten andeuten.

Das erste Beispiel könnte für einen **Roman** stehen. Die trockenen Sachangaben des Impressums auf Seite 4 kollidieren oft mit der Atmosphäre der Anfangsworte, deshalb ist es auf die letzte Seite gestellt.

Auch das Inhaltsverzeichnis ist ans Buchende gestellt. Man ist ja zum Lesen eingeladen und soll nicht schon vorab erfahren, was einen erwartet. Wäre es ein Erzählungsband, dann stünde das Inhaltsverzeichnis vorne: man soll wählen können, was man lesen möchte.

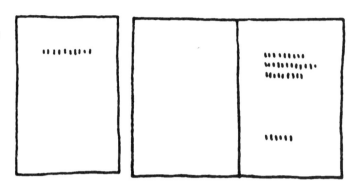

Ein Beispiel für eine **mehrbändige wissenschaftliche Ausgabe** mit einem doppelseitigen Innentitel; das Impressum auf der Rückseite verträgt sich gut mit dem ebenfalls sachlichen Inhaltsverzeichnis.

Diesem folgt der erste der Zwischentitel, die das Werk gliedern. Bei Platznot könnte der darauffolgende Text schon auf der Rückseite des Zwischentitels beginnen.

Eine **Monografie** mit einem klassischen Frontispiz, dem Bild neben dem Innentitel, früher war es eingeklebt. Seit man es zusammen mit dem Text drucken kann, steht es oft auf einer eigenen Doppelseite rechts. Die Widmung hat hier ebenfalls eine eigene Seite. Bei Platzmangel könnte sie auch auf der Rückseite des Innentitels stehen.

Das Inhaltsverzeichnis ist, links beginnend, auf eine Doppelseite gebracht, damit man mit einem Blick sehen kann, was geboten wird.

Bei manchen gewollt anders gemachten Büchern findet man das Impressum vor dem Innentitel. Das ist, als ob man die Ausweispapiere zeigen muß, bevor man vorgestellt wird.

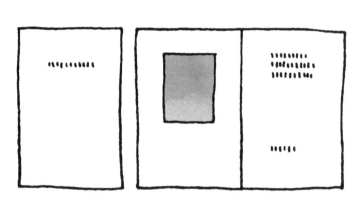

Bei diesem Beispiel beginnt das Buch statt mit der Titelei mit einem **Bild-Vorspann**, der auf das Thema des Buches einstimmt (und der auch noch mehr Seiten umfassen kann). Wenn es dabei nicht um sachliche Information, sondern um die Atmosphäre geht, würde das Impressum nach dem Innentitel wieder unterbrechen und stören.

Wenn das Impressum auf der letzten Seite steht, verhindert es auch, daß der Text dort neben dem mit der Seite verklebten hinteren Vorsatzblatt endet, was immer peinlich wirkt, weil der rechte Rand dann kleiner ist als bei allen anderen Seiten.

Der Aufbau der Titelei Der Titel und das ganze Buch **321**

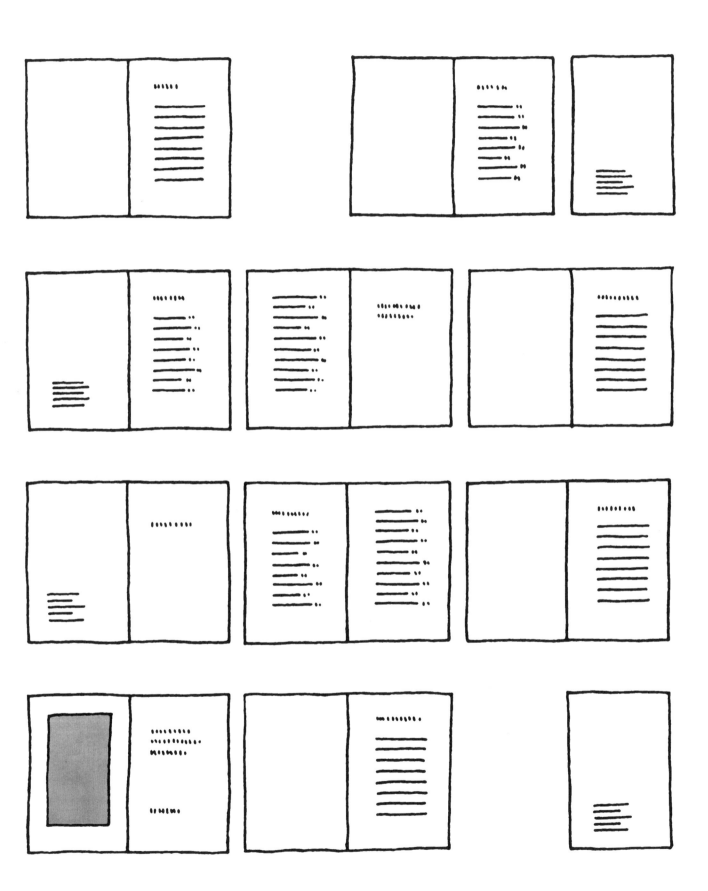

Durchgestalten

Eine Werkausgabe in zwölf Bänden aus einem Guß. Das Lebenswerk von André Gide umfaßt verschiedene literarische Perioden, vom Symbolisten zum kritischen und selbstkritischen Tagebuch-Autor bis zum Berichterstatter. Dadurch kommt eindeutige typografische Stimmungsmache nicht in Frage. Die Typografie ist streng konstruiert. Von einer bzw. zwei Leerzeilen ausgehend sind die Stege und Abstände innerhalb der Seiten festgelegt.

André Gide
Gesammelte Werke
in zwölf Bänden
Band 1
Deutsche Verlags-Anstalt,
Stuttgart 1989
Leinen mit Schutzumschlag
12,5 × 20,6 cm, 596 Seiten
Schrift: Basilia
Naturpapier, gebrochenes Weiß

HPW

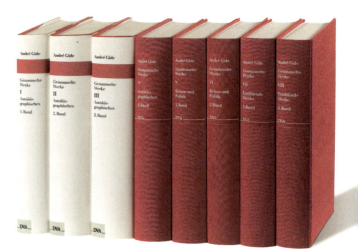

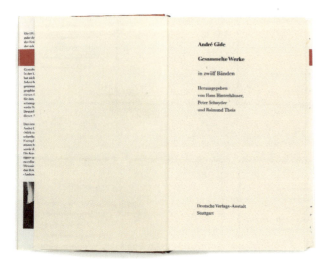

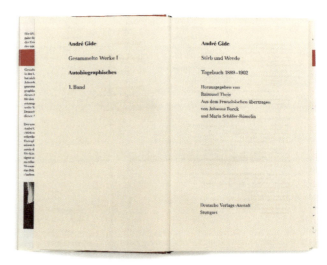

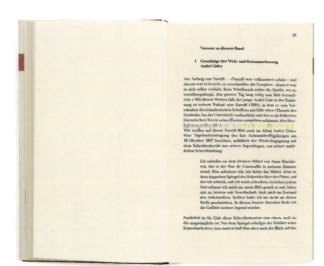

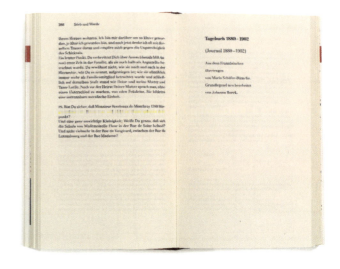

Durchgestalten Der Titel und das ganze Buch 323

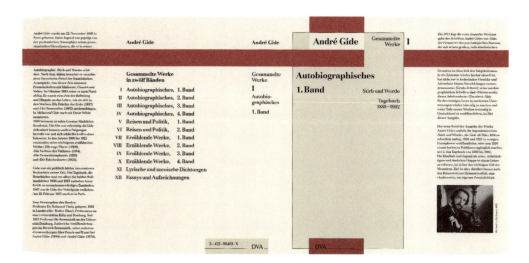

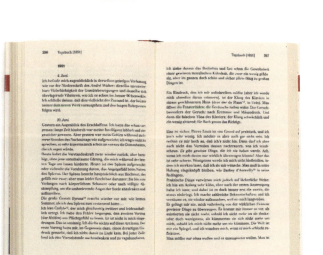
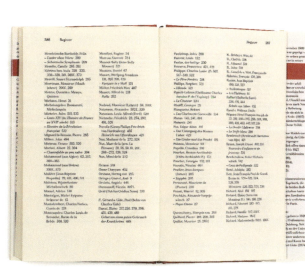

Ein Katalog zu einer Wanderausstellung.

Schriftwahl, Layout und andere Stilmittel dieses Buches, wie etwa Sperrungen, lassen die Not-Typografie der Zeit um 1945 anklingen, ohne historisierend zu sein.

Beim Bildlayout wurde ganz schematisch und streng innerhalb des Satzspiegels verfahren; nach Ansicht des Typografen verbot sich jeder andere Umgang mit den Bildern des Schreckens.

Das Buch wird überdies durch die durchlaufende Zeile am Fuß charakterisiert, die als eigene Textebene die 200 Tage umfaßt. (Diese »Schriftlinie« ohne Tanzen und ohne Textverlust durchlaufen zu lassen, war für den Drucker und den Buchbinder eine Herausforderung.)

*200 Tage und 1 Jahrhundert
Gewalt und Destruktivität im
Spiegel des Jahres 1945
Hamburger Edition,
Hamburg 1995
Fadengeheftete Broschur
16 × 24,8 cm, 256 Seiten
Schriften: Candida,
Memphis, Neuzeit-Grotesk
Recycling-Papier,
gebrochenes Weiß*

FF

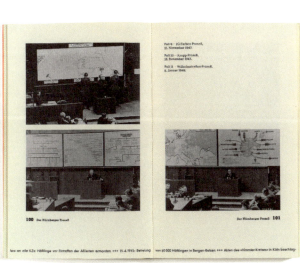

Einer von 20 monografischen Katalogen für das Museum für Moderne Kunst in Frankfurt, die typografisch jeweils dem Künstler angepaßt sind.

Die verrückte Labilität der »Vasen-Extasen«-Bilder wird in beiden Textspalten aufgenommen, der »Buchseite« im Blocksatz und dem marginalen Kommentar im Flattersatz. Doch herrscht keine typografische Willkür: die Texte fangen Kapitel für Kapitel miteinander an und füllen nebeneinander herlaufend die Kolumnen, bis die Abschnitte jeweils zu Ende sind. Die auf verschiedenen Höhen beginnenden Spitzkolumnen erzeugen automatisch den Schwebezustand. Doch ein Trick ist dabei: die Pagina steht auf Mitte der Blocksatz-Kolumne, die Bilder sind aber breiter als die Satzbreite, so drohen sie nach außen abzukippen. Das durchschaut zwar keiner, aber mancher spürt es vielleicht.

Anna und Bernhard Blume
Vasen-Extasen
Museum für Moderne Kunst,
Frankfurt am Main 1991
Paperback
18,5 × 24 cm, 76 Seiten
Schrift: Criterion
Duplex auf mattem
Kunstdruckpapier

HPW

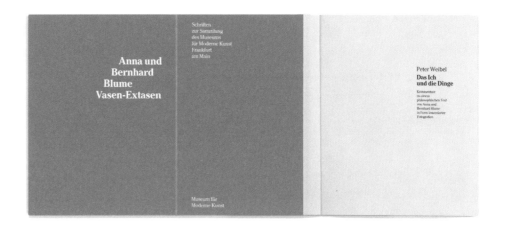

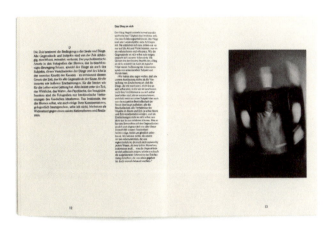

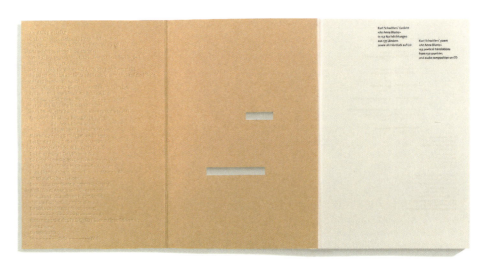

Ein Buch, bei dem die Gestaltung so wichtig ist wie der Inhalt: Ein Geschenkbuch an alle Delegationen der Weltausstellung 2000 in Hannover, für das Kurt Schwitters' Gedicht »An Anna Blume« in alle Delegations-Sprachen übersetzt wurde.

Der Gestalter hatte vorgeschlagen, den ursprünglichen Plan, die Sprachen zu setzen, fallenzulassen und stattdessen die Handschriften der Übersetzer abzudrucken. Auf diese Weise schimmern die Persönlichkeiten durch das babylonische Sprachgewimmel.

In der vorderen Klappe der fadengehefteten Klappenbroschur steht blindgeprägt das Schwitters-Gedicht; in den Vorderdeckel sind kleine Fenster gestanzt, so daß bei zugeschlagenem Buch zweimal der blindgeprägte Name »Anna« zu lesen ist (das hinzubekommen war, wie das Beispiel auf Seite 324/325, ein Husarenstück der Buchbinderei Lachenmaier). Die hintere Klappe dient als CD-Halter.

Die Position der nebeneinanderstehenden Textkolumnen schwankt aus keinem edleren Grund als dem, daß es unbeschwert wirkt. Der lebende Kolumnentitel taucht auf den Textseiten überall auf, auf den Faksimileseiten markiert er den Beginn einer neuen Übersetzung. Das Register wiederum ist präzise durchgestaltet. So ist die Grundstimmung des Buches ein fröhlicher Funktionalismus.

Der werkdruckfarbene Fond dient nicht nur der Bereicherung des Buches und der Betonung des Abbildungs-Charakters der Übersetzungen, er deutet, wo er über den Bund oder die Stege geht, auch an, daß eine Übersetzung mehrseitig ist.

Gerd Weiber, Klaus Stadtmüller, Dietrich zur Nedden (Hg.)
A-----N-----N-----A!
zu Klampen Verlag,
Lüneburg 2000
16,5 × 24 cm, 248 Seiten
Schrift: TheSans
leicht getöntes Naturpapier

FF

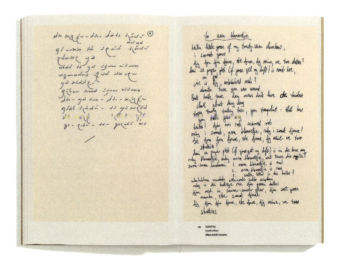

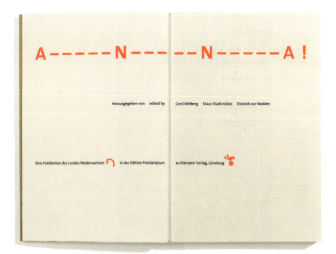

Lineares Lesen – ein Roman von über tausend Seiten. Die besondere Situation ist, daß um das eigentliche Buch herum schwer integrierbare Teile stehen müssen, die im ursprünglichen Werk nicht vorkommen: Ein Verlags-Haupttitel und ein Nachruf auf den Autor vorn, ein editorisches Nachwort hinten.

Innerhalb des vom Autor sorgsam komponierten Großgebildes können diese Teile nicht stehen: Vor den ursprünglichen Haupttitel gehört das literarische Inhaltsverzeichnis des ersten *Bandes* (von zweien); nach diesem Haupttitel das barockisierende Inhaltsverzeichnis des ersten *Buches* (von vieren). Drei Inhaltsverzeichnisse?

Die Lösung: ein Buch im Buch. Der Haupttitel des Verlags ist in moderner 20er-Jahre-Typografie aus der Grotesk gesetzt. Der Nachruf auf den Autor folgt in gleicher Gestaltung, auch die Seitenzahlen stehen in diesen Teilen außen und in Grotesk.

Das eigentliche Werk ist in klassisch-symmetrischer Typografie angelegt und in der Antiqua gesetzt, auch die Antiqua-Seitenzahlen stehen auf Mitte. Verbindendes Element sind die gleiche Schriftgröße, der gleiche Grundlinienraster und der gleiche Satzspiegel. So wurde die Balance zwischen Nähe und Fremdheit im Durchgestalten der Buchteile gefunden.

Das Verzeichnis der wichtigeren Akteure, das immerhin 156 Positionen umfaßt, wurde auf 16 Seiten gesetzt und zwischen zwei Bögen am Ende des zweiten Bandes integriert. So konnte dieser Bogen in doppelter Anzahl gedruckt und sowohl eingebunden als auch in klammergehefteter Form zum erhöhten Lese-Komfort zusätzlich separat mit in den Graupappe-Schuber gesteckt werden.

Uta Beiküfner (Hg.)
Hermann Borchardt
Die Verschwörung der Zimmerleute
Weidle Verlag, Bonn 2005
13 × 20,5 cm, 1080 Seiten
Schriften: Italian Old Face und Aurora
Werkdruckpapier

FF

Durchgestalten Der Titel und das ganze Buch **331**

Eine Hausmonografie, die im Durchblättern und Durchlesen über Christoph Martin Wielands Leben informiert und dabei die Atmosphäre eines Rundgangs durch sein Wohnhaus und über sein Landgut vermittelt.

Das Buch arbeitet mit einem filmartigen Bildstreifen, der sich über das obere Drittel fast des ganzen Buches zieht. Nur auf besonderen Seiten, etwa in der Titelei oder beim Beginn eines neues Kapitels, sind die Bilder größer.

Im biografischen Teil, wo das Filmstreifen-Prinzip nicht funktioniert hätte, wurden die Bilddokumente auf einen warmgrauen Rasterton-Streifen gestellt und dadurch in das Buchkonzept integriert.

Zitate Wielands stehen in einem Braunton, der als fünfte Farbe gedruckt wurde.

Der Umschlag der Klappenbroschur ist die Umkehrung des Bildstreifen-Prinzips: Hier ist das obere Drittel weiß gelassen. Das Bild auf der Vorderseite des Umschlags ist so arrangiert, daß der weiße Himmel in die unbedruckte Fläche übergeht, wodurch die Umschlagvorderseite offener wirkt, ohne das Prinzip zu durchbrechen.

Klaus Manger
Jan Philipp Reemtsma (Hg.)
Wielandgut Oßmannstedt
Stiftung Weimarer Klassik und Kunstsammlungen bei Hanser, München 2005
Fotos: Georg Seifert
17 × 24 cm, 136 Seiten
Schrift: Walbaum Standard
doppelt geglättetes Papier, gebrochenes Weiß

Fanny Esterhazy / FF

Durchgestalten Der Titel und das ganze Buch 333

Nach dem Tod des Galeristen Rainer Borgemeister beschlossen Freunde, sein Wirken darzustellen. Das Buch enthält Texte von Borgemeister, Texte über ihn, Fotos von Kunstaktionen und Kunstwerken, Reproduktionen von Einladungen der Galerie und Fotos aus seinem Leben.

Die Texte Borgemeisters sind einspaltig und in Antiqua gesetzt, die stets deutlich kürzeren fremden Texte stehen zweispaltig in Grotesk auf breiterem Satzspiegel. Beide Satzspiegelkanten finden sich in der Stellung der Seitenzahlen und des lebenden Kolumnentitels wieder.

Die Bilder führen ein Eigenleben, sie unterschreiten die Satzspiegelunterkante und halten sich auch seitlich nicht an die Kolumnen-Begrenzungen. Sie haben ihr eigenes System, das andererseits nicht krampfhaft Bezüge auf die Kolumnen zu vermeiden sucht.

Schriftwahl, Materialwahl, Typografie und Layout beziehen sich formal auf das gleichzeitig Präzise und Spielerische, stets aber Ungekünstelte, das den Galeristen auch bei »seinen« Künstlern anzog und das seine eigene Arbeit charakterisierte. Hinzu kommt ein gewisser Zeitbezug: in der Schriftwahl, in der improvisierten Stimmung, die das Layout spüren läßt, und auch in der Entscheidung, einen Farbbogen anzuhängen.

Wolfgang Siano (Hg.)
Rainer Borgemeister
Lokomotive Denken
Weidle Verlag, Bonn 2002
17 × 24 cm, 268 Seiten
Schriften: Life, Akzidenz Grotesk
Werkdruckpapier

FF

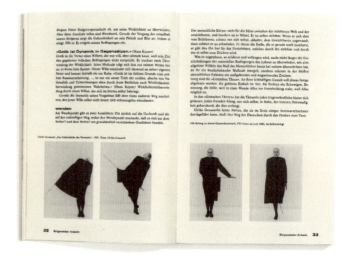

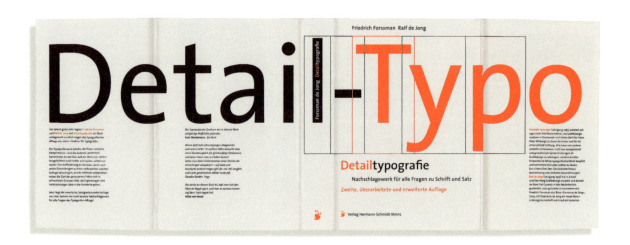

Ein Fachbuch mit verschiedensten Sorten von Beispielen, Mustern, Listen und Tabellen. Zwischen Ein- und Achtspaltigkeit ist alles vertreten, jeweils dem Zweck entsprechend.
Zur Gliederung dienen horizontale Linien in verschiedener Länge, vor allem aber werkdruckpapierfarbene Flächen in wechselnden Größen, die dem Buch Zusammenhalt und sogar Freundlichkeit geben.

(Das erste Bild in der zweiten Reihe zeigt ein Buch mit zwei Lesebändchen [über die Literatur des Barock], abgedruckt in einem Buch mit zwei Lesebändchen [Detailtypografie], abgedruckt in einem Buch mit zwei Lesebändchen [Lesetypografie]. Wer setzt die Reihe fort?)

Friedrich Forssman
Ralf de Jong
Detailtypografie
Zweite Auflage
Verlag Hermann Schmidt Mainz,
Mainz 2004
21 × 29,7 cm, 408 Seiten
Schriften: TheSans, TheAntiqua
und 455 weitere
Naturpapier,
leicht gebrochenes Weiß

FF / Ralf de Jong

Durchgestalten Der Titel und das ganze Buch **337**

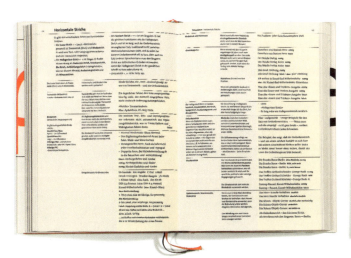

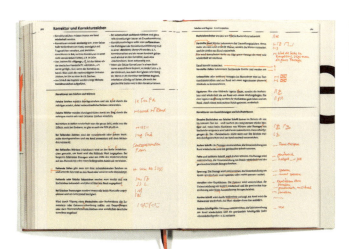

Literatur

Die Literaturangaben beziehen sich auf Bücher, von denen wir gelernt und in denen wir nachgeschlagen haben, mit denen wir uns zustimmend, mit Einschränkung oder kontrovers auseinandersetzten. Dabei beschränken wir uns (mit einer Ausnahme) auf deutschsprachige Titel. Es ist keine Vollständigkeit angestrebt.

Nachschlagewerke

Friedrich Forssman,
Ralf de Jong
Detailtypografie
Nachschlagewerk für alle Fragen zu Schrift und Satz
Hermann Schmidt Mainz 2004

Joachim Kirchner (Hg.)
Lexikon des Buchwesens,
vier Bände
Hiersemann Verlag,
Stuttgart 1952

Lexikon des gesamten
Buchwesens
Hiersemann Verlag, Stuttgart,
seit 1987
bisher erschienen: Band 1–4

Helmut Hiller
Wörterbuch des Buches,
4. Auflage
Vittorio Klostermann,
Frankfurt am Main 1980

Lehrbücher aus Bleisatzzeiten

Leo Davidshofer, Walter Zerbe
Satztechnik und Gestaltung
Bildungsverband Schweizerischer Buchgestalter,
Zürich/Bern 1970

Josef Käufer
Das Setzerlehrbuch
Otto Blersch,
Stuttgart 1956

Paul Renner
Die Kunst der Typographie
Ullstein, 1948

Paul Renner
Typographische Regeln
Jan Thorbecke,
Lindau 1947

Basiswissen Typografie

Phil Baines, Andrew Haslam
Lust auf Schrift!
Basiswissen Typografie
Hermann Schmidt Mainz 2002

Walter Bergner
Grundlagen der Typografie
Fachbuchverlag Leipzig 1990

Max Bollwage
Typographie kompakt
Springer, Berlin 2005

Rudolf P. Gorbach
Typografie professionell
Galileo Press, Bonn 2001

Jürgen Gulbins,
Christine Kahrmann
Mut zur Typographie
Springer, Berlin 2000

Jost Hochuli
Das Detail in der Typographie
Compugraphic Corporation,
Wilmington (Mass.) USA 1987
Deutscher Kunstverlag, 1990

Susanne Lechner
Typoquiz – Das Spiel für
Ein- und Aufsteiger
Hermann Schmidt Mainz 2004

Philipp Luidl
Grund*setz*liches
SchumacherGebler,
München 1994

Philipp Luidl
tgm Werkstattbriefe 1 bis 11
Typographische Gesellschaft
München, o. J.

Philipp Luidl
Typografie
Schlütersche, Hannover 1989

Philipp Luidl
Typografie – Basiswissen
Edition Deutscher Drucker,
Ostfildern (Ruit) 1996

Erik Spiekermann
Studentenfutter
Context GmbH, Nürnberg 1989

Erik Spiekermann
Ursache und Wirkung
Ein typografischer Roman
Hermann Schmidt Mainz 1994

Erik Spiekermann
ÜberSchrift
Hermann Schmidt Mainz 2004

Jan Tschichold
Erfreuliche Drucksachen
durch gute Typografie
Otto Maier Verlag,
Ravensburg 1960

Hans Peter Willberg,
Friedrich Forssman
Erste Hilfe in Typografie
Ratgeber für Gestaltung
mit Schrift
Hermann Schmidt Mainz 1999

Matthias Wimmer,
Sybille Schmitz,
Christoph Ehlers
Das typografische Quartett
Schriften, die stechen und
bestechen
Hermann Schmidt Mainz 2003

Voraussetzungen für Lesetypografie

Jost Hochuli
Eine Einführung in die Buchgestaltung, im besonderen in die Buchtypografie
Agfa Corporation,
Wilmington (Mass.) USA 1989

Heinrich Hussmann
Über das Buch
Guido Pressler,
Wiesbaden 1968

Rolf F. Rehe
Typographie: Wege zur
besseren Lesbarkeit
Coating Fachbücher,
St. Gallen 1981

Jan Tschichold
Ausgewählte Aufsätze über
Fragen der Gestalt des Buches
und der Typographie
Birkhäuser, Basel 1987

Umfassender

Otl Aicher
Typographie
Ernst & Sohn, Berlin,
Edition Druckhaus Maack,
Lüdenscheid 1989

Jeff Bellantoni, Matt Woolman
Type in Motion
Innovative digitale Gestaltung
Hermann Schmidt Mainz 1999

Hans R. Bosshard
Typografie, Schrift, Lesbarkeit
Niggli, Sulgen 1996

Hans R. Bosshard
Der typografische Raster
Niggli, Sulgen 2000

Max Caflisch
Typographia practica
Maximilian-Gesellschaft,
Hamburg 1988

T. I. Cobden-Sanderson
Das ideale Buch
Euphorion, Berlin 1921

Adrian Frutiger
Eine Typographie
Niggli, Sulgen 2001

Adrian Frutiger
Nachdenken über Zeichen
und Schrift
Haupt, Bern 2005

Veruschka Götz
Schrift und Farbe am Bildschirm
Hermann Schmidt Mainz 1998

Frank Heine
Type &c.
Gmeiner, 2003

Ralf Herrmann
index schrift
Mitp, 2003

Ralf Herrmann
Zeichen setzen
Mitp, 2005

Kaj Johansson, Peter Lundberg,
Robert Ryberg
Well done, bitte!
Das komplette Menü
der Printproduktion
Hermann Schmidt Mainz 2004

Albert Kapr, Walter Schiller
Gestalt und Funktion
der Typographie
VEB Fachbuchverlag,
Leipzig 1983

Albert Kapr
Fraktur – Form und Geschichte
der gebrochenen Schriften
Mit einem Aufsatz »Vom
falschen Image der Fraktur«
von Hans Peter Willberg und
einem Beitrag über den Satz
gebrochener Schriften von
Friedrich Forssman
Hermann Schmidt Mainz 1995

Huib van Krimpen
Boek over het maken
van boeken
Gaade Uitgevers,
Veenendaal 1989

Andreas und Regina Maxbauer
Praxishandbuch
Gestaltungsraster
Ordnung ist das halbe Lesen
Hermann Schmidt Mainz 2003

Stanley Morison
Grundregeln der
Buchtypographie
Angelus-Druck, Bern 1966

Josef Müller-Brockmann
Rastersysteme
Gerd Hatje, Stuttgart
Arthur Niggli,
Niederteufen 1981

Emil Ruder
Typographie
Niggli, Sulgen 1996

Robert Schäfer
Das Buchobjekt
Eine bibliophile Einführung in
die Welt des Büchermachens
Hermann Schmidt Mainz 2001

Richard von Sichowsky
Typograph
Maximilian-Gesellschaft,
Hamburg 1982

Teal Triggs
Experimentelle Typografie
Stiebner, München 2003

Jan Tschichold
Schriften 1925–1947, 2 Bände
Brinkmann & Bose, Berlin,
Hermann Schmidt Mainz 1991

Ralf Turtschi
Praktische Typografie
Niggli, Sulgen 2000

Stefan Waidmann
Schrift und Typographie
Niggli, Sulgen 1999

Kurt Weidemann
Wo der Buchstabe
das Wort führt
Cantz, Ostfildern 1994

Wolfgang Weingart
Typography
Müller (Lars),
Baden (CH) 1999

Spezielles

Barbara Baumann,
Gerd Baumann
Wortbilder
Niggli, Sulgen 2005

Michael Buttgereit,
Wolfram S. C. Heidenreich,
Michael Winter
Kaleidotype
96 Memorykarten in einem
typomagischen Würfel
Hermann Schmidt Mainz 2005

Karen Cheng
Designing Type
Hermann Schmidt Mainz 2006

Context GmbH (Hg.)
ÜberSicht – Schrift vergleichen,
auswählen, erkennen, finden
Hermann Schmidt Mainz 1991

Wiebke Höljes
Dreiklänge
Das SchriftMischMusterbuch
Hermann Schmidt Mainz 2000

Dieter Nadolski (Hg.)
Didaktische Typografie.
Informationstypografie.
Pädagogische Typografie.
VEB Fachbuchverlag,
Leipzig 1984

Michael Nedo (Hg.)
Ludwig Wittgenstein
Wiener Ausgabe
Einführung
Springer,
Wien/New York 1993

TDC of NY
WortBildWort
Inszenierung einer Mitteilung
Hermann Schmidt Mainz 1989

Michael Wörgötter
TypeSelect
Der Schriftenfächer
Hermann Schmidt Mainz 2005

Hintergrund und Diskussion

A. C. Baumgärtner (Hg.)
Lesen – Ein Handbuch
Verlag für Buchmarkt-
Forschung, Hamburg 1973

Friedrich Friedl (Hg.)
Thesen zur Typographie
(3 Bände) Linotype,
Eschborn 1985, 1986, 1988

Matthias Gubig
Steh-Satz
Was ich noch nicht ablegen will
Clausen und Bosse, Leck 1995

Albert Kapr
Hundertundein Sätze
zur Buchgestaltung
Buchexport, Leipzig 1973

Lesen und Leben
Buchhändler-Vereinigung,
Frankfurt am Main 1975

László Moholy-Nagy
Malerei Fotografie Film
Neue Bauhausbücher
Florian Kupferberg,
Mainz und Berlin (1927) 1967

Paul Renner
mechanisierte grafik
Verlag Hermann Reckendorf,
Berlin 1931

Andreas Uebele
WegZeichen
My type of place
Hermann Schmidt Mainz 2003

Historisches

Max Bill u. a.
max bill, typografie, reklame,
buchgestaltung
Niggli, Sulgen 1999

Jan Tschichold
elementare typographie
Sonderhefte der Typo-
graphischen Mitteilungen 1925
Reprint
Hermann Schmidt Mainz 1996

Gerd Fleischmann (Hg.)
bauhaus, drucksachen,
typografie, reklame
Edition Marzona,
Düsseldorf 1984

Christian Voigt (Hg.)
Buchkunst und Literatur in
Deutschland 1750 bis 1850
Maximilian-Gesellschaft,
Hamburg 1977

Hundert Jahre Typographie
Hundert Jahre Typographische
Gesellschaft München, 1990
Mit einem Beitrag von HPW:
Schrift und Typografie
im Dritten Reich
Typographische Gesellschaft
München 1990

Marion Janzin,
Joachim Güntner
Das Buch vom Buch
5000 Jahre Buchgeschichte
Schlütersche, Hannover 1995

Georg Kurt Schauer
Deutsche Buchkunst
1890 bis 1960
Maximilian-Gesellschaft,
Hamburg 1963

Georg Kurt Schauer (Hg.)
Internationale Buchkunst
im 19. und 20. Jahrhundert
Otto Maier,
Ravensburg 1969

**Bücher von
Hans Peter Willberg**

Schrift im Bauhaus /
Die Futura von Paul Renner
Monographien und Materialien
zur Buchkunst: Band 2, Teil 2
Verlag Wolfgang Tiessen,
Neu-Isenburg 1969

Wilhelm Neufeld und HPW
Imre Reiner, Die Ziffernbilder
Fachhochschule für Druck,
Stuttgart 1975

Signaturen
Materialien zu einem
Symposium
Verlag Hans Christians,
Hamburg 1977

Bücher, Träger des Wissens
Bedeutung, Entwicklung,
Erscheinungsformen
PWA Graphische Papiere,
Raubling 1979

Monika Thomas und HPW
Schriften erkennen
Eine Typologie der
Satzschriften
Hermann Schmidt Mainz 1983

Daniel Sauthoff, Gilmar Wendt
und HPW
Schriften erkennen
(Neubearbeitung)
Hermann Schmidt Mainz 1996

Walter Breker,
Marken und Marken
Gebr. Mann Verlag, Berlin 1984

Buchkunst im Wandel
Die Entwicklung der
Buchgestaltung in der
Bundesrepublik Deutschland
Stiftung Buchkunst,
Frankfurt am Main 1984
Zweite, erweiterte Auflage:
40 Jahre Buchkunst

Re-Produktion und Produktion
Anmerkungen zur heutigen
Situation von Schrift und Buch
am Beispiel der Studien des
Felice Feliciano
Belser Verlag, Stuttgart 1985

Lichtsatz für Werksatz
Ein Schriften-Vergleich
Eppstein im Taunus 1986

EINEINBANDBAND
Handbuch der
Einbandgestaltung
Hermann Schmidt Mainz 1987

Stil und Illustration
Typographische Gesellschaft
München 1989

Christa Kochinke und HPW
... in Szene, gesetzt.
Studien zur inszenierenden
Typographie
Deutscher Werkbund
Rheinland Pfalz, Mainz 1990

Das Buch ist ein sinnliches Ding
Clausen & Bosse, Leck 1993

Alter Hase – neue Leute
80 ausgezeichnete Bücher von
Hans Peter Willberg –
48 ausgezeichnete Bücher von
seinen Schülern
Stiftung Buchkunst,
Frankfurt am Main 1995

Typolemik | Typophilie
Streiflichter zur
Typographical Correctness
Hermann Schmidt Mainz 2000

Hans Peter Willberg
zum Sechzigsten
Mit einer Bibliografie der
Veröffentlichungen von HPW
1962–1990 von Leo Kohut
und Klaus Willberg
Hermann Schmidt Mainz 1990